U0930642

规划视角的中国都市运动

——城市转型与有机集中

朱喜钢　等著

中国建筑工业出版社

图书在版编目（CIP）数据

规划视角的中国都市运动——城市转型与有机集中/朱喜钢等著. —北京：中国建筑工业出版社，2009
ISBN 978－7－112－10668－4

Ⅰ. 规…　Ⅱ. 朱…　Ⅲ. 城市经济－经济发展－研究－中国
Ⅳ. F299. 21

中国版本图书馆 CIP 数据核字（2009）第 009870 号

责任编辑：陆新之
责任设计：郑秋菊
责任校对：刘　钰　关　健

规划视角的中国都市运动
——城市转型与有机集中
朱喜钢　等著

*

中国建筑工业出版社出版、发行（北京西郊百万庄）
各地新华书店、建筑书店经销
北京嘉泰利德公司制版
北京中科印刷有限公司印刷

*

开本：787×1092 毫米　1/16　印张：33¼　字数：830 千字
2009 年 5 月第一版　2009 年 5 月第一次印刷
印数：1—2000 册　定价：**80.00** 元
ISBN 978－7－112－10668－4
（17601）

序一

南京大学朱喜钢教授所著《规划视角的中国都市运动》一书，是一本兼具批判精神和实践价值的规划著作。对于当前我国城镇化发展过程中所存在的某些现象和问题，作者不是回避，而是能够勇于面对和“批判”，并且从规划的视角进一步讨论，探讨解决之道，是难能可贵的。尽管对于书中的一些观点和看法（包括所使用的一些术语），人们可能并不一定完全认同，但亦不影响该书具有的理论价值和启发意义。尤其是作者对转型时期的中国城市发展与城市规划的审视，很大程度上是着眼于城市文化的分析视野，摆脱了传统的思维观念，有着积极的意义。

作者的研究以“城市转型与有机集中”为问题的核心，有其独特的见解。这是一个值得探讨的问题。城市空间的集中与分散都是相对的，过度的分散或过度的集中都不可取，“度”的把握至关重要。如何做到“有机”集中，则是城市规划工作的基本目标和主要任务之一，这也是《规划视角的中国都市运动》一书试图回答的一个核心问题。

本书对于城市转型的研究，并非仅仅停留在理论探讨上，而是用较大的篇幅，探讨“有机集中”发展理论在具体的城市规划工作中加以实践的途径和方法，作者选取了深圳、大连、温州、汕头、泉州、黄石、大理、盐城、嘉兴、关中等不同地理位置和不同地域环境的城市，进行了较为深入的实证分析，对于国内其他城市的建设与发展，具有一定的借鉴价值。

邹德慈

中国工程院院士

2008 年 8 月 11 日

序二

世界进入了城市时代，中国也即将跨入城市国家的大门。城市作为现代生产的集聚地、现代科技的发源地、现代文化的发祥地和现代生活的展示地，已经成为人类社会的主体、人类进步的象征、人类发展的主动力。世界上无论什么国家、地区，乡村和社区无不感受到城市的威力、城市的魅力、城市的引力、城市的影响力。于是，城市成为众所瞩目的重点：国家的寄托、人民的向往、企业的希求，城市在国家、人民、企业的簇拥中，在宜居、宜业、宜游、宜商的大旗下不断地发展，不断地被创造。从规模到形态、从功能到结构、从产业到空间、从经济到社会，城市在不断壮大、充实、调整、重组、更新、优化。这个人类载体正在演绎着一幅多姿多彩的生动画卷。面对这样波澜壮阔的城市化浪潮和城市发展的新形势，作者以“都市运动”这样一个形象的命题，展开了对这场“中国都市运动”的深入描绘和详尽诠释。

作者把中国都市化放置在全球都市化大潮的背景下，并以“都市”这个城市发展的新空间单元来定格世界和中国城市发展的基本形态，描绘了全球都市化演进的景象和由造城运动、民工潮和规划编制热所推动的中国潮流。

作者对中国都市运动的分析和论述是深刻和富有特色的。第一，作者既指明中国城市化发展超越一般规律的事实，又尖锐地指出，由于“都市超前发展”、“都市空间对其他空间的蚕食”、“都市文化的侵入”所表现出来的都市化过程中，“中国社会追求发展的近乎狂热和实现崛起的些许浮夸”。并认为，只有充分认识都市化过程中“无限压缩”所呈现的都市与农村、现代与落后、奢侈与贫穷在都市区域的并存以及前现代（传统）农业、工业生产模式、大都会消费形式与后现代的混杂展示，这种多重压缩和交叠过程，才是理解中国都市运动的钥匙。第二，作者以“专属中国的魅力”为题，仔细剖析了中国人口与土地的压力，根深蒂固的整体观念、等级、家族和内倾思想为代表的中国文化传统，中西交锋和“大＝强，快＝好”的超越情结以及行政制约等中国所特有的内外部条件下的中国都市化发展过程，为读者揭示了中国都市化发展的内涵。第三，作者既描绘了中国都市化运动的激情和冲动，又指出了这种盲目、梦想般激情背后在资源、环境、社会公平和文化上的代价。这样的都市化是非理性的和不可持续的。第四，作者对中国都市化本质特征的认识是深刻的。作者十分明确地指出“中国都市运动的主体是农民”，因此，“中国都市运动存在着‘农民基因’”，“中国都市发展的活力与速度很大程度上是因为中国有世界上最优秀的农民”，“中国都市最突出的一大功能是我们每天都在将相当可观的农民变成市民”。这既是世界城市化由农村变城市、由农民变市民的一般规律，又因中国数千年长时期的农耕文明、数量众多的农民和不稳定的数以亿计的在城乡流动的农民工而使中国都市化更为复杂，从而丰富了城市化理论。

都市运动最现实的动因是城市转型。城市是现代社会的核心，就如同人类社会在一次次社会变革和科技革命中不断转型一样，城市也经历了多次转型。而每次转型都赋予了城市新的发展动力、新的定位、新的功能、新的结构形态、新的布局模式。因此，要认识都市运动，必须理解城市转型。本书以一章的篇幅，从不同学科对转型的解释、城市转型的概念、转型特征分析、转型内容阐释到转型的动力机制的全面阐述，对城市转型进行系统的理论诠释，为认识都市运动奠定了理论基石。尤其是对城市转型动力机制的研究，在借鉴了国外经验和国内研究实践基础上，归纳提出了门槛驱动、时序驱动、诱推驱动三种机制的理论观点是颇有见地的，有助于对城市转型理论的进一步探索。

作为规划工作者，本书的主旨是把中国都市运动纳入到科学规划的轨道上，并从规划的视角去审视中国都市运动的进程，这也正是本书与一般讨论中国城市化著作的一大区别，也由此构成了本书重要的基点和核心内容：讨论城市规划与城市转型的关系。

本书在一般阐述了计划经济体制和市场经济体系下城市转型和城市规划关系以后，重点讨论了城市规划对城市转型的引导，包括宏观战略层面与技术理性层面的引导，以及转型背景下的城市规划变革之路。作者认为，为应对难得的中国城市转型的历史机遇，中国城市规划需要转型，实现城市规划的功能转型——由技术工具转向公共政策、城市规划的价值转向——由效率优先转向公平优先、城市规划的理念转变——由精英规划转向公众参与、城市规划的技术变革——由终极蓝图转向过程规划。这些变革正是今天中国城市规划工作者共同追求和努力的方向。转型推动规划，规划引导转型。这正是中国都市运动健康发展的重要基础和保证。

本书主要篇幅是在城市转型和有机集中理论指导下10个应对城市转型的规划研究案例。这些案例是作者主持和参与的规划项目基础上的提炼和总结。10个案例地域遍及东、中、西部，内容涵盖发展战略、城市定位、城市功能、空间模式和形态结构的转型，类型有单一都市、都市区域和城市群。它们的不同转型虽然不能涵盖丰富多样的我国城市的各种转型，但也大致可以概括当前我国大都市已经和未来转型的各种形式，而其中的理念、思路、观点、内容和技术路线也具有现实的借鉴意义，不失为对我国城市研究和规划的一份贡献。最值得指出的是作者对每个案例的命名和卷首短评，以精练的笔触、犀利的点评勾划了该城市发展的症结、原由和转型方向，是引人深思和发人深省的，也反映了作者是真正理解了转型的涵义和规划的价值。

本书既是一份研究总结、一篇对都市运动的评论，又是一种对城市发展、城市化、城市规划理论和实践的思考和探索。因此，本书还有许多值得推敲、有待讨论的概念、观点和见解。但是面对浩浩荡荡前进的都市化洪流，真正有价值的、值得讨论、学习、借鉴的研究成果还是太少太少。因此。本书的出版，作为城市科学学术殿堂的只砖片瓦，它还是十分及时和不可缺少的。

是为序。

崔功豪

2008年8月

前言

PREFACE

一、关于规划的视角

规划的视角，实际上就是规划师的视角。在一个原来需要理性与科学的城市规划面前，我们太多的时候可能还未来得及展开理性的翅膀，冲动与激情就已先行占领了我们的阵地。这不能简单地责怪这一代规划师的年轻与浮躁，而是城市发展的决策者们也没有足够的时间与太多的机会留给规划师们去表达自己的理性。更不能忽略的是，市场经济与激烈的行业竞争，规划师们常常要在“五斗米”与是否“折腰”中间做出选择，其实对每个规划师而言，这里都不存在要命的抉择，但绝对影响其自身的经济利益。于是我们就有足够的理由相信，对于一个规划师而言，做理性的规划并不难，难的是一辈子做理性的规划。这如同一个普通人，无论是做好事还是坏事，一辈子自始自终只做一类事都是有相当难度的。譬如一辈子只做好事不做坏事，很难！反过来，一辈子只做坏事不做好事，可能更难！这样想来，我们就能够释然，规划师其实就是普通人，有人将其看作是社会的精英，若是规划师以外的人这样认为还情有可原，但如果是规划师自己也这样想着，那跟“芙蓉姐姐”的自恋就没有本质的区别。千万别太当自己是一回事。因此，基于规划的视角，其实既不属于城市规划原理的视角，也不全是城市规划科学的视角，实际上就是一个或者一群普通规划师的视角。他们是普通人，有缺点，有错误，要吃饭，要睡觉，有时理性，有时冲动，有时判断正确，有时结论错误。总之，基于规划的视角实际上提供了一个或许不同于其他人群或者学者的视角，譬如社会学家，经济学家，文学家或者普通人的视角。本书就是一个普通规划工作者的视角。

> 规划师也是普通人。对于一个规划师而言，做理性的规划并不难，难的是一辈子做理性的规划。

> 基于规划的视角，其实既不属于城市规划原理的视角，也不全是城市规划科学的视角，实际上就是一个或者一群普通规划师的视角。

这样的视角有意义吗？回答是肯定的。因为规划师是影响城市未来发展的最直接的第一线的职业工作者。规划师的职责与义务决定了规划师的视角既有战争年代战地记者般的职业敏感性，同时也有着其他人难以比肩的专业性。现在，城市规划师的工作职能比过去计划经济时代有了很大的扩展，这种内涵与外延的发展无疑有助于规划师的视角在广角与变焦的过程中更加得心应手。然而，在此过程中规划师自身的定位也开始变得模糊。就目前而言，很难判断这样的职能定位是否是一种可怕的异化。我们不妨对目前中国规划师的新的职能作如下的表达：一是城市发展遇到问题时，此时城市规划师的角色差不多是“医生”，而且是要能医治城市百病的医生；二是城市决策班子更换，新班子需要有新的施政纲领、新的发展思路、新的宏伟蓝图时，此时城市规划师的角色与“绍兴师爷”并无本质区别，“参谋”是最适宜的称谓；三是上位规划或上级有新的行政命令时，城市的决策者们为了上行下效，也可能是为了讨好上司的偏好，此时城市规划师的角色是工匠，必须不折不扣地落实城市决策者的意志，无须多余的思想与发挥，“来料加工”是最明智的选择；四是需要招商引资或者出售土地时，此时城市规划师就是帮助城市经营者们赶制彩图，共同合谋“忽悠”，只“谋财不害命”；五是当某种发展资源特别紧缺时，如发达地区的土地资源，旅游资源等，为了在不同的行政单元中配置有限资源，此时城市规划师的角色是调停人，规划师需要以公开的身份充当“和事佬”的功能，兼有中间人与调停人的双重角色，将领导的意志转化为合理的冠冕堂皇的技术与法律文件；六是开发商大肆敛财时，此时城市规划师是各种商业圈套的技术支撑者与制造者，成为事实上的“富人”的“菲佣”。作为一个技术性的服务行业，为委托者服务，是这一职业最基本的义务。似乎是最基本的职业操守，这可能从基因中就已经决定了规划师与酒店的服务生有某种机理上的契合，回避这一点或者否认这一点都不属于实事求是。正视它，承认它，至少我们可以不再将自已看作是一个胸怀大志，可以到处“指点江山”，并能高瞻远瞩的“宏伟蓝图”的描绘者，实际上只是一个需要以此职业谋生的普通劳动工作者。这样算来，任何的城市规划成果既不一定是反映规划师自身偏好、意志、意愿的产物，也肯定离“颠扑不破的真理”与“高瞻远瞩的境界”有相当的距离。从这个意义上说，本书提供的一些规划研究成果中的观点、意见肯定不都是真理，但却是实实在在来自都市发展过程中第一线规划师的报告。

> 任何的城市规划成果既不一定是反映规划师自身偏好、意志、意愿的产物，也肯定离“颠扑不破的真理”与“高瞻远瞩的境界”有相当的距离。

如果据此认为,中国的规划师只是一群为各种诱惑与约束所左右的平庸之人,那就更加不是实事求是。在我周围所熟悉的一大批规划师们,他们以普通劳动工作者的身份对待不平凡的事业，在市场经济、制度环境等各种各样的诱惑与限制中仍然能洁身自好，忠于理想与追求，努力地将真理诉诸为具体的规划成果，将平凡的岗位演绎为不平凡的工作。身处其中，时时处处能感受到他们的品格魅力与出色才能。这是激发本人正确对待事业、努力追求真理、认真研究学问、理性编制规划的精神动力。这同样也成为本书写作的最大激励与期望达到的境界。

二、关于都市运动

中国的城市化、都市化无论其规模、速度以及对社会发展的影响已经远远超出了人们的预期，体现出“运动”式的气势与裹胁一切的震撼。

为什么要将中国的城市化、都市化看成是一场运动？因为，中国的城市化、都市化无论其规模、速度以及对社会发展的影响已经远远超出了人们的预期，体现出“运动”式的气势与裹胁一切的震撼。在此过程中，正在成长中的中国都市以一种“中国式”的“标签”开始显示与西方国家的都市既相似又相异的一些特征，这是有趣而又有意义的、值得认真讨论与思考的课题，也是本书写作的初衷。

1. 中国都市运动的独特背景与机制

中国都市运动的触发机制是什么？笔者为此做了如下的思考：

（1）国际新的发展背景。与上世纪的情形不同，国际经济一体化、世界城市体系化的新的国际背景使得都会型特大城市在国际与地区的城市竞争中显示优势，首位度越高的城市比首位度低的城市更能形成要素集聚、成本集约等一系列功能优势，在城市的规模、等级与城市的区域中心功能较高的情况下，都会型城市往往比普通城市更容易进入世界城市体系的分工与合作网络，从而享受因此而带来的网络效益，在此情形下，就不难理解源自20世纪90年代中期以中国20多个城市提出要“建设国际性大都市”目标为标志的中国都市运动其主观愿望的历史合理性。

中国的“都市运动”有其客观要求和主观愿望的历史合理性。

（2）国内新的城市竞争的态势。国内激烈的城市竞争态势已经从招商引资的竞争演绎为城市品牌、城市文化等方面的竞争，一方面，文化竞争力已经成为决定城市竞争力的新的底牌，因此，如何提升城市的文化价值，提高城市的知名度，形成“眼球经济”，是提升城市软实力的重要而又有效的手段，而另一方面，做大城市规模，扩大空间疆域，提高城市等级等提高城市竞争硬实力的手段仍然是最有效也是最直接的“出牌”，它不仅有助于城市功能的高端化，辐射范围的区域化，而且也有助于城市知名度的提高和影响范围的扩大。

（3）突破新的约束瓶颈，获得更多的发展资源。做大城市规模最直接的益处在于以城市人口规模为依据的城市建设用地的扩大。在目前的体制下，支撑城市财力的重要来源是城市土地经营，扩大用地指标实际就意味着增加政府的财源。因此做大城市规模的直接动力来自于政府的发展冲动与城市经营的直接效益。

（4）区划资源重组，提升行政级别与待遇。在中国，城市领导人的地位跟城市规模的大小、城市的等级直接关联。中国都市运动的背后，一个十分普遍的现象是中心城市行政疆域的扩容，将周边的所属县（市）撤县设区，名为行政区划的调整，实际上借此行政强势占有更多的区域资源。因为省会级中心城市的地位高于非省会级城市，计划单列城市高于一般的中心城市，中心城市高于普通城市。因此，做大城市的行政效益可以带来可观的经济效益及其他种种效益，做大城市规模实际上就是在做大官衔并提高相应的待遇。

2. “中国式都市”

以规划的视角看，中西方的都市并没有想象中的以及有些夸张的城市地理学家们所写论文中的那般差异。到过伦敦与巴黎以及其他欧洲大都市的人不难觉察，就其大都市的结构与形态而言，除了郊区的低密度分散的景观以外，中心城区与国内的上海、南京等城市并无天壤之别。美国的城市，除了洛杉矶之外，旧金山、波士顿甚至纽约，也仍然与中国的大都市有惊人的相似之处。最大的不同可能来自于“城龄”（城市的年龄）。中国的都市都处在成长期、发育期，而欧美的城市则已经进入稳定期。正因为处在不同的阶段，年轻与不年轻所散发的生命气息是不同的，但绝对不适合用衰败来形容发达国家的都市，尽管有的街区呈现出破旧，也缺少人气，但在中国的都市里，同样破旧的街区，等待开发与改造的街区也比比皆是。这本质上缘由不同的生存状态。这如同富人与穷人家里的家具，穷人家里的家具即使旧了坏了，凑合着还得用，而富人则可以搁置一边，甚至弃于荒野。在城市学家眼里，可以列举出从城市化发展的不同阶段一直到中西方不同的人地关系矛盾等一系列都市发展的不同条件、背景与机制，以此来说明中西方都市的巨大差别。然而，在作者看来，除了中西方都市在集中与分散的形态与结构方面存在表征上的差异外，就都市的功能与本质而言，并没有根本的区别（朱喜钢，2002）。

> 就都市的功能与本质而言，中西方的城市并无根本的区别。

那么真正的差异在哪里？是城市的文化而不是城市形态与结

构的表征，是一种源于不同发展水平与不同发展环境的都市文化，其根源可能是“人”而不是物质本身。谁也不能否认，现代的中国都市是在农村城市化的运动中发展的，因此在中国的都市里，我们能看到成群结队、各种各样的正在试图成为城市人的“非城里人”——农民（今天的农民，昨天的农民，以及正在干城里活的农民），而在发达国家的都市里，我们已经很难找到我们所熟悉的那种气质与神态的人（那种神态的农民作者曾经在美国西部一个展示当地百年前城市风貌的历史图片中见过）。与西方都市相比，中国都市最突出的一大功能是，我们每天都在将相当可观的农民变成市民（每年大约1000万人口）。而同时，中国的农民（大约有1亿人口）每天都在为建设中国的都市贡献自己的心血与智慧。必须承认，中国都市发展的活力与速度很大程度上是因为中国有世界上最优秀的农民。这一功能在西方的都市里早已衰退了，确切地说是在半个世纪之前，就已经完成了。而中国的都市每天都在进行着城乡的“勾兑”与“搅拌”，并分异出具有中国特色的都市社会空间与独特的都市景观。

中西方都市差别实际上是城乡状态与城乡关系所酿就的都市发展阶段与都市品质的差别。真正的差别可能来自农村而不是都市。这正是中西方都市发展中最具机制性的也是最本质的差异。

虽然，上述的所谓差别，实际上就是中西方都市不同的城乡状态与城乡关系所酿就的都市发展阶段与都市品质的差别。这样说来，真正的差别可能来自于农村而不是都市。由于中国都市的触角直接伸向农村，这不仅表现在农历春节前后的“民工潮”，而且也体现在都市发展的资源方面，如土地以及基于经营土地所产生的利润“剪刀差”等，甚至可以这样认为，中国都市的快速发展已经离不开吃苦耐劳、任劳任怨的中国农民以及丰富而廉价的农村资源。因此，今日中国农村的状态，包括文化、亲缘、宗氏等决定了中国当代城市的状态，甚至中国都市问题的许多答案仍然要从中国的农村中才能找到。这是中西方都市发展中最具有机制性的也是最本质的差异。

3. 都市运动的“农民基因”

中国的都市运动是在“农民思维”的氛围中进行的。

强调这样的差异有意义吗？有。因为中国的都市运动是在一种起决定性的思维——“农民思维”的氛围中进行的。因此，“农耕的痕迹”既不可避免也情有可原。例如，凡事求大，摆阔。例如，大广场、大草坪之类，实际上正是典型的农耕心态。因为还不阔，所以要“摆”，实际是怕人瞧不起，这跟农村结婚摆个排场是一个道理；因为还落后，所以要追求所谓的50年不落后。什么叫不落后？在科技日新月异的今天，这样的愿望可爱到荒谬，但无可非议，因为同样来自于我们千年积淀的朴素的农民思维。

我们谁也不能否认，我们都曾经是农民的后代，所有的区别只是当代还是近代，昨天还是今天，是这一代还是上一代。再环视四周，我们的同事、朋友、领导、下级，包括我们自己，几乎都是这一代或是上一代农民的后代。不容忽略，中国都市运动的主体是农民，中国都市发展的过程可能还需要转移两代农民才能达到与西方发达国家都市同样的发达状态。

这个结论让人受不了，但不容回避。与西方不同，中国都市快速扩张的动力直接来自于农村“非农人口”的转移（在西方的都市里是人口的迁移，是一个城市或城镇到另一个城市的迁移）。中国的都市也有迁移，但比起浩浩荡荡的“转移”队伍来说，目前绝对不占主流。在这支“转移”大军中，尽管形形色色但日后对都市发展起重要影响作用的几类“移民”不得不提：一是出生在农村，生活在农村，在城里大学毕业后留在城市工作的，这往往是一个农村家族伸向城市的触角，通过它，沟通了城市与乡村的多种亲缘与非亲缘的网络，有了城与乡最基层的“统筹”。不仅如此，若干年后，这批人中的精英成为都市决策与管理的中坚，他们的思想与思维基本可以主导一个新区甚至一个城市的发展。在北京、南京等都会性的城市里，政府机关公职人员的履历表上，籍贯本市的似乎都是少数，大部分来自于本省或者外省的农村就是最有力的说明。二是从农村当兵后部队复员转业的军人，与农村大学生的经历相似，他们也成为都市移民中的主要成员。三是一部分招工、招干及其家属，他们或因机遇垂青，或因工作业绩突出，从本省、本市的乡村一下子进入都市，随之将一个家族从农村转到都市，有的甚至还会将同村、同族的一群人引进城市。四是都市空间快速扩张过程中，以镇、乡、村为单元的区划调整的户籍“城市化”，一个行政区划的调整，或一纸出让土地的协议，一夜间可以将昨天的农民变成今天的市民。五是“农民工”中的一部分有能力的幸运者，靠自己的打拼转化为新市民，这是目前中国都市化进程中数量最为庞大的群体，他们首先是都市生活中“脏、累、差、苦、廉、羞”工作的承担者，其后是这些工作的管理者与经营者，最后是相当一部分人放弃这些工种，转向其他体面工作的劳动者与经营者。在此过程中，他们经历了从非农化到“都市化”的角色转变。上述五种浩荡的人群构成了中国都市运动的主体，这是中国特色的都市运动有别于西方国家的很重要的方面。诚然，西方发达国家在半个世纪前的城市化过程中也经历过相似的过程，但西方国家的都市化是在城市

中国都市运动的主体是农民，中国都市发展的过程还需要转移两代农民才能达到与西方发达国家都市同样的发达状态。

化比率大致超过60%之后出现的，而我们与此相比至少提前了30个百分点。正因为此，中国的都市发展除了出现了西方都市化过程中的一些问题特征外，也仍然表现出广大发展中国家都市化过程中的普遍性。不仅如此，中国都市运动主体的文化特殊性使上述的特性表现出比其他国家更加多元的复杂性。这是本书在10个都市个案的讨论中经常能够感受到的问题症结或许也是重要的特色。

三、关于做"大"的情结

城市化、都市化的过程从空间上就是一个从村庄到城镇，从城市到都市的发展过程，这实际上就是一个由"小"变"大"的过程。它几乎在任何国家都是如此。然而，这一般性的发展规律在中国将不可避免地会演化出比其他国家更加登峰造极的结果。这不仅是因为中国有着世界上最大的人口规模以及中国都市运动的独特背景与机制，而且还有着更深刻的文化渊源。中华民族自古就比任何其他民族更加崇尚"大"，这是一种属于骨子里、血液中、基因内的"偏好"。几千年来，作为泱泱大国的人民一直以"大"而自豪，以"大"而理直气壮，这已经是中国人与生俱来的秉性，并在不知不觉中成为我们的审美尺度与价值判断的基石。

在文明与科学尚未站稳脚跟的时代，"大"确实比"小"更好。"大"意味着成规模，成规模就是有力量，有生产力与战斗力；不仅如此，"大"还是一种令人敬畏，令人高山仰止的形象概念。大山、大江、大风、大潮等给人以磅礴的气势，震撼人心的力量；"大"同时也是一种道德境界，大气、大量、大度、"大人"（区别于"小人"）等描述的是人格的魅力，高风亮节的情怀，这些或许只在中国人眼里具有独特褒义的东西，西方人无论如何是不可能完全理解其内在的深刻含义。崇"大"已经成为几千年来中华民族永远解不开的情结！

崇"大"是几千年来中华民族永远解不开的情结。

正因为如此，在中国，"做大"都市本身就有着其他国家与民族不可能有的"基因"优势。因为，大家都希望"大"，大家都热爱"大"，反过来，做"小城镇"、"小城市"天生有意想不到的难度。因为这个民族不屑一顾"小"，也都不愿意被称为"小"。这种情结在你做平头百姓的时候或许会被掩藏，但一旦当你成为一个团体的领袖，或者是一个都市首领的时候，那么这种崇"大"的意识就会迅速地膨胀起来，并成为左右与支配决策行为的最高准则。在中国，城市的“市长”或者“大都市”的决策者，或许就个性而言，不见得每个人都“好”大，但一旦他（她）从平头百姓成为一个空间地理单元，或者行政区域的首领的时候，就由不得他（她）个人的偏好如何，周围一切的一切要求他（她）必须做“大”，因为做“大”了才更能体现自身的能力与价值。由此推论，我们即使暂时不讨论中国的都市将来会如何，但有一点可以先下结论：做“大”应该比做“小”更加名正言顺。

四、关于城市转型

本书的结构分为两大部分，第一部分是有关中国都市运动与城市转型的理论研究，在这一部分中，作者试图将中国都市运动放到全球化的背景下进行深入的考察，通过城市转型的研究，期望全面了解与把握中国都市运动中城市转型对未来中国都市发展的影响，并以规划的视角从制度演变、规划引导、城市规划与城市发展的互动与影响等方面将作者的思考进行总结；第二部分选取了作者近五年主持与参与的 10 个城市的规划研究报告作为个案，涉及的规划类型是多样的，这其中包括都市区规划（都市圈规划）、城镇体系规划、市域总体规划、发展战略规划、概念规划、空间规划研究等。从中国版图上说，它们覆盖了长三角、珠三角、东北地区、中部地区与西部地区。从发展水平看，有比较发达地区、中部欠发达地区以及西部边远落后地区。从城市级别上说，有现有的大都市向国际化都市目标迈进的个案，也有一些正在成长中的次区域中心向都市发展的例子。从发展与转型的内容上看，有从高端化、品质化、精致化转型的要求，也有快速推进城市化，数量与质量同时并进的转型目标与内容；有城市向“区域城市化”转型的战略，也有“城市区域化”的阶段性建议。书中所选取的例子，都是现为地市级以上的城市。按人口规模与相关标准，都是属于超过 50 万以上建成区人口规模的大城市或特大城市。在全国，50 万以上的大城市中，它们或许具有一定的代表性与典型性，也具有成长性与趋势性。因此，对上述个案的研究是一件十分有意义的实验工程，也是一个十分复杂的工作。

> 中国的都市处在不同的“变奏”阶段，具有不同的转型模式。分析与总结不同特点的模式，有助于我们了解在“总体快速发展”的主旋律下，不同类型的“变奏”与“转型”的典型性与普遍性、差异性与共性的时空特征。

由于资源的不同，发展条件的差异，原有的基础水平以及现在把握机遇的能力的差别，使得中国的都市处在不同的“变奏”阶段，具有不同的转型模式。分析与总结不同特点的模式，有助于我们了解在“总体快速发展”的主旋律下，不同类型的“变奏”与“转型”的典型性与普遍性、差异性与共性的时空特征。在本书中所讨论的都市转型模式，尽管不是中国城市转型模式的全部，但已能从中窥视与了解中国都市运动目前的走向与发展目标，因而也能够为我们正确把握未来中国都市运动发展的基本趋势提供一点帮助。

在中国的都市运动中，上述城市尽管所处的区域，所处的发展水平，所面临的转型目标与要求等存在较大的差异，但毫无例外地都高举起“转型”的大旗，迈着坚定的步伐，在思索与矛盾中，在理性与激情中，在迎接机遇与接受挑战的现实中谱写着浪漫、抒情而又伟大的篇章。作为一部史诗般的篇章，中国的都市运动正在以荡气回肠、动人心魄、时而激越、时而舒缓的主旋律奏响在五千年文明的上空。

五、关于有机集中

就中国的国情与现实的环境而言，如果过多地强调或者片面地理解与应用“有机分散论”的话，有可能产生严重的负面效果。

空间有机集中理论与模式是笔者于本世纪初最先在国内期刊的一篇文章中提出的，后在《城市空间集中与分散论》(2002 年)一书中进行了较为系统的阐述。时至今日，这一尽管不成熟的理论已逐渐为规划界的同行所了解与熟悉，并在许多的规划实践中得到应用。在此之前，我们讨论并引用最频繁的要数伊利尔·沙里宁的有机分散理论。就中国的国情与现实的环境而言，尤其是日益严重的土地与空间资源的压力，快速城市化过程中城市空间迅速扩展与蔓延的趋势，机动化时代为空间分散所提供的物质条件，以及社会空间加速分异所产生的低密度空间强烈的社会需求等，如果过多地强调或者片面地理解与应用“有机分散论”的话，有可能产生严重的负面效果。

本书的规划研究个案，就是以城市转型为契机，实现科学发展观指导下的、以可持续发展为价值观的都市空间有机集中的理想，并以此整合与重组都市的土地、产业与空间资源，以此引导都市运动的良性发展。

从提出“有机集中”理论至今已过去了 6 年，在此期间，笔者在主持过的数 10 个各种类型的城市与区域规划与设计的项目与课题中，广泛运用了有机集中的理论模式于城市与区域的规划方案，并在南京大学的城市与区域规划专业的研究生与博士生课程中讲授“有机集中”的思想。本书中讨论的 10 个都市地区空间发展的规划研究个案，核心的内容与目标就是试图通过对不同类型城市发展中存在的问题、面临的机遇与各种各样的挑战的分析与研究，以城市转型为契机，实现科学发展观指导下的以可持续发展为价值观的都市空间有机集中的理想，并以此整合与重组都市的土地、产业与空间资源，以此引导都市运动的良性发展。尽管各个城市的发展水平与发展阶段存在差别，但贯穿上述规划研究方案的核心理念无一例外地采用了“有机集中”的思想。从实践的效果看，在上述规划成果的评审过程中，均获得了当地规划部门及评审专家的认可与支持，这进一步鼓舞并激励了笔者对此作更深入的思考与研究。

本书就核心的价值观而言，可以看作为《城市空间集中与分散论》的姐妹篇，尽管各自的研究视角不同，但城市空间有机集中的思想是这两本书共同的主旋律。如果说在《城市空间集中与分散论》一书中讨论的是有关理论性框架与理想模型的话，此书应该是对理论性框架的进一步充实与理想模型的具体应用与发展。这实际上也是激发此书写作的一个动机。相信这样阶段性的梳理与总结对笔者、规划界的同行以及广大的学生来说都是一件有意义的事情。当然，最为重要的是，通过此书的出版，可以获得更多的批评指正的意见，这应该是笔者期望的最为宝贵的财富。

六、关于《前言》

本书的《前言》是一种“离经叛道”的写法，疑似一篇议论性的“散文”，打破了人们习惯中的《前言》的模式。尽管如此，笔者仍然坚持这样的尝试。因为在笔者看来，惟有这样的“散”才有可能将本书中试图讨论的问题以电影闪回的方式在此开宗明义；也惟有这样的“离经叛道”，才有可能满足笔者在《前言》中试图表达的观点与偏好。实际上，本书确实是一本具有城市评论或者议论风格的书，是一本试图给城市挑毛病、指方向、给方案、提措施的书，这既包含着笔者对这些城市的满腔热情，也透露着笔者的不满情绪与可能的偏见；其中有过分理想主义的魅影，也有自我中心主义的部分色彩，无论是哪方面的缺点与错误，都恳求广大的读者见谅。在前所未有、波澜壮阔的中国都市运动面前，任何人都有权对自己热爱的城市作出自己的评论与要求，尤其是新的《城乡规划法》的实施，进一步将公众参与城市规划的权利定格为基本的市民权，这一历史性的进步可能意味着，今后的中国，城市的各种规划与城市的发展将成为城市市民经常性的热门话题，因此公众什么样的体会与议论都是正常合理的，不正常不合理的反倒是压制或者限制市民的这一权利。从某种意义上说，此书有可能成为激发市民关注城市规划、热心城市发展而自觉地参与城市规划的一本启蒙读本。如果有此效应，那将是笔者一个喜出望外的收获。

目 录

CONTENTS

第四章 从“二元分散”到“双核多元”——深圳空间结构形态转型研究

第五章 从“部分补短”到“整体补齐”——大连城市发展模式转型研究

第七章　从“借船出海”到“造船出海”
——后特区时代汕头发展战略转型研究

第八章　从“弱中心”到“强都市圈”
——泉州都市圈域空间重构与转型研究

第九章 从“资源型城市”到“功能型城市”——黄石城市功能转型研究

第十章 从“高原明珠”到“滇西中心”——旅游城市大理城市定位转型研究

第十一章 从“内陆盐城”到“滨海都市”
——沿海欠发达城市盐城跨越式发展转型研究

第十二章 从“均衡分散”到“有机集中”
——嘉兴市域空间发展模式转型研究

第一章

背景审视：都市运动的潮流

经历了百多年的屈辱之后，中国正在以独特的方式表达着自己的重振和崛起。建国之后，中国就一直在这种狂热和激情当中曲折地前行。先是封建主义到社会主义、农业社会到工业社会，再是计划经济到市场经济、封闭到开放，还有未来可以预见的许多方向，都一致地反映了中国社会发展的基本特征和线索——“转型中发展”。

归根结底，“转型”就是“大变”。“变”有三个维度，一曰十年期的时尚之变，二曰百年期的缓慢渐变，第三种变化并不基于时间维度，通称“激变”或“剧烈脱节”。这种变化实为根本性的摇撼和震动，它动摇乃至颠覆了我们对坚实、最核心的信念和规范，怀疑或告别过去，以无可遏止的创新冲动奔向未来（周宪，许均，1999）。

尽管全面把握未来中国的发展方向是一件伤脑筋的事情，但在一些领域的学者（如城市学家、社会学家、地理学家等）看来，数千年来沿袭的乡村社会必将被高度文明的城市社会所取代，并最终会被更高文明的都市社会所代替，这正是反映未来中国走向的基本线索。从这个角度审视中国社会的全面转型，确切地说，是城市转型，便需从“乡村—城市—都市”的基本运动和背景中去挖掘。

“都市”并非英语中既可译为“城市”也可译为“都市”的“Urban”，而是来自希腊词汇，又被诸多西方社会学家使用的“metropolis”，即巨大城市。都市就是指那些规模较大、发展水平较高的城市。它是人类城市化的高级空间形态。

按照城市规模划分的通常做法，大于100万为特大城市，50～100万为大城市，小于50万为中小城市。根据我国的实际情况，中小城市经济实力较弱、辐射影响范围有限，大城市和特大城市经济实力较强，通常也是区域性的中心城市。因此，本书界定，大城市和特大城市是城市成为都市的基本条件，也是本书讨论的主要对象。

一、全球趋势：赶“都市化”大潮

城市是社会生产力发展到一定阶段的产物。农业社会的兴起，使人类从根本上改变了听命和依附于大自然的命运，开始用自己的意志和力量去改变自然界（沈建国，2001）。手工业、商业的发展以及与农业的分工则产生了世界上第一批城市。澳大利亚著名考古学家和历史学家戈登·柴尔德，曾把农业的出现和城市的产生分别称为“新石器时代革命”和“城市革命”，以此说明城市的产生在人类社会发展进程中的巨大影响。

城市自产生伊始，就作为一种与农村截然不同的地域景观和生活方式，勾勒了人类生产方式和价值观念的新图景。开始于18世纪中期的英国工业革命形成了以机器大生产为特征的生产方式，并以铺天盖地的气势和规模彻底颠覆了人类生产和生活的主体形态和主流价值观，大规模的人口从乡村流向城市，开始了世界历史上真正意义上的城市化历程。在工业革命的带动下，1851 年英国的城市化水平超过 50%，成为世界上第一个城市化国家。

随着工业革命的全球扩散，“城市化”逐渐成为一种全球性的趋势，成为人类生产生活一系列转变的集中概括。以城市人口超过农村人口为标志，德国、美国、加拿大、法国、日本等发达国家于 19 世纪末到 20 世纪中期先后成为城市化国家。二战以后，世界政治经济形势的变化、第三次科技革命的兴起推动了城市化的重心从发达国家向广大发展中国家转移。拉丁美洲、亚洲、非洲的数十亿人口、上百国家地区的参与，开启了世界城市化历史上最为壮观的一幕，推动了世界整体城市化水平的快速提高。

可见，城市化贯穿了人类社会发展的始终，推动了人类社会从原始走向文明。从两百年的城市化经验看，在城市化进程积累到一定程度后，确乎存在着一个从城市化向都市化的飞跃或质变过程（刘士林，2006）。尤其是工业革命以来，城市化速度加快、范围扩展、影响深入，不仅全面重构了人类的生产生活，其本身也不断更新着自己的外部表现和内在特征，从而使得世界城市发展的历史总体上表现出“城市化到都市化”的鲜明特征①。

都市化（Metropolitanization）② 是都市在社会经济发展中地位上升和影响增大的过程。国际都市化的迅速加快不仅是现代世界城市化的一个重要趋势，而且也是现代城市发展的一个高级阶段，尤其是在二战以后，这一特征表现得更为明显（文军等，1997）。

（一）都市（Metropolis）超前发展

工业革命以来的世界城市化在造就数量众多的新城市的同时，原有的城市也在城市化的洗礼中不断扩张与重生。以伦敦、巴黎等为代表的工业化国家的老牌中心城市吸收技术进步和生产变革的成果，城市规模迅速扩大，城市发展水平迅速提高。这些都市的超常发展成为了这一时期世界城市化快速推进的主要标志。19 世纪中期，伦敦成为世界上第一个人口规模超过 200 万的国际大都市；半个世纪后，世界上第一座超过 500 万人的超级大都市产生。相关资料显示，1800 年世界上超过 50 万人口的都市仅有 7 个，1850 年达到 15 个，1900 年急剧增加到 64 个，而 1925 年又进一步增加到 135 个。

20 世纪中期以来的半个多世纪，第三次科技革命的推动、广大发展中国家的参与以及发达国家的持续发展，促使世界的城市化以前所未有的规模和力度深入到我们的社会生产和日常生活。发达国家的都市（伦敦、巴黎、纽约、东京等）发展水平得到了

① 一些学者（如 Edward W. Soja）把城市产生之后的漫长城市化历史归结为三次“都市革命”。第一次发生在 1 万年前，西南亚高地区域，导致了以都市为基础的农业文明；第二次发生在 5000 年后的新月沃土低地，产生了政治革命，导致了城市—国家和以城市为基础的帝国、王权、有组织的社会阶级和等级化的社会权力的形成；第三次发生在西欧工业革命时期，形成了都市—工业资本主义的基础。

② 类似的提法还有“大城市化”。“大城市化”最早由饶会林于 1991 提出，他指出，大城市化作为一般规律，主要表现在两个方面：一是在城市化过程中，城市规模的普遍扩大，中小城市不断地发展为大城市，大城市不断地发展为更大的城市；二是城市规模等级越高，其城市人口的增长速度越快，高等级规模的城市人口比重不断上升。

进一步提高，发展中国家的许多都市（香港、新加坡、墨西哥城、上海、北京、圣保罗、孟买等）也迅速跻身世界都市化的进程当中。从1950年到1995年，人口超过50万的都市数量从189个增加到662个，增加了2.5倍，都市人口占城市人口的比重增加了12个百分点。

图1-1　1970年人口超过800万的城市

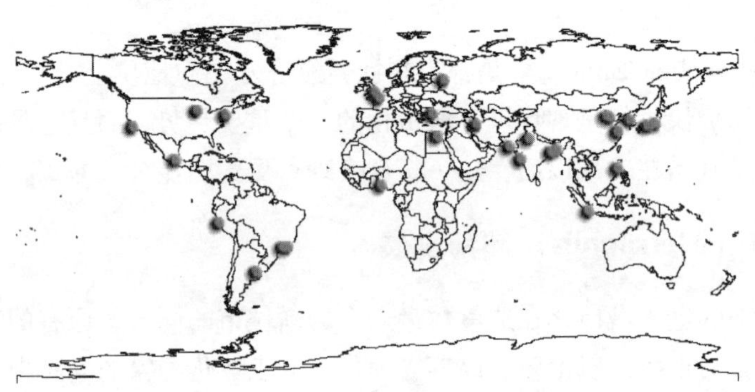

图1-2　2005年人口超过800万的城市

1950~2015年的世界城市体系结构变化　　表1-1

		1950年	1965年	1980年	1995年	2010年	2015年
>1000万	数量	1	3	5	14	23	26
	人口百分比	1.6	3.3	4.3	7.6	10.1	13.6
500~1000万	数量	7	13	21	23	32	38
	人口百分比	5.6	7.7	9.0	6.7	6.4	6.7
100~500万	数量	75	120	187	288	419	463
	人口百分比	15.7	19.3	20.3	22.0	23.6	23.6
50~100万	数量	106	155	220	337	397	407
	人口百分比	9.8	9.4	9.1	9.0	7.8	7.1
<50万	人口百分比	64.2	60.3	57.3	54.7	52.2	52.1

资料来源：World Urbanization Prospects, The 1996 Revision, United Nation, New York, 1998.

都市的超前发展、都市化特征的不断显化，不仅表现为都市的数量快速增长，而且都市的规模越来越大。潮水一般的人流仍然在不断涌向都市，带动了都市以惊人的速度不断膨胀着，而且这种膨胀仍然看不到结束的征兆，甚至许多都市都还没有减缓的趋势。据联合国相关机构统计，1950 年，全球超过 800 万人口的巨型城市仅有 2 个；到 1970 年，这个数目增加为 10 个；1990 年，这一数目进一步增加到 20 个，东京的人口规模甚至接近 3000 万；2005 年，这个数目又进一步增加到 28 个。这些国际化的都市已成为一个国家或地区参与全球化进程的先行者，也是全球化时代城市化和城市经济发展的一个重要特征和必然趋势（文军等，1997）。另据联合国的长期研究计划估计，到 2030 年，全球人口数将增长到 82.7 亿人，而人口增加最快速的将会是都市区，即将有 2/3 的世界人口居住在都市区。

（二）首位城市（Primate City）主宰经济发展

大都市尤其是首位城市的超前发展提高了许多国家的城市首位度（首位城市的人口占城市总人口的比重），某些国家的城市首位度甚至高达 30% 以上。这种状况不仅出现在发达国家，而且在发展中国家也表现得同样明显。据计算，1990 年，发达国家中，法国、日本、英国的首位度较高，都在 20% 左右；发展中国家中，泰国、阿根廷、秘鲁、埃及、孟加拉国、菲律宾、墨西哥等国的首位度都高达 30% 以上，泰国更是超过 50%。

20 世纪 70 年代以来，世界范围内的经济重构不仅形成了全球新的经济空间结构，而且也形成了新的空间权力结构。规模庞大、地位显赫的首位城市依靠对社会经济活动高层次管理和控制功能的绝对垄断在很大程度上主宰了所在国家和地区的社会经济发展，决定了区域的发展方向和水平，这表明了 20 世纪中后期世界都市化的新态势。其中，少数首位城市（如纽约、东京、伦敦、巴黎等）更是凭借其在世界城市体系中的突出作用将其影响的触角伸到全球范围，并逐步形成了中央商务区（CBD，the Central Business District）和国际商务中心（IBC，the International Business Center）等新的城市景观。首位城市主宰所在国家甚至全球经济社会事务的趋势已见端倪（顾朝林等，1999）。

（三）都市化区域开始形成

规模大、发展水平高的都市在生产成本、市场需求、设施配套等方面的绝对优势，对人口、经济等要素产生了强烈的吸引力。这也正是都市超前发展、作用日益突出的基础和原因。一些都市无论人口和用地规模还是经济实力都达到了前所未有的水平，这种不断凸显的魅力和优势进一步加剧了人口和产业的集聚，推动了都市一轮又一轮的扩张和发展。而这种缺乏限制和引导的扩张反过来又成为诸多“都市问题”产生的原因，促使人口和产业从长期的向心集聚向相对分散发展，出现了两个相对明显的发展趋势。

一方面，随着经济发展背景的变化，都市的规模扩张表现出了不同以往的分散化特征，大批居民及经济组织离开了原有的都市中心而向周围扩散，从而形成城市中心区人口递减而郊区人口递增的“郊区化”、“逆城市化”运动（文军等，1997）。这种集聚和扩散的双向运动推动大都市地域迅速扩张，与周围中小城镇连为一体，形成了以大都市为核心，大都市与周边地区共同构成的内部紧密联系、有一定空间层次、地域分工和景观特征的都市化区域，即大都市区（顾朝林等，1999）。这种现象在美国表现得尤为突出。1940年，美国就有近一半人口居住在大都市区内，成为一个大都市区国家；而到1990年，美国有一半以上的人口居住在百万人口以上的大型都市区内。"都市区化"① 成为20世纪以来美国都市化的主导特征（王旭，2000）。

另一方面，随着人口和产业的大规模集聚，一些大都市的空间扩张达到了惊人的尺度，其影响范围也不断突破固有的领域和范围，与相邻大都市的影响范围交叉并相互重叠，甚至出现都市实体空间粘连和邻接的极端情况，从而产生了以多个大都市为中心、周边地区紧密联系和一体发展的都市带、都市连绵区等都市化区域。这种发展态势在经济发达、工业和都市化程度高的地区表现得更为明显。目前，世界上已经形成了美国东北部、北美五大湖、英国中南部、欧洲西北部、日本太平洋沿岸、中国长三角等六个都市连绵带。

这些以大都市为中心的都市区、都市圈、都市带等都市化区域以其庞大的规模、雄厚的实力、强大的影响控制了世界经济发展的高层次要素，主导了世界经济发展的潮流。在经济全球化、区域一体化等的强烈冲击下，都市化区域也取代单个的城市成为新的竞争单元，成为衡量区域经济发展水平的新的标志。

（四）全球都市网络（Global City Network）加速重组

知识和信息社会的到来，以及跨国公司对各国经济的不断渗透，使得若干规模庞大、实力强劲的大都市成为具有国际影响的全球都市（Global Cities）。全球都市集中了大量的跨国公司、国际机构和高层次服务设施，控制和引导全球经济发展的命脉。在等级与网络整合的系统当中，通过控制与被控制，世界都市日益形成网络化体系（郑伯红，2005）。全球都市的发展潜力不仅取决于该都市的规模和腹地的大小，以及与地区城市体系的联系，而且越来越取决于它与全球城市体系中其他都市相互作用的强度和协同作用的程度（孙群郎等，2006）。

从上述意义上说，世界都市主要集中在美、日、欧等发达国家，发展中国家的不少城市尽管在规模上毫不逊色，但是在经济发展水平、控制能力等方面与真正意义上的全球性都市仍然存在明显的差距。目前，纽约、东京、伦敦是公认的三个顶级的世界都市，三个城市集中了世界银行借贷总量的45%和500家最大跨国公司总部的1/3，成为世界经济发展的控制中心；而巴黎、香港、新加坡、洛杉矶、法兰克福、芝加哥、悉尼、莫斯科等都市也已经成为了世界都市网络的重要组成部分。

然而，随着中国、印度、巴西、墨西哥等发展中国家的快速发展，上海、北京、孟买、圣保罗、墨西哥城、曼谷等城市正在快速赶上。这些发展中国家的都市快速崛起加速

① 一些学者也用"郊区化"、"去城市化"等描述美国1920年代以来都市化的特征，这些不同的表达方式在本质上并不矛盾。它们一致地表达了相同的含义，即以都市为中心、与周边地区紧密联系的空间表现形式。

了全球都市网络的重组，给全球都市的发展注入了新的活力。

全球都市网络体系　　表1-2

等级	城市
顶级世界都市	纽约、伦敦、东京
次级世界都市	巴黎、法兰克福、香港、新加坡、悉尼、芝加哥、洛杉矶、悉尼、莫斯科、罗马、多伦多等
发展中的世界都市	上海、北京、孟买、圣保罗、墨西哥城、曼谷、布宜诺斯艾利斯、开罗、拉各斯等

二、全球景象：都市化的持续演进

作为世界二百年城市化历史的主导趋势，都市化还在进一步重塑和建构着当今世界的城市特质和形象。经历了长时间的洗礼，都市带给世界的已经不仅仅是职业、产业、景观、生活方式等的转变，而是铺天盖地的文化再造和价值转向。都市化扩展到世界各个角落，与不同地区的文化相融合，并逐渐显现了强烈的地域烙印。

总结不同国家地区的都市化历史和特征，按照都市化空间单元、组织方式等的不同，大致可以总结出都市区化、单极都市化、网络都市化等三种都市化的形式。

（一）单极都市化——发达国家和发展中国家的异同

世界经济发展的控制权越来越向少数规模庞大的都市转移，相同的趋势也发生在国家和区域层面。由于自然和历史等原因，一些国家和地区便形成了一个都市独大并主导该国都市化进程的格局，我们称之为“单极都市化”。这种情况比我们想象的要常见得多，以日本、葡萄牙、韩国、泰国、阿根廷、墨西哥等国家最为典型。据不完全统计，目前首位城市人口达到该国总人口20%以上的国家有近80个之多，并且一些国家竟然超过了50%，如泰国曼谷的人口占全国的55%，葡萄牙里斯本的人口占全国的60%。

典型的单极都市化国家　　表1-3

首位城市	国家	比重（%）	首位城市	国家	比重（%）
曼谷	泰国	54.7	开罗	埃及	34.1
利马	秘鲁	41.3	韩国	首尔	33.6
布宜诺斯艾利斯	阿根廷	40.1	菲律宾	马尼拉	31.2
达卡	孟加拉国	35.2	墨西哥城	墨西哥	30.8

资料来源：顾朝林等．经济全球化与中国城市发展．北京：商务出版社，1999.

单极都市化往往成就了首位城市的惊人规模。比如，墨西哥城集聚人口超过2700万，是世界上最大的城市之一；首尔、开罗、马尼拉、布宜诺斯艾利斯、曼谷的城市人口都超过800万。这些城市控制了绝大多数的发展资源要素，支配着所在国家和地区的经济发展，甚至在很大程度上替代了国家和政府组织的作用，成为全球化网络中的重要节点。

然而，单极都市化过分强调人口和资源向首位城市集中，至少造成了两个方面的严重问题。一方面，首位城市爆炸性增长，交通拥挤、社会分化（发展中国家的贫民窟）、生态破坏等城市问题不断激化；另一方面，首位城市过分繁荣，其他地区日渐萧条，区域差距、城乡差距扩大，威胁到社会经济发展的持续稳定。上述两个方面的问题在发展中国家和发达国家表现的程度和特征差别很大。

图1－3　“城郊不分”的洛杉矶

摘自：http：//www. rmqi. cn

内外交困、不断凸显的都市问题以及工业化与城市化的“时滞”，反映了发展中国家（以泰国、马来西亚、阿根廷、智利等东南亚、拉美国家最为典型）对首位城市膨胀的失控和无奈，以致一些学者认为，这些国家正在经历着“过度都市化”、“虚假都市化”的阵痛。都市化在这些国家并未惠及所有的区域和人口，而是演变为极少数城市和区域的游戏，成为少数精英控制和主导多数人的途径和手段。

相比之下，发达国家尽管存在相同的问题，但更为突出的表现是空间社会分异、种族歧视、犯罪增加、交通拥堵、环境质量下降等“都市病”。都市规模的扩大使得人们的通勤达到了空前的距离，伴随着郊区化、再中心化等不断的空间调整和重组，这些都市的社会空间分异也愈演愈烈，而区域层面的发展机会不公也同时加剧。这样的情况在日本表现得尤为明显和突出——从1960年到1990年，东京都市圈人口占全国人口的比重从16.7%增加到23.6%；1995年仅东京都23区人口就已达1283万；1990年以后，尽管这种集聚的趋势得到了部分缓和，但从根本上说，包括大阪在内的其他地区仍然饱受着发展中的“衰败”的困境，公司总部、高端产业、高科技人才仍然不断地流向东京。

日本人口向东京都市圈的集中情况（1960～1990年）　表1－4

地区	人口（千人）							
	1960年	比重（%）	1970年	比重（%）	1980年	比重（%）	1990年	比重（%）
东京	15788	16.7	21953	21.0	26343	22.5	29200	23.6
大阪	10323	10.9	13640	13.0	15422	13.2	16210	13.2
名古屋	5392	5.7	6774	6.5	7828	6.7	8432	6.8
其他地域	62799	66.7	62298	59.5	67468	57.6	69769	56.4

资料来源：张文尝，金凤君，樊杰．交通经济带．北京：科学出版社，2002.

（二）（大）都市区化——美国的表现

“大都市区”是以一个都市为中心，包括周边密切联系、一体化发展的地域功能单元。

这一概念首先于1910年被用作美国人口统计的单位，经多次修订并一直延续下来。

但是，“都市区”真正从一个单纯的统计单元走向美国城市化的前台是源于1920年代城市时代的到来和郊区化的开始。1920年到1940年，美国大都市区的规模和数量普遍增长。1920年，美国有58个大都市区，其人口占全国的1/3；1940年，大都市区增加到140个，比例增加到近1/2，大都市区已成为城市化的主要形式，美国进入大都市区时代。1940年到1990年，美国的大型都市区优先增长，大都市区数量增加到268个，人口达到2亿，占全国总人口的比例达到80%，已经有一半以上的人口居住在大型都市区内①。

美国的都市区化过程 **表1-5**

年份	所有大都市区			百万人口以上的大都市区		
	数量	人口（万）	比重（%）	数量	人口（万）	比重（%）
1920	58	3593.6	33.9	6	1763.9	16.6
1930	96	5475.8	44.4	10	3057.3	24.8
1940	140	6296.6	47.6	11	3369.1	25.5
1950	168	8450.0	55.8	14	4443.7	29.4
1960	212	11959.5	66.7	24	6262.7	34.9
1970	243	13940.0	68.6	34	8326.9	41.0
1980	318	169940.0	74.8	38	9286.6	41.1
1990	268	19772.5	79.8	40	13290.0	53.4

资料来源：王旭．美国城市史．北京：中国社会科学出版社，2000.

可见，20世纪美国城市化的主导趋势是都市区尤其是大型都市区的发展。这种以都市为轴心横向扩展，从而使其市区和郊区规模不断扩大、城市化水平不断提高的过程，称为大都市区化（王旭，2000）②。与城市化、郊区化等概念相比，大都市区化更加准确地概括了大都市区在都市化中的地位和作用，同时突出了都市化在地域上的整体特征。

大都市区化的持续推进使得都市本身从有限的空间尺度扩展到地域面积达数百甚至上千平方公里的范围，囊括了数个甚至数十个单独的城市，改变了“城”、“乡”的传统含义和表现，也对美国的社会生活产生了深远的影响。构成大都市区的郊区和市中心区各自走上了既相互关联又相互排斥的道路（王旭，2000），市中心区的衰败和贫穷与郊区的繁荣和富庶并存，伴随而来的是居住隔离、种族问题、贫困问题、空间蔓延、非人性化、交通问题等相互交织的各种问题。郊区与中心区的分化与冲突，随着一个个大型都市区的崛起和繁荣而不断固化和传承，即使经过中心区重振、城市更新等努力，也只能得到部分的缓解，仍然在20世纪60年代形成了都市危机。洛杉矶是美国都市区化的极端例子，这个“车轮上的城市”在1920年后的10年间，市中心区人口增长了26%，而西郊人口竟增长了612%。

① 相关数据参考：王旭．美国城市史．北京：中国社会科学出版社，2000.

② 其他影响较大的说法还有美国肯尼思·杰克逊教授提出的“马唐草边疆”。马唐草（Crabgrass）是一种生命力极强的野草，下部茎节着地便生根，横向蔓延迅速，并难以拔出和根除。用它来借喻美国郊区化的蔓延，形象贴切。

以美国为代表的都市区化，经历了从城市化到郊区化（逆城市化）再到再城市化的演化过程，并且以都市空间的低密度蔓延和郊区与中心区的强烈同化为主要特征，这在土地资源丰富、人口密度较低的美国有其存在的客观条件和基础。

（三）网络都市化——欧洲的特点

与美国相比，欧洲都市的规模要小很多，超大规模的都市数量也少。它们不是以规模和繁华而有名（除了伦敦、巴黎城市规模较大以外），而是以良好的环境和深厚的历史文化底蕴而闻名于世，德国便是典型的代表。除了柏林、慕尼黑、汉堡的城市人口超过100万以外，德国其他城市的人口大都在50万以内，但这并不妨碍德国成为世界上城市化水平最高的国家之一。

通过研究欧洲的都市发展状态，希尔德·海林（Hilde Heynen）、安德烈·洛克斯（Andre Loeckx）和马赛尔·斯梅茨（Marcel Smets）把“网络化大都市”作为对欧洲都市的主要存在状态的概括，并把它定义为“建立在不同城镇的网络结构之上，由许多城市和连接这些城市的网络构成”，以英国（大伦敦、曼彻斯特、利兹）、荷兰兰斯塔德地区（Randstad）、比利时（布鲁塞尔—根特—安特卫普三角区）和德国（鲁尔—莱茵地区以及莱因河上游各地）最为典型。欧洲的“网络都市化”实际上以强调各都市平等发展、都市之间保持水平联系为特征。

鲁尔区位于德国西部，面积4593km^2，占全国面积的1.3%。区内人口和城市密集，人口达570万，占全国人口的9%；区内5万人口以上的城市24个，其中埃森、多特蒙德和杜伊斯堡人口均超过50万。

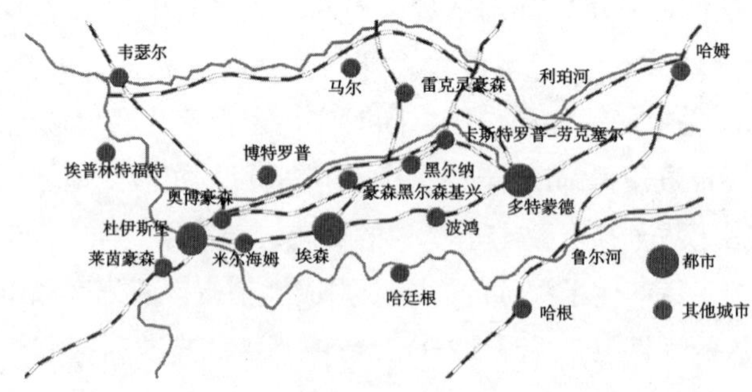

图1-4 德国鲁尔区网络都市结构

与美国的“都市区化”相比，都市延伸的趋势在欧洲也很明显，但城市和郊区的传统区别依然存在，而且，欧洲的离心化过程伴随着城市中心区的延续，它们尝试在统一层面上尽量使当前的向心性与范围和速度的增长步调一致。因此，欧洲城市必然会沿着网络城市的方向发展（根特城市研究小组，1997）。

网络都市化不仅可以有效地避免都市规模过大带来的一系列棘手的问题，而且可以在更大的范围内共享发展机会和成果，有力地推动区域的一体化进程。但与此同时，都市规模带来的光环并未完全失去人们的钟情，欧洲的许多都市在保持自身发展特色的同时也丧失了全面接触世界的机会和能力，众多的中小城市只有依仗与少数都市的网络化联系减少和缓冲城市规模对全球化带来的屏蔽效应，在这样的背景下，人口规模超过800万的伦敦都市区的长久辉煌也就不足为奇了。

（四）都市区域化与区域都市化——延续的大势

不论发达国家的都市化以什么样的面目（郊区化、再中心化、逆城市化）出现，也不论发展中国家都市的状况糟到什么程度，就像一直以来从未停歇的“从农村流向城市”的大潮一样，人们向都市特别是大型都市流动的浪潮依然热度不减。而且，世界范围内都市的超前发展和“唾手可得”的遍在机会仍然在像“黑洞”一样对人们施加着致命的诱惑。创业者闻风而动，年轻一族趋之若鹜，打工者蜂拥而至……都市的奇迹与神化还将继续下去。

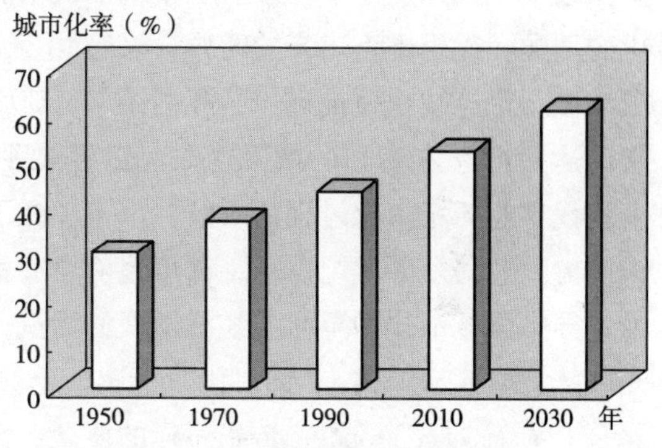

图1-5　世界城市化水平预测

世界都市化发展预测　　表1-6

年份	1950	1965	1980	1995	2010	2015
>1000万人口	1	3	5	14	23	26
500~1000万人口	7	13	21	23	32	38
100~500万人口	75	120	187	288	419	463
50~100万人口	106	155	229	337	397	407

资料来源：World Urbanization Prospects, The 1996 Revision, United Nation, New York, 1998.

尽管难以预料都市化进一步推进的形式，但都市化的磅礴气势和宏大规模仍将是一个毋庸置疑的世界性趋势。这种趋势不难从过去的几十年城市化和都市化的历史中阅读出来，也不难从当前人们的执着和热情中体会得到。更为形象具体的证据则是都市区域化与区域都市化的双重推进——一个个都市正在从“点”扩充为“面”，其本身正在成为一个“区域”；一个个区域正在从“多元”内化为“一元”，其本身正在成为一个“都市”。人们越来越难以分辨自身所处的环境，越来越感觉到都市化的无孔不入和都市区域的无所不在。

三、中国潮流：从都市化到都市运动

世界两百年城市化的不断推进以都市化的发端和演进为主旋律。直至目前，都市化仍然在规模、速度、影响等方面代表了城市化的方向和趋势，不断重塑着生产生活的方方面面和人类社会本身。身处都市化浪潮中的中国也正在经历有史以来最为深刻、最为全面的社会经济变革，而这次变革同样得益于都市化的迅速推进。

对于发展中国家和地区而言，在都市化进程的冲击与裹挟下，由于从一开始就丧失了其发展的自然历史进程，因而往往表现出更加强烈的都市化倾向（刘士林，2006）。这在中国改革开放尤其是20世纪90年代末以来表现得尤为突出。当我们还未从城市化曲折历史的回顾和反思中走出来的时候，城市化发展的30%拐点（1996年）已经渐渐远去，中国的城市化持续快速推进；当我们还未从30%拐点的讨论中冷静下来的时候，50%（2005年已达到43%左右）的城市化时代已经触手可及；当我们还在热衷于农民涌向城市、工业替代农业的城市化过程的时候，都市却在不知不觉中超前发展，站在了中国城市化的风口浪尖。尤其是新世纪以来，都市超前发展引领的都市化从背景转变为现实表现，真正成为主导中国城市化乃至社会经济发展的潮流。

从这个意义上讲，“都市化”的表达已显苍白了。因此，我们提出“都市运动”（the great process of metropolitanization）的概念，意在突出中国都市化的罕见速度、庞大规模和深刻影响。根据现代汉语词典的解释，“运动”一词包含两个方面的涵义，一个方面是指宇宙中所发生的一切变化和过程，从简单的位置变动到复杂的人类思维都是物质运动的表现，是一般意义上的普遍现象；另一个方面是指政治、文化、生产等方面有组织、有目的且声势较大的群众性活动，是特殊背景下的独特现象。而“化”为动词，是一种相对稳定的过程，侧重表达城市化的过程，当这一过程的规模、速度、影响成为一种浩浩荡荡和包罗万象的主流，用“化”就难以刻画出这一过程的气势；同时，“化”属中性词，不具有感情色彩，侧重表达城市化的现象，当这一过程由于全国上下的推动而具备主体性而掺杂感情色彩的时候，用“化”就更难以捕捉人们对这一过程的认识和期待。

都市的超前发展已经成为覆盖全国的趋势，使得中国的都市化成为了一场声势浩大的群众性、社会性运动，单纯的“都市化”已经难以表达这场潮流的特点和气势。从这个意义上说，都市化从世界走向中国，“都市运动”则把中国推向了世界都市化的前沿。一场历史上前所未有的波澜壮阔的“都市运动”在中国大地上形成并逐渐达到高潮。它冲破了传统体制和政策的束缚，动员了全国13亿以上的人口，涉及几乎所有的城市，遍及全国所有省市区。

（一）都市化急速推进

美国经济学家、诺贝尔奖获得者斯蒂格利茨说过：“在21世纪初期，影响世界最大的两件事，一是新技术革命，二是中国的城市化”。中国的城市化正在以世所罕见的速度、前所未有的规模和全面深刻的影响向世人昭示着它的独特魅力。与其说这表征了中国城市化的无穷魅力，还不如说这给都市化的推进提供了历史性的舞台。正是有世界城市化历史上从没有过的庞大的人口规模和惊人的速度，才得以使得都市化在中国从自然发展演变为急速推进，从而成为一场声势浩大的运动。

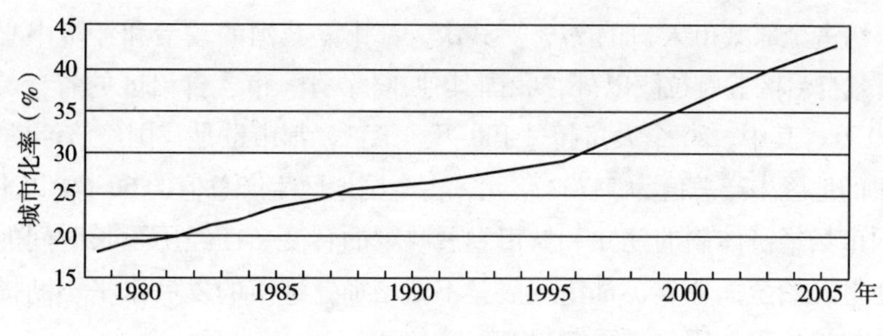

图 1－6　中国城市化水平发展历程

改革开放以来，中国的都市化进入了前所未有的持续稳定发展时期。以 1995 年为界把改革开放以来中国的都市化进程分为两个时段：1978～1995 年，中国的城市化水平从不足 18% 提高到 29%，年均提高 0.65 个百分点；城市人口从 1.7 亿增加到 3.5 亿，年均增加 1050 万。1995～2005 年，中国的城市化水平从 29% 增加到 43%，年均提高 1.4 个百分点；城市人口从 3.5 亿增加到 5.6 亿，年均增加 2100 万。以 1996 年我国城市化水平超过 30%（30% 通常被认为是城市化水平加速发展的起点）为标志，我国的都市化进程明显加快。

1996 年我国的城市化水平达到 30%，表明我国城市化进入了更加快速发展的阶段，短短 10 年的时间，我国城市化水平就提高了 14 个百分点，达到了 44% 左右，而同样的过程，英国和法国用了 40 年，美国用了 20 年。同时，与已经完成和正在进行都市化的其他国家和地区相比，中国都市化的规模在世界城市发展史上也是绝无仅有的。1978 年以来，我国城镇人口从 1.7 亿增加到 5.77 亿人。仅仅用了不到 30 年时间，我国就实现了 4 亿人口的城市化。特别是 1998 年以来，我国城市化水平年均提高 1 个百分点以上，仅仅用了 8 年时间就完成了近 2 亿人口的城市化，这就相当于前两次世界城市化浪潮的人口规模。按照都市化发展的一般趋势，我国城市化水平最终达到 70% 时（总人口按 16 亿计算），还将有超过 5 亿的人口需要城市化，而这一过程很可能在未来的三四十年内完成，这几乎相当于第三次城市化浪潮人口规模的一半。

根据目前的发展趋势，未来都市人口占城市人口的比重将进一步上升，至少会超过目前 50%～60% 的水平。则未来，我国仍将有至少 2.5～3 亿的人口转移到都市当中，相当于再造 200 个以上的百万都市，仅此就相当于目前世界上百万都市的数量。

（二）都市地位持续强化

都市是现代化的最直接的空间载体，也是一个国家参与经济全球化竞争的支撑力量。根据世界经验，都市的超前发展是世界城市化的一般规律，多数发达国家也基本上都走过了从农村到城市，再从分散的中小城市向大的中心城市集中的过程。都市在我国社会经济发展中的中心地位在过去的十年间得到了快速提升，这从都市的数量增加和发展水平提高可以清楚地反映出来。

改革开放以来，都市一直都在我国的社会经济发展中占据主体地位。首先，都市集中了我国城市人口的一半以上。2005 年，我国 50 万人口以上的大城市和特大城市人口总数达

18458.53 万，约占全部城市人口的77%。其次，都市是我国的政治和经济中心。截至2005年底，除了西藏自治区首府拉萨以外，我国其他30个省、市、自治区的省会、首府的人口规模均超过50万，其中，26个人口超过100万。第三，都市也是我国经济活动集中的地区。2005年，都市的地区生产总值为78732亿元，占全国地区生产总值的66.6%以上。

随着我国市场经济体制的建立和城市发展政策的转变，在经历了长时间的压抑和限制后，都市的能量开始全面释放，都市的数量不断增加，都市的发展水平不断提高，它在我国社会经济中的地位和作用仍在不断提高。

根据建设部发布的数据，1978~2003年，中国100万人以上的特大城市从13个增加到49个，50万至100万人的大城市从27个增加到78个。而据2006年《中国城市发展问题观察》的预测，到2010年，中国百万人口以上的城市还将进一步增加到125个左右，其中200万人口以上的特大城市将达到50个左右。1998年，我国百万以上的城市有38个；而到2005年，百万以上的特大城市增加到54个，其中21个城市人口规模超过200万，上海更是超过1000万。

中国都市数量的变化 表1-7

	城市数量				构成（%）		
年份	合计	>100	50~100	<50	>100	50~100	<50
1949	132	5	7	120	3.8	5.3	90.9
1958	184	10	18	156	5.4	9.8	84.8
1970	177	11	21	144	6.2	11.9	81.9
1980	223	15	30	178	6.7	13.5	79.8
1990	467	31	28	408	6.6	6.0	87.4
1998	668	38	47	583	5.7	7.0	87.3
2000	663	40	53	570	6.1	8.0	85.9
2005	660	54	77	529	8.2	11.7	80.1

数据来源：《新中国城市50年》、《中国城市统计年鉴》，《中国城市统计年鉴》。

改革开放后中国城市规模结构变化 表1-8

	非农业人口（万人）				构成（%）		
年份	合计	>100	50~100	<50	>100	50~100	<50
1985	16122	5646	3126	7350	35	19.4	45.6
1990	19329.81	7484.3	2663.11	9182.4	38.7	13.8	47.5
1998	25706.69	10118.64	5366.79	10221.26	39.4	20.9	59.3
2005	38185.65	13175.12	5283.41	19727.12	34.5	13.8	51.7

数据来源：《中国城市统计年鉴》、《中国城市统计年鉴》。

另一方面，经济全球化和区域一体化进程的推进使得我国许多城市特别是都市与周边区域的联系日益紧密，一些区域以一个或多个都市为中心，形成了都市区、城市带、城市群等各种形式的都市区域。这些区域城镇分布密集、人口规模庞大、发展水平较高，以都市为组织和管理中心，往往在区域的经济发展格局中具有举足轻重的地位。目前，我国已经形成了珠三角、长三角、京津冀等三大都市地区，珠三角以香港、广州、深圳等都市为中心，长三角以上海、杭州、南京等都市为中心，京津冀以北京、天津、石家庄、唐山等都市为中心，三大都市地区创造了全国近一半的 GDP，在我国的经济发展中具有举足轻重的地位。

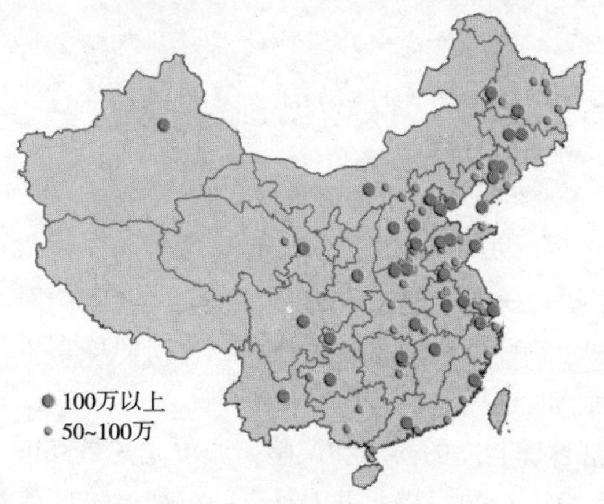

图 1－7　1998 年中国都市分布图

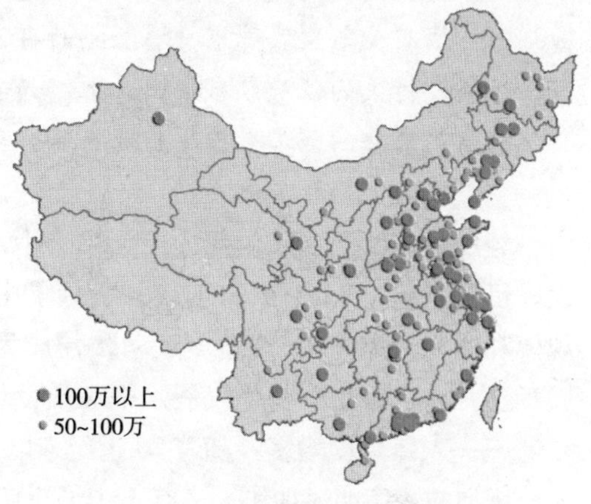

图 1－8　2005 年中国都市分布图

（三）涌动的激情——三个侧面的“写实”

在中国大地，一场都市运动的大潮正在激情涌动。每当我们走进一个都市，都会看到处处耸立的脚手架。在人们的忙碌和机器的轰鸣中，一幢幢透着现代气息的高楼大厦拔地而起，一条条宽阔的道路不断延伸。都市成了建筑工地，成为了生产都市的车间。

这场涌动的大潮改变着城市乃至我国整体的面貌，农田变都市、阡陌变街道、农民变市民仿佛在一夜间完成，城市向都市的升华顷刻间便主导和统治了当今我国社会经济变革的趋势和方向。经历了开发区、大学城、国际化大都市、CBD、都市圈等建设的热潮，瞠目结舌的“造城运动”、数以亿计的流动人口大军以及争先恐后的规划编制热潮无不折射出了当前我国都市运动的鲜活形象。

1. “造城运动”

城市的发展原本都是一种线性的渐变。然而，在 13 亿人口的全面参与和政府的有力引导下，都市化在中国的推进不断刷新着世界城市化的记录和历史，中国的都市不仅通过内部改造不断更新和再造着自己的身体，而且通过卫星城建设、行政区划调整（撤县市设区）、开发区规划等手段不断把乡村、农田、集镇甚至中小城市加工成都市。都市空间以一种史无前例的速度生长着，一场不断制造和复制城市的运动已经拉开了帷幕，一些学者誉之为“造城运动”①。

消逝的村庄

根系扒着嘉陵江北岸，叶子冲向渝北农村，中国最年轻的直辖市——重庆，正在向北疯长。而作为疯长的结果之一，一个叫龙山的村落正在人们的记忆中渐

① 冯骥才（2003）等人称之为“新造城运动”。实际上，在我国现代城市发展史上，并未出现过所谓的“（旧）造城运动”，因此，这里我们把 20 世纪 90 年代以来出现在我国的造城扩城的热潮统称为“造城运动”。

渐消失，取代它的是一个占地7km²的新兴城市——冉家坝。与被逐渐淡忘的龙山乡村相比，高楼林立的冉家坝正成为重庆的兴奋点。

然而，与喧嚣都市一墙之隔的冉家坝在5年前仍然是一片绿色的原野，阡陌纵横，村民的住房散布在山丘上，如今再也找不到一点乡村的影子，宽阔的柏油路上，来往的施工车正逐步地将其“变成”都市的一块。

中国商报网2006年报道

经历了20世纪70年代造田、80年代造厂之后，90年代迎来的“造城运动”在神州大地迅猛掀起（郭熙保，1996），引领了中国历史上一场翻天覆地的人文变革。在人们对规模和速度的憧憬中，“造城运动”便成为一种现实的需求和必然的趋势。我国的城市发展日新月异，都市自身的发展水平和质量也得到了明显提升。

——人口急剧增多：随着20世纪末以来户籍管理制度的松动和调整，城市尤其是都市人口增加的速度明显加快，又有不少城市跨过50万人口的门槛，进入都市的行列。1998年到2005年的7年间，几乎所有的都市人口都增加了10万以上，个别都市的人口增加更是疯狂，如北京从663万增加到855万，年均增加27万人；上海从894万增加到1080万，年均增加27万人；南京从239万增加到395万，年均增加22万人；广州从330万增加到473万，年均增加20万人；成都从215万增加到328万，年均增加16万人；重庆从355万增加到447万，年均增加13万人。这样的增加幅度和速度在世界城市发展史上是没有先例的。

我国主要城市人口规模的变化 表1-9

都市	2004年（万）	1998年（万）	变动情况	
			数量（万）	幅度（%）
上海	1080	894	186	20.8
北京	855	663	192	29.0
天津	505	481	24	5.0
广州	473	330	143	43
重庆	447	355	92	26.0
沈阳	406	387	19	4.9
南京	395	239	156	65.3
武汉	394	391	3	0.8
成都	328	215	113	52.6
哈尔滨	301	259	42	16.2
西安	264	240	24	10.0
济南	252	171	81	47.4
长春	239	207	32	15.5
大连	237	200	37	18.5
石家庄	208	134	74	55.2
杭州	206	135	71	52.6
太原	204	177	27	15.3

数据来源：《中国城市统计年鉴1999》，《中国城市统计年鉴2005》。

——空间快速扩展：空间扩张是都市得以快速发展的载体。2000年，我国城市建成区面积为16221km^2，2002年后增加为25973km^2，2005年进一步增加到32521km^2，仅仅5年时间城市建成区就增加了1倍左右，年均增加3260km^2，相当于上海市国土面积的一半以上。其中，北京、上海、广州等大都市和江苏、广东、山东等发达省市的扩张更是表现出了惊人的规模和速度。从2000年到2004年，北京、天津、上海、南京、广州等大都市的建成区面积都增加了100 km^2以上，北京和南京更是增加了1.4倍以上；江苏、山东、广东等发达省区的增加幅度也都在1000 km^2以上。

我国主要都市和个别省区建成区面积的变化 **表1-10**

名称	2004年（km^2）	2000年（km^2）	变动情况	
			数量（km^2）	幅度（%）
北京	1182	488	694	142
南京	484	201	283	141
广州	670	431	239	55.
上海	781	550	231	42
天津	500	386	114	30
广东省	3306	1443	1863	129
江苏省	2252	876	1376	157
山东省	2396	1060	1336	126

数据来源：《中国城市统计年鉴2001》、《中国城市统计年鉴2005》。

同时，周边区域在都市空间的不断扩展中被重塑和同化，原有的乡村、郊区变成了生产都市的工地。当这些工地生产出都市后，又将开始新一轮的都市生产循环。不断的循环给都市的发展带来了巨大的空间压力，固有的行政区划成为了都市进一步扩展的障碍。由此，通过撤县（市）设区，撤镇设街道，撤村设居委会等手段，调整行政区划，扩大都市辖区范围。根据相关统计资料①，从1998年开始到2006年底为止，至少有64个县（市）级单位被撤销成为都市市辖区，这部分空间也在短时间内成为了都市空间扩展的主要区域。

1996年以来长三角主要都市区的扩展 **表1-11**

城市	城市辖区扩展
南京	2000年撤江宁县设立江宁区，2002年江浦县划归浦口区、撤销六合县和大厂区成立新的六合区
镇江	2002年撤丹徒县设立丹徒区
扬州	2000年撤邗江县设立邗江区，2002年郊区更名为维扬区
苏州	2000年郊区更名为虎丘区，撤吴县市设立吴中区和相城区
无锡	2000年撤锡山市设立锡山区和惠山区，郊区更名为滨湖区

① 来源于：中国行政区划网 http://www.xzqh.org。

续表

城市	城市辖区扩展
常州	2002年撤武进市设立武进区，郊区更名为新北区
上海	1997年撤金山县设立金山区，1998年撤松江县设立松江区，1999年撤青浦县设立青浦区，2000年黄埔区与南市区合并成立新的黄埔区，2001年撤南汇县设立南汇区，撤奉贤县设立奉贤区
杭州	1996年设立滨江区，2001年撤萧山市设立萧山区，撤余杭市设立余杭区
宁波	2002年撤鄞县设立鄞州区

资料来源：http：//www. xzqh. org。

——**实力迅速增强：**随着都市的不断扩容和人们对经济发展的不懈追求，都市的经济实力和发展水平也在飞速提升。1998年，我国地区生产总值超过1000亿的城市只有上海、北京、广州等11个；而到2006年，已有50个以上的城市超过1000亿元，其中24个城市超过2000亿元，上海更是超过10000亿元大关。

——**内部不断更新：**中国都市在不断向外扩张的同时，也通过内城改造不断更新着自身。从“毁灭性拆除”、“推倒式重建”到“保护性开发”、“建设性保护”，都市更新在不断的争议声中快速地推进。这种大拆大建的更新给都市的发展尤其是都市文化的传承带来了巨大的冲击，然而，大规模的更新确实改变了我国都市的面貌，改善了人们的生活条件。随着经济的发展和人们认识水平的提高，城市更新也逐渐在保护与发展的冲突中找到了平衡，开始步入良性循环的轨道，如上海新天地、南京1912街区的改造就是成功的例子。从开始的“顶着压力和争议”到“社会效益和经济效益双赢”，都市更新从小心谨慎到大步推进，一批批历史（文化）街区在保护与开发的结合中得到了新生，城中村、老城也在拆与建的结合中“旧貌换新颜”。

——**投资持续增加：**加大都市建设的投资，已经成为地方决策者们提升城市形象，改善投资环境，带动区域发展等的重要手段。据相关报道，昆明要投资2000多亿元建设“东方日内瓦”；南京投资1080亿元，建设金陵古城；浙江计划投资2665亿元用于杭州、宁波、温州、金华等城市建设；济南计划到2007年，投资1360亿元建设泉城；重庆计划到2010年前投资6000亿元建设大都市，仅建渝中半岛城市形象工程，就规划投入200亿元；广东打造大佛山第三大城市，未来几年也要投资千亿元以上；深圳福田区仅建设1km文化街就打算斥资13亿元之巨等等。

2. 民工潮

我国的都市人口进程自始至终伴随着一个鲜活的都市景观，那就是潮起潮涌般的民工潮。随着市场经济的发展，民工潮已经成为支撑我国经济快速发展的生力军。改革开放以来，我国的流动人口规模迅速扩大。1982年我国流动人口仅为3000万，到1997年则突破1亿大关，2005年已达1.47亿，预计2010年将超过1.6亿。

与中小城市和乡村相比，都市能够提供更多的就业机会，往往拥有较高的收入水平和生活水平，对人们拥有“致命的吸引力”，磁石般地吸引人口不断向都市集聚。这股规模无比庞大的流动人口大军再一次在世界范围内展示了“都市运动”的独特魅力。2006年，

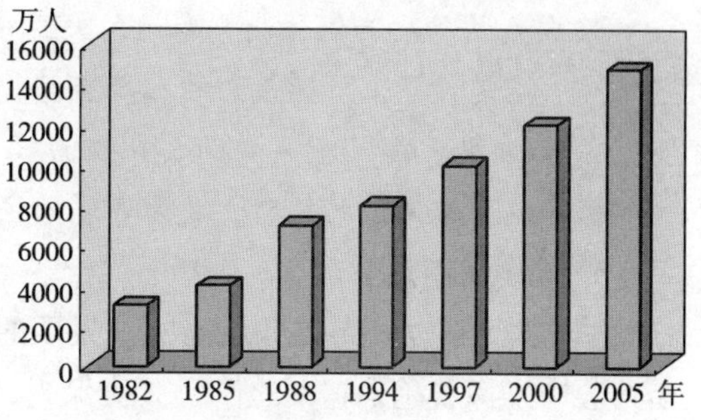

图1－9 我国流动人口规模增长

我国跨区进城务工人员高达1.32亿，主要集中在都市，占总量的62.4%。其中，珠三角、长三角、环渤海等发达地区吸引了大部分的流动人口，特别是上海、北京、广州、深圳等大都市每年都有上百万的流动人口。这些流动人口大多从事非正规化职业①，在都市系统的正常运转中具有不可或缺的作用。以流动人口的第一目的地——广东省为例，调查结果显示，青年

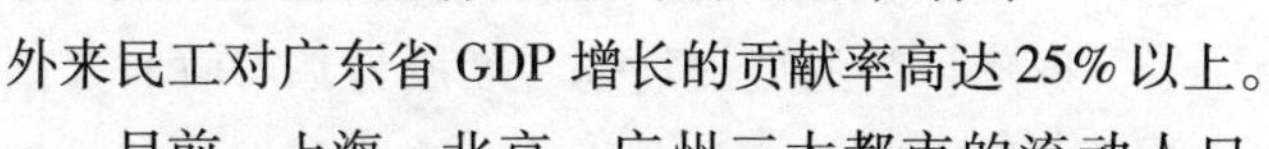
外来民工对广东省GDP增长的贡献率高达25%以上。

目前，上海、北京、广州三大都市的流动人口均已超过或接近500万，分别相当于本地户籍人口的1/3、1/2、2/3。作为改革开放以来新崛起的城市，深圳一度被认为是“打工者的目标”和“创业者的天堂”，其流动人口远远超过户籍人口。目前，深圳总人口1121万人，其中流动人口高达940万人，成为我国流动人口规模和比重最大的都市。

毫无疑问，在规模上，我国的人口流动是当今世界上最为壮观的现象之一。正如上文所示，在全球开放、市场经济体制确立等新的时代背景下，这种“流动的进步”和“移动的发展”已经达到惊人的水平——脚手架上忙碌的、工厂里劳作的、市场上吆喝的……不一而足。也许，这些流动的人们才是真正的英雄。然而，正应了“英雄无家”的说法，“上车前一票难求”和“上车后挤破头”的“春运”应该是最为壮观的回答了。

图1－10 拥挤的春运

“春运”大潮

2007年3月14日，历时40天的春运终于落下帷幕。春运期间全国铁路、公路、民航发送旅客总数达到22亿人次，再创历史新高。近年来，春运客流一路攀升，一年突破一大关：18亿人次、19亿人次、20亿人次、21亿人次、

① 非正规化职业是指“得不到公共当局的承认、记载、保护或管理”的职业部门，因此经常被剥夺了7种基本保障：劳动力市场保障、就业保障、工作保障、生产保障、技能更新保障、收入保障和代表性保障（国际劳工组织，1972）。

22 亿人次……专家预测，春运的大规模流动趋势还将持续 20 年左右。

这是世界上规模最大的人员流动，从出行的人员构成来看，目前民工流一般占春运客流的 30% ~40%，比例最高的地方达到 80%。民工流已超过学生流、探亲流、旅游流的总和，成为春运的主流。

3. 规划编制热

城市规划作为指导城市社会经济发展的工具，已经越来越受到人们的重视并在构建和谐社会中发挥着越来越大的作用（仇保兴，2005）。如果说都市化是一列快速行驶的列车的话，那么城市规划就是列车行驶的轨道。在都市发展风起云涌的今天，城市规划在我国的地位和作用已经超脱其本身的限定，成为多重角色和责任的“代言者”。在规划成为法定管理手段并日益得到强化的“激励”下，形形色色的城市规划一度成为都市政府“圈地出政绩”、“发展要成果”的主要工具和手段，并最终产生并固化了“都市发展与规划编制等效”这样一种中国式逻辑。

都市的快速发展、重大项目建设的层出不穷以及行政区划的调整，使得许多都市不断突破原有规划制定的目标，规划修编的时间一再提前；同时，处于复杂的社会经济发展环境之中，都市发展要求从经济到社会文化的转向，也给规划的编制提出了更高的要求，规划编制的周期变长，规划手段和类型也不断创新。从而，在中国大地上掀起了持续的规划编制热潮。以城市总体规划的编制为例，据《中国经济周刊》了解，截至 2004 年底，由国务院审批总体规划的 86 个城市中，正在修编城市总体规划的城市有 34 个，已经编完上报 11 个，1996 年以后批复的 41 个中，有 10 个左右城市在重新启动修编。7 个月之后，截至 2005 年 7 月 6 日，又有 19 个城市加入了修编的行列中，正在修编城市总体规划的城市达到了 53 个。

持续的规划编制热潮不仅给都市的发展勾勒了美丽的蓝图，也大大加快了规划探索和创新的步伐，提高了规划的技术水平。在新的发展背景和要求下，城镇体系规划、城市总体规划、分区规划、控制性详细规划等原有的规划类型的编制日益成熟，而城镇群规划、都市圈规划、概念规划等新的规划类型的探索日益深入。随着《城乡规划法》的出台，区域规划的地位和作用也开始被重新认识，特别是随着全国城镇体系规划的编制完成，建设部开展了建国以来规模最大的区域规划编制工作，长三角、京津冀、辽宁沿海城镇带、中原城镇群、北部湾城镇群、海峡西岸城镇群、山东半岛城市群等一批关系国家宏观发展战略的规划编制工作先后启动。

与此同时，居于城市规划体系中心位置的城市总体规划也于 20 世纪 90 年代初大规模展开编制后，开始进入新一轮的修编和调整周期。2006 年，尽管全国城市数量减少了 5 个，但各地编制城市总体规划的“热情”丝毫不减，仅中国城市规划设计研究院就承担了大约 50 个城市总体规划的编制任务，其中包括合肥、石家庄、郑州、吉林、苏州、深圳、洛阳、保定等具有一定影响力的都市①。另据不完全统计②，2006 年经国务院批复的城市

① 来源于：《2006 年度中国城市规划行业大盘点》。

② 来源于：《2006 年度中国城市规划行业大盘点》。

总体规划就有淮北、宁波、大同、衡阳、天津等9个城市，经各省政府批复的城市总体规划有14个城市。

实际上，建国以后，我国各个城市总体规划的编制基本是同步的，从1953年开始，大多经历了20世纪50年代末、80年代初、90年代初的三次大的调整和修编。如今，各个城市的发展战略、规划、布局都有了很大的变化，总体规划规定的目标和规模一再被突破，而且，由于城市总体规划审批的长周期，使得一些总体规划刚刚被审批就出现需要调整修编的要求。比如，上海第三轮次的总体规划从1978年开始制定总体规划纲要，到1986年国务院批复，中间经历了长达8年的时间，以至于规划批复仅仅过了5年，1991年就不得不启动了新一轮总体规划的修编工作，等到国务院再次批复已经是10年之后的2001年了。然而，这样的循环似乎仍未结束，因为2005年，距离规划期末还有15年时间的时候，上海市总人口已达1778万人，其中非农业人口约1150万人，建成区面积820km^2，非农化水平84.5%，这与城市总体规划制定的目标（1600万人、1360万、城镇建设用地1500km^2、85%）① 已经非常接近了。显然，上海市城市总体规划的修编又提到了议事日程。

其实，全国的其他城市尤其是北京、广州、深圳、南京等经济发展较快的城市也与上海一样，似乎时时刻刻都处在城市总体规划编制和调整的兴奋和无奈当中。以城市总体规划为代表的城市规划就如贴在各个城市“面孔”上的“双面标签”，它的一面记下了城市飞速发展的轨迹，另一面刻录着城市规划编制的频繁。

上海和北京城市总体规划的编制历程　　表1－12

轮次	上海	北京
第一轮	1953年《上海城市总体规划示意图》	1953年《改建与扩建北京市规划草案》
第二轮	1959年《上海市总体规划草图》	1957年总体规划编制和1958年总体规划的重大修改
第三轮	1981年《上海市城市总体规划方案》	1982年《北京城市建设总体规划方案》
第四轮	1991年着手城市总体规划的修编	1992年《北京城市总体规划》

四、中国特色：对都市运动的顶礼膜拜

中国历史上向来不缺乏运动。都市化与中国文化传统、社会经济发展背景相结合，所演绎的这场声势浩大的“都市运动”，是中国历史上一场翻天覆地的社会变革。它与中国历史上的其他运动一样，一哄而上、不可阻挡、充满激情。但是和平年代里的这场运动与历史上的草莽运动所不同的是，它是一场踌躇满志、笑容满面地走向新生活的城市建设活动，也是一场中国人一往情深的现代化运动。

① 来源于：《上海市城市总体规划1999－2020》。

尽管都市化已经成为全球性的趋势，然而囿于中国独特的文化传统和特定的发展背景，与其他国家和地区的都市化进程相比，"都市运动"仍然成为中国独有的现象，成为中国奇迹的生动诠释。对都市运动的顶礼膜拜折射出中国人应对全球化、信息化、知识化的民族智慧，反映了中华民族实现早日崛起的决心和迫切心情。

（一）当代中国快速发展的缩影

改革开放以来，中国经济持续快速发展，世界银行早在1992年的报告中就有了"中国奇迹"的说法。根据最新经济普查的结果，从1978年到2005年，我国经济年均增长9.6%，而且这种高速增长的势头还将持续下去。

在世界怀着崇拜与恐惧交织的复杂心理迎接中国崛起的时候，中国的都市运动正在以自己独特的方式向世界诉说着"中国奇迹"的内涵和外延。经过新世纪以来的"突飞猛进"，2006年底中国的都市化水平已经达到44%左右，大大缩小了与世界平均水平的差距。中国的都市化将进一步丰富和扩展"中国奇迹"的概念，并承载起将中国推向世界强国的期望。

其实，从"1979年邓小平在南海边划了一个圈，确定成立深圳经济特区"的时候起，就已经注定了都市化和都市运动在中国改革开放中的地位和作用。经过二十多年改革开放春风的沐浴，昔日的边陲小镇已经成长为一座GDP排名全国第四的现代化大都市，林立的高楼大厦，大街上、商场内川流不息的人群以及华灯初上时那绚丽夺目的霓虹灯，这些繁华与蓬勃生机犹如造物主一夜间的作品，给迷茫和徘徊的人们注入了信心和动力。一时间，在特区精神、深圳速度的激励和鼓舞下，全国范围内掀起了一场轰轰烈烈的开发运动。在工业化的带动下，城市化从改革开放初期的默默无闻，到1996年突破30%的拐点，再到2000年以后的"突飞猛进"，以深圳为代表的一批新兴都市的崛起和以上海为代表的老牌都市重振为标志，"中国奇迹"不仅向世界展示了社会经济快速发展成果的绚丽多姿，也激发了中国的都市参与全球一体化的义务和引领区域整体发展的责任。

（二）城市化与都市化的高调合奏——超越规律和历史

从世界城市发展的历史看，人们的迁移多半不是一步到位的，他们总是习惯于经历"农村—小镇—中小城市—大都市"的过程，这不仅符合人们认识逐步深入的规律，也符合人们生活方式转变的基本规律。从理论上讲，"先城市化再都市化"是世界范围的普遍规律。无论是已经充分都市化的发达国家，还是仍在推进城市化的发展中国家，都市化都是后城市化的产物。从经验上讲，"先城市化再都市化"也是一再被证明的历史。

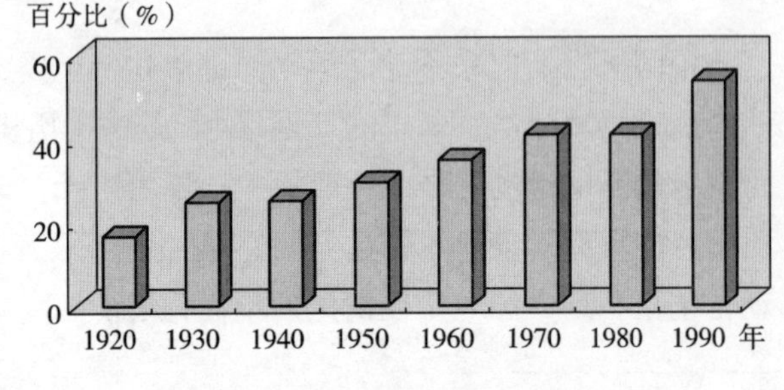

图1-11　美国的都市化历程

城市化就像都市化的序幕一样，其

间的有序和从容甚至让我们怀疑当中的“猫腻”。这种规律在欧美等发达国家表现得尤为明显。

对美国来说，1920 年是一个转折点。从殖民地时期到 1920 年，美国人口由农村向城市集中，人口城市化水平迅速上升；1920 年后，人口城市化比例上升速度趋缓，而人口向都市区特别是大都市区的集中趋势却日趋明显。如果以百万人口以上的都市区人口比例作为美国都市化程度的衡量标准的话，从 1920 年到 1990 年，这个比例迅速从不足 20% 提高到 50% 以上。可见，美国剧烈的都市化进程是在 1920 年城市化水平达到 50% 左右才大规模展开的。

20 世纪美国城市化发展情况　　表 1 - 13

年份	城市数量	城市人口（万）	城市人口占美国总人口（%）	年份	城市数量	城市人口（万）	城市人口占美国总人口（%）
1900	1737	3020	39.7	1950	4764	9650	64.0
1910	2262	4200	45.7	1960	6041	12530	69.9
1920	2722	5420	51.2	1970	7129	14930	73.6
1930	3165	6900	56.2	1980	8765	16710	73.7
1940	3464	7440	56.5	1990	11000	18700	75.2

引自：王旭，美国城市史。

日本也经历了类似的过程。尽管人口集中于东京、名古屋、大阪三大都市的格局有重要的自然和历史因素，但 1950 年日本城市化水平超过 50% 后，这种集中的趋势才更加明显。据统计，从 1955 年到 1970 年，从其他地方流入东京、名古屋、关西等三大都市圈的人口达 750 万人（现代日本经济事典，1982）。其后，尽管日本政府试图改变人口过分集中的局面，然而滑稽的是，1970 年特别是 1980 年代后半期以来，人口迅速向东京集聚却使得人口向三极集中的格局演变为向东京一极集中的局面。至 2000 年，东京圈人口规模超过 4000 万，占到全国人口的 1/3 左右。可见，日本大规模的都市化进程也是从城市化水平 50% 左右的时期开始的。

日本人口向三大都市圈的集中情况（1960 ~ 1990 年）　　表 1 - 14

地区	人口（千人）							
	1960 年	比重（%）	1970 年	比重（%）	1980 年	比重（%）	1990 年	比重（%）
东京	15788	16.7	21953	21.0	26343	22.5	29200	23.6
大阪	10323	10.9	13640	13.0	15422	13.2	16210	13.2
名古屋	5392	5.7	6774	6.5	7828	6.7	8432	6.8
其他地域	62799	66.7	62298	59.5	67468	57.6	69769	56.4

资料来源：张文尝，金凤君，樊杰．交通经济带．北京：科学出版社，2002。

在全球化、信息化、知识化的推动下，身处第三次城市化浪潮的发展中国家的都市化则表现出与发达国家截然不同的特征。尽管目前多数发展中国家的城市化水平仍然低于

50%，但这些国家的都市化早已蠢蠢欲动甚至在向纵深推进。都市化已经从单纯的城市化的高级后续阶段的传统规律中走出来，内化为当今发展中国家城市化的鲜明特点之一。以亚洲为例，1960 年到 1980 年，亚洲的城市化水平从 20.8% 提高到 26.7%，同期亚洲国家的都市化程度也毫无例外地得到了明显提高。

亚洲某些国家的都市化进程 **表 1－15**

国家和地区	最大城市占全国城市人口的百分比（%）		大于 50 万人的城市			
			数量		比例（%）	
	1960	1980	1960	1980	1960	1980
孟加拉	20	30	1	3	20	51
缅甸	23	23	1	2	23	23
印尼	20	23	3	9	34	50
朝鲜	15	12	1	2	15	19
韩国	35	41	3	7	61	77
马来西亚	19	27	0	1	0	27
巴基斯坦	20	21	2	7	33	51
菲律宾	27	30	1	2	27	34
斯里兰卡	—	16	0	1	0	15
泰国	65	69	1	1	65	69

资料来源：世界银行，《世界发展报告 1985 年》。

然而，与欧美和其他亚洲国家所不同的是，中国的都市化与城市化早已“凝结成一条结实的绳子”，其双重推进的速度和规模令其他国家难望其项背。尤其是 2000 年以来，中国的城市化水平从 36% 迅速提高到 44% 左右，而都市的数量和比例也有了惊人的增长，至 2005 年底，人口超过 100 万的大都市已达 45 个。善于创造奇迹的中国又在上演着超越历史和规律的“壮举”。虽然我们还难以就此断言一个新的城市化（都市化）理论的产生，但都市化与城市化的双重推进必有其发生的合理性和客观性。在此基础上引致的“多重压缩与交叠的过程”也成为了“专属中国的魅力”。

（三）多重压缩与交叠——从表象和过程谈起①

都市的超前发展以及都市文化对社会的同化已经成为一种不可逆转的趋势。都市空间对其他空间的不断蚕食、都市文化对其他文化的不断侵入，在中国这样一个从来就不缺乏激情的国度上演着激烈的碰撞与复杂的表征。“都市运动”也折射了中国社会追求发展的近乎狂热和实现崛起的些许浮夸。

子在川上曰：逝者如斯，不舍昼夜。有着 13 亿人口的积极参与，靠着政府的有力推动，本应成为一种自然过程的都市化已经被中国的文化和心态所改变，成为一种“过程无

① 这部分的讨论仅仅把都市作为符号、标志而存在的，它们不是具体的，个性的，而仅仅是抽象的、共性的。

限压缩的结果和目标”。有着这样的认识我们才不惊讶和困惑于眼耳所到的林林总总：许多西部地区仍未完全褪去刀耕火种的痕迹，东部一些地区已经抓到了知识信息社会的尾巴，千万年的历史被中国的广大地域压缩在了同一时代；当我们驻足于金茂大厦、京广中心、地王大厦、中信广场等高楼大厦，徘徊于上海南京路、北京西单、南京新街口等闹市，身受着都市的奢华和摩登时，却时常被高楼大厦、宽阔街道背后以及都市边缘的破旧和衰败所震惊，恍惚间乡村与城市、贫穷与奢侈被都市的“宽阔胸怀”压缩在了同一空间。

一时间，千万年的发展历史和社会的种种形态在“都市运动”的舞动和鞭策下，集聚在了中国的都市。马杰伟（2006）研究了珠三角的压缩式现代化过程，指出与西方大多数经过了工业化、城市化、大都会化以及再城乡化的后都会不同，珠三角结合了前现代（传统）农业精神、工业生产模式、大都会消费形式和后现代的混杂展示，是一个压缩式现代性的精神与物质面貌的后都会。乡村和小镇的简陋和安宁、农民生活的传统和质朴、都市的繁华和嘈杂、市民生活的前卫和奢靡，这些社会的多重经验和表象，在都市这样一个大熔炉中被压缩和凝炼，都市本身的固有属性也在其不断的厮磨中悄悄改变着，这样的多重压缩和交叠的过程就是理解中国“都市运动”的钥匙。

1. 多重碰撞——都市三棱镜①

城市作为人类为满足自身的生存和发展需要而创造的人工环境，其发展不仅是一个长期的物质环境的建设过程，同时也是一个长期的文化积淀过程（王承旭，2006）。相比之下，文化的积淀比物质环境的建设更需要耐心和时间。当我们为我国都市化进程的飞速而欣喜的同时，也不得不忍受由此导致的一系列不成熟和夹生的成本。

尽管都市的扩大给人们生产生活带来的负面影响是明显的，但并没有多少人因此放弃自己先前的做法，都市化仍然热度不减。至少现在看，都市的发展机会和所能给予人们的便利远比带给人们的麻烦和危害多得多。从这个意义上说，中国对都市运动的顶礼膜拜不仅有其存在的合理性，更有其存在的必然性。没有感受过都市生活的人们还在趋之若鹜，感受过都市生活的人更添“痴迷”。规模庞大的都市建设本身以及藏身于都市的其他机会都对农村和其他地区的人们以无限的遐想和美好的愿景，尤其是难耐窘迫和单调的年轻一族更是把都市看成遍布黄金和机会的乐园。

图1－12　麦当劳成为文化全球化的力量

① 实际上，其他的一些说法也在一定程度上表达了我们的意思。多元城市（multiplex city）（Amin and Graham，1997）表示“一个矛盾和差异的共存体，它自己生活的舞台”；后大都市（postmetropolis）（Soja，1997）表达了都市发展中物质实体和社会实体分离的趋势；博耶（Boyer，1995）则应用了美化城市（figured city）（为富人规划的城市）和丑化城市（disfigured city）（由穷人居住的、被忽视的、失控的城市空间）一对概念（保罗·诺克斯，史蒂文·平奇，2005）。

由此，与世界上其他国家和地区相比，都市运动影响下的我国都市更像一个建筑工地——到处都是耸立的脚手架和半成品的建筑，随时可见穿梭的运输车和弥漫的灰尘。一座座现代化的建筑、一条条宽阔的街道、一片片崭新的居住小区乃至一块块规整的绿地都在人们的忙碌中不断地被制造出来。物质环境的翻新毕竟容易得多。有“福特式的都市建设”的强力推动，都市规模不断膨胀、实力不断增强。在经济发展、城市建设方面，我国的都市正在迅速向国际先进水平靠拢；而在社会建设、文化传承方面，我国的都市却在与世界接轨的道路上遭遇了尴尬。引进麦当劳、肯德基、星巴克，以及迪斯尼等西方物态，甚至极力营造具有浓郁西方风格的建筑形式和服务氛围，然而这样的模仿和再现在西方人眼里是那样的不屑，在本地人眼里也仅仅是一尝新奇之后的普遍声讨①。当然，也有许多成功的例子，如南京对1912街区的改造。然而，这并不影响我们把我国的都市变迁看成是传统与现代、东方与西方的激烈碰撞。多重的碰撞给都市的发展提供了多种可选的模式和道路，而搀杂了些许冲动的激情并未给都市的调整和适应留足时间和空间。

就像《荒原》中的帖瑞西士一样，“年老的男子却有布满皱纹的女性乳房”，都市本身成为了一个充满矛盾的、复杂暧昧的异质性的历史现象，它给人类带来了前所未有的幸福，也给人类带来了空前的灾难（张汝伦，2000）②。这种多重压缩和碰撞过程极端地体现在了农民工等社会群体身上。他们体验着第一现代的工厂生活、目睹第二现代③的感性与符号消费，他们渴望迁移但又依赖传统血缘的保护（马杰伟，2006）。低收入的、脏差的自身现实在现代的、奢华的、舒适的理想的强烈冲击甚至刺激下，不断地异化④着自身，也异化着都市。蹩脚的、表象的模仿和复制并不能掩盖他们精神上的迷茫和意识上的无奈，都市也在这种迷茫和无奈中以各种矛盾对立体的形象刻画着异化了的自己。我们能同时看到这种后现代展示于一种追求宏大发展和资本扩张的现代欲望，两者和谐共存状态所带来的混杂性与流动性构成一幅诡异多变的压缩图景（马杰伟，2006）。随着都市化的加速，都市人的异化也日益鲜明、突出，比如《上海宝贝》就展示了一群被西方文化、现代商品经济文化异化的都市女性的生活态度，她们的共性是——边缘地带的生存方式，灵肉分离的婚恋观，离经叛道的价值取向（季产琼，2001）。从这个意义上说，中国的都市运动造就了大批异化的都市和异化的都市人群。这些异化的都市的存在和发展也是中国式发展的内在特征和外在表现。

---

① 琼·鲍德里拉德（1989）将仿制的地方形象称之为虚拟影像，它们模仿的是根本不存在的事物——是没有原型的复制品，比如迪斯尼乐园的“美国大街”旨在使人们联想到美国任何一个地方，但实际上这条大街并不来自美国的任何一个地方（迈克·克朗，1998）。

② 张汝伦（2000）曾用来描述现代化和现代性的认同，这里用来描述都市中的多元碰撞。

③ 根据何传启（1988）的“第二次现代化理论”，农业文明向工业文明的转变过程被定义为第一次现代化，而工业文明向知识文明的转变过程被定义为第二次现代化。

④ 异化（alienation）概念是马克思理论的一个重要基础，被定义为与支配性生产方式相悖的社会变化机制。广义而言，异化是以无力感、不满足感、不相信感以及被现行的财富和权力分配方式所抛弃的感觉为特征的。有些人感觉异化是因为他们觉得这些体制结构妨碍了他们的有效参与；另一些人感到异化，是因为他们不赞同这些体制，也许这些体制无法满足他们的个人需求（保罗·诺克斯，史蒂文·平奇，2005）。

2. “碎片化（fragmentation）”与“孤岛化”

“碎片（fragment）”用来隐喻“一个各种不同的、随机放置的、相互不联系的空间（比如在后现代城市中）（保罗·诺克斯，史蒂文·平奇，2005）”组织方式和运作模式。它是刻画都市复杂性和多元性的重要话语。尤其对于疾风骤雨般运动塑造的中国都市而言，“碎片”更加形象地描述了都市空间景观和生活方式的多重交叠。其实，在某种程度上，“异化了的都市”也倾向于表达相似的意思，不同的是，从易于理解的层次和可见的表象层面看，“碎片”无疑更有优势。

城市的发展是社会过程与空间过程的深刻互动，当我们在改进城市空间的同时，实质上已经是在改变城市社会了（林拓，2007）。一再的证据表明，中国的都市发展是时间和空间剧烈浓缩的结果。高速发展以及与世界接轨的欲望，令不少西方的、现代的空间意象，落实为现实空间的再创造（马杰伟，2006）。“碎片化”即设想表达中国都市空间景观杂乱和矛盾的倾向以及社会生活和传统文化中生硬的和不彻底的演替与接入。麦当劳的巨大标志（有“麦当劳化”Mcdonaldization 的说法，表示大规模消费过程正侵蚀着世界各地间的文化差异的方式）与富有中国传统的建筑相望，甚至直接镶嵌在其上，许多建筑则更进一步地把自己变成为“号称中西融合实则粗暴嫁接”的“四不像”。在一排排现代化的高楼后面和繁华街道的深处，也还能看到都市村庄内部破旧的住所和狭窄凌乱的街道。

尽管我国的都市发展基本避免了许多发展中国家都市遭遇到的“贫民窟问题”，但在快速都市化的推进当中，作为与都市相对立的乡村空间、景观、文化、价值并未被完全和充分同化。进城的农民一方面好奇地仰望着都市生活的一切，另一方面还在骨子里余存着浓厚的“泥土气味”。他们成为了都市和非都市相互对立和争执的载体，在对都市生活掺杂些许不服的“半推半就”中，也被都市社会无情地排斥和隔离在中心和主流之外。都市人对这群人们的不屑和看不起以及都市空间的社会分异，使得农民的居住和生活空间像一个个与都市脱离联系的“孤岛”。

塞米尔（1990）认为，城市里的喧嚣忙碌使人激动也使人孤独，城市包含了双重属性：即忙碌而单一的生活中产生的孤独感，以及个人面对的刺激和戏剧般经历的急剧增加（迈克·克朗，1998）。在我国的许多都市，由于农民的大规模流动，这种现象正在不断加强，成为日益显化的都市发展趋势。“孤岛化”用来隐喻中国都市中存在的空间相互隔离和社会关系相对孤立的现象。“身着都市的外衣却仍透着固有传统的气息”的人群与“地地道道的都市人”在表面上共处、空间上相邻的背后隐藏着生活方式、文化传统以及价值观念等方面的巨大差异，塑造了都市空间景观的“碎片格局”和都市生活的“拼凑嫌疑”。尤其是作为当前流动人口主体的农民，更是成为“上半身伸进都市，而下半身仍陷在农村”的“双栖人”。

如果上海的现代意义来自于其无中生有的都会奇观，以及近代西方文明交错的影响，北京的现代意义则来自于它所积淀、并列的历史想象与律动。不论作为文化场域或是政治舞台，北京在过去与未来，传统与摩登间的曲折发展，更点出现代经验下欲盖弥彰的时间与空间焦虑。在这里，该过去的并不真正过去，该发生的也未必准时发生。从民国的故都到人民共和国的国都，每个时代在北京留下片面光影，烘托出既新且旧的都市风景，也不断改变市民主体的特性。

《北京：都市想像与文化记忆》，陈平原、王德威编，北京大学出版社，2005 年。

任何社会的发展只有在都市生活中，通过都市社会的实现才可以感觉得到（亨利·列斐伏尔，1968）。在这方面，我们确实有点操之过急了。与政治、经济、物质建设等方面的发展成果相比，我们的都市在文化传承、文明素质、意识转变等方面处在了明显滞后的位置。2005 年末，全球语言监听会公布了年度十大热门词汇，“中国式英语”（chinglish）位居第四。这样的情形不只是尴尬，更是对我国理性科学地推进都市化进程的督促。

当人们还在把西方的、现代的东西当作“救世主”来崇拜和尊敬的时候，也开始反思对待我们自己的传统的粗暴和简单。一切都在异化的和碎片化的都市中得到了生动的体现，也以层出不穷的都市病症和“水土不服”警示着都市化本身。都市可以成为“今昔交错，中西合璧，俗雅纷呈”的地方，当然也可以成为“混杂、冲突、隔离”的物件摆设。欧洲一些著名的历史文化城市在向现代化城市发展中，其历史文化不仅未被湮没，反而作为城市发展的有机组成部分融入城市整体中（林拓，水内俊雄等，2007）。而另外一些都市（如纽约、洛杉矶等）的过分的社会分异和种族歧视，则反映为明显的居住隔离、激烈的种群冲突和缺乏安全感的都市生活环境。

3. 从自我欣赏（self-appreciation）到大众认同（commonalty identity）

城市似乎一直承载着人类美好的理想与期待，从“乌托邦”到“田园城市”、“光辉城市”再到当代的“伊甸园工程”，无不充满着对城市理想的追求（林拓，2007）。然而，都市运动催生的都市异化、碎片化以及都市空间和文化中存在的激烈冲突却在我们对理想的憧憬中把我们拉回现实。“大城市，有点怪，影院争放录像带，夜半歌声传天外；污言秽语随口带，杂物废纸胡乱甩；下水道，没有盖。小摊点，占道卖。算命先生站成排，旅店拉客死活拽”。这段顺口溜所罗列的现代都市病应该说不同程度地存在于每个都市的发展过程当中①。看起来，都市有点“自我欣赏”的意味。即使对于已经迁入和长久居住的人们来说，都市的形象也在现实中不同程度地扭曲甚至妖魔化了。我们在充分利用和榨取都市带来的便利和享受的同时，也在内心深处规避着都市带来的风险和威胁。都市，尤其是中国的都市，距离大众心目中的理想仍然有很长的一段距离。

事实永远都比想象要复杂得多。中国的都市要想实现真正的脱胎换骨，必须在硬件建设“大变样”的同时，同样重视社会秩序、公民道德素质等“软件”的建设。而这种从外到内的接收到从外到内的表现，从自我欣赏到大众认同，背后反映的却是社会意识的变迁，它将是“终结传统社会统治的模式，走向现代治理”的重要转折。对于发达国家和地区而言，许多人类的共同价值都已经成为社会生活的基本规范，在免于饥饿、贫穷与恐惧的状态下，他们展示生活的美好和理想的愿景；而对于发展中国家和地区而言，人类社会

① 摘自《珠江晚报》2006 年 10 月 31 日。

的共同价值体系还未建立，仍然在为吃饱、穿暖不断奋斗，他们展示纯朴的性格和勤劳的作风。西方国家中缩短工作时间、追求更多的休闲娱乐时间，而我国尽管一再颁布法定工作时间和节假日，却仍然普遍存在加班、兼职等现象。

不能否认，都市运动使我们看到一个东方文明古国正在焕发的新的生机，以及一个近代悲情沉重的民族正在迈向现代文明的轨道。但是，我们在反思都市化的全面影响的时候，还是有点迷茫。都市化是目标、过程还是理想？都市化是一种积极的过程，还是消极的缓冲和过渡？从这个问题出发进行思考，都市化就不仅仅是一个地理概念了，它已经衍生为生活方式、文化传统等更深层次的东西，代表了一种更高级别的文明。在都市不断地被都市以外的地区和人们所复制和崇拜的同时，都市在表象层面上走进了人们的视野和个人领域，成为与人们理想相对应的现实存在。然而，都市本身的缺陷和病症却又残忍地把人们刚刚建立起来的对都市的现实影像还原为理想。人们为了这个理想而辛勤工作，为了心中共同的目标而装扮和改造着都市。因之，都市化成为了目标、过程和理想相互交织的客观存在。

人们以各自的方式奉献着自己和改造着自己心目中的都市，并从中获取自己应得的利益，这给都市化增添了主体性和能动性，使它从纯粹的、静态的客观存在进化为一种混合了个人意识和大众认同的行动潮流，从而，都市化作为一种积极的存在，而都市运动则成为大众趋之若鹜的一种追求。

（四）专属中国的魅力

由于历史和自然条件的原因，中国城市化从一开始就有着强烈的“赶超”冲动与“跨越式发展”情结，并带有鲜明的自我设计与政府规划等特点（曾军，2006）。多达13亿人参与都市化，都市化水平从30%到44%仅仅花费了10年时间。这被许多学者誉为“将会影响21世纪的世界性现象的中国都市浪潮”就像一个发生着激烈化学反应的烧瓶一样，每一个元素都在引发其更为激烈的反应。

“鸡蛋因适当的温度而变化为鸡，但温度不能使石头变为鸡”（毛泽东语），也正是由于中国文化传统、地域特征等因素与全球因素的联姻与碰撞、会合与交融，才共同演奏出“都市运动”这场专属中国的动人心魄的交响乐。

1. 自然条件“决定”

在未来相当长一段时间里，对中国社会的一切思考和决策都不得不以全球性的人口困境、生态困境和资源困境等自然基础为背景，不得不考虑人口、生态、资源困境对社会发展的强制约束，不得不考虑这些困境对中华民族文化、心理和社会结构的长久和深远的影响（武坚，2005）。

回顾世界和中国的发展历史，能称之为“运动”的东西都是规模大、气势大、影响广的“大事件”。之所以在中国出现气势磅礴的“都市运动”，首先源于中国的三大自然基础：

1951～2000年中印城市化速度比较（单位:%） 表1－16

年份 \ 国家	中国	印度	年份 \ 国家	中国	印度
1950～1955	2.47	0.40	1975～1980	2.51	1.58
1955～1960	2.42	0.40	1980～1985	2.83	1.06
1960～1965	－0.008	0.92	1985～1990	2.86	0.97
1965～1970	－0.19	0.99	1990～1995	2.56	0.96
1970～1975	－0.11	1.52	1995～2000	2.25	1.20

资料来源：World Urbanization Prospects，the United Nations，1998.

——庞大的人口基数：截至2006年底，我国人口已达131448万人，是世界第一人口大国。如果按70%的都市化水平计算，我国将会有9.2亿的城市人口和近5亿的都市人口。如此庞大的都市化规模不仅在其实现的过程中会展现出惊人的气势，而且在其实现之后的进一步发展中仍会惊天动地。目前，世界上除了印度以外，美国的人口最多，才刚过3亿，这些国家的都市化规模都很难与我国相比；而印度虽然人口规模已达11.03亿（2005年），但由于种种原因，其都市化速度始终明显低于中国，难以与中国的都市化速度相提并论。

——广袤的国土：中国拥有960万km^2的国土面积。广袤的国土面积为大规模快速都市化的推进提供了充足的空间。虽然俄罗斯、美国、加拿大、澳大利亚、巴西、印度等国家都一样拥有较大的国土面积，然而，除了印度以外的其他国家均地广人稀，而印度的都市化速度明显滞后，至今为止远未出现作为都市运动的显著特征。

世界面积较大的国家（单位：万km^2） 表1－17

国家	俄罗斯	中国	加拿大	美国	澳大利亚	巴西	印度
面积	1638.1	960.0	998.5	962.9	768.2	845.9	297.3

资料来源：《中国统计年鉴2006》。

——匮乏的土地资源：平原不仅保障我们的粮食生产，也是都市建设的最有利发展地。尽管我国国土面积广大，但适于人类生活居住的平原仅占12%左右，耕地面积13004万hm^2，排在世界第四位（仅次于美国、俄罗斯、印度），人均耕地面积则排在了世界126位以后。土地资源的稀缺要求我国走集约型的都市化道路。根据城市规模与土地利用效率之间的关系，城市规模越大，土地利用效率就越高。因此，从土地资源集约利用的角度看，我国应该鼓励都市的发展，促进“都市运动”的推进。

在中国发展的历史长河中，人民群众与黄河、海河等大江大河以及天灾的斗争占据了社会生产和生活的中心位置。限于当时的经济技术条件，个人对自然界的恢宏无比崇敬，对自然界的变化无常显得无奈，只有成千上万只手的共同努力才能在一定程度上趋利避害。自然性的地理条件使华夏民族在文明之初就必须依靠强大的集体力量去寻求发展（武坚，2005），这也许可以从历史的镜子中看到今天如此大规模集体行为的内在

“基因”。

2. 文化传统“锁定”

特定的自然基础给“都市运动”提供了基本的条件，它是都市运动发生的外部条件和表现，而“都市运动”的深层次原因则植根于中国特定的历史文化传统之中。

在古代的中国人看来，中国是世界的中心和领导者，中国的文化是放之四海而皆准的普世文化，即长期统治中国的“华夏中心论”思想。宋代理学家石介的话“天外乎上，地处乎下，居天地之中者曰中国，居天地之偏者曰四夷，四夷之外，中国内也”，便是真实的写照。姑且不论中国文化在世界上的地位到底如何重要，但它确实在中国的历史发展中不断继承和发展，成为中国统治阶级维系社会稳定和实现社会进步的主要武器。相对中国文化的博大精深、包罗万象，我们能理解的部分可能只是“冰山一角”。在此，仅就促进和影响“都市运动”的历史文化传统进行分析，主要有四个方面：

（1）整体的观念

在传统中国，儒家文化曾经长期扮演了主流意识形态的角色。它不仅有一套完整的宇宙观、人生观和社会政治文化，而且其背后还有整个基层的宗法家族制度和上层的大一统王朝帝国制度作为建制化的保障（江晖，1999）。儒家文化对“忠”、“孝”的特别强调是区别于其他文化形态的主要标志。在古代中国人的意识里，帝王是“天”选定的代言人，是绝对权威的实际拥有者。在帝王的眼里，所有的其他人都是他的臣民，天下所有的地方都是他的“家”，所谓的“国家”也就成了具有更强统一性的“家”的另一种存在形态，即“家国一体”的思想。尽管这种文化依靠其强有力的制度长期蒙蔽了大多数中国人的眼睛，但它同时也是中国大一统国家制度建立和长期维持的文化内核。在此基础上，中国形成了以王权为核心的“国家体”和以父权为核心的“家庭体”，“国家体”和“家庭体”在更高的层面上整合形成了中国文化整体观的雏形。君国一体和家国一体使中国的民族认知具体化和形象化了，并在此基础上建立了中国人的文化认同系统。

与儒家文化及其国家机器的长期统治相一致，中国人对人与自然界的关系的认识也体现了鲜明的整体思想。长期与自然进行艰苦抗争的传统中国人认为，人在自然界面前是渺小的，人类只有与自然界和平相处，才能生存；自然的含义和对象在后来抽象化为“天”、“命运”等一类东西，“与自然和平相处”也演变为“天人合一”的宇宙观。

上述两个层面的中国文化曾经维持着中国数千年士大夫乃至一般民众的信仰和意识世界。它们从不同的方面表明了中国文化的整体思想，强化了中国的民族特征。从这个意义上讲，维系整个中国在一起的生活方式，比西方的更加根深蒂固（费正清，1983）。这种根深蒂固的整体思想在长期的发展过程中，变成了对集体力量和人口数量的强烈追求，这从“中国古代的帝王总是把人口的多寡作为对自己政绩的衡量标准”可以明显地看出来。无独有偶的是，对于集体力量的追求也正印证了“人口的多寡往往也是衡量当时社会发展水平的标准”的历史事实。

把社会上无规律的个人活动整合为象征国家意识的统一行动，是中国文化中整体观的集中体现，这个过程在当代中国没有被废止，仍然被重复和延续着。当都市化的障碍逐步扫清后，中国人也一样把原本的个人向都市迁移的行为统一为“有限时间内发生在有限空间内”的一致行动。“都市运动”实际上是“君臣”一致、“家国一体”的现代模式。

（2）等级思想

与西方不同，由于中国传统文化对君权和父权的强调，中国的主流意识形态里充斥着明显的等级思想和集权运作方式。化解强大自然性压力与低水平技术能力之间的冲突，成为传统中国社会构建高度集权的单极制权力运作方式的持久动力（武坚，2005）。在等级思想和集权制度的统治下，中国人的权力意识一向被压缩在义务的角落，甚至被淡忘。

等级和集权意味着秩序，在缺乏技术能力的社会，秩序则意味着高效率（武坚，2005）。毫无疑问，等级和集权制度在很大程度上摧毁了人们的科学创新精神，但同时，它对绝对权威的强调建立了民众与决策者沟通的通道（尽管这种通道过分简单化和非人性化了），使得“上令所达，无不从也”，提高了政府管理的效率和决策实施的效果。相比之下，西方尊重人的个性的人文精神在根本上与政策的推行相冲突，这也可以解释为什么人口计划生育政策在中国能够“大行其道”而在印度不怎么有效①。

改革开放后的中国，之所以能够比大多数国家发展得快，很大原因也是因为由中国传统文化中的等级思想和集权制度所决定的民众对政府的信任。建立了这种信任，就相当于在普通民众与决策者之间架起了一座桥梁，国家的政策和命令能够较快地达到民众手中并得到较好地实施。近年来，为了推动都市化进程，国家制定了包括户籍制度改革②在内的一系列配套政策。这些政策的实施，对中国的都市化起到了明显的促进作用，比如户籍制度改革主要是在1997年以后逐步展开的，与之相对应，中国1997年以后的都市化速度也显著加快。

（3）家族思想

儒家文化对古代中国的统治渗透到了人们的日常生活当中，极大地影响了人们日常的生活方式和组织方式。从原始的氏族制逐步发展演化而来的家庭制度顺应了儒家文化控制和禁锢人们思想的要求，并由在家庭制度基础上推出的“孝道”作为人们日常行为的规范，这与国家和社会层面上的“忠君之道”相统一，共同作为统治中国全体民众的思想“监狱”。家庭的血缘关系和强烈的认同感，在社会层面上演变成对中华民族的强烈认同感和自豪感，这与“华夏中心论”的思想一脉相承，并且是国外许多学者所谓的中国“民族主义”的思想根源之一。

德国社会学家马克斯·韦伯曾直接把中国形容为“家族结构式的国家”。历史的经验也证明，家庭制度（家族制度）在很大程度上规范了人们的行为方式，同时也在很大程度上禁锢了人们的行为方式。人们由此汲取了力量也染上了惰性（费正清，1983）。

① 这样说并不是把等级思想作为中国人口政策成功的唯一原因，也并未试图列举印度人口政策的所有阻力。实际上，复杂的民族关系也是印度人口政策难以有效实施的重要原因。

② 进入21世纪以来，以彻底消除城乡之间二元结构及由此造成社会分割和身份歧视的户籍制度改革开始在全国进行。2001年3月，中国对农村人口进入县级以下的小城镇实行了全面开放的政策，对进入大中城市务工的农民也放宽了就业和定居条件。么建国等. 透视中国问与答. 北京：新星出版社，2005. http：//www. china. com. cn。

经过数千年的传承和强化，家庭制度在今天的中国仍然对人们的日常行为起着明显的约束和规范作用。尽管都市的发展和日益“西化”已经在很大程度上磨灭了都市人的家族观念和传统，但是，刚刚进入都市化高潮期的中国，数以亿计的正在向都市迁移的农民和其他阶层，仍然带有深厚的家族观念。他们在把自己的身体搬进都市的同时，自然也把自己的生活方式带进了都市。

在现有的户籍管理制度下，中国的城市居民，只是其氏族（因此也就是其原籍村落）的成员，那儿有他祭拜祖先的祠堂，透过祠堂，他得尽力维护己身所属的团体（韦伯，2005）。家族中的一个人在都市有了工作和机会，“尝到了甜头”，通常便会鼓动和拉拢家族中的其他人一起到都市工作、生活，这种由个人、家庭再到家族的纽带关系是中国都市化的动力来源之一。

（4）内倾思想

中国的传统文化“重内过于重外”、“由内及外”，具有内倾的性格，这与西方的外倾文化形成鲜明的对照。内倾的文化使得中国人养成了内敛、含蓄、谨言慎行的性格，“一屋不扫，何以平天下”、“修身，齐家，治国，平天下”成为中国人为人处世的准则。这种内倾的性格以自我为中心，在国家、社会层面上，与“华夏中心论”思想殊路同归，而在个人、家庭层面，又导致了传统守旧的“人文精神”。这种“人文精神”不是一种一切始于人、终于人的世俗精神（余英时，1992），而是在个人修身的基础上推崇忠君爱国、治国平天下的壮志。从而，在民族危亡、天下纷乱的历史时期，中国大地上总会有一批批修身而志在天下的“豪杰勇士”为自己推崇的“君王”出生入死、前赴后继。

与西方一样，中国的“人文精神”也包含了自己的超越世界和强烈的图腾崇拜。然而，不同的是，西方把人格化的上帝看成是万有的创造者，也是所有价值的源头，他们一方面用这个超越世界来反照人间世界的种种缺陷与罪恶，另一方面又用它来鞭策人向上努力。中国的超越世界则没有走上外在化、具体化、形式化的途径，没有“上帝之城”（City of God）（余英时，1992）。在古代中国人的意识里，江河、闪电、大山、大海甚至身边怪诞的物事都可能被当作“天”的意志的表达，如果以具体的物事来概括中国人的信仰的话那无疑是徒劳的。这只能说明中国人的信仰是抽象的、模糊的、内在的，但他们又一致地认为君王是天的意志的代言者，并像崇拜背后的“神灵”一样为君王尽忠。

而今，上述内倾的文化性格仍然在塑造着现代中国人循顺、隐忍、懦弱和退让的性格和形象，迫使个体理性地将自己的个人意愿置于集体的目标之中，希望通过一种集体性的互助和权威执掌的平等能够给每一个弱小的生命提供苟活的生存资源（武坚，2005）。当发展、崛起成为一项关乎民族前途的社会行动，而都市化成为加快发展的战略性举措的时候，个人行为便重叠、强化为所有中国人的一致行为，如此强大的群众和社会基础本身就是一切“运动”的温床。

3. 中西、古今“交锋”

在中国还抱着华夏中心论的臆想陶醉和自恋时，一直被自己称为“蛮夷”的西方已经崛起，并用自己的坚船利炮无情地打碎了中国人的美梦。在惊讶于西方的先进和文明、困惑于自己的脆弱和落后的痛苦中，人们一度恍惚、迷茫。也就是从这种突然的空虚起，中国人开始思索和反省自己，同时也开始以欣赏的眼光和学习的态度重新认识我们之外的世界。接连不断的受侵和遭受失败、凌辱，使得中国人的尊严和自豪在短短不到百年的时间里被一次次狠狠地从高处摔下。摔倒爬起，爬起又摔倒。近代的中国就是在这种曲折中依靠国人的勇气和坚韧在中国与西方、古代与当代的激烈交锋中找寻自己的位置。

就像列文森（Joseph Levenson）所说的，“中国近代知识分子大体是在理智方面选择了西方的价值，而在情感方面却舍不得丢开中国的旧传统”。实际上，诉诸“中国/西方”、“传统/现代”的二元对立的话式是中国现代性话语的最为主要的特征之一（江晖，1999），反映了中国人在建立新的民族认同和文化认同时所遭遇的困惑。然而，鸦片战争和《南京条约》之后中国的噩梦并未结束，恰恰刚刚开始，随后的甲午、八国联军、日本入侵接踵而至，它们带给中国的伤害越来越严重。志在救亡和强国的中国人在一再的失败和凌辱刺激下，不是对西方的侵略行径不齿和痛恨转而追求“全面复古”，就是对西方的强大盲目崇拜和对中国传统的彻底抛弃转而呼吁“全盘西化”，以此为基础形成的“民族本位”与“全盘西化”之争贯穿于整个近现代中国思想史。显然，在失衡的心态和历史的无奈面前，盲目崇洋和过分复古不符合社会发展的规律，也没能实现拯救和复兴中华民族的理想，相反，在洋务运动、戊戌变法的历史教训面前，近代中国对未来的迷茫进一步加深了。当然，如鲁迅在《文化偏止论》中的“外之既不后于世界之思潮，内之弗失固有之血脉，取今复古，别立新宗”的观点，其他方面的努力也同时在进行着，只是在历史的大潮和思想的对峙中“荧光未普”罢了。

一般说来，中国人之所以落后似乎是由于缺乏动机而非缺乏能力，是由于社会条件而并非由于天生才智（费正清，1983）。紧迫的复兴愿望将现代化、工业化、城市化等过程扭曲为对先进技术的学习和引进，而对于技术变革所需要的人文环境则无暇顾及。特别是在当代的中国，充斥着一股在急功近利的心态引导下对技术和技术决定论的过分推崇。一场场的救亡和赶超运动为中国社会不停地注入对等级制和西方先进技术崇尚的兴奋剂，中国必然遭受由于反叛的痛苦和探索的盲目而导致的社会冲突与碰撞（武坚，2005）。

当然，当日的人们在这种交锋中的艰辛远非我们能够用文字表达的，厚重的历史和流淌的鲜血已经尘封多时，但历史的残酷却仍在警醒着我们——真正推动社会进步的力量，不是过分的狂热，也不是盲目的冷静，更不是自卑的自大与崇洋抄袭，而是提出适合实情的现代观念，使其推广与实践。

时至今日，尽管前行的道路上已经脚印斑驳，但这种激烈的碰撞和争论仍未歇停。今天的中国与当日的孱弱已经不可同日而语，当我们日益为今日的繁荣和明天的光明自豪时，更应该庆幸百多年后民族和文化认同的重新树立。那就是，不管是文明的什么组成部分——民族或文化特征——只要一进入中国，它们就都并入具有中国特色的生活方式，受其大地和大地利用方式的哺育、制约与限制（费正清，1983）。也正如列文森所论述的：“那些能被现代人重视肯定的中国的传统价值，将依然是符合现代人各自的标准的价值，其中包括甚至对传统一无所知的人所肯定的价值”。

在中华民族振兴的道路上，传统与现代、东方与西方将在当代中国的撮合下日益融合，并凝结为一种中国特色的思想和力量。通过有效地将社会组织到国家目标中，使尚需赶超的中国社会凝聚成为一个统一的力量来完成民族主义任务（江晖，1999）。与此同时，制度和文化的持续性也产生了气势磅礴的气魄和坚守既定方针的决心。在这样的时代要求下，曾经创造出无数辉煌和奇迹的中国人再次有了久违的冲动和激情。发生于这个时代的任何事情，包括都市化过程在内，都在无形中被这股理性的狂热所感染和激励，而“都市运动”只是业已“排练好的节目的顺序登场”。

4. 全球时代的“赶超”情结

新技术的应用和推广，尤其是经济和通信的全球化过程改变了我们生产、消费、管理、沟通和思想的方法（Borja and Castells，1997）。二战以后，特别是20世纪80年代以来，这种改变以前所未有的速度加强，深深地影响到人类社会每个角落的生活方式和意识形态（杨汝万，2004）。最为明显的影响体现为人们对空间距离的淡化和模糊化。原本相隔万里的地方在心理上却是那样的亲近，这条跨越千山万水的无形纽带正在很大程度上重塑着我们传统的空间认识逻辑，把诺大的地球变成“地球村”。世界上所有的国家都成为了我们的“亲人”和邻居，他们与我们关系密切，不仅仍在沿袭甚至强化各个区域之间的竞争，而且在共同的发展环境下萌生了协作共赢的要求。这种既竞争又合作的复杂性表征了全球化时代新的区域关系。

然而，在全球化的激励和推动下，在竞争多于合作的区域背景下，追求发展和复兴的愿望和压力像催征的鼓点一样不容中国人在现代化进程中作过多的喘息、反思，紧迫的现实逼迫中国的现代化进程越来越远离自由主义的浪漫和温情，崇尚经济增长的速度和效率，最终在急促的社会改革面前被修正为“效率优先，兼顾公平”的政策，并以此作为指导与衡量是非曲直的价值标杆。在计划向市场、封闭向开放、农业向工业等的转型对现有利益分配格局提出新的调整要求面前，中央权力机构主导经济能力的削弱和地方经济发展权力的增强，以地域为纽带的空间分权和以多元化为目标的群体利益调整仍将继续推进。在和谐社会的目标图景下，中国人自古就有解决利益纷争的独到智慧。全球化与儒家的大同主义在哲学层面的契合与融通，为今天的激进主义注入了思辩的理性。因而，即使是不合逻辑的发展定律都能在众目睽睽之下被不断地重复与演绎。

“大 = 强，快 = 好”，这样的中国式发展逻辑一再在中国广阔的大地上被重复与证明。这种非理性的冲动和对前景的盲目乐观使国人迷失于全球化的重重迷雾当中，忘却了全球化原本就是利害相交、功过相当的“双重”角色。事实上，当我们还在回味全球化给我们带来的多彩和丰富时，我们应该庆幸，更应该警醒于我们的无虞。我们并不是全球化的宠儿，这在愈演愈烈的贸易摩擦、遭受激烈冲击的国内产业以及跨国投资对我国本土企业自主创新能力的削弱等等中已经昭然若揭。然而，我们并没有太多的选择。在继续推进全球化的同时，我们只能牢牢抓住发展的主动权，牢牢扣紧连接全球化的纽带。

都市的发展，不仅可以有效发挥高效率的优势，最重要的它本身就是实现全球化的重要平台。发展要求和全球化的双重强化，在主观上形成了人民群众对全球化进程的一致认同，客观上则助推了都市运动在中国大地上的兴旺与发达。

5. 行政的制约与突破

作为经济发展的利益主体，行政区划对中国的都市化具有明显的塑造作用。中国行政管理采取的是严格的分级管理体制，即行政区划纵向管理的四级体制（省、市、县、乡镇）（朱舜，2003）。扎根于我国特有的历史文化传统，目前我国的行政管理制度主要有两个方面的特点：一方面是其清晰的等级序列；另一方面是各个行政区的强独立性。也许，行政区经济可以充分地表达中国的行政区划对经济社会发展施加的巨大影响，而且这种影响至今没有明显丝毫减弱的迹象。

作为中国由计划经济向市场经济转型的一种过渡经济形态，地方政府往往通过建立于行政区划之上的各种政治、经济的政策壁垒，以牟取本地利益的最大化。在行政区划的强力塑造下，中国的都市遍地开花，独具了其他国家和地区所没有的规模和速度；这样的演进和发展过程也在中国的各个角落生根发芽，绕过了许多国家曾经和正在遭遇的“单极都市化”；更具特色的是，由于各个行政区的独立抑或分割作用，尽管都市遍地开花，中国的都市化还是难以走上美国的“大都市区化”和欧洲的“网络都市化”的道路。因为，在中国相邻的都市之间总会有那么一道看不见却强烈感受得到的“墙壁”。对地方利益的强烈追求和狭隘理解构筑了这道墙壁的坚固与韧性，甚至在许多地方这种趋势还在进一步加强，尤以长三角、珠三角、京津冀以及其他大型都市地区最为典型。

昆山和太仓是高度都市化的上海和飞速发展的苏州之间的两个城市，它们之间相距不足15km，城市建设用地相距不超过5km。如果没有行政区划的作用，两城市早已在发展方向、产业布局、设施建设等方面实现了一体化，然而，如今两城市却在相对发展的道路上愈走愈远。我们相信，同样的两个城市在美国、欧洲将会有截然不同的结果。在美国，它们会随着空间的快速扩张而迅速粘连或者至少成为空间紧密的一个都市；在欧洲，它们则会依然保留各自的独立性，但仍会实现充分的一体化和网络化。我们并不应当垂目于欧美的潇洒或冲动，而更应该扎根于中国的特质和传统，毕竟都市化作为一种世界性的进程和趋势在中国必有其表现的形式和特质。

尽管没有了单极都市化带来的个别都市的无比荣耀，也没有了美国都市区化带来的高度一体化和遍在的“光辉”，同样也没有了欧洲网络都市化带来的“亲密无间”和“意蕴深远”，我们却独有了铺天盖地的“百花齐放”和“各显神通”的“集体亢奋”。从这个意义上说，中国的都市化，或许是综合了都市区化和网络都市化的全部特征。

人口众多、国土广阔的泱泱大国，凭着传统与现代、东方与西方的复杂交锋与殊死较量，催生于全球化时代追赶、跨越的急迫与浮夸，都市化在中国的“壮观”即使难免“大跃进”“虚华”的嫌疑，也本就是一个有着深刻根源和广泛激发因素的合理过程。因此，在惊喜于“都市运动”波澜壮阔的同时，大可不必惊叹于“都市运动”的缺陷与不足。

五、现实解读：激情与冲动

“世界上没有完全相同的两片树叶”，这句话用于形容国家和地区的不同特征，仍然具有特定的意义。正是中国独特的自然条件基础、历史文化传统以及独一无二的发展历程和背景，都市运动在中国成为世人注目的“专属中国的魅力”便不足为奇。尽管，都市化的推进是区域发展的客观现象，然而自然的过程却用“运动”的非自然方式表达还是让我们一时间没有及时跟上思考的脚步。

20 世纪 80 年代所津津乐道的“深圳速度”，90 年代开发建设浦东的“举国欢庆”，乃至新近建设“天津滨海新区”和“重庆城乡统筹示范区”等一系列的“都市运动”，无不饱含着中国都市化的激情与冲动。然而，我们也不能就此放任这种激情与冲动在更普遍的层面“发扬光大”，更不能任凭这种激情与冲动带走我们仅存的一丝理智与理性。

（一）激情“燃烧”

无论从哪个方面讲，“都市运动”带给中国的变化都是日新月异和令人欣喜的。在它的带动下，数以亿计的农民结束了“面朝黄土背朝天”的生活，把自己的辛勤和汗水洒在了轰鸣的机器旁。然而，与可以看得见摸得到的职业转换、产业升级、城市建设等相比，这场运动推动的观念和思想变革甚至打动了中国历史上最为“顽固”和保守的群体，在内心里激起了他们奋斗、创业的激情。身处其中，每个人都能感受得到它的热度。被它感染、被它推动，甚至于被它心甘情愿地忽悠着，在昨日思想的废墟上重建新的“家园”。往日的“贫穷”、“封闭”、“落后”正在这场席卷一切的风潮中被永远地丢进历史的“垃圾箱”中，今日的激情依然继续，发展、赶超、崛起、自豪感或已被我们“收入囊中”或正在向我们“快速逼近”。

这样看来，“都市运动”就如上帝赐给我们的礼物，给我们无限的生机，也给我们前所未有的希望。

1. 强力回应全球化浪潮

20 世纪 80 年代以来，经济全球化趋势愈演愈烈，城市尤其是都市作为社会经济发展的空间载体，在国家与区域经济中扮演着越来越重要的角色；都市成为全球化的重要媒介，它提供适当的环境让全球化发挥巨大的经济、政治与文化影响力，从而加快经济发展和社会进步（杨汝万，2004）。

同时，在信息化与知识化的推动下，经济活动在全球范围内进行集聚与扩散，城市的空间分布及其功能组织也在发生重大调整，城市尤其是都市之间的相互联系也越来越紧密，新的劳动地域分工将各个国家的都市都联系了在一起（顾朝林，2003）。而在经济全球化与区域经济一体化两大潮流的强力推动下，以大都市为核心的都市圈日益成为区域经济发展的重要单元，全球范围的竞争已越来越表现为以大城市为核心的都市单元的竞争。

中国作为一个正在迅速成长的大国，迫切需要一批具有区域或国际影响力的都市以及以其为核心的都市体系，融入整个世界的城市网络体系，参与全球竞争。中国的都市运动催生了一批具有较强竞争力的都市，同时促使几大都市经济集聚区的成长，成为应对全球化与全球竞争的重要保障。

在全球化的浪潮下，世界各国城市百舸争流，激烈角逐，竞相主动融入全球坐标体系，避免被挤压、淹没、边缘化。如同东京支撑了日本的国际地位，巴黎支撑了法国的国际地位，纽约、洛杉矶、波士顿城市带、五大湖的城市带撑起美国的国际地位，在都市运动中成长的上海、北京、广州、深圳等都市以及长三角、珠三角、京津唐三大都市连绵区赋予了中国在国际舞台上的影响力，使之与其他国家在全球坐标下竞相角逐，同时也让中国拥有了更多的话语权与竞争优势。随着世界经济增长重心的转移，中国正在成为亚太地区经济增长最快、经济实力最强、经济潜力最大、经济活力最为旺盛的地区之一，而这一切，都市运动功不可没。

全球化的重要表现之一就是资本、技术的全球流动以及生产的全球重构与转移，具体而言是核心国家与世界城市主要发展技术创新、生产管理等高层次产业，而低层次的生产制造、装配活动向发展中国家转移。发达国家新的产业的产生加速了其将自身传统产业向发展中国家的转移，同时新兴的工业化国家也在积极转移比较优势逐步丧失的劳动密集型产业。因此，产业转移在世界范围内主要表现为制造业的全球重构。从全球角度来看，发达国家制造业主要向东亚和拉美区域转移。近年来，东亚和东南亚制造业超过拉美制造业，并使世界制造业加速向东亚转移，以中国东南沿海地带为主的广泛地域正在成为全球制造业的基地，主要集中在以长三角、珠三角以及环渤海经济带在内的东部沿海地区。外资与技术的大量流入使东部沿海的众多都市已成为全球制造业转移的重要承接地。“深圳速度”、“浦东开发”、“昆山模式”、“东莞奇迹”无一不是全球产业转移的受益结果，无一不是中国都市运动最为鲜明的写照。

2. 快速推进城市化进程

与中小城市和小城镇相比，都市具有明显的发展优势，主要体现在四个方面：①都市拥有更好的经济效益。研究表明，中国5万以下的城镇人均GDP只能达到1280元，全要素生产率①为86%，财政支出和财政收入之比为1∶1.28。而200万人以上的都市人均GDP可达到4888元，全要素生产率为151%，财政支出与财政收入之比为0.59∶1；②都市拥有更好的生态效益，都市往往比小城市具有更小的生态足迹②；③都市的社会效益高

① 全要素生产率（Total Factor Productivity，TFP），也称总和要素生产率，是指产出增长率超出要素投入增长率的部分，是衡量单位总投入的生产率指标。全要素生产率的增长率常常被视为科技进步的结果。它的来源包括技术进步、组织创新、专业化和生产创新等。

② 生态足迹（Ecological Footprint）是由加拿大生态经济学家William和其博士生Wackernagel于20世纪90年代初提出的一种度量可持续发展程度的方法，是一个国家或地区为人类发展提供食物、纤维、能源以及吸收消费所产生的废物的土地面积。这一形象化概念既反映了人类对地球环境的影响，也包含了可持续性机制。

于小城市，其科教文卫的发展水平远远高于中小城市；④都市对农村剩余劳动力的吸纳能力远远高于中小城市和小城镇，以浙江省为例，2005 年，仅杭州、宁波、温州三大都市的从业人员总数就达 165.7 万人，占全省总从业人员的 60% 以上，成为新增就业岗位、吸纳农村劳动力的主力军。

按照目前的发展趋势，今后中国的都市将继续扮演城市化这场恢宏篇章的主角，都市尤其是大都市将以更快的速度发展，并在空间上形成以其为中心的城市群、都市连绵区等都市地区。这些都市地区内部联系紧密，经济实力强大，拥有单个都市难以匹敌的发展优势，将成为区域经济组织的主要空间单元。依靠强大的吸引力和辐射力，这些都市地区必将主宰地区社会经济的发展，成为我国经济发展的主要空间载体。

目前，已经初步成形的京津冀、长三角、珠三角三大都市地区已经成为我国经济发展的三大引擎。同时，辽中南、山东半岛、武汉、关中、成渝、中原、长株潭等城市群也在快速形成中。未来，我国将形成以环渤海（包括京津冀、辽中南、山东半岛）、长三角、粤港（包括珠三角、香港、澳门）等三大国家级都市地区为核心，以中原、武汉、海西、成渝、长株潭、关中、哈大齐、长吉、北部湾、乌鲁木齐、兰州等区域性都市地区为支点的都市空间体系。它们将成为我国经济的强力支撑点，成为我国城市化的主体形态，并将继续发挥其带动与辐射作用，快速推进中国的城市化进程。

三大都市地区的核心地位　　表 1－18

名称	人口		面积		GDP	
京津冀	数量（万人）	2762	数值（km^2）	32587	数值（亿元）	6553
	比重（%）	2.15	比重（%）	0.34	比重（%）	6.5
长三角	数量（万人）	7571	数值（km^2）	100242	数值（亿元）	19125
	比重（%）	5.9	比重（%）	1	比重（%）	19
珠三角	数量（万人）	2625	数值（km^2）	22050	数值（亿元）	9565
	比重（%）	2.04	比重（%）	0.23	比重（%）	9.5

数据来源：中国城市统计年鉴 2003。

正在形成中的都市地区　　表 1－19

名称	中心都市	其他城市
哈大齐	哈尔滨	齐齐哈尔、大庆、绥化、尚志等
长吉	长春	吉林、四平、辽源等
辽中南	沈阳、大连	鞍山、抚顺、辽阳、营口、盘锦等
山东半岛	济南、青岛	烟台、淄博、威海、潍坊、东营、泰安等
中原	郑州	洛阳、新乡、开封、许昌、焦作、漯河、平顶山等
关中	西安	宝鸡、咸阳、铜川、渭南等
武汉	武汉	黄石、鄂州、孝感、咸宁等
海西	福州、厦门	漳州、泉州、莆田、晋江、宁德等
长株潭	长沙	株洲、湘潭等
成渝	成都、重庆	绵阳、宜宾、泸州、德阳、遂宁、南充等
北部湾	南宁	北海、钦州、防城港等

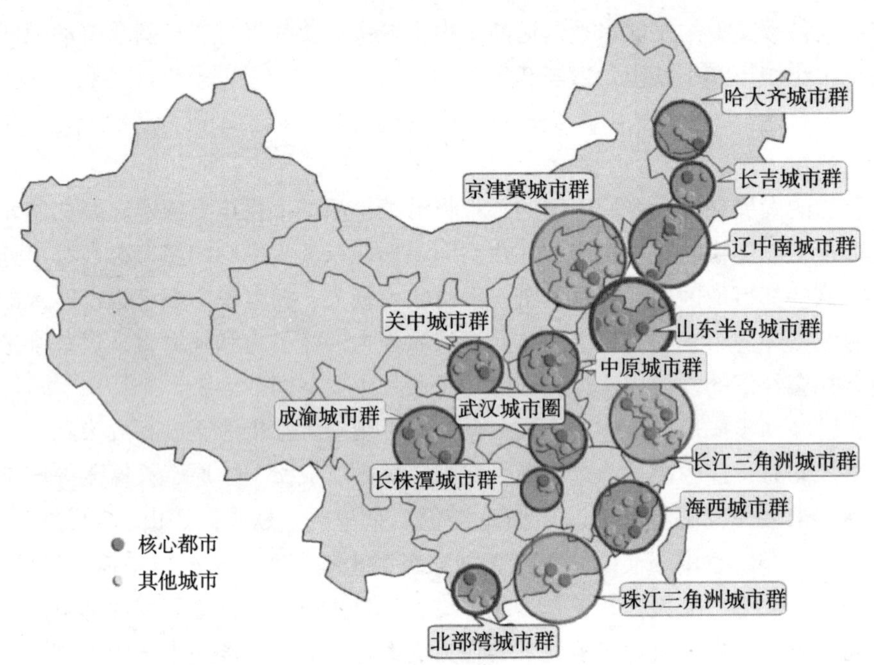

图 1－13　中国城市群分布图

（二）激情背后的代价

自然的历史进程毕竟需要时间的积累与空间的填充，当我们仍然一味沉浸在速度与激情的亢奋中时，都市运动的“负效应”已逐渐显现。交通拥堵、环境污染、生态破坏、文化丧失等都市问题日益普遍和严重，同时，二元结构、社会不公、区域失衡等问题也不断地在“浮夸”和“躁动”的环境中受到“撩拨”，“都市运动”的车轮正在遭遇“失重”和“超速”的颠簸。

1. 失衡的跷跷板：公平与效率的两难

市场经济最大的特征是效益优先。改革开放以来，中国进入由计划经济向市场经济的巨大转型期，市场化改变了城市发展中各种要素的流动与组合机制，从而从根本上改变了中国城市发展的动力基础，在此背景下的都市运动也始终在公平与效率的两难面前摇摆，不断地敲击着各级政府的神经。

就客观层面而言，从改革开放到西部开发，再到中部崛起，中国的区域经济发展政策总是试图在公平与效率之间寻求一个平衡点。中国都市运动所处的一个巨大的发展背景是从计划经济向市场经济的转变，市场化释放了积极性也刺激了竞争，从而极大地激发了效率与活力。各项资源在市场机制的作用下不断地向能产生最大利润的地区集中，都市作为比中小城市具备更高经济效益的空间载体，通过极化效应吸引着周边地区的生产要素向其集聚，由此，都市在集中了社会最为重要的经济、政治和文化资源的同时，也提供了最多的发展机遇。

同时，国家自1978年改革开放以来对沿海地区实施的一系列优惠与开放政策，使中国的东部沿海地区成为经济开放的前沿阵地。国家层面的不平衡发展政策进一步强化了沿海地区都市区域经济的主导地位，并催生了一批都市以及几大城市群，极大地增强了区域竞争力。从此，原本不均衡的东中西部之间的空间格局进一步得到了强化，区域经济的差距越来越大。如果说中国的发展是一条腾飞的巨龙，那么这条巨龙的龙头已经扎入全球化、信息化的巨浪之中，龙身在工业化的云雾里翻腾，龙尾还深深地扎根在农牧文明的泥土中。

就微观层面而言，都市运动的“城中村”现象同样是一道“剪不断，理还乱”的涉及效率与公平的难题。都市化的快速发展，中国都市空间如激烈涌动的潮水不断向四周蔓延，尤其是1990年代中后期，中国的城市蔓延和郊区化进程迅速加快，处在都市边缘区的大量土地被征用。由于土地补偿与村民拆迁安置巨大成本的存在，致使地方政府选择绕开村落拓展发展空间的策略，导致“城中村”问题的出现，并在土地利用、建设、景观、社区文化等方面表现出强烈的城乡差异及矛盾，影响城市的建设质量和发展秩序（闫小培，2004），有学者将其称为由资本和劳动力共同冲刷而成的侵蚀性地貌（冯原，2004）。毋庸置疑，各地城中村的发展演化呈现出混乱无序的空间景观特征：杂乱分散的用地布局、前店后坊与下商上住的混合空间以及脏乱差的生活工作环境。“城中村”已经成为遗留在都市空间中的“农斑斑”。

从更本质上讲，城中村是由于中国剧烈的发展转型和快速的城市化所打破的二元规制环境诱发生成的“地貌”和“空间碎片”。由于城中村大量问题的存在，政府与学术界对城中村的价值判断主要呈批判态度，然而城中村的形成与存在“并非原住民追求城市化价值外溢效应的简单结果，在支撑中国高速城市化的过程中，它起到了空间与社会冲突‘减压阀’、‘缓冲器’的重要作用（张京祥，2006）”，因此，不能将城中村简单视为都市的毒瘤，而应从原住民的寻租行为与政府规制政策两个方面进行解读，并在此基础上制定更为明智而公平的整理对策。

2. “寅吃卯粮”——都市的“代际举债”

都市快速发展所衍生的诸如交通、环境、城市文脉等方面的问题，涉及另一个更深层面的公平与效率的问题，我们为此所需支付的高额社会成本可能会涉及我们的后代。当“父债子还”的家庭式责任演变为整个社会需要承担的义务时，我们就不能不反思今天的不负责任“举债”行为的严重后果。

（1）难以修复的环境

作为后发国家，中国在经济腾飞的二十多年里集中爆发了发达国家在不同阶段出现的各种环境问题，城市特别是都市的环境污染呈加剧蔓延之势，并且由过去单个城市的污染逐步发展成为区域性的城市污染①。

① 出自《2005年：中国环境危局与突围》，社会科学出版社，2006。

相关资料显示，目前全国已有16个省（区、市）的46个城市出现地面沉降问题，沉降的总面积达到4.87万km^2，其中，上海、天津、西安市为地面沉降的“重灾区”，苏南地区的地面沉降问题也很严重，沉降幅度累积大于600mm的沉降面积，苏州市达180km^2，无锡市达59.5km^2，常州达43km^2。

目前，全国有75%的湖泊出现了不同程度的富营养化，有3.6亿的农村人口喝不上符合标准的饮用水，某省50%的饮用水取自长江，从11个饮用水源测出的468种污染物，其中有机毒物210种；江河湖海遭受污染。

当前中国城市环境问题主要出现在以下几个方面：

① 空气污染严重，且空气污染程度与城市规模呈正向相关关系，都市尤其是100～200万人口规模的大都市空气污染最为严重；水质迅速恶化，出现大面积水质性缺水，如2007年，无锡太湖与昆明滇池的蓝藻爆发造成的湖泊水质大面积恶化。

② 城市地面沉降严重以及突发事件引发环境危机的风险加大。

③ 城市噪声污染较严重，2/3的城市人口暴露在较高的噪声环境中，区域环境噪声达标率不到50%；90%的城市道路交通噪声超过了70分贝；社会生活噪声呈明显上升趋势。

④ 城市基础设施建设欠账多，排水设施落后，50%城市没有排水管网，现有设施1/3老化；城市燃气和集中供热率低；有1/4城市垃圾粪便不能日产日清；城市污水处理率仅为5%左右。

⑤ 不注意城市总体规划和工业合理布局，城市中重工业和污染重的工业比例高；工业建筑与城市居住、文教、水源地、风景名胜区相混杂；全国80%的工业集中在城市，加重了工业污染对城市的危害。

图1－14　水污染

图1－15　空气污染

（2）难以恢复的文脉

许多新建城市和街区开始进入城市更新期。规划大师彼得·霍尔曾说：“每个城市都应有其个性，只需让人置身其中，无需别人告诉就知道自己在哪里。”城市个性展示城市的竞争优势，也是城市的魅力。然而，处于现代化与全球化背景之下，都市运动同时也是城市建设快速发展的过程，在现代化与城市化的激烈冲刷之下，城市的结构与环境正在发生着根本性的变迁。现代化对于城市文脉的消解，全球化对于城市个性的抹杀早已是不争的事实。

城市面貌是历史的积淀和文化的凝结，是城市外在形象与精神内质的有机统一，是由一个城市的物质生活、文化传统、地理环境等诸因素综合作用的产物。一个城市的文化发育越成熟，历史积淀越深厚，城市的个性就越强，品位就越高，特色就越鲜明。今天，一些城市已经很难找到层次清晰、结构完整、布局生动、充满人性的城市文化形象。有些城市盲目追求变大、变新、变洋，热衷于建设大广场、大草坪、景观大道、豪华办公楼和"标志性"建筑，这些项目往往突出功能主题而忘掉文化责任；不少中小城市盲目模仿大城市，为了气势而不顾城市环境，把高层、超高层建筑当作城市现代化的标志，建筑体量追求高容积率而破坏了原有的城市尺度和轮廓线，寄希望于城市在短时间内能拥有更多"新、奇、怪"的建筑，以迅速改变城市的形象。大量新建筑不是增强而是削弱了城市的文化身份和特征，使城市景观变得生硬、浅薄和单调。

长三角城市群面临"个性危机"

唐宋以来，长三角所在江南地区一直是我国经济、文化最为发达的地区，因此也造就了一批各具特色的历史文化名城。例如，苏州以"轻柔、精巧"的水乡而著称，城市建筑讲究空间变换和空灵透气；扬州既具北方之雄，又有南方之秀，多深巷大宅，给人以"健、爽"的城市印象；比起苏杭，绍兴更为"谦逊和书卷味"，建筑也更为内敛和实用；而曾经是"十里青山半日沉、七条琴河齐入海"的常熟，则好像一位有山有水的"小家碧玉"。然而，经过20多年大规模的现代化城市建设，如今长三角许多城市正变得越来越雷同，许多城市大片历史建筑群和反映城市文化的历史街区被"脱胎换骨"或荡然无存。尽管城市里国家规定的文物保护单位大多得到了保护，但整个城市的气质和风貌已经发生了不可逆转的改变。到处林立的高楼大厦，千篇一律的大广场、大花坛、大草坪，取代了原有的充满了江南灵气的城市特色，造成了城市文化的失落和个性的丧失。

——摘自：《新华网》

都市运动同时也是城市建设不断日新月异的过程，经过20多年大规模的城市建设，中国的许多城市正在变得越来越雷同，许多都市在新城、新区建设中逐步丧失自身的特色与个性，也在旧城、老城拆建过程中不断抹杀着城市的特色文脉，掠夺城市最为美丽的记忆。

3. 冲动与自大：不切实际的梦想

改革开放与全球化极大地释放了中国经济的发展活力，这场大国崛起乐章的主角便是一个个迅速成长的都市：上海、北京、广州等初具国际大都市雏形的大都市，深圳、苏州等奇速发展的都市。纵然有天才般的想像力，也无法预知昔日的一个小渔村会发展成为具有超过800万人口的特大城市。这些明星城市的飞速发展正在颠覆着一个又一个关于城市发展的理论与范式，并迅速揭开了从上到下、覆盖全国的竞相追逐的序幕。从某种意义上，都市运动正在燃烧着每个城市奋力角逐、不甘平庸的勃勃雄心，也催生了许多城市不

图 1－16 “攀高比新”的城市雷同现象
资料来源：人民网。

切实际的梦想，其中最为神话般的梦想当数 20 世纪 90 年代中后期许多城市建设国际大都市的计划。

截至目前，在全国总共 660 多个大中小城市当中，已有 183 个城市提出要建国际化大都市或国际化城市，比重达 27%，有 200 多个城市提出要建 CBD。国际化大都市业已成为中国某些城市决策者的“情结”，在中国快速城市化的背景之下更加具有“浮夸”、“虚无缥缈”、“大跃进”的色彩。在国际大都市的乌托邦之梦的驱使之下，都市运动也由此出现了盲目圈地扩大城市人口规模、盲目建设大马路、盲目建设 CBD、盲目建设大学城和工业园，以及其他不切实际的基础设施建设。

国家的土地调控政策一直是依据人口规模对用地进行审批管理，许多城市提出了超越经济发展阶段和资源承受能力的发展目标，盲目追求人口的大规模化以扩大用地范围及建设标准，肆意侵占耕地，导致城市空间的无序蔓延。同时，一些中小城市盲目追求“理想式”的多组团城市空间布局，从而导致城市集聚效应的削弱、土地利用效益的下降以及基础设施建设成本的增加。

CBD 在国际化大都市目标的诱发下正在成为中国的一个现代迷信。CBD 是国际化大都市不可或缺的新坐标，是总部的所在地，也是城市高端服务业的集聚区。众多地方政府官员的眼里，CBD 已经成为聚宝盆的代名词，只要一次投入建成，就有源源不断的资金、技术、人流往这里集聚；而在更多的中国人眼里，CBD 散发着种种足以令人热血沸腾的关于梦想与财富的气息，那里有最高的写字楼，最为昂贵的住宅，最为前卫的建筑。国际上较为知名的 CBD 有纽约曼哈顿、巴黎拉德方斯、东京新宿、新加坡中心区以及香港中环铜锣湾。在中国，只有极少的几个大都市具备建设 CBD 的条件，而更多的城市只是在狂躁不安的 CBD 建设中浪费大量的资金，建设过分超前的基础设施，同时，CBD 的建设周期一般很长，需要大量的用地，投资动辄数百亿，许多城市在先期投入大量的资金之后，一方面 CBD 功能没有得到很好的培育，另一方面由于后续资金的匮乏，使得城市出现大量的空余用地与烂尾楼，造成用地与资金的严重损失。

在回顾与检讨国际化大都市的定位冲动及其带来的种种问题时，我们似乎忽视了一个重要的细节，那就是国际化大都市不是每个国家、每个地区都唾手可得的“桃子”，即使是美国、日本等一流工业国家，国际化大都市也没有遍地开花。真正的国际化大都市应具备以下几个重要特征：①具有众多跨国公司的总部和大企业集团进驻；②作为全球区域重心，主要是资本市场的经济核心；③高度发达的生产性服务业；④科技创新、文化创意基地；⑤具备丰富的历史遗产，旅游会展业发达；⑥信息交通、资源配置流通中心。对照上述标准，中国目前尚没有一个城市被国际上公认为国际化都市。目前，只有北京、上海、香港具备国际化大都市的特征。中国所有怀着美好“国际化大都市”之梦的城市，应该醒过来了。

4. 透支与约束：资源短缺的尴尬

中国的都市犹如处于发育期的青少年，经历着最为迅猛的成长阶段，同时也汲取着国家最具营养成分的资源。然而，作为正在崛起的发展中国家，中国却面临着这样的一幅资源分布图：各种资源的人均拥有量不到世界平均水平的一半，其中淡水资源、耕地资源、矿产资源的人均拥有量分别相当于世界平均水平的 28%、32% 和 50%。

图 1－17　水资源匮乏

水是 21 世纪的油，在很大程度上牵制着经济的发展。中国在经历着经济快速发展的同时面临着前所未有的严重水资源短缺的局势，主要有三大方面的原因，一是水资源分布的不均衡，二是水污染十分严重，三是水利用的低效率。无论是水资源短缺的北方还是相对丰沛的南方，目前中国的大城市普遍面临着水质性缺水的难题，全国有近 2/3 的城市出现不同程度和不同性质的缺水，都市、大都市由于更为巨大的水资源消耗量而将面临发展瓶颈。哈尔滨的松花江污染事件、无锡的太湖蓝藻爆发事件等正振聋发聩般地敲响着警钟。

据国际水资源管理所预测，到 2010 年，全世界人口超过 1000 万的 22 个大城市将面临着严重的供给和污水处理问题，而作为快速发展的中国将面临最为严峻的局势，全国 600 个城市中将有 550 个供水不足。

北京、上海、天津三大直辖市均为我国的极度缺水地区，北京、上海属人口压力缺水地区，北京人均水资源不足 $300m^3$，上海人均水资源不足 $200m^3$。天津更属于生态缺水地区，即自然水生态不平衡，人均水资源仅 $153m^3$，属于极度缺水。京津沪三大直辖市地域狭小，仅是河流流域的一部分，都要依靠外来水源。

专家表示，资源消费对外部的依赖程度越高，受外部变化的影响和牵制就越大，抗干扰和抗波动的能力就越差。随着京津沪经济高速增长，水资源需求呈现刚性增长，供需矛盾日益突出，资源桎梏将严重阻碍三大城市未来的新一轮发展。中国社科院数量经济与技术经济研究所副所长齐建国长期从事循环经济研究，他在接受记者采访时说，目前京津沪都面临“率先实现现代化、打造国际化大都市”的任务，对资源的消耗将更大、更快。然而，传统的经济增长模式和资源消费观念还没有从根本上改变，“高消耗”伴随“高浪费”的现象随处可见。

土地是城市一切生产与生活活动的空间载体，中国国土面积居世界第3位，但土地质量不高，适宜人类居住的只有国土面积的19%，而这些地区恰好也是耕地分布最集中、城镇用地与耕地矛盾最突出的地区。同时，中国的耕地面积还在持续减少，从1996年至2004年，8年间共减少了1.21亿亩，平均每年减少1428万亩。随着经济发展步伐的加快，中国都市的城市建设用地面积急速增大，各种工业园区、CBD、新城、开发区、大学城的建设正如火如荼地进行，许多都市面临着土地资源稀缺与经济快速发展之间的尖锐矛盾。

小　结

本书不是一本批判都市运动的书，作者的立场是希望在理性地分析都市运动的社会效应的同时，高举都市运动健康发展的大旗，避免在此迷失自己正确的方向。因此，认识它的“局限性”和“冲动性”是为了更多的科学性与理性。必须肯定，中国的都市运动是上世纪末、本世纪初发生在中国大地上的一场史无前例的革命与变革。而且，这场革命性的变革还刚刚开始。我们应该做的是，如何让“都市运动”不像“文革运动”那样成为一匹脱缰的野马，重蹈拉美国家与许多发展中国家的覆辙。

实际上，都市运动已经把都市化从单纯的地理或经济转变过程，上升为囊括一切的社会转型过程。从某种意义上说，都市运动本身就是一种转型的过程。如果把都市运动比作一辆高速运行的列车的话，城市转型就如列车经过的风景，透过它，我们可以鸟瞰城市转型的全面景象；通过城市转型，我们也更能把握都市运动的时代脉搏与前进方向。

离开城市转型，我们无法深刻认识都市运动的本质；离开都市运动，我们也无法体会城市转型的壮观气势。从本书的视角看，对都市运动的描述和剖析并不是我们的最终目的，我们正是企图通过对都市运动的认识来构建中国城市转型这场大戏的宏大背景，也正是通过城市转型来勾勒中国都市运动这场大潮的美好前景。就好比是，城市转型这个铺路者正在以高昂的干劲铺就都市运动的平坦大道。

第二章

理论诠释：城市转型的科学理性

1990年代以来，全球范围内的发达国家与发展中国家都在经历着巨大的经济、社会体制转型，各城市的发展也被置于一个前所未有的复杂多变的背景之下。“全球化”、“信息化”、“区域一体化”、“城市区域化与区域城市化”、“时空压缩”等语汇也成为描述当前世界城市发展背景的时代流行语。在此背景之下，所有城市在全球坐标之下紧密联系，在世界范围内构成城市体系，并在经历着这样或那样的城市发展转型，即城市根据发展的外部环境、自身潜力以及发展机遇的变化或城市发展的基本共识与愿望调整自身的发展理念、目标、策略或道路，城市转型已经成为一个世界性的话题。

在全球范围内透过众多城市的发展历史，一条城市竞相角逐的历史轨迹清晰可见，而产业的国际转移无疑是推动这一历史轨迹的主动脉，从“纺织、化纤（劳动密集型）”到“钢铁、造船、炼化（资本密集型）”，到“汽车、机械、电器（兼具资本、技术密集型）”，再到“微电子和信息技术（技术密集型）”，从发达国家到次发达国家，从次发达国家到发展中国家，这条主动脉源源不断地向各个城市输入新鲜的血液，促使着这些城市的大发展与大转型（表2－1）。对于处在世界城市金字塔等级体系尖端的国际大都市，如纽约、伦敦、东京、巴黎，其城市发展的理念主要向可持续、文化、多元和网络等方向发展，并以牢不可破的金融与经济的国际化地位不断地扩充其在世界范围内的综合辐射力；区域性大都市如悉尼、法兰克福、多伦多则转而更加注重自身多元文化的优势，大举创意城市的发展旗帜；而新崛起的大都市如香港、新加坡、首尔则努力将科技尖端化作为制造业发展的方向。

国际大都市发展定位比较 表2－1

城市	目标设定	理念设定
伦敦	三大世界金融中心之一和欧洲的金融首都；世界上经济国际化水平最高的城市；世界上文化多样性最显著的城市；欧盟中最大的城市等	
纽约	世界机遇之都	更适合居住、更好的商业气氛、城市经济多元化；安全的、有成就的、有尊严的社区；为每个想工作的纽约人提供就业的条件
悉尼	大区域中的世界小城；澳大利亚惟一的世界级城市	
多伦多	世界级城市，无限之都，全球旅游及商业目的地	
台北	世界级大都市	永续台北、生态台北、洁净台北、安全台北、文化台北、知识台北、网络台北
新加坡	世界级电子中心、全球综合性化工产业中心、亚洲的全球生物医药科学中心、世界级运输中心、全球性贸易中心等	

续表

城市	目标设定	理念设定
香港	亚洲国际都会	
首尔	世界一流城市	温暖的首尔（保障）；便利的首尔（交通、人居环境）；活力的首尔（经济）；经济、人力、社会、文化共同推进
约翰内斯堡		干净之城、自豪之城

资料来源：屠启宇，金芳等．金字塔尖的城市——国际大都市发展报告．上海：人民出版社。

如同世界其他城市一样，中国的城市发展也处于其自身独特的发展背景之中，全球化、信息化等外部因素影响力量的大举渗透以及自身独有的国家、民族文化，制度因素，历史积淀，城市化发展政策，市场化等内部基因的衍化，使得中国城市的发展卷入这场轰轰烈烈、举世瞩目的都市运动历史进程。中国的都市运动是当今世界城市发展的一首极为独特的雄伟史诗，它充分挑战着已有的全部关于城市发展的理论知识，也考验着所有中国城市发展的管理者与规划师的智慧。诚然，中国的都市运动一方面压缩着中国城市化与现代化的时空进程，并以波澜壮阔的种种发展图景向我们娓娓地拉开一个大国崛起的历史序幕①；另一方面，世界上并没有哪个国家出现过规模与范围如此广大的都市化进程，使得中国的都市运动既没有前车之鉴也没有理论指导，同时由于其独特而复杂的发展背景以及近乎瞬间爆发出来的发展速度，导致了这场都市运动带有一定的“局限性”与“冲动性”，仿佛这一壮丽乐章中夹杂的不谐音符，这种不谐音符正是城市转型最为根本的动力与原因，进而将城市转型置于都市运动的背景框架之下，而城市转型又是促使都市运动不断推进的催化剂。如果说中国的都市运动展现的是一幅幅百舸争流的画卷，那么，城市转型就是众多迎风破浪的航母与战舰的舵手，它引领着整个都市运动未来的发展方向。

在全球化这一穿透各种空间尺度过程的作用之下，全球、区域、国家及地方等不同空间层级的经济实体发展过程紧密关联，加之各个国家各自经历的经济、社会变革进程，使得城市转型已经成为世界各城市发展的主题曲。处在都市运动之中的中国的城市转型也在吸引着世界的眼光，并必将以其独特的转型“范式”燃烧着痴迷于中国发展奇迹的国内外众多学者的求知热情。然而，对于什么是城市转型，目前学术界尚没有统一的看法。那么，究竟什么是城市转型？城市转型有没有一个一般性的理论分析框架？本章试图从一般理论的角度对城市转型这一主题进行系统的勾勒与阐述，并以此为菱镜透射中国蔚为壮观的城市转型盛景，以便于从轰轰烈烈的中国都市运动中梳理城市转型的历史理性，以期启迪中国诸多城市的发展。

① 全球化时代下，国家之间的相互竞争已经逐步演化为城市之间的竞争，一个国家的竞争力强弱的关键也越来越依赖于是否拥有一批具有“国际性”、“区域性”的大都市与以这些大都市为核心的城镇密集区，因此，中国的都市运动一定程度上推动着其大国崛起的历史进程。

一、理性辨析：什么是城市转型

（一）不同学科的转型释义

城市转型作为当前城市规划、城市地理、城市社会学等学术领域关注的焦点，并没有一个统一的定义。大多数学者及城市管理者似乎以一种潜在的共同认识来使用“城市转型”这一专业词汇，一定程度上造成了学术交流与理论应用的混乱。

转型（transition）可以理解为事物形态的转换，即事物从一种发展状态到另一种发展状态的转变过程。根据这一理解，可以发现转型现象广泛存在于自然科学与社会科学领域。

1. 自然科学中的转型

自然科学主要关注的是客观物质世界的所发生的一切自然现象，而任何事物都有由其内部要素组合搭建而成的结构，并在更为宏观的层次上作为其他事物的结构的内部要素之一，从而使事物具有某种功能或作用，同时由于事物之间千丝万缕的复杂联系，事物本身与周围其他事物存在某种“能量”的交换关系，这种结构与交换关系的存在就构成了事物的“型”，而“转型”就是“型”发生质的变化。比如，任何物质都是由分子或原子组成的，这些分子或原子的空间排列组合关系就是物质的结构，也即“型”，这种物质结构的变化，比如石墨在一定条件下转化为金刚石，就是物质的“转型”（图2－1）。从系统论的视角出发，就是系统的内部构成要素之间的结构关系及系统同周围其他系统的各种能量流动或交换关系构成了系统特定有效的内外部结构或组成方式，使得系统具有相对稳定的存在方式，这种方式就是“型”，当系统内部构成要素之间的空间排列关系（包括要素数量的增加或减少）以及同周围其他系统的能量交换的方向与强度发生变化时，系统原有稳定的存在方式向新的相对稳定的状态转变的过程就是“转型”。

在化学领域中，分子结构决定了物质的物理化学属性从而确定了其功能，转型意指通过改变分子结构即分子的空间排列组合方式而使其具备新的结构与功能。例如，在强大热效应和催化剂的作用下，质软的石墨的晶体结构中层与层之间的不牢固的结合力受到拉动，同时将六角平面上各碳原子间的化学键和结合方式进行“大变动大改组”，使它们之间的结合按照金刚石的形式和要求，有规则地结合成为立方面心结构，转变为超硬耐磨的金刚石。

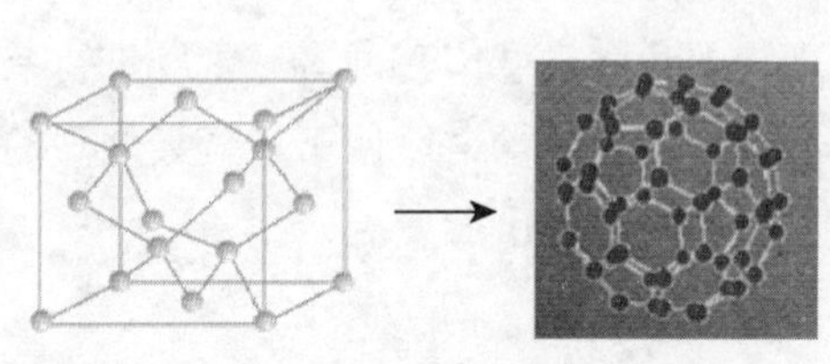
图2－1　化学中的“转型”——石墨向金刚石的转化

生物学意义上的转型源自现代生物技术的核心技术——基因工程，是指在基因水平上，采用与工程设计类似的方法，按照人类的需求或意愿进行设计，然后根据设计方法改变原有的基因结构，从而创建出具有某种新性状的生物品种，并能持续地遗传给物种后代，例如转基因食品，生物学家通过物种杂交或修改基因信息以进行对食品的定向改造，达到减少食品农药残余以及强化某些营养成分的作用（图2-2）。

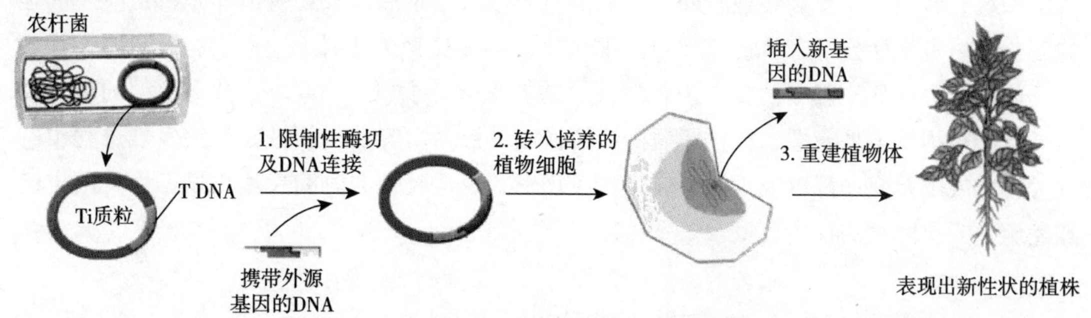

图2-2 生物学中的“转型”——植物的基因改造

在物理学领域，转型是物质在一定的条件下物理属性（如密度、比热容、硬度、透明度、导电性、导热性、弹性、磁性等）发生变化的过程，例如 H_2O 在外界温度改变下发生的水、冰和汽三态之间的相互转化（图2-3）。

数学中的转型意指变换，是指依据一定的法则（公理或定理），一个表达式或函数或几何图形通过任何一种方法转变到另一种相应形式以应用于数理推导、模型演绎或量化表达不同现象的过程，是一个纯理论的演绎过程（图2-4）。

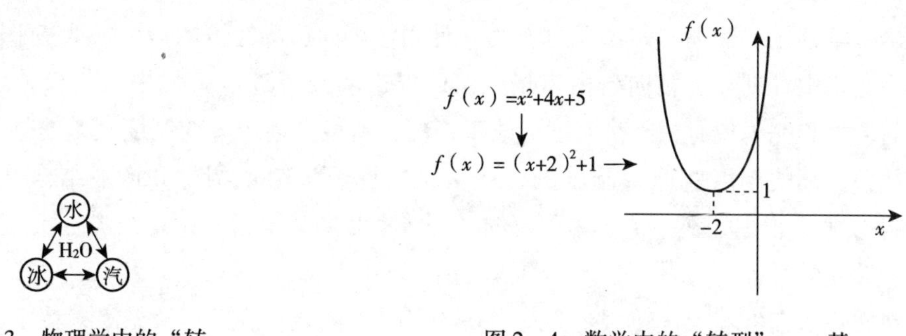

图2-3 物理学中的“转型”——H_2O 三态的相互转化

图2-4 数学中的“转型”——基于数学逻辑的数图变换

简而言之，自然科学中的转型是物质系统在外部环境或外部条件发生变化的情况下，各要素持续相互作用、结构—功能不断耦合的驱动下进行动态演化的过程。转型即转变物质的结构，通过物质结构的改变而增强其功能强度或使之拥有新的功能的过程。

2. 社会科学中的转型

社会科学领域所关注的对象为人类社会现象，因此其型具有较大的抽象性，主要是指社会、经济、文化发展的主导模式，因此，转型就是一种主导模式渐次替代另一种模式的过程。

在社会学中，转型意为社会结构或社会形态的转变，前者主要指一种整体的和全面的结构状态过渡，而不仅仅是某项发展指标的实现，具体内容是结构转换、机制转轨、利益调整和观念转变，在社会转型时期，人们的行为方式、生活方式、价值体系都会发生明显的变化；后者指社会形态从传统社会向现代社会、从农业社会到工业社会，从封闭性社会到开放性社会，从伦理型社会向法制型社会的转变（宋林飞，2002）。社会转型的根本动力是社会结构的不平衡性、社会矛盾的尖锐性以及社会内容的创新性，社会发展进程中的重大改革或重要变迁都可视为社会转型的表现形式。从较长的时间尺度出发，人类历史已经经历了三次巨大的社会转型（表2-2）。

三次社会转型的核心特点比较　　表2-2

社会转型	第一次转型（采猎社会向农业社会转型）的特征	第二次转型（农业社会向工业社会转型）的特征	第三次转型（工业社会向知识社会转型）的特征
整体特征	农业化	现代化	全球化
政治领域	人治化、集权化	法治化、民主化	国际化、自由化
经济领域	土地化、个体化	工业化、商品化	知识化、智能化
社会领域	等级化、封闭化	城市化、分层化	网络化、学习化
文化领域	单一化、宗教化	世俗化、理性化	多元化、世界化

资料来源：文军．承伟与创新：现代性、全球化与社会学理论的变革［M］．华东师范大学出版社，2003. 179。

经济学领域一般把“转型”理解为从计划经济向市场经济的转变，从基于国家控制的社会主义集中计划经济转向自由市场经济，以市场经济逐步替代中央集权计划经济的过程。与调整和完善现有的经济制度的改革不同，转型是逐步改变制度基础的过程，主要是通过效益更高的制度对原有制度的替代从而实现经济结构调整和产业结构升级的过程。1978年以来，中国处在一个极为重要的经济转型时期，即指从计划经济向社会主义市场经济逐步转变的过程。

在文化研究领域中，转型主要意为在特定时代社会经济发展背景下，特定民族或群体所习以为常地赖以生存的主导性文化模式被另一种新的主导性文化模式所取代的过程。在社会发展的特定时期内，主导文化模式的失范即主导文化无法适应新的经济社会背景的要求，便会出现文化危机，从而导致文化转型（衣俊卿，2004）。例如，在全球化越演越烈的时况下，中国的传统文化发展已出现重要的转型特征：文化发展的裂变，由纵向的传统文化传承走向横向的文化开拓，主流文化受到质疑，多元的异己文化得到广泛的认同，文化逐渐走向解构、沟通与重构。

伴随着1990年代以来发达国家与发展中国家经历着的巨大的经济、社会转型，转型已经成为国内外学术界广泛关注与重点研究的领域，学术界对转型的定义没有明确而统一的意见，且主要集中于其社会经济学意义的理解。西方国家的经济社会转型基本上是在原有市场经济制度框架内的渐进式变化，以适应全球化带来的产业组织调整和社会规制的变化（张京祥，2007）；而中国则正处于两个历史性的转型过程，一是从乡村型农业社会向城市型工业社会的转型，二是从指令性经济向市场经济的转型（侯百镇，2005）。

（二）城市转型的概念思辨

虽然城市转型广泛发生于世界各地，但却数中国的城市转型独具特色，并以其独特的背景及发展模式激发了诸多学者的学术敏感性。纵观文献，目前国内外学术界对中国城市转型①的研究主要集中于两大领域：转型期城市发展研究与基于城市转型视角的城市发展研究。

转型期城市发展研究主要是中国所处的激烈转型背景下城市快速发展的动力机制、出现的问题及其相应的对策研究，“转型”本身只是城市的定语或城市发展的一个重要背景框架，也是促使中国城市快速发展的主要驱动力之一，而非城市自身发展方式的变化。这方面的研究概括起来有两个方面：第一，社会转型，即中国从传统的农业、工业向新型工业化、信息化转型；第二，市场转型，即中国从计划经济体制向社会主义市场经济体制的转型，以及面临的三大挑战，市场化改革（market reform），乡城迁移（rural - urban migration）和全球化浪潮（globalization）（Logan J R，2002）。在对城市发展所处的“转型”背景的研究中，多数学者侧重于用全球化（globalization）、全球资本（global capital）等外生因素（exogenous influences）解释中国的经济变迁与空间重组（Lardy N，1994）；弗里德曼认为国家或民族的文明具有惟一性与独特性，主张用中国本国的文化、历史、城市化政策与实践等内生力量（endogenous forces）来分析中国激烈的经济与空间转型（John Friedmann，2005）。

基于城市转型视角的城市发展研究主要包括三个方面：资源型城市转型研究、功能单一城市的功能转型研究、以转型的观点分析城市发展及其问题的研究。资源型城市转型研究即资源型城市如何摆脱对不可再生资源的依存化的探索，在此，转型的含义主要是城市产业结构的调整升级，即城市主导产业由自然资源的开采与加工向更为高级的产业演化以规避自然资源耗尽对城市发展的限制，这方面的研究已经趋于成熟，较为系统化，主要涉及资源型城市的一般发展规律、转型的动力机制、转型的内容、转型的制度支持等，有些学者进而提出建立资源型城市转型学（齐建珍，2002），将资源型城市的转型研究作为一门独立学科来进行探索；功能单一城市的功能转型研究主要集中于对旅游型城市自身功能升级演化的研究，即探讨如何规避城市依赖单一的旅游产业而带来的种种发展问题，如何进行产业结构的升级转换来实现城市功能的转型，转型主要指城市功能的转变；以转型的观点分析城市发展主要从城市转型的周期性、转型模式、转型目标等方面以期为城市发展

---

① 由于处于声势浩大的都市运动这样的独特背景之下，在此我们将研究视角更多地置于中国的城市转型上，或者说，研究城市转型更多的是考虑到中国本身的国情及其城市发展的特点。

提供一种新的分析视角，转型意指城市发展进程及发展方向的重大变化、重大转折，城市发展道路及发展模式的大变革（侯百镇，2005）。

根据上述对不同学科转型的归纳演绎，转型是事物形态的变化，与改革不同，转型是一种质变或非线性变化。城市转型是城市发展道路、发展模式的重大转变，通过分析上述不同学科的转型释义以及已有的城市转型研究，本书对城市转型主要从三个方面去理解：

（1）转型并非是无条件的，而是城市对其内外部条件变化的一种回应，是对其所处发展阶段变化的自我调适；

（2）回应与自我调试是一个通过改变自身结构而产生新功能的过程，是由主导转型内容牵引辅助转型内容的系统演化过程，而非局部性变革；

（3）城市转型的根本目的是对城市衰退的规避，实现可持续发展。

结合上述理解，本书将城市转型（Urban Transition）的概念界定为：城市的发展在外部环境、发展机遇或自身状态发生变化的条件下，转变原有的发展模式、发展路径、发展战略以摆脱对原有非理性发展道路的路径依赖与锁定效应，获得最大的系统外部支持、规避无效率的城市增长或城市衰退，提高城市竞争力，实现可持续发展的过程。城市转型是城市发展自我扬弃、自我否定和自我创新的过程，是城市发展状态从失衡到新的动态平衡的过程。

在外部诱因方面，城市发展外部环境的变化是城市转型的主要原因，主要包括城市的区位、区域宏观发展环境、区域产业结构的重构与转移、区域发展政策、区域重大项目的选址、重大事件的举办等。城市的发展离不开区域腹地的支持，因此，区域发展状态的变化必然驱动城市调整自身，趋利避害，以获得区域腹地的最大外部支持；在内部推力方面，城市自身发展条件、发展状态的变化是城市转型的主要动力，主要包括城市发展的资源利用状况、产业结构的发展演化、空间结构发展的适应性、区域地位与自身功能的匹配、中心地位与发展腹地的关系变化、城市发展战略与城市发展的协调等等，当某一因素导致不稳定、不协调或衰退现象出现时，城市势必寻求新的发展模式，规避衰退。城市转型是城市在内外部发展条件时空演化下的自我调适过程。

非理性发展道路主要是指与城市发展状态和外部环境条件不相适应的发展模式。城市的发展由于不同的自然地理、社会、经济、文化条件从而形成了各自不同的发展道路与模式。城市的发展一旦进入某一路径，由于存在报酬递增和自我强化的作用机制（如产业的前向、后向关联及要素的流动产生积累效应）而有着类似于物理学中的惯性作用，一旦进入某一路径就可能对这种路径产生依赖性，路径依赖效应延迟了城市发展对外部条件变化的适应，导致城市增长的无效率。从本质上讲，城市转型是摆脱对不适应或不稳定的原有发展模式或发展路径的依存化。

城市发展衰退或出现衰退的潜在征兆可以促使城市转型的发生，这时，转型的直接目的就是规避衰退。城市衰退的表征主要是经济增长速度的降低、区域功能强度的弱化等。城市衰退根据其成因可以分成三个方面，即物质性衰退、功能性衰退和结构性衰退。物质性衰退主要指由于城市的物质设施超过了耐用年限，而使城市呈现自然“物质性老化”的衰败；功能性衰退是由于城市内部结构的系统活动和作用出现不协调，造成城市功能的失调，由此而导致的城市衰退；结构性衰退是指城市功能、系统结构和布局的变化总是滞后于城市经济的发展要求而导致的城市衰退（樊烨，2005）。由于科技水平的提高，物质性衰退的周期趋于延长，同时由于发展的不确定因素的日益增加，城市的功能性与结构性衰退成为城市转型的主要动因。

城市转型是城市发展更为高级的一种形式，是城市发展的阶段性跃升。城市在发展中转型，在转型中发展，通过转型实现发展的升级。城市在转型过程中进行着产业结构、空间结构、地位与功能的匹配以及与周边城市关系等多方面的调整，这种调整与城市作为复杂动态系统的发展状态的相互适应性决定了城市发展具有萧条、复苏、上升、繁荣、危机、衰退等生命周期现象，并且呈现出稳定状态与非稳定状态交替的波动演化景象，因此，城市转型可作为分析城市发展与城市问题的有效框架之一。

（三）外延拓展：城市转型的特征分析

1. 淘汰性与创新性

城市转型是城市通过其系统内部功能的涨落分化和组织而产生的自我更新的能力，即“自组织功能”，从而对城市发展的内外部条件变化作自我适应性调整，这个调整是一个吐故纳新、自我否定、自我扬弃的过程，本身就具备淘汰性与创新性的属性特征。城市转型的创新性主要体现在两个方面：一是城市转型本身是不断创新的过程，二是城市转型的内源动力是科技与制度的创新。

城市转型是对原有发展模式发展道路的淘汰，是城市发展道路演进过程的量的积累促发质的飞跃的跳跃性发展。城市转型通过产业结构的升级演化、空间结构的发展进化、内外功能的转换提升、生态系统的修复优化等多方系统的复合演替实现，是新的经济系统、空间系统、生态系统替代原有旧系统的过程。城市产业转型是产业结构的升级演化，是产业结构从不合理走向合理、从不协调走向协调、从低级走向高级的结构优化过程；城市空间结构转型是新的更为适应发展状态的空间结构替代原有不合理空间结构的过程；城市功能转型是提高或转变各种外溢效应即对区域的辐射与带动作用的过程；城市的生态转型是资源的利用方式由粗放向集约的转变，注重人与自然和谐发展，关注人居环境条件的改善。就经济学属性而言，城市转型本质上是一种城市社会经济的系统性创新过程（石正方，2002）。

科技的进步与制度的变迁是城市转型的内源动力。科技的进步是生产力不断提升的引擎，是社会经济发展的持续推动力，人类历史上的每一次重大科技革命与产业革命都引发城市在组织制度、空间结构形态、生活方式等方面的全面、深刻变革，推动人类社会的重大转型。制度变迁理论认为制度是经济增长的内生变量，社会经济运行的基础，在社会中起着更为根本的作用，决定长期经济绩效（North，1981），制度转型引发经济转型，制度与经济转型必定会诱发整个社会系统的转型。

2. 综合性与层次性

城市转型的综合性特征即转型具有复杂的系统性，涉及经济、政治、法律、社会、文化等领域。城市是个开放、复杂的由自然、社会、经济系统组成的巨系统，从而决定了城市转型是一个复杂的系统工程，它以城市的某一次系统的转型以解决局部的问题或矛盾为出发点和主导，由此引发社会、经济、生态等多方面、多层次的变化，是社会、经济、环境、资源多种要素的时空耦合，是城市功能转型、产业结构转型、空间结构转型、生态转型以及政府行为转型等的综合作用以克服发展障碍、适应阶段需求以及回应内外部发展条件变化的过程。

城市转型的主体有其主次之分，即转型的层次性。城市的发展是各种矛盾不断演化的过程，矛盾的主次之分决定了转型的层次性。城市转型通常是危机压迫或问题诱发式的转型，即当城市的空间拓展、资源储备、产业调整、经济体制等方面出现困境或出现诸如交通拥挤、环境恶化、社会极化等城市问题而阻碍、限制城市的健康持续发展时，城市被迫寻求新的出路。城市发展出现的危机或问题最初往往会集中在某一方面，或者某一方面的问题会较为突出，最初对危机的解除、问题的解决都是针对主要问题的，进而转向其他与之相关的次要问题的解决或采取系统性的综合解决方法。如资源型城市面临的主要矛盾是资源的匮乏与以自然资源开采加工为主的产业结构之间的矛盾，因此，产业结构转型是资源型城市转型的主导，同时，以发展观念的转变，空间结构的调整，生态系统的修复，市场取向的调整以及政府政策法律的制定为辅助。快速城市化地区往往面临城市的社会经济活动的迅速膨胀与空间结构调整之间的矛盾，所以空间结构的转型便是其城市转型的主导，同时辅助以产业的引入政策、空间管制策略等。

3. 被动性与迟滞性

城市转型的本质是通过自适应调整摆脱对非理性城市发展路径的依赖作用，本身具有被动性。从理论上讲，城市有一个使自身发展效益达到最大化的最佳转型时期，即城市发展拐点。在城市发展的时间轴上，当在某点该城市发展发生衰退时，会出现一个转折点，此转折点后城市发展状态出现衰退现象，这个转折点就是城市发展的拐点。城市转型的被动性就是指转型时间滞后于最佳转型时期。由于城市总是在城市发展出现衰退、危机或重大问题时进行转型，由此，城市转型时间总是延迟于城市发展拐点从而导致转型绩效的低下（图2-5）。

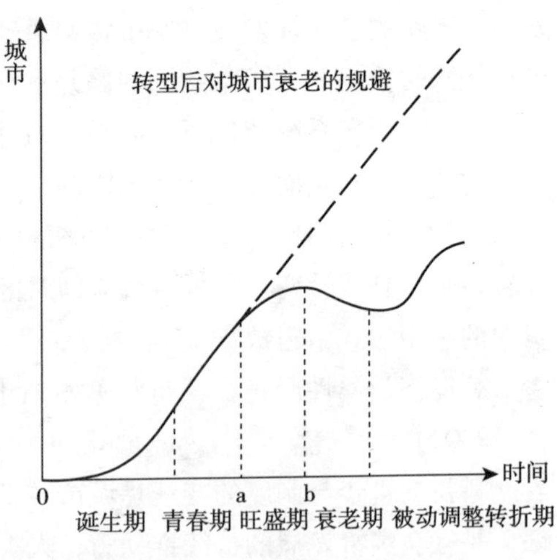

图2-5 城市转型的时滞效应

城市转型的迟滞性是由于非理性经济空间分布的“锁定效应”、城市空间结构惯性以及转型成本的客观存在，使得城市转型的过程趋于迟钝、缓慢的状态。非理性经济空间分布的“锁定效应”主要由于城市发展的某些偶然性、不确定性因素等导致无效率、高成本、不合理的经济活动在自我强化的过程中趋于放大，通过产业的前向、后向作用及生产要素的流动在空间上累积固化而形成的（克鲁格曼，2000）；城市的空间结构惯性是指城市的空间结构一旦形成，便会处于一种相对稳定的状态，城市作为一个系统，其内部的自我调整功能会使这种结构保持结构惯性，当城市发展的内外部条件发生转变时，空间结构进行缓慢调整，即“自组织功能”，虽然城市的空间结构调整具有自组织功能，但总是滞后于城市的社会经济的发展要求，使原有的空间结构不适应新的资源空间配置逻辑，从而导致对城市社会经济发展的阻碍（陈修颖，2005）；城市转型的成本主要包括产业转移（生产要素流动）的空间成本、制度成本、劳动力培训成本、生态修复成本、外部时机把握的机会成本等等，成本的存在缓滞了转型的进程，同时也增加了转型的内在惰性。

二、城市转型的内容

城市转型是个综合性的演化过程，主要内容涉及产业、发展战略、功能、空间结构、文化、生态、制度等方面，各方面并非截然分开，存在着相互联系、相互依赖、相互影响的关系。

（一）城市的产业转型

城市产业转型是指城市资源利用方式的转变、产业结构的升级演化以及产业空间组织形态的发展。当前中国城市产业转型的重要趋势是产业低端化向高端化的演进。资源利用方式的转变主要是在资源瓶颈的压力下，利用科技水平的提高而改变传统生产方式的过程。产业结构的升级演化主要指产业结构出现以主导产业部门更迭为特征的结构式变动。产业结构发展演化的影响因素很多，且每个历史阶段的影响因素各不相同。进入21世纪，影响产业结构演化的主要因素可概括为基本因素和非基本因素，其中基本因素为相对成本、技术进步、需求结构与国际贸易，非基本因素包括全球化、加入WTO、知识经济以及全球经济重构（顾朝林，2003）。产业空间组织形态的发展主要是产业空间分布格局与形态的演化，如产业集群区、高新技术开发区、依产业价值链而形成的分工协作区。

当前中国城市产业转型的动力主要来自三个方面，一是机遇性诱发，即知识经济的蓬勃兴起、全球性产业重构与转移、全球生产金融与市场的相互链接，二是内源式推动，即技术进步（主要是高新技术的飞速发展），三是问题式逼迫，主要为区域产业结构趋同导致的恶性竞争、资源短缺的压力以及生态环境恶化。其中机遇性诱发主要是沿海特大城市产业转型的动力，内源式推动主要为产业结构水平相对较高的大中城市产业转型的动因，而问题式逼迫几乎普遍存在于每个城市，依据程度而分，资源型城市产业转型主要基于资源短缺以及生态环境恶化带来的发展压力的缓解，较为发达的区域（如长三角、珠三角）

主要面临区域产业同构造成内耗竞争的局面。

资源型城市的产业转型主要表现在资源利用方式的转换上，主要是从粗放式走向集约式的新型工业化道路，并注重循环经济体系的建立。而经济全球化下的全球产业重构与转移使得中国沿海地区成为国际资本与技术转移的主要承接场所，面临从劳动密集型产业向资本密集型产业和技术密集型产业的转型，不少学者专家认为，中国东南沿海地区将发展成为全球的制造业生产基地。中西部地区多为资源型城市或工业型城市的产业转型，承接沿海城市的产业梯度转移，实现工业结构的高加工度化，即轻重工业由原材料工业为重心的结构向以加工、组装工业为重心的结构发展。对于产业空间组织形态而言，20 世纪 90 年代以来，城市的工业用地逐步向开发区集聚成为中国城市产业空间组织的普遍现象（熊国平，2006），浙江、江苏、河北等省在市场经济条件下出现大量联系密切的中小企业及相关支撑机构，并形成区内企业之间的弹性专业化分工，结成紧密的合作网络、根植于当地社会文化环境的空间组织体系（王辑慈，2001）。

（二）城市发展战略转型

城市发展战略意指在较长时期内，人们从城市发展的各种因素、条件和可能变化的趋势预测出发，作出关系城市经济社会建设发展全局的根本谋划和对策（赫希曼，1991）。城市发展战略是对自组织城市发展的一种干预即他组织行为，这种干预分为展望性干预与补救性干预，即目标实现式与问题解决式的战略。城市发展战略的绩效取决于城市自组织与他组织两种耦合力量的匹配度。在全球化、市场化以及快速城市化的大背景下，影响城市未来发展的因素越来越纷繁复杂，城市发展环境变化也越来越具有不可预测性。这种复杂性与不可预测性常常使城市的战略意图与战略行动之间产生不一致即战略矛盾的出现。

当前中国城市的发展战略普遍存在以下问题：战略目标的不切实际，主要表现为盲目抬高城市的发展目标；经济发展导向而忽视生态文化因素；战略制定的不连续性或跳跃性（政府的换届对发展战略的影响）；战略制定技术的不成熟。中央的权力下放使得地方政府拥有更多的发展自主权，仕途升迁的激励与 5 年的地方政府官方任期制使得地方官员在其任期制内对“政绩”的强烈追求（张萍，2006），而经济发展与城市建设是“政绩”最直观的体现，于是政府在制定发展战略时往往注重经济的发展而忽视生态文化等因素，同时快速城市化下城市之间的相互竞争又使发展战略出现急切化、盲目性的趋势，而政府的换届则导致城市发展战略出现跳跃性或不连续性从而降低了发展战略的实施效果。战略制定技术的不成熟主要是由城市发展影响因素的复杂性以及我国城市发展战略所处的一个非常特殊的历史阶段和政策环境所决定的。

城市发展战略是城市对各项资源时空配置的前瞻性、总体性、综合性安排，对城市发展十分关键。由于上述诸多问题的出现以及技术路线的不断完善，同时人们对区域的认识，对区域发展要素及其内涵的理解发生了新的变化（崔功豪，王兴平，2006），城市发展战略也出现了许多转型趋势：从面面俱到到问题解决型的转变，从注重经济发展型向综合目标型的转变，从规范体系型向个性化、多元化的转变，从终极目标式向循序渐进式的转变等。

（三）城市的功能转型

城市功能主要是指城市在国家或地区的政治、经济、文化生活中所承担的任务和作用。从严格意义上讲，城市职能与城市功能的区别在于，城市职能是从主观上认定城市应当承担的任务与作用，而城市功能是城市在客观上所起的效能与作用。城市功能转型就是城市通过对自身功能的不断升级转变来适应外部环境的变化，拓展发展腹地，提高辐射力，主导整个区域发展的过程。从城市的形成与发展过程来看，城市功能从低级向高级在不断地转型。前工业社会的城市以农业经济为主导，生产力水平不高，城市的功能主要为政治中心与军事中心；进入工业社会，工业成为城市的主导产业从而促使城市成为工业生产中心与经济中心；随着信息技术的飞跃发展，城市产业结构的更新演替，服务业特别是生产性服务业越来越成为许多大城市的主导产业，城市逐渐衍化出商贸中心、金融中心、交通运输服务中心、科教中心等功能。从城市功能转型的客观规律看，转型的方向是从简单功能到复杂功能的转变；从单一功能到多种功能的转变；从低级功能到高级功能的转变（姚士谋，2004）。

作为孤立、封闭的空间结构单元，城市的功能早期主要是在地理区位、自然条件与资源条件的基础上逐步形成的，城市发展的历史沉淀与积累对城市功能的转型具有决定性作用。随着社会经济的不断发展，现代城市功能的转型机制呈复杂化趋势，主要驱动因素为新区位因子（如门户区位、信息区位、节点区位等），区域城市之间的竞争合作、角逐协调引发的城市之间分工协作关系的变化，城市主导产业的发展演化等。

新时期中国城市功能演变主要出现以下特征：城市经济社会功能出现外向型和国际化的趋势；城市之间横向与竖向交织的网状联系加强，政治职能的地位开始弱化；城市老工业功能发生退化、衰变；第三产业成为大中城市发展中的重要职能（姚士谋，2004）。随着信息技术的不断发展，从区域角度看，区域空间的极化和城市功能的专门化趋势出现，大都市化趋势明显，而信息化发展使城市职能发生了转变（阎小培，周素红，2003）。

中国重要城市功能转型分析 **表 2-3**

城市名称	1950 年~1977 年		1978 年~2002 年	
	主要功能	次要功能	主要功能	次要功能
北京	首都	全国交通、科技、文化中心	首都、国际性城市	全国最大的交通、科技、文化、信息中心
上海	全国经济中心	最大的工商贸易港、文化教育基地	国际性城市（亚太地区）	交通枢纽、全国性工商贸易港、科研文教基地
广州	南方最大港口与经济中心	省会、历史文化名城	南方大城市与经济中心、港口	历史文化名城、交通枢纽、旅游
沈阳	重工业基地	历史文化名城、省会、东北交通枢纽	重工业基地、省会	历史文化名城、东北交通枢纽、旅游

续表

城市名称	1950年~1977年		1978年~2002年	
	主要功能	次要功能	主要功能	次要功能
武汉	华中地区经济与交通枢纽	省会、历史文化古都、工业城市	华中地区经济中心、交通枢纽	省会、工业城、旅游城、历史文化名城
重庆	西南地区经济中心	历史文化名城、交通枢纽	直辖市、经济中心	旅游城、历史文化名城、工业城
西安	西北中心、文化古城	省会、交通枢纽	西北地区经济中心、文化古城	西北工业基地、交通枢纽
南京	历史文化古都	华东地区交通枢纽、全国性的文化教育基地	历史文化名城、全国教育基地	省会、华东工业基地、交通枢纽
大连	海港城市	旅游、文化名城	旅游、海港、贸易城	海运中心、文化名城、加工工业中心
成都	省会、历史古城	旅游、交通枢纽	省会、历史文化名城	西南工业基地、交通枢纽
哈尔滨	省会	旅游、交通枢纽	省会、东北工业城	旅游、历史文化名城
深圳	保安县城	口岸重镇	经济特区、重要口岸	旅游、港口交通

资料来源：姚士谋，汤茂林，陈爽，陈雯．区域与城市发展论．合肥：中国科学技术大学出版社，2004。

信息化对中心城市职能转变的影响 **表2-4**

时期	工业时代	信息时代
基本职能	生产、制造职能	管理、协调职能
产业类型	工业生产	服务业为主
经济类型	规模经济	知识技术创新
生产对象	物质性资产集聚	信息集聚与信息处理
组织职能	物质资源运用中心	人力资源运用中心

资料来源：阎小培，周素红．信息技术对城市职能的影响—兼论信息化下广州城市职能转变与城市发展政策应对[M]．城市规划，2003，27（8）：15~18。

（四）城市的空间结构转型

空间本身是一种重要的发展资源，城市空间结构转型是城市转型的核心内容之一。城市空间结构是把分散于城市地理空间的相关资源与要素链接，形成各种有序的经济活动的空间组织形式，通过系统整合效应、阶段关联效应、资源优化效应来增强城市经济的增长效应。城市空间结构转型是城市空间发展模式的转变，是一种空间类型被另一种类型的替代，实质上是空间结构进化的过程；城市空间结构转型既是空间自组织演化的过程，同时也是空间组织的人为干预过程。城市空间结构转型包括内部空间结构的调整和外部空间结构的演化，从本质上讲，空间结构转型是对城市空间稀缺性的克服。

城市外部空间结构的演替是结构演替过程中最为活跃的地域，也是一系列主客观条件作用的结果。这些演替的条件有：空间类型的扩散性与定居性，人口的集聚与扩散必然伴随相应的空间类型的演替；空间环境的改变，这种改变既有空间本身的活动所引起，属于非外力引致，也有因交通状况、区位条件改善而使空间位势提高引起原有空间类型的变化；空间关系的改变，空间关系随空间环境的变化而产生调整，在竞争力作用下，优势空间获得发展，劣势空间逐步缩小，空间类型总是被更高竞争力类型所替代；人为干预，经济开发，政策法规，行政管理，规划实施等有目的、有意识的组织干预活动是空间演替中最强有力的条件，使空间类型或发生，或促进，或抑制，保证空间演替朝着人为的目标发生方向性的改变。当前中国城市空间结构转型的两大趋势是，一是快速城市化下城市空间结构的激烈重组，二是新城建设浪潮大举推进；同时中国城市空间结构发展也出现了一个十分重要的现象，即城市通过行政区划的调整以在更大的区域空间范围内统筹利用土地资源。

（五）城市的文化转型

城市是人类社会文明与智慧的结晶，每个城市都有其独特的历史文化传统和发展轨迹。城市文化是城市自然风貌、形态结构、文化格调、历史底蕴、景观形象等多元的综合。文化是城市的灵魂，城市文化是城市形象的根脉。城市的文化力是城市发展与竞争的要素之一，也是经济社会发展的推动力之一。城市文化可分为物质文化和精神文化，前者表现为城市的一种物化环境，如具有强烈地域特色的空间形态、建筑格局等，后者更多地表现为城市的一种“环境氛围”，即牵系于这种物化文化之间的一种内在联系，具体表现为居民世代生存的社会网络、价值取向、社会风格和历史传统等（姜华，张京祥，2004）。

在全球化浪潮与快速城市化背景下，当前中国城市文化发展存在的主要问题是：城市特色文化的缺失、城市历史文化遗迹的破坏、城市形象的淡漠。商品、资本与信息的全球化使得种族、语言和宗教的去地域化（顾朝林，2003）以及快速城市化进程中大规模城市更新与建设使城市特色文化丧失、城市文化趋同；对文化遗产忽视以及狭隘的文化保护观使得许多城市的历史文化遗迹遭到破坏。

在国外诸多城市更新的实践中，为了应对传统工业城市衰退，基于地域经营的文化引导型城市更新思想随着西方新自由主义潮流开始兴起（董奇，戴晓玲，2007），富有特色的城市文化的提升与营造已经吸引外来人口从而激发城市活力和地方经济的复兴。国内城市经营活动的开展也逐渐使人们意识到具有独特文化脉络的城市环境能够吸引流动性较强的智力与资本，是经济发展成功的关键因素之一。文化转型也成为城市提高知名度，应对激烈竞争的重要策略。城市的文化转型就是在上述问题及文化转型效益的共同激励下，由忽视文化因素转向协调经济发展与文化发展，通过挖掘与培育特色城市文化，营造富有城市自身性格的城市空间环境品质；通过保护和发扬历史文化，促进重视创意产业、旅游产业的发展；通过重塑、提升城市形象达到延续城市文脉，丰富市民精神生活，提高城市的综合竞争力。

（六）城市的生态转型

城市生态环境是一个系统，是特定地域内人口、资源、环境（包括生物和物理的、社会的和经济的、政治的和文化的）通过各种相生相克的关系建立起来的人类聚居地与社会经济及自然的复合体。城市生态环境是维持城市体系的支撑系统，是区域可持续发展的保障。中国的市场化、分权化（administrative decentralization）以及地方官员的政绩追求促使城市的发展模式主要以经济要素为主，强调资源的最大化利用，片面追求发展规模和速度，忽视空间、生态和社会等其他要素，产生了诸如大量优质耕地被侵占、城镇建设分散无序，环境污染严重，水土资源流失等问题。总之，中国城市生态问题主要体现在：城市经济、社会与生态矛盾突出，城市生态矛盾激化，城市生态系统自然景观缺失，城市生态环境恶化（刘贵利，2006）。

城市的生态转型便是城市基于解决或避免上述问题的生态回应。以城市生态发展阶段为依据可将城市生态转型划分为：生态危机—生态安全，生态安全—生态整合，生态整合—生态文明的转型，从而最终实现社会、经济、生态三者的和谐发展。

生态危机—生态安全：解决生态问题阶段。城市发展在巨大的生态环境压力与资源瓶颈之下，变粗放的资源利用方式为集约式，提高资源的利用率，加快产业结构的高端化，建立生态环境动态监测预警系统，注重经济发展与城市生态环境承载力的协调。这一阶段主要是对生态危机的缓解，实现生态修复。

生态安全—生态整合：生态系统优化阶段。在优化、恢复生态环境的基础上，发展生态产业，走循环经济的可持续发展道路。对资源依赖程度较大的城市在资源耗尽的压力之下转为循环经济体系的构建，其他工业城市转向产业结构的软化，实现物质与人文环境协调优化和整合转型。

生态整合—生态文明：生态文明构建阶段。生态文明的构建是生态转型的最高层次。生态文明包括生态景观文明和生态文化文明，生态景观是指包括地理格局、水文过程、生物活力、人类影响和美学上的和谐程度等的复合生态多维系统，生态文化文明主要指城市管理体制、政策法规、价值观念、道德规范、生产方式及消费行为等方面的和谐性，人地和谐思想以及健康、文明生产消费方式的普及。

（七）城市的政府转型

城市的政府转型是指城市政府通过重塑或重构自身行为模式和组织形态，不断提高政府效率，转变政府功能以适应社会经济与社会发展需要的过程，政府转型是政府系统变迁的过程，主要作为其他转型的支持系统。从政府的形成及其发展过程来看，政府转型是社会成长的产物，其根本动力来自于社会在其进化过程中政治、经济、文化等领域不断发展所衍生出的需求。在地方治理过程中，地方政府在不同时期的功能发挥也是不同的，起主导类型也各有差异。西方各资本主义国家的地方政府已经历了从全能主导型向调控主导型再到参与主导型的转型（王飏，2006）。

中国的地方政府已由改革开放前的全能型政府到改革开放后的经济建设型政府或发展型政府转变（王甲成，2006），全能型政府是中央在计划经济体制下高度集权的产物，改革开放后国家工作重心向经济建设转移以及市场化改革使得地方政府逐步由全能型转向经济建设型。在全球化、市场化、分权化三大因素的影响之下，当前中国地方政府已经出现两个主要发展趋势，一是地方政府的“企业化”倾向，二是区域政府合作机制的自发建立。在经济增长成为各地方政府核心目标的情况下，如同“个人理性”、“企业理性”一样，地方政府的行为方式也是理性的，这种理性体现在追求地方经济利益的最大化。在对资源等进行激烈争夺的环境下，地方政府追求所在地区经济利益最大化导致本位主义和保护主义的形成，即行政区经济的壁垒效应，阻碍了资源的空间流动性。上述问题的出现以及区域合作带来的利益驱动使得区域政府越来越自发地形成合作机制以消除行政壁垒，充分发挥区域整体竞争力、整体优势，从而保持健康持续的发展态势，实现多方共赢局面，以在全球化、区域化营造的以城市为中心的区域单元之间激烈竞争中赢得主动。

三、城市转型的动力机制

（一）城市转型的门槛驱动

城市发展客观存在着阶段性门槛，门槛往往是诸多具有相互因果关系的限制城市发展的因子的时空组合，克服门槛需要城市进行系统性的变革，即转型。

城市发展的门槛性源于城市发展的门槛理论。城市发展、成长的门槛理论（Threshold theory）源自1963年波兰学者鲍·马利什的低“门槛”理论（又称临界分析理论）。他在其《城市建设经济》一书中提出了影响城市发展的三种限制条件：①城市所处的地理环境；②交通设施工程管网的铺设技术；③已经形成的城市地域结构，即自然实体、技术与结构三大方面，当这些限制条件达到饱和状态即城市的环境容量处于极限状态，城市的发展出现滞胀而无法在城市区继续建设，从而需要新的资金投入来开辟新的建成区以克服城市发展的停滞状态，这个投资就是城市获得进一步发展的“门槛”。“门槛”理论一经提出便在许多国家和地区的城市发展研究与实践中迅速推广，联合国还专门出版《门槛分析手册》以期在更大区域范围推广。

城市发展的门槛理论主要内容为，当城市发展到一定阶段或一定程度时，客观上会遇到一些阻碍城市增长的限制性因素，如自然地理环境对人类生活经济活动空间需求的限制，科学技术水平提高缓慢对生产效率的限制；城市空间结构被动性调整已无法适应城市不断发展的要求；制度改革对经济发展的滞后性等等。限制性因素的出现标志着城市发展的阶段性极限，即城市发展的门槛。

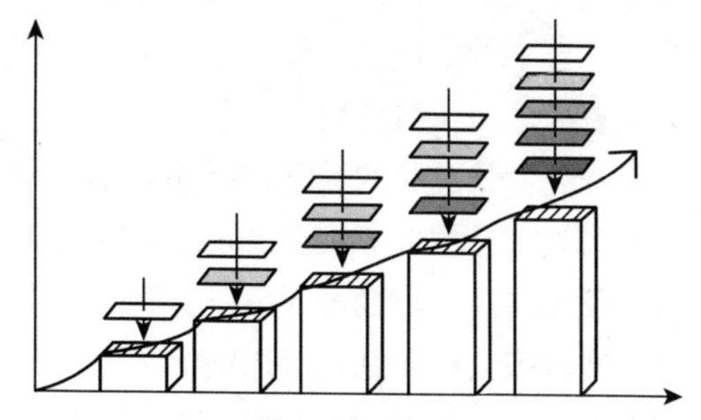

图2－6　城市发展的“门槛效应”

若遵循原有的发展路径（如线性增长的资源投入）无法克服这些限制性因素的门槛效应，从而迫使城市进行转型以适当催化城市实现非线性、跳跃性的突增。城市发展过程中的门槛具有阶段性和层次性，由于跨越发展门槛使得城市系统耗费较大的能量而出现暂时性能量短缺（如资金、技术、人力投入等），城市发展便进入低阻滞的快速增长时期；当城市发展再次达到新的阶段性极限时，将遇到新的发展门槛。城市发展跨越的门槛越多，较先前的门槛而言新门槛越高，克服门槛所需的能量就越大，即城市转型的难度越来越大（图2－7）。

“门槛”（Threshold）是事物发展过程中的一个界限，一个限度或临界值。城市发展的门槛理论说明，对于城市与区域而言，在其发展过程中必然遇到某些限制因素而对其发展造成某种“门槛”效应，城市或区域必须跨越这个门槛以实现量变到质变的“跃态”而进入新一轮的快速增长时期。阻碍城市发展的门槛往往是多个限制性因素的综合作用而成，比如资源稀缺瓶颈、通达性差、发展空间不足、生态环境恶化、发展观念滞后、发展策略脱离实际等，且这些限制因素可能存在因果循环关系，是城市沿袭原有发展道路累积的结果，依靠单一方面的变革（如资金投入的增加）容易因“木桶效应”而往往使克服门槛成效不大，且成本较高。因此，城市发展模式的系统性变革即城市转型便成为城市跨越发展门槛的必然选择。

（二）城市转型的时序驱动

城市的发展具有阶段性，因而，城市转型就存在火箭升空动力式的时序驱动，即当一个阶段的发展目标完成后，新的发展目标就必须改变原有发展思路与发展程序，启动全新的战略与策略以实现新的发展目标。

城市的阶段性理论研究主要基于三个视角：经济发展周期演绎下的城市发展阶段论；城市化发展阶段论；城市有机体理论推导下的城市发展阶段论。

经济学领域通过对经济增长率的研究得出按时间长度划分的经济周期理论：经济增长率表现为高增长与低增长交替的康特拉基耶夫周期和库兹涅茨周期；经济增长率表现为正增长和负增长交替的尤格拉周期和基钦周期。经济发展在一个周期内表现有萧条、复苏、上升、繁荣、危机、衰退的现象。客观上，城市发展在各个阶段具有不同的发展特征，当城市发展在前一阶段进入后一阶段时，需要发展自身发展模式的转变。

当城市人口占总人口比重低于30%时，城市人口增长缓慢；当城市人口超过30%时，城市人口迅速增加，这种增长势头一直保持到城市人口占总人口比重到70%水平；但当城市人口超过70%后，城市人口又进入缓慢增长态势，并最终相对稳定在90%以上的饱和状态。所以以30%和70%两个节点为拐点，将城市化过程分为三个阶段，即城市化水平较低和发展较慢的初期阶段、人口向城市迅速集聚的中期加速阶段和进入高速城市化以后城市人口比重的增加又趋缓慢甚至停滞的后期阶段。

沙里宁在其著作《城市：它的发展、衰败与未来》中提出，城市是人类创造的有机体（图2－8），人们对城市的研究与规划设计与医生对待病人的处境相似，城市研究者必须

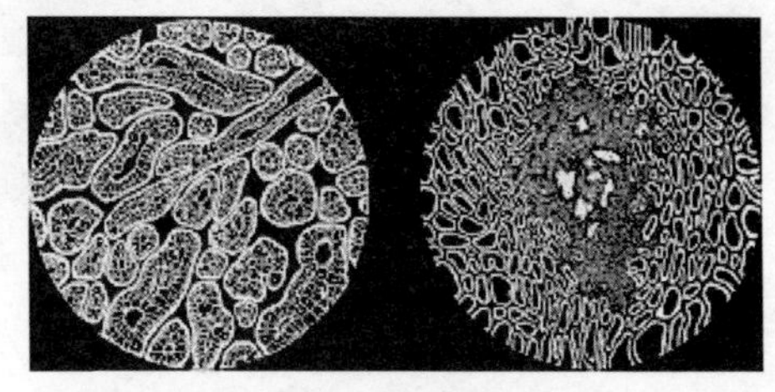
图2－7　生物有机体的内在秩序

熟悉与了解城市作为有机体的变化过程。通过对生物有机体的观察认知，沙里宁认为，城市是由许多具有空间间隔的“细胞”组成的有机体，细胞进行数量上繁殖及个体的增大扩展而使有机体实现生长；有机体的活力或生命力取决于细胞个体质量的优劣以及细胞个体之间协调性的好坏。由此，他提出城镇规划设计的基本原则：表现原则、相互协调原则和有机秩序原则。城市有机体以一种内在和谐、有机的秩序进行演化，当外界条件发生变化时，若表现与相互协调能力足以维持这种有机秩序时，城市便会稳定有序地向前发展；反之，当表现与相互协调的能力无法适应外界条件变化而使有机秩序遭到破坏时，城市有机体出现衰退现象，即出现转型的需求与内在动力。

实际上，城市发展的次系统，如产业结构和空间结构都有其周期性成长或演化的规律性特征，在城市发展的各个阶段中，都有主导的因素并辅以其他因素引领城市的发展，这些要素以及要素之间的相互作用关系、组合结构状态必须与城市的发展阶段相适应，当出现偏离状态时，整个城市系统的运行将处于不稳定、不协调状态，城市问题出现，城市发展受困，因而必须根据生命周期以及外界条件的变化调整城市原有的产业结构、空间结构以及各项资源的时空配置即城市转型，以适应新的发展要求。

（三）城市转型的诱推驱动

1. 外部因素

城市的发展离不开区域腹地的支持。城市通过各种资源要素的流动从区域腹地汲取营养，同时对区域腹地释放能量，辐射和推动区域的发展。区域发展状态的变化必然驱使城市调整自身发展策略，趋利避害，以获取最大的外部支持。当前经济发展的网络化及交通、技术体系的强力支撑推动着区域城市化进程，全球化又将以城市为中心的区域单元推入全球性竞争的浪潮之中，而区域内城市与城市之间的竞争与合作，城市与乡村之间的统筹与协调则成为区域单元竞争致胜的关键，因此，对于城市而言，需要处理好与周边城市的分工协作、良性竞争关系以及与乡村之间的统筹协调关系。

（1）区位的变化

城市与其外部环境要素交流或流动方式的方向与强度取决于城市所处的区位。城市的区位与其位置不同，位置是城市的地理坐标，具有固定性，而区位具有场所的内涵，由城市的空间条件和空间关系组成，是个动态变化的概念。城市的区位主要具化为以其为节点的区域性交通结构和腹地范围，区位的变化意味着其“生态位势”的变化，主导联系方向及其强度的变化，是驱动城市转型的外部因素之一。随着全球化、知识经济、信息技术的发展演进，区位作为城市发展的重要影响因素正面临着两大趋势：一是传统的区位因子如自然地理区位、几何中心区位、行政中心区位对城市的地位和发展前景的决定作用愈来愈弱，而对外联系的门户区位、信息区位、新经济网络的节点区位在对城市的发展和城市区域的演化起到日益明显的作用；二是城市的区位步入快速动态发展变化的状态，交通、通信技术不断冲击着不同地区的区位优势。如随着跨江大桥的修建，江苏沿江北岸的扬州、南通等城市的区位发生迅速的变化，现代通信网络的日益普及使浙江许多专业化中小城市和村镇与世界市场相连，成为某一个专业化产品的世界性生产基地（崔功豪，王兴平，2006）。

（2）区域宏观发展环境的变化

区域宏观发展环境是周边城市的经济实力、辐射力度、中心地位的变化等对其造成的影响，主要表现为城市之间竞争与合作关系的演化。比如广州市，改革开放以来，与珠三角其他城市一样，经历了高速的经济增长，然而在开放政策与特区独立权限的影响下，广州对许多区域的作用逐步被香港所取代，转为追随香港发展的步伐，深圳的异军突起，东莞的迅猛发展以及具备高质量生活环境的珠海和中山，多极化的区域环境使广州由区域行政体系中的主导地位所带来的优势逐步受到削减，区域经济地位与领导地位逐步丧失，同时，各种功能在建成区高度密集、重叠，交通拥挤、环境污染日益加剧，最终迫使广州采取“跨越式”发展的转型策略，以应对区域宏观环境的变化。

（3）区域性产业结构的重构与转移

区域性产业结构的重构与转移是城市进行物质、能量交换，区域资源合理化配置的重要形式。随着知识经济的出现，三次产业之间逐步出现融合的趋势。经济全球化促使世界产业结构的重构与转移，表现为产业结构变动中资本、土地、劳动力和技术在不同地区、不同城市之间的流动。研发管理的高层次集聚，生产加工的低层次扩散，控制和服务的等级体系扩散成为产业重构转型的主要特征。制造业由发达国家向发展中国家的广泛转移为中国的城市带来巨大的发展机遇。对于作为劳动地域分工体系节点的城市而言，把握好其所处区域的产业结构重构与转移态势，是城市产业结构更新换代实现自身功能转型的关键。如，从1930年代末始，香港不断根据自身的发展条件以及产业重构与转移，经历了四次重要的产业转型：1930年代末从渔农经济转向转口贸易经济；1950年代~1960年代末服装轻工业成为亚洲制造业中心之一；1980年代初，制造业逐步大规模北移，70%~90%的电子、服装等劳动密集型加工制造业转至珠江三角洲地区，实现制造业主导向服务业主导经济体系的成功转型，至2004年，制造业比重已降至为3.6%，香港已经成为名副其实的世界性区域经济中心，世界第十大贸易实体；以“民营经济、中小企业集群、专业化市场、家族式管理”为主要特征的“温州模式”为温州带来了经济的迅速腾飞，然而人力资源的制约、外资的相对稀缺、空间资源的瓶颈以及弊端逐显的家族式管理模式使温州模式日显颓势。产业的全球性重组把中国的东部沿海地区推向承接国际制造业转移阵地的前沿，温州势必利用这一机遇实现产业的提升与结构性调整以实现发展模式的转型。

（4）区域性宏观政策的变化

区域性宏观政策意味着资源（特别是资金）的重点投入、优惠条件、独立权限，如各类经济特区、工业开发区、保税区等的设立，对城市的发展起到举足轻重的作用。例如江苏，继20世纪90年代中期江苏省政府提出“海上苏东”的发展战略之后，沿海地区成为与沿江、沿沪宁线、东陇海沿线并列的“四沿”地区，成为江苏省未来发展的重点，进入21世纪，江苏省政府继续将苏北的沿海开发作为启动江苏新一轮跨越式发展的引擎，使处于欠发达地区的盐城面临向跨越式模式转型的巨大契机。

（5）大事件的举办

在全球化竞争日益激烈的宏观环境中，城市政府的企业化倾向促使其越来越多地采取各种主动的战略性手段优化城市的发展环境，通过类似于企业的运作方式来包装城市和推销城市，尤其是注重通过重大事件与活动，以获得居民、游客、移民、企业或者其他投资者的青睐。大事件是指具有国际影响力或区域影响力的赛事、展会、论坛等活动，如奥运会、世博会、世界经济论坛等，它对举办城市的经济、文化、形象等方方面面产生巨大的影响，是城市经济发展动力、城市形象提升与城市文化传播的利器。这种作用虽然在时间和空间上的凝聚点是相对集中的，但其所产生的影响力却是持续深远的。如奥运会、世博会的主办权之争从某种程度上展示了各国城市参与国际竞争的态势。大事件的举办也是当今城市发展转型的动力因素之一。

2. 自身条件

（1）自然资源瓶颈

自然资源是城市发展和城市赖以生存的基础。改革开放以来，中国的城市建设一直处于高速的发展状态，粗放的发展方式使我国大多数城市的发展受到自然资源稀缺的制约，三大核心资源能源、土地和水的瓶颈效应日渐明显。许多城市纷纷进行产业结构的转型以提高资源的开发利用效率或摆脱对不可再生资源的依赖，主要以中西部众多资源型城市为主；进行空间结构的转型以更加有效地集约利用土地与要素资源。

（2）空间结构适应性

城市空间是人类一切社会经济活动的载体，空间结构作为配置生产要素地、组织经济活动地的重要方式是促进城市发展的重要资源。人类各类社会经济活动对空间的需求与地球地表空间的有效供给之间的矛盾构成了空间资源的稀缺性（罗静，曾菊新，2003），空间区别于其他资源的另一个重要属性是不可移动性。因此，空间资源的稀缺与不可移动决定了城市空间结构对城市社会经济发展适应的重要意义。城市空间结构发展演化有其内在机制，本质上出自于城市空间形式不断适应社会经济背景和城市功能变化的需求，即“功能—结构”的矛盾运动（胡俊，1994）。当城市的空间结构出现不适应其社会经济背景及功能变化的态势时，城市空间结构被迫转型，以更好地组织各项资源与生产要素，形成更为有序的经济活动，克服空间的稀缺性，同时与城市功能的转型互动耦合，实现城市“功能—结构”的有效匹配。比如深圳，过去20多年的飞速发展足以令世人为之惊叹，并成为中国城市发展的奇迹代表，但是，这种快速发展是建立在扩张式的土地开发基础上的，到2005年底，深圳的建设用地总量已经超过700km^2，而在可建设土地资源日益窘迫的情况下，深圳必须进行以提高土地开发效益、产业结构提升、注重空间集约化程度提高为目标的空间结构转型。

（3）产业结构的升级演化

产业结构的升级与重构并非简单的某些产业部门比例的变化，而是以主导产业部门的更迭为特征的结构性升跃式变动。城市产业是城市功能的物质载体，其升级演化的更替，表现为空间区位的分异，并最终导致城市功能结构的转变。因此，城市空间结构的转型实际上是对产业结构升级演化的一种调试。城市产业结构的升级演化推动着城市空间结构的转型以及城市功能的转型，两者存在互为因果的关系。进入1980年代以来，全球产业结构演替的进程加快，基本特征表现为：①传统制造业仍然是发展中国家或地区经济增长的主要动力；②金融、信息、管理、弹性化的产业集群成为许多发达地区经济增长的主要推动力；③生产性服务业的迅速发展，逐步替代传统工业经济；④就业结构的知识化。

（4）区域地位与自身功能的匹配

区域地位与自身功能的匹配是城市在区域中所处地位与城市功能之间的综合程度。城市的区位地位决定于其与区域内其他城市经济实力的相对大小以及对周边地区的辐射能力。评价城市的发展前景，不仅要以拥有多少自然资源、多少劳动力和多少资本为依据，更为重要的是看其对区域乃至更大范围内生产要素、信息、资本的组织和控制能力，即城市的核心竞争力。

（5）城市发展战略的盲目与短视

城市发展战略是城市发展的决策者在对未来种种发展的不确定性中，主动寻找对城市发展最有利的策略与方案，并提出相应的互动。然而城市是个极为复杂的开放巨系统，城市的发展环境也随着全球化的进程与区域开放程度的增加而更加扑朔迷离，难以掌握，因此城市发展战略能否与城市发展的自身实际与外部环境形势相契合，成为战略本身能否发挥作用并顺利指导城市发展的关键。由于一些地方政府对地方经济与自身政绩的过分重视，易于采取一些获取短期利益与效益的城市发展策略，从而忽视城市长远发展的宏观战略的制定，进而使城市的发展目标模糊、发展定位不清、发展速度减缓甚至停滞，此时需要重新审视自身，全面分析城市发展的外部环境、发展背景以实现发展战略的转型。

小　结

本章从一般意义上阐述了城市转型的概念、类型、特征以及内容，指出城市转型是城市的发展在外部环境或自身状态发生变化的条件下，转变原有的发展模式、发展路径、发展战略以摆脱对原有非理性发展道路的路径依赖与锁定效应，从而获得最大的系统外部支持，规避无效率的城市增长或城市衰退，以提高城市竞争力、实现可持续发展的突变过程。城市转型的自组织性使其具有被动性和时滞性，城市转型的时序性及其内在惰性，是一种被动性调整的城市发展路径的转变，由于这种被动性的转变具有较强的时滞性以及片面性，因此需要在城市发展规律的指引下，引导城市各项资源重新实现时空的优化配置，以使城市转型平稳进行。城市与区域规划是当前指导与引导城市转型的主要技术手段和法律文件，是实现城市转型的关键，也是城市与区域发展的“第一生产力”。

第三章

趋势演绎：规划引导的城市转型

城市诞生于几千年前浩渺的人类历史长河之中，它的产生标志着人类文明时代的到来。劳动分工、阶级分层和私有制的产生是城市形成的三大主因。它们的出现使人类原始聚居状态发生了本质性的改变。从城市的空间形式来看，它明显区别于原始聚落的聚居方式。一方面，城市的规模要远大于原始聚落，无论是从用地、人群数量或是建筑数量而言；另一方面，城市存在着明显的功能分区。前者是城市与原始聚落在量上的差别，而后者则是二者最本质的差别。因劳动分工、阶级和私有制的出现导致社会性的分异，聚居在一起的人们不仅有原始聚落血缘上的差别，而且有了身份和地位的差别（马武定，2005）。

城市是人类社会生产活动与精神活动的产物，而人的主观能动性又是城市发展与转型的巨大推力。城市在人的不断改造中发生着量和质的双重转变。回顾城市发展的漫漫历程，根本性的城市转型大体有三次：

第一次是由奴隶社会城市向封建城市的转型。封建土地经济的诞生导致了奴隶社会城市的瓦解。转型之前，城市仅是奴隶主们的城堡所在地以及区域的权力中心，转型之后，大量的小手工业者和商贩涌入城市，形成了大量此类人群的聚集地，城市的概念得以真正形成。

第二次是由封建城市向工业城市的转型。它起始于18世纪中叶，工业革命给西方世界带来了资本主义价值观和城市前所未有的发展动力。城市工业化使得生产力飞速发展，大量的乡村人口涌入城市，城市真正成为区域的劳动力和生产要素中心。

第三次是由工业城市向知识型城市的转型。它开始于20世纪70年代，时间上略晚于以计算机的广泛应用为标志的第三次技术革命。这次城市转型旷日持久，相比较前两次城市转型影响更大，意义更为深远。这次城市转型的直接结果是：物质资本的主导地位为知识资本所替代。信息和知识经济大行其道，人成为城市的中心，个性化、数字化作为城市基本特征。城市与乡村及人与环境将进入共生、共享、共荣的“三共”和可持续发展状态（侯百镇，2005）。

受全球化和信息化的影响，中国城市正进入一个总体转型的历史阶段。在此过程中，多元性、多层次、多目标为特征的城市转型帷幕已徐徐拉开，如从一般性城市向都会型城市的转型，从传统资源型向区域中心型的转型，从传统指令型向市场导向型的转型等。随着市场经济体系的进一步确立和完善，中国城市转型的推动力将越来越大，速度也将越来越快。

城市转型是一项复杂的系统工程，涉及城市本身以及城市以外的方方面面。因此，研究城市转型也就需要得到众多学科的理论支撑和切实的理论引导。例如，社会工作者研究城市转型过程中面临的诸多社会问题，如社会分化，失业问题，外来人口问题等等；环境学家研究解决城市飞速发展过程中带来的空气污染、水质下降等导致人类生存空间恶化的环境问题；生态学家从城市生态平衡的角度来研究如何维持良性的城市生态系统；政府则作为各方利益的代表，从中协调统筹，制定合理的引导城市转型的政策机制。因此，各学科机构都有着各自的研究领域，它们共同为城市更好的转型而“谏言”。

作为一门关于城市的科学，城市规划与城市转型的关系更加紧密，其本身就是一个复杂、综合的关于城市社会、政治与技术演进与互动的双向过程。作为一项公共政策，它协助政策制定者为城市转型的战略、目标和方向作出理性抉择；作为一套技术准则，它涉及城市生活的诸多方面，如空间布局、产业结构、交通网络、基础设施等等，它对城市各项发展要素做出合理的安排，为城市平稳转型提供一套弹性与刚性兼备的工具手段。因此，城市规划对引导城市转型有着特殊的意义，本章将重点讨论城市规划引导下的城市转型。

一、我国体制转变背景下的城市转型与城市规划

（一）计划经济体制下的城市转型与城市规划

1. 计划经济体制下的城市转型

建国以后，我国长期实行国家大统大办的计划经济，国家根据总体战略制定从中央到地方各级层面、相互衔接的社会经济发展计划，来指导社会、经济、政治等方方面面的运作。这一时期中国城市发展的动力基本上是自上而下的，它同样由饱含计划色彩的不同时期的国民经济社会发展“五年计划”来确定安排自身的发展地位、方向和时序。由于计划的权威性，城市的发展完全被纳入到计划的轨道。

计划经济时期中国城市的一个显著特征就是社会“单位企业化”，整个城市空间根据各个企业单位所辖范围被划分成一个个的封闭空间，其间配置自己的医院、学校、商店等设施，俨然一处处单位城堡。这一时期的中国城市被称为“单位城市”（魏立华，卢鸣，阎小培，2006）。单位所占用的土地由国家根据其级别划拨，无偿、无限期使用。不同单位之间由于严格的人事管理制度很难发生人口的流动，人们被限制在各自单位的界限中。城堡式的单位缺乏激励机制和经济活力，但却具有很强的稳定性（刘建军，2004）。整个城市空间结构异常稳固，资源配置效率低下，短期内很难实现城市职能的跃迁。

正是由于国民经济社会发展计划的强势介入以及城市空间“单位企业化”的现实情况，导致计划经济时期中国城市转型的驱动力不足：一方面城市的性质、功能和发展方向被严格限定，除非国家宏观战略发生改变，否则城市自身很难获得转型的外部机遇及物质资源要素；另一方面，社会经济缺乏流动性和地方自主性，突出表现在对于人口流动的限制上。计划经济时期城市偏重于生产，通过户籍制度及严格的城市人事管理制度和人口迁移政策，城市在国民经济发展计划规定的可控制规模范围之内，根据生产需要

有限度地吸纳农村人口，进行企业间的人事变动。整个社会缺乏人的流动，物的流动更是局限于乡村—城市的单通道中，城市与乡村的互动严重缺失，城市的区域带动作用十分微弱。由于中央的大包大揽，导致各级地方主体缺乏自主性和创新性，能够按时按量完成上级划拨的任务就是官员们保住乌纱帽的不二法门。城市在这种考核体制下谈转型无异于痴人说梦。

因此，在计划经济时期城市转型是一种不得不回避的现实。那么这一时期，城市规划对城市发展又是起到怎样的引导作用呢?

2. 计划经济体制下的城市规划

建国之初，城市的主要任务是恢复经济生产和保证人民基本生存环境的建设。在计划经济条件下，城市规划作为政府职能的重要组成部分，必然是在国民经济发展计划的指导下，从事于重点处理人与自然关系的工具性活动。因此作为落实国民经济计划的手段和工具，城市规划的主体性突出表现为工具理性和技术手段，建构城市的物质环境成为其压倒一切的目标和工作内容。

回顾我国城市规划发展的历史可以发现，它最早源于20世纪50年代的工业选址规划。“一五”计划确定了156个重点项目，8个重点城市的规划编制，之后又形成了150个城市的规划编制，构成了城市总体—详细规划的两级规划体系。这一时期，城市规划长期处于服从于国民经济社会发展计划的从属地位，其主要任务就是为生产活动安排物质空间，同时配套相应的居住区，以实现计划目标。城市规划所强调的协调功能，在计划体制下表现为一切按政府指令来实施操作。用地布局根据政府计划安排的建设项目统一安排，规划经部门内部运作，圈定地盘以后再由政府进行建设。城市规划无法对国家重大建设项目进行直接控制。相应的，没有“注册在案”的建设项目也得不到土地和规划的支持。简言之，城市规划无法解决“非政府计划”项目的土地安排问题。

计划体制下城市规划的特征之一是其单纯为政府服务，仅仅作为国家意志的实现手段。因此，规划成为了普通民众无法企及的“精英规划”，它必须以专家所做的准确的研究为根据。事实上，城市规划也因此而成为少数专业技术人员为表达政府意志并为其谋得利益的手段和工具，政府成了城市规划所提供服务的惟一受用主体，而社会不同阶层和地位的人群个体则丧失了应有的主体性。

这一时期城市规划的另一个显著特征是技术僵化，手段异化，“政府定项目，规划圈地盘”影响了一代规划者们的思维方式，规划的实质是国家计划的延续和深化。由于市场行为严格禁止，城市规划编制者们从不研究市场，规划实施管理也不面向市场，普通民众无从享有规划的知情权。规划师们只按国家划定的项目和确定的指标画图，从总规到详规仅是这一系列指标的逐步细化。规划技术指标体系仅是计划的衍生物，不需要也不可能适应市场的变化。另外，各地具体情况又各有不同，泛化的全国性指标根本无法进行全国性的管控，而各阶段的规划又缺乏研究内容的层次性和针对性，一旦计划指令下的建设项目发生变化则会导致规划体系的连锁反应，先前编制的规划难免沦为“纸上画画，墙上挂挂”的尴尬结局。

（二）市场经济体制下的城市转型与城市规划

1. 市场经济体制下的城市转型

从根本上讲，市场经济是以市场方式，按价值规律配置资源的一种经济形式。一个完善的市场体制具有平等性、公开性、开放性和规范性的特征。1992 年推行社会主义市场经济体制改革以来，我国社会发生了翻天覆地的变化。随着社会主义市场经济体制的逐步确立，市场成为调节经济活动的基本手段，国家意志主导的经济计划逐步淡化出了经济活动的舞台。经济形式、经济主体的多元化导致了利益主体的多元化，对中国城市的发展产生了深远的影响。为适应体制变革的要求，城市转型一夜之间成为最热门的话题。城市政府和决策者们将转型列入议事章程与政府工作报告，转型似乎成为了各个城市紧跟形势、避免沉沦、持续发展的“救命稻草”。这场改革发轫之初的转型热潮在市场化的驱使下，开始了建国以后以城市发展与改革为核心的最深刻的“叛逆”。

在市场经济体制下，城市为了争夺更多的发展资源，抢占更好的经济区位，必定会提升自身效率，增强城市活力，积极参与到市场竞争中去。因此，市场化成为城市转型的根本驱动力。这主要体现在三个方面：

首先，市场化推动了城市经济由单一的公有制经济向多元所有制经济的转变，重组了城市经济结构和空间结构，促进了城市发展动力和机制的多元化。在计划经济体制下，只有国有经济和集体经济才被认为是合理的社会主义经济形式，而其他经济形式则被严格限制甚至禁止；而市场经济体制下，诸如私营经济、个体经济、股份制经济、外商投资等多种经济形式与公有制经济形式并存，共同发展。多种经济形式和经营方式进入市场，公平竞争，使得原有的城市发展的动力机制被打破，各个城市根据各自的特点重组城市发展的动力系统，出现了“各显神通、各尽所能”的新局面。一些城市（如青岛、大连等）通过国企改革重振了公有制经济的雄风，从而实现了城市的快速发展；一些城市（如深圳、苏州等）通过政策和区位优势吸收大量的外来投资，充分发挥外资经济的高效率，也实现了城市的快速发展；而另外一些城市（如温州、义乌等）则通过“放开、放活”等政策释放了民间资本的能量，充分发挥个私经济的灵活性，同样实现了城市的快速发展。就所有城市来看，市场化改革推动了多样化的城市发展动力系统的建立，摆脱了单纯靠国家和上级政府“给予”以及等待发展机会的被动式消极发展状态，形成了一种寻找和竞争发展机会的主动式积极发展状态。

其次，市场化改变了城市的资源获取途径和方式，增加了城市发展的公平性和竞争性。从某种程度上讲，计划经济体制下的城市发展是自上而下层级分配资源的结果，是一种“给予”甚至“施舍”。发展快的城市并不被看作“主要是决策者的功劳”，发展后进的城市也并不必然与决策者相联系。同时，这种自上而下的层次分配也同样支配着城市内部的发展，土地的无偿无限期划拨、发展资源在各单位间的无条件分配等都使得各个方面的发展如“无源之水”、“无根之木”。发展的公平性只是建构于少数政府决策者的美好愿望与脆弱基础之上，发展的竞争性也就无从谈起。而市场化改变了这种层级分配资源的方式。"分灶吃饭"的财政体制改革以及自上而下的激励型政绩考核机制的建立，使得地方政府更多地参与到市场中争夺资源要素。同时，城市土地市场和房地产市场的建立，为城市靠出让土地吸引建设项目和资金奠定了政策基础，土地出让金等成为城市地方财政收入的重要组成部分。上述竞争性的市场机制的建立和完善使得城市发展的各项成果和表现都与相应的决策者建立了紧密的联系，从而增加了城市之间竞争发展资源和机会的公平性。

最后，市场化推动城市政府职能的转变，促进了新的城市发展、激励与引导机制的变革，增加了城市发展的自主性。计划经济体制下，政府具有绝对的权威性，完全取代市场，统包统揽资源的配置和城市的建设。市场体制下，城市政府职能的转变可以从政府的角色转换和管理手段的改变两个方面进行理解。第一，市场经济体制下的城市政府正在由计划经济时期的"选手+裁判"集一身的双重身份转变为市场竞争中的"选手"。尽管城市政府仍然是国家土地的代管者、城市发展的实施者，并在相当程度上拥有多种垄断性的社会、经济、政治资源。然而，作为城市发展过程中的利益主体，城市政府与相关的企业、个人等并无本质区别。第二，市场经济体制下城市政府应尽可能地退出微观市场领域，转而关注社会资源配置的公正与公平，效率问题则交由市场调控解决，城市政府管理手段由直接管理向间接管理、微观管理向宏观管理、行政手段向经济法律手段转变。从上述两个方面看来，城市政府的利益也需要与其他利益主体尤其是与其他城市相关利益主体竞争，依靠市场化的手段取得，这无疑增加了城市政府改进服务、提高效率的紧迫性，激发了城市发展的内在动力。

当然，正如人们一再讨论的那样，市场并不是万能的。在我们仍然坚定地把前进的方向确定为市场经济的同时，千万不能放松对市场"无效"和"盲目"的警惕。在当前我国社会、经济、制度等全面转型的关键时期，在叠加了"都市运动"的城市转型的关口上，这点显得尤为重要。因此，面对空间重组、交通拥堵、生态恶化、社会分异、价值重构（文化、道德等）等复杂的社会经济问题，我们不仅需要认真思考城市转型的内在要求和实现途径，更需要重新思考市场化条件下城市规划对城市转型的科学引导和合理规制。

2. 体制变革下的城市规划

市场化不仅为我国城市的发展提供了全新的宏观环境，也推动了我国城市全方位的转型。沐浴着社会经济全面改革的春风，各城市充分释放久违的"发展能量"。从城市的角度看，这也给以城市规划为核心的体制变革提出了迫切的转型要求。由此看来，要想实现对城市发展的有效引导，城市规划必须顺应城市转型的内在要求，从城市物质空间形态、经济组织及增长方式、社会文化以及民众心理、政策制定的程序和思路等方面进行重新思考和定位，以期在利益主体多元化、经济形式多样化等全新的社会环境下实现城市规划与城市转型的良好互动。

这其中，最为重要的是实现城市规划由单纯地服务于政府向多元利益协调功能的转变。在市场经济体制下，社会经济利益主体日益多元化，城市规划的功能就不再仅仅是服务于政府，而是由作为“转译”政府意志的工具和手段逐渐转变为社会各利益主体（包括各级政府机关、企业、个人）进行谈判和协调的平台。而且，包括政府在内的各利益群体在追求自身利益最大化的强烈冲动下，群体间的冲突加剧，更进一步凸显了城市规划在协调社会利益方面的功能和作用。因此，市场经济体制下的城市规划更加强调多元利益的诉求，并将其纳入同一发展框架和协调平台，从而保证城市转型的顺利进行和最终实现。

当然，土地、户籍、经济、财税等城市发展配套制度的改革也给市场体制下的城市规划功能变革提供了坚实的制度基础。这里仅举两例：

第一，从土地制度的改革来看，土地划拨制度的取消代之以土地有偿使用制度的建立，住房福利制度的取消代之以住房商品化改革的推进等等，都促进了城市土地市场和房地产市场的建立和完善，从而大大推进了“土地的商品化”和“城市的市场化”进程，土地收益（如土地出让金等）逐渐成为城市发展的重要资金来源。在上述全新的城市发展环境和政策要求下，城市规划必须在土地置换、房地产市场开发、城市空间结构优化等方面发挥应有的调控和指导作用。此时的城市规划便更加偏重于从市场的角度配置土地资源，体现土地的级差地租和区位差异，为政府经营土地提供科学的依据。

第二，从财税制度的改革来看，分权化是从计划经济向市场经济转变的主要体现之一。围绕着分权化的财税制度改革使得地方政府获得了更大的自主权和更多的可支配资源，这不仅极大地调动了地方的发展积极性，也在很大程度上重组了我国城市发展的动力机制和政策基础，推动了“城市企业化”和“城市经营”的大行其道。在竞争性、多元化的市场机制面前，城市政府必须通过一系列公共政策来刺激市场行为和吸引外来资金，城市发展的动力由自上而下演变为自下而上。同时，中央政府与地方政府的角色转换，使得城市规划从计划经济体制下落实国家经济计划的技术手段转变为地方政府实现经济效益目标的技术工具（陈锋，2004）。

可见，无论从城市规划本身来看，还是从城市转型对城市规划的内在要求来看，城市规划都将在市场经济逐步完善的大背景下完成新一轮的重新定位，即城市规划需要承担起引导城市转型的功能。进一步地，我们也可以预见，新的机制环境不仅将引起包括经济、社会、政治、文化等各方面在内的重构和巨变，也必将引起对城市规划内容、地位、理念等各方面的全方位重塑和思索。因此，市场体制下城市规划制度与功能的完善本身就是城市转型的要求和体现。

二、城市规划对城市转型的引导

按照一般定义，城市规划是为了实现一定时期内城市的经济和社会发展目标，确定城市的性质、规模和发展方向，合理利用城市土地，规划城市空间布局和各项建设而进行的综合部署。城市转型是城市发展到一定阶段的必然趋势，城市规划则是应对这种趋势的必要需求，它从宏观战略、技术理性两个层面引导城市的转型。

（一）宏观战略层面

在城市转型过程中，首先面临的问题就是城市发展战略的转型，包括城市的发展目标、方向以及规模容量等等。这些内容从全局统筹城市的发展与转型，指导城市下一步的具体规划与建设，因此宏观层面的转型研究是城市转型的“导航灯”。

城市规划是指引实体城市发展和建设的战略和方向（邹德慈，2004），它作为公共政策制定的内容和途径之一，从某种程度上反映着未来城市转型的方向。过去，城市规划主要在总体规划阶段（城镇体系规划、城市总体规划）中确定城市发展及转型的战略目标。城市规划编制通过先导型的战略研究发现空间演化的若干趋势，并分析影响城市发展的决定性因素以及可能出现的问题，以此确定城市未来的职能定位和发展战略。城市规划通过合理目标的设定，制定开发政策指导城市转型，避免城市发展的盲目性和短期性。

近年来，随着我国城市的迅速发展，对于城市发展战略问题的研究越来越受到重视。城市总体规划由于自身的缺陷，体系庞大，编制审批周期长，缺乏实效性和操作性，能否从宏观层面把握未来城市发展的需要越来越受到人们的质疑。因此，一种新的规划形式即城市战略规划（概念规划）应运而生，它借鉴了国外相关规划经验，如英国的结构规划、大都市战略规划，新加坡概念规划以及香港的全港发展策略等。关于战略规划的概念，规划界做了广泛的讨论：沈德煦（1999）认为，战略规划是全市域在可预见的未来（X 年）对市域范围城市远景发展进行的分析研究，作为城市发展目标和总体规划的支撑和依据。赵燕菁（2001）认为，概念规划所扮演的角色应当是，将社会经济发展的潜在可能和需要（产业结构调整、发挥竞争优势、培育新的经济增长点等）解释为空间的语言（不同功能的空间分布、发展方向、城市结构和基础设施等）；概念规划必然是一个横跨经济与空间的规划，其内容应涉及部分社会经济发展目标并包括了原总体规划大纲阶段的工作。张兵（2001）认为：概念规划就是要表达城市或者区域在一个长久阶段内发展的整体方向，以及指导当前行动的整体框架；概念规划不是什么神秘的东西，不是一种可以和总体规划、详细规划并列的规划类型，更多的是一种工作方法。崔功豪（2001）指出，战略规划是以战略性和空间性为中心，在多层次的宏观分析对比基础上，以城市发展目标、城市发展定位和规模、都市区空间结构模式、交通框架以及当地突出的产业和环境问题为重点，提出空间发展战略和结构方案，为城市政府提供发展的思路、策略、框架并作为城市总体规划编制的指导。

综合上述观点可以得出以下共识：战略规划更多基于城市发展的宏观层面，通过职能定位、空间结构、产业政策、交通网络、基础设施等若干专题研究为城市政府提供战略性的方案、思路以及策略等，它强调对总体规划编制的内容进行简化，注重长远效益和整体效益，针对城市转型过程中遇到的具有方向性、战略性的重大问题进行集中、专题的研究，在严密论证的基础上，把握问题本质，强调解决问题的深刻性和可行性。战略规划并不强调内容上的面面俱到和构建城市发展终极蓝图，而是注重对于单个现实问题的解决能力以及多目标、多方案的比选，以此指导城市在一定条件下实现转型或发展。

以“广州总体发展概念规划”为例，作为中国第一个战略规划，它成功开启了这一新规划形式的先河。规划是在广州城市快速发展过程中出现一系列问题以及行政区划调整的背景下展开的，番禺、花都刚刚完成撤县并区，从化、增城撤县并区已经提上议事日程，广州的城市空间结构将发生新的变化，这种变化也将促进城市功能结构和土地利用方式实现转型。如何应对这种转型，是这次概念规划重点解决的问题。

在经过对五家单位的方案进行比选的全国专家咨询研讨会之后，关于职能定位、规模容量、空间结构等专题内容达成如下共识：

① 广州作为华南地区的中心城市，今后应建设成为国际性区域中心城市。

② 市域人口规模确定为1000万人。

③ 城市空间结构由单中心转变为多中心，疏解旧城、开辟新城，抑制北翼组团发展，城市未来主要发展方向为向东、向南。

④ 广州应大力发展第三产业和高新技术产业，强化教育产业地位。

⑤ 广州应优先发展公共交通，重视城市轨道交通建设，强化区域轨道交通联系及中心城区与番禺、花都的快速交通联系。

⑥ 在未来的城市发展中，广州必须强调生态环境的保护与建设，重视北部山区、南部珠江口地区的生态维育及城市组团间绿化隔离带的建设。

经过专家会议讨论及后续深化研究后，将此次概念规划的最终成果内容归纳为7个方面：城市定位及发展目标、城市规模、城市发展方向、城市结构、都会区建设政策、城市生态建设、城市交通建设等。“广州总体发展概念规划”对广州实现城市转型有着现实的引导意义，对全国其他城市同类型规划的开展有着广泛的借鉴意义。在此之后，南京、杭州、苏州、宁波等城市的战略规划相继编制。它们大多采取问题导向的技术路线，以务实的态度去研究解决城市所处的特殊区位、特定时段和特殊背景下的不同问题。例如南京主要解决区域地位、经济实力下降的情况下，如何通过空间结构及产业结构的重建来促进空间、产业与区域发展相契合的问题；杭州、苏州和广州一样，规划主要考虑行政区划调整后，如何针对性地解决城市功能定位、空间资源整合等一系列问题。宁波、嘉兴则是因为杭州湾大桥的建立导致外部区位条件的变化，由末梢转变为节点，重点解决如何整合区域资源、增强漏斗效应以及提升城市发展效率等问题。这些规划的编制无疑给当地的发展带来了启示，有助于城市领导者做出理性判断和决策。

总而言之，无论是传统的城镇体系规划或是城市总体规划，还是当前流行的县（市）域总体规划和战略规划，它们最本质的特征就是作为规划体系中全局性、综合性和战略性的阶段层次，将目标定位在处理好城市发展过程中局部与整体、近期与长远、需要与可能、经济建设与社会发展等一系列关系（朱铁臻，2002）。战略性思维的体现使得城市规划对于城市发展与转型有着深刻的指导意义，城市的未来也因此与城市规划紧密结合起来。

（二）技术理性层面

就技术内容而言，城市规划一般由土地利用规划、交通系统规划、绿地系统规划和基础设施规划四个方面构成，它们对于城市转型的引导发挥着不同的作用。

1. 土地利用规划

土地是人类赖以生存和发展的基本资源，也是组成城市空间的基本要素之一。建国以后，我国实行土地国有化政策，土地无偿划拨给集体、单位或者个人使用，土地因而只具有使用价值而没有经济价值。随着经济改革的推进，土地有偿使用制度建立标志着土地作为一种商品进入市场流通领域，土地的稀缺性和使用上的排他性体现了它的经济属性和经济价值，这种价值又表现为租金、土地转让金或者使用费用等形式。由于土地自身的自然性状和在城市中所处的区位不同而形成不同的价值级差。

城市中的各项生产和生活活动无不在特定用途的土地上展开，土地使用布局及经营状况的优劣直接关系到城市发展的潜力和转型的方向，因此城市土地利用规划是城市规划的重要内容之一。在我国，由于土地利用规划与社会制度和经济体制密切联系，它更偏向于物质规划，因而它是我国城市规划体系中最核心的内容和组成部分。甚至在一定条件下，城市土地利用规划与城市规划之间可以划上等号（谭纵波，2005）。

城市转型过程中涉及到土地利用主要有两方面的内容，一是城市空间结构和发展方向的转变；二是城市建设区空间的扩张和内部用地的调整安排。前者在城镇体系规划或总体规划纲要中予以解决，后者问题的解决则是城市土地利用规划的主要职能。它通过对城市规划区和建设区范围的划定，确定城市用地扩张的方向；通过合理安排九大类功能用地，协调城市建设用地及非建设用地的关系，保障城市空间的有序发展，体现市场效率和社会公平。

城市土地利用规划的主要内容是对规划范围内各个地块的土地面积、使用性质、开发强度等做出刚性或者弹性的规定，它贯穿了城市规划的各个层次。总体规划中划定了各类用地的面积、界限，原则上规定了使用方式和开发强度；控制性详细规划中，通过土地使用性质、容积率、建筑高度、建筑密度、配套公共设施等刚性指标以及建筑体量、色彩、风格等弹性指标来限定各个地块的使用状况；修建性详细规划和城市设计中，在上位规划约束下具体落实地块内的建筑单体，处理好建筑间以及建筑与周边环境的关系，从微观层面控制城市整体风貌使之达到统一。

总而言之，城市土地利用规划作为城市规划中最基本、最重要的内容，从协调城市各功能用地之间的关系入手，合理安排各类土地在城市中的比例、布局和相互组合关系；体现由于自然属性和区位特征不同导致的土地级差地租；在满足市场效率的同时注重社会的公平和公正，保证各项公共设施用地的使用和建设；从土地使用机制方面，确保城市转型的顺利进行。

2. 交通系统规划

如果把城市比作人的身体，城市道路就是其中的血液循环系统。对于城市而言，无论是生产还是生活都伴随着人和物从一个地点向另外一个地点的移动。一旦这种移动受到阻隔，城市运行就要陷入瘫痪。因此，为保证人与物运动与流通的顺畅，就需要按照城市内部或者城市与外部之间人员和物品移动的需求，对城市道路交通系统及各项附属设施做出合理的安排。为满足城市脉络的通达性，促使城市更加快捷、高效的运转，城市交通系统规划同样是城市规划的重要内容之一。

从内容上来说，城市交通系统规划主要有以下四方面：其一，预测城市活动带来的交通需求，从战略角度确定未来城市交通体系需达到的建设目标和服务水平；其二，根据交通需求确定城市综合交通体系，包括城市交通方式结构、各种交通方式的布局与规模等，目的在于平衡需求与建设，最大限度地维系城市高效率的运转；其三，制定城市交通政策及管理措施，保证交通规划战略目标的实现；其四，协调城市交通规划与土地利用、基础设施和生态环境保护等规划的关系，增强由交通过境带来的土地增值等正外部性，减少同样由其带来的环境恶化等不利影响。

在城市尤其是大城市的转型过程中，由于对城市交通规划缺乏重视，交通结构不合理，需求得不到满足，往往导致严重的城市交通“肠梗阻”，同时带来了噪声超标、尾气排放等环境问题，极大影响了城市的运行效率和整体形象。因此城市交通规划的科学编制，对于满足城市交通需求、优化交通资源利用、改善环境质量，实现城市交通可持续发展战略起着关键的作用。

在我国能源和土地资源的双重约束下，城市发展空间受限，城市交通规划要通过对交通选线、枢纽布点等内容的合理安排，确保城市土地经济效益，维持城市发展动力；同时注重社会公平，倡导公交优先，关注弱势群体，处理好人车、机非之间的关系。城市交通规划归根结底就是要构建一个和谐的道路交通系统，包括人、车、路、信息、环境等，它既具有很强的技术性，又具有很强的社会性，从根本上影响着未来城市空间结构及土地利用主骨架的构建。

3. 绿地系统规划

城市作为一种特殊的景观形态，聚集了高密度的人口和社会经济活动，它是人工技术对于自然环境干预最强烈的人类聚居区。古代先哲亚里斯多德有句名言：“人们聚集到城市是为了生活，期望在城市中生活的更好。”这是因为在那个时代城市能提供给人们一个比之乡村更好的生存环境。然而城市的发展伴随着人类对自然的改造，这种改造能力的不断加强，意味着人们对自然生态破坏的加剧，每一轮大规模的经济发展和城市扩张都要引起新的环境问题。另一方面，一片片钢筋混凝土构成的“城市森林”拔地而起，破坏了城市原有的文脉机理，城市风貌千篇一律个性丧失，人们只能去郊外或者乡村亲近自然。

随着“保护环境”、“人类与自然共存”成为人们共同关注的论题，寻求健康、安全、舒适的人居环境已经成为城市居民的共识。因此，现代城市绿地系统较之以往具有更加重要的作用，为解决城市转型过程中带来的市民生存环境趋于恶化的问题，它不再单纯是游憩观赏，而是肩负了改善城市环境和满足景观效应的双重责任。城市绿地系统规划也因而被赋予了新的意义。

现行的城市绿地系统规划是城市总体规划的组成部分，在其编制完成后根据需要编制城市绿地系统专项规划，其主要内容包括：根据总体规划，确定城市绿地系统规划的指导思想和原则；确定城市绿地系统规划的目标和主要指标；确定各类绿地的位置、范围、性质及主要功能；划定需要保护，保留和建设的城郊绿地；确定分期建设步骤和近期实施项目，提出实施建议。在实际操作过程中，绿地系统规划往往仅按照“点线面”相结合的原则，从平面构图美感为出发制定方案，较少考虑城市绿地应满足的生态需要与景观要求，以及市场效益要求。当前，城市激烈的空间重组和功能转型对高品质生态环境的需求更加突出。具体表现在：

（1）满足生态城市建设和城市可持续发展要求

建设生态城市就是要强调对自然环境的保护、保存、恢复、修复；强调城市绿地建设，提高城市绿量，以“绿”为骨架，构筑城市形态，把自然引入城市；强调城市紧凑发展，均衡开发等均是共同的特点（王祥荣，2004）。一方面突出绿地系统规划的生态整合功能，在满足游憩、防护等基本要求的基础上，尽量维护城市空间和自然过程的整体性和连续性。规划应将范围扩大到市域中去，不仅要重视城市建成区范围内的人工生态系统建设，更应重视整个市域范围内的自然生态系统的保护和完善；另一方面强调绿地系统规划对于城市不可建设用地的刚性控制，严格划定保护区，禁止开发建设。城市绿地系统作为城市各功能区块在空间上协调、过渡和有机融合的纽带，决定了其应从区域和城市可持续发展的角度来合理安排。

（2）满足追求城市绿地复合功能的要求

城市绿地具有调节城市气候、净化城市空气、改善城市景观等功能。随着居民闲暇时间的增加，城市绿地系统规划在合理布局城市建设区各类公园绿地、街头绿地、小游园等满足居民日常观赏、休闲、娱乐的同时，也将城市近郊山林水系组织起来，建立风景度假区、森林公园等大型绿色空间，以满足居民回归自然与强身健体的需要。

（3）满足城市形象塑造的需要

城市的生命力和吸引力在于其个性的彰显。一个没有特色的城市是缺乏活力与生命力的平庸的城市。而城市特色的源泉在于所处的自然环境，并不是千篇一律的“大广场”、“宽马路”或是眼花缭乱的高层建筑。城市绿地系统通过深入发掘和梳理城市内在的自然禀赋，把山、水、绿、城等各种自然与人工元素组合到城市空间中去，以实现城市总体形象的塑造和整合，从而创造出具有极强生命力和丰富内涵的特色鲜明、个性凸现的城市形象。

如上所述，一个城市生态环境的维护决定着城市的品质和形象，而品质或形象的优劣与否又体现着城市竞争力的强弱。在城市竞争日益加剧、城市发展带来诸多环境问题的今天，城市绿地系统规划对于营造优美的城市环境，增强城市的个性与特色无疑发挥着极其重要的作用。

4. 基础设施规划

我国《城市规划基本术语标准》将城市基础设施定义为：“城市生存和发展所必须具

备的工程型基础设施和社会性基础设施的总称”，泛指国民经济体系中为社会生产和再生产提供一般服务的部门和行业，包括给排水、电力电信、商业服务、环境保护、文化教育、医疗卫生等技术性工程设施和社会性服务设施。

基础设施是城市经济不可缺少的组成部分，是城市赖以生存和发展的重要基础条件，同时也是提供城市综合竞争力的基础平台。城市基础设施现代化是城市建设与发展现代化的前提与载体。城市基础设施系统的技术状态、功能负荷直接影响着城市社会经济系统运行的效率，尤其是城市居民的生活质量。

对于城市转型而言，一个重要方面的标志就是城市基础设施的完善。城市建设的两个重要方面就是土地的利用开发和城市重大基础设施的建设，后者对于前者有着明显的促进提升作用。通常城市重大基础设施的建设会改善周边地区的投资环境，推动相邻土地价值的增值。

随着我国城市以人为本的可持续发展观的确立，如何加强城市基础设施的现代化建设，提高城市社会经济系统的运行效率，已经引起了各阶层人士的普遍关注。城市基础设施规划的主要任务是根据城市社会经济发展情况和目标，合理确定规划期内各项工程设施的规模、容量、管线走向以及各项社会性服务设施的用地布局，并制定相应的建设策略和措施。例如对于给水工程而言，它首先需要预测城市的用水量，在对水质进行综合评定基础上选择合适的水源地，同时要满足供水安全、取水地点合理、靠近城市等要求，然后对取水工程、水处理工程、输配水工程等方面做出相应的安排。城市基础设施规划涉及专业部门众多，专业性强，规划需要对其进行综合协调。大城市与特大城市根据需要还可单独编制专项规划，具体指导城市基础设施的建设和实施。

随着区域合作的加强，基础设施共建已成为当前城市规划重点考虑的内容。通过区域基础设施的共建共享，可以避免重复建设，最大限度地整合区域资源，有利于促进区域的统筹协调发展。

因此，城市基础设施规划有助于从技术上解决城市转型中遇到的城市供水、供电紧张，环保设施相对短缺、基础设施重复建设等问题，从而为城市顺利转型提供一个完善的基础设施平台。

三、转型背景下的城市规划变革之路

城市规划通常反映其所处时代的城市发展阶段，而城市的发展阶段又决定了城市规划的必要内容。经济基础和上层建筑的变革，都会导致规划体系的转变。随着我国经济体制的转轨，中国城市正处于一个政治、经济、社会的多元转型期，这种转型涵盖了城市的各个侧面，也导致了众多社会、经济问题的产生。这些问题使得城市规划面临重大挑战，如何建立一套规范有效的规划体系成为政府决策者与专家学者们广泛思考的问题。

20 世纪 90 年代以来，社会主义市场经济的确立，使得城市规划的编制不再受单一主体——政府的控制，转而成为政府、市场、社会多元主体合力作用的产物。因此，如何把握协调三者利益，明确其博弈机制是保证城市规划科学性、合理性和可实施性的必要前提。为此城市规划需要制定一个目标准则，通过权衡三者关系确保三者的有机统一。那么，如何衡量这一目标准则的合理与否呢？郭彦弘（2002）认为，城市规划的三个准则是“效率”、“平等”和“安定”。它们分别反映了城市规划必须具有的市场、公共政策和社会三种属性，即在保证社会公平、安定的前提下，追求市场效益的最大化。然而当前的事实是，由于国家“以经济建设为中心”，完善市场经济体制被确立为改革的目标，市场化贯穿了各个学科领域，城市规划工作者亦被告知要树立市场意识，满足市场效益。于是，城市规划成为地方政府的圈地工具，一旦稍不满足地方领导需要，便被斥之为阻碍经济发展，规划调整甚至修编成为了规划工作者的无奈之举。更有甚者，许多城市把简化和弱化规划管理作为“提高行政效率”、优化投资环境、促进经济发展的重要举措；一些地方城市政府更是明令规划行政主管部门承担招商引资、承包城市工程设施建设的任务（陈锋，2004）。城市规划完全作为发展经济的工具手段，其严肃性和权威性被亵渎一空。

因此，城市规划必须要明确其本位和价值取向，在这一问题上，国内学者已做了大量的研究和探索，例如：石楠（2005）认为，城市规划是保障城市公共安全与公共利益的重要公共政策，其最基本的属性是政策性。孙施文（2006）认为，城市规划应坚持以社会理性为主导，其核心价值应该是社会资源配置的公平与公正。张庭伟（2000）认为，城市规划是以政府行为的方式介入社会发展过程，在土地、空间资源的分配上体现社会所期盼的公正性和有效性。陈锋（2004）指出，转型期城市规划的最大问题是其作为公共政策的核心要素——公共性的缺失，市场经济条件下政府的公共行政职能和公共政策作为现代城市规划的本质来衡量。

综上可以得到以下共识：城市规划应作为公共政策的组成部分，以社会理性为主导，追求社会的公平和公正；“规划就是生产力”有其内在的合理性，规划注重经济发展无可厚非，但是必须同时强调对社会资源公平与公正的再分配，体现规划的社会属性和公平优先原则。正因为此，现实中的中国城市规划正在城市转型的背景下悄悄进行着变革。

（一）城市规划的功能转型：由技术工具转向公共政策

公共政策的实质是政府权力机关对社会资源所作的合理分配，它解决的是超出个人和个人利益主体范畴的具有普遍性意义的社会公共问题。公共政策的核心是公共价值，而公共价值又产生于个人价值之后，正是由于社会利益主体的多元化而导致存在多种不同的利益诉求，影响着公共政策对于公共价值的判断和实现。在实际的政治运作过程中，政府的政策是否代表公共利益，实际上表明政府的该项政策是否符合、反映社会共同认可的某种或某些公共价值（赵成根，2000）。公共政策实际上便成了政府实现公共价值目标、体现社会公正的工具和手段。

从西方近代城市规划的起源来看，它始于 19 世纪后期的公共卫生运动、环境保护运动和城市美化运动，就其本质原因来说，它们都是由于社会现状与期望之间的差距而引发的对特定社会问题的解决，人文关怀和对社会的关注贯穿了整个西方城市规划发展史。无论是从霍华德的“田园城市”，到柯布西耶的“光辉城市”；还是从格迪斯的区域规划理论，再到芒福德的人本主义思想，他们无不以悲天悯人的视角关注着人类的生存环境，试图通过社会问题的解决来呼唤社会的公平和公正。因此，西方近现代城市规划从一开始就被认为是针对市场的缺陷而产生并被赋予了公共政策的属性。经历了一百多年的发展之后，当代西方的城市规划已经形成了一套成熟的公共政策体系并行使公共行政职能。

与西方城市规划背景不同的是，我国的城市规划经历了从计划经济到市场经济的体制转变的过程。建国之后30年来，政府对资源配置起主要作用，作为投资主体几乎包揽了一切城市建设活动。作为“国民经济计划的延续和在空间上的落实”的城市规划，仅是从属于经济计划的技术手段。计划经济体制下政治、经济和意识形态的高度一体化，决定了社会结构的简单化和利益结构的单一性（陈锋，2004）。在这种体制背景下，社会利益由国家通过高度集中的计划和行政手段实施管理协调，城市规划只强调其技术属性，没有权力去协调社会利益格局。改革开放以后，随着市场化改革和市场经济体制的建立，中国社会、政治、经济各方面均发生了巨大的变化。社会利益关系呈现出多元化和复杂化的特征，按理说，城市规划应发挥对社会利益主体的调节功能，保障社会公共利益。然而，中国的城市规划在体制转轨的特殊时期并未形成成熟的公共政策。经济体制的改革同时伴随着政治体制的改革，分权化使得诸多权力由中央下放到地方，地方政府成为推动城市发展的主体。然而，转轨期间，由于缺乏有效的监督机制，“政府失位”和“GDP崇拜”的现象层出不穷，地方政府不是将主要精力去解决社会问题和提供公共物品，反而利用极强的经济手段直接介入和干预经济活动，政府和企业联合起来结成“钱权联盟”，在市场经济中追求自身利益的最大化。相对于强势政府，规划师们处于弱势地位，虽然有着追求社会公平的理想，但是大多数时候不得不屈服于官员意志，无奈之下只有修改规划方案来体现领导们的豪言壮语。因此转轨时期的城市规划仍然只是停留在“转译”政府意志的层面。

在城市转型的过程中，各种权力联盟以及强势利益群体的形成加剧了社会分化以及利益集团间的冲突，城乡差异不断扩大，普通民众对于社会公平的诉求愈发激烈。原有的作为技术工具手段的城市规划已不能很好地解决城市空间和土地资源的配置问题，对于诸多的社会问题更是无能为力。社会的发展要求城市规划应当成为具有强大调控功能的公共政策，这已成为人们的共识。2001年7月温家宝总理指出，城市规划是城市建设和发展的蓝图，是建设和管理城市的基本依据，是一项全局性、综合性、战略性的工作，涉及政治、经济、文化和社会生活各个领域。2005年1月，建设部《关于加强城市总体规划修编和审批工作的通知》中指出，城市总体规划是促进城市科学协调发展的重要依据，是保障城市公共安全与公众利益的重要公共政策，是指导城市科学发展的法规性文件。2006年4月正式实施的《城市规划编制办法》指出，城市规划是政府调控城市空间资源、指导城乡发展与建设、维护社会公平、保障公共安全和公众利益的重要公共政策之一。上述政策文件不仅阐明了城市规划的公共政策属性，而且从国家层面赋予了城市规划作为公共政策的法律地位。

（二）城市规划的价值转向：由效率优先转向公平优先

改革开放的总设计师邓小平曾经指出，发展是硬道理，稳定压倒一切。改革—发展—稳定三者之间的关系是一个具有中国特色的广泛命题，对于城市规划领域同样有着指导意义。理想情况下，改革促进社会发展，发展促使社会稳定，稳定又为深化改革和继续发展提供一个良好的社会环境。但“发展促稳定”的一个重要前提是发展过程中产生的巨大收益在得到相对公平分配的情况下才能促进社会稳定和政治稳定。而现实情况是，改革开放以来由于利益分配不均，生产资料所有制关系的急剧变革造成中国社会阶层的快速分化。少数掌握政治经济资源的改革“弄潮儿”成为了最大的受益者，而同时也褫夺了广大弱势群体的利益。资料显示，我国的失业率已达到11.4%，意味着中国城市有1500万人没有工作岗位。在乡村存在大量的失地农民，他们的土地被政府收购后进行加工转卖给开发商，政府和开发商获取了巨额的农用地转换差价，远远高于支付给农民的土地补贴。

收入分配和财产占有方式的不公正是当前社会稳定的最大威胁。城乡收入以及城市内部各阶层间收入差距的不断拉大，社会极化现象日益突出，造成两种社会不满情绪，一方面由于阶层分化，弱势群体意识到受到资源或权力掌控者的剥削，对于富裕阶层的不满情绪滋生；另一方面政府关于收入再分配方面的改革相对滞后，政府将主要精力放在经济发展上，忽视社会公平公正的诉求，导致政府公信力严重下降，民众对政府产生不满情绪。

城市规划作为一项公共政策，应当承担其社会职责，在土地空间资源的分配上体现普通民众所期盼的公平和公正。然而已形成的思维范式是，城市规划也应当坚持效率优先，以促进地方经济发展为职责，保证各项用地和建设项目的落实。一旦规划师们为追求社会公平忽视了这几方面，便会被政府领导们指责为“城市规划阻碍城市发展”。三番两次以后，便只能潜移默化地以能否促进城市快速发展作为评判城市规划优劣的准则。

30年的经济体制改革，“效率优先，兼顾公平”的原则已经影响了几代人的思维方式。当一切制度的建立均以效率优先作为评判标准时，规划工作者们不得不理性思考：效率优先是否应当作为城市规划的第一要务？

关于市场和城市规划的关系，可以援引大量国外学者的观点加以论证。哈耶克（F. A. Hayek）在《自由秩序原理》中提到：“……这里的关键问题，并不在于人们是否应当赞成城市规划，而在于所采纳的措施是补充或有助于市场还是废止了市场机制并以中央指令来替代它”。哈耶克作为英国自由主义经济领域的巨擘，在其著作中严密论证了市场经济优于计划经济，但是从上面一段话中可以看到，他并不反对带有政府控制色彩的城市规划，关键问题在于城市规划能否促使市场经济运行更加有效，其作用应是补充市场，而不是如国家计划一样替代市场。哈维（David Harvey）认为，城市规划“不仅是维护这些系统，而且提供这些使用价值在空间上的协调，并创造新的综合使用价值”。弗里德曼指出，城市规划确实能够促进市场经济本身的发展，但这种促进的作用并不是通过对效率的追求而达到的，恰恰相反，城市规划是在对“社会理性”的运用过程中才能起到这样的作用。

因此，城市规划与市场机制应偏重于市场经济的不同方面，各司其职而不擅越职权，效率的问题交由市场解决，公平的问题交由城市规划解决。城市规划作为公共事务管理的一个方面，通过社会资源的配置和公共物品的提供保障社会平稳有序的发展，保护社会公共利益不受到市场运作所产生的负外部性冲击。城市规划应将主要精力放在协调不同利益主体间的关系上，优先考虑社会公平和公正，与市场共同作用促进城市进入良性循环的发展。

（三）城市规划的理念转变：由精英规划转向公众参与

计划经济时期，我国的城市规划一直从属于国民经济计划，两者统统被盖上了“秘密”字样，规划由少数技术专业人员制定，公众无从知道，更谈不上参与。随着改革的不断深入，公民意识显著提高，对于城市规划的知情权和参与权成为了普通民众的广泛要求。从理论上说，城市的主体是人，它是全体市民共有的财产。城市规划对于土地空间资源的配置必须遵从普通市民的意志。转型期，由于社会存在多重利益主体，要求表达全民意志是一种奢侈和不现实的愿望，于是对“全民”意志的遵从实际上是通过对不同利益群体的征询协调实现的。这一时期，掌握权力经济资源的是城市政府和企业开发商，他们具有决定全民意愿的权威话语权，垄断了公共意愿的表达，直接或间接地掌控了规划编制主体和实施管理主体，对于土地空间资源的配置必须符合政府或是开发商的意志，城市规划不如领导一句话，公众参与成为了一种空谈。普通民众尤其是社会弱势群体则处于集体“失语”的状态。

转型期公众参与的缺位与缺失，既是现阶段利益主体博弈的一种无奈结果，也是中国长期制度与文化双重磨练的一杯苦水。究其深层次的原因，无外乎两个方面：首先是中国的专制制度与专制意识的遗存。实行几千年的封建中央集权，社会利益结构高度统一，国家代表着人民的利益，城市建设按照封建王权统一规格实施，普通民众的利益和意愿长期被边缘化。建国以后，高度集中的计划经济体制，全能型政府大包大揽一切的城市规划，城市如何发展是少数技术精英们考虑的问题。客观上的制度因素使得公众参与不必要存在。其次是中国儒家文化的深远影响。“各家自扫门前雪”的传统习惯使得公众漠视与自身非直接相关的利益，主观上的非制度因素也促使普通民众对于城市规划的公众参与漠不关心。

近年来，国家连续出台了一些城市规划方面的法律法规，强调了公众参与的重要性。规划界和普通民众对于公众参与的呼吁日益高涨，在城市规划编制过程中也确实采取了若干种形式的公众参与。但是由于缺乏对公众参与的方式、途径、体制保障、法律规范等的明确界定，导致公众参与仍然停留在规划公示和专家评审这两种最常见的规划公众参与方式上。

首先，虽然许多城市规划实行公示制度，但都是在编制审批之后，实施管理之前公示，公共参与成为“事后参与”、“形式参与”，或是一种宣传方式，规划公示往往设置很高的技术门槛，堆砌大量的专业名词，有意无意让民众看不懂。规划公示从某种意义上来说就是规划公开，民众仅仅知道做了规划，却不知道规划内容是什么，这也体现了当前规划体系中的“精英谋略”。

其次，在规划审批阶段，地方政府往往邀请一批专家（技术性代表）或官员（政治界代表）参与规划评审，却鲜有邀请普通民众（公共利益代表）参与到规划审议中去。参加评审会的各方面专家和各行业主管部门领导，就规划编制提出技术性和政策性的修改意见，这里就存在两方面的问题，一是专家受邀而来，缺乏对当地情况的深入认识，加之碍于地方政府的面子，往往提出一些无关痛痒的意见，宾主言欢而散。另一方面，行业部门领导一般就政府或行业自身的利益，提出规划的修改意见，迫于强势甲方的压力，规划师们只好照单全收。

随着社会主义民主法制的逐步健全完善、公民社会的逐步发育，在中国城市转型的大背景之下，政府越来越关注公众的声音，城市规划的公众参与必须由假性参与和象征性参与向实质性参与过渡。在此之前，规划师们必须明确公众参与在城市规划制定过程中的功能，归纳起来主要有几个方面：首先，公众参与可以改变政府机关与个人利益主体所获得信息的不对称问题，它往往与社会舆论紧密联系，对政府行使权力营造一种无形的监督氛围，威慑可能发生的滥用职权及违法腐败行为。其次，作为评审代表的技术专家在规划的制定过程中，可以基于中立的地位为城市规划决策提供科学理性的参考。代表公共利益的普通民众在公众参与的过程中，往往可以提出非专业的意见予以规划编制者很好的启发。再次，公众参与可以解决诸多城市规划无法协调的公共利益冲突问题，公众享有规划的知情权、参与权和监督权，不同利益群体以此为平台相互协商和妥协，有助于从根本上解决规划中出现的争执问题。最后，城市规划编制成果经过公众参与再纳入实施管理过程中，往往具有较强的公共政策整合能力，有助于在执行过程中减少阻力，消除民众的逆反心理，从而使得城市规划更具操作性。因此，通过公众参与，可以保证城市规划在“社会理性”的指导下，提升所做决策的合理性，减少规划编制管理的随意性，体现城市规划对于公众意愿的真正关注。

我国宪法规定：“中华人民共和国的一切权力属于人民”。公民参与城市规划的编制、实施和管理，是基于宪法赋予权力下的公共意志的体现和利益的表达。新的《城乡规划法》的颁布与实施，已经将公众参与的详细条款变成实实在在的法律条款，因此，在中国城市转型的背景下，城市规划由精英规划向公众参与的实质性转变也即将成为现实。

（四）城市规划的技术变革：由终极蓝图转向过程规划

城市规划的任务往往与经济制度密切关联。计划经济时期，城市规划一般是根据国民经济计划编制的近、远期城市建设蓝图，通过对空间土地资源的配置实现经济计划。这种目标导向的建设蓝图忽视规划过程中复杂多变的因素，导致了整个规划过于强调静态与刚性，难以真正引导与应对城市的发展与变化。

城市是一个复杂系统，由多元变量构成，其发展存在着未知性和不确定性。如果说计划经济下，国家尚有能力将这些变量控制在一个范围之内，可以预测城市发展的终极状态，那么市场经济下，这种可能性微乎其微。随着城市转型的加速，城市发展和建设过程中各利益主体之间的竞争和冲突不断加剧，城市规划对空间资源配置的控制协调作用日益突出。

既然作为一项公共政策，城市规划应具有政策的特性：政策经过制定、执行、评估、监控、终结形成一个周期，新政策常常是对老政策的延续，是为适应新情况而对原有政策的修改和调整，从而形成新的政策周期，实现新老政策的交替循环（C. O. Jone）。这一“阶段性政策周期理论”表明城市规划同样具有阶段性特征。任何规划的目标和稳定性都是相对的，而过程和变动性是绝对的。因此一味追求终极蓝图的规划反而是不科学的，城市规划必须强调过程，这是一种合理务实的理念。就像 P. Hall 说的那样，现代城市规划已将规划理念从规划图（plan 或 plans）的编制转向对规划过程（planning）的重视，规划的关键在于规划（plan 或 plans）的实施。

要实现城市规划由目标导向向过程规划的转变，必须要对现行城市规划技术内容进行变革，主要表现为以下几个方面：

1. 改革完善城市规划编制体系

我国现行城市规划编制体系分为两阶段五层次，即总体规划和详细规划两个阶段。其中总体规划阶段又包括城镇体系规划、城市总体规划和分区规划三个层次；详细规划包括控制性详细规划和修建性详细规划两个层次。无论是哪一层面的规划，都是以制定单方案目标为出发点。一旦初始条件发生变化，城市规划就要进行修编甚至推倒重来。规划缺乏对错综复杂的经济社会发展变化趋势的认识，因而不能科学合理地引导城市的发展与建设，这就需要对城市规划体系进行方向性的变革：

（1）以县（市）域总体规划完善城镇体系规划

传统以“三结构一网络”为方法架构的城镇体系规划强调城镇等级规模、职能结构和空间布局，以建设为导向，已不能适应快速城市化和区域一体化的新趋势。县（市）域总体规划作为一种崭新的规划形式，在协调统筹县（市）域发展与资源配置方面明显优于传统意义上的城镇体系规划。南京大学城市规划设计研究院在这一领域做了诸多积极的尝试，负责编制了浙江省第一个县（市）域总体规划——《嘉兴市域总体规划》，随后编制的《海盐县域总体规划》、《宁波市域总体规划》等与传统的城镇体系规划相比，有着如下几点改革和创新之处：

首先是规划内容上的革新，力求做到县（市）域一张图，规划全覆盖。一方面用地布局规划覆盖全县（市）域，另一方面，规划内容覆盖各职能部门，如土地利用规划、环境保护规划以及各项基础设施规划等。

其次是技术手段的革新。利用现代 GIS 技术，根据县（市）域卫星影像图，对县（市）域土地存量和用地构成进行测算，挤掉水分保证摸清“家底”。再通过“做减法”的规划路径，先明确不可建设用地，再得出可建设用地。在满足区域生态环境需要和未来战略储备需要的基础上，全县（市）域统筹安排各项建设用地，建设用地被作为区域总用地减去不可建设用地的剩余，将土地资源的保护与开发有机结合起来。

最后是规划衔接方面的革新。传统城镇体系规划缺乏与同级规划的衔接，如国民社会经济发展规划、土地利用总体规划以及各职能部门的专项规划等等。县（市）域总体规划强调与上述规划的衔接和真正协调，统一技术口径，保证编制完成的规划具有较强的可实施性和操作性。

（2）重新确定城市总体规划在规划体系中的职能

城市总体规划作为制定城市发展的战略目标和对城市各项资源要素进行合理配置与宏观调控的有力手段，长期以来对城市的发展起到了积极的战略指导作用。但随着改革开放的深入，中国城市正经历着社会和经济两方面的转型，城市总体规划处境尴尬，进退两难。由于其自身的弊端遭受到规划学术界的广泛非议，主要表现在以下几个方面：首先编制过于频繁。城市总体规划由于涉及面广，综合性强，导致编制周期冗长。一般城市少则一至两年，多则三四年，再加之审批程序繁琐，往往上级政府审批通过之后，城市发展又面临了新的发展形势，规划批准之日即是规划修编之时的现象时有发生。另外由于政府换届频繁，往往上一届领导研究通过的规划方案被新一届领导全盘否定，城市规划缺乏延续性。其次，城市总体规划内容不符合城市发展要求。总规内容涉及到用地、交通、基础设施、环境保护等方面，面面俱到，深而复杂。但是诸如各项基础设施规划，由于其专业性强，加之规划实施管理主体不是城市规划或者建设部门，导致耗费大量人力物力编制出来的专项规划在实际操作时无用武之地。最后，城市总体规划的政策性和法定性不强，过于偏重技术层面，这与国外首先重视法定性和政策性内容正好相反。

因此，必须重新明确城市总体规划的职能地位，改革总体规划体制和内容。根据曹传新（2005）等人提出的城市总体规划体制裂变思路，原建设布局性总体规划精简为政策纲要性总体规划和地方法规性的城市近期建设规划两个层次。前者作为上一层次规划在地方城市层面的落实，其核心是就中心城市的功能定位、人口规模、空间结构、产业发展、重大项目以及各项专业规划从宏观战略角度进行明确，内容上与市（县）域总体规划相衔接。新总体规划比较旧总体规划应明显“减肥”，作为政策纲要性文件，偏重于城市发展战略研究；另外，把原总体规划确定的土地利用布局、专项规划等内容整合到城市近期建设规划中去。专项规划的重点也应放在确定重大原则、技术政策以及各专项规划的衔接上去，将用于实施操作的专项规划独立出来，专门编制。同时大幅度缩短城市总体规划编制的年限，以更好地应对城市快速发展的要求。

（3）深化控制性详细规划

我国控制性详细规划的产生主要是借鉴美国的土地分区管理（区划）。它作为对城市总体规划、分区规划和近期建设规划的具体落实，应强调自身的可操作性。城市规划体系变革的重要内容之一就是要继续深化控制性详细规划，使其能够在城市规划区范围内实现全覆盖，具体体现在以下两方面：一是落实城市总体规划确定的“四线”控制和主体功能区划。二是落实各项专业规划，明确基础设施指标、管线走向和衔接等内容。

综上，城市规划的改革必须从完善规划编制体系做起。包括在宏观层面以市（县）域总体规划完善城镇体系规划，理顺它与土地利用规划、国民社会经济发展规划的关系；简化总体规划的编制内容，将近期建设规划从总规中独立出来，以提高时效性和可操作性；继续深化与利益分配紧密相关的作为微观土地利用调控措施的详细规划，保证规划的层层落实。

2. 注重城市规划的弹性与刚性的结合

传统城市规划通常带有计划经济特征，过于强调城市发展的终极目标和科学蓝图，忽视城市发展过程中复杂多变的因素。这种规划的单一终极性导致了整个规划的刚性。转型期，城市发展面临各种未知不确定因素，存在多种发展可能性，因而城市规划不可能是一成不变的。规划必须充分考虑这些不确定因素，根据趋势推导模拟出多种城市发展态势，并制定相应的应对方案，其核心就是确立一套弹性指标体系，以应对城市社会经济发展的需要。同时也不能忽视某些指标的刚性控制。在规划过程中强调弹性与刚性相结合，使城市规划由确定发展什么，转向确定保护什么；由以开发建设为重点转向以资源利用和空间管制为重点。对于城市规划体系中的刚性与弹性的结合应关注以下几个问题：

首先从体系层次上明确刚性与弹性。市（县）域总体规划以及城市总体规划对于城市发展战略的确定，不易频繁调整以免使规划丧失其权威性，如城市空间结构和发展方向、重要的生态走廊以及公共设施走廊、明确的城市规划区界限、全区的建设用地平衡、四线控制以及主体功能区划等等。近期建设规划和详细规划在上位规划的约束下，在不超出刚性控制的范围之内，一般具有较大的调整余地，因而在这一层次更多地体现出规划的弹性。

其次从技术层面界定规划的弹性与刚性。在对具体开发活动实施规划控制的详细规划中，配套基础设施（道路、工程管线等）和公共设施等（如中、小学，医院等）应作为刚性指标予以明确，以此保护公共利益。而其他类型的用地控制指标，如容积率、建筑高度、绿地率等在不违反上位规划的前提下，保留灵活调整的可能性。在现行制度下，禁止这部分控规指标的调整并非现实的做法。一般来说，前者的种类越少，规划实施的阻力就越小。如果通过对可变指标的修改而使得土地增值，社会效益提升，反而可认为是规划应对市场机制的积极修正。

3. 建立完善的城市规划实施评价机制

在城市规划成果通过审批之后，如何建立有效的机制保证其顺利实施成为规划编制的关键问题。当前规划实施过程中存在两方面的问题，一是缺乏规划编制完成之后针对其合理性和可实施性的评价机制。由于工作缺少监督评价环节，规划师们乐于在规划文本中玩弄新概念，或是周旋于领导意志之间，按照其鸿图构思，大胆预测未来人口和用地规模，而不需承担由此可能对城市发展造成灾难后果的责任。另一方面，正如赵燕菁（2005）指出的那样，城市规划编制多将规划实施假设发生在交易成本为零的世界，而忽视了现实生活中各种利益群体对规划实施的影响，因此技术上合理的方案常常难以实施。规划师们由于对地方现状资料获取不完全，往往浅尝辄止，导致规划不是过于理想化，就是因缺乏针对性而变得千篇一律。"纸上画画，墙上挂挂"于是便成了全民指责规划无用的通用话语。

因此，必须尽快建立并完善城市规划的实施评价机制。通过这一机制可以全面地考量规划实施的过程和结果，有效地检测、监督既定规划的实施过程和实施效果，并在此基础上形成相关信息的反馈，从而对规划的内容和政策以及规划运作制度的架构提出修正、调整的建议，使城市规划的运作过程进入良性循环（孙施文，周宇，2003）。因此，实施评价机制的建立应作为城市规划改革的重要环节，尽快将其纳入到城市规划的法律法规中去，明确其地位功能，使之成为规划编制完成之后的必要程序。城市规划的改革牵一发而动全身，因而实施评价机制必须应用到各个层次的规划中去，积极开展试点工作和理论研究，尽早探索出一套适合于中国实际的城市规划实施评价机制。

小　结

城市转型是都市运动健康推进的要求，也是城市发展的客观趋势，城市规划则是应对这种转型的必要需求。随着计划到市场的体制转型，城市规划不再仅是国家计划在物质空间层面的延续和深化，它更多体现于对市场效益的关注和对社会多元利益主体的协调，实现了规划职能上的跃迁。但是，这种跃迁带来的变革又是不完全的，一方面，城市规划仍作为政府经营城市、获取利益的工具手段，政府的意志依然居于主导地位，就这点而言，城市规划并未摆脱计划时代的影子；另一方面，随着市场改革的推进和土地有偿使用制度和转让制度的确立，土地作为商品进入市场进行流通，城市规划更加注重按照市场机制配置城市土地资源，而且由于城市转型过程中出现的诸多社会问题，促使城市规划越来越关注如何维护社会公平和公正，但是与西方城市规划将社会公平作为主要任务相比，这种关注是明显不够的。因此从某种角度来说，我国城市规划在体制转型背景下，所出现的职能上的跃迁是不到位也是不理想的。

城市规划引导城市转型的作用体现在宏观战略层面和技术理性层面。前者主要体现在总体规划阶段，通过城镇体系规划、县（市）域总体规划、城市总体规划、城市战略规划等规划编制对城市的发展政策、规模容量、空间结构、交通网络、基础设施等内容进行原则性和战略性的明确，这些内容从全局统筹城市的发展与转型，指导城市下一步的具体建设。技术理性层面是指从城市规划涉及的主要内容着手来实现对城市转型的引导，包括土地利用规划、交通体系规划、绿地系统规划和基础设施规划等方面，它们共同构成了城市规划的编制内容。

城市规划是城市发展阶段的综合性诉求，而城市的发展阶段又决定了城市规划的必要内容和应对变革所需采取的措施。中国城市正处于一个政治、经济、社会的多元转型时期，为应对种种转型，城市规划自身必须同时变革。首先，实现由技术工具到公共政策的功能转型，按照社会理性和公共政策的属性重新建构城市规划体系，使其作为一项政府职能，积极克服市场机制的缺陷，优化配置城市空间资源，力求经济、社会、环境三者效益的统一；其次，实现由效率优先向公平优先的价值转向。城市规划作为公共事务管理的一个方面，应通过社会资源的配置和公共物品的提供保障社会平稳有序的发展，保护社会公共利益不受到市场机制所产生的负外部性冲击；第三，实现由精英规划向公众参与的理念与体制的转变。政治及技术精英们不应继续垄断城市规划的编制、实施和管理，公众参与应作为法定权力下的公共意志的体现和利益的表达而受到重视。最后实现由终极蓝图向过程规划的技术变革，强调城市规划的实效性和科学性，体现其过程本质。城市规划通过自身体系的变革，更好地应对城市转型的需要。作为实现政府目标、弥补市场失灵的重要途径，城市规划应在空间资源配置、利益关系协调、社会公平维护、城市环境保护等方面发挥更积极的作用，指导和协调城市的发展与转型。

第四章

从“二元分散”到“双核多元”

——深圳空间结构形态转型研究

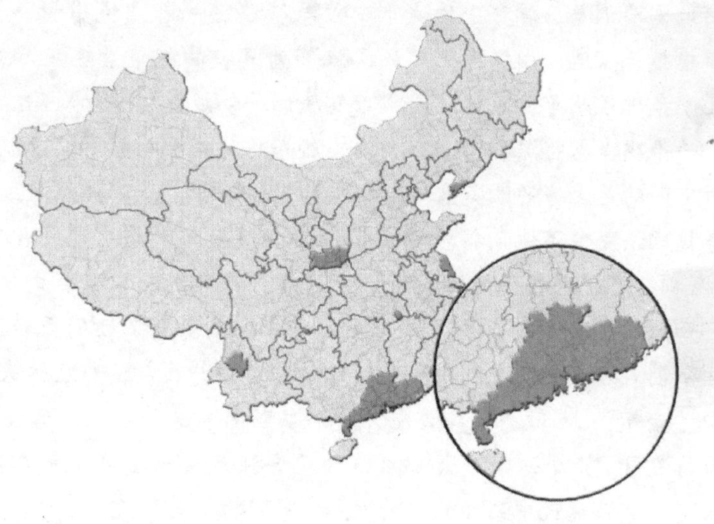

深圳，是中国都市运动中最亮丽的一道风景线，也是城市转型的一个样板。作为一个规划师，能够在短短二十多年时间里，亲历一个都市由一个小渔村成长为一个大都市的过程，并有幸参与了她的规划，这是历史机遇的特别垂青。难以想象，在世界城市发展历史上还找得出一个城市能够像深圳这样在一代人手中达到了如此都市化的规模与水平。然而，一代人做了通常需要几代人才能做的事情，就难免有一代人的历史局限。因此，当深圳这个中国最年轻的城市在开始着手城市更新时，作为一个一直在关注深圳发展的规划师而言一点也不觉得奇怪。与别的城市不同，深圳的城市更新更像是蛇的蜕皮，大量的工业用地需要调整，漂移中的城市中心等待稳定，以“城中村”为特征的“农疤”仍然在城市中铺天盖地；以满大街“民工流”为表征的都市景观显示这个城市的过于年轻。深圳，几乎集中了改革开放后中国城市发展的一切成就与一切缺陷。

很少有人将深圳与上海相比，然而作为两个时代的“暴发户”却有着相似的发迹史。所不同的是上海的欧美痕迹与深圳的港澳烙印，上海的江浙文脉与深圳的南粤底蕴，这本身就已经决定了他们将演绎出不同的发展轨迹。殖民地文化（上海）与殖民地杂交文化（深圳）尽管同根但绝对不同“性（质）”。因此，以都会文化的视角看，深圳文化基因中一开始就存在着“蛮夷”的果断、斗胆、天高皇帝远的秉性，而上海所处的“江浙基因区”因自古以来就受到中央集权的特别关照与控制，与生俱来就以温和、胆小、秩序而缺少“蛮气”，而欧美殖民文化又进一步强化了这一秉性，这决定了两个城市发展的许多方面的不同。走进这两个大都市，你就会强烈地感受到这种不同。深圳现代中强烈的“土味”与上海现代中到处的“洋味”、深圳的“俗”与上海的“雅”、深圳的“躁”与上海的“稳”，等等这些属于个人城市意象的东西，会在不经意间让你深切体会“老牌”与“新锐”的差别。当然，从内心深处讲，希望深圳在若干年后成为南中国的又一个上海，不仅是都市的功能，也包括都市的品位。但这恐怕不是一代“半城市化”人所能做到的。所以，深圳城市更新的问题从更本质的意义上说，实际上是城市发展的文化转型，是城市发展的质量型革命。

第一节　空间结构与形态的问题及其解读

深圳作为中国改革开放的前沿和窗口，凭借其20多年来城市和经济的高速发展，成为了人类城市发展史上的奇迹和神话。1980年，经济特区的设立直接改变了深圳的发展命运，成为其城市发展历史上的转折点。深圳在改革开放中的先发地位，使深圳经济得到惊人的发展。20多年来，深圳经济一直呈高速增长态势。1980～2003年，深圳年均GDP增长率为28.8%，而同期珠三角为21.8%，广东省和全国分别为13.4% 和9.6%，足见深圳增速远远领先其他地区。

然而，深圳过去的快速发展是建立在以土地换效益、空间迅猛拓展基础上的。1990～2005年，年均新增建设用地33km²，到2005年底，城市建设用地总量已超过700km²。在城市可建设土地空间资源总量控制在790km² 的情况下，如延续这种发展模式，5年后深圳就面临城市发展无地可用的窘境。

深圳要改变这种局面，就必须进行发展模式和空间结构的转型，从速度走向效益，从粗放走向集约。在城市规模持续扩张时期，调整城市空间结构、优化城市空间形态、建立完善有效的土地利用机制，这样才能从根本上解决深圳发展空间受限以及空间结构形态上的问题。

一、空间的激烈演替

城市形态的发展是一个漫长的历史过程，现状的城市形态是不同历史阶段城市形态的积累，其发展总是以原有的形态为基础，并具有连续性，历史上的形态将对其后的发展产生重要影响。

与其他城市不同的是，深圳是个快速发展的年轻城市，而且目前仍然处于生长发育期。她的空间形态演变历史可以分为五个阶段。

第一阶段（1978年）是原始核心形成阶段。在地理条件优越的罗湖和蛇口首先形成了聚落核心，其实也就是原有的小渔村。这一阶段的城市形态尚未成型，人口密度很低。

第二阶段（1979～1986年）是城市内部“膨胀阶段”。随着城市功能的不断增加，城市用地结构发生分化，城市内部开始“膨胀”。其发展以原始核心——罗湖为中心向四周扩展，在现在的龙岗和宝安也有了零星的建设用地。此时的城市内聚力较高，在形态上主要呈现集中发展的趋势。当时深圳的城市发展方向确定为“以工业为主的多功能经济特区”，换句话说，是以第二产业为主，第三产业为辅的城市。按照这个要求，深圳在上步、蛇口设立了工业区。

第三阶段（1987～1990年）是城市向外扩延初期阶段。当城市进一步发展时，城市用地必须扩展到城外地区。由于受到交通建设刺激及城市开发影响，这阶段主要是沿107国道和205国道向外串珠式扩展到宝安和龙岗，在发展条件较好的地方如宝安的石岩镇和龙华镇等也有了大量的扩展。但沿交通线的扩展呈现不均匀性，表现为离罗湖—福田越近的地方扩展得越快。

第四阶段（1991～1995年）是城市多个次中心形成阶段。随着城市的一次次扩展，城市规模越来越大，因此产生了分散的要求。这一阶段扩展的主要动力是由于地价上涨引起的工业区（如“三来一补”型工业）由特区内向特区外的迁移。扩散的特点是不连续跳跃性扩展，在交通条件好的地方形成新的工业和城市经济活动中心，这种新的中心具有一定的独立性，与中心城市保持便捷的联系，同时出现了特区外宝安和龙岗扩散的不均衡性，宝安由于自然条件和交通区位优于龙岗而吸引了更多的工业。

第五阶段（1996 年至今）大体按照 1996 版深圳总规确定的“三条轴线、三个圈层与九个功能组团”的空间结构发展，其中，第三圈层的用地规模增长速度超过第二圈层，第二圈层的增长速度已相对趋缓。城市“三大发展轴线”和“组团”结构的空间框架亦基本形成并持续强化。但是总规确定的组团间隔离带不断被侵占，特区外组团结构并未清晰，反映了深圳在空间快速扩展情况下，城市建设用地难以控制。

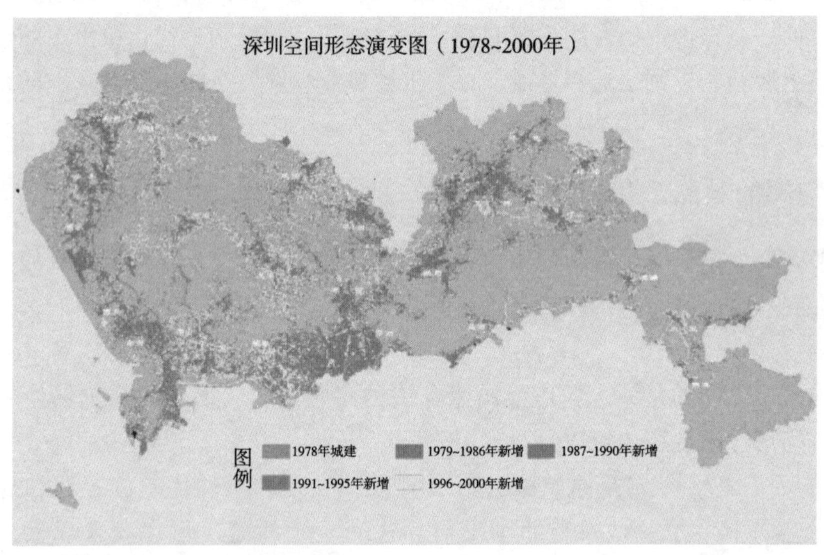

图 4－1　深圳空间形态演变图

二、空间结构形态存在的问题

从人口的集中程度看，2000 年末特区常住人口密度为 5241 人/km^2，特区外常住人口密度为 1462 人/km^2，特区内是特区外的近 4 倍；从土地的产值看，2000 年特区内单位面积土地的 GDP 为 9.4 亿元/km^2，特区外为 1.2 亿元/km^2，特区内明显比特区外集约。中心区在产业发展布局、基础设施水平、公共设施配套和城市环境等方面均已达到全国先进水准，在综合功能上已具有较强的区域辐射能力。特区外形成了沿广深公路和广深高速公路（向西）为主的、沿深汕公路（向东）和梅观高速公路（向北）为辅的三条城市放射带，处于带上的城镇发育水平明显较高。因而，以特区中心区为核心，对外公路为骨架，外围城镇呈梯度分布的深圳市域空间形态基本形成。

根据深圳的中心放射状整体格局，1996 年版深圳总规中依据城镇发展水平的差异，同时考虑特区管理线和地形影响，以福田中心区为核心，分别以 12km 和 25km 为半径划定深圳全域的三个圈层：

第一圈层：福田、罗湖上步、南山；

第二圈层：沙—盐—梅、横岗、布吉、平湖、龙华、观澜、石岩、新安、西乡、航空城；

第三圈层：龙岗、坪地、坪山、坑梓、蔡涌、大鹏、南澳、福永、沙井、松岗、公明、光明。

放射+梯度圈层的结构形态，呈现以下的一些特征。

（一）结构二元化，形态分散化，扩展无序化

深圳空间发展的“二元结构”是由于空间生态位势差引起的，实际上是空间梯度与空间方向上的等级变化，这种空间梯度的形成是由于资源分布的不均匀造成的。资源从多到少，从高级到低级存在于区域之中，这是一种自然和社会现象。城市每一部分的条件不同，必然会造成经济在条件好的地方先发展起来。这种“二元结构”产生的环境落差与生态位势差既阻碍了都市空间演化的平滑性，也提供了都市空间演化的动力和方向。由于深圳还不能实现全市域的均衡发展，也就决定了深圳的这种“二元结构”还将存在很长一段时间。深圳的二元结构主要表现在：

（1）特区内外：由于发展政策、发展思路和土地所有制的不同，其发展水平、资源利用和城市规划管理存在着巨大差异。目前特区已初步建成为现代化城区，而特区外仍呈现“小集中、大分散”的发展态势，城市形态和农村形态混杂，呈现出明显的“二元结构”。

① 土地扩展模式：特区内已由粗放型利用模式逐步转化为集约型的利用模式；而特区外仍呈外延扩展的蚕食性模式，建设用地扩展速度远远高于特区内，尤以宝安区最为突出，在1995年至2000年的5年内用地增幅为90%，翻了近一倍，龙岗区增幅也达到45%。

② 土地利用结构：特区内建设用地结构基本合理；特区外建设用地结构明显失调，居住用地和工业用地占绝对优势，而影响生活环境质量的政府社团用地、道路广场用地和公共绿地的比例则明显偏低。结构性缺陷十分严重，呈现出低度城市化特征。

2000年深圳部分建设用地分类统计表 **表4-1**

	居住用地比例（%）	工业用地比例（%）	政府社团用地比例（%）	道路广场用的比例（%）	公共绿地用的比例（%）
特区	27.9	12.2	8.5	15.4	11.1
宝安区	26.6	35.1	2.7	11.5	1.7
龙岗区	34.4	34.6	3.2	7.4	1.7

注：根据深圳规划国土局提供的资料整理。

③ 土地利用效益：2000年特区单位面积建设用地的国内生产总值为9.4亿元/km^2，而宝安区仅为1.1亿元/km^2，龙岗区为1.3亿元/km^2，特区内外差异十分巨大。

④ 城市设施建设水平：特区内外在各项公共服务设施和市政设施建设水平上存在很大差距，尤其在体现生活服务质量的医疗卫生、生活用水等方面。

2000 年特区内外对比表　　表 4－2

	指标	特区内	特区外
土地利用结构	人均政府社团用地（m^2/人）	4.5	2.2
	人均公共绿地面积（m^2/人）	5.8	1.3
	人均公共设施用地面积（m^2/人）	4.5	2.2
土地利用效益	单位面积土地 GDP（亿元/km^2）	9.4	1.2
	单位面积的工业总产值（亿元/km^2）	0.99	0.50
	单位工业用地产值（万元/hm^2）	1522.22	790.35
城市设施建设水平方面	人均年生活用水量（m^3/人）	124	76
	千人病床数（张/千人）	2.4	0.8

注：根据深圳规划国土局提供的资料整理。

特区外建设用地的迅速扩展而土地利用效益低是一种空间上的低密度无序蔓延。这种蔓延无一定的发展方向和功能分区。原因主要有两个：一是与城市建设有关的土地立法薄弱，没有发挥土地价值的调控作用；二是缺少有效的规划管理控制，造成城市边缘区的生长混乱，建设布局随意。

（2）东西部：主要是特区外的宝安和龙岗比较，两个区由于区位和自然条件的差异其发展也表现出了不均衡性。宝安和龙岗的差距虽然没有特区内外的突出，但两区在城市空间形态上的差异十分明显。龙岗的城市建设主要是沿东西向的 205 国道、深惠高速、深汕高速和沿海的旅游带延伸，交通指向的串珠式用地模式较明显；而宝安已由沿交通轴线串珠式扩展的用地模式逐渐转变为块状连绵式的扩展。

2000 年宝安、龙岗对比表　　表 4－3

指标	宝安	龙岗
单位面积的 GDP（亿元/km^2）	0.31	0.23
单位面积的工业总产值（亿元/km^2）	0.65	0.37
单位面积的社会销售品零售总额（亿元/km^2）	0.09	0.05
人口密度（人/km^2）	1848	1136
建设用地占总土地面积的比重（%）	27.4	16.4

注：根据宝安、龙岗 2001 年统计年鉴数据计算。

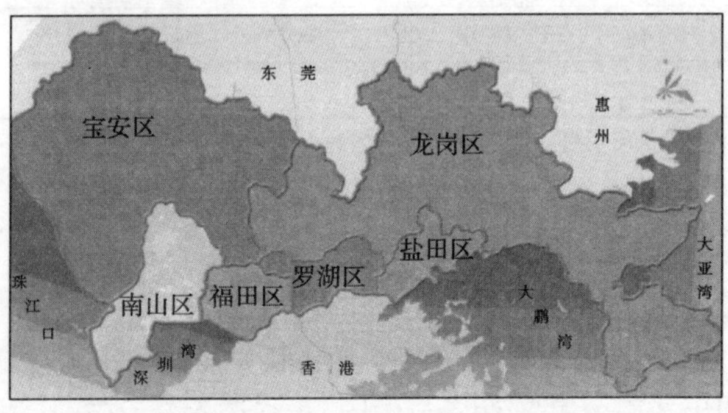

图 4－2　深圳市行政区划图

（3）特区内部：新旧城中村的存在导致特区内城市建设也存在明显的二元结构。由于政策引导的失误和巨大的暂住人口居住市场的需求，使得1990年代以来，新旧村的建设呈失控状态，形成了独特的“城中村”现象。特区内新旧村在建筑密度、建筑风格、空间结构、城市功能等诸多方面与整个城市格格不入。

（二）高级化“城市病”凸现与特区外初始化“城市病”交织

中心区与外围城镇发展水平差距巨大，在发展过程中相互的经济关联度较小，城市功能的整体性不强。深圳的空间集中演化导致城市中心区集中度过高。从人口来看，2000年特区人口205.30万，宝安区人口131.7万，龙岗区人口95.9万；从人口密度来看，特区人口密度5241人/km^2（其中罗湖区8123人/km^2，福田区10050人/km^2），宝安1848人/km^2，龙岗1136人/km^2。三者人口方面的差异基本反映了目前各自经济开发程度的高低。由此带来了两种不同的城市病的交织，中心区高级化的“城市病”和特区外的初始化“城市病”。

特区内过高的人口密度、超速发展的经济、高生产高消费的城市生活导致了城市各方面的超负荷运行，使得城市总人口和环境的平衡受到影响，带来了一系列的城市问题：建筑稠密、地价飞涨、住宅紧张、道路拥挤、交通堵塞、停车位短缺等。比如说，政府虽然每年为改善市内交通及对外交通投以巨资，但由于人口过多、车流量过大，一些主要路段及交通节点地区堵塞车的现象仍十分严重，高峰时期尤为明显；到1995年8月，深圳特区已建成各类住宅面积达2313万m^2，但仍有约4万户拥有特区户口的家庭住房无着落。与此形成鲜明对比的是高档住宅的高空房率。不仅如此，由于人口过速增长及年龄结构过轻，引发的诸如城市供水、供电不足、小孩就学困难、就业压力增大等一连串问题也日益困扰着特区。

图4-3　拥挤的交通

特区外，为了追求经济的快速增长，忽视生态保育，土地与空间的开发、利用均以粗放经营为主，交通组织混乱，资源利用率低，环境污染严重，既有损城市形象，也破坏了城市的可持续发展。特区外的暂住人口居住条件差，三五人甚至七八人共居一室的现象屡见不鲜，还有相当部分的临时人员住在棚户安置区，不仅环境脏、乱、差，而且由于成分复杂而极难管理。

（三）集中与扩散要素碰撞，空间演替性高，结构稳定性差

近20年是深圳空间快速扩展的20年，也是各层次的空间集中和扩散要素剧烈碰撞的20年。这些要素包括人为干预、经济开发、政策法规、行政管理、规划实施、交通走向等。在它们具体的集中与扩散要求、集中与扩散机制差异的作用下，多种要素的集中与扩散区位表现出非整合的特征，由此导致大都市现代中心的逐步漂移以及由此产生

的空间结构不稳定性。深圳的发展历史虽然很短，但其空间的演替性高，空间结构的稳定性差。

城市中心由最初的罗湖漂移到今天的福田。1980 年代香港来投资主要是从罗湖关入境，因此罗湖先建起了高级住宅、酒店、商场等，形成了目前繁荣的罗湖商业区。但随着改革开放的深化和城市经济的发展，罗湖已经不能满足城市发展的需求。于是在 1986 年编制的特区总体规划中，新的市中心选在特区地理中心的位置，即“福田中心区”。该区总用地面积 4.13km²，由滨河大道、红荔路、彩田路和新洲路四条城市干道围合而成。这一规划于 1989 年经广东省政府批准实施。但福田中心区在近十几年的发展中也开始出现了一些问题，如所剩的可建设用地已经不能满足深圳中心区扩展的需求。2001 年，罗湖和福田已推未建土地面积分别为 2.25km² 和 7.95km²，分别只占特区内的已推未建土地面积的 5.5% 和 19.4%。

不仅城市中心区，其他非中心区的土地利用结构变化也很大。城市空间的演替可以从下面几个方面表现出来：

1. 建设用地的变化

从用地总量分析，2001 年特区内建设用地总量由 1994 年底的 88km² 增加到 133.4 km²，增幅为 51.5%。宝安增长最快超过 100%；福田、南山、龙岗增长速度相近，小于全市平均值 79.2%；罗湖和盐田增幅最小，只有 22.6%。这说明除了罗湖和盐田，其他地区处于扩散阶段，土地利用结构变化大。

深圳市各区建设用地变化状况（单位：hm²） **表 4-4**

	罗湖+盐田		福田	南山	宝安	龙岗	全市
1994 年	2969		2623	3213	9450	7823	26078
2001 年	2928	713	4487.7	5213.3	19500	13887.2	46729
增长率（%）	22.6		71.1	62.3	106.3	77.5	79.2
2001 年所占比例（%）	6.27	1.53	9.60	11.16	41.73	29.72	100.0

注：由深圳规划国土局提供的资料整理。

从各区建设用地分类演变来看，各区的各类建设用地变化的幅度都很大，使城市的空间结构与形态处于一种高度的不稳定状态。

① 特区内：南山的建设用地面积最大且增长较快。该区的居住用地、商业用地、政府/社团用地和工业用地的增长率（变化率）明显高于特区的其他区。而罗湖、福田增长较快的主要是绿地和特殊用地。这说明南山正在慢慢地开始分担起一部分城市中心区的功能，而罗湖和福田主要着力于提高环境质量，城市中心区有向西移动的趋势。

② 特区外：虽然特区外工业用地和居住用地的增长只是接近于建设用地增长的平均值，但工业用地和居住用地所占的比例一直居高不下。变化比较大的主要是对外交通用地、绿地、仓储用地，变化幅度都在 200% 以上，尤其是龙岗的对外交通用地变化幅度竟

达到703%，绿地变化幅度达到612%。而商业用地、居住用地和工业用地的增幅明显较小，最低的如宝安的商业用地变化幅度只有2.1%。这可以说明特区外开始注意以交通带动物流业与工业的发展，同时也在大幅度地改善生态环境。

特区内各区建设用地分类变化状况一览表（单位：hm^2） 表4-5

用地类型		居住	商业	政府/社团	工业	仓储	对外交通	道路广场	绿地	特殊用地	合计
用地代码		R	C	G/IC	M	W	T	S	G	D	
罗湖+盐田	2001年	1290.9	220.3	371.9	213.4	184.7	286	374.3	365.3	334	3640.8
	1994年	1073	204	203	290	133	185	504	307	70	2969
	变化率（%）	20.3	8.0	83.2	-26.4	38.9	54.6	-25.7	19.0	377.1	22.6
福田	2001年	1225.2	146.5	566.9	359.3	27.3	155.1	934.7	786.7	286	4487.7
	1994年	1016	170	303	345	61	103	471	133	21	2623
	变化率（%）	20.6	-13.8	87.1	4.1	-55.2	50.6	98.5	491.5	1261.9	71.1
南山	2001年	1203.2	115.2	943.8	1052.9	183.6	331.6	743.8	331.6	307.6	5213.3
	1994年	874	31	338	777	116	321	409	290	57	3213
	变化率（%）	37.7	271.6	179.2	35.5	58.3	3.3	81.9	14.3	439.6	62.3
特区合计	2001年	3719.3	482	1882.6	1625.6	395.6	772.7	2052.8	1483.6	927.6	13341.8
	1994年	2963	405	844	1412	310	609	1384	730	148	8805
	变化率（%）	25.5	19	123.1	15.1	27.6	26.9	48.3	103.2	526.8	51.5

注：根据深圳规划国土局提供的资料整理。

特区外各区建设用地分类变化状况一览表（单位：hm^2） 表4-6

用地类型		居住	商业	政府/社团	工业	仓储	对外交通	道路广场	绿地	特殊用地	合计
用地代码		R	C	G/IC	M	W	T	S	G	D	
宝安区	2001年	5190.3	357.5	1664.1	6838.8	176.7	2599.8	2246.3	336.6	89.9	19500
	1994年	2719	350	673	3711	0	709	1063	70	155	9450
	变化率（%）	90.9	2.1	147.3	84.3	—	266.7	111.3	380.9	-42	106.3
龙岗区	2001年	4783.7	278.2	645.5	4802.3	163	1733.3	1023.2	242.2	215.8	13887
	1994年	2992	258	424	3060	50	216	545	34	244	7823
	变化率（%）	59.9	7.8	52.2	56.9	226.0	702.5	87.7	612.4	-11.6	77.5
特区外合计	2001年	9974	635.7	2309.6	11641	339.7	4333.1	3269.5	578.8	305.7	33387
	1994年	5711	608	1097	6771	50	925	1608	104	399	17273
	变化率（%）	74.6	4.6	110.5	71.9	579.4	368.4	103.3	456.5	-23.4	93.3
全市合计	2001年	13693	1117.7	4192.2	13267	735.3	5105.8	5322.3	2062.4	1233.3	46729
	1994年	8674	1013	1941	8183	360	1534	2992	834	547	26078
	变化率（%）	57.9	10.3	116	62.1	104.3	232.8	77.9	147.3	125.5	79.2

注：根据深圳规划国土局提供的资料整理。

2. 从人口变化分析

从人口密度演变的对比来看，特区内的人口密度明显大于特区外。特区内的人口密度变化波动比较大，在短时间内就有很大的变化。特别是1997~1998年期间，福田和南山人口密度有较明显的减小，而罗湖和盐田有非常明显的增加。再看罗湖和福田的曲线，这两个区的人口基本呈相反方向变化，呈现你增我减，你减我增的格局。作为深圳的中心区，两区的人口流动频繁，空间演替加剧且不稳定。特区外的人口密度呈稳步增长状态且波动不大。

深圳市人口分布密度（单位：人/km²） 表4-7

	全市	特区内	罗湖	福田	南山	盐田	特区外	宝安	龙岗
1990年	999	3083	3390	4560	1876	—	596	—	—
1995年	1708	4616	4212	8125	3068	—	1146	1479	880
1996年	1775	4895	4445	8761	3192	—	1171	1484	921
1997年	1879	5347	4830	9843	3360	—	1208	1556	931
1998年	2027	4731	7611	9056	2609	1568	1351	1701	1055
1999年	2074	4815	7742	9356	2649	1606	1381	1746	1072
2000年	2222	5241	8123	10050	3072	1748	1462	1848	1136
2001年	2405	5659	10818	8707	3352	1917	1587	2021	1220

数据来源：深圳房地产年鉴2002年，海天出版社。

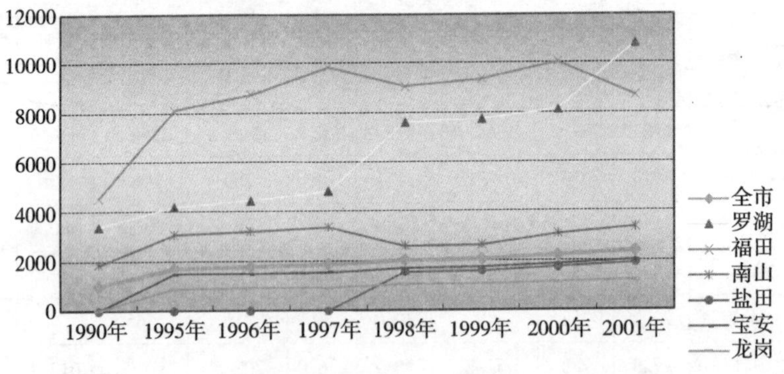

图4-4 深圳各区人口密度变化图（单位：人/km²）

（四）空间扩展与功能不全并存

深圳作为20年间崛起的特大都市，其建设成就举世瞩目，但在这一超常规发展过程中，也存在着令人两难的问题。一方面城市用地规模每年都快速地扩展；另一方面城市功能尤其是城市住宅及其配套、基础设施又相对不足。特区内罗湖的上步区前15年建成了一座现代化新城，近10年又由于开发过密出现了较明显的诸如环境恶化、交通拥挤、人口过多等一系列“大城市病”；而龙岗、宝安在“房地产热”的刺激下，过分重视土地本身的经济利益，轻视土地对居民生产及生活的价值，其结果是城市土地不断低水平扩张、蔓延，城市生活配套设施不足，城市功能不能得到充分发挥。

三、成因解读

深圳的空间形态演变是多种作用因素共同促成的，这些因素相互影响，共同塑造了深圳的城市空间形态。

（一）地理环境因素的刚性制约

1. 地貌的制约：丘陵和平原为主的山海城市

深圳是一个以丘陵和平原为主的山海城市。深圳西临珠江口和伶仃洋，东有大亚湾与大鹏湾，南有深圳湾，地势东南高，西北低，土地资源类型丰富多样，有低山、丘陵、台地、阶地和平原五种类型，其中丘陵面积最大，平原面积次之。全市最高峰为梧桐山，海拔944m。以分隔特区与宝安、龙岗的梧桐山、羊台山及其余山脉为基点，全市地形向三个方向展开：西北部为由多个水库和成片农业用地组成的生态敏感地带；向东延伸到大鹏半岛为海岸山脉；北部为浅丘陵地区，构成了深圳特有的山水环境。

① 南、中、北三个地貌带：全市地形大致可分为半岛海湾带（南带）、海岸山脉带（中带）和丘陵谷地带（北带）三个地貌带，南带自西向东依次为伶仃洋、大鹏湾、大鹏半岛与大亚湾；中带的海岸山脉是莲花山脉的西段，因处于大亚湾顶的铁炉嶂以西，山脉逼近海岸而得名；北带多为100～150m低山、丘陵谷地。

② 五级地貌面：a. 低山与高丘陵（高程300m以上）：低山分布在海岸山脉的东、西两端和大鹏半岛三片，高丘陵主要分布在海岸山脉、大鹏半岛、鸡公山和羊台山四片，分别占全市陆域面积的9.7%和13.13%。b. 低丘陵（100～150m）：主要分布在海岸山脉、大鹏半岛、龙岗河和坪山河的分水岭及羊台山周围，占全市陆地面积的27.17%。c. 高台地（45～80m）：主要分布在坪山河、沙湾河、观澜河和河谷平原及西部的三大水库区，占全市陆地面积的13.94%。d. 低台地（5～25m）：主要呈弧形分布在深圳西部及西南部沿海地带，占全市陆地面积的9.26%。e. 阶地与平原（低于5m）：占全市陆地面积的26.8%，阶地主要分布在东北部和西北部的河谷。

③ 地面坡度较和缓：地面坡度的大小直接影响所在区域陆域运输、植树造林、开垦条件及城市建设可用地的数量与质量。深圳地面坡度较缓，坡度小于3°的区域为各级坡度面积中的最大值，主要分布在滨海平原、河岸平原与5～15m台地。

深圳市地面坡度状况　　表4－8

等级	1	2	3	4	5
坡度	<3°	3°～6°	6°～12°	12°～35°	>35°
面积（km^2）	742.65	184.93	156.68	795.07	69.37
百分比（%）	38.11	9.49	8.04	40.80	3.56

④ 海岸地貌类型多样。深圳海岸线总长229.9km，西部岸线长75.27km，属平原海岸类型，岸线平直，泥滩宽广。东部岸线长154.69km，属山地海岸类型，岸线曲折，半岛与海湾相间，湾内有湾。

总的来说，深圳的丘陵和平原为主的地形地貌框定了其空间形态的总体格局，城市建设主要集中在平原和台地。地势的东高西低，东部多平原，西部多山体，客观上带来了深圳空间形态上、城市发展上的东西部差异。同时城市的发展也受到了地形条件的限制，如盐田港的发展很难向其后方的横岗扩展，从而使盐田港缺少发展所需的后方陆域。

2. 生态环境的制约

① 城市生态走廊有：特区北部沿边防二线设立生态走廊、梧桐山风景区沿东部海岸线山地；森林公园包括：福田红树林自然保护区、梧桐山自然风景区、羊台山森林公园、凤凰山森林公园、塘朗山森林公园、马峦山森林公园、七娘山森林公园、大南山森林公园。

② 水源保护用地是市政府为保护宝贵的饮用水水源而划定的限制开发的用地。全市共划定24个水源保护区（观澜河与23个水库），总面积565.98km^2。其中一级保护区面积83.86km^2，二级保护区面积235.64km^2，准保护区面积246.48km^2。在水源保护区内的开发建设应严格按照有关条例和规划控制，内容包括水土流失控制、保护区绿化、污染和防治及生态保护计划等。一级水源保护区83.86km^{2}列为专项用地进行严格的保护，在禁止任何城市开发建设行为的同时，有计划地逐步外迁该区内的城市建设现状用地。将二级及准水源保护区作为城市用地控制区。由于这些水源保护区具备良好的经济区位优势，大多处于经济开发前沿。因此目前水源保护区存在的突出问题是城市建设和农业生产对它的侵占与威胁。

③ 农业保护用地：1996年全市已划定的农业保护用地31.7万亩（211.3km^2），其中宝安区100.5km^2，龙岗区93.3km^2，特区17.5km^2。光明—公明一片的西部果菜牧农业用地保护区与沙井—福永的西部沿海水产养殖农业保护区较为集中，其他的较为分散。宝安和龙岗二区占全市农业保护区用地的91.72%。农田保护区面临的形势是在局部已被城市建设所占有，而且随着高新技术产业的发展及特区外城市化进程的加快，农业保护用地将不可避免地被占用与调整，保护的形势更加严峻。

深圳市水源保护区一览表 表4-9

名称	保护区面积（km^2）			
	一级	二级	准保护区	合计
铁岗水库	12.85	49.51	41.88	84
石岩水库	3.78	—	—	44
西丽水库	5.48	15.24	5.88	28
观澜河	0.54	44.70	194.78	240
深圳水库—东深供水渠	8.15	52.35	—	80.5

续表

名称	保护区面积（km²）			
	一级	二级	准保护区	合计
梅林水库	4.26	—	—	4.26
松子坑水库	56.29	—	—	8.59
赤坳水库	2.63	7.798	4.18	14.8
清林径水库—黄龙湖	6.88	18.12	—	23
甘坑水库	—	6.7	—	6.7
岗头水库	—	1.25	—	1.25
径心水库	0.65	9.19	—	9.84
三洲田水库	1.98	7.22	—	9.18
黄竹水库	1.84	1.56	—	3.4
茜坑水库	4.17	—	—	4.17
其他水库	24.10	24.10	—	48.11
合计	83.86	235.64	246.78	565.98

资料来源：1996年总规专题1——自然条件及自然资源评价。

3. 自然灾害的制约

深圳市的各种自然灾害一部分是由于自然变异（作用）造成的；另一部分是由于不合理、不适当的人类活动引发或加重的。

① 深圳是气象灾害多发地区，其灾害性天气有台风、寒潮、寒露、干旱等，其中暴雨、台风的影响最为显著。深圳市位于珠江口台风登陆频繁地段，故台风活动次数多，季节长，平均每年1.1次，最多年份曾达5次。一年内台风活动的时间为5月至12月，7月至9月为其活动盛期，台风侵袭时最大风速可达40m（12级以上）。由台风活动带来的降水年平均值为689mm，有35%的台风会带来暴雨或大暴雨。

② 深圳的环境地质灾害主要有：a. 断裂（带）的活动性：深圳位于五华—莲花山大断裂的南西段，该断裂带经坑梓、坪山、横岗、沙湾，穿过深圳水库和罗湖商业区。根据观察该断层属现今中速活动断层。b. 隐伏岩溶塌陷：深圳市的岩溶地质作用主要发育在龙岗区，分布在龙岗、坪山、坪地和蔡涌盆地四个地貌单元区，面积约60km²。c. 海水入侵：在泥质海岸滩地，高盐度海水容易渗透进入陆地地下水，在一定范围内对建筑物、构筑物基础和地下埋藏的各种管线产生腐蚀，并造成土地盐碱化和淡水变咸。深圳市宝安区西乡、福永、沙井镇的滨海地区也曾不同程度地发生过这类灾害。这些灾害的分布限制了当地对空间资源的利用与开发，在一定程度上影响了城市的空间形态。

③ 深圳的海洋灾害主要有：a. 海洋带海平面上升：根据1992年中科院地学部的考察评估，到2050年珠江三角洲地区海平面上升幅度50～60cm，其可能造成的危害是十分惊人的。地下水位上升、水质盐化、地基软化，海浪作用加强、风暴潮加剧，海潮顶托使河口淤积作用加强，河床抬高影响航运，污水排放受阻等。b. 海岸带海水入侵及地下水咸化：深圳湾及西部海岸带广泛分布半咸—咸水，滨海前缘隔水条件差，加上部分区段断裂

影响，在河谷与海积平原交接地段，基岩裂隙水一般 30 ~ 40m 以下即变咸。导致水质恶化、土质盐碱化，并威胁建筑物基础以及地下管道安全。c. 海岸带淤积：海岸淤积现象主要发生在该市西部海域，此区域为低平的海积平原，珠江及深圳河、大沙河、石厦河等入海河流沿岸带倾泻大量泥沙，使陆地向海洋推进，致使海岸变迁，滩涂扩宽，海岸线拉直。海岸淤积虽然造就了土地资源，但对港口码头建设及航运不利。

（二）行政区划及体制环境的辩证作用

1. 行政区划与区位的作用

深圳市呈东西宽、南北窄的狭长形状。面积 1948.69km^2，东西向长约 87km，南北最宽约为 37km，海岸线总长 260km。整体呈现一种带状的轮廓，为深圳的空间形态扩展界定了一个外围框架。深圳经济特区东西长约 49km，南北平均宽约 7km，呈狭长带状，陆地面积 391.71km^2，海岸线长 66.32km。目前深圳共设 6 个市辖行政区，其中经济特区内有 4 个，即福田区、罗湖区、南山区、盐田区；特区外 2 个区，即宝安区、龙岗区。特区内外的划分界限成为空间形态扩展的一道屏障。

深圳各区土地面积表 **表 4 - 10**

	全市	特区内					特区外		
			罗湖区	福田区	南山区	盐田区		宝安区	龙岗区
土地面积（km^2）	1948.69	391.71	78.89	78.04	164.29	70.49	1556.99	712.92	844.07

数据来源：2001 年深圳统计信息年鉴，中国统计出版社。

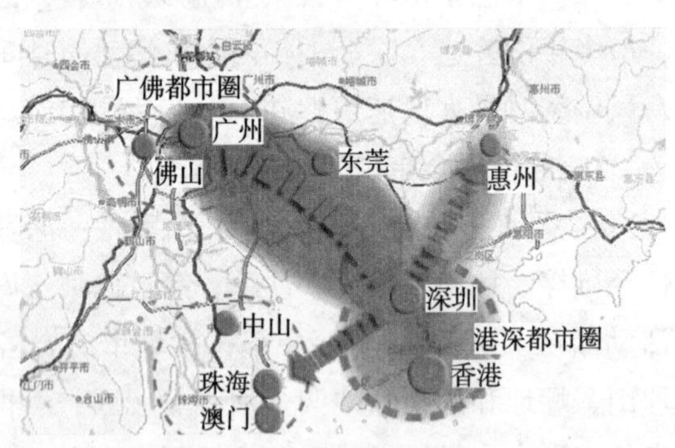

图 4 - 5　区域关系图

毗邻香港、背靠珠江三角洲城市群、海陆兼备的地理位置是深圳得天独厚的优势条件。正是由于深圳处于海外联系的枢纽点上，既可方便地承接香港等经济发达地区和国家在资金、技术、信息、人才、商品、文化和先进管理经验等方面的强力辐射，又可汇集国内广袤腹地内的资源、劳动力和资金等生产要素，将其经济纳入全球经济的轨道，这是促使深圳从一个边陲小镇迅速崛起为一个大都市的最主要外部因素，也是促使深圳空间形态急剧扩展的最关键因素。

2. 体制环境的活力与缺陷

① 相对发达的市场机制

市场机制的广泛性表现在各种经济形式和经济领域的活动都在较大程度上接受市场的调节，基本上是按照价值规律和供求关系运作。深圳的生产、生活和建设所需的资金、物质、劳动力和土地，绝大部分是通过市场解决的，国家指令性计划分配比重很小。值得一提的是，深圳率先对土地管理体制和住房制度进行改革，将土地和房产资本化和市场化，房地产市场的建立极大地解决了深圳城市发展的资金短缺问题，成为深圳市城市建设的主要动力。

② 有较大自主权的地方政府

与市场调节机制相适应的是，特区政府在管理职能上具有较大的经济和立法的自主权，能依据深圳的实际情况自行做出决策，避免了内地政府逐级上报审批的繁文冗节，大大提高了行政效率，减少了行政成本。

③ 特殊的土地所有权

深圳市土地以农村集体所有为主，国有土地占全市总土地面积的45%。其中，特区土地属于国有，特区外以农村集体所有为主。目前宝安、龙岗两区集体土地共1071km^2，占特区外土地总面积的69%，而国有土地面积为486km^2，仅占特区外土地总面积的31%。

由于深圳的体制改革始终处于探索阶段，因此，因体制不全、不完善所付出的发展成本也很大，如：

a. 在计划经济向市场经济过渡的过程中，完善的市场体系没有及时建立，相应的经济立法没有同步，造成资源配置不尽合理，如对于土地资源的配置缺乏统一的管理，造成土地开发的低水平性和扩展的无序性。

深圳市1980～2000年主要指标增长速度（以1979年为基期计算）　表4－11

指标	1980～2000年平均增长速度
年末常住人口	13.3
国内生产总值	30.3
——第一产业	6.4
——第二产业	41.8
——工业	44.0
——第三产业	29.0
人均国内生产总值	15.4
固定资产投资额	39.2
地方预算内财政收入	40.7
地方预算内财政支出	37.2
工业总产值	46.9
社会消费品零售总额	33.0
进出口总额	40.8

续表

指标	1980～2000年平均增长速度
——出口总额	41.0
——进口总额	40.6
实际利用外资	28.5
金融机构存款余额	46.7
金融机构贷款余额	46.5
职工年平均货币工资	17.5
职工年平均实际工资	7.4
农民人均纯收入	21.6
城乡居民储蓄存款余额	46.2

资料来源：《深圳统计手册2001》。

b. 由于经济增长异常迅速和市场经济下各种发展的不确定性，使得粗线条的计划机制一时无法很好地解决人口、住房、交通、学校医院等公共设施的矛盾，由此带来特区内外两种“城市病”的交织。

c. 由于特殊的土地所有权的管理体制因素，特区外的结构性缺陷和配套设施的不完善使特区外呈现出低度城市化特征。特区外实行农村型的镇—行政村—自然村（尽管并不属于严格的行政序列，但事实上在自然村范围内拥有更大的决策权）三级行政管理体制。在这种体制下，村集体实质上拥有较大的权力。这种强调小集体局部利益的行政管理体制与强调整体利益的城市建设很不适应，由此带来城市空间开发中的一系列问题，表现为土地的蔓延式、零散式开发；以及各地块的功能分工不明确，重复建设严重等。

（三）经济超常规发展与高速城市化带来的冲击

1. 超常规高速增长

20多年的超常规快速发展，表现为城市主要产业部门的高速增长率（详见表4－11）。GDP由1979年的1.9638亿增长至2000年的1665亿，位居全国第四位，还有多项主要经济指标名列全国大城市前列。快速发展的经济对城市空间形态演变产生了强烈的冲击，推动城市空间在短时间内急剧地扩展，由此也带来了城市功能与规模扩展不同步的矛盾。

2. 外向型经济格局

深圳经济是在高度对外开放的条件下发展起来的，在引进外资、发展外向型工业企业、积极扩大出口方面取得了很大的成就，是我国主要的对外开放窗口。1987年以前，深圳每年实际利用外资的总量占广东省的1/3、珠江三角洲的1/2；2000年深圳进出口贸易总额达639.3982亿美元，其中出口贸易345.6333亿美元，位居全国大中城市第一位，成为我国重要的出口创汇基地。深圳的引进外资和出口份额中香港占了很大的比重，由此在空间形态上表现为明显的“香港指向”，即靠近香港的地方首先发展起来，其次是与香港交通联系便捷的区位。同样，与香港交通联系方向的改变也会带动深圳新的开发浪潮。

3. 特殊的城市化进程

2000年全市非农业人口占总人口的94.3%，户籍人口中的所谓“农业人口”已较少从事农业劳动，农业从业人员主要是外来的“暂住人口”，即使是现存的农业，也由过去的大农业转变为集约发展的郊区农业。深圳的城市化特征是：①农村经济迅速转变为农村工业经济，工业组织以村为单位，工业总产值的80%由村和村以下的工业企业完成；②农村形态没有及时转变为城市形态，使得城市体系的等级网络不全；③深圳人口的城市化不是本地农村人口向城市的集聚，而是乡村的就地城市化。

深圳特殊的城市化过程使得土地利用结构中的问题相对于别的城市更加明显，突出表现为随处可见的各类“城中村”现象，造成人口的无序集聚以及城市空间结构的高度模糊，不利于城市土地的集约化开发以及良好城市景观面貌的形成。

（四）交通导向与可达性的影响

交通导向与可达性历来是城市空间演化的重要机制。目前，深圳已基本上形成了以机场、口岸和港口为依托，以高速公路、快速干道、主干道为道路网络骨架的陆海空三位一体的、立体化综合运输网络。主要有：宝安的黄田机场；特区东西两大港口群；广深、平南、平盐和仓库铁路专用线四条呈“个”字形的铁路线；广深、梅观、深惠、深汕、机荷和盐坝A段六条高速公路线。

深圳目前已初步建成干支相连、辐射城乡的公路网络，邻近可连接广东、香港，远距离可通过干线和一级公路为骨干，以二、三级公路为基础与内地相联，初步具备了向香港与内地辐射的功能。特区内的路网系统，其走向以东西向为主，南北向为辅，道路网呈“环路+鱼骨”——“三横多纵”的格局。特区外道路网呈树枝状，道路网络化程度低，多依托深圳市城市发展轴而展开并沿主要干线道路生长。

早中期城市的扩展主要是沿交通轴线，交通导向明显。20世纪80年代末修建的107国道和205国道带动了宝安和龙岗的大发展，为深圳工业的郊区化创造了条件；20世纪90年代梅观高速公路的修建又带动了深圳中部南北轴线的发展；滨海大道的建成刺激了南山区的快速发展。从内部的差异性来看，东西部交通发展条件的差异带来了城市发展的东西不均衡性。西部由于是香港和广州陆上交通联系的必经之处，交通条件优越，带动了西部的快速发展。同时从前面的深圳空间形态演变图也可以看出，交通条件好的地方总是最先、最快地发展起来；新交通干线的建成势必带动其所连接区域的新的快速发展。

至2004年底，深圳的机动车保有量已达40万辆左右，并以月均6000辆的速度增长。增长的速度有进一步加大的趋势，机动化交通的大量增加给交通和环境带来了沉重的压力，加剧了交通拥挤、环境污染以及停车困难等一系列问题。这些问题都给交通的可达性带来了负面的影响，也对未来城市的空间形态形成较大的冲击。

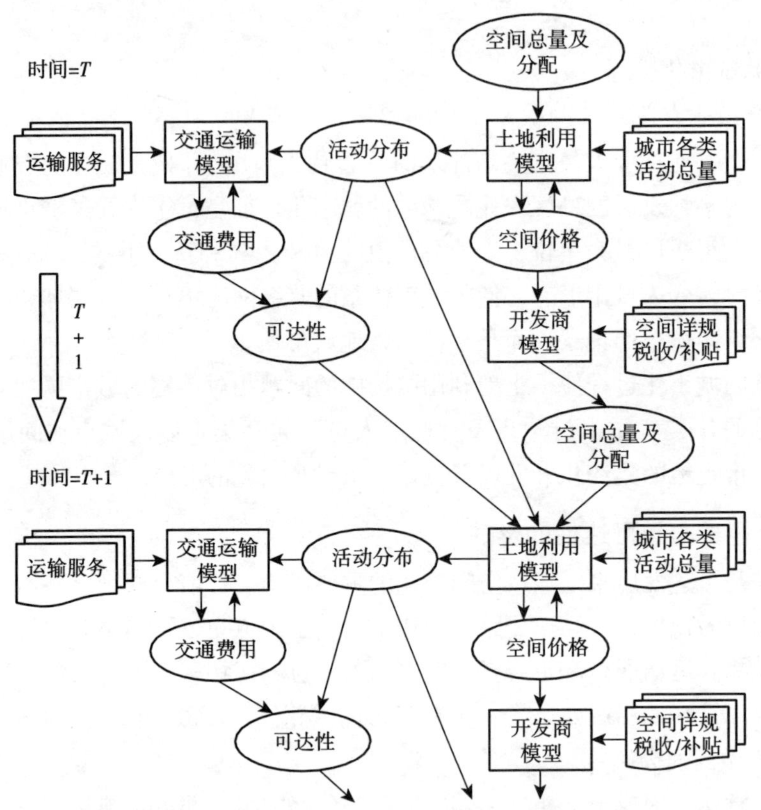

图4－6　理想的土地利用与交通一体化规划的概念模型

资料来源：王缉宪．国外城市土地利用与交通一体化的方法与实践．国外城市规划，2001（1）。

（五）区际经济联系的需求

作为香港和珠江三角洲经济与社会联系的枢纽，区域联系的空间走廊的走向是深圳城市结构形成和发展的重要因素。就特区外来看，沿广深高速公路地带是特区外发展最早、最密集的轴带。随着香港、澳门的回归，港、澳和珠江三角洲各城市已经建立的经济联系变得更加密切。面对来自国际和国内的区域竞争，这个地区将会建立资源综合利用、功能最佳配置、产业合理布局的广域城市系统，这将对深圳未来的城市布局结构产生深远影响。

如上所述，深圳在城市空间急速扩张过程中遇到了诸多空间结构和土地利用方面的问题，这些问题的产生与深圳超常规的发展以及自身的自然条件和行政区划背景等有着直接的关系。在强调区域协调、城乡统筹发展的今天，深圳要保持现有的发展速度，在珠三角乃至全国范围内继续处于领先地位，就必须首先解决急迫的空间结构问题。因此深圳的空间结构转型被赋予了重要的现实意义，这就需要规划对其深入研究，找到转型的合理路径和有效方法，为深圳市未来的空间架构提供好的思路与方案。

第二节　空间结构转型的理性思考

一、空间要素资源的制约与影响

在明确深圳空间结构转型的必要性之后，我们首先要对转型进行理性思考，分析可能影响城市发展的各类资源要素，在理清家底的基础上做出合理决策，同时还应借鉴空间结构方面的相关理论和理念，为转型之路的选取开启一盏明灯。

（一）空间资源的限制

深圳人口多，城市化水平高，经济发展飞速，这需要大量的资源作为保障。但是，深圳约束瓶颈也很突出，而其中土地和水资源的问题最为严重。这就需要深圳有一个合理的空间形态，以便集约地利用每一份资源。

1. 土地资源的约束

① 土地资源供给总量不足

根据2000年卫星影像图分析，全市自然条件适于建设的用地中，除去已划定为水源保护区、农业保护区、组团隔离带及其他禁止建设的用地外，可建设用地总量为761km^2，而2000年全市建成区面积已达467km^2，尚有可建设用地储备仅293km^2。1994~2000年期间，城市建设用地增加了168.29km^2，年均增长28.4km^2（参见表4-12）。如延续过去的粗放式土地开发模式，10年内就将无地可用。

深圳市可建设用地构成（单位：km^2）　　表4-12

	可建设总量	已建设量	未建设量		
			小计	“推平未建量”	尚未建设量
特区	191.87	133.42	58.45	36.34	22.11
宝安	305.17	195.00	110.17	72.11	38.06
龙岗	263.58	138.87	124.71	48.96	75.75
全市	760.62	467.29	293.33	157.41	135.92

注：根据深圳规划国土局提供的资料整理。

在可建设的用地中，还有157.41km^{2}的闲置土地。它源于20世纪90年代初深圳经济过热与宝安撤县设区时的大量已经推平但尚未进行建设的土地，故又称已推平未建设用地，是城市未来可建设的用地。

深圳的土地资源不仅稀缺而且滥用现象严重，这为深圳市未来的继续发展留下了极大的隐患。土地资源的滥用主要表现在：土地利用效率较低。目前深圳单位建成区面积的GDP为11.14亿元/km^2，单位工业用地面积的工业产值为24.56亿元/km^2，而香港1999

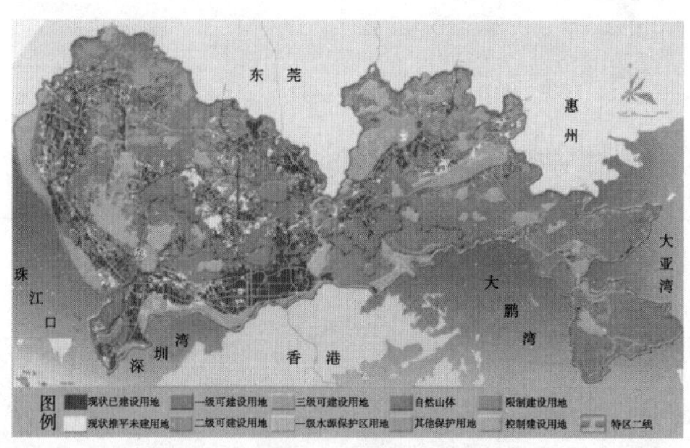

图 4－7 深圳建设用地分类图

年两项数据分别达到 68.7 和 163 亿元/km²，与香港相比，深圳土地利用表现出明显的粗放型特征，在特区外表现得尤为明显。特区外长期以来低投入、低产出的土地开发模式，不仅导致当前土地价值的流失，而且还会给未来城市建设品质的提升带来巨大的改造成本，限制产业发展空间的进一步拓展。

② 可建设用地零碎

现存可建设用地 80% 位于特区外，且大多为建设区边缘的零碎用地，缺乏区位条件较好、规模较大的连片未开发土地，使得深圳在吸引大型企业投资选址、新产业抢滩等方面处于十分被动的局面。

③ 开发成本攀升

深圳的土地开发成本可以说是全国最高的，这点可以从以下两个方面看出。

a. 从全国部分城市房地产价格的对比可以反映各城市土地开发成本的高低。表 4－13 表示了全国部分城市 1998 年的中房指数（住宅价格指数）。由表中数据可以看出，在境内城市中深圳的价格属全国最高，其次是北京、上海、天津等城市。

1998 年全国部分城市中房指数 **表 4－13**

地区	香港	深圳	北京	天津	上海	大连	西安	武汉	重庆
住宅指数	6394	902	876	765	699	474	428	288	281

注：根据深圳房地产市场发展战略（1999－2010）的数据计算整理。

b. 深圳历年房地产价格的变化可以反映深圳土地开发成本的变化。从下图历年深圳房地产实际价格比较来看，20 世纪 90 年代以来深圳的商品住宅价格普遍高于全国平均水平以及其他特大城市的水平。从历年发展趋势来看，全国平均价格水平基本呈现逐年上升趋势，但升幅平稳；而深圳则在 1994 年以前升幅较大，1995 年之后在较高价格处趋于停滞。

2. 淡水资源稀缺

淡水资源相对稀缺是制约深圳发展的重要门槛。深圳多年平均地表径流量为 18 亿

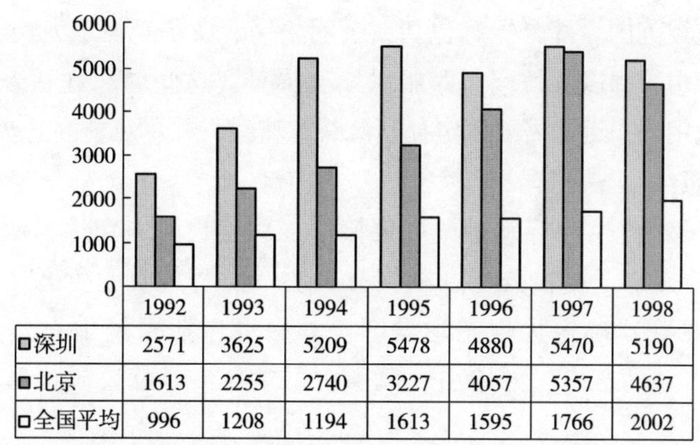

	1992	1993	1994	1995	1996	1997	1998
深圳	2571	3625	5209	5478	4880	5470	5190
北京	1613	2255	2740	3227	4057	5357	4637
全国平均	996	1208	1194	1613	1595	1766	2002

图 4-8　深圳历年商品住宅平均价格（1992～1998 年）（单位：元/m²）

数据来源：深圳房地产市场发展战略（1999-2010）。

m³，但是由于缺乏建设大型水库的河流水文条件和库容选址条件，可利用水量远低于径流量。全市水资源总量只有 19.3 亿 m³（含地下水 1.0 亿 m³），人均占有量为 640m³，约为全国人均占有量的三分之一，全省人均占有量的四分之一。1994 年全市 75% 保证率的供水能力为 6.29 亿 m³，实际用水量达 6.20 亿 m³。面对迅速增长的城市用水需求，若无新的水源补充，深圳将面临严重的供水危机。从长远发展来看，深圳境内水库水、地下水的年供水量约为 3.7 亿 m³，仅能满足现状全市用水需求的 1/4，其余 3/4 的用水量需要通过境外引水来提供。可以说，水资源短缺是制约深圳未来发展的一个潜在因素。不仅如此，深圳的水土流失也很严重。主要是由于人类干预自然、改造自然的能力空前地增大，大大地超过了自然生态系统自我恢复所允许的限度。1994 年全市水土流失面积为 169.61km²，占全市总面积的 8.39%。主要河流流域侵蚀模数最小的也有 646.63 吨/平方公里·年，最大的竟达 17387.76 吨/平方公里·年，主要河流年淤积总量为 256.17 万吨。水土流失现象使深圳水资源严重缺乏的现状更为严峻。

（二）生态环境的制约

1. 生态保护与环境修复对形态重构的限制

依据生态环境的重要性、敏感程度以及建设条件的差异，可确定今后生态建设与保护的三类重点地区，即生态控制区、生态建设区和生态修复区。生态控制区是指具有重要生态价值、环境脆弱易受破坏或污染而近期需要重点保护的地区；生态建设区是指具有重要生态价值或对改善城市生态环境具有重要意义，且具备一定的建设条件或有一定的生态基础，近期需要进行绿化、旅游或农业开发的地区；生态修复区是指植被破坏严重、水土流失频繁发生、近期需要进行生态修复的地区。

① 重点生态控制区：考虑到水源保护的重要性及其环境敏感性，将两条绿带和部分绿廊确定为生态控制区。这两条绿带是：沿公明、松岗南—凤凰山—石岩水库—铁岗水库—西丽水库分布，主要由大型水库构成；沿龙口水库—东深供水渠—深圳水库分布，基

本上为东深供水流域范围。部分绿廊包括：公明松岗、龙华观澜、龙岗横岗、龙岗坪山、坪山坑梓、宝安南山绿廊以及铁岗—西丽水库交界处。这些绿廊现状未建设或局部已建设，为远景的绿化用地，近期需要划定控制红线或蓝线，并尽可能在边界种树，形成绿色围墙，以免为城市建设所占用。

② 考虑到保护农业生产特别是城市菜篮子工程建设的迫切性与改善市区环境，并考虑到建设条件的允许，将松公光（松岗—公明—光明）农业生态区和特区北部绿色屏障（含附属的绿廊）确定为生态建设区。其中也包括梧桐山自然风景区，重点建设大南山、塘郎山、马峦山、七娘山、凤凰山、羊台山森林公园，形成多层次的森林植被。

③ 生态修复区主要包括关停的采石场和推平未建的闲置土地。对于关闭的采石场，实行生态恢复与石壁绿化的方法进行治理；对于推平未建闲置土地，主要实行生物与工程措施相结合的方法进行治理。

上述城市生态走廊和绿带作为建成区与新城的天然分隔屏障，有利于形成良好的城市生态网架，同时也对中心区和新城的生态环境的改善起到良好的作用。

2. 自然灾害分布与空间资源利用

在对深圳市自然灾害现状及其预测分析的基础上，考虑到自然灾害对城市发展的综合性影响，通过综合比较分析划分出适应不同程度和内容发展的空间区域。考虑的主要灾害有构造条件、地震活动、地貌特征、工程地质条件以及水文地质条件。各区不同类型、不同强度的灾害在不同程度上限制了当地对空间资源的利用与开发，在一定程度上影响了城市的空间形态。

① 西部海滨平原中度风险区。本区包括西部海岸地区，主要灾害类型是由于海平面相对下降引发的海水入侵以及地下水咸化等海洋灾害。在行政区划上主要包括公明、松岗、福永和西乡镇。

② 中西部羊台山微度风险区。本区的西部羊台山周围地区，低丘陵呈环状分布，局部高丘。主要灾害类型是地震、水土流失、滑坡崩塌等。在行政区划上主要包括光明、龙华、石岩和平湖等镇。

③ 南部台地中度风险区。区内主要包括了特区的范围，自然灾害主要是由人类活动引发的水土流失和斜坡类灾害；另外，在罗湖区存在构造断裂，也对本区的发展埋下了隐患。

④ 东北部山地中度风险区。区内的横岗镇，岩性以砂页岩为主，该区开发力度极强，为滑坡易发区。而龙岗和坪山位于灰岩性的岩溶盆地，以岩溶塌陷为主要形式的地面变形灾害较为严重。

⑤ 东南部山地低度风险区。本区的东部海岸山脉及大鹏半岛，排列方向多呈北西向，开发较弱，岩性以花岗岩为主，较为坚硬，以崩塌为主，滑坡多为浅层土质滑坡。

（三）新空间发展要素的影响

1. 城市与区域的空间重构

目前国家的工作重心正从珠江三角洲向长江三角洲转移。从外资的分布分区来看，我国东部地区利用外资的比例维持在85%～90%之间，尤其又相对集中于4个地域，即京津冀地区、长江三角洲地区、闽南地区和珠江三角洲地区。数据表明：在1985年到1999年间，长江三角洲吸收的外资占沿海地区的比重从15.43%上升至28.95%，上升近2倍，而珠江三角洲的比重从51.31%下降到34.64%。这表明外资在中国的分布正在从珠江三角洲向长江三角洲转移。究其原因，主要在于港澳资本在外资总额中的比重有所下降，而美欧日等国家外资的比重相应增加，这样就形成了外资从珠江三角洲向长江三角洲转移的格局。外资投资重心的东移，为深圳的产业结构重构提供了机遇，从而也为空间的重构提出了新的要求。

2. 新兴产业对空间资源的选择

随着深圳的产业结构调整，高新技术等新兴产业的比重将越来越大，这些产业与传统的“三来一补”产业在对空间资源的选择上有很大的差异。高新技术产业的布局对“软环境”的要求比“硬环境”的要求高得多。传统产业的布局主要考虑自然资源条件，对智力资源的要求不高。高新技术产业由于技术含量高，一方面考虑区域的科学技术水平和文化素质；另一方面也要考虑区域内新技术的开发能力，即把研究成果转化为生产力的能力，其转化过程必须具备一定的技术基础和科技人才，能够对高新技术吸纳、消化和再创新。因此高新技术产业对智力资源的依赖性更强。产业结构的调整必然带来产业空间布局的变化。不仅如此，香港产业转移也将对深圳的空间形态产生影响。香港的制造业转移行将结束，决定了“三来一补”型的工业区开发的结束，随之而来的是香港第三产业的北移。制造业的北移要求寻找村镇等低成本工业用地和劳动力，而第三产业的北移，则必须寻求大城市服务水平高的区位。作为紧邻香港的深圳，应做好准备，利用下一次产业转移使自己的经济再上一个新台阶，这在客观上要求深圳市为深港产业对接提供空间。

3. 珠江三角洲区域竞争及发展的影响

广州计划中的南沙“珠三角新核心区”将带来环珠江地区城市空间布局的新一轮调整。广州的南沙定位原则中提到，要通过南沙的发展，推动广州市城市的南拓，拉开城市布局，优化城市空间结构，实现广州由沿江城市向现代海滨城市的转变。这就要求深圳的空间布局根据广州的空间结构的变化，做出相应的调整对策。

与此同时珠江三角洲地区特别是中山、顺德、佛山、江门等一批新的经济增长点，依靠比深圳廉价的劳动力和土地价格，成为香港制造业扩散又一新的热点，分流了支撑深圳经济发展的外资和内地投资，这就要求深圳做好城市空间规划，合理地划分各地块的职能，以便创造更好的条件来吸引外资。

东莞提出的“世界概念”的制造业名城之定位，松山湖省级高科技园区的设立以及市际之间交通条件的改变都要求深圳对中北部地区的发展定位做出相应的调整。东莞松山湖科技产业园的建设目标为：具独立自主知识产权和强烈科技创新能力的以先进工业高新科技产业为主的综合性生态新城。其功能定位体现如下特点：成为东莞市未来经济发展、产业升级、结构优化的推动器；成为珠江三角洲乃至当今世界高新园建设的示范新城；形成一批具有一定规模和现代化水平的卫星城，提高区域城市化水平。

大亚湾海壳牌石化45亿美元项目的落实，石化产业中下游项目的衍生，必然对深圳东部地区的城市发展产生重大影响。惠州壳牌南海石油有限公司，中海石油化工投资有限公司投资40亿美元在广东大亚湾经济技术开发区建设一座世界级规模的石油化工联合企业，合营公司每年将生产约230万吨石油化工产品，产品的年销售额预计可达17亿美元，产品销售主要面向广东省和需求量高的中国沿海经济发达地区。周边地区的重大项目上马也会影响深圳东北部城市空间的重构。

4. 港深联系方向的变化

香港规划研究中的“伶仃洋大桥”和与香港联系的“西部通道”的建设将带来珠江三角洲和深圳内部新一轮空间结构的调整。伶仃洋大桥将香港和澳门直接联系起来，这样珠江三角洲与香港的联系可以不经过深圳，这势必对深圳的发展不利。这就要求深圳必须根据区域交通联系方向的变化调整其空间的布局。

“西部通道”将香港直接连到蛇口，再经过深圳机场连向广州。南山与香港交通联系的改变必然会带动南山及附近新安地位的发展，有可能使新安地区发展成为深圳的又一个新的城市中心区。

5. 交通可达性提高对城市结构形态重构的作用

随着深圳内部交通条件的改善以及轨道交通的建设，城市空间的可达性将大大提高。由此必将影响今后深圳城市形态的扩展方向与速度等。

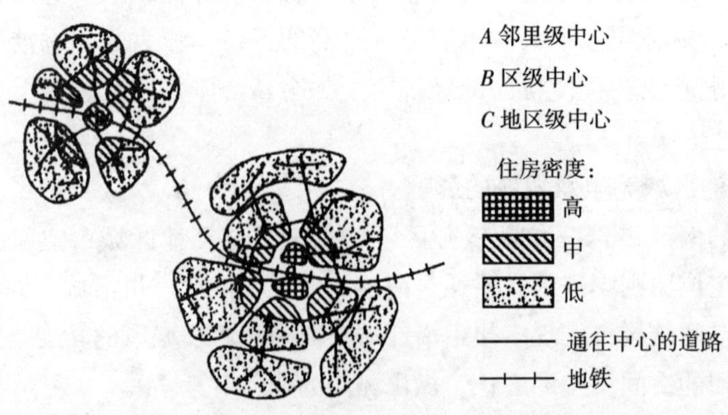

图4－9　大容量公共交通有利于都市圈的空间布局

城市交通发展的目标就是建立一个以轨道交通为骨干，交通空间园林化的高效、可持续发展的综合交通系统，为都市地区提供方便、快捷、经济、舒适和安全的交通服务。轨道交通具有快捷、准点、舒适、大运量、环保等特点。发展轨道交通是缓解城市交通拥挤、保持城市较高交通效率和实现可持续发展的重要途径。深圳市到2010年将规划建设8条轨道线，共238.7km的轨道网，8条线包括1、2、3、4号四条地铁线和6、8、11、12号四条快速轻轨线。地铁线以罗湖—福田为核心向外围辐射，为市区交通走廊及市区外到达市中心提供快速交通服务。全线运行时间控制在30分钟左右。快速轻轨线沿主要的特区外城镇到达市中心的方向布设，为特区内外提供快速交通服务。全线运行时间控制在40分钟左右，部分线路可与珠三角轨道相连。随着这些轨道交通线的建成，TOD的土地开发模式必将产生明显的效应。国际经验表明，地铁站点附近会成为高度密集的城市活动中心和空间节点，使城市在地铁沿线形成高效率的“串珠式”的土地开发模式。为此，以轨道建设为契机，对沿线土地的性质、布局和密度等方面做出相应的调整，将促进深圳市土地资源的优化利用。

随着深圳港口和国际机场的扩建及作为重要基础设施的轨道系统的建设，深圳奠定国际地位的“港口指向”将日益明显，届时新的交通动力源将改变深圳的空间布局结构关系。2000年深圳集装箱吞吐量接近400万标箱，标志着深圳港进入了世界十大集装箱港之列。同时深圳机场成为全国四大航空货运中心之一。这些新的动力源将大大提高深圳目前的交通可达性，同时也将改变目前的陆上交通主导空间形态的局面。

二、理论和理念的借鉴

（一）分散主义、集中主义理论及其实践的回顾和再认识——有机分散与有机集中

城市空间形态作为城市社会中各类要素作用关系的物化及其在城市土地上的投影，它使城市作为一个重要的“空间生产”的大系统。考察城市发展的漫长过程，不难发现，城市要素的布置一直受到两种不同倾向的影响，即一方面要把城市要素集中布局，以创造便捷高效的城市空间集聚效应；另一方面，因生态、交通分区等制约条件，要求把要素分散开来，互不干扰，以形成良好的生态空间。集中与分散成为空间发展的主要矛盾，作为城市空间演化中的基本表现，它们贯穿于城市发展运动的全过程，并体现于不同尺度的城市空间结构形态的组织上。研究城市空间的这种聚散规律，以尽可能有效地利用城市空间，实现可持续发展，为人们提供良好的生产、生活环境。上述立场界定了近现代城市发展的两种基本指向：城市的集中发展还是分散发展。

20世纪30年代后，围绕集中好还是分散好的学术争论达到了空前热烈的地步。其中以霍华德的田园城市，沙里宁的有机疏散理论最为著名，他们是主张空间分散的杰出代表。所不同的是，前者强调以享受乡村般的田园生活为目的来重新组织城市，并以建立田园牧歌般的理想空间作为破解高密度集中空间的钥匙；后者将芬兰赫尔辛基的版图扩大了一倍还多，他主张将拼拢的手指伸展分开的规划设计，使城市空间重新获得“有机秩序”。在上述旗帜指引下，这一时期学术上的分散思想占了上风，卫星城市模式、索里亚·伊·马塔（A. S. Y. Mata）的带形城市方案等都是强调空间分散原则下的产物。

总之，分散主义在其自身的发展过程中，存在一种明显的倾向，即不断地从自身理论与实践的磨合中向着理性与理智的方向迈进。这种理性与理智的最突出特征可以这样表

述，即从强调对过度集中的疏解——分散，到对过度分散的控制——适当的分散，再到对适当分散的修正——分散中的集中，其发展轨迹与近现代城市空间发展的实践具有大体一致的路线。

然而，上述分散思想由于以占用大量土地，以及带来更远距离的交通通勤等为代价，引起一部分人士的忧虑。同时，由于四散开来的城市居民并没有真正意义上的城市生活，并产生诸如孤独感、人际交往缺乏等"高贵病"而招来更多的非议。人文主义规划大师芒福德从城市的历史发展以及城市的本质特征出发，认为过度分散的空间已经失去了城市本身的意义，而且提出，从城市中"飞溅出去"的再多的居民点也构不成城市。他的叛逆精神以及他怀旧与传统的情结引来一大批热情的支持者。主张集中的另一个重要代表就是勒·柯布西耶以及他的"光辉城市"，它用空间垂直发展的集中手段来体现集约化利用土地以及保留足够的开敞空间的规划设计理念。20 世纪 50 年代以后出现的装配式城市、海上漂浮城市、抽斗式城市等种种具有科幻般想象力的方案及模式，实际上也是以空间集中为基本基调的集中主义的思想体现。

过分的集中和过分的分散其实都不利于城市的发展。从沙里宁的主张，我们可以看到，他的"有机疏散"并不是主张真正的分散，而只是将有问题的集中通过分散的办法加以解决，以便恢复其有机秩序。他的"有机"思想是根据城市的功能和多种条件把城市有机地分解和组合成若干个区域，并使其有足够的灵活性，以适应有机体的生长。他的分散思想实际上所表达的是一种比原来更大空间尺度的集中与城市内部一定尺度分散的结合，也就是集中前提下的分散以及分散后的紧凑与集中的辩证思想。应当看到，沙里宁实际上所倡导的正是这种空间集中式发展与分散式发展的有机融合。他在生态原则下有机地组合城市，使城市空间在扩大了的地域中，仍能保持空间的紧凑与和谐，并更好地与自然环境协调。他的不足之处尽管与他的成就相比微不足道，但也须加以指出，那就是由于不能将城市的集中本质始终放到应有的核心高度，以至于使人误解为他的有机疏散是他全部思想的精神实质。而恰恰相反，只要深入研读过沙氏著作的人，以及注意过他的规划实践的人都不难发现，他的有机疏散理论是建立在城市空间适度集中的基础之上的，其核心实际上是一种"有机集中"的思想。

（二）卫星城与新城理论的实践和再思考——新城理论与卫星城镇概念的发展

1. 卫星城理论

卫星城和新城理论都是分散主义的代表。卫星城理论是田园城市理论的发展。卫星城最初是由美国人泰勒（Taylar，1915）首先在其《卫星城镇》一书中提出。1922 年，霍华德的追随者雷蒙·恩温（Unwin）出版了《卫星城镇建设》一书（The Building of Satellite Towns），使该理论得到发展，1924 年的阿姆斯特丹会议上，将此列为限制大城市恶性膨胀的主要方法，并予以推广。

卫星城理论在其自身的发展演化及实践中逐步走向成熟，期间经历了三个阶段：

卧城，即居住式卫星城，完全附属于大城市，尽管自身有完备的生活服务功能，但须依靠母城（大城市）来解决生产就业及公共服务。“一战”前后，法国巴黎近郊涌现了28个此类卧城，英国伦敦也建了为数众多的此类独立居住区，曾经有将近200万人被安置于内，然而，这些离开主城约20km左右的卧城表面上似乎分散了大城市的人口，但功能单一，居住与就业分隔，钟摆交通使市中心的交通压力进一步加大，并给生产生活带来不便。

半独立式卫星城，该方案由建筑规划大师沙里宁提出，按其有机疏散理论的规划设想所完成的大赫尔辛基中心区分散规划方案，以及斯德哥尔摩附近的威林比城，都是半独立卫星城的典型。在此方案中，小城的人口在3~8万左右，采用低密度的建筑布局及开敞式的空间氛围，设计时尽量结合当地的地形及独特的环境，形成良好的物质景观及较好的生态环境。城市的工业与服务设施解决了一小部分人的就业，但相当一部分人仍必须去主城就业。

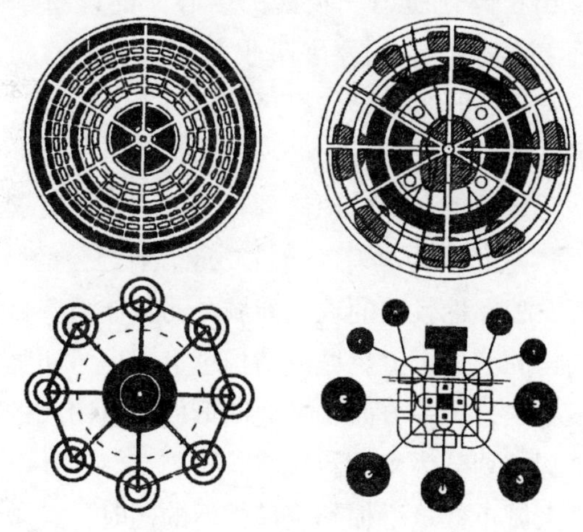

图4-10 田园城市与卫星城市

完全独立的卫星城，二次大战后，人们对早期的卧城及半独立式卫星城开始反省，其结果是主张建立完全独立的卫星城。它被要求建在距离主城35~50km的城市边缘地带，自身具备就业及生活设施，工业区与居住区功能兼备，米尔顿凯恩斯城就是其中的代表。比较而言，完全独立的卫星城尽管分散了母城的一小部分人口，却引来了其他地区的大量居民，而且四面八方涌来的人流，将卫星城拉回母城方向。不难看出，卫星城的实践与英国的新城均不算成功，说明单纯的卫星城及反磁力中心并没有足够的反磁力能量。

卫星城的概念强化了与中心城市（又称母城）的依赖关系，因此往往被视为中心城市某一功能疏解的接受地。然而经过一段时间的实践，人们发现这些卫星城带来了一些问题。由于卫星城的功能单一，对中心城依赖性很大，因此不能从根本上解决中心城拥挤的问题。也由于这种依赖性，使得卫星城与中心城之间的交通产生拥挤。由此而开始强调卫星城市的独立性。在这种卫星城中，居住与就业岗位之间相互协调，拥有与大城市相似的文化福利设施配套，可以满足卫星城居民的就地工作和生活需要，从而形成一个职能健全的独立城市，即新城（New Town）。

2. 新城理论

与一般意义上的卫星城不同，英国是最早实践新城主义运动的国家。

新城运动为了分散伦敦市中心区过于集中的人口，计划在离市区50km范围内疏散100万人口，其中包括通过新建8个小镇来安置50万人口，并建设一条8km宽的绿带，阻止城市的蔓延。这类新城建设共持续了三代。

第一代的哈罗城，由4个邻里单位构成核心结构，其特点是该城的规模较小，密度较低，尽管功能分区明确，但居民就业困难，生活单调，致使一部分人回流到大城市。

第二代的坎伯诺尔德，比起哈罗城来说，结构较为集中、紧凑。新城中心地带能够吸引当地的大部分人，但因规模仍然偏小，未能解决第一代小城的根本缺陷。

第三代新城是在《东南部研究》的报告引发下产生的，该报告在总结了第一、二代新城经验教训的基础上，提出了建立所谓“反磁力中心”的设想，要求新城的规模应达到15～25万人，中心城市通过第三产业的发展吸收和集聚当地的就业人口，同时在密度控制、空间布局上尽量体现紧凑与开敞结合的思想。

3. 两种理论的新发展

经过数十年的发展，卫星城镇和新城理论都有了进一步的发展。世界上大多数卫星城镇已从最早的“卧城”形式演化成为具有综合性功能、有充分的就业机会、快捷顺畅的交通、良好的生活服务设施、独立性较强的现代新城。而且伴随着目前世界大城市由单中心城市结构向多中心城市结构的演进，卫星城的结构也呈现出了明显的变化，一方面，中心城市的部分职能分散到卫星城；另一方面，又逐渐形成了组团式的卫星城市结构。正是借鉴这样的发展趋势我们把深圳划分为多个新城。

与此同时，在世界特大城市数量增加和规模扩展的同时，其城市结构形态也开始从单中心城市向多核心的城市区域演进。最典型的是日本首都的“一城多心”。东京处在日本列岛的中部，早在明治政府选择东京作为首都后，东京就为日本经济发展起到了“龙头”的作用。随着东京的经济繁荣，城市规模不断扩大，都市的膨胀造成城市住宅、交通、污染、犯罪以及地价和物价高等问题。日本为了改变东京的过度集聚，从20世纪90年代初起，提出了迁都的决定，新首都旨在将政治从管理中独立出来，其目标是建立一个简政、高效的政府。东京迁都，实质上是首都功能再定位和原首都功能的分散。巴黎的情形与东京略有不同。出于对巴黎历史文化风貌的保护，在城市空间扩展时，通过人为的规划设计，选择了西北部的德方斯作为金融、商务新的中心，东北部的鲁瓦西与博比根，北部的圣德尼，东部的罗斯尼，东南部的克雷泰与龙吉，以及西南部的凡尔赛等相继成为新的城市中心或地区中心，构成中心商务区空间体系，其中德方斯已成为法国乃至全欧州新的中央商务区。

一般说来多中心城市较之单中心城市有以下的优点：（1）多中心的城市空间格局有利于避免城市空间的过度密集，从而改善城市生态环境。而单中心同心圆式的城市布局使市中心与周围自然环境相隔越来越远，不利于空气的自然调节。（2）城市中心的增多能有效地促进城市各地区的平衡发展。（3）多中心结构还有利于城市交通网络的组织，减少拥挤与堵塞的可能。此外，现代城市中心功能的专门化趋势也客观上为多中心结构提出了空间需求，使多中心结构的城市空间布局越来越多。

（三）集中式发展与分散式发展的融合：人地和谐的协调共生——空间结构形态构建的目标

“集中与分散的相互对立正是它存在的理由，这就是说，明白了集中的原因，就能从简单的逻辑中，找出分散的理由”（沙里宁）。历史上集中与分散的极化已使人们意识到过度的集中损害了城市的环境，破坏了城市的生态系统，而过度的分散同样损害了人的心理与生理健康，增加了能源的浪费并使污染加重。无论是强调分散的城市学者们还是强调集中的城市设计师们都自觉不自觉地注意到应当将两者有机地融合起来。城市空间结构演化中，集中与分散作为两种机制是共同作用于城市空间客体的，它通过城市经济、政治、社会文化、生态等诸多要素，形成地域空间上的集中或分散结构，并由此产生相应的形态。当集中机制作用强化时，空间结构呈集中状紧凑布局，而当分散机制强化时，空间结构趋向于分散，两股力量的对立与统一使城市空间结构的演化在集中与分散的均衡与不均衡过程中趋向于某种“中立”，即过度的集中与过分的分散都只是作为阶段性的过程而无法持久，空间的自组织与组织将使空间结构的演化产生“有机秩序”。

基于以上理论，在此，我们提出：用融合了集中与分散的“有机集中”的思想理念来引导深圳市空间形态的合理发展。所谓“有机集中”，就是指城市空间按经济原则、生态原则、文化原则加以组合，形成有机秩序并集聚在某一地域范围，人与社会、自然、生态三位一体的有机联系的空间整合。这种空间集中是人口、经济、文化、资源、生态等有机联系系统的空间表述，同时，这种集中也是建立在生态、资源和谐基础上的人类活动与城市空间互为作用与影响的共进关系。在“有机集中”理念里，有机集中既不是强调城市空间结构与形态的高度集中，也不是主张城市空间的不适当的分散，而是要求依据社会、经济、文化及生态的发展条件，按有机秩序的原则组织与安排一切空间与非空间要素，形成有生命力的、可持续发展的城市空间。因而，这样的空间必然包含着必要的集中以及适当的分散，形成集中中的分散以及分散中的集中的内在空间张力，但它的基本倾向是空间集中而不是分散。它作为一种理想的空间状态，也不可能通过一次城市规划或一次城市改造实践而一蹴而就。对每一个城市而言，作为一种真理性的目标，可能会不断地逼近这种状态，但不会就此终结。有机集中的内涵必然会随着时代的发展而不断地赋予新的内容。而且，也将随着人们对城市本质的认知过程的不断深化，而具有不断发展与完善的意义。有机集中，昭示的是一种规律性的趋势，它不仅意味着城市空间结构与形态演化的正确方向，而且还预示着新世纪世界城市时代城市空间结构与形态的必然归宿。它所代表的是一种新的城市时代的普遍的空间特征。从上述意义上理解，城市空间演化中的有机集中是一种带有内在的、必然的、客观性的规律。

“有机集中”理论指导下的城市理想模式具有如下特征：

（1）城市空间结构以各组团方式存在并互相联系，形成有机结构网络。

（2）城市空间结构簇状布局，蛙跳式伸展，避免与克服传统城市核心与边缘过大的密度差距。同时也防止沿轴线延绵伸展扩张的弊病，谨慎处理空间连续与空间间隔的空间尺度比例。空间间隔的距离视具体的功能区规模大小及当地的生态条件而定。

（3）各功能区之间有足够的开敞空间，由湖泊、绿地、森林、公园、文化体育休闲空间等形成不同功能区、不同内容的开放空间，使开放空间布局与社会经济及居住空间布局有机联系。

（4）城市各功能区结构实行单一功能向多功能、混合功能的转化，可以是一个功能区的混合，也可以是几个功能区的组团混合。日常的人口通勤应尽可能在功能区内或混合组团内解决，各功能区实行以专业化功能为主的混合结构，如给以居住为主的社区配置相应的学校、综合性商店以及其他社区性服务机构，同时，还应安排一些中小型商务机构及厂商，以便就地平衡一部分就业。

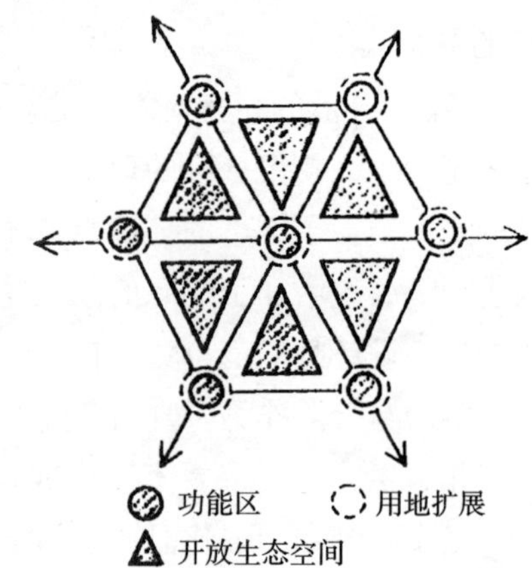

图4－11　有机集中城市空间网络结构

（5）各功能区实行集约化土地资源利用的空间布局，各功能区内以步行交通为主，功能区与功能区的联系以快速交通为主，组团布局代替以往的块状、线状布局，视不同规模的土地资源、人口状况、气候条件等确定相应的规模及密度控制，以开发垂直空间资源相结合的方式取代以往的“摊大饼”及“马赛克”式的蔓延和“抱团”，使所有城市居民既可享受人文关怀，又可获得自然关怀。

（6）城市快速交通联系将在各功能区的边缘通过，道路两侧以绿带联结，并与空间隔离，形成不同节点的快速、中速、慢速的立体交通构架网络。城市地铁、轻轨交通以及空中航运（小型市内公共及私人航运交通网络）有效地联结市内外各功能区及其他城市。

（7）功能区的内部布局以紧凑集中节能的生态建筑为目标，实行高层建筑与多层建筑的合理配置，以向空中、地下要空间的策略来尽可能地节省土地资源的使用，社区单元空间实行相对围合，以增加邻里交往及方便社区活动中心的组织。

上述理论无疑对未来深圳合理空间结构的营造有着重要的指导意义。

第三节　空间结构形态转型的内容

一、可建设用地的空间分布与走向

（一）可建设用地的开发强度与空间分布

1. 可建设用地开发强度评价

据深圳市2000年土地利用现状变更调查数据和建设用地实地调查结果计算，深圳市的土地利用率为86.1%。如果除去裸岩、陡坡、荒草地等难以利用或不可利用地外，深圳市的土地利用率已达到92.8%，利用程度已经很高。

从城市建设强度来看，据建筑普查结果计算，全市毛容积率为0.82，其中特区为1.47，宝安为0.48，龙岗为0.65；全市建筑密度为20.1%，其中特区为22.9%，宝安为16.3%，龙岗为22.7%。说明全市城市建设用地利用程度相对较高。特区表现出相对的集约化特征，特区外尤其是宝安区则表现出明显的粗放特征。

总之，深圳市土地资源总体利用程度很高，外延式扩张的余地较小，今后开发建设的重点应放在结构调整和质量提高上。

2. 可建设用地的空间分布

深圳的可建设用地分布在特区为226.0km^2，宝安区为412.9km^2，龙岗区为336.2km^2。可建设用地中扣除已建设用地外，剩余的可建设用地在特区为83.7km^2，宝安为255.0km^2，龙岗为211.3km^2。主要分布在现状城市建设用地的边缘或其围合地区，特区主要分布在南山区的沿海地区（因填海而成），特区外主要分布在中部的观澜、龙华、布吉镇，西部的公明、松岗、西乡镇，以及东部的龙岗、坪山等镇。在可建设用地中，属于二、三级坡的用地易引发水土流失问题而不宜直接利用，在进行城市建设时需要慎重处理。扣除这部分用地，则深圳建设条件较好，可利用的土地全市为441.2km^2，其中特区为68.4km^2，宝安为204.3km^2，龙岗为152.6km^2。这部分建设条件较好的土地主要分布在特区的南山，中部的龙华、观澜、布吉和横岗镇，西部的公明、松岗、沙井、福永和西乡镇，以及东部的龙岗、坪山和坑梓镇。

在剩余的可建设用地中，还有168.6km^{2}的闲置土地（已推未建用地）。主要分布在特区的南山、福田区，宝安区的龙华、观澜镇和龙岗区的布吉、龙岗镇。从形态上看，闲置土地一般散布在建成区的边缘或沿交通干线分布，形状破碎，规模较小，很少集中连片，开发成本较高。

（二）空间发展的基本框架与走向

1. 东西主轴的伸展与南北多轴的发展

在深圳自然条件及生态环境的刚性制约下，深圳的空间发展基本框架呈东西向的带状。由此使得深圳的交通系统内部走向是以东西向为主，南北向为辅；而在特区外主要是以南北向的轴线为主，东西向轴线为辅。与此相对应，深圳的空间发展轴线在特区内主要是东西向轴线为主，南北向为辅；而在特区外则要弱化轴带状开发，以防止城镇“摊大饼式”的发展。

2. 宝安南北主轴的崛起构成空间形态的新骨架

在宝安区的南北轴线包括两条：其一是新安、西乡、福永、沙井、松岗、公明中心镇区组成西部发展轴线，主要依靠广深高速公路、205国道及规划中的港深西部通道和8条城市轨道线来强化港深穗城市带间的南北轴向联系；其二是龙华、观澜与平湖等组成中部发展轴线，主要依靠梅观高速和规划中的轻轨线来沟通香港—深圳—东莞之间的联系。其中西部发展轴是宝安南北轴线的主轴，对深圳空间发展起到了支撑作用，成为城市空间的重要新骨架。

3. 龙岗东西轴线完善城市空间形态

与宝安不同的是，在龙岗由于其南部沿海地带是海岸山脉带，限制了城市形态的自由扩展，使得龙岗的轴线走向也与海岸山脉带走向大体一致。从而使得深圳整体的空间形态在特区外形成了西部的南北轴线和东部的东西轴线，这在一定程度上促成了深圳形态的东西部差异。龙岗的东西向轴线是以特区的罗湖及盐田港为依托，沿深惠公路展开，即：（罗湖）—布吉—横岗—龙岗—坪地—（惠州）。未来东部通道、粤东沿海高速公路与沿海铁路的开通，以及大亚湾港口与大型工业基地的建设，将促进龙岗东西轴线的完善。

二、空间结构转型的模式选择

（一）空间结构模式的讨论

深圳的空间结构模式主要有两种，即单核多轴放射结构和单核组团卫星城结构，根据前面分析的条件与发展要素，这两种空间模式将难以承担未来大都市的功能要求与空间的高效利用。在分析评价这两种模式的基础上，实现向“双核多元”的空间结构模式的转型。

1. 单核多轴放射结构

单核多轴放射状结构比较常见，一般是城市发展前中期时的典型模式。城市最初在“核”所在地发展起来，并沿交通条件较好的方向形成单核放射状结构。20 世纪 80 年代的嘉兴就是这种典型的单核多轴放射状结构。

以特区为中心，沿交通干线向东、中、西放射的“三主两副”城市发展轴，明确各条轴线的功能定位。

这“三主两副”的城市发展轴主要是：

① 西部产业发展主轴

由特区经新安、西乡、福永、沙井至松岗，指向东莞西部和广州，为全市最重要的产业密集区，也是港、深、穗国际城市带和环珠江口产业带的重要组成部分。

② 中部综合功能主轴

由特区沿“京广九”、“京九九”铁路指向东莞东部，为延续特区居住、生活配套和第三产业等功能拓展的主要空间。中部综合功能轴与特区带状组团构成倒“T”字型核心城区。

③ 东部产业发展主轴

由特区沿深惠公路，经布吉、横岗、龙城、大工业区、坪地向惠州方向伸展，是与粤东地区联系的主要通道和最具潜力的产业带。

④ 中部高新产业发展副轴

由特区经石岩、光明、公明向东莞松山湖地区延伸，是全市高新技术产业的聚集区。市高新技术产业园区、大学城、留仙洞与石岩、光明南等高新技术产业片区都分布在这条发展轴上，并构成了集教育、研发、成果孵化、产品制造于一体的相互分工合作的高新产业密集区，将成为未来五年全市高新产业发展的重点地区。

⑤ 东部沿海发展副轴

由特区盐田沿东部海岸线向大亚湾伸展，是全市最重要的旅游基地和塑造山海城市特色的重要地带。

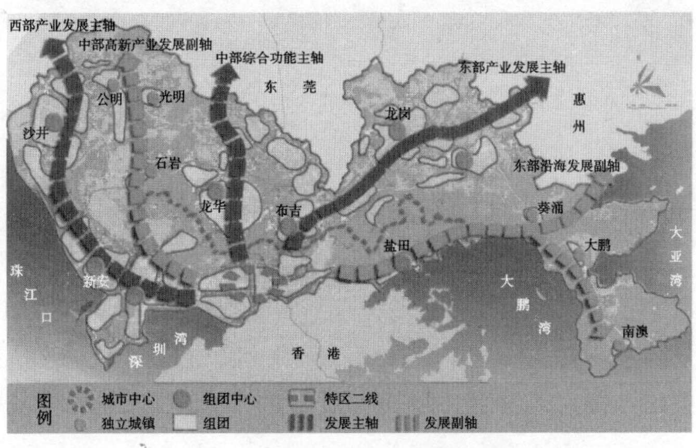

图 4－12　模式一：单核指状放射结构图

• 优点

这种结构常见于中小型城市。沿轴线扩展是解决城市新开发用地与中心城区交通联系的有效方式之一。

• 缺点

①单核多轴的放射状结构，外围城镇依附于中心城，中心与边缘的界限明显，差异较大；②对于一个正在向大都市转型的城市来说，单中心结构已不能满足城市功能扩张与用地需求的矛盾，而且中心区的过度拥挤也将产生负外部效应；③就深圳情况而言，地形情况复杂，过长的交通轴线造成中心区与边缘区联系的成本加大，而且易造成放射线路交通干道的拥挤，同时放射轴带之间的交通联系也不便捷。

2. 单核组团卫星城结构

与单核结构相比，单核组团卫星城结构是相对先进的一种都市空间结构模式。

随着城市规模的膨胀，放射状的扩展已经不能满足城市发展的要求，这时就会在郊区条件较好的地方形成卫星城或组团，如上海的“一城九镇”计划。深圳近几年已经开始了城市功能的分散以缓解日益拥挤的中心城区。为适应这个要求，深圳已经规划了单核组团卫星城的空间结构方案并已付诸实施。规划的目标是“1＋9＋8”单核组团卫星城结构。单核就是指罗湖—福田中心区；包括 9 大组团及特区外的 8 个卫星城。

9 个大组团分别是：

① 特区中心组团：罗湖、福田，全市的商贸中心和商务中心；

② 特区南山组团：南山，全市的科教中心和物流中心；

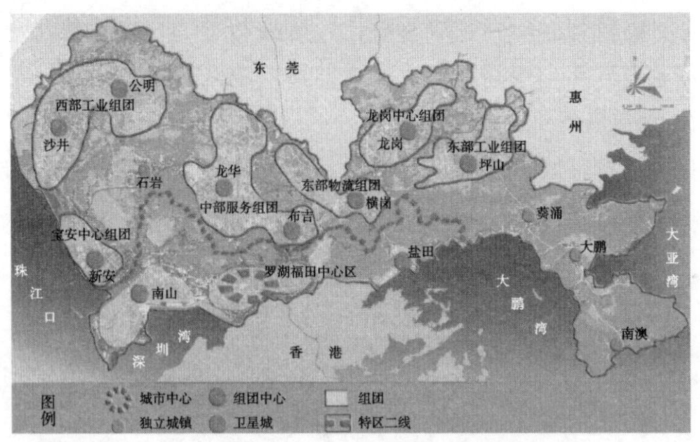

图4-13 模式二：单核组团片状卫星结构

③ 特区东部组团：盐田，国际中转港和东部旅游基地；

④ 宝安中心组团：新安、西乡和航空城，西部发展轴的中心服务区；

⑤ 西部工业组团：福永、沙井、松岗，重要的产业基地和珠江东岸城市带的重要节点；

⑥ 中部服务组团：布吉、龙华、观澜，特区中心组团的服务配套区；

⑦ 东部物流组团：横岗、平湖，东部重要的物流基地和港口服务区；

⑧ 龙岗中心组团：龙岗中心城、龙岗镇、坪地，东部发展轴的中心服务区；

⑨ 东部工业组团：坪山、坑梓，东部重要的产业区和高新技术出口加工区。

通过卫星新城建设，进一步强化城市的“组团结构”。8个卫星城是新安、龙华、龙岗、布吉、沙井、公明、横岗、坪山。其中前四个作为承担生活服务功能的卫星新城，后四个作为承担产业发展功能的卫星新城。确定其中新安是宝安中心组团的综合服务和区级行政中心，龙华和布吉都是深圳中部服务组团的核心和特区城市功能的主要延伸区，沙井是深圳西部工业组团的综合服务中心，公明是西部高新产业组团的综合服务中心，龙岗是东部综合服务和区级行政中心，横岗是东部物流组团的综合服务中心。

- 优点

单核组团卫星城模式一般是当城市规模扩大到一定程度时采用的空间结构模式，它有利于提高边缘地区的土地利用水平，缩小中心与边缘的差距。对协调产业发展与结构调整，完善城市功能、提高城市综合竞争力水平具有一定的意义。

- 缺点

①与单核放射模式类似，单中心的模式对于特大都市而言仍然是一种过渡性的阶段模式；②卫星城的功能较单一，对中心城的依赖性大。卫星城与中心区之间的人口流动频繁，从而造成交通上的拥挤。因此这种空间发展模式并不能从本质上解决中心城过于拥挤的问题；③就深圳目前的产业、人口及城市功能扩散需求来说，8个卫星城显得过多，易形成8个同时低速发展的局面，最后导致城市蔓延；同时对于深圳这样规划达到千万左右

人口的城市，需要的是与中心城相匹配的、有一定独立性的副中心，而不是过分依赖于中心区的卫星城。

3. 双核多元结构

根据国内外大都市发展的经验来看，凡是人口接近千万的大城市，几乎都有多个城市中心，如日本东京的“一城多心”等。多核结构能避免城市中心过度集中的状况，同时城市中心的增多能有效地促进城市各地区的平衡发展，多中心结构还有利于城市功能的扩张与提升，也利于城市交通的组织，减少拥挤与阻塞的可能。

正是根据这种思想及借鉴前面两种模式的优缺点，在结合深圳实际情况的基础上，本文提出了“双核多元”的空间结构方案，作为未来城市空间发展转型的目标。该模式的主要思想是将整个深圳市划分为2个中心区、4个功能相对独立的新城和3个独立城镇。各中心区和新城具有综合性功能、有良好的生活服务设施、一定规模的工业基础、快捷顺畅的交通、方便完善的商业设施，可以有效地减少目前城市人口“钟摆式流动”带来的一系列城市问题，以实现居住与就业之间的动态平衡。而作为城市的组成部分，各区主导功能根据自身条件而有所侧重。通过快速干道有机相联，中间用绿带和绿廊相隔离。独立城镇分布在东部，主要承担发展滨海旅游业。各个中心区和新城的划分主要考虑了地形的分隔作用、地域的相近性、行政辖区的完整性、经济联系的密切性等因素。

具体来说，该模式的“双核”——指深圳原来的罗湖—福田中心区和未来规划建成的新南山中心区。这两个“核”主要承担中心区功能，在具体的功能分工上有一定差别，罗湖—福田中心区主要承担面向国际的外向型服务功能，而新南山中心区主要承担面向市域的服务功能，形成功能上的互补与错位。与以前规划不同的是，本文提出把新南山作为城市中心区，这主要是考虑到南山的发展条件与潜力以及作为中心区发展的可能性：

① 用地潜力：南山的剩余可建设用地是特区内最多，达54.97km^2，占特区内剩余可建设用地的66%。因此南山可以成为今后深圳中心区用地扩展的主要方向。

② 交通潜力：南山区在交通的导向作用下，发展后劲十足。随着107国道、广深高速公路和滨海大道的建成，以及深港西部通道的规划与兴建，南山区的发展潜力巨大，已经在旅游、港口、道路交通建设方面取得了非常显著的成就。南山已从地理和心理上缩短了与香港的距离。

③ 原中心区的约束：老城区罗湖和福田的人口密度已经很高（其中罗湖区8123人/km^2，福田区10050人/km^2），在原城区建设新中心的成本与拆迁难度均较大，难以腾挪适宜建设新中心的成片的建设用地，而且根据国际经验，双中心结构的都市，其双核之间必须有一定的空间距离，否则难以起到双核的空间效应。显然，南山具备建设新中心区的可能条件与空间区位。

该模式的“多元”——指4个新城功能区和3个独立城镇。新城包括宝安新城、龙华—布吉新城、龙岗新城和盐田功能区。前三个新城是相对独立、自身具有相对完善功能的新城，后一个为以港口物流为主的功能区。独立城镇包括葵涌、大鹏和南澳，主要承担滨海旅游功能和生态保护功能。在各中心区和新城之间通过快捷的交通干道连接，以便于实现各个中心区和新城之间的功能互补。不仅如此，在各个中心区和新城之间有绿带和绿廊相间隔，严格限制新城开发利用绿地和绿廊的土地，以防止新城无限制地蔓延。

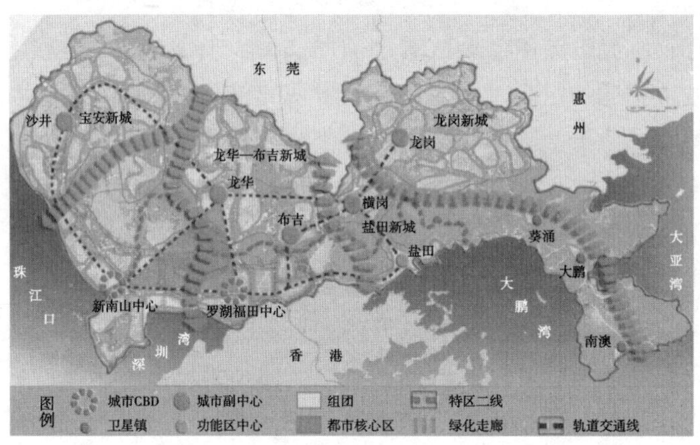

图 4－14　模式三：双核多元环带状结构

"双核多元"的空间结构包含三级空间体系：

第一等级是 2 个中心区，即罗湖—福田中心区和新南山中心区；

第二等级是 4 个新城，即宝安新城、龙华—布吉新城、龙岗新城和盐田功能区；

第三等级是 3 个独立城镇，即葵涌、大鹏和南澳。

深圳的"双核多元结构"就是"双核多元、三级体系、两主四副三镇"。

该推荐模式主要有以下优点：

① 在充分借鉴空间形态理论基础上，以有机集中理念构筑了深圳新的双核多元城市形态结构，既充分发挥了各中心区和新城的综合效益，又解决了原来单中心城市模式下城市的诸多问题。如中心区过分集中而特区外又过于分散的问题，有利于避免人口密集、交通拥堵、环境恶化、人口钟摆流动频繁等诸多的城市问题。

② 同时这种模式倡导较高密度的中心区和新城与大量开敞空间的并存，可以有效地避免低密度无序的蔓延，有利于空间资源开发利用效益的提高，提升空间开发质量的均质性水平。

③ 可以更好地适应深圳的以平原和丘陵为主的自然地理条件，在平原区和台地区建成综合功能组团，以山脉、丘陵和生态水源保护区等作为中心区和新城的分隔绿带。有助于充分利用独特的空间资源集约地利用土地，避免城市二元景观结构的极化。

由于在划分中心区和新城时涉及跨越行政区界限，因此在实施上要注意各个中心区和新城利益的协调，在必要时可以通过调整行政区划来适应各个中心区和新城的发展。多元结构很重要的是交通联系的方便与快捷，因此该模式的关键是交通要能够满足中心区和新城之间功能互补上所需要的联系。

（二）空间结构形态转型的建议内容

1. 人口与建设用地的配置

根据前面的分析，深圳的可建设用地总量为761km²。再结合自然条件的刚性制约及目前深圳的人口现状和发展趋势，预计到2020年，深圳的总人口将会达到1000万左右。按照这样的建设用地和人口标准，各个新城的建设用地、人口配置及功能分区如下所示。

（1）罗湖—福田中心区（Ⅰ级）

范围：包括罗湖、福田两区；建设用地面积控制在87.79km²左右。

人口：2000年人口为143万，2020年人口规模控制在150万左右。

功能：除继续承担全市中心区的CBD功能外，要逐步实现面向国际服务的新功能，主要有：金融保险、房地产服务、商业服务业、咨询等为主的中心商务职能以及政府机构、医疗卫生、高新技术产业等社会服务功能。

发展策略：罗湖区已经没有可建设用地，福田区只有零散的可建设用地，今后的主要发展策略是继续产业置换，居住和服务业向高档化转变以迎接香港新一轮的产业转移，控制中心区人口密度，加快城中村的改造。

（2）新南山中心区（Ⅰ级）

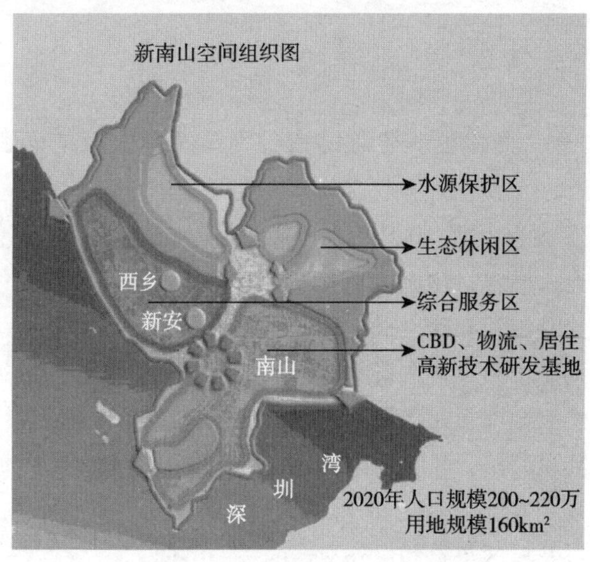

图4－15　新南山中心区空间组织图

范围：包括原南山区、宝安的新安街道办和西乡镇；建设用地面积控制在160km²左右。

人口：2000年人口为87.7万，2020年人口规模控制在200～220万。

功能：发展为面向全国、全市服务的CBD中心区，承担的主要功能有：现代金融、商贸；物流；高新技术产业与科研、临港工业；旅游；居住等。与罗湖—福田中心区形成功能互补的两个一级中心区。

发展策略：南山尚有较多可供利用的建设用地，是特区中发展潜力最大的地区，应作为今后发展的重点。该区要做好建设城市新 CBD 和西部大通道建设的准备，提高基础设施和现代服务水平，严格控制城市开发建设所需土地供应总量，改变全面开发分散建设状况，提高土地利用的集约化程度。

（3）龙华—布吉新城（Ⅱ级）

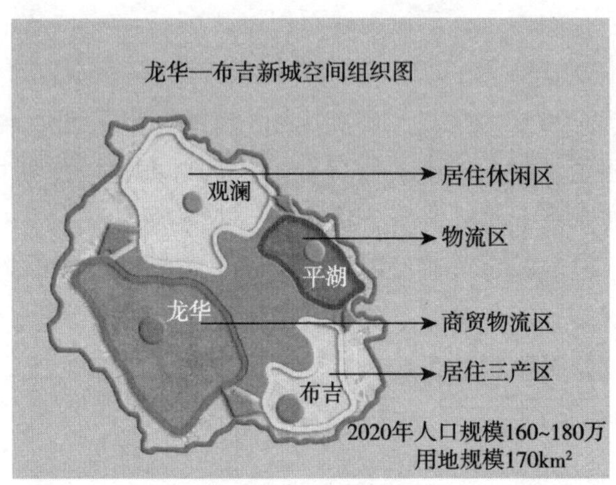

图 4－16　龙华—布吉新城空间组织图

范围：包括龙华镇、观澜镇、平湖镇和布吉镇；建设用地面积控制在 169.34km² 左右。

人口：2000 年人口为 69 万，2020 年人口规模控制在 160～180 万。

功能：全市性的交通枢纽、物流中心、商流中心；高新技术产业；配合罗湖—福田中心区建设，分担市级公共配套设施，提供良好的居住和社区环境。

发展策略：考虑到龙华和布吉两镇发展水平相近，且两镇相距较远，因此在这个新城中，规划了两个新城中心，即为龙华镇和布吉镇。该新城的四个镇规模都较大，在分布上环绕中心丘陵，又被高速公路分隔，因此要注意四个镇可以相对独立地发展基础服务配套设施，但大型的公共设施要统一协调布局，龙华和布吉要共同发挥中心功能的作用，注重内部交通网络的完善以及城区道路和对外交通的关系协调。

（4）宝安新城（Ⅱ级）

范围：包括福永镇、沙井镇、松岗镇、公明镇、石岩镇和光明街道办；建设用地面积控制在 174.43km² 左右。

人口：2000 年人口为 52 万，2020 年人口规模控制在 160～180 万。

功能：以发展工业、居住、商品零售业为主，加强基础设施建设，并逐步引导产业升级。

发展策略：规划沙井镇为该新城的中心，通过大型公共设施和基础设施的建设来提升

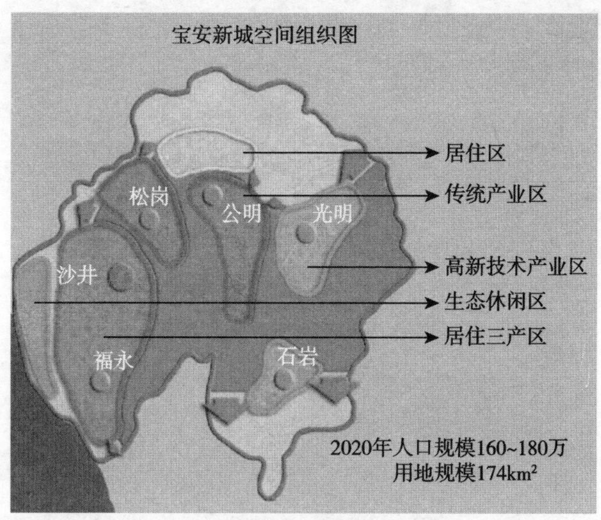

图 4－17　宝安新城空间组织图

沙井的中心地位，各镇要有序安排管理土地的开发时序，提高工业用地的集约化水平，保护与开发滩涂用地作为远景发展的用地储备，引导传统的“三来一补”产业逐步向高新技术产业升级。

（5）龙岗新城（Ⅱ级）

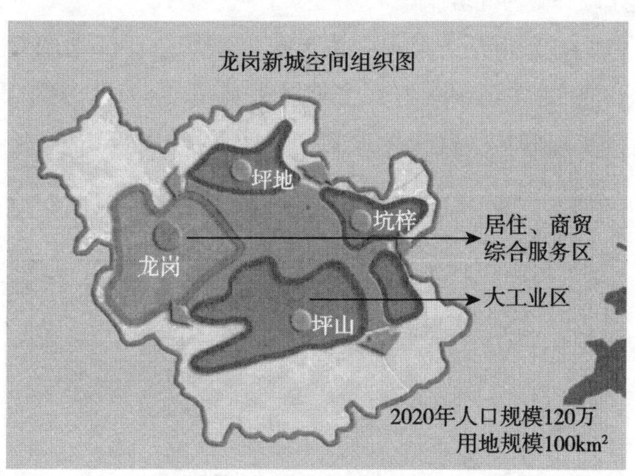

图 4－18　龙岗新城空间组织图

范围：包括龙岗镇、坪地镇、坑梓镇和坪山镇；建设用地面积控制在 98.98km^2 左右。

人口：2000 年人口为 40.6 万，2020 年人口规模控制在 120 万。

功能：先进制造业、居住、商业为主。

发展策略：规划龙岗中心区和龙岗镇为该新城的中心。该新城离城市中心区较远，要强化其现代生活服务与生产服务的功能。主要发展先进制造业与高新技术产业，改造与提升传统劳动密集型产业。

（6）盐田功能区（Ⅱ级）

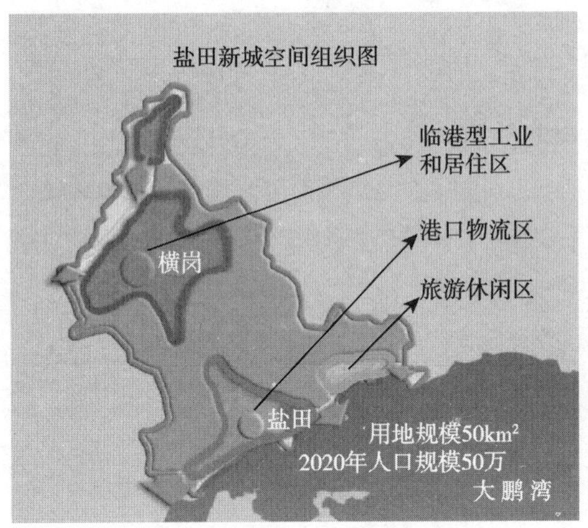

图4－19　盐田功能区空间组织图

范围：包括盐田区和横岗镇；建设用地面积控制在51.54km^2左右。

人口：2000年人口为28.2万，2020年人口规模控制在50万。

功能：全市的港口、海—陆物流中心为主。

发展策略：横岗作为盐田港后方陆域，发展临港型产业，带动现有的工业向临港产业配套转化，同时提高该区的综合服务能力，注重城市环境的美化。盐田和横岗之间有山体间隔，今后要强化两地的交通联接，改善两地的交通联系，以便实现两地功能的一体化发展。

（7）独立城镇（Ⅲ级）

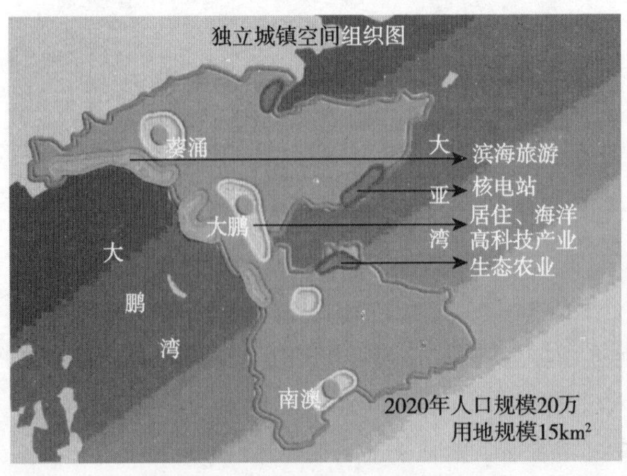

图4－20　独立城镇空间组织图

三个独立城镇：葵涌镇、大鹏镇和南澳镇；建设用地面积控制在 15km^2 左右。

人口：2000 年此三镇的人口分别为 4.7 万、2.5 万和 1.3 万，2020 年三个独立城镇人口规模分别控制在 10 万、6 万和 4 万左右。

功能：这三镇的功能基本相同，适宜发展滨海旅游业、海洋生物高科技产业及都市型现代生态农业。

发展策略：作为三个相对独立的城镇，规模小，功能单一，依附主城而存在。由于处于生态敏感区，在强调生态控制和保护的前提下，这些独立城镇应充分利用丰富的滨海资源、旅游资源和农业资源，自成体系，提高产业的准入门槛，限制任何有污染工业的发展。

2. 交通与生态系统建设

（1）交通

根据深圳目前的交通网络和各种交通规划，理想的深圳的交通网应形成方格网形、环形和放射形相结合的高标准复合型路网系统，通过快捷的交通网络把各个中心区和新城有机地连接起来，有利于实现全市域的交通网络化；同时需要梳理各个中心区和新城内部的交通网络以及强化市域交通与深圳周边地区的区域交通的衔接，以便于深圳更好地发挥区域中心城市的引领作用。

从主要的公路网来看，以特区为起点，广深一级公路（G107）和广深高速连接宝安新城和新南山新城；梅观高速公路、龙深一级公路连接新南山中心区、罗湖—福田中心区与宝安新城的东部、龙华—布吉新城；惠深一级公路（G205）、惠盐高速及深汕高速连接罗湖—福田中心区和龙华—布吉新城、盐田－横岗港口物流区、龙岗新城；半环状的西宝线（S359）、核龙线及机荷高速，把宝安新城、龙华—布吉新城、盐田—横岗港口物流区、龙岗新城及三个独立的城镇进行横向的串连。

从轨道交通来看，规划与建设中的轨道交通线应形成以两个中心区为核心的向外辐射的格局，增加两个中心区的快速交通通道，同时应及早规划与建设各新城之间的快速网络的联系，以及轨道交通的支线建设。

（2）绿地生态系统

城市建设用地和生态绿地在功能上是并行的，在布局上是互相间隔的。生态绿地系统主要由水源保护区、农业保护区、自然生态保护区、风景休闲与旅游区、城市组团隔离绿带和城市公园等组成。深圳独特的山海地形地貌为全市域的生态网络建设提供了良好的生态基质，应利用各新城之间天然的丘陵山体作为生态屏障，形成城在绿中，绿在城中，人在画中的花园城市，西部的环状绿带与东部的南北向绿带应充分发挥倚山面海的生态景观优势。

生态绿地系统辅之以其他各种要素的规划建设有助于进一步夯实“国际花园城市”的环境基础，建成蓝天碧海茂林秀城风格的生态城市。

3. 发展的时序

根据新空间发展因素的不同和各个新城发展的条件差异，理性确定各个新城的发展时序。

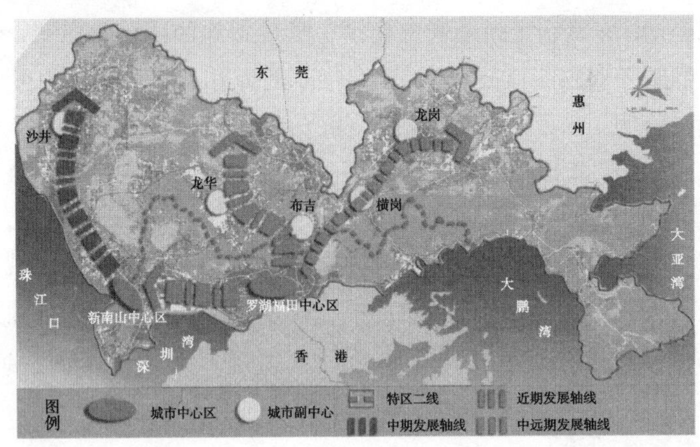

图 4－21 深圳空间发展时序图

① 南山新城：可以作为近期优先开发的区域，不仅是因为尚有较多的可开发建设用地，而且随着西部大通道的建设将大大方便与香港的联系，政府应该重点支持新南山区的发展，促使该区早日和罗湖—福田中心区一起成为具有一流国际水准的新的都市中心区。

② 龙华—布吉新城：由于靠近特区，可以分担特区的一些公共设施配套职能，而且该新城的推平未建设用地是除南山新城外最多的，空间发展潜力大，加上优越的交通区位和条件，成为了仅次于新南山的优先发展区。这样罗湖—福田中心区、新南山 CBD 和龙岗—布吉新城在空间上形成了一个稳定的三角结构，有条件共同打造都市区的核心功能区。

③ 龙岗新城：配合东部大工业园的开发建设，龙岗新城的重点是集聚人气。为此需要加强城市公共服务设施的配套，全面缩小与中心城区的发展差距，力争在中远期形成国内一流的新城区。

④ 盐田功能区：由于涉及行政区划关系的调整，因此，应协调好不同行政辖区的关系，更好地发挥深圳作为港口城市的优势，并适时调整行政区划，着力打造国际先进、国内一流的新港区。

⑤ 三个独立城镇不宜大发展，应在保护与生态修复的前提下进行适度的开发。

4. 相应的行政区划调整

在中国未来相当长的时期内，行政区经济依然会发挥强大而明显的作用。一个区域中只要有一级政府存在，它必然谋求在本区域内的发展最快化和利益最大化，而这恰恰可能是和整个都市区的总体发展目标、发展策略及发展时序相矛盾的。而我们在划分各个中心区和新城的时候，主要是考虑区位相近、经济联系的方便、资源和功能的互补，这样就有一些中心区和新城是跨越行政界限的，不利于中心区和新城的统一管理。为了更好发挥各个中心区和新城的优势，需要适时进行相应的行政区划调整。

主要的行政区划调整包括：

① 考虑到原南山和宝安的新安、西乡组合为一个中心区，可把原新安和西乡划入南

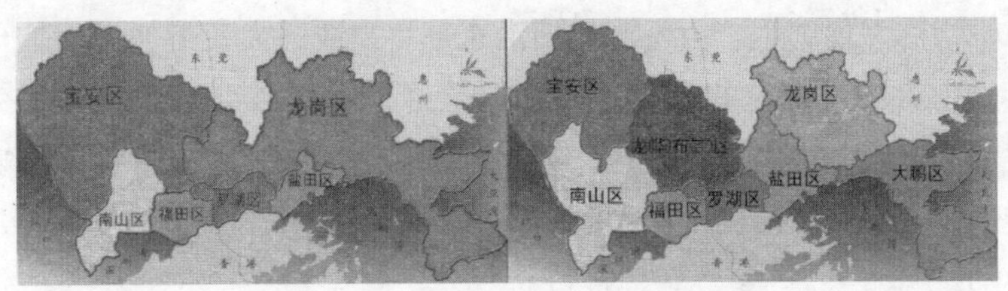

图 4－22　深圳行政区划调整意向图

山区，组成一个新南山区。

② 原宝安的龙华、观澜镇及原龙岗的平湖、布吉镇划为一个新城，可成为一个独立的行政区。

③ 横岗作为盐田的后方陆域，因而可把原龙岗的横岗镇划入盐田区，方便港口和后方陆域的联系。

④ 考虑到葵涌镇、大棚镇和南澳镇的功能相近，且离原来的龙岗行政中心较远，不便于行政上的管理。我们提出把这三个镇单独作为一个行政单元，叫做大棚区。

这样深圳相对各个中心区和新城形成了 8 个行政区，除罗湖—福田中心区属于两个行政区外，其余的中心区和新城各自成为一个行政区。

三、空间形态模式的评估

（一）形态模式

1. 指状形态

指状形态在城市发展的早期和中期比较常见。它拥有一个具有高密度及混合功能的主要中心，从中心出发呈放射状的交通路线是公交系统和主要的机动车交通路线。放射的“手指”以中等密度（低于中心）伸展，甚至可以到达其他大都市中心，城市的增长可能会集中在主要射线上。该结构的优点是有利于人口与产业的空间扩散及生态环境的形成。但缺点是城市的过度增长会造成中心拥挤以及放射线路交通过量；内城的绿地已不再与农村相连，而是在指状发展带之间跳跃；极易形成同心圆结构，产生难以对付的交通问题。

深圳早期和中期的空间形态主要是指状形态，对应于其单核放射状的空间结构。以特区的福田和罗湖为中心，沿交通干线向东、中、西延伸的“三主两副”的城市发展轴所形成的“手指”，以绿带和绿廊来分隔各个指状发展带，各个“手指”有不同的功能分工，具体的分工如下：①西部产业发展主轴，沿广深高速公路和 107 国道由特区经新安、西乡、福永、沙井至松岗，指向东莞西部和广州，为全市最重要的产业密集区；②中部综合功能主轴，由特区沿“京广九”、“京九九”铁路指向东莞东部，为延续特区居住、生活配套和第三产业等功能拓展的主要空间；③东部产业发展主轴，由特区沿深惠公路，经布吉、横岗、龙城、大工业区、坪地向惠州方向伸展，是最具潜力的产业带；④中部高新产业发展副轴，由特区经石岩、光明、公明向东莞松山湖地区延伸，是全市高新技术产业的聚集区；⑤东部沿海发展副轴，由特区盐田沿东部海岸线向大亚湾伸展，是全市最重要的旅游基地和塑造山海城市特色的重要地带。但是这种指状的空间形态，也易带来一些问题，交通轴线的交叉汇集处为节点地区，容易产生交通问题。克服指状形态缺点的办法是增加指状之间的横向联系，即向环状形态、网络状形态发展。

2. 带状组团形态

"带状城市"的主要代表人是索里亚·伊·马塔（A. S. Y. Mata）。带状城市形态一般是沿一条主要或几条平行的交通线，或沿海、江、河或其他自然地形发展而来，城市形态呈带状、条状演化，主城与新城之间容易形成串珠状关系，该形态往往存在中心区与边缘区距离较远的问题，但优点是城市各功能区分隔明确，并可以保持足够的间隔。组团的形成往往随着指状形态的发展，"手指"上的交通节点等发展条件较好的地方演化为片状、团状发展。这个过程体现在形态上就是组团。

深圳目前的形态是带状加组团，特区内的带状形态加上特区外的组团形态。特区内由于行政区划的东西带状，加上目前特区内大的交通干线主要是以东西向为主，南北向为辅，使得特区内在总体上呈东西向带状。而特区外则主要是在区位、交通条件好的地方形成组团式的形态。

带状形态是一种基于地形条件而形成的不稳定的城市空间形态，一般存在向指状形态或者环带状形态演化的趋势。

3. 环带状形态

环带状形态是由带状形态演化而来的，主要代表人是朗科恩。他认为以往的带形城市存在城市空间距离拉得过长的缺陷。如果将带型改为环型，不仅城市的最大旅程缩短了一半，而且还便于灵活地安排城市的空间布局。环状的城市道路网络将城市活动的组团串珠子般联在一起，使城市空间具有较好的开敞空间的同时还具有大组团的空间特征。

根据这样的设计思想，结合深圳目前的城市空间形态、灾害限制、生态环境保护用地的限制和规划的"双核多元"空间结构，规划认为：深圳未来的空间形态为环带形比较理想。

这里的"环"指由3个新城和2个中心区围合而成，具体是由宝安新城、龙华—布吉新城、盐田功能区与新南山中心区和罗湖—福田中心区围合成的一个大环带。各个中心区和新城之间都有一定的绿带间隔，以防止空间扩展的低密度蔓延。"环"的中间为绿心，为深圳提供了大面积的开敞空间。"带"由2个新城组成，即由盐田功能区向东部延伸到龙岗新城的条带状地块，组成"带"的2个新城之间也有绿带间隔，这样构成了"西环东带"的深圳空间形态大格局。

（二）推荐模式与评估

综合前面分析的深圳空间内部结构和外部形态，我们推荐深圳今后的空间形态发展模式是"双核多元环带形"的模式。通过前面提到的单核多轴放射状结构、单核组团卫星城结构与双核多元环带形的分析、优缺点对比，我们认为双核多元环带形的模式更能适应深圳当前的发展趋势、能更好地解决中心区过度集中的问题、更好地集约利用土地、更好地适应深圳的自然生态等刚性条件、更好地实现不同地域的功能互补。

小　结

改革开放以后，经过短短 20 多年的发展，深圳由一个边陲小镇迅速建成为一个常住人口超过 800 多万的现代化大都市，不能不说是世界城市建设史上的一项伟大工程。正是由于在一块空白画布上描绘城市蓝图，深圳的城市规划从一开始就具有先天优势，较好地引导了城市的大规模开发建设活动，在经历了几次保持较好继承性的规划修编调整之后，深圳市的空间结构和土地利用布局基本符合预期的设想。因此，深圳市的城市规划所起到的作用较之其他城市体现得更加明显，它在指导城市转型的过程中扮演了十分重要的角色。研究这样一个城市的转型，有着独特的意义和推广价值，归纳起来主要有以下几点：

1. 空间发展的连贯性和超常规性

一方面深圳市的发展历程就像一部浓缩了的中国现代城市发展史，从无到有，从小镇到城市再到特大城市，深圳本身就是一个中国式的神话；另一方面，20 多年的超常规发展使得深圳博得“一夜城”的美誉，城市建设及空间演替速度之快前所未有，对于中国大多数城市来说未来十几二十年才可能完成的城市空间转型在深圳几年内就将完成，这种发展经验和借鉴意义弥足珍贵。

2. 转型过程中出现问题的代表性

深圳空间的急速扩张导致了一系列城市空间结构及土地利用方面的问题，如市域空间结构二元化、城中村问题突出等，实际上，这些问题在中国许多大中城市均有表现，尤其是对于特大城市而言，如何变单核为多核，实现城市中心功能的分工与协调，如何改变城市中心区环境恶化、后续发展动力不足的状况，如何统筹市域空间协调发展等已经成为城市规划的热点和难点问题。这些问题在深圳体现得尤为突出，因此规划对其进行深层次的研究具有代表性的意义。

3. 规划的连续性和彻底性

深圳市常被城市规划行业人士称为“基本按规划建立起来的城市”，城市规划的作用在城市发展过程中体现得尤为彻底。从 1980 年编制的“深圳市城市建设总体规划”到 1984 年的“深圳经济特区总体规划”，从 1989 年的“深圳市城市发展策略”再到 1996 年的“深圳市城市总体规划”，深圳的城市规划从人口规模、空间结构、用地布局、产业发展等方面确定了城市的发展目标，具有很强的连续性。此课题的研究实际是对新背景下的深圳城市空间拓展的重新认识，它是对历次规划中城市空间专题的深化和延续，旨在解决特定的问题。因此对于其他城市规划的编制而言，这种彻底性和延续性具有十分重要的借鉴意义。

总而言之，“特大城市”和“空间结构转型”作为这一章内容的两个关键词，代表了中国城市转型的一种类型。本次规划研究对于想通过城市空间结构的再塑造，提升城市品质和竞争力的大中城市来说，具有一定的参考价值。

第五章

从“部分补短”到“整体补齐”

——大连城市发展模式转型研究

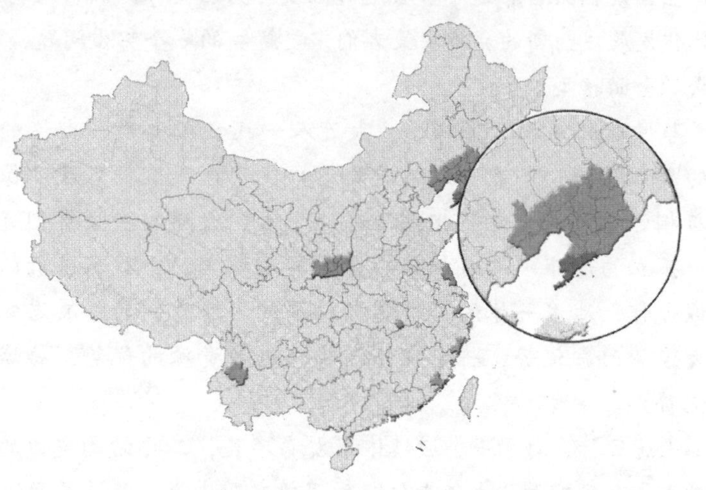

大连，是中国北方的滨海大都市，也是中国东北三省的海上门户。独特的区位条件与优越的发展条件，使得大连长期傲视东北的其他城市。这个主要由山东半岛的移民们所开发的城市在骨子里并不认同关外的文化与生活方式，他们已经习惯于将舶来的文化作为自己的“临摹”对象，并演绎成为独具特色的都市风尚，这种都市风尚曾经在薄熙来的城市经营理念下转化为极强的城市竞争力，并以此集聚起超出其发展阶段的额外的种种资源。至今，大连人仍然为薄市长为大连所做的一切而自豪。然而，在薄的效益尚未扩散到周边乡村的时候，薄就受命于中央，开始领着中国新一代的商人们到世界各地推销“中国制造”去了。因此，在这个被当地百姓戏称为城市像欧洲，农村像非洲的二元都市区，城乡一体化发展成为新的城市决策者们需要解决的一个突出问题，这意味着从发展思路到发展模式的全面转型。

与身后的东北三省相比，大连人一夜之间发现，大连的城市转型其实并非像想象中的那么轻松。一直自以为是的港口优势也忽然被发现不像想象中的那么明显，甚至于与相邻的天津与青岛相比还略处下风。大连的决策者们开始感觉到，大连一直在以一个孤立的城市单元与相邻的区域单元竞争，一种独狼般的孤单开始折磨其神经。走区域合作，城乡一体的道路是摆脱这种困境的新的发展思维：将东北腹地的优势转化为大连的门户优势，将港口的优势转化为资源的优势，将城市的优势转化为城乡一体的优势。

上述目标，对于一个城镇体系发育不良，二元结构突出的地区来说，任务并不轻松。而对于一个习惯于“大连本位”的思维定势来说，物质层面的藩篱几乎微不足道，但精神层面的思想解放则决非一朝一夕。大连可以也应该成为东北的上海。服务东北，服务辽宁意识的确立之时，便是大连与东北的共同腾飞之日。

第一节 “补短”失效：发展模式转型的必然性

大连位于欧亚大陆东岸，中国东北地区最南端，占辽东半岛南部约一半地域，东濒黄海，西临渤海，南与山东半岛隔海相望，北依辽阔的东北平原，是东北、华北的海上门户，是重要的港口、贸易、工业、旅游城市。现辖六区（中山、西岗、沙河口、甘井子、旅顺口、金州）三市（瓦房店、普兰店、庄河）一县（长海），另外，还有4个国家级对外开放先导区（开发区、保税区、高新技术产业园区、金石滩国家旅游度假区）；市域土地总面积13538km^2，共65个建制镇、22个乡，2004年末，大连全市城市化水平55.6%（非农化率），处于城市化快速增长时期。

大连是首批对外开发的14个沿海城市之一，是东北老工业基地的重镇，既具有对外开放的政策优势，又享受老工业基地振兴的扶持政策。自国家出台“振兴东北”战略以来，大连的龙头地位得到认可，经济出现快速增长的势头，2003、2004年的经济总量增速分别是15.2%和16.2%，重新跃上了15%的台阶。2003年10月5日，中央在《关于实施东北地区等老工业基地振兴战略的若干意见》中，明确将大连定位为“东北亚重要的国际航运中心”，以及造船基地、石化产业基地、现代装备制造业基地、电子信息和软件产业基地。这一战略定位对大连的城市发展提出了新的要求，这无疑将促使大连以更高的目标与要求审视自身所面临的机遇与挑战。

一、“精品大连”战略高调推进的效应

（一）“精品大连”战略提出的背景

20世纪90年代以来整个东北腹地经济的疲软，计划经济体制背景下形成的产业结构，使大连的产业结构弹性小，刚性大，应变能力差，转换的“沉淀成本”高，在改革开放以及计划经济体制向市场经济体制的转轨过程中，难以及时转换与升级，难以抓住几次大的经济发展机遇。在国企改革陷入困境，外资带动不明显的情况下，大连借助其得天独厚的自然区位优势，优化城市的自然环境，改善城市的人工环境，提升城市的环境竞争力，大力发展旅游业，增强城市的吸引力，提高城市的国内国际知名度，走精品大连之路，这一“精品大连”战略的实施，使大连在一段时间内成为中国内地的一座明星城市。

（二）主要内容

20世纪90年代大连市委、市政府认真借鉴国内外城市建设与发展的经验和教训，贯彻可持续发展的战略，确定了“不求最大，但求最好”的精品城市发展方针，根据自身的发展实际情况，争取经过一段时间的努力，使大连成为地盘不大，但功能齐备、环境优美、企业效益好、居民生活质量高的具有中等发达国家城市水平的城市。为这一目标，市委、市政府采取了三条有效的措施来加以实施：一是控制城市人口规模，提高人口素质；二是控制基建规模，提高建筑水准；三是合理的产业结构，只允许技术高、无污染、低耗能、效益好的项目进入，以提高企业效益。

（三）精品城市发展模式效应

大连在几年的时间内从一座默默无闻的、污染严重的重工业城市变成一座人所共知的“旅游城市”，依据其独具个性的环境品牌，塑造了富有个性魅力的城市形象，走出了独特的城市现代化发展之路，使大连很快从传统工业基地重负下走出来，城市的品位和价值以及城市的竞争力不断提升。不仅如此，大连人所创造的与精品城市发展理念相配套的经营城市、以城建经济带动城市经济的模式，已成为中国城市发展的一种流行模式。

二、区域竞争——盛名之下的尴尬

（一）地位、自信与区域作用不相称

作为东北地区惟一的出海口，大连承载了“东北亚国际航运中心”与“振兴东北”的重任，但事实上它在区域中的地位及发挥的作用并没有期望中的那样大。

1. 东北亚航运中心：大连面临激烈的挑战

尽管国家将大连定位为东北亚航运中心，但东北亚这一较为模糊的腹地对大连发展的促进作用尚未显现，且东北亚地区无论是环渤海的天津港、青岛港，还是韩国釜山港，运量都在大连之上。建设东北亚航运中心，大连面临着激烈的挑战。

（1）大连港与世界主要航运中心差距甚远

根据莫宝民等人的研究成果，世界上公认的鹿特丹、新加坡、香港、汉堡等国际航运中心的港口吞吐量规模一般在2亿吨以上、集装箱吞吐量在500万TEU以上。大连港目前与这些世界公认的国际航运中心相比尚存在较大的差距（表5－1、表5－2），不仅吞吐量规模相对较小，而且集装箱港口世界排名尚未进入前30名，集装箱转口运量更小，外贸货物比重偏低。

大连港与世界主要航运港口的吞吐量比较（2004年）　　表5－1

港口名称	新加坡	上海	鹿特丹	香港	大连
货物吞吐量（亿吨）	3.88	3.79	3.54	2.21	1.45
集装箱吞吐量（万TEU）	2130	1455	820	2193	221

引自：莫宝民，李青，孙光圻等. 大连东北亚国际航运中心建设与区域经济发展的协调性问题，《交通运输规划与管理》。

国际集装箱港口吞吐量比较（2004年）　　表5－2

港口	香港	新加坡	上海	深圳	釜山	青岛	大连
吞吐量（万TEU）	2193	2130	1455	1362	1150	514	221
排名	1	2	3	4	5	13	32

引自：莫宝民，李青，孙光圻等. 大连东北亚国际航运中心建设与区域经济发展的协调性问题，《交通运输规划与管理》。

（2）来自国内外港口的激烈竞争

根据陈臻（2004）的研究，在大连周边最主要的国内竞争性港口就是青岛港、天津港。目前青岛港略胜一筹。大连如果不能在竞争中体现出优势，东北亚航运中心就只能是一句空口号。三港在航运位置和腹地的相对独立性上各有优势。首先，从位置上看，大连港、青岛港位于渤海湾口处，与天津港相比，具有进入世界主干航线航程较短的优势。而天津港距离内地最近，便于出口货物从陆上集中，其次，从腹地的相对独立性上看，大连港背靠东北三省和内蒙古东部地区，与天津港和青岛港交叉腹地较少，容易在该地区占据

一定的货源优势；而天津港在津、京、冀、晋、蒙、陕等地占有明显的优势；山东、河南及其周边地区则是青岛港的有效辐射范围。

在东北亚区域中，对大连建设区域性国际航运中心构成现实或潜在竞争关系的港口，主要是韩国的釜山、光阳，日本的东京、横滨、神户等，以韩国釜山的竞争性最大。釜山不仅以韩国举国为腹地，更在转运业务中占优。支撑这种表现的是从硬件到软件的全面领先。

国内主要港口集装箱吞吐量比较（2004 年）　　表 5－3

港口	上海	深圳	青岛	宁波	天津	广州	厦门	大连
吞吐量（万 TEU）	1455	1362	514	401	381	331	287	221
增幅（%）	29	28.2	21.3	44.5	26.5	19.5	23.2	32.4

引自：陈臻．大连建设“东北亚国际航运中心”前景探讨．中国水运，2004（4）：9～10。

（3）经济腹地发展缓慢

大连港最主要的经济腹地东北地区，长期受计划经济影响及产业布局严重失衡等的制约，在改革开放和向市场经济转轨的过程中，发展速度显著放慢。东北三省与山东省分别作为大连港与青岛港的主要腹地，相比较而言，在总体经济实力方面，山东省比东北三省更具相对优势，据统计，2006 年，整个东北三省 GDP 还不如一个山东省的多，在增速方面，山东省的进出口增速是东北三省的 1 倍多。东北经济腹地产业结构失衡导致的货源结构不合理，已成为大连口岸集装箱运输难以健康发展的主要瓶颈。经济腹地发展缓慢，客观上导致大连在建设国际航运中心过程中遇到了难以在短期内突破的屏障。

（4）东北亚：“海市蜃楼”？

东北亚区域整体经济在自然资源、劳动力资源和产业结构方面互补性强，总量大，如能形成东北亚经济圈，将和欧盟、北美一起成为三大国际贸易区。但是，国际政治关系的复杂客观上使东北亚经济圈并未形成，何时形成也难以确定。

2. 与环渤海经济圈协作不明显

大连虽处于环渤海经济圈，但目前环渤海经济圈内部城市相互协作还不明显，仅港口服务范围有相对固定的划分，如大连面对东北地区、天津面对京津唐及西北、青岛面对山东。

3. 振兴东北：区域辐射能力亟待加强

东北地区基本形成了以沈阳、哈尔滨、长春和大连为中心的多中心格局，多个中心之间存在着竞争与合作关系，共同承担振兴东北的重任。大连以其独特的自然、历史和人文环境，成为东北南部的航运、旅游、金融和文化中心。但大连对周边地区的交通联系、产业带动等远不如沈阳，对周边的辐射能力有限。如大连发往周边地区的客车班车中开往沈阳的居多，占 34.37%，与其他地级市的交通联系明显较弱。

大连与省内城市班车联系　　表 5－4

	大连发车时间	运行时间
沈阳	6:50，7:40，9:10，11:10，12:10，13:10，14:10，15:10，16:10，17:30，19:00	4 小时 20 分
鞍山	8:50，14:50	3 小时 10 分
抚顺	8:00，14:30	4 小时 45 分
本溪	9:40	5 小时
锦州	10:00，14:00，16:00	4 小时 30 分
营口	7:30，9:00，11:00	2 小时 30 分
阜新	8:00，14:20	5 小时 10 分
辽阳	8:00	3 小时 30 分
朝阳	8:30，14:20	5 小时 15 分
盘锦	10:30，16:30，17:30	3 小时 30 分
葫芦岛	8:00，16:30	5 小时

大连与东北内部班车联系　　表 5－5

线路名称	发车时间	票价	发车站点
大连—长春	8:00、18:30	210、198	建设街汽车站
大连—哈尔滨	16:40	181	建设街汽车站
大连—梅河口	9:20	93	建设街汽车站
大连—磐石	6:00	112、80	建设街汽车站
大连—辽源	7:40、17:00	95、107	建设街汽车站
大连—赤峰	15:00	104	建设街汽车站
大连—通话	8:40	90、82	建设街汽车站

资料来源：www. dlky. dl. gov. cn。

另一个反映城市中心性的指标——商业经济指标，说明大连对外辐射能力（无论市内市外）并不强。相反，沈阳对辽宁省的商业辐射能力远强于大连，与大连自视中的中心地位相去甚远，仅与哈尔滨相仿。

商业经济指标比较　　表 5－6

城市	批发零售贸易业商品销售总额（万元）	社会消费品零售额（万元）	限额以上批发零售贸易企业数（个）
北京	35847783	17447866	2280
天津	18959985	9413642	852
沈阳	18183504	6952392	443
大连	8694631	5919423	292

续表

城市	批发零售贸易业商品销售总额（万元）	社会消费品零售额（万元）	限额以上批发零售贸易企业数（个）
长春	6400568	4016950	191
哈尔滨	9475906	5593382	274
济南	8160086	4464927	194
青岛	10767725	4004873	262
上海	50213459	20352065	1062
南京	14609235	5251654	231
苏州	10784596	4516158	225
杭州	22400000	5235263	548
宁波	14118471	4628655	309

（二）城市形象与经济实力不相称

20世纪90年代“精品大连”的发展战略和与之对应的城市建设方式，使大连成为声名远播的滨海都市，拥有较高的城市知名度，但经济实力不强，经济、航运实力等与青岛、天津等城市相比没有优势。

1. 品牌、形象知名度高

在经营城市理念和“不求最大，但求最好”的“精品城市”战略下，大连城市建设取得了巨大的成绩，“浪漫之都”、“中国服装城”、“足球城”、“东方硅谷”、“中国的班加罗尔”等一系列城市品牌更加炫亮了大连。

大连是联合国环境规划署2001年评选出的“全球环境500佳”城市，自然和人工环境极具竞争力，在东北地区内部有着得天独厚的滨海旅游资源；其次，大连城市建设融合了德国、日本、俄罗斯等诸多西方国家的特色，城市景观丰富多彩；这种优越的气候条件、秀美的自然风光、精致的城市环境是整个东北地区所独有的，在所有滨海城市中也有着其独特的北方海港城市的韵味与特色，其环境竞争力全国领先，是中国知名的宜居城市、品质城市。这里既是举世闻名的中国军港，也是花园式的都市，堪称北国小江南。

2. 经济实力不强

大连是最早的一批沿海对外开放城市，它的发展起点远高于东北地区其他城市。即使到20世纪90年代初，大连吸引的外资也远远高于苏州。但进入20世纪90年代末以来，由于历史产业结构特点及地理区位等原因，大连未能抓住20世纪80年代末发展乡镇企业的机遇以及20世纪90年代接受上海浦东开放所带来的先进文化、观念与机制的洗礼，大连的发展表面上看似保持着稳步增长，但实际上却是“慢进则退”，原先落后的宁波、青岛等后来居上，在经济总量、利用外资等方面上都超过了大连。

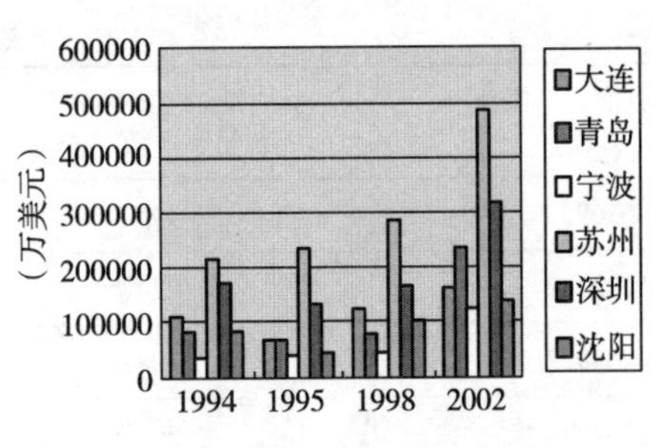

图 5－1　实际利用外资额变动比较

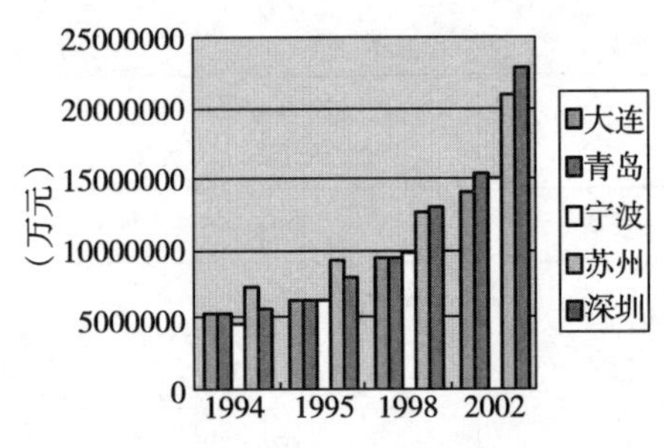

图 5－2　GDP 变化情况

（三）超强中心与市域整体不相称

城市首位度较高，中心城市与下级城镇在用地规模、人口规模和经济发展水平、城市建设水平方面差距较大，二、三级城镇实力明显偏弱，且大连市域中心城市对其他城镇的辐射带动作用并不强。

1. 区域内部产业发展缺乏有效整合

规模经济发展战略激发了各地区的发展热情，面对中心城区产业的转移，各地没有根据地区现状进行合理分工合作，反而产生了恶性竞争，造成工业发展的遍地开花，设施重复建设，土地圈而不用，资源浪费，生态基底受到破坏，而从另一方面也间接造成产业体系的零散化，既不利于产业集群的形成，也为区域整体的协调发展留下隐患。

2. 市域内部经济发展不均衡

大连市由中山区、沙河口区、西岗区、甘井子区、旅顺口区、金州区六个区和庄河、普兰店、瓦房店等北三市及长海县组成。目前，大连市城市化水平已超过50%，常住总人口616万（户籍总人口560.16万），其中300多万在农村；城乡收入差距较大，市域内部发展也不平衡。一方面，2003年城镇居民年人均可支配收入9101元，农村居民年人均纯收入4513元；人均国民生产总值为29206元，而北三市人均国民生产总值仅为16346元；另一方面，市区已形成了完善配套的基础设施，但是北三市的基础设施十分薄弱，尤其是交通基础设施落后。这些城乡差距是大连市经济发展的瓶颈，影响了“大大连”的一体化建设和全面建设小康社会目标的实现。

自开发建设以来，北三市的经济保持了较快的增长速度。2003年，北三市完成生产总值357.3亿元，比2002年增加了8%，其中第一产业增加75.1亿元，第二产业增加207亿元，第三产业增加75.2亿元，三次产业结构为21∶58∶21；现已形成了以华都、华夏、大杨等企业沿着黄海大道、沈大高速公路和永青路的产业经济带，但是产业的凝聚力不够，缺乏具有带动作用的大型龙头企业。

大连市及北三市三次产业的比重　　表5－7

区域	第一产业	第二产业	第三产业
大连市	8.4	47.0	44.6
瓦房店市	19.8	56.3	23.9
普兰店市	19.7	64.3	16.0
庄河市	23.7	53.3	23.0

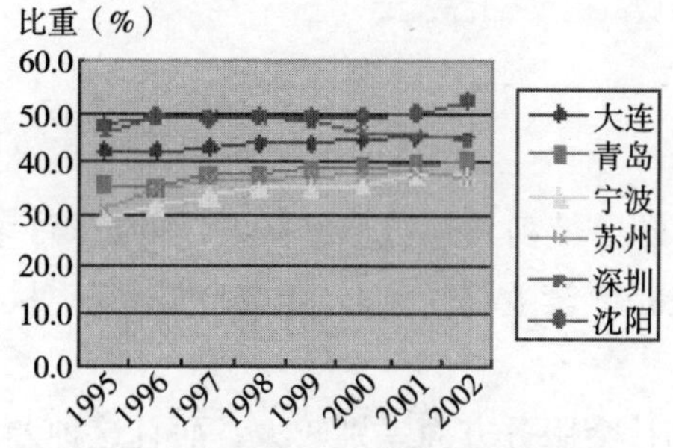

图5－3　第三产业占GDP比重变化情况图

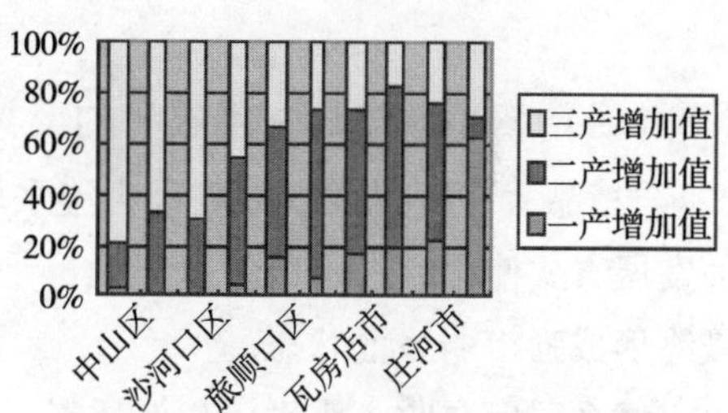

图5－4　各县市区2003年三产增加值比较

从三次产业的内部结构来看，各个产业结构也不合理。虽然北三市的工业比例较高，产值较大，但是其原始的传统产业，如水泥制造等所占的比重大，固定资产比例高，而像电子通信等高新技术产业所占比例很小。农业结构内部也不合理，传统的种植业所占比例大，经济作物种植少，水产工厂化养殖、家畜规模化饲养、特色农产品比重也很小。第三产业中的旅游业发展仍停留在初级阶段，没有形成有自己特色的新型旅游业。

3. 市域城市化水平不平衡

（1）市域内部城市化差异明显

大连地区内部城市化水平存在明显的地区差异，其中中山区、西岗市、沙河口区城市化水平较高，而长海县、瓦房店市、普兰店市、庄河市偏低，其他则基本处于平均水平。并且，城市化水平的差异一定程度上反映了各地经济发展水平的差异，这与大连各区县市的经济发展状况相当一致。

（2）城镇发展缺乏区域全面振兴的实力

从大连市的“大大连”战略到各级区市县镇的“工业强市（县、镇）”战略，大连各级城镇都憧憬着新一轮的大发展，准备为工业发展、城镇扩张腾挪空间。然而许多地区都被资金短缺“困住了发展的手脚”，可见，各级城镇全面开花式的发展未必适合现在的大连。

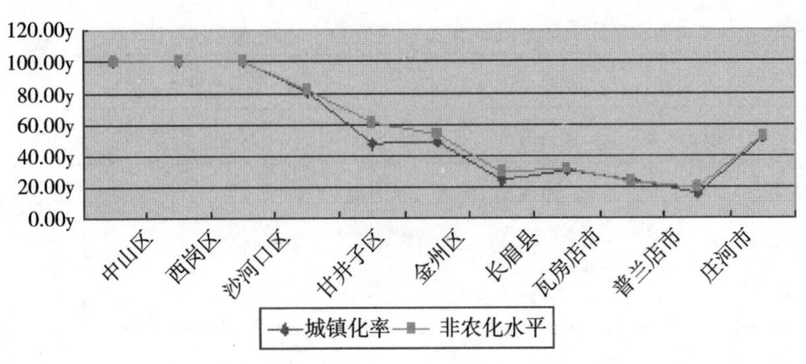

图 5－5　2003 年大连各县市城市化水平比较

(四) 精品城市与贫困农村的反衬

“精品大连”的发展战略下大连采取的是城建先导带动其他城市经济发展的道路，这种发展方式使得农村地区的发展无论是在财政上还是政策上都受到一定程度的限制，从而最终形成强市弱乡的状态。

城乡居民在收入水平、生活质量、设施共享和社会服务方面差别较大，而且这种差距还有继续增加的倾向。同时乡村人口收入水平在地区之间也极不平衡，乡村地区基础设施和社会设施不够完善，而且质量普遍不高，“城市像欧洲，农村像非洲”是大连人用以调侃自己城市与乡村景观的比喻。2004 年城市居民年人均可支配收入 10378 元，比上年增长了 14%，年人均消费性支出 8672 元，增长 11.8%。农村居民年人均纯收入 5106 元，比上年增长 13.1%，人均生活消费支出 3444 元，增长 13.2%；农村人口内部差异方面：沿海地区的农民收入水平较高，人均年收入普遍在 6000～7000 元左右；而内陆地区尤其是北部山区农民收入较低，人均年收入低的仅有 2000～3000 元。

三、“大大连”战略——首尾难预的调整

出于对精品大连战略下“慢进”状态的担忧和焦虑，结合国家“振兴东北”战略、中央对大连“东北亚航运中心”的定位，以及如火如荼的重工业化趋势，2002 年底，大连市委书记孙春兰在市委九届五次全会上所做的关于《大大连——新世纪头二十年的战略抉择》的报告中，提出“大大连”发展战略，并组织编制了《大连城市发展规划》。

“大大连”包含四个方面的内容：一是拓展城市空间，二是扩大经济总量，三是提升综合功能，四是营造良好环境。目标是把大连做强、做大、做富、做美，保证大连在新一轮城市竞争中位置不断前移。在具体措施上，一是实施“西拓北进”，调整大连的空间布局；二是坚持“产业强市，工业先行”，形成以高新技术产业为先导，以石油化工、电子信息、机械制造等三大工业支柱为支撑，现代服务业高度发达的产业格局，提出“一个中心、四个基地”产业战略，使大连成为东北亚重要的国际航运中心，区域性金融、商贸、旅游、信息中心、重要的石化、电子信息、装备制造业和造船业基地；三是按照“立足大连、服务腹地”的要求，充分发挥港口优势，进一步加大城市建设及管理工作力度，把大

连建设得更绿更美。大大连战略似乎让大连看到了新的大发展的曙光。

（一）"大大连"战略：有得有失

"大大连"的战略选择，的确可以让大连抓住重工业化的经济快车，利用计划经济体制下部署的重工业优势，成就大大连的"规模"梦想。但是，一直困扰大连乃至整个东北区域的市场化程度偏低、经济缺乏活力、政府交易成本昂贵等等制度、文化方面的软环境问题，却并不能在战略中得以根本解决，反而使大连在与天津、青岛、沈阳等区域关系的处理上陷入了同构与竞争的尴尬，加大了城市环境压力，威胁了区域生态，而且同时要面对未来产业升级后的搬迁与调整的动荡，更使大连十年苦心经营的已颇有成就的城市品牌受到冲击，难以使大连在高端产业（文化、科技、教育培训、总部经济、国际商务、会议展览、现代物流、现代金融业、信息服务业、中介服务业等）中既有的领先优势得到充分发挥。

（二）"大大连"规划：前忧重重

1. 发展战略：临港经济

《大连城市发展规划》（2003—2020）（简称"大大连"规划），针对大连现状发展面临的问题，提出"一个中心、四个基地"的发展定位：东北亚重要的国际航运中心，电子信息产业和软件基地、石化基地、北方造船基地和先进装备制造业基地。其内涵包括以下三点：

以航运为做强中心的主体，以临港工业为做强航运的基础，以临港工业区位优势为区域产业竞争的"硬突破"；

以中心城市空间规模做大为"大大连"的基本内涵，以临港工业跨越式发展为做大中心城市规模的机制依托；

以中心城市重工业转移带动地方工业跨越式自主发展为主体，等级辐射、点轴扩散、普遍动员，实现市域全面发展。

2. 空间结构：点—轴模式

总体空间结构为"一心三辅六小两轴"，"一心"指一个中心城市，包括大连、旅顺和金州的一体两翼格局；"三辅"指瓦房店、普兰店、庄河三个市域副中心，提升其城市职能；"六小"分别指青堆、炮台等重点小城镇，此外还有若干重点镇。"两轴"指沿黄海和沿渤海的两条城镇发展轴。

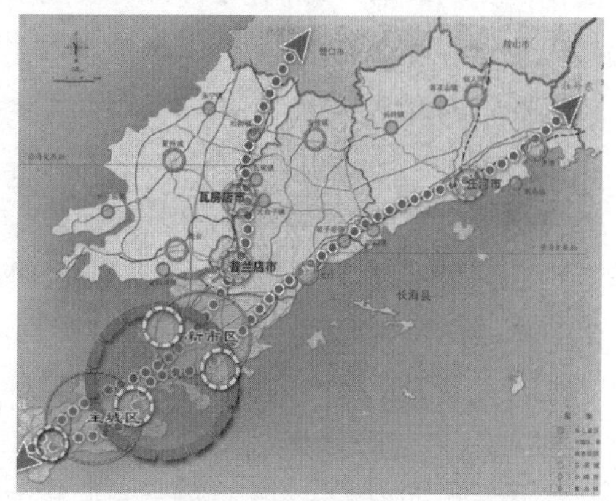

图5-6 "大大连"时期的空间结构规划
来源：《大连城市发展规划》（2003-2020）。

3. 潜在问题

"大大连"规划在试图解决大连发展问题的同时，可能会引发若干新的问题：

成就规模，丢掉品牌：就中心城市、就临港工业论"大大连"，快速拓展规模的战略势必弱化和丢失以前"精品大连"的传统，降低发展品质；过于倚重重工业，对信息产业外的其他产业较为忽视的产业发展战略，将彻底改变原先的“精品”战略。

区域竞争，大于协调：将经济强大作为区域中心及中心作用的惟一诠释，忽视了区域性中心服务功能的真正内涵，也忽视了大连作为东北地区中心之一的金融、旅游和文化的现状优势。强化中心地位的路径过于狭窄，临港工业、重装备工业似乎成为必然选择，在区域关系的处理上缺乏创意，这种经济“硬突破”战略也使其与周边环渤海地区沈阳、营口等城市竞争强化、协作不足。

市域统筹，力度有限：除部分重工业转移外，对如何实现市域全面发展、中心城市如何发挥辐射和带动作用未能找到更积极的切入口；甚至，中心城市与外围地区职能同构；现状城镇空间结构规划意味着沿线城镇的大发展，高密度快速路规划又允许和保证了多数北部内陆乡镇的发展，从而意味着规划了农村经济全面振兴。但大连地区是否有能力、有必要经历城镇化阶段都没有好好研究。即便成功，其资源和生态代价亦将十分沉重。

4. 问题寻究

大连的发展经验是独特的、典型的，在城市经营、城市建设上遇到的问题也是独特的、典型的，既有“精品城市”战略时代留下的老问题，又有“大大连”时代面临的新问题（“大连问题”），问题的解决需要从发展战略分析入手，找出“病根所在”，然后探索出一条适合大连未来发展的道路。

（三）问题症结：“头疼医头，脚疼医脚”的发展战略

大连市在整体发展战略方面一直保持很高水平，“精品大连”战略下大连城市建设取得了很大的成绩，塑造了国内翘楚、国际知名的城市形象与品牌；在清醒意识到光有“品牌”不够，更要“实力”的状况下，大连市政府又适时提出了“大大连”战略目标，并制定了细致的规划，从产业发展、空间拓展等方面进行全面筹划。然而，正所谓“鱼和熊掌不可兼得”，两个不同的发展战略各有侧重，也造成了一些典型的发展问题：

老问题——建设精品城市所付出的代价：环境上去的同时，经济发展显得后劲不足；突出的美化绿化、城市建设与经济发展不协调，大量的绿化城建投入和土地买卖，使大连城市建设和经济发展脱节，结果导致土地价格上升过快，从而拉动城市经营和生活成本的上升，使大连成为一个物价昂贵的城市；在物价上去的同时，居民收入却在较低水平上徘徊，2002 年，大连市人均 GDP 达 3056 美元，是全国平均水平的 3 倍，但人均收入水平不到全国平均水平的 1.5 倍。

新问题——“大大连”建设面临的挑战：重返重工业之路，对已有的城市品质造成威胁；大连属多山地区，是“山沟里的城市”，同时大连是一个严重缺水的城市，淡水资源人均拥有量为全国的 1/4；更重要的是区位竞争的限制，大连地处半岛尖端，北有沈阳，西有北京、天津，南有上海，强敌环伺，大连难有高歌猛进的实力。

进一步思考发现，老问题、新问题的出现原因就在于，两种发展战略都存在“顾此失彼”的弊端，都只是“头疼医头，脚疼医脚”的发展模式。这种模式在短时间内可能取得一定的成效，然而却是不可持续的。

（四）问题分析：“补短失效”

这里借鉴管理学上的“木桶理论”。所谓“木桶理论”也即“木桶定律”，其核心内容为：盛水的木桶是由许多块木板箍成的，盛水量也是由这些木板共同决定的。若其中一块木板很短，则此木桶的盛水量就被短板所限制。这块短板就成了这个木桶盛水量的“限制因素”（或称“短板效应”）。若要使此木桶盛水量增加，只有换掉短板或将短板加长才成。人们把这一规律总结为“木桶原理”，或“木桶定律”，又称“短板理论”。根据这一核心内容，“木桶理论”还有两个推论：其一，只有桶壁上的所有木板都足够高，那木桶才能盛满水。其二，只要这个木桶里有一块不够高度，木桶里的水就不可能是满的。

我们把整个制作木桶的木材看作是政府的资金，木桶的容水量看作投资的获益，每块木板就是城市发展的各个方面。套用到大连以往的发展模式上，发现前述两种发展战略都违反了“木桶定律”：“精品城市”战略过度加长了城市环境建设这块“木板”，却造成了经济实力提升缓慢这一“短板”；“大大连”战略强调加强城市经济发展，实际上是在“部分补短”，却有可能威胁到已有的城市品质，产生新的“短板效应”。

四、发展模式转型的必然

大连的问题已不是简单的“补短”、选择加长哪块木板就能解决的问题，而是要通盘统筹，在变“大”的同时变“强”，还要“美丽如初”。要照顾到所有的“木板”，要“整体补齐”，“顾此失彼”只能造成新的“短板效应”。

政府的资金是有限的，如何实现最大的效益？要使木桶容水量最大，就要使桶壁上所有的木板都足够高，但是政府的资金却是不可能均匀地投入到城市发展的各个方面的，“补齐”也仅能最大化地实现一种平衡与和谐。

为此，大连需要在品牌战略与规模战略中取得平衡；需要处理好资源、环境与生态的关系；需要处理好区域内外与东北、沈阳、营口等的关系；需要为农村、农业与农民谋求适宜的发展道路；需要处理好经济发展与文化发扬的关系。总而言之，大连需要优化内在而非“头痛医头、脚痛医脚”，需要多方面整体推进，实现由“部分补短”到“整体补齐”的整个发展模式的转型。

第二节　目标探寻：由“部分补短”到“整体补齐”

“补短失效”迫使大连寻求新的发展模式，通过前面的分析显而易见，大连需要的是一个“整体补齐”战略，大连需要结合现在的发展状态和现有的优势，分析存在问题，协调发展，通过“补齐”战略，实现大连发展的理想状态，即平衡、和谐、可持续的发展。

大连的基本特征是一个滨海大城市，为此通过对类似地区发展经验的借鉴，结合大连的实际，为大连的“补充”战略提供了可用的方案。

一、国内外滨海大都市发展经验

我们在分类、筛选的基础上，特别选择了以下六种类型的案例，其中部分案例包含了对照案例：

案例比较　　表5－8

序号	案例	类型	对照案例
一	上海	国际级中心城市、领袖城市	利物浦
二	悉尼	国家级中心城市	墨尔本
三	大阪、神户	地区级中心城市	
四	横滨、深圳	紧靠国际级中心城市的滨海大都市	
五	新加坡、釜山	航运中心地位凸显的滨海大都市	
六	布里斯班、烟台	充满活力的滨海城市	

同时，我们对每一个案例都遵循下列研究框架：

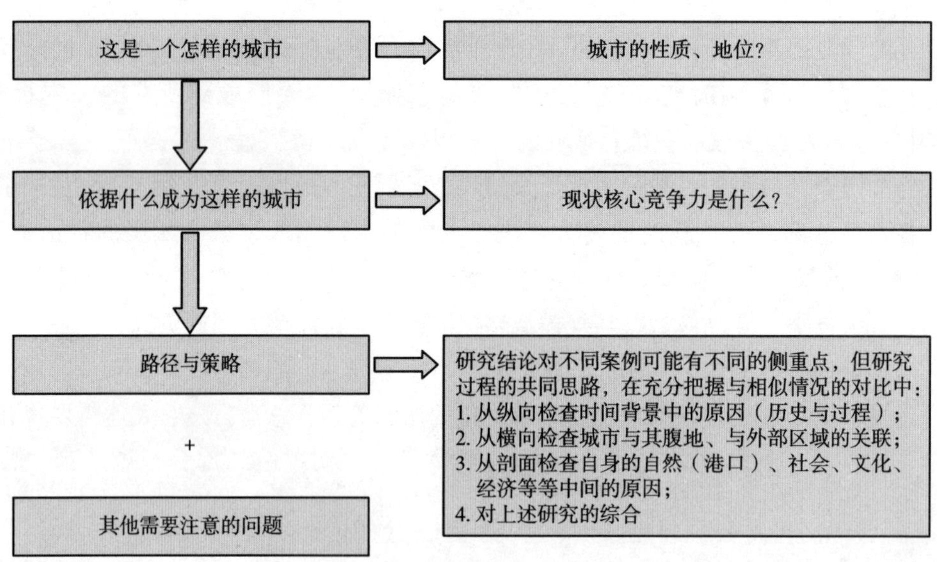

图5－7　案例借鉴的思路

（一）上海

1. 城市性质、地位

上海是我国的国际性大都市，也是我国最有可能成为世界城市的都市，是我国的金融中心、国际经济中心、贸易中心和航运中心。

2. 路径与策略

（1）以临港为基础，历史的先发至关重要。

（2）文化、机制、科技、城市品质和各类城市产业的全面先进性，并始终得以保持。

“大上海”的声名从最初就不是因为港口，而在于各种引领潮流的文化、产业。与文化相伴随的，是高级人才的聚集及科技的发达。上海在发展机制的创新方面也始终站在前列。最早的“开埠”其实就是一种机制上的创新。改革开放以来，大量的创新出自上海，仅以行政区划调整为例，这条在很多地方政府眼中的高压线在上海从 1980 年代就已陆续开始，直至 2001 年，撤销奉贤县、南汇县，设立奉贤区、南汇区，完成了由市管县的广域型政区模式向大都市政区模式的演化。上海的大小洋山港、崇明生态岛和“一城九镇”等战略思路都具有创新意义。创新，创造的是发展的动力。

除此之外，始终在产业上引优汰劣、保持先进性，包括第三产业，也是城市发展不断高级化的重要因素。这种高级化同时使城市周边地区得以很好地分享发展的机遇，腹地与中心之间的关系是一种共赢的关系。

（3）尤其以文化、机制、科技、城市品质的优越性为基础，上海始终是高级人才最富集的地区，归根到底，21 世纪的竞争是人才的竞争。

（4）拥有最优越的腹地：人才、文化、资金等的重要来源（从伦敦、纽约到东京，所有的世界级城市都是非常优越的腹地中心）。长江三角洲丰饶的资源源源不断地为上海的发展提供动力，滋养并提升了上海的中心功能，而上海也在消化、吸收与不断勾兑长三角资源的过程中不断焕发着青春。

3. 小结

上海的例子表明了一个世界级中心城市这样的滨海大都市的演化过程中，港口只是决定性因素之一，相反，由先进的文化、教育、科技、机制、城市品质所支撑的对一流人才的吸引力、各类产业持续的升级发展以及优越的腹地，才是最根本的。

这些判断从一个对比案例得到更明显的反证：英国利物浦——上海的姐妹城市。利物浦曾是英国最重要的远洋运输港口所在地，仅次于伦敦的第二大城市，但经历了半个世纪的持续衰落，成为英国贫困城市之一：以港兴城，城市过于依赖港口；港口腹地有限，当绝对交通区位优势丧失后，城市失去支撑；港口衰落之后城市一直找不到合适的发展之路。一直到新千年左右，通过成功申办欧洲文化之都，同时，依托她的大学如 beatles、Wavertree Technic Park 等，利物浦才重新开始走上复兴之路。

（二）悉尼

1. 城市性质、地位

悉尼是澳大利亚的第一大城，澳洲的金融和商业中心、门户城市（交通、通信和国际交流中心）和适居城市。

2. 核心竞争力

一直致力于建设成澳洲的纽约的理想，使得悉尼近年来始终将高附加值的生产性服务业作为中心城市的主导产业，因而创新产业近年来迅速成为城市经济发展新的动力。大量的金融、IT 产业的重要公司或总部集中在中心城市的 CBD 中，成为驱动城市高速发展的关键。

3. 路径与策略

（1）港口腹地不明显，临港产业的发展也不是重点，但无以伦比的海港风光一直是城市的核心优势之一；

（2）充足的公共空间；

（3）亲切的人居环境；

（4）最优的制度环境；

（5）高水平的产业；

（6）独特的城市品位；

（7）开放的文化与永远的创新。

4. 小结

首先，尽管悉尼是澳洲第一大城市，但是它还不是世界级中心城市。腹地的相对缺乏在一定意义上影响到它的能级的进一步提升；其次，港口对悉尼发展的主要贡献在于环境质量，同时也带动旅游的发展，悉尼之所以成为新兴的国家级中心城市，核心在于它产业、文化、环境等各方面在澳洲范围以及更大范围内的相对先进性和高品质，而实现这些的核心则可能在于悉尼城市的开放和持续的创新。

对比案例墨尔本，曾经的澳洲第一大城市，维多利亚州的首府，与悉尼有相似的发展背景与条件，历史基础、文化背景和城市环境等都与悉尼相当，但现状城市地位与竞争力远低于悉尼：一直是工业主导型城市，高水平第三产业发展相对滞后；城市作风偏于“古板严肃”，城市在新兴产业发展、新技术应用以及创新等方面相对落后。

（三）大阪和神户

大阪与神户比较 表 5－9

项目	大阪	神户
城市性质、地位	日本第二大都市，大阪大都市圈的中心城市，日本关西地区的重要的经济、金融、商业中心和交通枢纽，国际性观光客居城市	国际港口城市，山青水秀的景色和人口多样化的国际都市，阪神经济区的西部中心以及濑户内海经济区的东部中心
核心竞争力	历史上这两所城市分别以工业和港口著称，但 20 世纪 70 年代的石油危机、80 年代日本泡沫经济的冲击下，这两个城市都经历了经济停滞不前的时期。今日，两市都高度强调城市发展的人居化，高度重视城市品质的提高。如今，大阪已经成为极具竞争力的国际性城市，而神户是世界卫生组织（WHO）中心和亚洲减灾中心的所在地，拥有 140 万外国居民和 1200 家外国公司	
路径与策略	1. 大阪的兴起也是由港口的发展开始，从明治时代开始大阪港成为近代文化与产业传入的窗口。 2. 工业使大阪从战后的废墟中迅速发展，其工业在国内一直处于前列。 3. “富有自由思维、独创性和预见性”的商人文化一直是大阪文化的精髓。 4. 大阪也培养了许多对世界科学进步及文学发展作出贡献的人才。 5. 在经济建设的同时提升城市品位。大阪一直致力于创造建设一个愉快而有情趣的国际性观光客居城市	1. “商业的大阪、港口的神户、文化的京都”，港口和以造船、钢铁、机械制造等为主的临港工业是神户城市发展的主要支撑。 2. 丰富宜人的城市环境为神户大量的各国的移民提供了多样、舒适的生活环境

结论：即便是地区级中心城市，过于依赖港口和工业也可能导致城市发展的不可持续。相反，协调的城市与区域关系、优越的人居环境、特色的城市风貌已经成为城市振兴普遍最有效的手段之一。

（四）横滨与深圳——毗邻世界级城市的滨海都市

横滨与深圳比较 表5-10

项目	横滨	深圳
城市性质、地位	日本最大的国际港口城市、对外贸易中心	综合性经济特区，华南地区的经济中心，现代化的滨海大都市
路径与策略	1. 港口是城市的起点，有良好的历史基础，是西方文明进入日本的门户，并且这种地位一直保持至今。 2. 依靠东京，东京工业原料和产品贸易是横滨港发展的支柱。 3. 在此基础上，依托用地和交通优势，横滨是东京产业居住等功能的转移的基地	1. 改革开放的窗口，领全国风气之先，同时优惠的政策环境使其最先受到国际产业和资本的重视，这些是深圳快速崛起的基础。 2. 毗邻香港的地缘优势，与香港的经济合作，香港先进机制的影响、产业的转移，使深圳保持了在全国经济中的领先地位

这是两个依托国际级中心城市发展起来的滨海大都市的案例。这两个案例表明，所谓城市之间形成“依托关系”，需要两者之间有较大的落差，而且空间距离上应当足够近；依托城市通常会与被依托城市之间有较大的发展能级落差，如珠海就没有发展成深圳。否则，通过“分工”承认彼此的相对优势、实现协作共赢才是最佳选择，这对于理解沈阳与大连的关系有一定启发。另外，腹地对于城市发展潜力的严重制约、世界上大量高级别中心城市成功的案例，都说明了一定范围的地域中不可能产生非常多的高级别中心城市，真正意义上的城市带，即在相对小的区域空间连续出现大都市的情况，实际上意味着整个地区是更大区域（如全国乃至全世界）的中心。如果不具备这种条件，那么有所取舍将是发展的必然结果。所以，与其等待被动、曲折的历史进程去完成筛选，不如主动因势利导，以更快的速度加速发展。这两个案例同样表明，优秀的滨海都市需要有最优越的城市环境和风貌，需要有发达的现代服务业的支撑，需要有创新的机制和文化。

（五）新加坡和釜山——航运中心地位突出的滨海都市

新加坡与釜山比较 表5-11

项目	新加坡	釜山
城市性质、地位	亚洲金融中心之一，亚太地区最大的转运港港口城市，花园城市，宜居城市	韩国第二大城市，最大的港口城市，韩国国际贸易和国际活动的中心，韩国东南部经济圈的经济、文化、信息中心

续表

项目	新加坡	釜山
核心竞争力	2002 年新加坡港口集装箱吞吐量达 1680 万箱，仅次于香港，居全球最繁忙的港口第二位，2005 年第一季度首次超过香港成为全球最繁忙的港口。 2002 年英国《经济学家》杂志对全球 130 个主要城市的“生活质量排名”中新加坡当选最适宜居住的城市	釜山港口货物进出口吞吐量占韩国全国货运量的 45%，它的集装箱吞吐量占全国集装箱货运总量的 95%。 2001 年集装箱吞吐量位居世界第三位，2003 年被上海赶超位居世界第五位
路径与策略	1. 临港产业是基础，在此之上信息化、网络化的发展战略促使了新加坡在科技、通信、现代服务等产业方面的领先，奠定了金融中心的地位。 2. 在花园城市的建设目标的指导下保持了经济建设与环境建设的同步。 3. 借助城市的综合实力以及在此基础上港口环境的建设，将港口的交通区位优势转变为现实	1. 港口贸易和临港产业是基础，以整个韩国为腹地，但更注重东北亚地区转运业务的发展。 2. 城市以港为中心，港口功能充分满足，高水平的硬件设施、技术、服务、环境是港口竞争优势

港口是新加坡和釜山核心竞争力的重要方面，但它们港口的成功，并非在于绝对的区位优势，相反，都在于其软硬件条件的全面先进性，而这又取决于城市的实力，比如新加坡本身就是金融中心、通信中心、信息中心，拥有优越的制度环境和城市品质，在此基础之上才是航运的中心。对釜山而言，东北亚地区港口众多，但凭借高质量的服务成功地袭夺了大量中国大陆的集装箱转口运输，釜山的建设还得到了国家层面的大力支持。

（六）布里斯班和烟台——充满活力的滨海城市

布里斯班与烟台比较 **表 5-12**

项目	布里斯班	烟台
城市性质、地位	澳大利亚第三大城市，昆士兰州的首府，著名的“阳光之州”，充满活力的现代化滨海城市	山东半岛城市群中次于青岛和济南一级的核心城市，我国最优美的观光休闲城市之一，充满活力的现代化滨海城市
路径与策略	1. 滨海的优势不是港口，而是以“黄金海岸”为代表的滨海风光，工业发展是基础，滨海旅游以及相关产业的发展是城市的支柱。 2. 布里斯本拥有宜人的气候，优美的自然环境与城市环境的融合，集现代、高雅、另类于一体的城市风格，这些是它独特的优势	1. 港口只是烟台的要素之一，城市的发展以农产品加工业为基础，制造业和旅游业为支柱，旅游的地位更为重要。 2. 烟台拥有独特的滨海风光和优美的城市环境，以旅游业带动相关产业的发展促进城市经济增长，提升城市实力及其在山东半岛城市群中的地位

布里斯班的经验再一次说明滨海的优势并不仅限港口，发展的核心在于特色的营造，这依赖于以滨海风光为主的自然环境优势以及基于此的城市环境建设。烟台的滨海旅游城市地位要比港口城市更为突出，发展的核心在于对自身半岛城市群中的定位的准确认识和旅游资源的优化利用。

二、对大连的启示与结论

（一）滨海大都市的特征

所有的案例都表明，优秀的滨海城市必然是：品质城市、人居城市。除此之外，如果能够具备下列因素，将有可能成为高级别乃至国际级中心城市：

先发优势；

创新城市：包括文化、机制等各方面的持续创新能力和实践。创新能力往往同时要求优良的教育基础：城市是科研机构和高等教育机构的集聚地；

全面型城市经济：二、三产业普遍发达，包括了临港产业，尤其以现代服务业为核心的第三产业快速发展；

产业的高级化：各类产业普遍达到高级化；

优良的腹地：发展基础优越、规模大、领域广，协作基础良好，具有协调的腹地支撑。

由此，结合现状基础我们可以得出这样的判断：大连具备成为高级别乃至国际级中心城市的潜力：大连已经是中国知名的宜居城市、品质城市，同时大连具有一定的先发优势，城市的教育基础雄厚，经济发展比较全面，产业的高级化已经在进行中，同时，拥有人口达1亿、产业基础雄厚的东北地区作为直接腹地。

（二）大连的差距

但是显然，大连还不是国际级的中心城市。相对于国际级中心城市，大连还存在以下差距与问题：

城市初具品质，但面临着石化等重工业大规模发展的威胁，城市品质对于经济社会发展的重大意义有时还不能得到充分认识；

现代服务业发展的基础比较好，但其意义还没有得到应有的重视，对经济发展从“产品经济”转向“服务经济”、“资源经济”转向“知识经济”再转向“人本经济”的发展规律也还没有被充分认识并内化于发展战略中；

经济发展门类齐全，但水平还不够高，无论是二次产业还是三次产业；

拥有很好的腹地基础，但与腹地的关系复杂，尤其与沈阳之间，地位、分工等一直不明确，腹地有时没有成为大连城市发展的支撑，反而在某些方面具有制约作用；

现状中心城市品质优越，但市域整体相对薄弱；生态环境仍然比较优越，但面临着潜在的粗放型增长方式可能带来的巨大破坏。

这些差距让我们认识到大连努力的方向，我们需要寻求能够解决这些问题的大连新的发展战略。

（三）大连的比较优势与行动方向

通过与青岛的比较，进一步明确大连的比较优势和行动方向：

青岛与大连一直处于相互学习、竞争的循环中，有着相似的发展背景，但走了两条不同的发展道路，如今又面临着同一个目标——航运中心的竞争。然而，与大连相比，青岛已经领先一步：

青岛2003年货物总吞吐量达14089万吨，集装箱运量达423.8万标箱，居世界港口的第14位，同年大连港货物总吞吐量12601.7万吨位，集装箱吞吐量167万标箱。

青岛环胶州湾密集分布着深水岸线，且陆域条件比大连优越得多。

青岛经过产品经济模式的发展已经成为国内的工业强市，经济实力雄厚（2003年GDP1780亿，大连为1632.6亿），工业体系比较完善，五大品牌享誉国际，临港产业也颇具规模，制造业已经成为城市的支柱产业，并吸引了大量外资项目的发展。

青岛以整个山东为腹地，其龙头地位已得到认同，与另一核心济南之间的错位发展也很明确，腹地的支撑作用得到充分的发挥。

和大连相比海滩自然条件更好，城市建设和滨海景观融合得更好，亲海性更强；城市用地条件也更好，历史街区得到良好保护，新区集中展现高度现代化的一面，整个城市更秀美，真正做到了"绿树红瓦、碧海蓝天"。

如果"就航运中心论航运中心"，大连取胜的机会在哪里？

因此，大连必须眼光看得更高，放得更远，充分认识高水平阶段的港城定律——港因城兴、巧于因借，充分认识发展的归宿是城市本身，从城市的综合条件所代表的最大潜力出发，明确自己的努力方向。在这一高度，我们将注意到：

大连拥有更具专属性的优越腹地——东三省，而青岛的腹地南受到以上海为中心的长三角地区袭夺，北受到京津一带的牵制；

大连的高水平第三产业，包括金融、会展等大大领先于青岛；

大连拥有东北地区最优越的高等教育和科研实力；

上述条件，为一个高级别中心城市的成长提供了至关重要的支撑。因此，大连的目标，不是就航运论航运的中心，而首先是综合性的中心，在综合中心的基础上依托城市的竞争力，实现高水平的航运中心。以此为基础，面对现状的不足和面临的威胁，大连努力的方向将在于：

城市品质的保持与提升：城市的品位、特色、与历史的融合……

腹地关系的改变：主动协调与腹地城市的分工合作，正确认识与沈阳之间的关系，优势互补、实现共赢。

经济的高水平发展：经济实力的提升是综合实力提升的基础，临港产业的发展仍然是基础但应该有更好的方式。

持续、正确的创新：人才的培养、制度环境的支持、氛围的营造……

产业的高级化：三产的全面高级化，而第三产业的高级化作为提升国际影响力的核心更为重要。

更适合人居：更轻松、优美、舒适、便利的生活环境，更多的公共空间，更亲近自然……

上述分析，基本上已经解决了何为"补齐"，以及如何"补齐"的问题。就大连的发展而言，“补齐”是一种既能振兴经济，又要保持特色、保持生态、保持品质；既能发展自身，又能协调与周边区域关系；既能促进增长，又能有利于区域均衡、整体和谐的发展模式。“补齐”的实现路径为：大连首先要增强城市竞争力，做“东北地区的综合性中心”，然后依托城市优势，提升港口优势，实现高水平的航运中心。

第三节 转型规划：“内在优化，整体推进”

“整体补齐”模式对应的规划思路是“内在优化，整体推进”：这一转型规划的核心强调要坚持和延续优秀的城市品质，放眼更大区域和更核心的竞争力，经济发展要在进一步加强临港工业的同时，坚决培育和发展高水平生产性服务业、高水平制造业，要在整合资源、产业和功能分工发展的基础上，实现区域和城市空间在经济发展同时生态化和宜居化目标的坚持和进一步优化，最终向综合性中心城市方向转型。

一、“组团型全域都市化”战略与综合中心城市的目标定位

（一）定位

对大连市域总体发展定位的考虑，以发挥本地做大做强的最大潜力、承担最大的区域责任为目标，实现从“自我发展、稳步提高”向“理性开拓、勇于跨越”的转变。

远期：东北亚重要的国际航运中心，环渤海经济圈生态最优、人居最佳的现代文化名城，东北地区的国际性滨海都市、综合性中心城市。

近期：东北地区航运中心和门户，电子信息产业和软件基地、石化基地、北方造船基地和先进装备制造业基地，文化、信息、金融、服务中心城市、宜居城市和生态城市，辽宁省双中心之一。

（二）“组团型全域都市化”转型方案

1. 战略图景比较

不同的战略选择将使市域整体空间发展表现出不同的结果。我们通过对可能的不同发展战略图景做出比较，然后选择相对最优的发展战略。

评估的标准是战略应能够发挥大连发展的最大潜力、坚持可持续发展原则、符合发展的客观规律性，同时，要具有现实指导性、可行性并具有适应未来变化的弹性，而且，能够在创新中传承大连特色。

（1）图景1：超强主中心 +3 副 +3 个三级城市 +16 重点城镇，两条发展轴线

战略核心：认为进一步发展的潜力只有中心城市具备、市域仍处于高度集聚发展阶段，长兴岛变数太大，因此战略的核心是继续集中资源投入中心城市，北三市和长海县依靠自身力量寻求发展机遇，是典型的传统战略。

① 高度可行："无为而治"，行政区经济；

② 经济全面铺开；

③ 粗放型模式；

④"行政区门槛效应"（空间布局遇到硬门槛，空间、产业、交通等寻求大而全、小而全以及 GDP 至上）；

⑤ 城区、市域生态普遍受冲击，这也导致弹性弱；

⑥ 建设质量分等级递减，北三市动力弱；

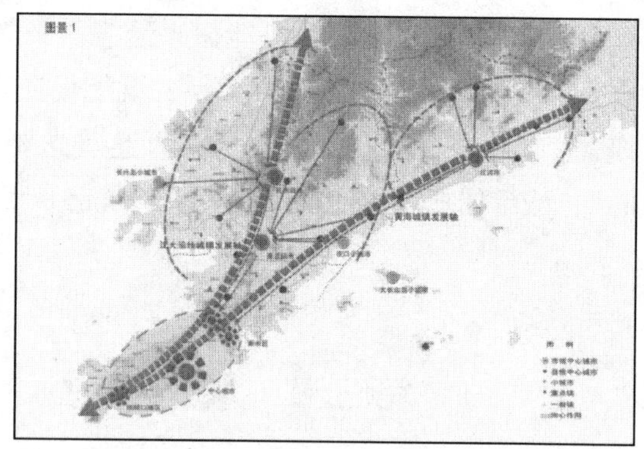

图 5－8 空间方案一

⑦ 城镇间垂直分工、职能同构，下级城镇主要是扮演区域下级中心角色，对整体功能提升补充作用小，对大连区域职能提升贡献有限；

⑧ 长兴岛难做大。

（2）图景 2：1 主 2 副 3 区，14 重点城镇

战略核心：瓦房店、普兰店合并设大城市。

① 相对集中、战略重点明确；

② 城镇密集区功能分工，能够疏解中心城功能与生态压力；

③ 市域南北发展均衡，几何中心；

④ 以大城市"一肩挑两头"带动长兴岛、长海皮杨；

⑤ 重点选择不一定合理，瓦普不一定能够整合发展大；

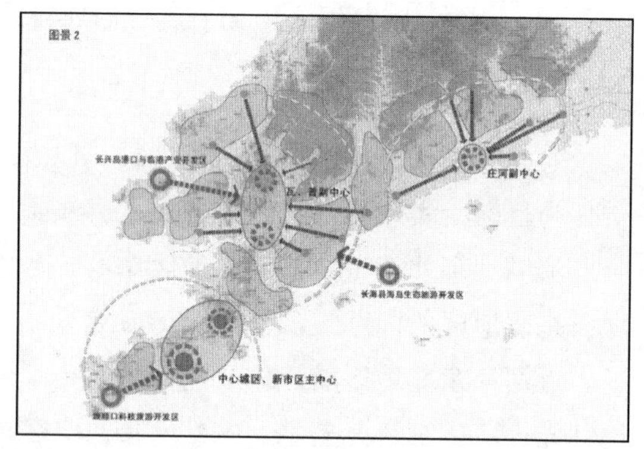

图 5－9 空间方案二

⑥ 行政区划调整动作极大，减少一个市级建制单位；整合后发展方向难以确定：向中心城市靠，还是向两组团靠的潜在矛盾大；

⑦ 长兴岛处境尴尬，新大城市的出现可能有利于发展，但新城市的发展本身早期必然处于吸纳资源而不是辐射阶段。

（3）图景 3：1 心 1 带 2 点

战略核心：以长兴岛为重中之重，基础设施沿线重点投入，新市区、普兰店、复州湾、炮台等作为中继或受带动快速崛起。

① 相对集中、战略重点明确；

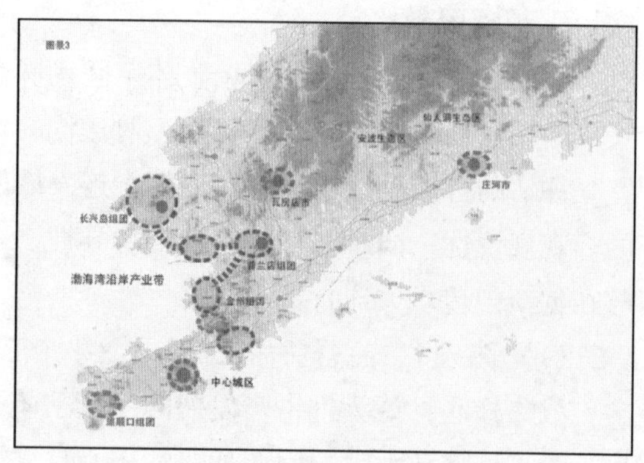

图 5－10 空间方案三

② 城镇带功能分工；

③ 长兴岛是长期项目且变数很大，过于依赖存在风险，同样理由使其弹性弱，转型的代价大；

④ 对瓦房店、庄河地区，尤其偏远地区缺乏带动。

(4) 图景4：1心2带3点

战略核心：以中心城市和新市区为核，沿渤海、黄海两线并进，相对集中发展：

① 两线连续发展，经济总量充分做大；

② 有战略重点，对区域整体带动也较好；

③ 比较符合大连实际和经济地理条件；

④ 看似有重点，实则无重点，因为重点数量超越战略能力，因而现实指导性弱；

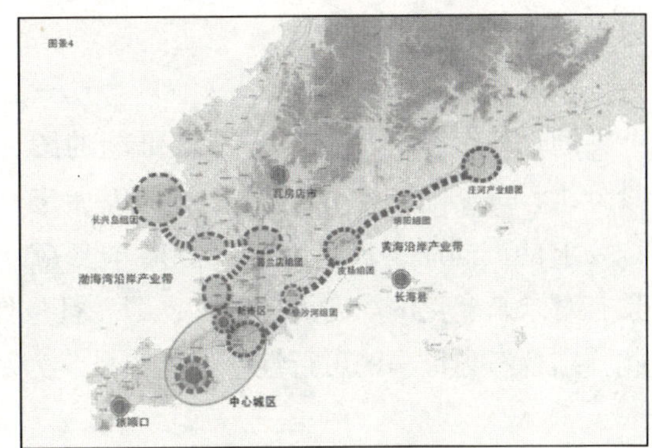

图5-11　空间方案四

⑤ 最终很可能类似图景1，对沿线经济、空间任由“行政区经济”粗放型开发，虽然相对有所收敛。

(5) 图景5：1心7组团全域都市化（市区化）

战略核心：全域城市化——区划调整，全市域整体撤县设区，形成组团式“大大连市”；组团间产业、功能分工，形成水平分工；城市化功能向组团（“区”）集中，组团间和其他地区生态化；组团交通快速市区化。

① 通过市区化实现紧密功能分工协作，有利于空间资源配置最优化和整体潜力最大化；

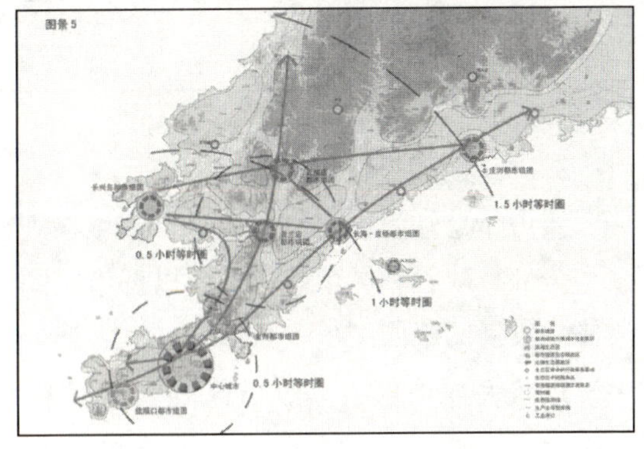

图5-12　空间方案五

② 依托现有主要城市地区和最大潜力区，投入重点突出但同时可行性很强；

③ 相对集中的同时，市域整体相对均衡；

④ 经济发展与文化发展、生态发展协调；

⑤ 城乡两类空间均为高质量；

⑥ 对未来变化可适应性好；

⑦ 强城弱市，撤市设区有激励作用，并借机优化空间格局；

⑧ 对现状市区部分功能抑制，实现“优地优用”，提高自身水平，同时给予其他地区发展机会；

⑨ 组团间基础设施投入大；

⑩ 庄河受市区直接辐射偏远。

（6）图景6：组团型都市区 +1 郊县市

基本同图景5，但保留庄河地区为市。这样市区的尺度相对合理，但庄河可能难以接受。

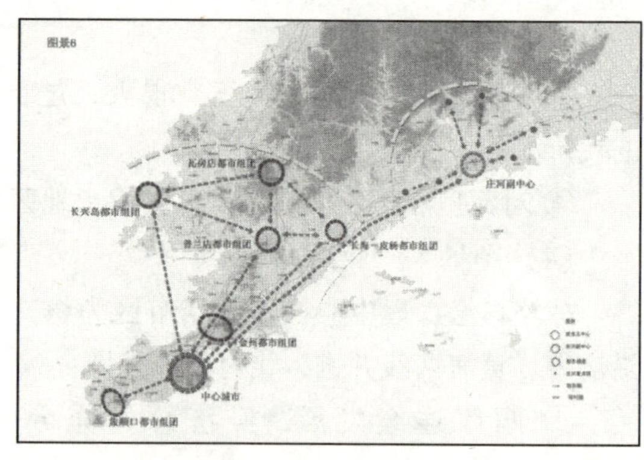

图5－13　空间方案六

（7）总评

通过对市域发展战略6种最可能的图景分析，可见图景5、6是最能适应发展定位要求的。同时，最终选择的战略本身应具有对未来变化的高度可适应性，即一旦条件发生变化，可以适应战略的适度调整。基于此，结合考虑最高的可行性，选择图景5为基础，进行进一步推敲、论证和优化研究。

方案比选　　表5－13

	最大潜力	可持续性	客观性	现实指导性与弹性	特色创新	综合得分
图景1	3.5	2.5	5	2	2	15
图景2	4.5	4	2	4	4	18.5
图景3	3.5	4	2	4	4	17.5
图景4	4.5	3	4.5	2.5	3	17.5
图景5	5	5	4	5	4.5	23.5
图景6	5	5	4.5	4.5	5	24

2. “组团型全域都市化”

致力于总体发展定位的实现，市域在规划期实行“组团型全域都市化”发展战略。

全部行政管辖区域统一构　　都市组团为核心、生态郊区为基底、空间要素分工协作一体化发展的组团型单一城

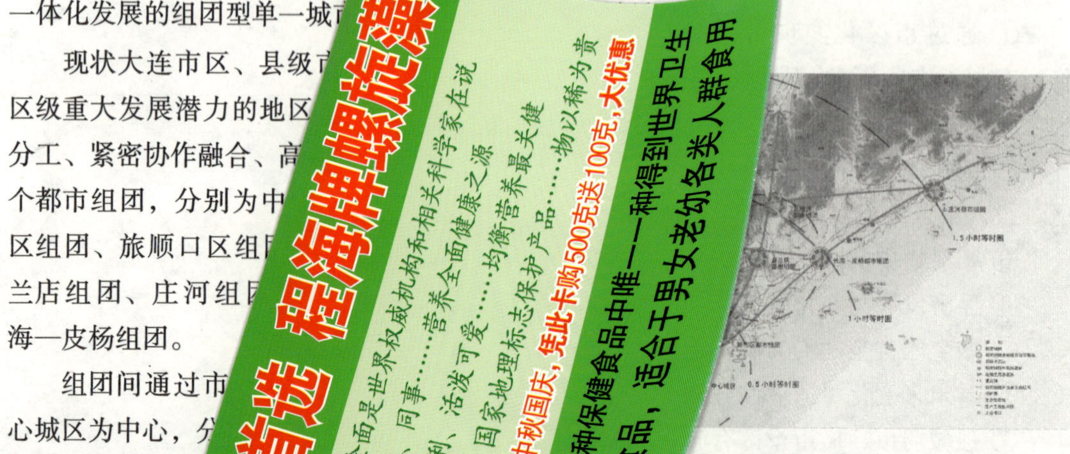

现状大连市区、县级市

区级重大发展潜力的地区

分工、紧密协作融合、高

个都市组团，分别为中

区组团、旅顺口区组

兰店组团、庄河组

海—皮杨组团。

组团间通过市

心城区为中心，分

1.5小时交通圈，

向逐步迁移，逐

大连市域2005～2020年总体发展战略示意图

区为中心的 1 小时城市通勤圈。

3. 组团型全域都市化发展战略制定的依据

（1）大连空间演变的独特动力机制

城市区域空间结构演化的一般动力机制：自然地理基础、社会与文化特征、政治体制、空间经济规律（区位、成本、集约经济、级差地价、产业演变阶段）；其中，大连的两个具有自身独特性的因素：自然地理与经济地理基础——半岛：组团地形与不均衡分布的优良港口资源；政治经济引领——对发展的强势干预。

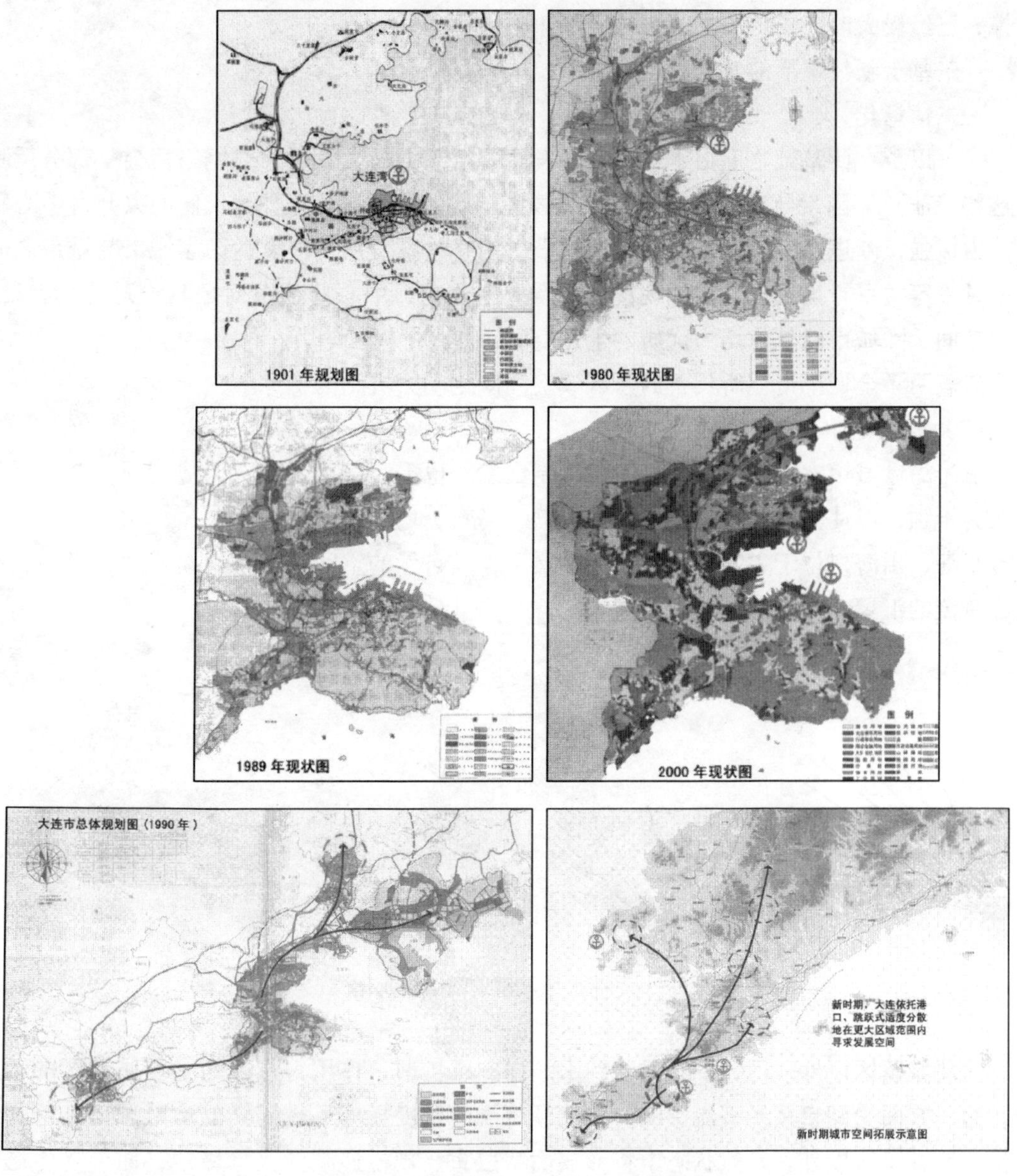

图 5－15　大连城市区域空间结构演变图

当然，自身规律因素的作用并不会超越基本规律的范畴，而是在根本上顺应基本规律的基础上，使发展的步伐、幅度等发生改变，或是在不同的发展可能性之间做出选择。因此，基于大连特殊的动力机制，我们对未来战略的评估首先需要尊重基本规律、一般规律，需要对今天空间发展的动力机制有深刻的理解；同时又高度重视大连独特的自然与经济地理基础和政治经济因素的作用。

（2）新区域城市化、区域空间发展动力机制

现行城镇体系规划范式本质上是基于中心地理论的等级层次结构，其根本理由在于传统时空尺度关系下"中心"的影响力局限性。今天的区域发展动力机制，由于下列因素的支撑，已经极大改变了传统的等级梯度演化格局：

——基于新技术下的时空尺度；

——信息化；

——以及在此基础之上由于科技高度发达、组织力极大发展（"网络社会"部分反映了这些特征）等因素导致的城市影响力的极大扩展；广域城市化如都市区的兴起，中心辐射能力极强；渐进式中心地格局、城镇间平行网络关系发展——发达国家城市与城市之间是一种平等关系，均表现为设施现代化，产业专业化，中心（服务对象）全球化的特征；区域空间，除城市以外，均为优质的生态空间。

这表明了全域都市化所具备的新区域空间演化动力机制的支撑。

（3）城镇与生态空间的互动优化

从半岛域城镇空间结构演化自组织机制出发，也需要善用规律、因势利导，施加有效的人为干预，以使空间利用和发展更加集约、高效、均衡、可持续。

半岛、出海口位于尖端、用地条件均质下，其自然的空间经济动力模式为在半岛尖端因经济流的汇聚、高潮而形成主要城镇区。

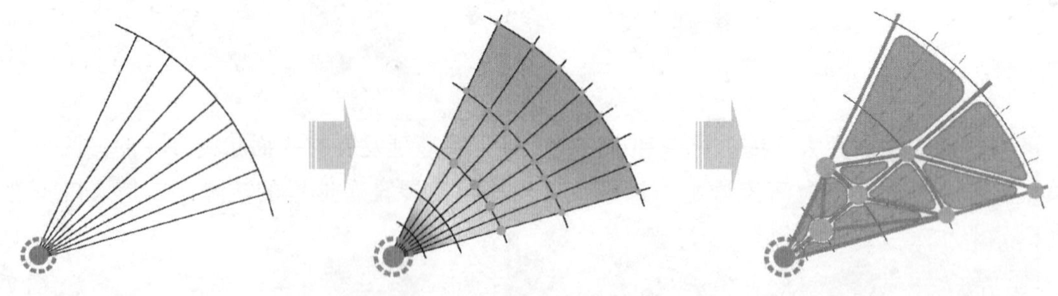

图 5－16　半岛域城镇空间结构演化模式

主要城镇区以外地区，一方面受到水波样圈层扩散、作用力递减的主要城镇区的辐射力，另一方面受到自然经济流影响，自然经济流的密度显然呈现同样的递减态势。这种态势使主要城镇区以外，自然状态下将形成面状散布、规模递减的大量城镇，而半岛生态的演变态势则恰好相反，呈现由尖端向外逐次优化的格局。但这种自组织机制显著的问题

是：城镇空间的效率低下（呈面状铺开）、发展的核心—边缘效应突出（相对偏远地区动力匮乏）、生态质量极度不均衡。它的好处是使主要城镇区得到充分动力，使之得以形成，但如果发展已经过了这个阶段，如何改进？

基于自组织机制的城镇与生态空间的互动优化：使圈层与纵向的作用力均沿线路只能达到某些点，从而实现集中，并在集中后的交汇点形成新的集中化城镇。生态区形成网络化的斑—廊—基格局，城镇形成新的网络格局，二者形成有效的图底关系，有机生长得到实现。

（4）中国发达地区两大城市化模式的总结与评析

苏南和珠三角的城市化模式不同，但共同的是都具有过渡性城市化特征，其结果：

积极面：经济总量得到高度发展；乡村地区经济成长、老百姓获得实惠；小城镇建设；自下而上社会底层百姓得到学习、提高。

消极面：经济的成就建立于资源的粗放使用，最终影响整个社会资源可持续发展的基础和产品的低水平竞争。

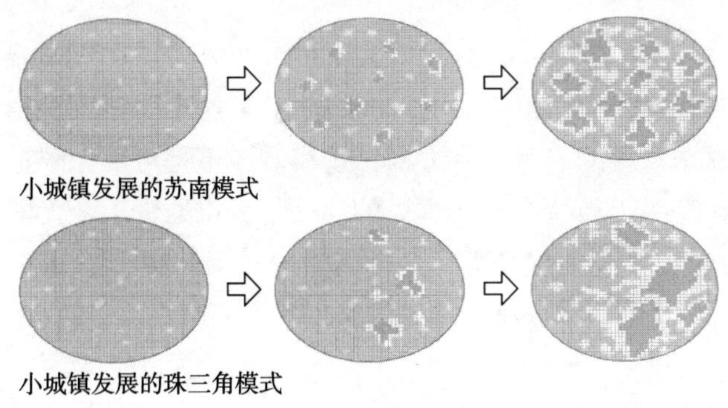

图 5－17　中国发达地区两大城市化模式

即使不看消极面，当中国经济发展到一定高度后，过渡性城市化发展的土壤也正在消失：市场逐步成熟，即充分开放、充分可达、充分规范、成熟企业充分发育之后，低水平经济的发展空间被大大压缩。苏南和珠三角发展形成蔓延发展的“面状城市”的另两个支撑因素，一是都处于大河流域平原地形，这使城镇发展没有地形的阻隔；二是人口密度高，苏南和珠三角地区都是我国人口密度最高的地区之一，支撑了自然状态下“小城镇中心地”的大量发育。这两个重要因素都与大连地区形成鲜明的对比。除此之外，大连的地理特征恰恰是中心城市超强于市域，小城镇发育程度较低。否则，要跨越小城镇化阶段，其复杂性又要大很多。

（5）中国当前的行政区划调整

“组团型全域都市化模式”另一个可能引起担忧的是行政区划调整。事实上，今天，行政区划调整已经不是“洪水猛兽”，而已成为顺应市场经济和发展需要，重建先进的管治体系的常用手法，总起来看，具有激励发展、整合资源、促进区域统筹的良好效果。尤其，中间层次的调整有利于提前简化管理层次。

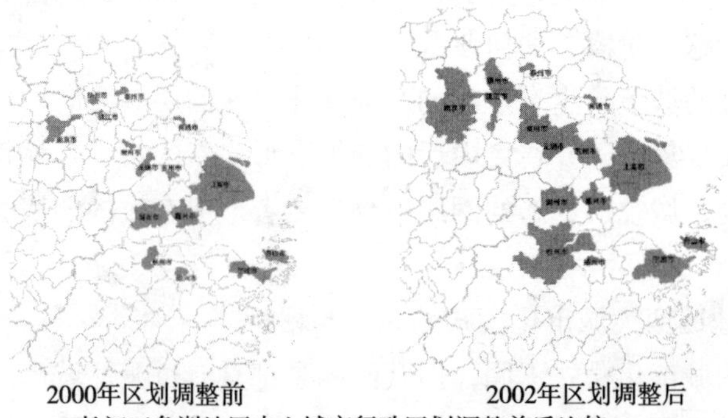

图5－18　长江三角洲地区中心城市行政区划调整前后比较

（6）巴黎大都市区的一些经验

- 尺度：

Central Paris 2. 13million，Urban Area 7. 52million（2300km^2），Fringe 1. 53million（altogether the Great Paris Region 11. 18millon（12000km^2），这个尺度本身给我们一个历史的重要启示，一个关于城市规模的启示：一方面，规模看来不是可以无限扩大的，“合理规模”的概念仍然有它的生命力，而这个概念首先的涵义是城市通常不会无限蔓延（不排除个别例外），第二个涵义是，理想的规模更不是越大越好；另一方面，每个历史时期城市好像也总有一个并不太难达到的极限规模，今天的500万～700万（以市区常住人口计）、历史上的80～100万。

- 强区域规划与弱区域规划
- 三级地方行政管理体制：区域（大市的概念 region，22个）——省（department，95个）——社区（commune，36000个，Paris 1260个）
- 社区一级的主动合作意愿

（7）结论：为大连“度身定制”“组团型全域都市化发展战略”的理由

以上对大连自身的传统空间演化、特定的动力机制（地形、政治决策）、条件制约（末梢资源限制）及其动力因素（新的政治决策），到新区域空间动力机制、半岛域地区城镇空间演化的自组织机制、小城镇型城市化道路的问题及其生命力、行政区划调整的可行性，及巴黎为例的先进区域管治体系，都进一步说明了组团型全域都市化发展战略的合理性和可行性。大连的特定发展状态（相对简单的区域与超强中心的完美结合，从而乡村还是纯洁的，值得保护；乡村也是空白，可以舍弃；乡村的空白，意味着简单的利益瓜葛，强中心、弱腹地，都为行政区域调整提供了可行性），还在一定意义上说明了“机不可失，时不再来”。而且，大连历来有发达的交通尤其是公共交通的支撑。

以这一战略为基础，解决了很多实际问题：

- 长兴岛的发展，如果有定位“区”并且是全市“重工业区”的配合，然后通过快速交通网连接且服务依托其他市区，大钢铁、大化工项目就有了一步到位的可能；

• 而且，尽管长兴岛的发展具有很大的变数，但这个方案本身具有足够大的弹性：即便长兴岛发展不好，这个方案也没有什么坏处，因为不会因为本方案而影响中心城区的发展动力，但对于北三市、长海县而言，则具有明显的促进作用；

• 全市域产业分工能够实现；这种分工，一方面优化了中心城区的发展目标，另一方面使市域其他地区得以通过紧密合作分工关系来分享市域发展的动力。不可替代资源的保护能够实现；

• 城市，就是高水平的城市，乡村，就是真正生态的文化的乡村；

• 做大经济的梦想，反而在放开手脚后，为吸引更多投资、各类投资都打下了基础，包括周边区域投资（如鞍钢的扩张）；——而在经济发展主体方面，一方面我们似乎抑制了部分主体，但另一方面，我们显然又强化了部分主体，如区级主体有所增加，激励效应会持续裂变……

• 投资看起来会加大，但实际上是对投资收缩战线后对重点地区的强化投入，如本来要乡乡通、村村通，现在不需要。

• 对战略的思考常常被“发展阶段”所局限，但实际上发展阶段是一个范畴很大但本质模糊的概念，我们需要深入其内涵、深入到我们真正应当关注的发展机制；可行性有时更多是心理上的，不是实践上的。发展的动力因素决定了“组团型全域都市化”发展模式是新形势下大连跨越式发展合理而可持续的战略抉择。

4. 规划战略下大连宏观区域关系的优化

东北亚：大连作为东北地区的代表、对外窗口、转运中心，承担东北亚航运中心之一的职能，并进而成为未来趋势中世界级都市圈——环渤海圈的重要宜居、生态、品质城市。

东北：作为东北地区发展轴的最下端，承担国际性滨海都市的独特重要职能。

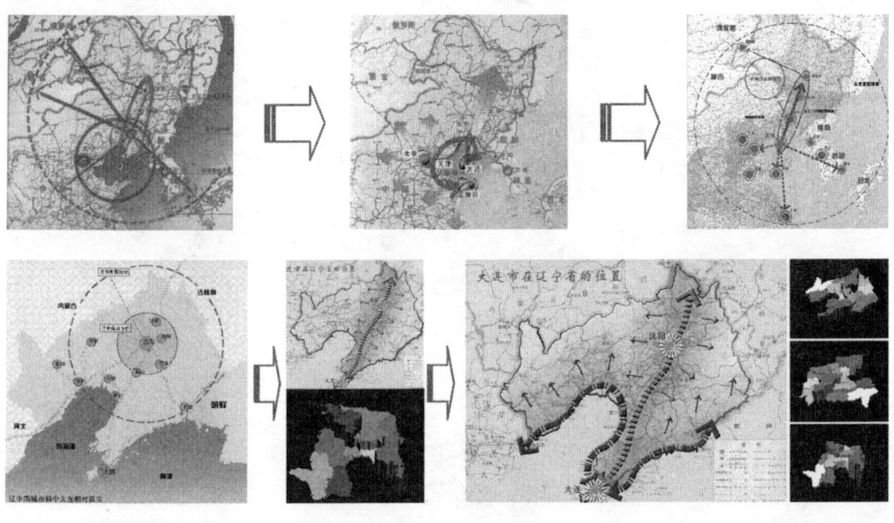

图 5－19　规划战略下大连宏观区域关系的优化

辽宁省内：与沈阳共同作为省内的“双子星”，带动全境发展；大连同时作为辽东半岛港口群中的主枢纽港，带动周边地区辅港发展。

二、高水准的产业发展战略及区域分工的产业布局

（一）高水准的产业发展战略

与总体发展定位相呼应，市域产业发展的总体目标是“全面、高水平、国际化、人本化”：

全面：各层次产业全面发展，尤其是二、三产业的发展并重。要防止过于倚重第二产业的发展，并高度重视第三产业中的生产性服务业等现代服务业的发展，因为相对于发展定位，这方面现状还存在很大差距。

高水平：产业发展水平应较高。要高度重视产业水平的升级，同时尤其重视为产业的升级、高水平产业的发展在机制、空间等各方面做好充分的准备。

国际化：产业的要素包括人才、资本、市场、信息等的国际化程度高。这一方面是对产业本身的要求，另一方面对产业的支撑系统，包括交通通信条件、城市的国际服务平台和能力等都提出了较高的要求。

人本化：城市的产业能够满足人的各种需求，体现了城市高度的人性化。

在“组团型全域都市化”战略框架下，围绕产业发展的总体目标，实行在全市域范围根据不同区位的比较优势统筹规划、分工布局，政策引导、市场选择，整体协作共赢的产业发展战略。

（二）区域分工的产业布局

1. 市域内部分工

从中心城区与周边的空间格局来看，由于经济建设的迅速发展，三面环海、多山多丘陵的地形限制，中心城市周边生态环境的制约等多方面因素，大连中心城区建设用地已非

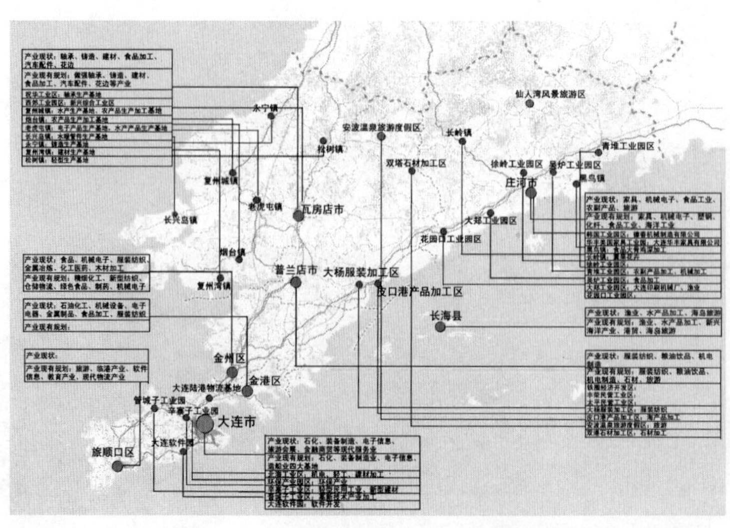

图 5－20　大连市 2003 年产业现状

常紧张，可以说已陷入了穷途末路的困境。要想进一步发展，产业必然向周边地区拓展。进一步看，这并不是没有任何支撑的，未来大连中心城区与周边县市通过便捷的交通网络发生紧密的产业联系，再加周边地区的发展机遇，如长兴岛即将上马重大项目，等等。另外，从现状来看，大连黄、渤海已初显了产业条带发展的雏形，沿线享有区位交通优势的乡镇纷纷设立园区以谋求大发展，由此可预见在现状趋势下连片组团发展的未来。

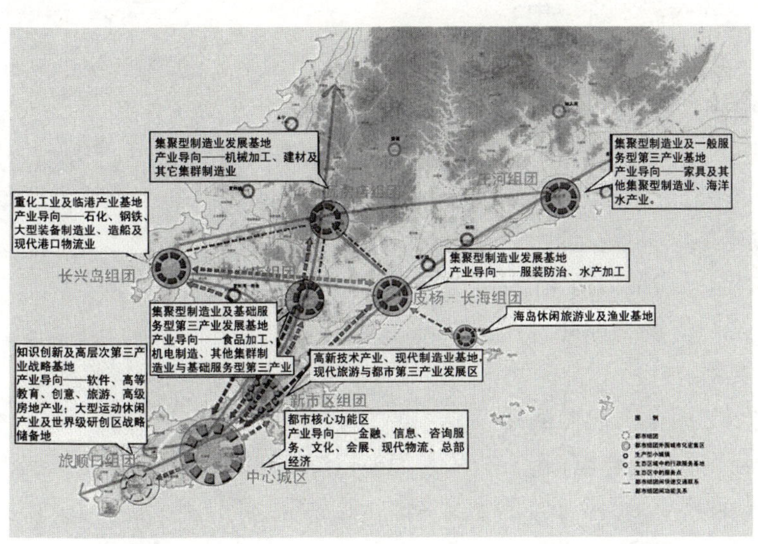

图 5－21　大连市域 2020 年产业体系空间布局规划图

基于此，大连未来市域产业总体分工思路为：

中心城区不宜再大规模发展工业，而应是现代服务、知识创新、技术研发、知识传播和转化应用的中心，对现存有污染、影响主城功能发挥的传统工业企业要加速外迁的步伐。主城区不仅为整个市域提供高层次服务，而且是大连乃至整个东北地区面向国内、国

功能。其

更新
开发和

、大连市域

协作较好，整个市
最后导致上下游产

业链的不够完整。大连城市产业总体要求的全面化、高水平、人本化、国际化，需要进一步增强外部区域（尤其是沈阳）与大连本地的交流。而正因为整体效益大于个体效益之和，大连作为辽宁省域中心城市，必然不能仅以发展“大大连”自居（“闭门造车”），而要在市域内部区域产业分工协作的条件下，充分发挥主观能动性，与沈阳以及周边城市通力协作，以求实现产业链的效益最大化，只有这样，才能支撑大连城市总体发展目标并且保障区域可持续发展。

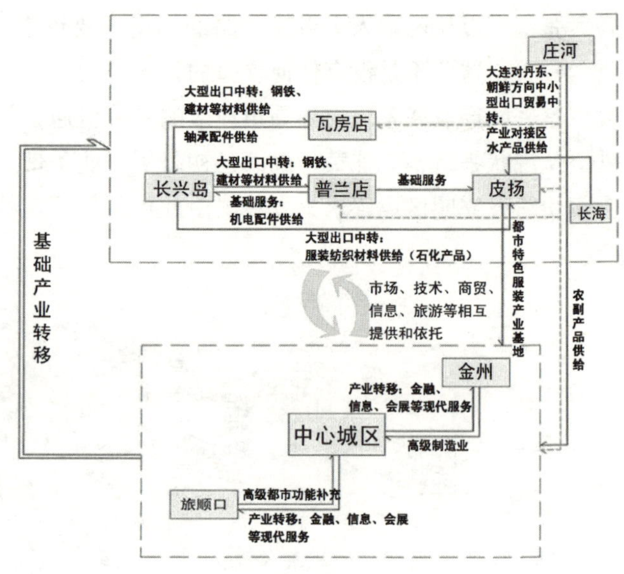

图 5－22　2020 年产业体系空间结构示意图

大连与沈阳之间最关键的问题在于如何通过合理的分工合作、错位发展从而获得持续性的双赢，共同成为辽宁省高水平产业的双核心，共同肩负引领全省经济大发展的核心主导力量；而大连与其周边城市，要在分工明确的基础上，在区域统筹发展的大框架内寻求各自最佳的产业合作关系。

要使大连与其周边城市从竞争走向合作、从陌路走向协同，就必须抓住这样两点：（1）基于条件的差异。大连作为中心城市，周边城市必然对它会有所依赖；（2）基于区域的共赢。作为中心城市，要做到有的放矢，有所取舍。譬如有些产业作为城市可持续发展的支柱，就必须居于区域的产业主导位置；但是也要考虑到周边城市的发展要求以及产业链的最优化原则，大连可以将一些相对较低层次的产业（如劳动密集型产业）转移到周边城市。也就是说，大连的发展首先要基于大连自身的条件，然后再将周边城市融入大连产业发展的大框架中。

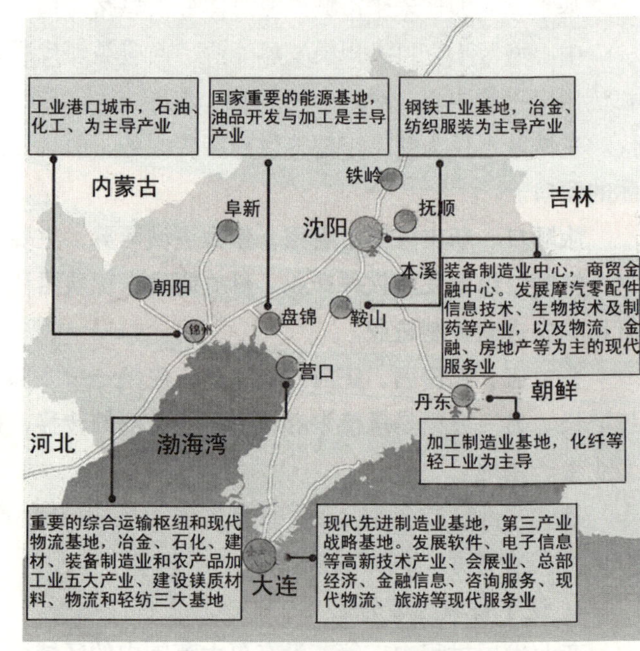

图 5－23　大连周边城市产业功能规划

基于上述分析以及现有辽宁省内产业布局，大连未来在辽宁省域区域的总体分工思路为：

大连：现代先进制造与装配业

基地，现代服务业中心。规划利用港口优势发展现代化临港产业（临港工业和现代物流业），发展软件、电子信息等高新技术产业，利用已有的现代化设施、国际交流基础发展会展业、总部经济、金融信息、咨询服务、现代物流、旅游等现代服务业，利用对外联系的便捷程度做好辽宁省、东北地区等周边区域的专门性服务（如港口业务）；

沈阳：装备制造业中心，商贸金融中心。继续发展摩汽零配件等传统产业，进一步提升信息技术、生物技术及制药等高新技术产业。充分利用自身作为省会城市所具备的政治、文化、教育优势，保持第三产业（如商贸服务业等）对广大腹地的服务优势，并且进一步提升如物流、金融、房地产等为主的现代服务业；

鞍山：钢铁工业基地，冶金、纺织服装为主导产业；

营口：重要的综合运输枢纽和现代物流基地，冶金、石化、建材、装备制造业和农产品加工业五大产业，建设镁质材料、物流和轻纺三大基地；

锦州：工业港口城市，石油、化工为主导产业；

盘锦：国家重要的能源基地，油品开发与加工是主导产业；

丹东：加工制造业基地，化纤等轻工业为主导。

（三）分区产业发展政策指引

1. 分区产业发展目录指引

（1）中心城区组团

总部经济、现代服务业，特别考虑：

——城市服务业（经纪中介、法律、会计、审计、产权、咨询服务等，吸引集聚智威汤逊、毕马威等一批国际知名专业服务机构）

——现代物流与航运业（第三方物流、仓储设施和分拨配送、国内外货运代理、多式联运、物流信息系统开发和咨询等）

——文化服务业（科技服务业、数字娱乐业、会展展览业、世界精品剧目等高雅艺术、博物馆、展览馆，传媒、设计等）

（2）新市区组团

——现代制造业、先进装备制造业（重点考虑领域：工业自动化、现代科学仪器设备、精密高效加工和成型设备、激光加工技术及设备、数字化制造设备、汽车关键零部件及整装、现代交通设备等）

——海洋生物工程、新材料、光电子、环保等高新技术产业

——现代旅游业（观光、会展、休闲）

——都市型第三产业（商贸流通业、文化娱乐业、现代传媒业等）

——房地产业

（3）旅顺口组团

——软件业及其他研创产业

——高等教育产业

——休疗养度假

——运动休闲产业（游艇、皮划艇等水上运动项目、海上体育事业，攀岩等极限运动，自行车，航模等）

——高级房地产业（住宅建设要在信息化、智能化、生态化和新技术、新材料、新设备、新工艺等方面有所突破）

（4）长兴岛组团

——钢铁（重点考虑领域：船用钢板、特殊钢材）

——大型装备制造业（重点考虑领域：造船、重型机械、港口机械等）

——石化（重点考虑领域：以炼油和乙烯为龙头的石油化工项目、新领域精细化工产品和专用化学品等）

——现代港口物流业（大型工业原材料及产品物流配送）

——综合性出口加工区预留

（5）瓦房店组团

——多种类型制造业（特别以轴承为代表的机械加工和相关研发产业）

——建材

——基础服务型第三产业

（6）普兰店组团

——民用工业、轻工业

——以互感器为代表的机电制造和相关研发产业

——食品加工

——基础服务型第三产业

（7）庄河组团

——中小型装备制造业、轻工业

对单独或者联手进行组团式组合式、生产环节上下游贯连配套、成块成片成区强投入的投资商，在符合产业目录及项目投资指标、环境准入指标和技术准入指标的条件下，可以追加优惠；

成立专项基金，完善投融资环境，扶持各区优先发展符合产业目录的行业项目；

对中小企业，特别是本地从事技术低、劳动密集型产业的中小型企业，设立专项扶持基金、小企业的融资担保机构，成立进行资源整合、信息指引、企业间联系纽带的综合管理机构（如行业协会），以培育中小企业的发育成长；各区建立民营工业园或类似工业园区，鼓励农村地区的企业搬迁集中入园，对此类搬迁企业给予相关政策扶持。

3. 重大项目指引

（1）大连市中央商务区（CBD）

除CBD的一般功能外，大连中央商务区还将作为东北金融中心的核心功能区，城市服务业的培育增长区，总部经济的集中发展区，国内外城市驻大连办事机构的窗口区。建议选址在中山广场、人民路，并将改造后的东港区、梭渔湾一带作为未来拓展区。

（2）滨海路景观带延伸

大钢、大化、造船厂搬迁后，延伸滨海路，打造大连继滨海路之后的亲海景观带，第二星海广场城市公共空间，进一步提升大连城市品质，完善城市功能。

（3）现代物流服务中心

引进DHL、联邦快递、罗宾逊、TNT、日本邮船等一批世界知名物流企业，提供高端专业物流服务，为大连东北亚国际航运中心的核心功能区。建议选址在甘井子、新市区地区。

（4）新市区城市中心及商务区

既为整个市域服务，更直接为新市区组团提供生活、商务、会展、金融等服务功能，提升当地的生活、产业环境。建议选址在小窑湾。

（5）大连海洋生物产业开发园区

致力于成为全国最大的海洋物场示范基地，与各地海洋相关大学院系、研究机构等联办养殖生产研究基地、海洋科技开发成果转化和人才培育基地、海洋药业、海洋生物工程等新兴海洋产业开发基地。建议作为长海、旅顺口、新市区的联合项目，选址在新市区。

（6）大连创业创新园

建议在旅顺口建立大连创业创新园，成立大连创业创新发展公司。除一般创业园所给予的政策外，大连创业创新园尤其注重设立人才、技术以及其他生产要素市场，促进人才、技术、资本以及其他生产要素有序流动。

（7）大连国际大学园区

在现有大学园区基础上，大力引进国内外著名院校前来办学，提高办学国际化水平，建议旅顺。

（8）吸引大型石化（钢铁）企业入驻长兴岛

可以以政府与石化等临港巨型或旗舰类企业签订协议的方式，积极引进相关巨头企业

的进驻，作为长兴岛的启动项目。

（9）日韩工业园

建议设立日韩工业园，承接国际尤其是日韩产业转移，政府着力港口等基础设施条件的完善。

（10）现代农业产业园

着力农业产业化建设，设立生态农业、海珍品养殖、现代农业研究专项资金，鼓励农业高新技术成果转化项目，对农业现代服务业（农业展销、流通、科技、认证、信息）的重点龙头企业实行优惠政策。

三、城乡统筹的城镇体系结构与组团型都市空间发展图景

（一）城市化与城乡统筹发展

通过“组团型全域都市化”发展战略，促进都市组团作为高水平城市化地区的快速发展，在大量吸收高教育素质城市化人口的机械增长的同时，积极吸纳本地农村人口直接进入都市组团，实现农村人口的快速、高水平城市化。

引导建设用地指标和相关投资、发展等向都市组团区的集中，实现城市建设空间向优势区位的集聚，以达到发展的集约化与优质化以及城市功能在合适区位的分工，以达到区域的均衡化与和谐化。市域非都市组团空间原则上以生态和农业功能为主，除少数已有很好基础的小城镇，不再鼓励工业区项目和大规模城镇建设在该类地区的发展。发展战略的最终目标，是促进形成市域品质卓越的城市空间与生态优化的乡村空间的和谐共生。

在大规模向城区迁移的同时，留下的乡村地区人口除部分进入小城镇以外，将主要通过人均占有资源量的快速提高和现代生态型产业（包括生态农业、旅游业等）的发展逐步提高收入水平，最终实现城乡收入的相对均衡化。

（二）人口和城市化水平预测

根据上述城市化发展战略，预测市域总人口和城市化水平分别为：

远期：总人口 710 ~ 820 万，城市化水平 80% ~ 85%（城市人口 580 ~ 680 万，农村人口 130 ~ 140 万）。

近期：总人口 630 ~ 690 万，城市化水平 70% ~ 75%（城市人口 450 ~ 500 万，农村人口 180 ~ 190 万）。

根据市域生态承载力和同类城市的发展经验，市域总人口理想规模不宜突破 1000 万：总人口 890 ~ 1000 万，城市化水平 85% ~ 90%（城市人口 785 ~

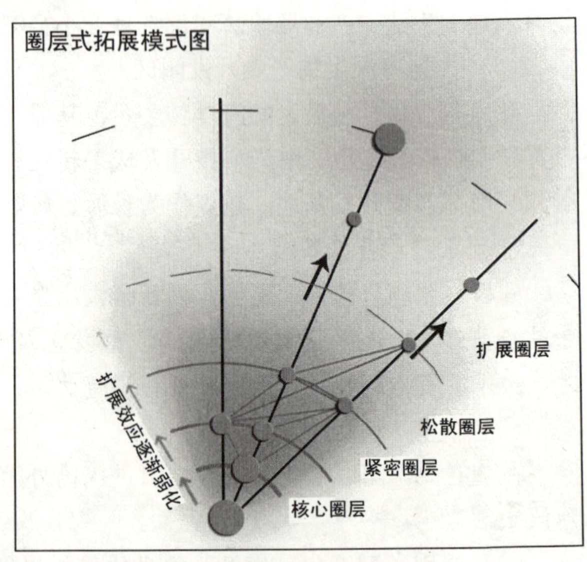

图 5 – 24　圈层式拓展模式图

890万，农村人口105~110万）。

（三）城镇体系等级规模与职能结构

市域城镇空间总体上分为两类：都市组团和小城镇。都市组团之间存在规模的差异，但彼此之间构成功能互补的平行网络关系。

市域都市组团一方面以中心城区承担服务全市的核心功能，另一方面以中心城区和旅顺口构成市域生产性服务业、高新技术产业等高级生产和核心服务功能区，也使大连市作为更大区域中心的核心功能区。

瓦房店、普兰店、庄河、长兴岛、长海—皮杨城区共同构成市域以重化工等基础产业、劳动密集型制造业、一般商贸、旅游和服务业为主的基础生产功能区，其中庄河同时还承担市域东北部的区域次中心职能。

各都市组团的规划人口规模控制指标分别根据各自的基础、发展定位相呼应的发展潜力、用地潜力确定。

规划确立的市域总体发展战略原则上不鼓励在广大乡村地区大规模发展小城镇。城镇体系中保留的“小城镇”指具备下列条件中的一个或多个，从而允许其适度发展城市型产业和用地、但总的数量严格控制的乡镇：现有二、三产业发展基础非常好；发展条件非常优越；有重要的历史和文化价值；从乡村生态地区的整体布局来看必须建立服务性基地。

（四）城镇体系空间结构

规划市域城镇空间形成有机集中、圈层扩展、网络一体的组团型都市空间结构。

四、快速交通网络与公共交通系统相结合的综合交通体系

（一）大连城镇体系发展定位与空间结构规划对综合交通系统的要求

1. 定位的要求

城镇发展定位对交通的要求为：优化内、外航运组合，靠拢“东北亚航运中心”；强化国际联系，建设国际性滨海都市；强化与东北的联系，真正服务东北；保持和强化公交优势，建构“宜居城市”。

2. 空间结构的要求——交通发生源的处理

（1）建设联系各都市组团的快速交通网络

在组团式都市区的结构模式下，每个组团将实现高水平发展，它们之间大量的人口、生产要素等的交流都需要便捷的快速交通体系的支撑。此外，除中心城区外其他都市组团的形成都不同程度地需要基础设施的先行带动，而快速路网作为促使产业、服务等组团发展动力的形成与快速成长的重要推动显然是需要重点投入和首先建设的。

（2）提供适当的公共交通系统以支撑组团的形成

这是实现“宜居城市”定位的必要举措，也是使大连中心城市公交优势和特征在市域各组团发扬的一种方式，更是促使人口进入都市组团进行投资、生产、生活的有效途径。

（二）规划设想

1. 机场的选址与建设

在三十里堡、土城子、登沙河、明阳等备选机场地址中，三十里堡的净空、地质、天气、距离等机场建设综合条件最好，但是它为军用机场，协调困难且成本较高。而黄海沿岸由于雾天较多，均不适合建设机场；由于大连湾内部海水较深，不宜建设人工海岛机场。因此，本规划建议金州湾填海建设新机场。

金州湾建设机场的战略意义：①拓宽蜂腰部，拓宽交通瓶颈，增加战略安全；②有效地组织市域南北向交通联系，将市域南北向航空流截止于金州湾机场，以减轻蜂腰部交通压力；③借机场建设契机植树造林，预留基础设施走廊，控制蜂腰部的开发建设，优化生态。

2. 港口规划与区外、区内分工协作

（1）港口规划

作为东北地区参与国际竞争的重要战略资源、振兴老工业基地的基础、发展外向型经济的窗口和桥梁，大连港是我国沿海主枢纽港和主要集装箱干线港之一；是辽宁沿海的中心港口、东北地区战略物资和超大型深水转运港和我国综合交通枢纽之一。提高港口运作效率，规划国际游轮的航线与码头，并尽量开辟国际性货运和客运航线。在省域范围内，处理好大连港与营口港、锦州港和丹东港的现有竞争关系；在市域范围内，形成多功能、多层次的港口分工协作体系。

（2）区外（省域）港口的分工协作

大连港将以国际集装箱干线运输为重点，全面发展原油、矿石、散粮、商品汽车等大宗货物中转运输，加快拓展港口物流、保税、信息、商贸和国际海上旅游服务，积极促进海洋经济带和临港工业区的形成，形成客货兼顾、内外贸结合、商工贸并举的多功能、现代化的综合性国际大港，成为东北区域物流中心和东北亚重要的国际航运中心的核心载体。

营口港虽然也是交通部规划的北方枢纽港之一，但应立足营口港距东北腹地近和内贸集装箱发展迅速的优势，把营口港发展成为以内贸集装箱为主的枢纽港。

锦州港和丹东港，限于港口规模和腹地生成的箱量，则应成为大连港和营口港的喂给港。实现省内港口的科学分工，还需要港口资源与港口企业两方面的整合。港口企业的整合有多种形式，如相互持股、资产置换、结成战略同盟等等。港口企业将根据自身发展整合。

（3）内部（市域）港口的分工协作

根据腹地经济、城市、产业、综合交通和港口自身的发展需求，和建设“东北亚航运中心”的战略，大连市域内部将形成多功能、多层次相结合的港口体系，具体包括：

以大窑湾港区、鲇鱼湾港区、散矿中转港区、北良港区为主的集装箱、石油及液体化工、铁矿石、散粮、商品汽车等五大专业化中转运输基地；

以大窑湾港区、大港港区为主的现代综合物流、国际海上旅游、国际航运商务三大服务中心；

以和尚岛港区、大港港区、旅顺新港组成的海峡滚装运输系统；

以庄河、皮口、金石滩及岛屿港站组成的陆岛交通运输系统；

以长兴岛、庄河、大连湾西岸、双岛湾为主的现代化的港口服务体系。

综合港区

——大型综合运输港区：大孤山半岛、大窑湾、鲇鱼湾、大连湾。

大窑湾港区：国际集装箱运输为核心，现代综合物流服务中心，重要的国际航运商务服务中心。

鲇鱼湾港区：以石油、成品油和各类液体化工产品运输为主的大型专业化液体散货港区。

大孤山散矿中转港区：以接卸外贸进口铁矿石为主的大型专业化港区，成为东北最大的外贸进口铁矿石中转运输基地。

北良港区：以散粮运输为主的大型专业化港区，规划为东北地区主要的散粮中转运输基地。

——中小综合港区：皮口港、庄河港

庄河港：以陆岛客货运输和本地物资的沿海、近洋运输以及临港工业服务为主，是大连市陆岛交通运输系统的重要组成部分。

皮口港区：集生产、生活及旅游于一体的中小型综合港区，长海县重要的客货物资转运港和承接基地。

专业港区

长兴岛港区：以工业港起步，逐步形成大型临海石化、冶金、造船和装备制造产业基地，在此基础上完善港区的服务功能。

双岛湾港区：临港石化基地。

旅顺新港：轮渡港，烟大火车轮渡的重要桥头堡，以火车和汽车滚装运输为主，适度扩大商业货运功能以满足本地沿海货物转运的需要。

生活港区、旅游港区

大港港区：国际海上旅游服务、客运滚装功能，使之成为海峡客运服务、国际海上旅游服务中心、重要的国际航运商务服务中心和口岸信息服务中心。

金石滩港：以陆岛及海上旅游功能为主，是金石滩国际旅游度假区功能和长山列岛陆岛交通运输系统的重要组成部分。

3. 都市组团快速交通网络建设

（1）快速交通网络建设的原则和任务

增加对外高速公路网络的建设，强化与东北腹地之间的联系。

保证各都市组团间"城区式"的快速联系，建设紧凑的交通结构；建构都市组团间0.5h、1h、1.5h"等时圈"。

合理规划路网密度，关注交通建设的经济可行性。最大限度地利用现有道路，减少财政投入。

（2）各层面交通建设

对外交通建设

建设沿黄海的大丹高速，升级庄林线（G305）、庄岫线（S203）；铁路方面，建设沈大客运专线，建设大丹铁路的庄河—丹东段，建设庄林线（G305）、庄岫线（S203）。

中心城市—各组团的快速联系

对于渤海沿岸复州城—复州湾—三十里堡机场—中心城市的快速路的建设，鉴于其导致瓦房店沿线投资的分散化、制约长兴岛组团的发展的可能，这里并不支持，且从沿渤海港群建设的角度来讲，仅大连与营口港之间的分工合作近期内可能还不足以在环渤海沿岸建设快速道路。但本方案对此保留一定弹性，为未来交流频繁时期的交通疏导留有余地。

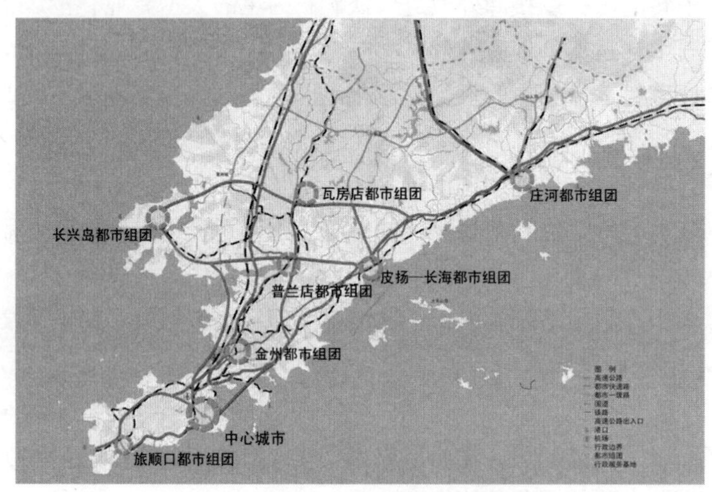

图 5－25　大连市域快速交通网络规划图

都市组团快速交通道路表　　表 5－14

	组团	道路	等级	建设方式	时间（h）
1	中心城市—旅顺组团	旅顺南路、旅顺北路	快速路	升级	0.5
2	中心城市—新市区组团	沈大高速、跨海高速	高速	现状、新建	0.5
3	中心城市—普兰店组团	跨海高速＋盖亮线	快速路	新建＋升级	0.8
4	中心城市—长兴岛组团	大长线	快速路	新建	1
5	中心城市—皮杨组团	大丹高速	高速	现状	1
6	中心城市—瓦房店组团	沈大高速、盖亮线	快速路	升级	1.1
7	中心城市—庄河组团	大丹高速	高速	现状	1.5
8	长兴岛—普兰店—皮杨	长皮路	快速路	新建＋升级	1
9	长兴岛—瓦房店—庄河	长城线（城巴线）	快速路	升级	1.5
10	瓦房店—皮杨	长城线＋皮莲线	快速路	升级	0.4
11	皮杨—庄河	大丹高速	快速路	升级	0.5

北部腹地的快速联系

纵向主要升级S121、皮安路为一级路，横向升级永仙线（永宁镇-仙人洞镇），用以强化各组团与复州城、安波、仙人洞镇之间的交通联系。

都市快速路与一级路的断面

快速路：基本按高速公路标准建设，以双向六车道为基准，但与其他道路相交时以平交为主。具体路段视交通需求增加或减少路宽。部分路段可视需要开设非机动车道。

一级路：按国道或省道要求建设，与其他道路相交可平交。

4. 市域公共交通系统建设

（1）市域公交系统建设的原则和任务

① 建设连接各都市组团的公共交通网络，特别是中心城市至各都市组团的公交系统。促使各都市组团的迅速成长。

② 根据自然、社会、经济条件，以及公共交通需求、现状交通基础，选择合适的公共交通方式。

（2）市域公交系统建设的方案

公共交通方式选择

——在金州市域及其南部推行轻轨。金州南部轻轨规划理由分析：一、有一定现状基础；二、新市区组团内部未来以小组团进行开发建设，轻轨站点可结合这些小组团布置（最后站点为石河站及普兰店站）；三、金州、旅顺组团作为大连高层功能区，在基础设施上应给以相应的配套；轻轨线止于普兰店，对其基础服务功能的发展有很大促动作用；四、路线相对较短，在经济上具有可行性。

——利用现有铁路开设都市组团间的城际列车。

——利用快速路开设快速公共巴士，满足组团之间的出行。

——中心城市至机场和码头，预留单轨的建设空间（主干道隔离绿带满足一定宽度）。

公共交通线路安排

——普通公共汽车，运营于城市和都市组团内部，和各组团与生态区中的行政服务基地之间。

——注意各类公共交通换乘系统规划。

都市组团间公共交通系统要素一览表 表5-15

组团	道路	线路	建设方式
中心城市—旅顺组团	轻轨、快速公共巴士	旅顺南路、北路	开设
中心城市—新市区组团	轻轨、城际铁路、快速公共巴士	大金轻轨线；长大铁路；沈大铁路；大丹铁路	开设
中心城市—普兰店组团	快速公共巴士	大长快速路	开设、新建
中心城市—长兴岛组团	城际铁路、快速巴士、轻轨	长大铁路；盖亮线；大普轻轨	开设、新建
中心城市—皮杨组团	城际铁路、快速公共巴士	大庄铁路；大丹高速	开设

续表

组团	道路	线路	建设方式
中心城市—瓦房店组团	城际铁路、快速公共巴士	长大铁路；盖亮线	开设
中心城市—庄河组团	城际铁路、快速公共巴士	大庄铁路；大丹高速	开设
长兴岛—普兰店—皮杨	城际铁路、快速公共巴士	大庄铁路；长皮快速路	开设
长兴岛—瓦房店	城际铁路、快速公共巴士	瓦长专运线；长城快速路	开设
瓦房店—庄河	快速公共巴士	长城快速路；大丹快速路	开设
普兰店—庄河	快速公共巴士	长皮路；大丹高速	开设
皮杨—庄河	城际铁路、快速公共巴士	大庄铁路；大丹高速	开设

各类公共交通方式的设置要点

——轻轨站点结合都市组团内部发展空间设置。

——城际铁路利用现有铁路设置，站点可结合现有站点设置，组团之间不设站点；班次开设须因地制宜，中心城市至各都市组团的班次应多于其余线路。

——快速公共巴士，往返于各都市组团之间，中间不设或少设站点。

小　结

大连都市发展模式的转型是在强化自身优势的基础上，更好、更全面地把握各种机遇，分析各方面面临的激烈竞争的前提下而做出的战略决定。大连在新时期的转型应最大限度地发挥大连的潜力，充分体现大连对于东北的重要性，使大连凭借自己的优势资源领跑于东北。

转型本身提出了一个全面协调的发展模式，一个可持续的发展模式。其核心不在于描述一个理想状态，而在于提供和优化发展的动力机制，这个机制使市域整体空间及其各个局部都获得新的动力，这个机制本身具有较大的可行性；以此为基础，都市区域将迎来新的更好的发展。

发展模式的转型是一个系统的发展思路、战略和行动计划的创新。科学创新本身就是先进生产力的组成部分。作为我国东部沿海地区相对发达的城市，大连的发展中遇到的问题有可能在我国其他沿海城市出现，因此大连在发展中提出的发展战略的转型思路与具体建议对其他城市也具有一定的借鉴意义。

第六章

从“商都”到“精明之都”

——温州都市定位战略转型研究

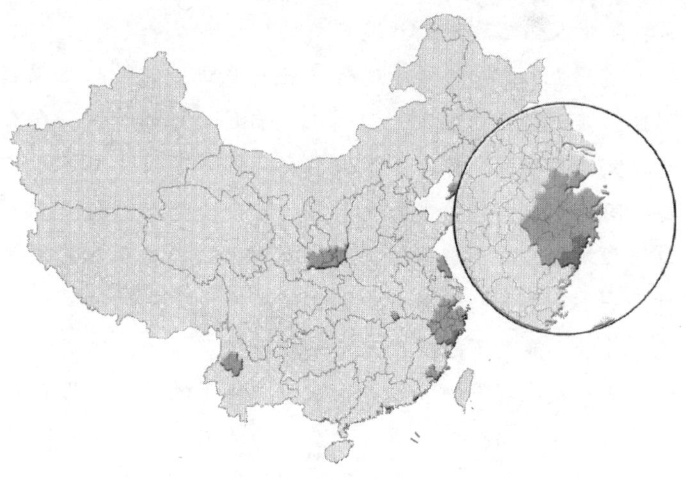

温州，一个中国人家喻户晓的城市。在世界上，浩浩荡荡的温州商人正携带着他们取之不尽的产自温州与非温州的商品，每天都在忽悠“老外们”的口袋，并最终将美元、英镑，汇回温州当地的银行。这是一个特殊的城市，也是一个在国内外都极为瞩目的城市。在中国改革开放后的时代，深圳与温州分别是中国城市发展与经济发展的两个新科状元。深圳依靠招商引资以及特区的优惠政策而崛起，温州则硬是靠自己的奋斗而富裕；深圳因天南地北的人才的集中而不断获得发展的资源与优势，而温州始终是温州人自己独闯天下；当上世纪90年代末，深圳人在讨论“谁抛弃了深圳”的时候，温州的炒房团开始向全国各地出击；当深圳在总规调整时提出逐步淘汰劳动密集型产业，向产业高端化转型时，温州人仍然陶醉于打造自己的“商都”、试图以中国式商人的智慧将传统产业与劳动密集型产业的寿命嫁接于现代商业与先进制造业。如果说，深圳是一个依靠政策的特区，那么，温州是一个依靠“温州人”自己打造的特区。在有幸参与并主持了这个大都市的规划研究的过程中，作者一直试图去比较与评判这两个都市的竞争态势。确实，这是两个完全不同的模式，也是中国改革开放后中国都市发展中的两朵奇葩。谁优谁劣还很难用一两句话去断定。对于中国这样一个大国来说，这两种模式的发展都有自己存在的合理空间；对于一个日益多元化与一体化的世界来说，这两种模式都有自己独特的功能与影响力，这就是作者不能也不愿去妄下结论的理由。然而，从规划的视角看都市的发展，温州作为中国经济最发达省份的三大中心城市，都市的发展却明显表达不出温州人的精明。或许温州人的工业化推动效应与溢出效应，为温州以外的其他城市所接收，这表现在全国各地的温州工业园、温州商品一条街等空间现象上。而在温州都市区惟一与温州的富裕所匹配的是跟深圳一样的令人咂舌的高房价与高地价。温州是一个值得每一个城市规划与城市科学的研究工作者们关注的城市，这不仅是因为温州是一个具有独特发展个性的都市，更因为温州光大了一种有别于中国其他城市发展的“草根模式”——一种精于闯荡江湖、善于自下而上的区域个性；一种业已存在的或许能够诠释中国历史上徽商、晋商、湖商们兴衰轨迹的文化路径。需要指出的是，与古人不同，温州人独特的精明与智慧不仅表现在商业方面，同样也表现在城市发展领域，这从温州规划局的领导们能将下文的规划研究报告中的主要观点倒背如流方面就能折射出现代温州人的敬业与另一种精明，这或许是过去、现在、未来温州都市发展中最令人畏惧的竞争力。

第一节　商都之梦

温州地处浙江东南沿海，是浙南地区的经济、文化、交通中心，全国首批14个沿海开放城市，全国城市综合配套改革试点城市之一，也是全国沿海20个主枢纽港口的城市之一。全市辖三区、两市、六县，陆域面积11784km^2，海洋国土面积11000km^2，陆地海岸线长355km，总人口721万人，其中市区人口120多万人。

一、兴衰交替，商魂弥驻

（一）东瓯名镇，几度辉煌

温州，古称“瓯”，早在4000多年前便有原始瓯人在此活动，并拥有灿烂的新石器文化。西汉初年为东瓯国之国都，因此而有“东瓯名镇”之称。东汉顺帝永和三年（公元138年），置永宁县，为温州建县之始，当时的温州地广千里，人不过万。东晋明帝太守元年（公元323年），置永嘉郡，设治所于永宁，为温州建郡之始。东晋南北朝时期，由于北方大乱促使人民大规模南迁，一度促进了温州社会经济的迅速发展，当时文豪谢灵运、裴松之、颜延之都曾出任永嘉太守之职。唐高宗上元二年（公元675年），改郡名为温州，为温州得名之始，到了晚唐，温州经济已有相当发展，并与日本的民间贸易活动日益频繁，当时的“瓯柑”被列为贡品，而“东瓯窖”所产的缥瓷更是中外驰名。

宋朝是温州经济发展的黄金时代，当时的温州就已是著名的手工业城市，手工产品灿若星辰。北宋咸平二年（公元999年），温州、杭州与宁波相继被朝廷辟为对外贸易口岸，遂为商业发达城市。当时温州的农产品如水稻、柑桔、蚕桑茶叶已是相当出色，陶瓷、造船、造纸、雕刻、漆器、刺绣、皮革等手工业名闻全国，尤以造船业名列全国之首而盛名。

南宋时期，杭州建都，北方大量人才往南迁移，更进一步促进了温州社会经济的繁荣和内外贸易的兴盛。当时温州的交通已十分便利，“江城如在水晶宫，百粤三无一苇通”。南宋高宗绍兴年间，在温州设立“市舶司”，负责海外贸易事项的管理，当时与高丽、柬埔寨、日本都有商船往来，并以“其货纤靡，其人善贾”而闻名全国，仅酒税一项，年征收额达50万贯，足见其商业发展之繁盛。此时的永嘉学派十分讲究功利，认为“既无功利则道义乃无用之虚语耳”。

元、明、清时期，温州经济只呈短期繁荣之势。比如，元世祖至元十三年（1876年）以后，漆器、刺绣和皮革曾有所发展，明万历时，温州设有“织染局”，派官监造宫廷所用的丝织品，当时的“瓯绸”，产于民间，却已驰名中外。但是，总体而言，由于战乱不断，倭寇侵扰，温州发展逐步暗淡，加上清政府的闭关锁国政策，温州也逐步在历史的光辉里黯然消退。

《中英烟台条约》（公元1876年）的签订使温州被辟为对外通商口岸，加上帝国主义势力的大批侵入，温州的社会经济发生了极大的变化，众多能源洋行，如英国的永泰公司、美国的美孚石油公司、日本的三井木炭公司等，纷纷入驻温州，到了1890年温州已是“瓯为海国，市半洋行”了。洋货的大量输入与能源资源的掠夺性开发使温州逐渐向半殖民地的方向发展。一战前后，温州的民族工商业有所发展。抗战时期，江西、湖南、广西、重庆等内地客商以及采办军需物资人员在温州的汇集，一度促其出现极为畸形的繁荣景象。然战争导致的畸形增长必定好景不长，到解放前夕，温州的工商业已是风雨飘摇，动荡不安。

在一片萧条与百业凋零的劣境中，温州迎来了解放。建国以后，温州种种优越的发展条件如港口、物产、工商基础及大量的海外侨胞，逐步促使经济平稳增长。1957 年以后，由于作为“前线”，国家投资极少，经济发展速度放缓，并与当时势均力敌的宁波急剧拉开差距，从 1966 年及此后的十年间，温州的经济基本处于停滞状态。

（二）温州模式，石破天惊

20 世纪 50、60 年代的凋敝和停滞，历经曲折的温州迎来了改革开放的春风，并由此迸发出极强的活力，特别是农村地区，更是生机勃勃，欣欣向荣。手工业和商贸两大优良传统在温州发展的起落之间得到传承。

温州经济的发展大致经历了三个阶段：

起步阶段：小商品、大市场

从党的十一届三中全会以后到 20 世纪 80 年代中期。温州家庭联产承包责任制的快速完成，使百万农村剩余劳动力很快从人均不到半亩的狭小土地上解脱出来从事二、三产业。以生产小商品为主的家庭手工业的蓬勃发展适应了当时的温州农村生产力发展水平，农村商品经济得到了迅速发展，农民脱贫致富。与此同时，也初步形成以专业市场为核心的商品市场体系，为温州家庭手工业的发展提供了载体。到 20 世纪 90 年代中期，温州初步形成以家庭工业和个体私营经济为基础，以专业市场为纽带，以农村集镇为依托，以小商品为主体，一村一品，面向全国的经济格局，即“小商品，大市场”的温州模式。到 1986 年，全市已有个体工商户 14 万家，从业人员达到 34 万人，产值 18 亿元，涌现出了桥头纽扣、柳市电器、金乡徽标、宜山再生腈纶、萧江编织袋、虹桥农业、水头兔毛、场桥羊毛衫等全国著名十大产销基地。

初创阶段：家底实、创新业

从 20 世纪 80 年代中期到 90 年代初，温州抓住了“创”的机遇，创造条件，创新机制。随着生产力的发展，扩大生产经营规模成为家庭工业企业发展的一种内在要求，而狭小的家庭经营已不能适应生产力发展的需要，于是在家庭工业和个体私营经济的基础上，以资金、人才、技术为纽带，通过联户、联营、合资、合伙、合股等形式，大力发展股份合作经济。这种产权明晰、利益直接、机制灵活的新型企业制度，较大程度上克服了个体私营经济在发展中的局限性，借助于这种较为合理的组织结构，温州经济得到了快速的发展，创造了温州经济格局的新优势，营造了“家底实、创新业”的态势。1993 年全市股份合作企业已发展到 3.7 万家，其中工业企业 2.8 万家，工业总产值达到 192.8 亿元，已占全市工业总产值的 36.2%。

二次创业阶段：筑码头、闯天下

始自邓小平南方谈话和党的十四大以后。在基本完成工业化初期的资本原始积累后，温州综合实力明显提高，但同时也存在经济增长质量不高等一些突出问题。为了促进温州经济更快更好地发展，提高国民经济的整体素质，温州提出了“二次创业”发展战略，这一发展战略以提前实现小康、率先建立社会主义市场经济体制为目标，以提高经济整体素质为核心，以集中解决发展中的突出问题为重点：通过实施质量立市的“358”工程（即从1993年起到2000年，经过3年、5年、8年的努力，使温州主要产品质量分别达到全省、全国先进水平，达到或接近国际水平）、改善基础设施的“828”工程（即用8年时间，投入370亿元，完成28项重大工程）、加强精神文明建设的“形象工程”和发展海洋经济的“海上温州”战略，营造了“筑码头、闯天下”的态势。

温州的发展虽几经挫折，然“商”仍是其不变的主题。

二、昙花一现：商都之痛

（一）温州人经济

据不完全统计，至2003年约有160多万温州人分布在全国各地，约有40多万温州人分布在法国、意大利、美国等65个国家和地区，经过多年的艰苦创业，温州人经济已经成为一股强大的经济力量，并深远地影响着温州经济的发展。在全国各地的160万温州人，创办的企业3万多家，个体工商户37万户，年销售总收入额达到1600多亿元。其中总资产超亿元的企业近50家，资产总值在500万元以上的有近2万人。云南、四川、北京、天津等地出现了以经营温州品牌为主的“温州街”、“温州商城”，出现了温州人主导当地繁华商业街区的奇特现象。2001年末，温州人已在境外设立400多家企业、机构，创办了5家专业市场，带动了148家企业的300余人出国经商；带动出口额逾9000万美元①。

（二）商会网络

在外温州人经过长期打拼，已形成了一张覆盖全国、遍及世界的温州人网络，这张利用温州人的乡缘、血缘、地缘建立起来的网络，为温州人在异地活动、立足和迁移提供了极大的便利，使得在外温州人能够建立起一些据点，在异地聚居和经营。这张网络不仅具备强大的商品营销功能，还具有配置社会人际关系资源、资本资源、人才资源和信息资源的功能。在这张巨大的无形网络中有许多重要节点，即外地温州人所创立的各种商会、同乡会，

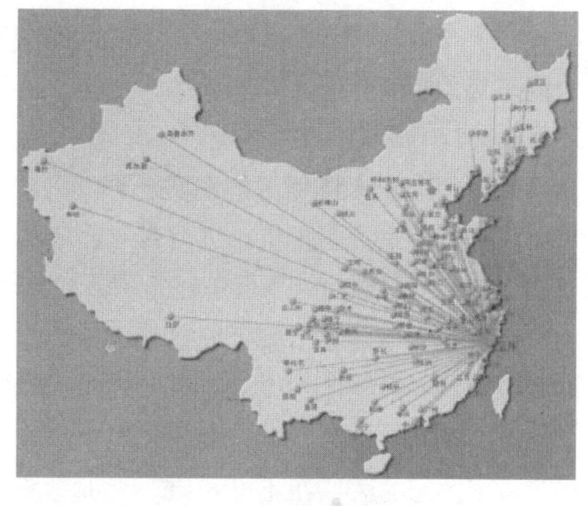

图6－1　温州商会分布

① 资料来自《温州发展规划与研究》，温州市发展计划委员会，2003。

著名的有香港温州同乡会、旅法华侨同乡会、美国纽约温州同乡会等，以及在西安、成都、郑州、沈阳、重庆等地的温州商会。在外经商的温州人通过加入这些温州同乡会、商会，维护了自己的正当权益，扩大了在当地社会各界的知名度，凝聚了人心，为与家乡政府的交流也提供了组织保证。

尽管商会网络创造了许多经济发展的奇迹，但事实上，温州离现代意义上的商都仍然很远。总部经济的集聚、商业会展的中心、商品集散的枢纽、相关服务业的高度发展，这些现代商都所应具备的基本条件，温州并不具备。实际上，广泛散布于国内外的温州人与商会每天都在忙着为别人打造商都，为其他城市的商都建设添砖加瓦，而温州自己并没有腾挪出足够的空间平台让温州人施展才能与智慧；而温州人的执着、精明、敢冒风险等品质难能可贵，在其他城市产业和商品高端化的过程中，温州人却固守传统产业，使现代服务业无法有高端化的机会；在商会力量、商会网络如此发达的温州，城市发展也未能提供足够的空间从而使得温州经济的发展和城市的发展产生错位，使温州错失了成为真正商都的历史机遇；温州虽然有建立商都的浓厚人文环境，但缺乏建立商都的物质和空间支撑，如港口、机场、城市与区域交通体系以及综合性市场、交易所、信息中心、CBD 等等。而这一切的背后，却隐含着温州发展更大的危机。

三、危机潜伏：难以实现的商都之梦

温州模式的发展以及商都的定位，让温州成为全国城市关注的明星城市。然而随着改革开放的号角在整个华夏大地的全面吹响，温州原有的制度先发优势已逐步丧失，先天性的资源匮乏矛盾已日渐显露，区域性中心地位的动摇，温州模式的“锁定”危机，城市空间结构的散乱，生态环境的恶化正在惊醒着处在快速发展喜悦中的温州。

（一）区域分析：日渐边缘化的趋势

在长三角、珠三角、福厦泉等经济区的内部联系和区域一体化程度进一步加强、吸引力逐渐增大的趋势下，位于沿海几大经济区交接地带的温州的传统腹地不断被吞噬，处于被挤压而日渐边缘化的阴影之中。

1. 长三角，咄咄逼人的发展态势

以上海为龙头、浙北苏南为两翼、15 个城市群为主体的长江三角洲经济圈是我国最具活力的经济区域之一，区内城市产业互补性强、技术含量高、与国际接轨程度强，具有不可多得的综合发展优势，是中国经济发展速度最快、经济总量规模最大、发展前景最好的经济区域。据统计，2002 年，长三角 15 城市以占全国 1% 的土地、6% 的人口创造了占全国 18% 的国内生产总值。随着长三角经济的快速增长、城市间经济联系的增强，长三角作为一个动态的区域在不断扩展，台州、黄山、盐城等地纷纷提出申请加入长三角经济圈，谋求更快的发展。如果能接轨具有如此活力的发展区域，无疑等于接轨了经济发展的高速公路，其战略意义不言而喻，因此，接轨长三角就成为诸多地区发展的首要目标。作为温州传统腹地的台州地区，一直以来就与温州联系紧密，二者优势互补、互通有余、互惠互

利，很好地促进了彼此的发展。而如今台州掉头北向接轨长三角对温州无疑是一个巨大的冲击，腹地不断被蚕食而日益缩减的趋势为蓄势发展的温州提出了新的课题。

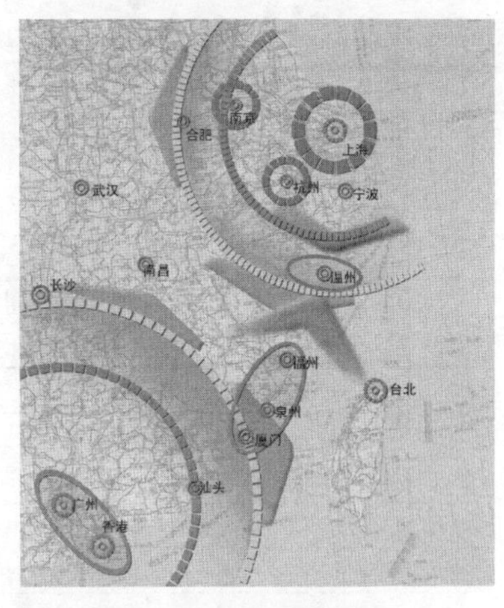

图 6－2　备受挤压的发展空间

2. 珠三角，回落之后的扬弃重组

20 世纪 80 年代以来，珠三角地区靠优惠政策、廉价土地、充沛的劳动力、大量的外资等的密集型投入取得了经济的高速增长。但这种经济增长模式的延续越来越受到来自土地、劳动力、资金等资源短缺的制约，而且由于固有的粗放性、劳动密集性，很难实现经济增长在质量和效益上的突破。为扭转这一态势，珠三角在更大范围内整合资源，调整结构，寻求新的发展空间。2003 年下半年 CEPA 的出台，促使香港与内地进一步融合，令香港服务业得以长驱直入进入珠三角市场，而珠三角则进一步调整产业结构、产品结构、技术结构、人才结构以及经济区域布局，真正形成制造业方面的强大优势，两地分工合作，相得益彰。这无疑给了珠三角一个重新洗牌的机会，利用香港与内地的融合，增强城市群和产业群的竞争力，以高技术产业和现代服务业带动珠三角产业整合，使之成为世界性的制造基地。同时，为更好地搭乘 CEPA 和中国—东盟自由贸易区的“头班车”，珠三角南进北拓，“泛珠三角区域经贸合作战略”［“9＋2”（即广东、福建、江西、湖南、广西、海南、云南、贵州、四川、香港、澳门）］构思浮出水面，珠三角腹地有望大大拓展，区域竞争力可望大大增强。扩展中的珠三角无形当中促进了中国区域经济格局的重新分割，给温州经济的发展带来了巨大的压力。

3. 福厦泉，迅速崛起的海峡西岸繁荣带

目前，我国东部沿海基本形成了以北京、上海、广州为中心的三大经济区域，在全球化浪潮中，这三大中心城市也成为了外资进入中国的门户。这个大区域背景中，福建正处在上海、广州两大经济地域的边缘，在长江三角洲、珠江三角洲的夹击下成为我国东南沿海地区的经济低谷。为改变这一空间劣势，福建以大交通建设为先导，整合相对发达的沿海地区，建立海峡西岸繁荣带，与海峡东岸相对应、相衔接，与相邻的珠江三角洲、长江三角洲两大经济活跃地区相连接、相贯通。通过加快海峡西岸的经济发展，形成与海峡东岸相互协调的产业互补与分工，促进两岸民间的交往与沟通，化解政治对立态势，增强双方的互信与了解，从而缩小两岸的经济差距，构成牵引福建乃至国家经济发展的新增长源。整合后的“福厦泉”经济区与台湾隔海相望，是福建省经济最发达的城镇密集区域，外向型经济发展势头迅猛，与温州经济发展有一定的同构性，成为温州一个强劲的竞争对手。

4. 周边城市，百舸争流

（1）相关中心城市的对比：“内功”不足

温州作为浙江省传统的三大中心城市之一，其区域的服务功能理应与杭州、宁波处于同一等级，然而，选取温州周边具有典型意义的7座中心城市——杭州、宁波、福州、厦门、泉州、汕头、南昌与温州进行数据对比，发现事实却不尽如此。无论是经济实力还是综合竞争力，温州都没有显示出太多的优势：

温州与相关中心城市比较分析表（1）——城市综合经济实力　　表6-1

	国内生产总值（万元）		人均GDP国内生产总值（元）	
	数值	排名	数值	排名
杭州	11952000	1	31784.70	4
宁波	5813000	2	46471.80	1
南昌	3435873	6	19923.90	7
福州	5073444	4	33570.10	3
温州	3884000	5	29781.90	5
厦门	5583268	3	42039.52	2
泉州	2265768	8	29606.27	6
汕头	2318231	7	19414.04	8

资料来源：中国城市统计年鉴2002。

① **综合经济实力**：温州与杭州、宁波的差距明显，低于厦门、福州，仅稍好于泉州、汕头、南昌三个城市。虽然可能存在统计口径的不同，但对比结果也一定程度上反映了温州和相关中心城市的综合经济实力对比情况。

② **外资利用**：温州的总体评价较低，在三项指标中获得两个第8、一个第7的排名。这一方面说明温州的内资十分充裕，另一方面也反映出温州引进外资的步伐不大，积极性不高。通过引进外资来引进先进技术、管理手段是长三角与珠三角城市和区域提升自身实力、参与全球竞争的重要手段。外资利用程度不高成为制约温州企业管理与技术现代化、国际化进程的重要因素。

温州与相关中心城市比较分析表（2）——外资利用情况　　表6-2

	当年实际使用外资金额（万美元）		当年合同外资金额（万美元）		新签协议合同数（个）	
	数值	排名	数值	排名	数值	排名
杭州	46237	3	95907	3	405	1
宁波	57057	2	140006	1	383	2
南昌	45920	4	54566	4	196	4
福州	10629	7	16156	7	54	6
温州	3994	8	5053	8	38	7
厦门	82521	1	120342	2	313	3
泉州	25376	5	37406	5	153	5
汕头	12221	6	24111	6	12	8

资料来源：中国城市统计年鉴2002。

③ **人力资源**：尽管温州的科技投入较多（于8市中排名第一），但自身的科教资源不足等因素（大专院校、研究机构少）仍然导致人才（尤其是中高级人才）的供不应求，

人才的匮乏将继续成为城市进一步发展的桎梏。

④ 城市环境：表征人居质量的两项指标温州都位居8市后列，这足以证明温州城市环境不佳。城市环境与城市品位、城市吸引力紧密相联，欠佳的城市环境与中心城市的地位严重不符。

通过比较分析可知，温州在与区域周边中心城市的对比中不仅没有太大的优势，而且暴露出温州自身城市发展过程中存在的一系列不足。作为区域中心城市，区域服务设施相对不足，服务功能和中心集散能力不强，机场、港口的规模与中心职能不匹配，现代生产性服务业还有待发展，人流、资金流和信息流的集聚枢纽功能等城市发展的“内功”有待进一步提升。

温州与相关中心城市比较分析表（3）——人力及科技水平　　表6-3

	从业人员数（万人）		万人拥有高等学校在校学生数（人）		高等学校数量（所）		教育事业费支出（万元）		科学事业费支出（万元）	
	数值	排名	数值	排名	数值	排名	数值	排名	数值	排名
杭州	69.78	1	412.70	3	32	1	106361	1	3438	3
宁波	32.08	5	344.22	4	11	4	65627	3	3152	4
南昌	45.78	4	655.61	1	14	2	20129	8	767	8
福州	48.09	3	595.25	2	14	2	53661	4	2182	5
温州	23.78	6	166.21	7	6	5	47360	5	7067	1
厦门	51.14	2	210.80	6	1	6	94927	2	3857	2
泉州	22.53	7	312.11	5	1	6	22739	7	1484	6
汕头	21.21	8	70.35	8	1	6	33564	6	1284	7

资料来源：中国城市统计年鉴，2003。

（2）区域中心的困惑：腹地争夺中的无奈

温州传统意义上的腹地范围包括：温州市域全部范围，台州、丽水市域大部分地区，衢州、金华南部地区，宁德、南平的北部地域和上饶的西部地域。但是如今，在各方面因素的综合作用下，这些温州传统意义上的腹地正与其渐行渐远。

作为区域中心城市，温州并没有给周边城市的发展以足够的辐射和支持：

温州与相关中心城市比较分析表（4）——城市环境　　表6-4

	建成区绿化覆盖率（%）		人均园林绿地面积（m^2）	
	数值	排序	数值	排序
杭州	37.38	1	22.07	5
宁波	35.74	4	16.23	8
温州	21.35	8	17	6
福州	36.67	2	22.68	4
厦门	35.53	5	25.18	2

续表

	建成区绿化覆盖率（%）		人均园林绿地面积（m^2）	
	数值	排序	数值	排序
泉州	34.2	6	22.76	3
南昌	36.54	3	16.29	7
汕头	32.46	7	25.36	1

资料来源：中国城市统计年鉴，2003。

① 台州，与温州的产业同构性强且生产资源与人力资源相对低廉，存在与温州的竞争关系，地缘与文化的相近并没有带来城市的亲和力，其产业依赖宁波与杭州等进出口通道与长三角地区保持日益密切的联系。

② 金华、衢州，以重化工业为主，与温州的产业存在一定的互补性，需要温州的门户功能和对外的通道联系，但目前交通不畅、设施不足，存在日益向宁波靠拢的趋势。

③ 丽水，历来是温州传统的腹地，但丽水相对欠发达的地区经济很难“反哺”温州中心城市，而丽水土地、人才等资源的不足也难以对温州产生足够的引力。

④ 上饶，较之浙江地区生产要素成本相对较低，而且省际之间的政策差异对温州的产业转移产生了足够的引力，但目前两者之间的交通联系不畅，影响了温州对其更大力度的辐射。

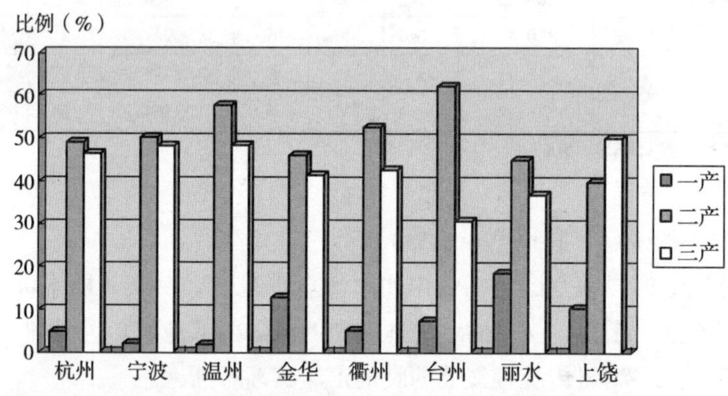

图 6-3　2001 年相关城市三产比例

总的说来，由于温州城市中心功能的不足以及“富民穷市”的发展现状，因而对周围这些地区虽有一定的辐射作用，但绝没有使它们产生强烈的依赖性，因此当杭州尤其是宁波中心城市功能迅速增强时，它们舍近求远的离心式发展态势就开始显现，几乎无一例外地在努力搭乘长三角和珠三角的顺风车，力争通过上海、广州等大城市的跳板实现跨越式发展。这从最近几年它们各自的定位和发展态势中可以明显看出：台州申请加入长三角经济圈；衢州定位为积极接轨长三角等沿海发达地区的前沿阵地；宁德提出积极接轨长三角和珠三角的产业转移，金华、丽水等为接轨长三角正在进行不懈的努力。在融入长三角和珠三角的同时，做大做强自身、成为区域中心城市也纷纷提上了这些城市的议事日程：衢州、上饶等纷纷争做浙赣闽皖四省边界中心，宁德等沿海地区纷纷提出要建深水大港口等。“群雄争锋”的事实从另一个侧面说明了温州需要更进一步检讨自身发展的缺陷。

(3) 区域结构二元的困扰：过分突出的非均质化态势

比较杭州、宁波、上海、苏锡常等中心城市可以发现，这些城市的城乡之间存在着良好的互动效应，中心城市与周边区域经济的均质化现象比较明显，二元结构不是特别突出。而温州周边区域腹地如金华、丽水、上饶等的经济实力相对较弱，工业化进程缓慢，使得对区域中心服务功能的“需求”不旺，这种区域内部经济发展极不均衡的非均质化态势，严重影响了快速工业化与城市化过程中温州中心城市“领跑意识”的建立以及“领跑功能”的健全。区域发展中的严重失衡的“先天不足”，使得温州缺少区域与城市均衡发展这方面的“天时、地利与人和”。

(二) 温州模式：面临“锁定”危机

温州模式经历了近二十年的风风雨雨，为温州经济的发展打下了一片江山。温州模式不但解决了温州没有资源、交通、区位、人才、技术等诸多方面优势的难题，保证了老百姓吃饭的问题，而且还帮助温州商人完成了资本的原始积累，为温州经济的腾飞奠定了雄厚的基础。然而，时代在变迁，社会在进步，温州已经完成了经济的起步阶段，所处发展环境发生了很大的变化，过去那种“传统经济 + 温州人创业精神”的温州模式的局限性也表现得越来越明显，所面临的问题也越来越突出，更有学者认为，温州模式在当今新的发展条件下，面临被“锁定”的危机，亟需注入新鲜血液和新的内涵。

1. 战略意识亟待强化

温州人非常精明，也很务实，当然，这些素质对于商人来讲必不可少，但凡事有个度，过犹不及，过度务实的另一层意思即为目光短浅，重战术不重战略，突出表现在温州人对待外资、人才的态度以及温州人的合作意识上。

(1) 引进外资

近年来，温州利用外资从无到有，迈出了实质性的一步。但横向一比较，温州的差距就非常明显。图6－4显示的是2001年沿海部分城市引进外资的具体情况，蜗居在下的温州与高高在上的苏州形成了非常鲜明的对比，温州引进的外资几乎可以忽略不计。大多数温州人都认为温州本身资金很充足，靠温州民资完全可以把温州建设好，没必要花大力气去引进外资，为争夺外资而以各种各样的优惠条件为代价，对于温州这样一个不缺资金的地方来讲是得不偿失之举。但他们却没有考虑到引进外资的同时还带来了国外先进的技术和管理经验，

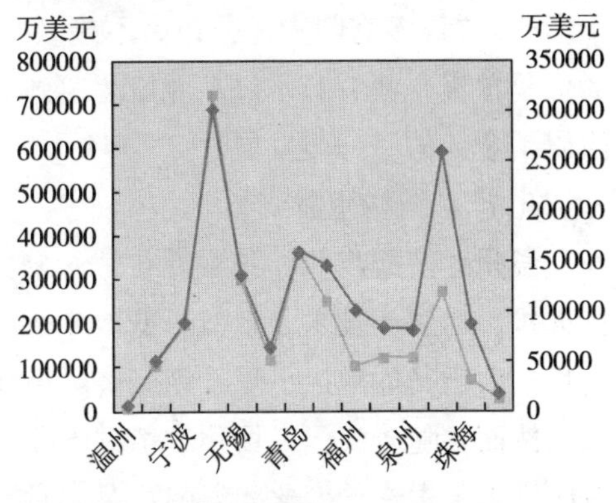

图6－4　外资引进成为温州经济发展的一条短腿

对于成长于家庭手工作坊的温州企业来讲，这才是最重要的。只关注眼前的得失，认为外资的引入会分掉一定份额的蛋糕，增加竞争的压力，而忽视企业长远的发展，错过给企业注入新鲜血液的良好时机，这不能不说是战略上的失误。

（2）引进人才

在全球化和信息化的浪潮中，人力资源作为最活跃的生产要素对企业的发展具有非同寻常的意义，城市与城市之间、企业与企业之间对于人才的争夺尤为激烈。但温州企业家对人才的引进却比较无奈。目前流入温州的两百多万外来劳动力主要是低素质、低技能的打工人员，从事低技术水平要求的传统劳动密集型产业，高级人才则屈指可数。有些企业也曾以高薪等优厚待遇到全国各地“买兵招贤”，但效果并不显著。现今的高级人才感兴趣的不仅仅是丰厚的物质待遇，更需要优越的创业氛围，而温州在这方面似乎还存在不少的欠缺。对此，温州应该及早有个清醒的认识，尽快从战略而非战术上找到解决的办法——提升城市的品位和核心竞争力。

（3）合作意识

在温州人的脑海里，“宁做鸡头，不做凤尾”的观念根深蒂固，人人都想当老板，小企业是温州经济的主流。小企业具有灵活多变，适应能力强的特点，在20世纪八九十年代，我国商品市场不发育的背景下，它可以迅速填补国有企业和集体大中型企业留下的市场空缺。而当前，国内外社会经济环境发生了很大的变化，全球化的不断深入、我国市场经济体制得到普遍推广等都使温州小企业以前具备的优势大大减弱。由于其规模小、产品层次低、产品开发能力低，在强大的竞争对手尤其是世界强手面前显得软弱无力，有的面临淘汰的困境。要抗击市场的冲击，必须提高企业的层次，企业的联合、扩张成为一条重要的途径。但是，受观念的影响，这种分散经营的民营中小企业难以通过联合、重组、兼并、合并以及股份制改造等形式得以迅速扩张。即使联合，大部分也是步入“联合—分离—再联合—再分离”的循环，而且这种联合也主要在父子、兄弟、亲戚、朋友之间进行。近年来，虽然大力推进企业的公司化改造，但是，和国有企业改制一样，部分改制流于形式。“许多有限责任公司名不副实，将家庭成员的出资或股份分割成几份，而实际内涵仍是独资企业，只不过企业家为赶流行或为享受优惠而进行的包装”。这些都在客观上阻碍了企业的进一步发展。

2. 产品结构亟需调整

温州经济起步时，我国处在“短缺经济”时代，尽管温州产品，无论是鞋、服装还是打火机，均属于技术含量低、低成本加工型的劳动密集型产品，但仍然占有巨大的市场；而且，由于其他地区仍受计划经济的束缚，这给温州民营企业的迅速发展提供了巨大的机遇。然而，随着我国市场化改革的不断推进，尤其是入世，温州产品所赖以生存发展的环境已发生了根本的变化，温州产品当前面临着国内、国际同行业的严峻挑战，低附加值、低技术含量的温州产品亟需更新换代。

从国内看，虽然温州目前的某些劳动密集型产品在市场上占有较大的份额，但已经面临国内其他低成本地区同类产品的竞争。随着各地企业摆脱计划经济的束缚，土地、劳动力等生产要素成本的攀升，其他地区必将在仿效温州模式的基础上有所创新，迎头赶上，与温州产品激烈争夺市场份额，从而给温州产品带来了新的竞争压力。

从国际上看，在经济全球化的大趋势下，加入WTO给温州的经济发展迎来了新的机遇，同时也面临着巨大的挑战。WTO带来的严格、规范的市场竞争规则给温州的产品拓展市场特别是国外市场带来了巨大的冲击，产品受非关税壁垒的干扰会更加严重，随着出口数量增长过猛，产品遭到外国反倾销诉讼和其他非关税壁垒干扰的事件将会增加，这将一定程度上影响温州产业的正常发展。

产业空心化表面上是由于一个地区经济发展到一定水平引起生产成本提高，企业为了追求利润的最大化而向成本相对较低的地方转移的现象。但从深层次看，这涉及经济结构的调整与产业链的上移等问题。当经济发展到一定水平，适时调整产业结构，积极进行技术创新，加快产业升级步伐是产业发展与城市发展的必然选择。

3. 家族式管理方式亟需转型

温州企业在创业初期，采取的大多是家族式管理方式，因为家族企业的血缘使其企业有着强大的凝聚力，减少了交易成本，促进了企业快速的原始积累。随着市场经济的进一步发展和市场秩序的进一步完善，粗放型的管理方式暴露出了越来越多的弊端，主要表现在如下几个方面：

一是财务管理制度形同虚设或者根本就没有什么财务管理制度，随意性比较强，所谓的成本观念和效益观念都是简单粗糙的计算，财务管理混乱，不少家族企业的主要经营者在与别人做生意时算计得比较清楚，但自己家企业的成本是多少、资本结构怎样更合理却是相对外行。

二是其他管理制度随机性强，特别表现为用人比较随意，育人谈不上，留人更困难，使得企业员工没有归属感，不知道企业的明天在哪里，只关心自己今天可以拿到多少钱，对企业的忠诚度大打折扣。

三是决策不够科学化，依然凭借创业之初的经验决策和感性行事，在竞争形势日趋复杂、竞争环境已经发生实质性变化的今天，这些掌舵人仍然把这套非理性的决策机制当作企业的宝贵财富和竞争的致胜法宝，甚至不允许他人提出质疑，最终可能把企业带入一个沉沦的境地。

四是体制创新难，认为只要是维护家族利益就必须采取家族核心人员全面管理的方式，一旦提出进行体制变化，似乎就是对家族资本控制力的削弱，难以进行体制创新，从而束缚了企业的发展。显然，在全球化竞争日趋激烈的环境下，家族企业及其管理方式已不适应企业的发展需要，更不利于在国际上的竞争。家族企业正面临着如何向现代企业及其管理模式转变的重大挑战。

（三）都市空间：“小散乱差”的现状

1. 整体上：“自下而上”的城市化模式明显，城市化滞后于工业化

目前，温州的城市化已经达到较高的水平，但仍滞后于工业化进程。据统计，与国际同等工业化水平地区相比，温州城市化水平滞后15~20个百分点。温州城市化率与工业化率（工业增加值占GDP比重）之比为1∶1，也低于该比值1.4~2.5的合理范围。而其“自下而上”式的城市化模式发展至今，也显示出了一系列的问题，如各城镇各自为阵、缺乏统筹发展、土地使用效益低下、发展质量不高等等。

2. 空间上：蔓延分布、无序发展

温州建制镇数量较多，分布较密，大约每80km²分布一个建制镇，高于浙江省建制镇密度的平均水平。但城镇（尤其是规模较大的城镇）空间分布很不均衡，而且发展呈无序蔓延状，主要集中在沿海平原地区、沿江（瓯江、飞云江、鳌江、楠溪江）地带和重要交通通道两侧。例如，104国道沿线就有约60个建制镇，占建制镇总数的40%以上。空间上呈现的“小散乱差”现状特征，严重影响了温州城市形象的提升与城市化质量的提升。

图6－5　城镇与乡村景观的模糊不清

3. 等级上：总量多、极核少

2002年温州市共有建制镇125个，其中5万以下规模的城镇就有100个之多，占到全市城镇总数的80%。规模在20万人以上、形成极核的城镇只有安阳镇和龙港镇两个。这种等级分布的不均衡与空间资源的不整合既制约了城市化质量的提高，也影响了空间与土地资源的集约化利用，为原本土地与空间资源匮乏的温州消耗了不必要的宝贵财富。

4. 职能上：功能不完善、互补性弱

中心城市第三产业的规模、结构与功能与其特大城市的规模不匹配。同时，“镇镇像村、村村像镇”以及普遍存在的“城中村”现象不仅无法满足提高城市生活质量的要求，还引发了一系列社会、治安问题，成为城市化质量提高的巨大障碍。

（四）都市形象：“内忧外患”的境况

作为温州模式的发源地，经济高度发达的城市，与其经济地位相匹配的应该是繁华、整洁的大都市形象，然而，提到温州的城市形象，却是贬多于褒。

温州是拥有1600多年历史的山水文化古城，历史悠久、文化繁荣、生态优越，有着塑造良好都市形象的基质，然而，温州发展的现实却不尽如人意。都市和产业发展的四面出击，带来了分散、混乱和无序蔓延的都市空间形态，形成了与其优越的生态基质极不相称的都市形象，集中表现在：

1. 旧城密度过高

历年来，主要城市建设投资均集中在旧城，加剧了旧城人口密度过高、居住环境恶化、绿地缺乏、交通拥挤、建设水平上不去等问题。

2. 城市功能混杂

蔓延式的逐层外推扩展方式，导致所有建成区几乎都综合了居住、商业、生产的功能，使交通系统产生一定程度的混乱。

3. 城市环境恶劣

过密的建筑密度和混杂的功能布局衍生出的必定是恶劣的城市环境。所有这些都直接造成了市民对温州城市的认同感不强。

在良好的生活环境和社会文化氛围成为决定城市国际竞争力高低的重要因素的当今社会，提升温州的都市形象、打造高品质的人居环境对于增强都市区的活力与综合竞争力意义非同寻常。

（五）生态环境：岌岌可危，四面楚歌

1. 生态破坏

随着城市建成区不断地向外扩张，大片农田被蚕食，而且部分山体被侵占、河道被填埋，对城市与区域的生态系统造成了破坏。在外围城镇地区，由于大肆砍伐森林，致使森林覆盖率大幅度下降，森林的大量砍伐和乱捕滥捉使珍稀动物濒临灭绝。在滨海地区，海洋水产资源逐年减少，鱼类海水产品产量大幅度降低，有些鱼类已绝迹并出现畸形鱼。生态破坏程度令人担忧。

2. 环境污染

温州的水体污染、大气污染、噪声污染、农业污染等均较为严重。2002 年，温州市区的污水集中处理率只有 37.5%，瓯江、楠溪江、飞云江和鳌江个别断面污染十分严重，平原河网如温瑞塘河大部分为劣于Ⅴ类水，不能满足功能水质的要求；由于温州城市能源结构以煤炭为主，产生的烟尘、二氧化硫等污染物造成了较大的环境空气污染，再加上机动车尾气排放的氮氧化合物，致使酸雨污染严重；由于工业居住混杂现象很普遍，Ⅰ类和Ⅱ类标准区噪声严重超标。

3. 资源掠夺

掠夺式资源开发模式，使社会经济的发展丧失环境资源的支撑；企业无视生态环境、盲目追求经济利益的结果，使温瑞平原地区因大量抽取地下水而导致地面沉降、水位降落漏斗和海水倒灌；土地开发利用中大面积侵占农田，过度开发、低效利用的结果是有限的资源没有获得最大化的经济与社会效应。

农田正在被建筑所吞噬

水体为工业所污染

掠夺式土地开发模式

图 6－6　不断恶化的生态环境

第二节 从“商都”到“精明之都”

温州的发展历经风雨，在几经起落之间向世人展示着她的韧性与风采。然辉煌的背后正悄然袭来的危机也在拨动着每个温州人的心弦，星移斗转，环境变迁，这座一次又一次让人为之振奋的商都，又将如何去应对？

在人均GDP才达到1000美元的中国，温州人的实际富裕水平超过中国的任何一个城市和地区，巨大的经济优势使温州人自信地感觉到自己越来越明确地看到了城市发展的未来，然而这辆比别人骑得更早骑得更快的自行车①，却面临着速度变慢、道路变窄、前途迷雾的重重困境。作为中国经济最为发达省份浙江的代表及其经济发展的缩影，温州不仅仅是一种发展模式的代名词，更是一种先行者的“高处不胜寒”，它可能意味着，支撑温州乃至浙江发展的资源利用、环境容量等受到极大约束还能使浙江现在的发展模式维持在全国第一的位置多久？在发展战略上如何应对长三角、珠三角咄咄逼人的发展态势？在面临日益被边缘化、腹地化的趋势之下如何力挽狂澜重振区域中心城市的雄风？如何摆脱传统城市发展空间结构的桎梏实现新的腾飞？作为经济发展的发动机传统单一功能的商都在内外部环境发生巨大变化的背景下还能维持多久？巨大的问号在挑战商都人们最大智慧的同时，也在启迪着温州发展的决策者，蜕变着根植于温州人身上特有的创新基因。

藉此，温州的发展必须在解读温州现实困境的同时寻找自身的潜在优势，紧扣全球化发展的脉搏，探悉温州交相辉映的多元文化，探寻“温州模式”发展的新内涵，并归纳出温州发展的全新定位，明晰商都未来的发展方向。

一、优势遴选：多元文化交相辉映

温州传统上就是一个多元文化交互影响的城市，在世界经济一体化的今天，这样的多元交融正是温州迎接新挑战的固有优势。

（一）开放温州

虽然，温州的经济以民营为主，走的是一条内生式的发展道路，但作为全国首批的14个沿海开放城市之一，其内生式的道路上却有明显的开放型经济的烙印。

1. 天南地北温州人

上百万的温州人从瓯江之滨、雁荡山麓走来，由南到北，由东及西；从北京到莫斯科，从上海到纽约；走遍了中国，走遍了世界；他们把温州推向了世界，又把世界带回了温州。

① 福布斯总裁曾将中国的经济发展比喻为“骑在自行车上，最好不要停顿，否则会倾覆”。

温州是浙江省著名侨乡，居民移居海外始于北宋，可谓历史悠久。但明清时期的海禁阻断了居民的继续外移，直到20世纪初，情况才略有转机，移居海外者渐众，到20世纪70年代末，华侨数量达5万人左右。然而，真正的移民潮却是出现在改革开放以后，截至目前，侨居海外的温州人大约有40万人左右。温籍华侨怀着赤字情怀，利用熟悉国外市场的有利条件，千方百计地把温州产品推向国际，为开放型的温州发展立下了汗马功劳。

比较于温州华侨，活跃在全国各地的温州商人对温州经济的影响则更为强烈。由改革开放初期的20万温州推销大军，到现在160多万的温州商人，在外闯荡的温州人在产业业态上虽已发生了巨大的变化，但他们勇于冒险、敢为天下先的精神却是永恒的。正是他们的打拼为温州经济的腾飞掘到了第一桶金，也正是他们的打拼才有了温州诸多产品压倒一切的市场份额和惊人的产业活力。

频繁的人员流动促进了温州产品和资金的全球流动，200多万温州人在全国和世界各地创办了不计其数的市场、商店、门市部，温州产品是他们的首要经营对象，比例占到58%；另外，2003年温州市的外贸进出口总额中也有80%是侨胞穿针引线或通过侨胞购销促成的。天南地北的温州人为温州经济的发展和开放格局的构筑贡献了巨大的力量。

2. 享誉全球轻工品

遍布全球的市场销售网络，使得温州产品获取信息快、运行成本低，各类轻工产品稳占各类市场。据当地人介绍，温州的皮鞋约占全国的20%，服装占10%，金属外壳打火机占95%，眼镜占50%，剃须刀占60%，锁具占65%，低压电器占40%。打拼于海内外的200多万温州同胞，促成了温州今天享誉全球的高市场占有率和全球的营销网络。在“以市场占有率论英雄”的营销观念主导下，善于捕捉商机、把握商机和发展商机的温州人善于抓住每一个机遇，将温州的产品推向全国乃至世界各地，让世界更了解温州，也让温州经济更加融入世界经济网络。

3. 遍布全球资金流

温州是一个流动的社会，温州企业从一诞生起就与全国市场密切相连，温州人很早就四海为家，踏遍千山万水。改革开放初期，10万流动大军穿梭于全国各地，带走了温州的商品，带回来了全国的技术、信息和订单。而时至今日，温州外流的已不仅仅是人员、商品，而越来越多的是资本，资本的投资规模不断扩展，投资领域不断深化，国际化趋势也已初露端倪。现在出外的温州人已不再是小打小闹的小商贩，大多数成为了商场的承包者、市场建设的领头人、开办工厂的企业主、品牌商品的经销商，形成了有一定规模和资本的经营大户。而且，温州的资本已经不仅仅是在大城市边缘和中小城镇从事市场流通之类的低附加值行业，而是开始讲究“高度”，资本开始进入中关村，开始进入上海国家级软件产业。上海等大城市成为温州资本向外抢滩登陆的滩头阵地。资本的扩展是不会停息的，也是没有疆域的，温州资本在向全国蔓延的基础上，开始走上了全球扩展的路子。随着美国康龙农业开发公司在美国的注册，正泰、得力西等规模企业纷纷演绎自己的资本全球化战略，尽管目前这种资本的全球化扩张还处在初级阶段，但毕竟代表了温州融入全球化的发展意志，预示了温州资本全球化的美好前景。

（二）精明温州

温州人是精明的，其精明充分体现在其重商的传统、其敢为天下先的创新思维。

1. 务实功力，重商传统

温州历来以商业繁荣著称，温州人的思想观念明显带有功利色彩。永嘉学派从实用主义出发，在经济上主张“通商惠工，以国家之力扶持商贾，流通货币”。永嘉学派影响了一代又一代的温州人，自宋代以后就逐步走出耕读社会，发展商业和手工业。两宋时，温州的贸易活动已十分活跃，南宋绍兴二年（公元1132年），温州设置市舶司，管理和开展海外贸易。南宋时期温州商业、手工业发达，城乡商品经济之兴盛，文化教育事业之繁荣，堪称全国翘楚，当时永嘉县的商业税，每年可达25000多贯，为全国各县平均商税的七倍。来温州经商的不仅有本国各地商人，还有日本、高丽（今朝鲜）、交趾（今越南）、罗（今泰国）等国商人，实是“其货纤靡，其人多贾”。绍兴元年，温州已设有市舶，相当于现代海关，管理对外贸易事宜。明清时期，政府厉行海禁，温州合法的海外贸易曾一度停滞，但走私活动却异常活跃。嘉靖年间，通番者已“不计其数”，甚至“极远之物，皆能通之”。温州人善于经商的传统，一直秉承至今。

做事从功利出发，而且毫不掩饰，这便是温州人。改革开放后温州二十多年的发展历程让永嘉学派的后继者们明白了一个道理：要生存、发展，一切都应为我所用，包括假冒伪劣，甚至政治资源。在温州人看来，只要善于整合，一切资源都可以成为成长的推进器。正是具备了这种整合能力，在温州人务实的作风下，世上几乎没有难倒温州人的事，在商业利润面前，“办法总比困难多”，这是温州的真实写照。

2. 敢为天下先的创新思维

温州地处浙闽丘陵山区，自然基础薄弱，人多地少，人地矛盾突出，1985年温州人均耕地面积0.03hm^2，仅为我国平均水平的32.24%，全部耕地容纳不下1/4人口；又加之温州20世纪60、70年代特殊的地缘政治环境对其投资环境造成很大影响，1950~1978年全国人均600元，而温州地区只有88元，地缘劣势十分明显。这种环境的劣势在“永嘉学派”孕育的“不等不靠不要，务实创新，敢为天下先，爱拼才会赢”的“温州精神”影响下很快转化成了温州的优势。精明的温州人在全国还在开展姓资姓社的热烈讨论时，便开始了资金的市场取向改革，不断推进民营企业、股份合作制、专业市场等一系列的制度创新，始终保持了灵活的市场机制，走出了一条具有鲜明特色的发展路子。

灵活的市场机制、敢为人先的人文精神和务实功利的传统思想促成了温州产业极强的自主创新能力，也铺就了一条温州通向美好未来、大踏步走向世界的康庄大道。

（三）资本温州

1. 温州资本特殊的成长轨迹

从某种意义上讲，温州资本的成长过程也就是温州家族企业的不断成长过程，因为温州企业的绝大部分都是家族企业或脱胎于家族企业。温州农村是一个带有浓厚传统文化特色的社会，而转型期中，创业者很难通过外部其他途径获取社会资本，因此，家族成员是企业启动资本的重要来源。温州人创造奇迹的很大原因是有一张巨大的社会网络支持着温州人的流动和移民行为。温州人通过人际关系链流动、迁移、集聚，这种社会网络是温州人在他乡或别国生存、发展和融入的重要法宝和社会资本，它降低了生产和经营成本，减少了他们在异国他乡所面临的生存、生活和发展风险。温州人往往从亲戚那里学习经营经验，进行人力资本积累，这种由血缘关系构成的家族网络是产业扩展的重要渠道。正是通过家族企业的这种原始积累，才成就了温州如此雄厚的资金总量。

2. 温州资本雄厚

很长时间以来，温州资本作为当代中国最早的民营资本集群，当之无愧地成为中国民营资本发展的缩影。目前，全市银行存款余额1800多亿元。据有关机构调查分析，居民手头还有1000亿元左右的现金。这两个数字加起来就是2800多亿元。雄厚的民间资本是成就今天温州成绩的重要支撑，也是温州发展的重要结果。同时，雄厚的民间资本是未来温州城市发展的重要动力。

3. 温州资本的外扩

资本是能够产生收益的资金，资本的本质是不断寻求利润的最大扩展空间，资本的扩展既不会停息，也没有疆域。因此，近年来，温州资本纷纷走出温州去寻求最大的利润空间，向全国和全球进军。这种外扩提高了温州资本的利用效益，促进了温州产业结构的调整与升级，拓展了温州发展的经济腹地，增强了温州的经济活力，对温州经济的发展有很大的促进作用。从下面的数据中可以看出些许端倪，2003年春节之前的10天里，有100多亿元从全国各地通过银行汇回温州，而到2004年春节前10天，这一数字达到了300亿元。这些钱在“反哺”温州经济的同时也彰显了温州资本迅速外扩的趋势。

（四）民本温州

“民为贵，社稷次之，君为轻”是我国的优良传统，也是温州社会经济发展过程中一贯奉行的原则。温州的经济发展过程是以家庭经营为基础、以联合式的家庭工业为支柱、以专业市场为依托、以购销员为骨干的自我积累过程，有人曾将其概括为民本经济——以民为本，民有、民营、民享的经济。其特点是：经济形式以民营经济为主；社会投资以民间资本或社会资本为主；社区事业以民办为主；政府管理以营造和维护良好的环境为主，民本温州的特点主要表现在以下几个方面：

1. 适度政府

提起温州今天的成就，相信大多数人都会把其归功于经济运行机制的市场化、市场主体的民营化，把其归功于温州人敢为天下先的温州精神，把其归功于典型的由下而上的温州模式。其实，温州之所以有今天这种局面，适度政府的推行也起了很大的作用。所谓适度就是既不要像计划经济时期的“硬政府”，无所不包、无所不管，也不做无所作为的“软政府”，而是要有所为而有所不为。

有所不为：在一般人的印象里，温州政府很开明，甚至是睁一只眼闭一只眼，帮助企业家应付上级的压力。由于长期的思想禁锢，很长一段时间围绕温州姓“公”姓“私”、姓“社”姓“资”的争论铺天盖地。20世纪80年代中期，随着温州民营经济的发展壮大和企业组织结构的变化，有关雇工经营问题、股份合作制“非驴非马”问题的议论也是绵延不绝。面对种种非议，温州市党政领导不是收缩整顿，而是顶着巨大的政治风险和舆论压力，出台政策，允许个私企业挂靠乡镇企业经营，提倡联户经营，发展股份合作。实践经验表明：在某些特殊时段，政府的“不作为”也是一种环境，这些“红帽子”政策有效地保护了个私经济的发展。使温州“在外部争论中出名，在内部不争论中发展”，温州的老百姓至今谈这段历史，仍然怀念那时的市领导。

有所为：而针对一段时间假冒伪劣严重的问题，市委、市政府及时提出“质量立市、品牌兴业”战略，开展“信用温州”建设活动，严厉打击假冒企业，扶持优质产品做大做强。通过多年不懈的努力，目前全市已有40多个产品获中国驰名商标、中国名牌产品称号和省级名牌产品称号，一大批企业通过ISO系列认证。全市企业集团已达190家，并形成正泰集团、德力西集团等一批销售收入数十亿元的无区域性大型企业集团，有15家民营企业进入全国民企500强。

2. 非正式组织

非政府组织尤其是行业协会，在组织温州经济的过程中扮演着重要的角色，起到协调集体行动和提供行业信息的功能。20世纪80年代，温州产品的名声很不好，高跟鞋一穿就开胶，到处可以听到消费者对温州产品抱怨的声音。到20世纪90年代初期，温州开始打出“质量立市”的旗帜，从质量上把关，帮助企业走出困境，但打击假冒伪劣商品这项工作并不是一帆风顺的，政府面临着重重的压力和难关，但后来，行业组织的介入却使原本复杂的事情变得相对容易，既保护了消费者的正当权益，也维持了市场的秩序。有一个案例，就是烟具打火机的例子，当时申请国家的专利保护很困难，时间长而且繁琐。假如你设计出一种打火机，第二天就出现很多假冒的产品，企业间打的是残酷的价格战。后来，行业协会实行保护，企业开发出新产品后，只要立即去注册，就会给你一个约定：6个月内，如果有企业假冒你的产品，行业协会将会给它严厉的制裁，包括没收产品、摧毁模具。从1992年到2001年，只有10起打火机的侵权案例，并且每年会有几百件新产品推出。这在以前是不可想象的，以前几乎每天都发生假冒的案件。这样，这个行业就不再靠价格，而是靠质量来竞争了，企业技术研发的投入也加大了。其他行业也纷纷采纳这项制度，比如服装、皮革业等。可见，行业协会功不可没。

3. 政治的全民参与

为市民服务是政府工作者的根本宗旨，政府决策的过程实际上就是为市民、企业提供服务、解决问题的过程。温州人有着特殊的政治情结，据调查，66%的温州人关心政治，其中91%的商人关心政治。在他们看来，政府的每一项政策都与他们的生产、生活密切相关，因此全国各地都有的官本位现象在温州并不明显，温州人参与政府决策过程的热情特别高，这是经济与政治长期博弈的结果，他们研究政治的目的是为了用，从广义上讲，他们的政治经是生意经的一部分，在他们眼里，政治是为经济服务的。

温州大中型企业的高层管理者中几乎都有来此下海的党政干部，而且都是具有重要行政头衔的负责人。温州民营企业的内部，“党支部”“共青团”甚至“妇联”等党团员组织应有尽有，在这里，对政策风向观察之敏锐、学习党政文件之细致、参与党团组织活动之热情，令人瞠目。温州民营企业还热衷于各种来自于政府、权威机构的荣誉、评选和认证。不少企业家也热衷于各种带有光环的头衔，尽量地跻身于各级“人大代表”“政协委员”等行列。

民本的经济运营环境与 WTO 要求的公平贸易原则、透明度原则有很大程度的吻合性，民本温州为温州迅速融入全球化的环境创造了得天独厚的优势和条件。

（五）领跑温州

1. 引领全国民营经济之腾飞

温州远离中心城市，在 20 世纪 80 年代还是一个不通火车不通飞机没有一条像样公路的偏僻所在。境内“七山二水一分田”，人均不到四分耕地。建国后的 30 多年国家对温州的累计投入，只有区区 6.5 亿元。十一届三中全会后，温州人不等不靠，白手起家，家庭作坊、联户工厂、专业市场如雨后春笋，整个温州都沸腾起来了。以“民营经济、无中生有经济、小题大做经济”为特点的温州模式也成为全国各地争相学习的楷模，温州经济引领了全国民营经济的腾飞，也为区位条件不好的地区利用后发优势走向腾飞提供了宝贵的经验。

2. 引领浙南闽北赣西经济之发展

以温州为中心的浙南闽北区域介于长三角和珠三角两个中国最具活力的经济区之间，区位有其特殊性，虽然接轨上述两个经济区有一定的条件，但更多显示出的是劣势和不足。历史上，浙南闽北就是相对独立的区位单元，温州作为周边地区对外联系的重要通道和商贸集散中心，一直以来就是这一单元的“龙头”城市。

现实的发展过程中，温州的经济实力一直领先于周边地区，国内生产总值、财政收入、人均收入等主要指标都遥遥领先，周边城市也把温州看成老大哥，有着传统的认同感，并视为自己的标杆。况且，温州一些产业和市场已向周边城市延伸，温州的一些劳动密集型产业已开始向丽水、宁德等地转移，另外，温州在医疗卫生、科研教育和文化娱乐等诸多方面对周边地区已经呈现出了领跑的态势。

（六）信用温州

市场经济的发展有自己的游戏规则，那就是“信用”，所有的参与者必须遵循这个规则，否则企业无从发展和进步，温州有过这样的惨痛教训。十年多来，由于少数人利欲熏心，不惜以次充好，以假当真，以致温州成为“假冒伪劣”的代名词。特别是 1987 年杭州武林门燃起一把大火将几千双“温州皮鞋”付之一炬，还有各地砸掉了柳市假冒伪劣电器。这些烧掉、砸掉的不仅是鞋子与电器，还有温州城市的形象和信誉。教训不能不说是痛苦的，结果必然是损人不利己。

20 世纪 90 年代以来，温州市委、市政府在全国率先实施“质量立市、名牌兴业”战略，并在竞争与信用中打造出了正泰、德力西、长城、庄吉等一大批“航空母舰”，涌现出了一大批闻名国内外的品牌，让信用成为了温州企业发展的基本信条，促进了温州经济的健康发展。

（七）品牌温州

20 多年来，温州人依靠“敢为人先、特别能创业”的精神，把握了体制改革与市场开拓的先机，拥有了一批国内市场占有率高的轻工业品牌，获取了遍布全球 200 万温州人构成的商路资源，也造就了温州人超前的市场经济嗅觉与行为模式。而今，温州已步入了一个新的重要战略机遇期，对于温州这样一个要素制约日趋严重的城市，面对全球化竞争的强大压力和体制先发优势逐步丧失的危机，不可能也不允许靠拼资源、靠粗放求发展，温州的大发展必须培育新的战略资源。

品牌作为一种高潜质的战略资源，是企业、城市、地区兴衰的标志和综合实力的象征，培育品牌，实际上就是培育新的战略资源。因此，温州市委、市政府提出，要把品牌作为替代性资源、作为软性战略资源来培育，向品牌要发展速度、要附加值、要 GDP，以品牌的提升来支撑温州的持久发展。

“品牌立市”是一项庞大的、长期的、具有挑战性的系统工程，必须发动全社会的力量同心协力打造方方面面的“温州品牌”，以“温州品牌”来塑造“品牌温州”，当前温州集中精力要做的是要以建设国际性轻工城为载体，全力打造产业品牌；以文明城市创建为重点，全力打造城市形象品牌；以深入开展“效能革命”为重点，全力打造政府服务品牌；以进一步弘扬温州人精神为重点，全力打造温州人品牌。具体的实现路径就是：首先，在产业上，精心包装现有“国”字号特色产业基地，努力扩大行业品牌效应，再争取一批“国”字号生产基地落户温州，进一步打响“温州制造”的区域品牌，努力实现“温州制造”向“温州创造”跨越；第二，在城市发展上，围绕建设滨海山水文化名城这个目标，以生态温州、文化温州、信用温州、平安温州为主要支撑，努力提升城市品质和形象，使温州成为宜居、宜商、宜创业的家园；第三，在政府服务上，深入开展“温州学全国”解放思想活动，大力加强规范化建设，启动第三轮审批制度改革，组织开展“万名干部下基层”活动，启动建设便民电子政务工程，大力培育和发展社会中介组织；第四，在塑造温州人新形象上，树立学习型的温州人形象，努力造就一大批高素质的企业家，进一步扩大在外温州人的影响力。“品牌温州”是温州市委、市政府对浙江省“八八战略”的贯彻落实，是对温州未来发展提出的具体要求，同时也是温州参与全球竞争的必要策略。

（八）山水温州

山水城市不仅仅是地域空间概念，而且是包含一个地方历史、文化内容的文化空间概念。成就一个山水城市，要包括两层含义：一是要强调自然和人工环境的协调发展，二是强调文化的延续性。

1. 历史悠久，千年古城

素有“东瓯名镇”之称的温州，是有 1600 多年历史的古城。“江作青罗带，山似碧玉簪”是当时温州的真实写照和形象描述。温州古城选址营造时就采取了依江、负山、通水原则，城外有护城河，城内一街一渠，水道交错；居民房屋邻水而筑，前街、后河，街巷、桥梁、桥渠互相连接，形成水路交通网络，一派“楼台府舟楫，水巷小桥多”的水乡景色。

2. 风景秀丽，生态优越

温州位于我国浙南丘陵地区冲积平原水网地带，不仅筑城时塑造了理想的山水城市空间格局，而且城市周围群山环抱，江河纵横，水网密布，时乃山水中之城市。温州北临瓯江，隔江相望是“江北重峦积翠浓，倚霞遥映碧芙蓉”的罗浮群山，江中还有被誉之为“瓯北小蓬莱”的江心孤屿，温州东可观海，南有大罗山脉，三垟水网，生态基质优越，环境宜人，风景秀丽。

3. 山水文化，内涵丰富

温州不仅具有自然山水环境，而且还有着悠久的山水文化渊源和深厚的底蕴，是我国山水诗发祥地之一，历代许多诗人，如孟浩然、司空图、崔道容、韩愈、陆游等在游历温州时都留下了许多优美的诗文。山水鼻祖谢灵运为温州留下了很多脍炙人口的诗句，其“池塘生春草，园柳变鸣禽”就是写于温州积谷山麓的千古绝句。

越是一个全球性的城市，就越要有自己的地方特色。富有灵韵的山水自然环境为温州建设富有特色的城市环境、营造适于居住的人居空间提供了最为宝贵的生态基质，为温州以自身的特色融入全球创造了难得的机遇。

二、时代机遇：全球化与全球产业重组

经济全球化、国际化进程加速了生产要素在全球范围内的自由流动和优化配置，一个全球统一的大市场正在形成。

20 年前的温州和温州人，秉承了千百年来敢闯敢拼、勇于吃苦的精神和“义利并举”的永嘉文化精髓，走在体制创新的前列，成为了中国最早迎接全球化潮流的弄潮儿，遍布全球的温州人和温州产品将温州与全球经济之间紧紧地联系在了一起，某种程度上说，全球的大市场不仅造就了今日温州的辉煌，而且也给温州带来了更大的发展机遇。

全球化的结果给城市与区域的发展既带来新的机遇，也提出了新的挑战。一方面，参与全球化的地区经济成长迅速，新领域得到发展，新网络获得延伸，城市得到重振（例如 Berlin，Vienna 等）；另一方面，远离全球化的地区，国家、城市和个人边缘化倾向明显，经济两极分化。最终的结果是全球化导致区域变迁。随着世界经济发展环境的风云变幻，1980 年代、1990 年代初东南亚国家原有的成本比较优势基本已经丧失，跨国公司纷纷转移生产基地，中国作为亚太地区经济增长最快、经济实力最强、经济潜能最大、经济活力最盛的地区之一，逐步受到跨国公司的青睐。贸易自由化、投资自由化和生产的跨国一体化是 WTO 的宗旨，也是经济发展的必然趋势。随着我国的入世和全方位地融入全球经济，多数专家预测：中国东南沿海地区将发展为全球的制造业生产基地。

全球产业结构的转型是一个阶段性的过程。随着经济全球化不断加速加深，中国依然

是国际资本投资的热点地区，面临着中国前所未有的战略机遇期，全国各地城市，尤其是东南沿海的诸多城市展开了激烈的竞争，以力求抢占全球产业转移的先机，实现跨越式的腾飞。从近年来东南沿海各大城市纷纷编制概念规划、拓展发展思路中可以对此窥见一斑：在未来的一段时间里，杭州定位于浙江省可持续产业发展中心与创新基地，长江三角洲南翼中心城市，上海大都市圈内人居首选城市，上海与华中、华南地区生产要素流动的重要门户，以山水风景为脉、吴越文化为韵的国际性旅游城市与历史文化名城；宁波将建设成为长三角南翼经济中心，我国东南沿海重要港口城市，国家历史文化名城，呼应上海国际航运中心的现代化国际港口城市；厦门立志成为闽东南地区同亚太经济区域联系的基地，带动福建省南部区域经济发展的龙头，闽南地区交通枢纽与重要的区域性国际贸易口岸，闽南城市群体的核心，东南沿海的门户，对台工作的“桥头堡”；泉州着眼于福建省三大中心城市之一，海峡西岸繁荣带的龙头城市，轻工、制造、石化基地，商贸、旅游、港口城市，闽东南重要的物流中心，国家历史文化名城、著名侨乡和闽南文化的精神家园；汕头也力争建成潮汕文化首邑，区域中心城市，东南休闲之都，滨海人居名城，亚太地缘门户。

全球产业转移分阶段情况示意 　　**表 6－5**

	产业性质	主要受益地
第一轮	是低层面的“三来一补”加工业	珠三角
第二轮	规模制造业和部分高新技术产业	长三角
第三轮	装备制造业等重型机械制造业以及石化等大工业	……
第四轮	现代服务业，包括金融、贸易等生产性服务业	……
第五轮	大规模的资本、企业并购以及产业本地化	……

经济全球化改变了全球的生产方式，引起了全球产业的重组和产业结构的转型。根据产业转移的时空规律，目前第二轮全球产业转移，即规模制造业和高新技术产业的落户对中国的影响最为明显。而以民营经济为主的都市区发展与腾飞的历程决定了温州在前两轮的产业结构大规模的转移过程中的无所作为，然而，在全球化的背景下，温州再也不能对此坐视不理，否则，温州只有面临再次被边缘化的危机。面对全球产业重组带来的优势，东南沿海诸多明星城市面临着很多共同的机遇和挑战，同时又由于发展条件和发展阶段的不同而面临很多不同的选择。在此过程中温州既不能因为群雄并起而自乱方阵，也不能无视自身的优势而与其他城市展开无谓的竞争，而是应该在全力激发温州潜力的基础上迅速把握全球产业转移的后几轮机遇，错位发展，迅速切入产业转移的高端位，强势发展总部经济，实现和东南沿海诸多城市的共赢、共利局面。

三、重拾腹地：呼唤总部经济的崛起

从全球竞争的角度看，随着全球城市化、城市全球化以及城市区域化和区域城市化的加速发展，城市竞争已经演化为以中心城市为核心的整个城市区域的竞争。因此，对腹地的争夺成为新一轮城市区域竞争过程中的焦点。

随着各种现代化交通技术与通信技术的发展，作为城市影响范围的传统腹地的概念已经发生了很大的变化，资本、技术甚至各种有形资源的流动逐渐被无形的信息流所取代，无形腹地日益成为影响城市发展的新的重要砝码。

1. 有形腹地的确定

（1）与周边地区的信息流通所验证的温州腹地

图6－7显示的是近两年来温州与其他城市的电信流的分布情况，从图中我们可以看到三个峰值：上海、杭州和上饶。温州与上海、杭州之间的电信流量大不难解释：上海是我国的金融中心、是我国与世界接轨的窗口，而杭州则是浙江省的省会城市和政治经济中心。而温州与发展相对落后、相隔甚远的江西省上饶市之间频繁的信息流通则是因为：近年来随着生产要素制约矛盾的尖锐化，温州资本开始通过产业转移、外出投资办厂等各种途径寻找新的出路，江西的上饶，浙江的金华、丽水、衢州，福建的宁德等周边相对落后区域成为其资本外扩的主要战场，温州作为这些战场的总指挥部，频繁的信息交流佐证了温州对周边腹地不同的影响力度。

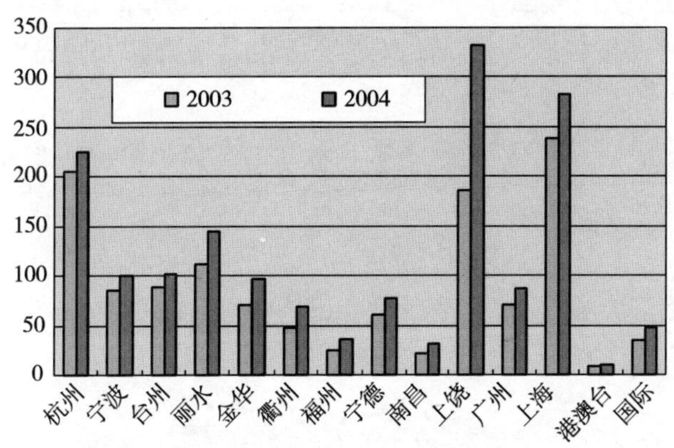

图6－7　温州与其他地区通话情况比较分析图

事实证明，温州的腹地范围已经并正在向上饶、金华、丽水、衢州、宁德等地区扩展，这一进程还将随着温州资本与产业基地进一步向这些地区的转移而使得腹地范围进一步得到巩固。

（2）交通网络化对拓展腹地的意义

国家沿海铁路（温福铁路和甬温铁路）的规划建设，将温州由一个金温铁路终端变成一个三条干线汇集的枢纽站，不仅大大方便了温州与上海、杭州、宁波、福州、厦漳泉、广州等沿海重要城市之间的经济联系，而且有利于拓展温州的腹地范围，客观上拉近了台州、宁德等地区与温州之间的距离。金温、温福、甬温铁路全部建成后，温州将作为一个铁路枢纽，辐射包括金华、台州、宁德等地区在内的浙中、闽北等广域腹地。

沿海高速公路的规划建设掀开了温州由沿江到面海发展的新篇章，诸永高速公路、龙丽温高速公路的规划建设将大大方便杭州、绍兴、丽水等地区与温州的经济往来，使温州向西、北方向的腹地范围得到拓展；为了更有效地争夺腹地资源，方便温州与闽北、赣东的经济联系，规划建议建设温上、温武两条高速公路，拉近温州与江西的上饶、鹰潭、景德镇和福建的南平之间的距离，拓展温州的内陆腹地。甬台温高速、温福高速和金丽温高速、沿海高速、诸永高速、龙丽温高速及规划建议修建的温上高速、温武高速拉开了温州联系南北、辐射内陆的基本框架。

伴随着半岛工程的实施和洞头状元岙深水港的建设，温州港将建成以洞头状元岙、大小门岛、乐清湾南岳和七里为主体，瓯江、鳌江、飞云江各港点为补充的大港口格局。届时，港口和内陆、海运和陆运将形成优势互补的联系网络，温州与省内的台州、丽水、金华、衢州，福建北部的南平、宁德，江西东部的上饶、景德镇和鹰潭等地区的联系将更为便捷。

(3) 温州有形腹地的最终确定

根据紧密型腹地、扩展型腹地和竞争型腹地三种不同的腹地类型的划分，温州的有形腹地拓展战略将在三个层次上展开：

紧密型腹地（A层）：其范围主要是温州市域，面积约为11700km^2。这一地域历来是支持温州经济发展的直接腹地。温州既是经济最强的中心，又是这个区域首位度最高的城市。

拓展型腹地（B层）：其范围包括丽水、台州、金华，衢州的龙游和宁德的福鼎等地区，面积约为33300km^2。上述地区曾一度是温州的间接腹地，但长三角和珠三角的外扩使温州在此区域的中心作用日益受到挑战。与长三角和珠三角相比，温州的优势在于地域相连、文化相亲等诸多方面，因而，展开激烈的争夺有可能成为区域发展过程中一个新的特征。

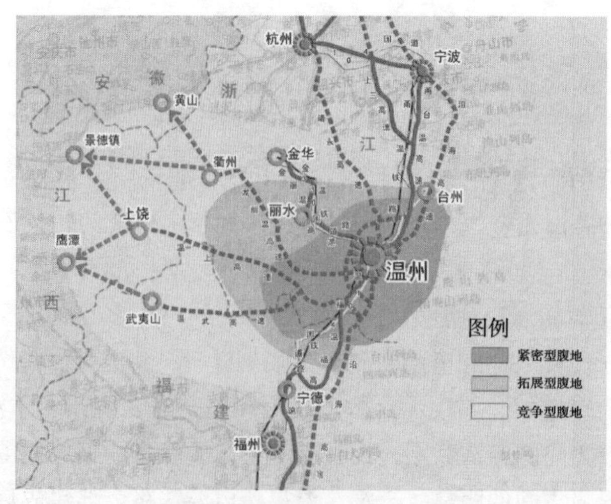

图6-8 区域腹地拓展示意图

竞争型腹地（C层）：包括江西的上饶、景德镇、鹰潭，福建的宁德、南平和安徽的部分地域，面积约为31000km^2。这是温州重要的竞争型腹地，今后温州应该在与福州、南昌、合肥的竞争中扩展其对该地域的经济影响力，使上述地区逐渐成为温州向中西部地区挺进的战略要地。

2. 无形腹地：总部经济的魅力

相对于有形腹地，无形腹地的概念对于温州未来的城市发展具有更为重要的意义。

从促进城市经济增长的角度分析，城市所属企业的腹地也应为该城市的腹地，其在空间上未必相连，却被相互之间紧密联系而形成的巨大营销网络所涵盖，可以称之为无形腹地。

温州经济的起步就与这遍布全球的无形腹地密不可分，它得益于其活跃在全国乃至全球的供销大军。2003年，在外温州人创办的企业和个体经营者创造了828亿元的国内生产总值，相当于温州本地国内生产总值的68%，如果将2003年温州市内、市外的GDP合并计算，则达到2046亿元，相当于杭州、宁波、无锡等城市的同期水平，与苏州、深圳等城市的同期水平也较为接近。根据中国人民银行的统计，2003年温州民间资本总额达到2700亿元，在全国各地累计投资额达到1760亿元，预计全年实现工业总产值1600亿元，相当于温州本地工业总产值的60.4%，而各地温州人经营的贸易业销售额达到2880亿元，相当于温州贸易业销售额的3倍。

遍布全球各地的温州人、温州资本、温州产品、温州市场和营销网络，拓宽了温州企业的发展视野，拓展了产业的发展空间，也大大延展了城市的影响范围和无形腹地，为温州总部经济的打造创造了不可多得的条件。

温州可依托与其无形腹地之间紧密的信息交流、产品联系，发挥其轻型、时尚产品生产产业集群的集聚、辐射优势，打造以服装、鞋革等轻型工业和时尚产品的管理决策、信息控制、设计研发为特色的专业化总部经济。可以说，温州是最有条件和潜力发展专业化总部经济的城市之一。

总部经济（Headquarters Economy）是指经济区域中心城市通过创造各种有利条件，吸引跨国公司和外埠大型企业集团或是自身城市培育形成的投资中心、管理中心、研发中心、采购中心、销售中心、结算中心、物流中心等形式的“总部”，形成总部的集群布局，在优化提升本市的产业结构、形成合理的价值链分工的同时，通过向周边地区、全国乃至跨国界的地区实施经济管理、决策和服务职能来促进本地及周边地区经济的发展。

总部经济的定义最早出现在2003年。

一种解释是“总部经济是指某区域通过创造各种有利条件，吸引跨国公司和外埠大型企业集团总部入驻，通过积极化效应和扩散效应，企业总部集群布局，生产加工基地通过各种形式安排在成本较低的周边地区或外地，从而形成合理的价值链分工的经济活动的总称。总部集中的区域一般具有区位优势，能够吸引更多的人才、资本、信息等创新要素向该区域流动，在价值链分工中占据‘高端’

地位，获取更高的利润回报，不但能够补偿其较高的费用成本，而且能够提升本区域的产业水平，扩大本地区的经济总量，提高区域竞争能力。”

赵弘：《论北京发展总部经济》

另一种理解是“总部经济是指通过创造各种有利条件，吸引跨国公司和外埠大型企业集团总部入驻，企业总部在中心城市集群布局，生产加工基地则安排在营运成本较低的周边地区或外地，从而形成合理的价值链。总部经济的优点主要体现在其经济效益的集聚性、扩延性、示范性、辐射性、吸引性。”

林文俏：《发展总部经济阔步走向国际》

总部经济要求温州大力发展设计、研发、金融、物流、信息、会展等生产性服务部门，营造良好的企业总部成长环境和人居环境，在留住本地相关企业总部的同时，积极引导浙南、闽北、赣西等腹地范围乃至更大范围内的相关企业总部的入驻。

区域总部经济的功能就是区域内信息流、人流、商流、物流等的枢纽功能。总部与其生产基地之间的密切联系决定了温州与其企业腹地城市之间极为频繁的人员和信息流动。这一流动的便捷与否直接关系到总部经济能否形成。针对温州欲打造以服装、鞋革等轻型工业和时尚产品的管理决策、信息控制、设计研发为特色的专业化总部经济，其运送产品以轻小型为特点，并要求具备捕捉商机的快速应变能力、获取商情的快速处理能力、汇聚商品的快速运输能力和集散商人的快速通达能力。因此，对于温州来说，构筑一个以国际性空港为重要支撑的高速便捷的立体交通网络已经迫在眉睫。

四、精明之都：实现自身定位转型

城市的功能定位往往以资源禀赋、产业发展和文化传承等方面提出发展目标的居多。回顾温州的发展历史会发现，无论是资源禀赋还是产业发展，都不是温州发展的真谛。寻根究底，温州发展的全部奥秘就在于温州人的“精明”，“精明”是温州最宝贵的财富，也是温州最大的资源，同时也是温州能够超越产业局限与资源局限的过人的能力。因此，总结温州过往成功的经验，预测温州未来的发展趋势，任何试图为温州产业发展定位规定过分具体的功能目标，任何试图为温州未来的城市发展提出过多的战略要求，都将在应变能力极强的温州人面前成为笑谈。所以，以温州人为核心，以温州的精神为核心，打造温州的城市特色名片，并以此结合时空条件与发展优势，确定某一个时期的发展战略，无疑是以不变应万变的“精明”之举。

为此，温州有理由，也有可能打造自己最响亮的城市特色名片：精明之都（smart capital）。

“精明”的发展应该具备以下特征：

审时度势，适应宏观发展环境；

张扬个性，淋漓自身优势潜能；

高瞻远瞩，保持发展的可持续。

基于此，“精明之都”的具体含义应该包括：通过体制的创新和都市发展环境的全方位改善，为企业的发展营造公平、公正、充满生机活力的创业氛围，激发企业的创新潜力，使温州不但成为本土企业的创业乐园，而且还可以吸引相关区域的商业、科技、研发、设计等机构在此设立总部，以促进温州产业结构的全方位提升和温州城市空间结构的重构，最终形成产业竞争力强、空间发展弹性大的都市圈。成为中国乃至世界上为数不多的始终坚持“精明”发展模式、走“精明”发展之路的典范。

温州精明之都定位与一般聪明城市定位的异同　　表 6－6

	温州精明之都（smart capital）	聪明城市（clever city）
特征	政治的民主性、透明性	政治稳定性
	资本运作的国际化	资本市场的可入性
	移植或嫁接一定数量的研究和教育机构	具有一定数量的研究和教育机构
	引进和培养一批受过良好教育的人力资源	拥有一批受过良好教育的人力资源
	进驻周围地区的公司总部及高附加值企业	进驻国际大公司
	较低的生活成本	较低的生活成本
	较高的生活品质	较高的生活品质
	收放有度的空间环境	有利的税收体制

“精明之都”既是温州发展的独特定位，也是新世纪城市发展的宣言，它规定了温州城市发展的独特性与排它性，即一切不符合精明要求的发展目标不能成为温州未来发展的追求，即使这样的追求有可能产生短期的利益与效益。

为此，要求温州：

（一）发展战略的全球化

温州应以全球化的视野与全球化的远见卓识参与到世界经济的竞争体系中，并以此制定理性的、前瞻性的全球发展战略，这是全球时代对温州“精明”的基本要求。

（二）发展策略的地域化

全球化并不只是空泛的概念，它只有与地方的优势融合起来才能发挥最大的效能，着眼全球，立足自身特色、发挥比较优势走出的发展之路才是真正适合温州的，才是有坚定基础而有发展前景的。人云亦云、盲目模仿跟风并不是好的选择。对于温州来说，其“商”的传统、轻工业的坚实基础、温州人的精明、创新和拼搏精神、雄厚的民间资本、遍布世界的营销网络等前面所阐述的温州自身的种种优势条件才是温州的发展之本，应在温州未来的发展规划中明确定位，发扬光大，以使其在相互协作中相互促进，共同贡献于温州的未来发展。

（三）资源利用的集约化

集约化的资源利用是大都市区保持持续竞争力的必然要求，也是温州打造精明之都的重要内容。集约化的资源利用要求温州在城市发展的过程中要营造集约化的城市发展空间、发展集约型的产业结构。集约化的空间结构反对城市的无序蔓延，要求塑造收放有度、可塑性强的有机空间秩序，最大限度地营造合理的交通体系，鼓励公交和步行，实现经济、社会、环境等多方面相互耦合；集约型的产业结构则要求城市产业在发展过程中注重延伸产业链，发展产业集群，并促使产业向上游方向发展。

（四）产业发展的高端化

产业发展上的高端化是对发展战略上的全球化和现实发展中的地方化的融合和发展。在全球产业转移与重组的背景下，温州产业发展应在传承原有传统的基础上抓住机遇，提升原有产业，促进产业链的上移，发展总部经济，这是保持持续竞争力的必然选择，同时也是打造精明之都的又一重要内容。为适应总部经济的发展，商业、科技、研发、设计的总部产业以及与此相关联的金融保险、信息通信、会展、旅游休闲等现代化的服务业将成为温州今后发展的重点。

（五）都市形象与都市生活的品味化

都市形象是人们对都市区的环境与景观综合意象，都市生活则是生活在其中的人们对都市的综合体验，它有赖于对都市历史、都市文化和都市精神的真正把握。良好的都市形象、高品质、高品味的都市生活是温州精明之都在文化上的重要内涵，是温州留住高素质人才的物质要素，也是温州经济持续发展的重要基础和支撑。温州地处浙南丘陵地区，括苍山为其西北屏障，北有北雁荡山，南有南雁荡山，整个地理形势是三面环山，一面临海，风景秀丽，生态优越，有着良好都市形象的基质条件，温州完全有条件形成高品质的都市形象、塑造高品味的都市生活。

第三节 励精图治，打造精明之都

基于温州的资源约束条件、现状产业结构特征以及发展阶段，结合区域发展要求与竞争态势，处于发展转型期的温州亟需实现发展观念与发展战略的转变。而“精明之都”是一切观念与战略转型的统领。

一、四大功能转型

（一）由生产型城市向服务型城市转变

城市功能由生产型向经营服务型转变是城市发展进入较高阶段的必然要求，中心城市功能的大小、城市竞争力的高低、腹地影响力的强弱，关键就是比城市的服务功能。全球化背景下世界城市发展的总体趋势以及温州自身可持续发展的要求，决定了温州传统的生产型功能已经不能满足城市发展的新的要求，而且生产要素的短缺以及外部竞争的加剧迫使温州必须转变观念，调整城市发展模式。国内外许多城市的发展经验已经证明，城市服务功能的增强不仅有利于提高城市自身综合竞争力，而且有利于提高城市化质量。

（二）由基地型城市向中心型城市转变

在世界城市体系中，基地型城市是资源分配中的配角，中心型城市往往是资源掌控的主角。生产基地型城市以集中发展二产，促进生产作为经济增长与城市发展的主要动力；中心服务型城市以发展三产、提供服务来吸引周边资源集聚。前者以工业化带动城市化规模的扩张，后者发展的重心向第三产业倾斜，以强调提升城市功能、提高城市化质量、强化中心城市的地位作为城市化新的战略；两者的差别在于，城市的产业结构必须实现由“二三一”向“三二一”的转变，城市的单一功能向综合功能的转变。作为一个国内外著名的轻工生产基地，温州的资源利用水平在现有的发展观念下已显示明显的颓势。根据国内外城市发展模式转型的条件与时机，温州目前的发展条件和发展阶段已经对城市提出了由基地型城市向中心型城市转变的要求，这是温州不能不客观面对的一个事实。

（三）由商贸型城市向商务型城市转变

商是温州的传统，亦是其经济发展的强劲驱动力。温州经济的特点在于以商贸带动工业、工业促进商贸的繁荣。如今，面对全球化背景，企业的联系与发展对金融、保险、物流、信息、会展等生产性服务业提出了全新的要求，局限于地域传统与区域格局的商贸业已经很难应对日趋网络化与全球化的发展要求，“总部经济”与中心城市的功能必须有健全、高效的商务体系作为支撑。因此，由商贸型城市向商务型城市转变，是经济结构由低端向高端发展的重要组成部分，也是温州发展总部经济、实现产业结构高端化战略转型的必然要求，是温州向国际化城市迈进的必要条件。

（四）由通道型城市向枢纽型城市转变

为了实现上述结构性转型，温州必须花大力气提升区域的中心枢纽功能，实现由区域通道向区域中心的战略转变。在长期的农耕时代，温州“省尾国角”的区位特点以及“山多地少”的地形条件，使其长期处于中国经济的“边缘”，是改革开放的大潮唤醒了温州，温州人以不畏艰辛不怕挫折的创业激情实现了温州由区域“弱势”向区域“强势”的转变。然而区域“强势”的维持与发展必须要有完善的交通体系作为支撑。“通道”型城市所漏失的不仅是生产要素，更重要的是发展的先机。因此，建设区域大交通放射网络，形成立体的交通体系，增强对周边的辐射力与集聚力，完成由通道型城市向枢纽型城市的质变是温州城市发展面临的新一轮契机。

二、区域总体发展战略

（一）借力上海，错位杭甬

温州如要拓展腹地、强化中心职能，必须处理好与大区域中心城市的相互关系。上海——作为长三角乃至整个中国接轨世界的窗口，杭、甬——作为浙江省的另两个中心城市，对于温州的发展定位都具有非常的意义。对此温州要："借力上海，错位杭甬"。

1. 借力上海

上海对于温州，既是接轨世界的窗口，又是对接长三角的通道。

温州经济与世界经济的对接离不开上海这一更高等级的城市作为跳板。上海作为亚太地区的门户城市，作为跨国公司和国际机构进入中国的桥头堡，其巨大的集聚和辐射能力将直接影响长三角地区乃至整个中国经济的发展。有研究表明，在长三角的诸多城市中，与上海经济交往的多寡和联系的强弱，在一定程度上影响该城市的经济实力和经济活力。温州长期以来与上海的联系就十分密切。据不完全统计，在上海从事经商、办厂等经济活动的温州人约有20万人，温州一些著名的民营企业如德力西、天正、报喜鸟、邦威、均瑶等企业均在上海有较大投资。上海日益完善的国际大都市功能及温州与上海之间的密切交往，使温州依托上海参与全球竞争、拓展海外市场成为可能。

温州目前的发展模式在我国东南沿海具有独特性与不可替代性，它需要借力上海的国际服务功能与人才科技资源，但没有必要完全采取与长三角同质化的发展模式。作为长三角、珠三角两大区域板块之间的过渡地带，温州的发展需要在坚持个性的前提下，有分有合，利用上海国际中心城市的地位与国际枢纽和通道作用，形成对长三角的资本辐射与市场占领。

2. 错位杭甬

温州与杭州：

杭州作为浙江省的省会城市，是全省政治文化中心，承担部分区域经济中心职能。温州应在与杭州竞合发展的过程中寻找空挡，重点打造总部经济，在培育自身有绝对优势的先进轻型加工制造业的同时发展高端产业，完善服务设施，建立专业化服务体系，增强自身对区域要素资源的集聚能力和运作支配能力。同时利用杭州处于浙江北部对浙南地区辐射服务能力不足的地理区位特点，完善区域性综合生活服务功能，尤其在教育、医疗、金融、保险、会展、文化等方面加强设施建设。

温州与宁波：

宁波是浙江省三大中心城市之一，全省重化工业基地与枢纽型港口城市。温州与宁波的错位重点表现在港口与机场等区域服务设施的错位建设方面。作为支线港的定位，温州应考虑与宁波港合作，实施东南沿海组合性大港的发展战略。与此同时，利用宁波离开杭州、上海较近发展国际性机场的迫切性不高的机会，温州应尽快发展现代化国际空港，使空港成为温州参与新一轮国际竞争的依托，全方位发展空港经济，使之成为与宁波海港地位同等重要的该地区对外进出口的空中门户。

（二）西进南拓，争夺赣东，竞合闽北

根据温州有形腹地范围分析和区域影响力分析，温州未来主要的腹地拓展策略应为"西进南拓、争夺赣东，竞合闽北"。

面海发展的温州，向北的区域影响力因受到杭、甬强大的制约而难有更大作为，因此，其腹地拓展的主要方向应西进南拓。西部的丽水、金华、衢州等地本为浙南中心的覆盖范围，又因地域相连、文化相亲等因素更易被温州网罗；江西的上饶、景德镇与鹰潭等地历史上因大山阻隔、交通不便以及分属不同的行政区而联系较弱。与南昌相比，温州的资本优势与产业优势十分明显，而江西的资源优势对温州企业具有很强的吸引力，只要交通条件得到迅速的改善，上述地区将很快成为温州的产业基地。

向南，福鼎地区受到的中心影响主要来自温州，成为其腹地拓展的当然范围；宁德和南平地区同时处于福州、温州两大中心的交叉辐射范围内，温州应在与福州的竞合过程中，利用发展模式的相似性以及资源的互补性展开技术、人才与资本的输出与合作，发挥对这一地区的集聚辐射作用。

（三）做大中心，强化功能

温州欲拓展腹地，成就更大范围的区域中心地位，关键在于外联内合、做大自身、强化功能。为此，整合都市区资源、构筑温州大都市圈（区）就成为实现与跨越的前提条件。具体战略为：

① 强化温州生产性服务功能，发挥以商统领、协同发展的优势，打造区域性综合交通枢纽、金融中心、物流中心、信息咨询服务中心、科技创新和人才开发中心、现代化文化服务中心等一系列中心职能，培育温州担当综合型服务中心的职能。

② 加强温台之间的协作关系，构筑温台城市群，逐步形成区域一体化的观念和发展思路，合力创新区域管治体制，共同参与更大区域范围的竞争，以区域共建、共享的原则来指导城市群内基础设施的建设，并通过城市群内的科学合理的职能分工实现功能对接下的效益最大化，提升区域的综合竞争力。

③ 加强南部龙鳌城镇群的规划建设，为辐射福建北部的宁德、南平提供空间支撑。

④ 构筑温州与腹地内的其他地域之间快速、便捷联系的交通走廊，发展通道经济的作用。

⑤ 发挥临海优势，建设门户经济，在区域中担负沿海集疏运重要口岸的功能，推动贸易导向型经济和临海型工业经济的发展。

⑥ 抓住温州三港建设的有利契机，充分发挥基础设施建设的外部效应，选择最有利于提升城市整体功能的服务产业，促进港城的互动发展。

⑦ 消除地区之间协作发展的障碍，组建浙南闽北赣东地区城市发展合作联盟，协调各城市间有关重大产业布局、基础设施以及发展政策，谋求长期稳定的发展。

三、产业发展：以商统领，重聚资源

制度优势的丧失，要求温州必须进行新的体制创新；生产要素的短缺，要求温州必须摒弃粗放型发展模式和发展重化工业的企图；“低、小、散”的时代滞后性呼唤温州必须发展规模经济、走集聚式发展与产业链上移之路。

（一）产业提升：循序渐进

温州产业升级的理性选择应从低技术向高技术、从低加工度和低附加值向高加工度和高附加值发展。以传统产业的高级化为基础，以技术改造与创新为动力，逐步实现产业的转型，使传统产业和高新技术产业在经济增量中的比例逐渐发生置换，总体上体现由劳动密集型向资本密集型再向技术密集型转化的态势；生产性服务业的地位逐渐凸现，通过二次创业，实现由“实业强势”、“商业强势”向“服务强势”的转变。

（二）产业体系：寻求突破

第三产业的高度发展是产业结构演化的必然趋势，亦是经济高级化发展的必然选择。作为区域的现代服务业中心，温州须在重新认识生产服务业重要地位和中枢作用的前提下，面向中小规模的企业环境和周边地区迅速发展的经济社会需求，建设区域金融中心、物流中心、信息发布中心、会展中心等生产服务业基地，充分发挥商贸业的优势作用，更好地控制各种“流”的运转，更好地动员社会资本，合理地配置资本。

1. 商贸业

商是温州的传统和特色，也是促进产业发展的重要支撑。商品流通业的发展，一方面赋予温州产业较强的应变能力和适应市场竞争的机制；另一方面，使产销紧密结合，生产基地与专业市场融为一体，有利于降低生产和经营成本，提高经济效益。

根据温州区域经济的特点和流通产业的一般规律，再造温州流通产业和市场新优势，树立大市场、大流通、大商业的观念，建立有形市场和无形市场相互渗透、互为补充的流通网络体系。充分发挥温州作为区域中心城市的集聚辐射作用，强化同腹地地区流通业的联系，把拓展市场的重点放在同温州经济结构、特点相适应的国内“三北”地区和国外南美、南非、东南亚及东欧地区，抢占这些地区的市场；积极引导和推广连锁、代理、配送及 mall、makro 等流通组织新业态和电子贸易、商业展览等先进贸易方式，使大市场、大流通、大商业的流通格局早日形成。

2. 金融业

作为现代经济的核心，金融不仅是工商业发展的后盾与支撑，而且自身创造利润和税收，具有较高的产业关联性，能够带动相关产业的发展。要保持未来温州中心城市的地位，则必须强化其金融服务业辐射周边乃至更大区域的综合服务功能，形成真正意义上的区域金融中心。

温州中小型企业占有相当的比重，利用温州民间资本雄厚的特点，可进一步规范与繁荣民间资金市场，发展资金自筹机制；更好地利用民间信用及民间互助形式，活跃温州的资本市场。

3. 物流业

现代物流业被认为是降低物质消耗、提高劳动率以外的“第三利润源”。

“两头在外”大进大出的经济形式，有利于温州以“配送—集成”为特点的传统物流迅速发展。温州轻工企业在强化主业、分离副业，发展专业化生产、社会化协作的进程中，对物流服务的专门化提出了新的要求；电子商务以及连锁商业的发展，更需要成熟顺畅的物流环节与之配套。因此，温州物流业应以现代物流公共信息平台为支撑，以轻工业为主要服务对象，扶持第三方物流企业，积极培育物流市场体系，实现物流的社会化、专业化、信息化、规模化，使温州成为浙江省三大物流中心城市之一、东南沿海重要的区域物流中心。

4. 会展业

会展业是“城市经济的发动机”和“助推器”。温州的产业结构与产业特征是最适合发展现代会展业的城市之一。一方面，温州企业以中小规模为主，生产集中度低，处于近似完全竞争的状态，且在相当时期内，这种产业组织还会存在，因此城市专业市场依然会长期存在，而这些专业市场恰恰成为会展业的依托。另一方面，作为区域的先进制造业中心和现代服务业中心，温州需要具备专业信息集聚与交流的功能，进一步加快现代会展业的发展，有利于温州向现代都市的方向迈进。

5. 旅游、生态休闲产业

温州具有丰富的旅游资源，有山、有水、有海，风景资源独具特色。同时，名闻全国的“温州模式”以及历史悠久的瓯越文化大大强化了温州的人文吸引力。因此，根据现有的旅游资源优势和中国旅游业良好的发展势头，全面发展旅游业以及其相关的会展、商务、休闲在内的综合旅游，是温州经济发展的一个重要的潜在机遇。

6. 信息业

温州拥有温州人网络和较高水平的电信网络，要实现温州作为先进制造业中心和现代服务业中心的职能，应继续强化信息服务业的建设，以期在未来建成国际性的轻工时尚产品的信息获取中心与处理中心。

（三）产业结构：稳步优化

在温州大都市区范围内，乐清的修造船工业与瑞安的汽摩零部件产业已具有相当的规模与较高的市场占有率，具有很大的发展空间。

乐清造船业历史悠久，是当地的传统产业，其与民营经济紧密结合、双向互动，已基本形成良性循环的发展态势。因此，在发展七里—黄华一线作为温州的船舶制造业基地，促使相关工业集群互动，并引导其向高、精、尖方向提升的基础上，造船业将是温州海洋产业发展的又一动力。

汽摩零部件产业是瑞安六大支柱产业之一，发展速度快，发展前景广阔，已初步形成产业群、产业链、优势企业集群三者协调互动的发展格局，可作为温州大都市区的汽车工业发展基地。通过吸引跨国公司直接投资或合作投资，引进汽车整车制造技术，发展系统化、模块化供货，不断开发适应市场需求的中高档产品，使以汽摩零部件产业为特色的现代先进制造业成为实现温州经济新腾飞的重要杠杆。

（四）产业方向：科技优先

未来的经济发展将是科技引导的时代，技术密集型产业终将取代劳动密集型和资本密集型产业成为都市产业发展的主导方向。因而，高新技术产业的滞后终将成为制约温州未来发展的瓶颈。

目前，温州高新技术产业的环境氛围与基础条件与苏州、深圳等地均有较大的差距，高新技术产业产值在整个都市 GDP 中的比重几乎微不足道。为此，建议温州立足以优先发展高新技术产业的政策为导向，在改善高新技术发展环境上下功夫，以分享蛋糕的方式让利于人，使高新产业在短期内获得长足的发展。

科教兴业贯穿温州产业转型与升级的全过程，传统加工业的横向拓展与纵向提升、制造业优势的保持、高新技术产业的发展及服务功能的健全，都有赖于科研促动、技术支持、教育支撑和人才辅助。因此，必须强化科技是第一生产力的意识，贯彻人才是第一资源的思想。

四、精明增长：都市区空间结构重组

城市空间的精明增长是构建温州精明之都的有机组成部分。精明增长是一种新的城市发展理念，它重点考虑交通堵塞问题、环境保护问题、节能问题、社会公平问题和整体生活质量问题等几个方面，强调对中心城区、旧郊区的再开发，提倡一种以中心城区、公共交通、步行系统为导向的新的增长模式。其核心内容是：用足城市存量空间，减少盲目扩张；加强对现有社区的重建，重新开发废弃、污染工业用地，以节约基础设施和公共服务成本；城市建设相对集中，密集组团，生活和就业单元尽量拉近距离，减少基础设施、房屋建设和使用成本。尽管不同领域不同学者对精明增长的理解不尽相同，但精明增长从本质上讲是一种紧凑、高效、集约的发展理念，这是共同的内在核心。将这种发展理念在不同领域不同层面中进行演绎所形成的关于城市发展原则的综合策略便构成了精明增长的内容。

由于精明增长理念涵盖的内容相当广泛，因此其实施措施在不同领域均有涉及，但其理念的核心是在“区域生态公平”的前提下倡导“科学与公平”的城市发展观，是对城市发展的三个关键问题——空间结构、用地模式、交通体系的综合考虑。首先，“精明增长”理念是城市发展观念上的变革，城市的空间扩展必须置于区域整体生态系统的大背景之下，必须将城市发展与自然生态系统中其他生物系统的生存发展置于同等地位。其次，由外延扩展为主的城市空间扩展趋势向内涵更新优化的方向演化。优先考虑减少侵占非城市建设用地，城市的发展坚持“速度和质量并重”的原则。第三，城市的用地模式应当坚持高密度、集约化、功能混合的原则，把依托于公共交通系统的“适合居住”的社区作为城市的基本构成单元。第四，城市的空间扩展不应采取道路扩张拉动的模式，必须将城市的外延扩张与大运量公共交通体系联系起来。

（一）市域层面：由分散无序向“圈带”集中式发展

温州的城市空间结构在快速城市化过程中逐步发展为无序蔓延的扩展状态，并呈“小散乱差”的特征。作为构建精明之都的组成部分，以“有机集中”为核心的城市空间精明增长理念是指引温州城市空间结构发展的灯塔。在原有分散化城镇分布格局的基础上进行集聚式发展是温州城镇体系空间组织的必要选择，而“多中心、组团式”与“点轴+网络”相结合的空间结构模式是在新的区域经济背景下，原有理想空间模式的进一步演化，也是温州市理想的城镇体系空间结构模式。它不仅可以有效地解决温州东部沿海高度城市化地区空间发展模式及功能协调问题，同时将长期以来分散、无序的城镇变为相对集聚、层次合理、有序发展的格局。

根据温州市域城镇分布现状及发展潜力趋势分析，依托规划建设的温州市高速公路内外环以及由中心城市向外发射的7条高速公路，构筑“一圈两带，轴向发展”的城镇体系的总体空间格局，引导无序散布于全市域的各种发展要素向“圈带”集中，从而实现整个市域城镇空间发展与布局的集中化（图6-9）。具体来说，一圈即温州都市圈，两带指两条城镇密集带。

1. 温州都市圈：网络结点式集中发展

一圈，即温州都市圈，是以温瑞平原城市化地区为核心，依托市域规划高速公路外环构建的半径约50km的半小时通勤圈，面积约为5300km²，不足市域面积的一半，却集聚了全市75%的人口（约555万人），创造出全市95%以上的经济总量（按GDP比例核算）。

构建“一主、五副、四组团、九边城”的都市圈内部空间结构，即规划建设的高速公路内外环及都市区向外发射的7条高速公路，形成由主、副中心—组团—边城以及城镇发展带上的重要节点向广大腹地“步步承接、层层扩散”的城镇有机网络布局，引导城镇发展由分散化无序发展向各中心、组团、边城等网络节点集中（图6-9）。

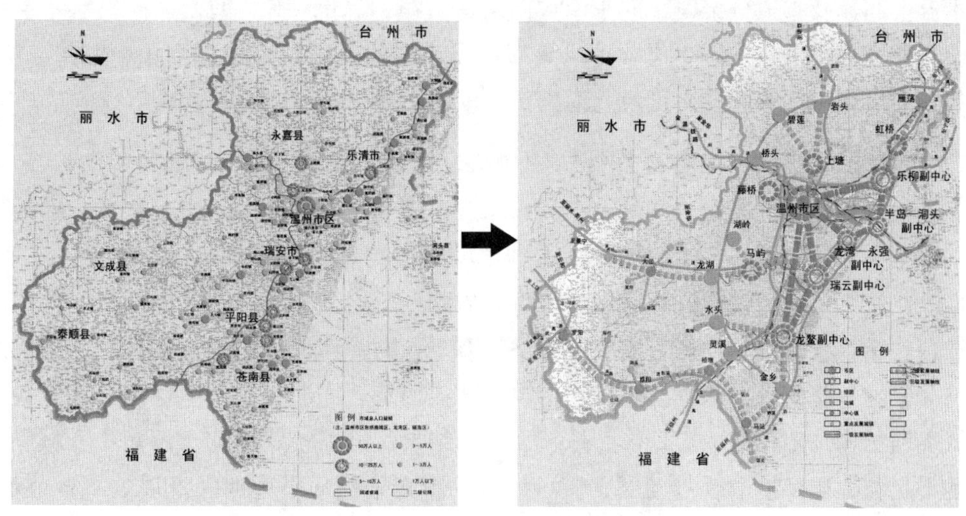

图6-9 城镇空间发展与布局的集中化

一主：包括温州中心城区和瓯北、高教、七都、郭溪四个片区，是辐射带动整个市域的核心部分，主要承担市域的金融中心、信息中心、贸易中心、科技中心、文化中心和综合交通枢纽的功能。

五副：分别为乐柳副中心、龙湾—永强副中心、新半岛—洞头副中心、瑞云副中心和龙鳌副中心。它们自南向北呈“串珠”状分布在东部沿海地带，都市核心区的东部，是经济实力强、发展条件好、相互交通联系紧密、产业优势互补、具有较大独立性的综合型次一级核心地域。

四组团：依托温州绕城高速公路（“高速公路内环”）在其外围规划的虹桥、上塘、藤桥、马屿等四个组团，作为主、副中心与边城联系的纽带，在承接主、副中心辐射的同时，向外带动边城的发展。

九边城：规划雁荡、岩头、碧莲、桥头、湖岭、龙湖、水头、灵溪、金乡9个边城，既是联系市域东西部的纽带，又是辐射区域的节点城镇。

2. 城镇密集带：点轴式集中发展

两带，即在温州市域西南部规划两条城镇集聚发展带。城镇带上的小城市（重点镇）发挥核心作用，通过沿轴的交通线，带动市域广大内陆腹地和山区的经济发展和城市化进程，其他小城镇适当向两条城镇集聚带集中，依托城镇带进行发展。两条城镇密集带分别为：瑞文城镇发展带——从都市圈边缘的龙湖边城出发，由瑞文公路及龙丽温高速公路沿线的大峃、西坑等城镇组成的向西延伸的城镇带，是带动中西部地区经济发展及山林资源、旅游资源开发的重要通道。文成县大峃为文成县域的中心城市，也是城镇发展带的重要节点城市，珊溪镇继续作为旅游重点镇发展，两者共同带动市域西南部其他城镇的发展和城市化的进程。

分泰城镇发展带——该城镇发展带从温上高速公路和温福高速公路的节点桥墩出发，向西沿温上高速及省道分泰线，向东南方向沿水霞线，呈倒“S”型东西向贯穿于泰顺县及苍南县的南部，重点发展生态农业、集贸以及旅游业。城镇带依托罗阳、雅阳、桥墩、马站等重要节点带动泰顺县山区及苍南南部地区的发展。

（二）都市区层面：由蔓延连片向“中心、组团”紧凑化发展

经济的迅猛发展需要足够的城市空间来承载，现阶段温州中心城市生产型功能的不断扩散，部分企业陆续外迁，中心城市原有的单中心结构对周边地区的带动已显力不从心，与此同时，东部的龙湾区与周边县市的集聚效应则不断增强。由此，改变原有的单中心发展模式，在重视各县市的均衡发展的同时坚持有重点的弹性发展，在保证区域生态系统整体性与公平性的基础上，依据生态山水的自然阻隔构筑“中心+轴线+组团”式的紧凑型都市区空间结构，不仅是适应地形、地貌发展的结果，可以较好地解决温州中心城市空间发展的不足与人居环境的改善问题，还可以进一步充分调动周边地区发展的积极能动性，不失为温州城市空间发展的理想模式选择（图6-10）。

中心：由都市区主中心与4个副中心组成。其中，主中心由温州中心城区与其周边的瓯北、高教、七都、郭溪等4个片区组成，是都市区经济、文化、服务的核心圈层，主要承担市域的金融中心、信息中心、贸易中心、科技中心、文化中心和综合交通枢纽的功

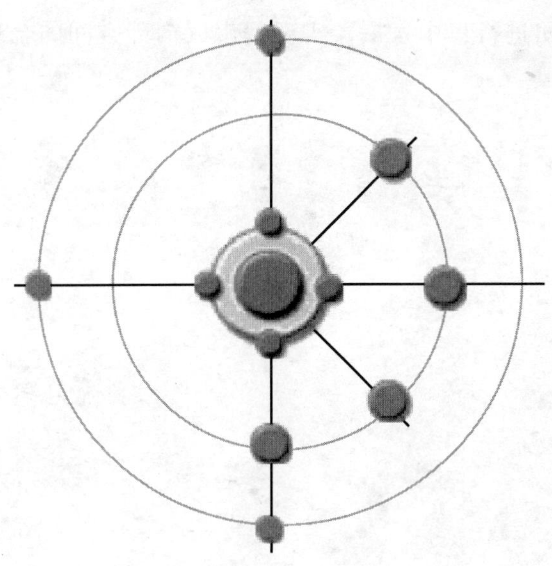

图 6－10　都市空间结构模式图

能；副中心包括乐柳副中心、龙湾—永强副中心、新半岛—洞头副中心、瑞云副中心，是都市区产业发展的主要圈层。

轴线：为“十字”交叉的南北向沿海发展轴与东西向沿江发展轴，是都市区主要产业、文化、服务功能等分布的轴线。其中：东西向沿江服务发展横轴，即沿瓯江流域、金丽温高速、金温铁路、未来快速轨道交通形成的东西向发展轴，是公路、铁路、轨道交通、瓯江水路的主要交通流向，串联中心城区、新半岛—洞头次中心、瓯北片、七都片以及藤桥片；南北向沿海工业发展纵轴，即依托沿海高速公路（甬台温高速、东海大道）、宁温福铁路温州段、104 国道以及东海水路航线形成的东部沿海南北向交通走廊，作为都市区一级发展轴线，由北至南依次串联乐柳次中心、新半岛次中心、龙湾—永强次中心和瑞云次中心，是都市区重要的工业走廊。

组团：主中心周边的上塘、马屿、藤桥等三个组团。这些组团普遍具有自然生态环境较好但交通联系不够便捷等特征。随着交通条件的逐步改善，将发展成为都市区边缘生态休闲、富有情趣、特征鲜明的都市区外围圈层。

多圈层网络结构：多圈层是指温州都市区内由三个圈层组成。

核心圈层——由温州中心城区与其周边四片区共同构成，是都市区经济、文化、服务的极核。

紧密圈层——由四个副中心组成，是都市区产业发展的主要圈层。

外围圈层——包括都市区外围的三个组团，是都市区生态休闲、特色文化鲜明的圈层。在都市区内部各主副中心与组团之间，通过瓯江、东海、大罗山、吹台山等水系和山体等开敞空间的自然阻隔，营造了生态盎然、优美舒适的生产、生活环境；同时各组团间又有多种方便快捷的联系方式，在都市区内形成了一个高效、有机的网络结构，引导空间发展向各中心、各组团进行集中发展，实现都市区内部空间的合理有序与集中紧凑式发展。

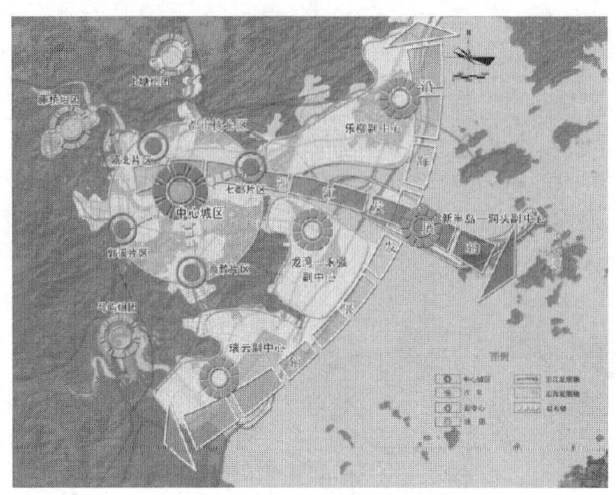

图 6－11　都市空间结构组织方案

五、文化与特色：多元温州，精明之都

（一）多元交织的地域文化：精明温州人，灵秀温州城，创新温州魂

城市的历史文化是一个城市的灵魂，一个没有历史文化底蕴的城市是不可能具有持久吸引力的；历史文化是资源，如果没有很好地利用这个资源来彰显特色的城市是没有希望的；历史文化是支撑，如果没有文化的支撑，尤其是先进文化的支撑，城市就缺少了精神动力。

文化观念对于人们生存活动的规范或者制约作用，是表现人类活动自觉性的一个重要方面，社会变革、经济发展、生活方式的变化，必然同时是文化观念的变革。而且，文化观念的变革，往往是整个社会变革的前导。一方水土，一方文化，养育一方人，温州的经济发展有着其文化的动因，文化推动着经济的发展，温州的经济发展又验证和推动了文化的变迁。地域文化在悠久的生命历程中虽经过好多回更新，但其本来风貌总依然存在。

1. 义利交融的东瓯文化

温州古称"瓯"，东瓯文化对温州的发展具有极大的影响力，主要受两个方面的影响：一是建立在人民大众的现实社会生产劳动基础上的"感性文化"，二是建立在当地知识分子的理性思维基础上的"理性文化"。就温州而言，历史上温州的感性文化是发达的工商业传统，而其理性文化则是永嘉禅宗、永嘉学派等等。当代温州的崛起与这两者文化都有密切的关系。

温州海陆交界、山水环绕的地理环境，从唐宋时期的"其人多贾"到 20 世纪初的

“瓯为海国、市半洋行”，从抗战时期的“跑单帮”到文革时期的“走私热”，东瓯文化无不表现出发达的工商业传统，也使人感受到温州人从事工商业生产经营悠久历史和生活习惯。

传统的商业繁荣带来了文化繁荣，南宋的时候，诞生了“南戏”，南戏也称永嘉杂剧、温州杂剧，当地人称之为戏文。在这样的背景下，产生了著名的永嘉学派。永嘉学派研究事功之学，同朱熹的理学主义轻利说相对，也可以说是中国的功利学说的代表。

叶适（1150—1223年）就是永嘉学派的代表人，他认为义不可离利，“既无功利，则道义者乃无用之虚语而”，主张“通商惠工，以国家之力扶持商贾，流通货币”。叶适强调实践，不作空洞的玄学讨论，不发空廓的议论。他提出的“善为国者，务实而不务虚”这种务实的观念，具有“重商主义”的色彩。清人黄宗羲在评价永嘉学派的时候说“永嘉之学，教人就事上理会，步步着实，言之必使可行，足以开物成物”。

总的来说，永嘉学派的思想文化对温州的影响，可以从两方面来认定：

（1）新的义利观。重义轻利，重本轻末是我国传统道德观念的基本思想。而永嘉学派认识到工商业发展对国家社会的重要作用，并因此对我国传统的重本轻末思想和重义轻利思想提出批判，永嘉学派提倡义利的统一观，号召人们不要空谈“理义”，讲究功利实用，所有这些传统文化的基因，无不影响着祖祖辈辈生长在温州的人们，当商品经济被纳入社会主义范畴的时候，温州人就带头冲破了重义轻利传统道德标准的束缚。

（2）雇佣价值观。在我国历史上出现雇佣关系的现象较早，但是认为剥削雇工是合理的言论不多，惟有永嘉学派代表人物——叶适首次提出。叶适强调以事受食的雇佣关系，承认雇佣劳动的合理，认为不劳动或者不胜任劳动者，则“虽饥且死，不敢食矣”，因此，温州商品经济其雇佣劳动面之广、人数之众、规模之大，与其他地方比较区别较大。雇工和雇主之间的关系并不像人们想象的那样残忍，他们融为一体，各有各的追求目标，促进温州经济的发展。

2. 灵秀坚毅的山水文化

北宋诗人杨蟠曾写诗赞美温州：

一片繁荣海上头，从来环做小杭州；
水如棋盘分街陌，山似屏维绕画楼。
是处有花迎我笑，何时无月逐人游；
西湖宴赏争标目，多少珠帘不下钩。

依山临海的自然环境，对形成温州人独特的禀赋有极大的关系。临海越人对大海的变幻不定，喜怒无常的脾性必须摸透，日积月累，养成其善于观察预测大势，对风险的把握更胜人一筹；浙南山区，尽为奇峰险壑，土瘠田薄，非坚韧刻苦不能在此居住。因为出产不丰，还须“习于机巧”。这样，温州人一方面培养了坚韧、刻苦的本性，一方面却也为“奇山丽水”养成其机巧灵慧的个性。

此外，温州的奇山丽水，也给诗人带来灵感，被称为中国山水诗鼻祖的谢灵运，其山水诗句多为他在做永嘉（即今温州）太守时所作。在今天的温州商人中，有不少成功商人是以诗人般的直觉和灵感去捕捉商机的。

3. 包容、创新的海外文化

温州历史上曾有三次对外开放：

第一次是 1132 年，即南宋绍兴元年，设立市舶务，那时，温州和外国及僧侣的来往比较频繁。

第二次是 1876 年，即光绪二年温州辟为对外通商口岸。资本主义的经济因素在温州迅速蔓延、渗透和扩张，促使封建经济走向分化瓦解。

第三次是 1984 年党的十一届三中全会以后，温州被列为 14 个沿海开放城市之一。

纵观温州这三次对外开放的过程，温州人的的思想观念不断地在接受着来自海外，来自西方的文化的冲击，比如，宋代温州的求实精神和商业文化在资本主义思想的冲击下得到了复兴，并和西方的商品经济意识和文化领域发生了冲撞和融合，从而具有了新的内涵和外延，可以说，当时中国沿海地带在经济和文化领域发生的每一种新变化，在温州都有体现，而且温州还是近代新思想产生较早影响较大的地区之一。如今，温州有华侨 60 余万人，他们不仅为家乡建设提供了资金、信息、国际市场行情等多方面的服务，也直接传授了一些国外发展商品经济的有益经验，可以说，在全球经济一体化的今天，这样勇于创新、开放包容的海外文化仍然并将继续对温州的经济发展起着不可或缺的作用。

历史的积淀形成了丰厚的文化底蕴，依山傍水的自然环境塑造了温州人吃苦耐劳的性格与灵气，永嘉学派的义利观培养了温州人的“义利兼顾”。作为城市灵魂的历史文化通过自己特有的方式影响和推动着城市的发展。改革开放以来温州的城市发展，从温州模式的产生，到老温州模式向新温州模式的演进，温州发展背后的深层原因正是我们所探求的“温州精神”，也就是上述所讨论的一脉相承的地域文化的深刻影响，自古至今，它都深深地影响了一代又一代的温州人，形成了独特的、名副其实的“温州人文化”：义利兼顾、善拼乐闯、勇于创新、开放包容……用一句话简明扼要地概括温州地域文化的特点，那就是：精明温州人，灵秀温州城，创新温州魂。

（二）城市特色：多元温州，精明温州

城市特色是指一座城市明显区别于其他城市的个性特征。个性是城市的灵魂，城市的个性就是一座城市最靓的名片，世界上很多城市以其鲜明的城市特色给人们留下了深刻的印象。城市特色的价值不仅是城市内在文化底蕴的外在表现；也不仅是一个城市精神、文脉、风貌等延续的内在需要；在当今高度竞争的国际环境中，城市的个性特色还是争取更多发展资源、提高城市竞争力的重要依托。因为，只有民族的，才是世界的；只有个性的，才是永远的。

城市特色是历史的构成，文化的积淀，民族的凝结，生活的反映，环境的体现，城市特色的地域差别，是城市吸引力的物质基础与文化支撑。

温州人被大家戏称为是“中国的犹太人”。这个称号是一大批温州人从古至今纵横商海为自己赢得的响亮头衔，毫不夸张地说，温州商人群体是中国商人中的王者。过去，温州是通过“商”，通过自己的“精明”让全国、乃至世界认识了温州，现在和以后，毫无疑问地，它也仍将是温州这个城市继续辉煌的根基和最重要组成部分。那么，值得我们思考的是，作为商人，全国、全世界各地都有，为什么是温州人，总是温州人，作为一个商业群体，成就了今日的辉煌？不难发现，温州商人所遵循的商业文化传统并非一般传统意义上的大众商业文化，其“精明”的精髓在于东瓯文化、永嘉学派所倡导“义利兼顾”和“义利交融”，既有一般商人的敢于吃苦、精明能干、勇于创新、关注利益，更吸收了中华民族的传统美德：注重仁义，讲究诚信，看重“内修圣人之德，外施王者之策”，实现了真正的“义利交融”，达到了真正的“精明”。历史上的温州和温州人也正是在这样的商文化根脉的熏陶下成就了今天的强盛。

曾几何时，随着市场经济的发展，经济效益的驱动力越来越大，人们在经济活动中的目光和注意力更多地集中在了“利”上而往往忽略了“义”，比如，假冒伪劣商品盛行，“窃取”最新产品的有关信息等等，不可否认，这样貌似精明的想法和行为确实带来了触手可及的经济效益，但与此同时，温州也为之付出了惨重的代价。当“精明”演变成为“自作聪明”的时候，“精明”也就成了“愚蠢”的同义词。

回顾温州发展的历史，一脉相承的“商”文化、自古相传的“精明”本色为温州带来了昔日的辉煌，而曾经的“见利忘义”、“自作聪明”也让温州和温州人已经尝到或是感觉到了个中之苦。历史的经验与教训必将使今日的温州人变得更加精明。这是这座城市和人民最大的也是最鲜明的特色。

小　结

温州短暂的沉寂，原因是多方面的。有城市与土地等物质建设环境与设施方面的短腿与“瓶颈”，也有人才、知识与教育方面的劣势。而且，家族制企业本身的发展周期存在一些难以跨越的障碍，当年靠敢闯敢干敢冒险精神的老一代创业者开始步入中老年，新一代的接班人尚未成功交接班，他们大都在国外留学，有的已经学成归来，他们显然是打造精明之都的新一代的创业者。从这一意义上说，温州可能正处在一个新的“原始积累”期，实际上也是转型期，一旦转型成功，温州必将跨上一个新的台阶。

温州目前对于区域角色、城市定位、产业发展、港口建设等诸多方面的争论和迷茫，根源在于还没有理清城市自身发展的脉络。“精明之都”明确了城市新的发展目标、城市特色名片与城市的功能定位，它是统领整个温州产业、空间、生态、基础设施及各种资源要素整合的指导思想，也是温州都市定位战略转型的要求与目标，预示着温州发展的美好未来，同时也将启示其他城市新的发展定位与发展目标的选择。

第七章

从“借船出海”到“造船出海”

——后特区时代汕头发展战略转型研究

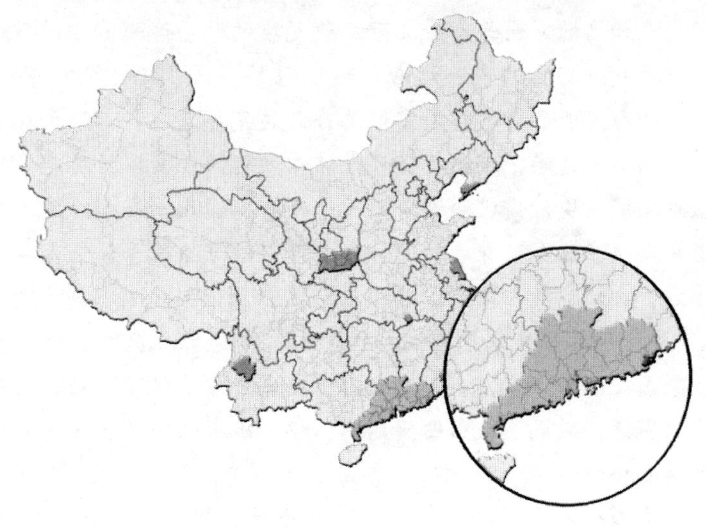

汕头，是粤东惟一的大城市，也是我国改革开放后的四大特区之一，在这个几乎已经被人遗忘的特区里，我们现在能感受到的是另一番特区的景象——一派“大潮过后”等待潮涨的景象。汕头曾经以“借船出海”战略（实质是借特区政策）而一度繁荣。然而，当政策优势逐渐不复存在后，显露于外的投机性演绎成了现代版的“成也萧何，败也萧何”的城市经典。如果当初汕头能将政策优势转化为产业优势、城市优势以及综合竞争的优势，说不定是另一个深圳。与大自然有规律的潮涨潮落现象不同，新一轮的经济热潮何时涌上汕头的沙滩，汕头人只能伸长了脖子在期盼中等待。等待是痛苦的，也是令人焦虑的。在此氛围中，我们走进了这个颇有几分神秘的客家人的聚居地，在这个曾经诞生了中国当代最知名的富商并有着沈万三般气质的李嘉诚的地方，却是一个很难将特区的繁荣与想象联系到一起的城市。无论是城市的开发区，还是城市中心区的景观，你完全可以怀疑，汕头人可能已经将自己曾经是特区的光环遗忘。但汕头人自己从来没有将那段曾经轰轰烈烈的历史遗忘，更没有将那段惊心动魄的暴富岁月遗忘。在那个年代，曾经的世代渔民转眼间因从境外偷运油进汕头而一夜暴富。几乎每个经历过那个时代的汕头人都会告诉你当年发生在他身前身后的种种有关走私的惊险故事。毫无疑问，少数人将聪明才智用错了地方，却让多数人深陷于“诚信”的怪圈。汕头的挫折与悲哀不是汕头人的错，是长期“天高皇帝远”的文化根植性的错，也是政府层面管理不力的错。作为都市运动中令人深思、令人扼腕的城市，汕头将中国传统文化中某些边缘的、消极的积淀勾兑成了一杯自讨苦吃的劣酒，酿成了自己摇摇晃晃、举步维艰的恶果。这是应当令所有城市决策者们深刻记住的一个教训。

没有人会否定，潮汕人是中国人中最会生活，也是最具商业素质的一族。如今，看着左邻（深圳）右舍（厦门）快速的工业化与都市化的繁荣景象，汕头一茬又一茬的新的决策者们始终在琢磨城市发展模式的转型。然而，前些年寅吃卯粮的城市开发与经营的透支，主城区将近36km^{2}的“烂尾地”犹如锈蚀的铆钉将汕头城市转型的工业化发展计划及都市发展计划撂荒于中心城区外的沙滩与郊野。汕头确实遭遇到了前所未有的发展瓶颈，如何突破这一瓶颈，盘活土地的存量，顺利实现城市发展模式的转型，已经成为汕头再次腾飞，驶入健康城市化发展轨道的新的突破口。而真正关键的是，重新回归客家人脚踏实地、拼搏奋斗、自强不息的城市文化可能是所有发展转型中最不能忽视的法宝。

第一节　困境——“借船出海”的局限

汕头是我国近代最早开放的城市之一，全国著名的侨乡，地处粤东，靠近西太平洋国际主航道，毗邻港澳和台湾，历来是沟通粤东、赣南、闽西南的重要交通枢纽、进出口岸和商品集散地。汕头市域总面积 2064km²，2005 年末总人口 491.29 万，实现 GDP651 亿元，城市化水平 72.34%。1981 年国务院批准设立汕头经济特区，推动了汕头国民经济和社会持续快速发展。

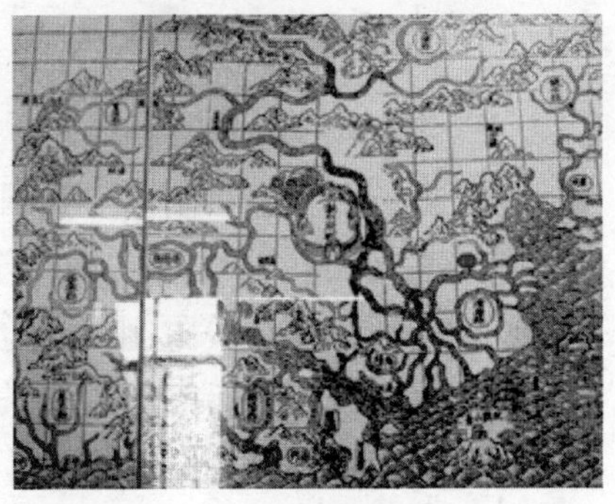
图 7－1　潮州府疆域图

然而，1990 年代末以来，汕头遭遇了经济发展的持续低迷，2001 年更是出现负增长，引发了汕头决策层对城市发展战略广泛而深刻的思考。

就在并不久远的过去，汕头曾经一度光芒四射，被誉为东南沿海的璀璨明珠；而今天，跳出汕头看汕头，其无论是城市地位还是综合实力，都在不断地被诸多后来居上的城市所超越，汕头似乎已经被中国许多的人所渐渐淡忘。

一、起伏的发展历程

兴起短短百年的汕头，虽“弹丸之地”，却“揽江纳海”，两次兴起、两次衰落。这里我们将回眸汕头历史发展的轨迹，试图寻找汕头再次崛起的势能所在。

（一）汕头的兴起与繁荣

1861 年汕头开埠成为全国重要的通商口岸，是中国最早对外开放的港口城市之一。汕头凭借其优越的港口条件迅速成为潮汕地区经济中心、中国东南沿海的重要通商口岸。1930 年代其港口吞吐量仅次于上海、广州而居全国第 3 位。随着港口的发展，城镇墟市也陆续兴起。到 1933 年汕头市区总人口达 19 万多，商业之盛居全国第 7 位，曾有 8 个国家在汕头设立领事馆。汕头曾一度号称“百载商埠，楼船万国”。

图 7－2　1940 年代汕头全景

（二）来自外因的首轮凋敝

以商贸业繁盛的汕头，民族工业基础却十分薄弱，很快就由于世界经济的变动和政治环境的突变遭遇了首轮凋敝。抗战爆发，汕头沦陷，对外贸易陷于停顿，商业一落千丈，整个经济跌入低谷。抗日战争胜利后，海运交通虽逐渐恢复，但由于战火破坏惨重，经济元气大损，海运事业大不如前，城市建设基本格局与

图 7－3　1977 年韩江支流出海口景象

1930年代无大的改变。

(三) 建国后的长期停滞

建国后，资本主义国家对我国进行贸易封锁，汕头的商业和对外贸易发展受到严重制约。汕头又长期被作为“对台作战前线”，国家投资基本没有，加上本地资源缺乏、交通不便、通信落后等限制，严重影响了汕头工业经济的发展。这一时期汕头人均工业产值和国民收入远远低于全国、全省水平，1970年代末，汕头经济总量由原来全省第二位退为第七位。汕头港口运输业也不复辉煌，货物吞吐量增长处于长期停滞状态，从1957年至1980年间仅增长35.4%，相对于沿海其他港口的发展，汕头港远远地被甩到了后面。

(四) 改革开放中的快速崛起

十一届三中全会以后，改革开放的春风使得汕头这颗南海明珠又一次绽放出耀眼光芒。改革开放和经济特区（1981年）的设立，给汕头经济发展带来了前所未有的生机和活力。1992年邓小平同志的南巡讲话，更使汕头城市发展高潮迭起。1992年，汕头被评为全国“城市综合实力50强”和“首批投资硬环境四十优”城市，1994年跻身为全国55个人均国内生产总值超过万元的城市。1996年，国家统计局对全国219个地级以上城市的综合实力进行比较，汕头名列第41位。汕头的繁荣达到了历史上的第二次高潮。

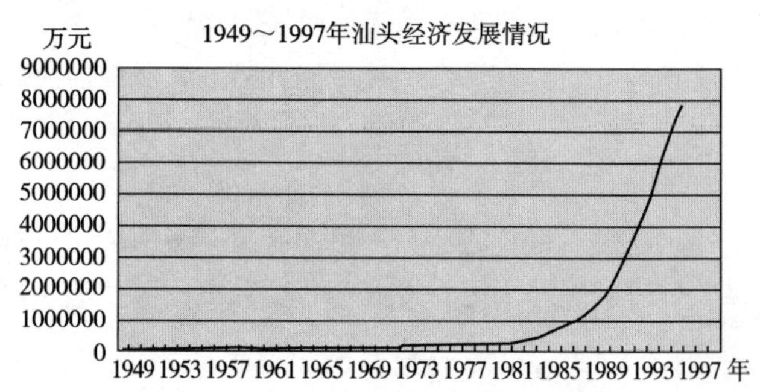

图7-4　1949~1997年汕头经济发展情况

(五) 高潮之后的持续低迷

1998年后，受东南亚金融危机以及2000年前后政府诚信危机等因素的影响，汕头市的经济增长速度一直低于全省的平均发展速度，城市发展再一次进入低潮期。

21世纪的前两年，是中国发展形势突飞猛进的两年，与同期其他城市快速发展相比，汕头GDP的增长速度却逐年下降，在2001年甚至还出现了负增长，这在全国极为罕见。

二、相对下降的区域地位

汕头市在粤东、闽粤赣、广东省等不同区域中的中心地位虽然仍有所保留，但均处于岌岌可危的状态。在这种发展背景下，汕头如果再不迅速提高自己的综合竞争力，将有不断被边缘化，甚至被腹地化的危险。

(一) 中心城市地位下降

汕头市的区域经济空间可分为几个层次：粤东经济区、闽粤赣经济协作区和广东省经济区，汕头曾在其中承担不同的中心职能。然而在区域经济空间激烈重组的今天，汕头的中心地位遭受了严峻的挑战。

1. 粤东龙头受到挑战

虽然目前汕头的主要经济总量和人均指标均居粤东各市首位，但实际利用外资水平却略逊于汕尾，揭阳的经济总量也正在逼近汕头。在粤东经济区中，汕头的整体经济优势和中心地位虽然目前还存在，但越来越受到来自于其他城市的挑战。

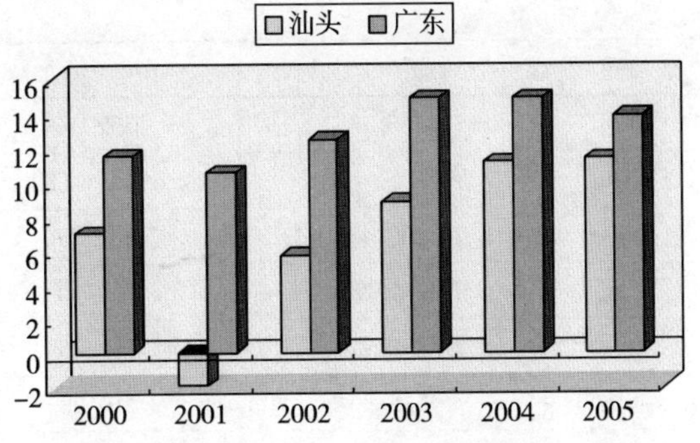

图 7－5　2000 年后汕头与广东的经济发展速度比较

数据来源：广东省统计年鉴 2006。

粤东五市经济发展部分指标比较（2005 年）　表 7－1

城市	GDP（亿元）	人均 GDP（元）	固定资产投资（亿元）	社会消费品零售总额（亿元）	出口总额（亿美元）	实际利用外资（万美元）
汕头	651.36	13196	154.14	344.80	31.82	10236
潮州	287.60	11422	60.50	102.99	14.80	5838
揭阳	420.50	7533	61.93	143.35	11.32	4859
梅州	314.46	7666	39.67	131.72	3.10	7659
汕尾	210.98	7608	101.86	130.32	6.42	12033

数据来源：广东省统计年鉴 2006。

2. 三省交界的中心名存实亡

闽粤赣经济协作区包括广东的汕头、潮州、揭阳、梅州、汕尾，福建的厦门、漳州、泉州、龙岩、三明，江西的赣州、抚州、鹰潭等 13 地市。

汕头市作为闽粤赣经济协作区双中心之一，其表现已经差强人意。同时必须注意到，闽西南核心都市圈中厦—漳—泉的经济实力远远强于粤东地区的汕—潮—揭。汕头市目前凭借地理和交通的优势尚能维持闽粤赣经济协作区“双头鹰”的经济格局，一旦闽西南与内陆地区的交通联系改善，则很可能演化成“闽西南—粤东—赣南”的梯度结构，届时汕头在闽粤赣经济协作区中的中心地位也将湮灭。

2005 年闽粤赣经济协作区城市主要经济指标　表 7－2

城市	人口（万人）	GDP（亿元）	人均 GDP（元）	社会消费品零售额（亿元）
厦门	153.22	1006.58	44737	271.86
漳州	457.37	628.53	13402	229.94
泉州	667.66	1626.30	21427	562.40
龙岩	286.83	385.63	14105	128.65

续表

城市	人口（万人）	GDP（亿元）	人均 GDP（元）	社会消费品零售额（亿元）
三明	268.13	392.84	14909	110.08
汕头	491.29（5）	651.36（3）	13196（5）	344.80（2）
潮州	250.42	287.60	11422	102.99
揭阳	609.28	420.50	7533	143.35
梅州	498.91	314.46	7666	131.72
汕尾	315.36	210.98	7608	130.32
赣州	845.69	500.11	6134	160.69
抚州	381.31	262.00	6894	102.72
鹰潭	111.15	123.53	11450	36.41

数据来源：中国城市统计年鉴 2006。

3. 广东次中心地位差强人意

2002 版的汕头市城市总体规划提出：汕头要成为广东省的次中心城市。2005 年，汕头市 GDP 在全省 21 地市中排第 10 位，人均 GDP 则排到了第 10 位，与珠三角各城市的差距相当大。

如果说汕头目前是广东省仅次于珠三角城市群的次中心，那也更多地是基于区位优势而非经济实力的考虑。汕头要成为名副其实的“广东省次中心城市”，还有很长一段路要走。

广东省十三地市综合竞争力排名　　表 7-3

城市	综合增长率排名	综合生产率排名	综合就业机会排名	综合市场占有率排名	综合人均收入水平排名	综合竞争力排名
深圳	2	1	1	1	2	1
广州	5	4	2	2	1	2
佛山	7	2	3	3	4	3
东莞	1	5	12	4	11	4
中山	4	3	7	5	5	5
珠海	6	7	7	6	3	6
惠州	3	6	12	7	6	7
韶关	8	10	7	10	8	8
湛江	10	8	5	8	9	9
梅州	9	13	4	13	10	10
肇庆	12	10	10	11	12	11
揭阳	11	12	10	12	13	12
汕头	13	9	5	9	7	13

数据来源：中国城市竞争力报告 2004。

（二）腹地萎缩与边缘化

城市地位的竞争在相当程度上表现为腹地的竞争。粤东地区（汕头、潮州、揭阳、汕尾、梅州）传统上一直是汕头市的直接经济腹地，但近年来汕头市在与周边各中心城市的激烈竞争中已经渐渐处于劣势，作为粤东地区中心城市的地位面临着严峻挑战：

在地理区位上，汕头北有厦门，南有广州、深圳，无不虎视眈眈地盯着粤东五市，努力将其纳入自己的腹地；

在行政区划上，潮州、揭阳先后成立地级市，汕头的行政范围和经济实力受到极大的肢解，而且又平添了新的竞争对手；

在综合实力序列中，汕头"前有标兵，后有追兵"，原腹地内的各城市也均跃跃欲动。

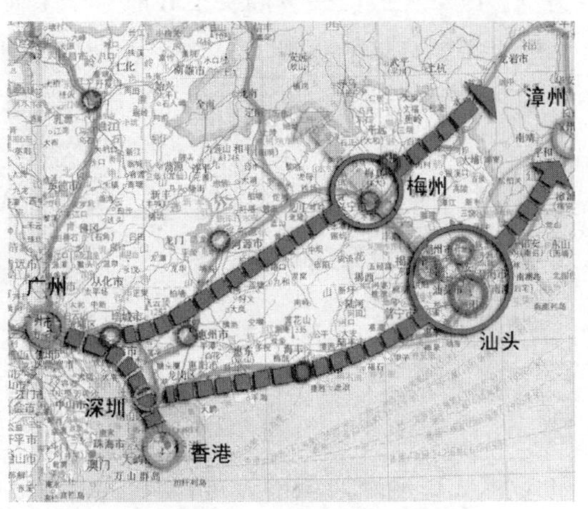

图7－6　汕头，必须在区域竞争中归位

粤东地区交通体系的形成与完善，一方面使粤东各城市之间的联系更加便捷，将汕头市的可影响范围延伸至广大内陆地区；但另一方面，粤东各城市与珠江三角洲的联系也日趋紧密，尤其是梅州与广州、福州，汕尾与深圳、广州，这将加速珠江三角洲及闽南地区极化作用的发挥，首先使梅洲、汕尾这些粤东外围地区成为各中心城市共同争夺的势力范围。汕头与这些实力强大的中心城市之间的竞争也随之更加直接和激烈。

目前，揭阳的市域经济总量已与汕头相差不远，近年来的增长速度一直超过汕头；随着汕揭梅高速公路的开通和潮汕国际机场的落户，加上揭阳直接毗邻梅州、汕尾两市，它们之间的相互联系将更为紧密，其具有成为联系粤东沿海与内陆腹地重要枢纽的趋势，区域地位日益强化，客观上已与汕头构成一定的竞争关系。

三、现有发展战略分析

经济发展战略是经济发展中的一些具有长期性、全面性、根本性的问题。改革开放以来，汕头的发展战略虽几经变化，但自始至终都执着于"借船出海"的共同思想。

（一）发展战略"朝令夕改"

自20世纪90年代以来，汕头市根据不同的情况制定了不同的"战略"，90年代初期的提法是"海洋活市、工贸富市、科教兴市、依法治市"；90年代中后期的战略是"外向带动、工业强市、科教兴市和可持续发展"，强调"外向、民营、港口三大特色经济"；2001年的提法是"信用立市、品牌兴市、实业强市"的战略方针；2002年的提法是"名牌、外向、可持续发展"三大战略。在2003年汕头市第八次党代会上，汕头经济发展战略有了新的提法："围绕全面建设小康社会、率先基本实现社会主义现代化的总目标总任务，实施工业强市、城乡协调、外向带动、科教兴市和可持续发展五大战略，增创民营、侨乡、商贸、海洋四大优势。"上述的每一项战略都有一定的针对性，但都不够明确，都没能有效解决汕头发展过程中遇到的种种问题（李翔，2004）。

发展战略的不明确造成发展政策左右摇摆不定，影响汕头市的发展。以产业发展政策为例，改革开放以来，汕头市政府对于工业发展的态度经历过几起几落的变化，但现实中并没有得到真正的重视。改革开放初期，汕头市的发展主要依赖于特区的优惠政策。20世纪80年代后期，随着优惠政策逐渐隐退，同时受土地市场化、房地产商品化的影响，尤其是1992年邓小平南巡讲话以后，受到全国新一轮经济热潮的影响，汕头过高地估计了此后长时间内经济发展的速度，忽略了区域竞争的影响，片面强调房地产的开发，给汕头经济造成了沉重的负担。

（二）"借船出海"——喜忧参半

"借船出海"战略，是指在经济发展过程中，注重对外部条件和资源的挖掘和利用，借用别人的优势和条件发展自己，以达到短时期内用较小的成本迅速发展的效果。它是一种外向型的发展战略。这种战略追求发展的速度，追求对外部机遇与条件的把握，而忽视自身主动发展能力的培育，忽视经济发展质量的提升，忽视核心竞争力的提高。

区域经济发展的起步和早期阶段，自身发展能力有限，"借船出海"战略能够迅速增强区域实力、增加区域积累，无疑是比较好的战略选择。

汕头建立经济特区之初，拥有其他地区不具有的政策、侨乡等优势，积极利用外部条件和资源取得经济社会的快速发展比按部就班地培育主动发展能力更能立竿见影。"借船出海"的发展战略曾经创造了汕头经济发展的辉煌。1987年实现全市国内生产总值比1980年翻一番，1990年翻两番，1995年实现人均生产总值比1980年翻三番。

然而，汕头辉煌的背后其实早已潜伏着巨大的危机。虽然汕头人依靠自己的勤劳与精明，充分享用了国家给特区的种种优惠，创造出了漂亮的数据，但是，"借船出海"战略本身的投机性和功利性特征无疑也给汕头带来了"潮起潮落"的波折与颠簸。尤其是在特区发展的新时代，现有战略的局限性表现得更为突出。

四、"借船出海"战略的局限性

上世纪末，汕头的经济发展出现了持续的低迷，并于2001年跌到了负增长的低谷。经济发展放缓甚至停滞固然有许多原因，但也从一个侧面反映了"借船出海"战略的局限性。这种局限性由其本身所追求的目标和采用的策略所决定，只是这种缺陷在新的发展环境和要求下被激活而凸现了出来，并给汕头的经济发展特征打上了很深的烙印。

（一）重商轻工，产业基础薄弱

汕头“靠山临海”的地理特征，决定了其经济发展必然走上“海上贸易”、“外向型道路”，事实也证明，汕头经济发展的鼎盛时期正是对外贸易最为发达的阶段。近代开埠历史性地推动了汕头大规模的“海外贸易”。可以说，“重商轻工”的致富原则一定程度上是汕头这样一个“非资源型城市”的必然选择。然而又正是由于长期固守一隅，交通闭塞，加上生产方式落后，工业化进程缓慢，而商贸业的一度辉煌使得“重商轻工”的倾向越发明显，急功近利的思维方式始终左右着汕头经济的发展。

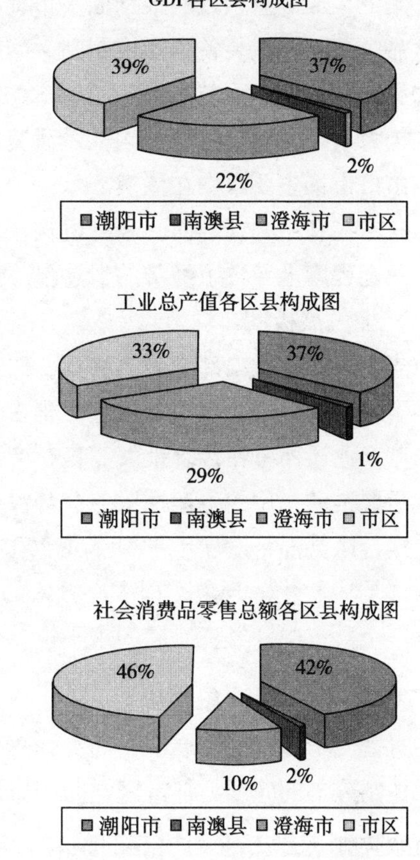

图7－7　2003年区划调整前汕头各区县经济构成

1. 产业规模弱小

汕头虽然初步形成了电子信息、化工、机械、纺织服装、食品、医药、玩具、印刷等产业群体，但支柱产业不突出，整体实力不强。目前，汕头市的产业发展还基本停留在劳动密集型，技术含量低，企业规模难以扩张，并直接导致企业的竞争力不强。

2002年的数据显示，全市1.6万多家工业企业中，规模以上企业只有893家，仅占总量的5%，其中销售收入超亿元的工业企业67家；最大的工业企业年销售收入也只有17亿元。规模以上工业产值计算，平均每家企业产值只有4044万元，远低于珠江三角洲地区的先进城市。这种情况一直到2005年仍然没有得到明显的改观。

汕头市工业企业的发展呈现中小企业居绝对主导地位的碎石型结构，这种产业发展格局导致了无法形成有效的规模经济，知名品牌缺少，对提高劳动生产率、技术水平和竞争能力构成严重障碍。

2. 产业发展结构矛盾突出

首先，三产结构问题显著。改革开放以来，汕头的三产比重一直居高，二产的发展“在磕磕碰碰中缓慢前行”，直到1997年，二产的比重才以微弱的优势超过三产。这种产业结构的特征，正是由于汕头薄弱的工业基础以及过度依赖“投机”性的商贸业所导致，这对尚处于工业化初期阶段的汕头而言是不利的。

第二，工业发展主导产业不够突出，低附加值的轻加工业比重较大。“三来一补”企业奠定了汕头的产业基础——劳动密集型产业，因此经济结构相对比较单一，以轻工业为主，并集中在加工业领域。根据汕头市提出发展电子信息、纺织服装、工艺玩具、化工塑料、食品医药、机械装备、音像制品、印刷包装八大支柱产业的目标，相互之间缺少横向联系和纵向延伸，产业与周边其他省市的联系比较薄弱。部分领域（印刷、包装、运输）的服务能力过剩，外贸出口结构性矛盾突出，出口主要集中在服装、纺织品、玩具、农渔产品，出口市场主要集中在港澳。

第三，在利用外资方面，来源机构比较单一，依赖性较大，近几年实际利用外资逐年下降，一定程度上导致了经济的低迷。

3. 产业发展极度非均衡

首先，三次产业内部发展不均衡，三产发展“虚高度化”。汕头市的第三产业的比重居高不下，直至最近几年二产比重才稍占优势，此外，还表现为三产内部的不均衡性。汕头市第三产业还停留在传统批发零售、交通运输等缺乏竞争力的低层次业态上，而对二产发展起重要推动作用的生产性服务业却没有兴起。

其次，区县经济发展不平衡。在2003年行政区划调整以前，汕头市的产业发展一直表现为“弱中心化”现象，即中心城区的经济发展与周边县市相比并没有较大的优势。而在所辖三个县市中，经济发展的水平也差距甚大。

（二）空间无序现象突出

在过去二十多年的发展中，汕头一直处于地域狭小、势单力薄的状态之中。撤市建区之前，体制分割的问题为都市区空间的协调发展设置了重重障碍。区划调整之后，市、区各种行政体制却没有得到相应的整合，市级、区级以及镇级的开发区之间恶性竞争，进一步增加了汕头空间资源整合的难度。

1. 空间无序蔓延

空间发展的无序蔓延在城市的南区和北区呈现两种不同的状态：在北区，建设用地发展呈现出一种密度较高的无缝隙连续扩张的方式，并有继续蔓延的趋势。城市空间开发避重就轻，中心城区范围内的村庄行政管理体制并未完全纳入城市管理轨道，表现出随处可见的“城中村”现象。南区由于地形等原因，出现了团块状的低水平建设局面，基础设施配套不齐，城镇和农村居民点混杂散布于其中，并逐步呈现低密度连片蔓延的态势，城乡之间的制度差已被城乡空间的渗透而弥合。这种无序蔓延的空间增长模式对城市的空间发展造成了恶劣的后果，生态环境质量与都市景观质量加速恶化。

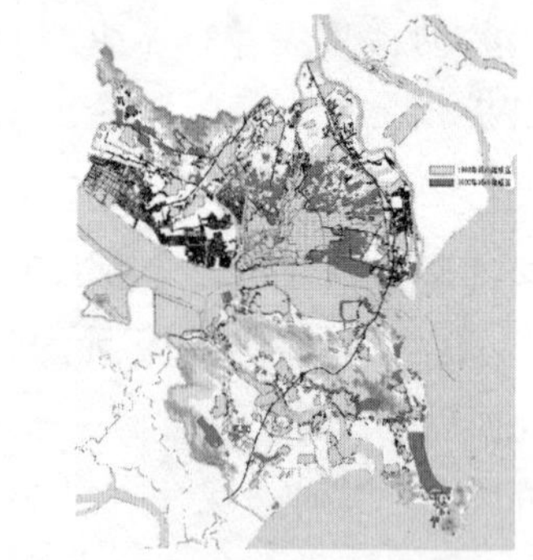

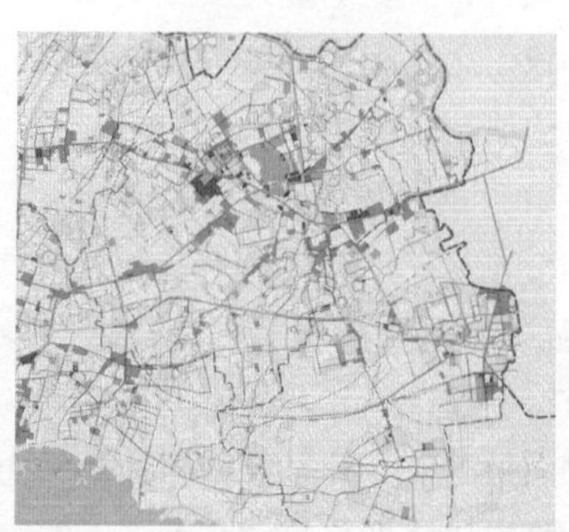

图7-8　汕头城市建成区扩张示意图

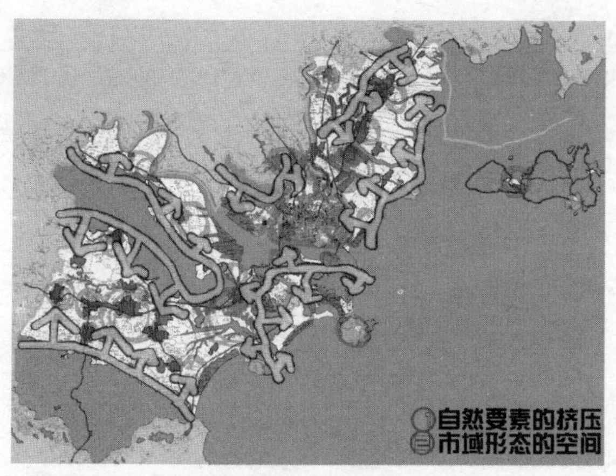

图7-9　汕头城市空间与生态空间的突出"矛盾"

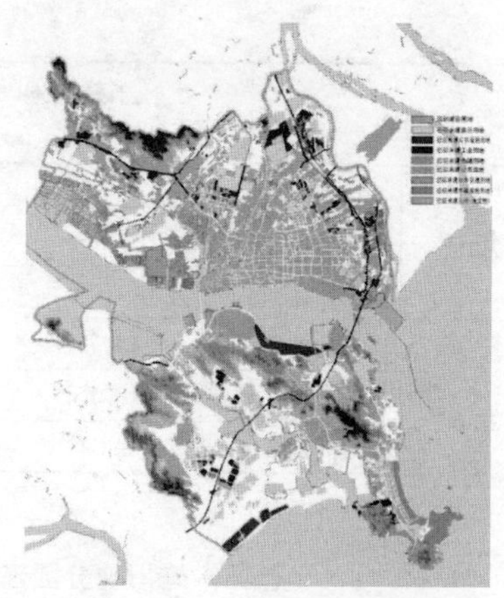

图7-10　已批未建用地

2. 土地闲置严重

一方面，土地闲置严重。由于过于乐观的发展预期与经济现实之间的落差，以及规划措施与土地政策的一系列失误，造成汕头大量用地闲置。据2000年统计，汕头市区仅已征未建用地的面积就高达33.46km²，接近城市建成区的40%（见表7-4）。

图7-11　污染是水质性缺水的主因

汕头市区城市建设用地闲置一览表（2000年）　　表7-4

地区	已征未建用地（km^2）	未利用地（km^2）	空置用地存量（km^2）	在空置地总量中的比例（%）
市区	33.46	13.01	46.47	100
北岸	19.67	4.34	24.01	51.7

续表

地区		已征未建用地（km^2）	未利用地（km^2）	空置用地存量（km^2）	在空置地总量中的比例（%）
其中	升平区	4.97	0.05	5.02	10.8
	金园区	3.65	0.08	5.43	11.7
	龙湖区	11.05	4.21	15.26	32.8
南岸		13.79	8.67	22.46	48.3
其中	达濠区	10.15	7.66	17.81	38.3
	河浦区	3.64	1.01	4.65	10.0

已征未建用地分区建设用地分类统计表（2000年） 单位：km^2 **表7-5**

分类/分区	居住用地	公共设施用地	工业用地	仓储用地	对外交通用地	其他用地	合计
升平区	2.544	0.113	2.083	—	—	0.233	4.973
金园区	2.817	—	0.834	—	—	—	3.650
龙湖区	5.063	0.184	5.077	0.218	0.505	—	11.048
达濠区	2.812	2.039	2.159	—	0.984	2.160	10.154
河浦区	0.685	0.051	1.083	—	—	1.820	3.639
总 计	14.631	2.387	11.936	0.218	1.569	2.694	33.465

土地大量闲置，不仅是土地低效利用和资源浪费的直接表现，而且由于很多闲置土地处于被众多分散市场主体在经济困难情况下被动持有的尴尬境地，政府和土地持有者均难以顺应城市发展实施必要的土地盘整措施，许多良好的规划意图无法得到贯彻落实，严重影响了城市空间结构的优化和城市功能的整合提升。

（三）外贸外资规模小，水平低

外贸出口方面，一是加工贸易所占比重低。1999年，全市加工贸易出口仅占29.5%，低于全省48.3个百分点，由此造成全市出口下降，完不成省下达的出口计划；二是高附加值高技术含量产品少。1999年，全市出口超1亿美元的有服装、纺织品、玩具、农渔产品等4种商品，大多属于传统出口商品。机电产品4.2亿美元，仅占出口总额的15.8%，分别比全省及全国低了24.7、33.9个百分点；三是出口市场过分集中在港澳。1999年，全市对港澳出口占63.6%，对远洋国家出口占36.40%，比全国平均水平还低了17.4个百分点。这种情况直到2005年还未得到根本改观。

在引进外资方面，表现为：批准的项目多，实际建成投产的项目少；来自港澳台地区的投资多，来自跨国公司、世界500强的投资项目少；中小型项目及一般加工性项目多，资本密集型大项目及高新技术项目少。

（四）创新能力与意识缺乏

汕头劳动密集型和资金密集型产业（如纺织服装、塑料化工、印刷等）仍处于发展上升时期，而技术密集型产业比例还较低，如电子、通信设备、医药、机械等。同时，汕头以中小企业为主的企业结构也不利于产业创新能力的培育。

据2002年广东省城市创新能力评估结构显示，按政府科技投入占GDP的比重、专利申请量、研究开发人员的比例、企业研发资金的投入等指标，汕头只能排在第11位，与其他城市差距明显。

广东省城市创新能力比较　　表7-6

名次	城市	评估分数	名次	城市	评估分数
1	深圳	92.56	11	汕头	57.86
2	广州	87.25	12	潮州	57.3
3	佛山	71.89	13	韶关	56.68
4	珠海	71.57	14	茂名	55.56
5	中山	68.81	15	梅州	55.03
6	东莞	66.27	16	云浮	54.45
7	惠州	62.56	17	清远	54.44
8	江门	60.44	18	阳江	53.79
9	湛江	59.62	19	汕尾	53.71
10	肇庆	58.72	20	揭阳	53.57

资料来源：谢微微，李胜．广东城市创新能力评估.

（五）不注重城市形象和特色的塑造

城市形象、城市特色的塑造，已经成为中国许多城市竞相争夺并加以经营的无形资产。汕头市域地貌既有大南山、桑浦山等众多植被完好的山体，又有榕江、韩江、练江等水系，而且山水相间，为创建富有特色的城市景观提供了极好的基础。但是城市发展、建设中，开山修路、填海建城、环境污染等正快速地耗费着汕头独特的生态景观资源。

图7-12　小公园地区景观退化的危机

汕头素有“海滨邹鲁”之称，小公园地区见证了汕头的全部兴衰，理当成为全汕头弥足珍贵的历史文化遗产得以保存。然而小公园地区一直处在因商业开发而被拆除的危险当中。

（六）重大基础设施闲置严重

汕头基础设施建设过度超前，其使用效率过低，并给政府造成了沉重的债务负担。如两座跨海大桥远未达到设计能力，大片填海形成的土地未得到有效利用，“五路”中的“五立交”交通流量偏低，港口使用率只占吞吐能力的百分之五十多等。

（七）房地产过度开发

“八五”时期兴起所谓外商投资热、高层建筑热、旧城成片改造热，由此推动汕头市房地产业的发展。1993～1995 年三年中每年施工面积均超过 700～800 万 m^2（1993 年 714、4 万 m^2，1994 年 881.3 万 m^2，1995 年 736.1 万 m^2），大量土地被批租出让，造成了大量的土地闲置、大量的商品房积压（约 270 万 m^2），也给城市未来的发展带来土地的限制。截止到 2006 年，汕头仍然有大量的“烂尾地”与“烂尾楼”。

五、潮汕文化——“借船出海”的根源

尽管城市和区域的发展受到诸多外部和内部条件的制约，但是从根本上讲，文化传统是决定城市与区域发展战略的深层次因素。作为潮汕文化的典型代表，“精细、温和、开拓、重商”的文化传统是“借船出海”战略在汕头长期占据统治地位的根源。

（一）精细文化——重细枝末节，轻宏图大略

潮汕文化的“精细”特色，磨炼和陶冶了潮汕人“精明”的文化性格，使其成为潮汕传统文化精神的核心和理解潮人文化心理的钥匙。

精细的传统养就了潮汕人做事周到的习惯，但也往往疏于把握全局。他们习于思考如何发掘新的商业机会，却不愿在战略层面考虑经济的平衡和长久发展的动力。

（二）温和文化——重宗亲家庭，轻国家社会

古朴乡风民俗的长期浸润，使潮汕人在为人处世上显示出一种圆润异常的温情、热情、温良、礼让，对家族关系、人际关系高度重视。然而，这种具有浓厚封建意味、缺乏现代气息的文化，一旦失去了自我更新和外部约束，便只能催生出最浓厚的非理性意识——封闭保守、家族至上、缺乏制度规则意识，这与以契约和法律规章制度为基石的现代市场经济法治社会格格不入。

（三）开拓文化——重白手起家，轻继往开来

早期生存的欲望让潮汕人征服了穷山恶水，而后创业的需求又让其扎根于远洋，这一部“求生存、求发展”的潮汕史，正是凭借着吃苦耐劳、勇于开拓的精神谱写而成。外海潮汕人的开拓奋发精神赢来了举世的赞誉和敬仰，然而在潮汕文化的本土，开拓精神却在逐步蜕变。

一方面，在缺乏制度环境约束和引导的情况下，这种“开拓精神”常演变成了各种投机行为；另一方面，潮汕人过于追求致富捷径而不愿对实业深度拓展。汕头必须重新认识和发扬新“开拓精神”，以适应更开放、更激烈的发展环境。

（四）商旅文化——重商业贸易，轻实业兴邦

“东方犹太人”是对善于经商的潮汕人的最形象的称谓。百年来经商的历程使商人的品行深深烙进了潮汕人的灵魂和精神之中，成为潮汕人的群体性文化特征，这成就了潮汕人的商业天分。

然而一个公认的说法是，潮汕人太过于急功近利，“精明而不高明”，缺乏“大投入、大产出”发展实业的胸怀，一再错失了发展大工业的良好机遇。

第二节　思考——“借”还是“造”？

汕头自开埠至今，城市发展已经历了两次兴起与衰落。每一次，汕头都因为外部赋予的独特经济发展优势而迅速崛起，一旦这种优势惠及其他地区，汕头就面临着衰落的危机。很明显，空投而来的机遇并没有在汕头扎根发芽，没有转化成自身内在的优势。而这也正是“借船出海”战略的缺陷。

赫希曼认为城市发展战略是解决城市问题的根本性手段，对城市发展的方向、目标、措施等起决定作用，具有全局性、长期性、层次性和根本性的特点。

20 世纪 90 年代后期，汕头市进入经济体制、产业结构战略性调整期和社会转型期，多重因素叠加影响下，经济发展出现大幅度“波动”下滑，城市发展一度进入低潮期(吴丽莉等，2007)。理性审视现有的发展战略并明确新的发展战略，实现汕头经济的持续健康快速发展便成为当前汕头经济发展的头等大事，而发展战略转型已经成为汕头经济社会发展的历史性选择。然而，究竟向哪里转、怎么转仍需要理性的思考和科学的决策。

无论什么样的发展战略都必须建立在一定的资源基础之上，而结合发展环境、要求等层层锁定，最终确定适合城市与区域的发展战略。因此，我们从分析汕头的优势资源入手，结合汕头发展的机遇以及周边区域背景，逐步锁定汕头新时期的发展战略，确定发展战略转型的方向和途径。

一、资源比较优势

依托既有资源并将之进行功能化运作和实现外延效果的扩大化，是发展战略的出发点和主要目的之一，而其中起核心作用的是城市与区域的优势资源。

对于一个城市和区域而言，优势资源的构成有两个涵义：一是本地特有的资源，如地方文化、风景区等，这是一种垄断的资源；一是与其他区域相比具有优势的资源，优势或表现在量上，或表现在质上，如港口、土地、劳动力等。这些优势资源又都属于提升城市与区域功能的战略性资源。

根据相关研究成果，对一个地区来讲，筛选和衡量这些战略性资源的标准至少有以下几个方面：

（1）久存性：这种资源必须是长期存在的，不能是短期耗费的易枯竭资源；

（2）市场需求性：这种资源必须是通过市场需求才能充分体现其使用价值；

（3）比较优势性：这种资源必须是在区域内具有比较优势的；

（4）渗透性（延展性）：这种资源必须是能够向外部不断扩展其利用效应的；

（5）不可替代性：这种资源必须是具有区域个性特色而不易被其他资源所简单替代的。

据此衡量，汕头最具优势和特色的战略资源主要有：文化资源、侨胞资源和港口资源。

（一）文化资源

文化是城市的底蕴，一个没有文化底蕴的城市是不可能具有持久吸引力的。在全球化高度发展的当今世界，伴随着资本与技术的迅速蔓延，文化的扩张与交融也成为全球化的必然趋势之一。未来的城市，除了在生产、科技、基础设施等硬件环境方面展开激烈的竞争外，是否拥有一个安全文明、平等开放、积极向上的社会环境，也对其在全球城市体系中的地位具有决定性的意义。“城市以文化论输赢”，城市越发展越需要文化与精神的支撑，尤其是先进文化的支撑。这一论断将在未来城市发展的轨迹中不断得以证实和强化。汕头是潮汕文化的发祥地，潮人的故乡，潮汕文化涌现出来的“开放、创新、勤恳、开拓”的精神，成为汕头参与竞争的首要战略资源。

（二）港口资源

港口是现代城市与区域竞争中的重要战略性资源之一，也是城市拓展区域辐射力、影响力的重要载体，对汕头的经济发展起着至关重要的作用。正确认识港口建设与城市、经济发展之间的关系，要首先认识港口的生产性功能和其他的经济性功能的关系，确立和实施“以港兴市、以市促港”战略，加快港口开发建设，依托产业加速推进港城联动，实现港口、产业、城市互动协调发展。

（三）侨胞资源

汕头是著名的侨乡。海内外同胞、华侨同胞众多是汕头的比较优势之一。潮汕地区从明朝开始就有大量人口移居海外，至今据不完全统计约有1000多万人，其中不乏家产亿万的富豪巨商。根据《福布斯》的排名，1995年世界华人富豪榜中，以李嘉诚（香港）、谢国民（泰国）、陈有汉（泰国）、李石成兄弟（泰国）、彭云鹏（印尼）等人为代表的潮汕人最多，经济实力最雄厚，共有60位潮汕人上榜（资产1亿美元以上），财富总额达826亿美元。

改革开放以来，汕头市借助侨乡的优势大力发展外向型经济。据统计，至2006年底，全市累计批准设立外商直接投资项目5713个，合同外资金额超过100亿美元，累计实际吸收外商直接投资72.49亿美元，已与183个国家和地区建立经贸关系，世界500强企业中的雪佛龙德士古、汉高、沃尔玛、加德士等13家企业在汕头投资落户，还有多家外资银行在汕头设立了分支机构。同时，优越的社会网络也为汕头建立产品的销售网络、信息网络和投资网络提供了便利，对汕头未来的经济、社会发展意义重大。

文化、港口、侨胞是汕头的三大优势资源，也是汕头发展战略选择的基础。

“开放、重商、开拓”是汕头文化的核心内涵，这一文化特质也是实施外向型“出海”战略的文化基础；汕头港是我国主枢纽港，是汕头对外开放，走向世界，连接国内外市场的桥梁，是实施外向型“出海”战略的基础支撑；侨胞资源优势的发挥在于对外开放中的资金与技术交流，这也是成功实施外向型“出海”战略的战略要素资源。

可见，优势资源的特点决定了实施外向型“出海”战略是汕头的理性选择。

二、“后特区时代”的机遇

时代机遇是区域发展的契机，抓好了，区域就可以实现跨越式发展，抓不好就可能被其他区域所超越，对时代机遇的把握方式和策略是发展战略的重要涵义。

我国经济的持续快速发展对汕头提出了全新的要求和挑战。尤其是作为我国四大特区城市之一，汕头更是面临着截然不同的发展环境——特区时代一去不返，“后特区时代”接踵而至——汕头应该如何应对，才能重现过去的辉煌？

（一）新机遇期

改革开放20多年来，中国经济发展在“摸着石头过河”中找到了一条基本切合国情的道路，尤其是近10年来，在不利的全球和亚太地区经济发展背景下，持续保持高速增长，发展势头让世界刮目相看。1990年代以来，已经逐步形成了全方位、多层次、宽领域的对外开放格局，加快了融入世界经济体系的步伐。

毫无疑问，城市是中国经济与社会发展的核心空间载体，并将呈现出如下的基本格局：

如果说已经过去的20年，中国经济增长基本上是点状拉动，注重城市的单一扩张；那么，未来的20年，中国经济增长将更加依赖于城市集团式发展，注重城市群的共同成长。用城市集团、城市群等代替单一城市的扩张，在经济效应上可以取得互补效果；在社会效应上可加速消除二元结构；生态效应上可缓解各种城市集聚发展的不利影响；文化上便于多样性的充分交融；系统上形成等级有序的效率型体系。正如一盘已经摆开的棋局，每一个城市都是一颗不可或缺的棋子，但并非“孤军奋战勇者胜”，必须相互配合、协同共进，才能赢得最终更大的“胜局”。

《2002～2003中国城市发展报告》认为，中国未来20年内经济仍然将越来越向各大城市区，特别是向珠江三角洲、长江三角洲、京津环渤海这三大城市群聚集，三大城市群在不久的将来成长为有巨大影响力的经济空间，成为中国经济增长的制高点和主力军。为了应变未来战略格局的变化以获得更大的竞争优势，珠江三角洲、长江三角洲等都积极展开了新一轮的区域、城市功能与空间重组。

汕头，作为中国东南沿海的一颗重要棋子，必须审时度势，将自身的发展与区域的发展紧密联系起来，积极组建适合发展需要的“区域伙伴”，加快融入到国家与更大区域的宏观发展格局中，才能“东山再起、重振雄风”。

（二）“后特区时代”

我国的特区是从计划到市场的一个特殊背景下的产物，特区是试验的窗口。进入新世纪以后，由中央授权特区改革、以特殊政策和灵活措施鼓励特区创新、让经济特区在中国改革开放中发挥先行示范作用的时代已正式宣告结束，特区的发展已经进入“后特区时代”。

“后特区时代”的特区已经丧失了原有的特区优惠政策，因此也就丧失了特区在全国发展中的先发优势和示范作用。在早先给予特区的那些特殊政策已经被国内广大地区共同享受的时候，特别是在制度和机制上，内部地区已经与特区趋同了的时候，“特区不特”的现象就出现了。经济特区的改革不再享有中央对改革的特别授权，而是与其他地区一样，自主自为地进行改革。应该说，全国发展新格局的形成和“后特区时代”的开始，是我国改革开放和现代化建设获得成功的结果，是一种历史的必然，也是特区城市发展面临的新环境和新挑战。

“后特区时代”的汕头既不必为“特区不特”而迷失自我，也不能对这种时代的变迁视而不见、依然故我。在新世纪之初，汕头再次处于历史选择的十字路口。对于这一点，汕头必须正视现实，与时俱进地思考未来特区的发展和定位。

（三）汕头的应对——“借”与“造”的思考

汕头在经历发展的阵痛之后，如今已经迎来了新的时代机遇。

一方面，市场主体地位的确立、改革开放的深入、社会经济的转型都给未来的经济发展提出了新的要求，在产业不断升级、社会不断转型的同时，经济发展的空间组织方式也在发生着翻天覆地的变化——城市群、都市区等成为发展的单元，各个区域在合作与竞争中追求共同发展。传统发展战略中被忽视的区域协作与协调成为新时期发展战略的关注重点。

另一方面，加入 WTO 之后逐步确立的新的市场和政策环境，给予所有城市以公平的发展机会，这要求汕头等原先拥有发展特权的城市及时转变发展思路，适应新环境的发展要求。在后特区时代，汕头必须在与其他城市的平等竞争中实现发展，新的发展战略必须能够增强汕头发展的主动性，以便能在激烈的区域竞争中占得先机。

综合上述两个方面，新的发展战略必须通过区域协作等手段，以“内生性”、“主动性”发展为目标，重视“内功的修炼”、核心竞争力的培育，“借船”无法实现上述目标。

三、区域重组的挑战

一个区域不能脱离周边区域孤立发展，区域发展实质上就是与周边及其他区域相互竞争和合作的结果。分析周边区域的发展状况，汕头可以更好地合作以实现“共赢”，避免无效和过度的竞争，进一步增加发展战略的针对性。

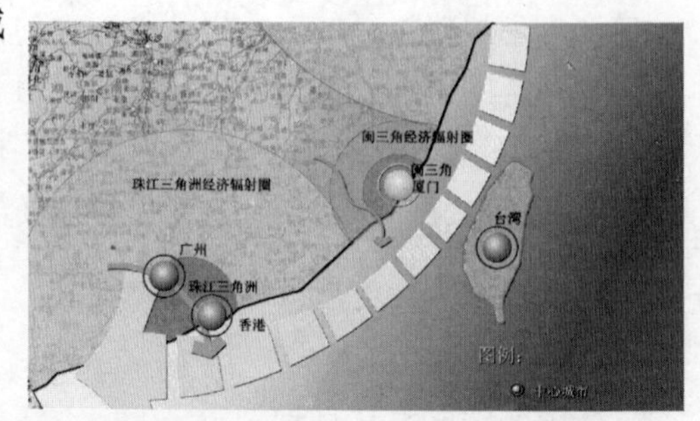

图 7－13 汕头地处东南沿海的波谷地带

（一）海峡西岸经济区

海峡西岸经济区东临台湾地区、西临赣湘、北承长三角、南接珠三角，以福建为主体，外引台港澳，内联赣南、浙南、粤东和皖湘鄂。

现阶段长三角、珠三角等经济区的区域经济一体化趋势明显，表明中国正在从以行政区为界的“行政区经济”竞争转变为跨行政区的经济区域竞争与协作。海峡西岸各省市自古经济联系与社会往来密切，另外目前发展迅猛的长三角经济区和珠三角经济区在沿海之间留有很大的空白地带，这确实需要有一个经济区来进行整合发展，实现中国东、南部均衡协调发展再进而辐射带动中西部发展的目的。因此，海峡西岸经济区从区域竞争、国家宏观格局等各方面来看，都具有发展的必要性。

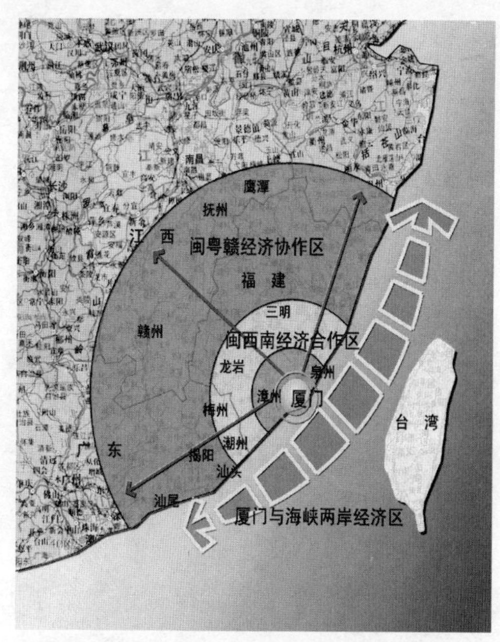

图 7－14　区域中另一个强劲对手：厦门

汕头在海峡西岸经济区中，将作为粤东经济中心带动周边城镇发展，在海峡经济区中扮演着非常重要的粤东经济圈的经济中心的角色。汕头在海峡西岸经济区建设高潮中面临着机遇，也面临着大量的发展要求。

- 汕头在海峡西岸经济区中要努力发挥经济特区中心城市的龙头作用，增创领先优势，成为引导、带动区域经济的增长极，成为区域经济发展的“引擎”。在与台湾的海峡两岸合作中，汕头较之周边城市例如梅州、潮州等具有了更多的吸引台商投资的机遇。同时，汕头“经济特区”的政策优势、港口、航空港等配套完全的投资环境优势等也有助于汕头进一步打造粤东中心城市地位。
- 加快推动产业结构调整与布局，大力发展产业集群。推动大工业、高新技术产业的发展，加快服装、印刷、电子信息等支柱产业集群的建设，以“实业”推动汕头全面的经济提升。
- 加快完善汕头与周边地区尤其是与闽东南的交通联系。为了拓展经济区发展空间、拓展汕头经济腹地，必须加快沿海铁路、汕头—梅州—赣州等联系通道的建设，加快规划和建设集装箱航运、大型散货中转港口，加快发展临港工业。
- 积极扩大对外开放，加强对外商投资的引导。争取实行自由港的某些政策，在“经济特区”的各项优惠政策、已有的保税区等基础上，开辟海峡西岸自由贸易区。
- 积极推进区域经济一体化，加强省际周边区域的经贸合作，加大内联协作力度。汕头作为海峡西岸经济区最南部的中心城市，要主动承接珠三角的经济辐射，并努力向纵深拓展国内市场。

（二）（泛）珠三角经济区

1. 珠三角的产业转移

1980年代以来，珠三角地区凭借优惠政策、廉价土地与劳动力、大量资金等的投入取得了经济的高速增长。但这种外延、粗犷的经济增长模式，越来越因为资源环境的制约和社会问题的尖锐化而难以延续。由于土地等空间资源的极度匮缺，珠三角的生产要素价格已经达到了一个较高的水平。为了应对国内外日益激烈的竞争局面，珠三角必须在更大范围内整合资源，寻求新的发展空间，以调整提升产业结构。当前，不少劳动密集型、能耗高的产业已难以承受高昂的成本，开始向其他地区进行产业扩张和梯次转移。珠三角内部一些技术层次较低、规模分散、资源约束性大的产业，将首先有目的地主动向粤北及其他周边省份扩散、转移。对珠三角来说，劳动密集型企业是其产业重组中要调整的主要对象。

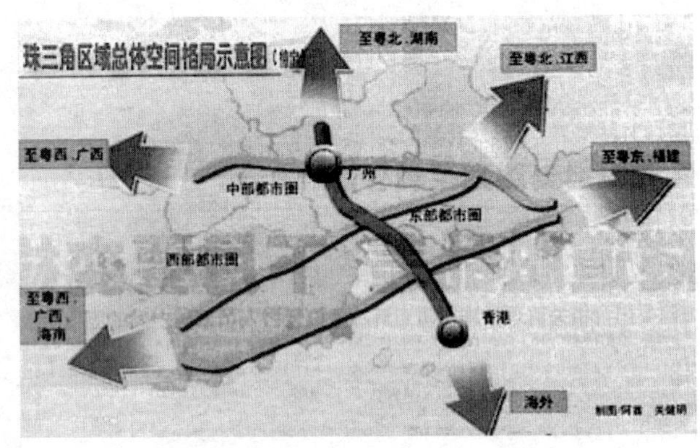

图7－15　珠三角空间重组与产业扩散

2004年初CEPA的实施，促进了香港与内地进一步融合，在令香港产品、服务业得以长驱直入地进入珠三角乃至更大内地市场的同时，更将使珠三角在调整产业结构、产品结构、技术结构、人才结构以及经济区域布局中直接受惠，以真正形成强大的区域整体优势，区域内粤港两地分工合作，相得益彰。CEPA无疑给了珠三角一个重新翻牌的机会，利用香港与内地的融合，增强城市群和产业群的整体竞争力。因此不能不说，珠三角目前“投资转移、产业扩散”的“泛珠三角”战略，也正是为了实现自身的升级换代、加强“高端产业”的集聚与强化现代服务功能的一项高明举措。

对汕头这样一个人多地少的城市来说，有选择性地主动承接珠三角产业转移，将成为汕头经济发展的一大机遇。虽然在广东省政府的主导下，近年来珠三角产业向粤北山区转移的趋势逐渐加强，但汕头更具优势：

汕头是广东省除了深圳和珠海外的另一个经济特区，有制度环境的优势和氛围；

汕头是东南沿海重要的对外贸易口岸，对珠三角大量原料、产品“两头在外”的企业来说，这无疑是一个优先考虑的因素；

汕头的公路、铁路、机场等基础设施齐全，与内陆地区交通方便，企业产品易于内销。

为此，在珠三角的产业升级过程中，汕头必须立足接纳珠三角置换产业的机遇。首先，在承接珠三角产业转移中选准定位，通过设定企业生产标准，建立自己的引资体系，集聚群体产业，培育自己的经济元素。其次，创新思维，释放优质服务的能量，优化投资环境，降低投资成本。

2. 泛珠三角的区域协作

珠三角的产业置换需要在更大的空间内寻求新的发展空间，基于这样的认识，“泛珠三角”的概念已经浮出水面。随着“泛珠三角区域经贸合作战略”的完成、“泛珠三角区域合作框架协议”的签署等，泛珠三角的区域合作已经全面启动。福建、江西、湖南、广东、广西、海南、四川、贵州、云南九省之间的合作将更为便捷和低成本。已经高度蓄能的珠三角的扩散和带动效应将跨越行政边界，迅速地向周边省市推进。

汕头，作为珠三角的近边缘城市，其地理距离优势和行政优势顿时减弱，竞争对手无形中迅速增加，汕头必须付出更大的代价换取相同的发展机遇。

珠港澳合作的综合实力　　表 7-7

指标	珠三角	大珠三角（含港澳）	全国
总人口（万人）	2595.23	3311.13	127627
年末社会从业人员总数（万人）	1949.63	2314.03	73025
GDP（亿元）	8522.88	22784.05	95933
人均 GDP（元）	32840.56	68810.5	596.00
出口依存度	88.46%	102.85%	23.03%
财政总收入（亿元）	1181.01	3144.04	16386

数据来源：广东省统计年鉴 2002，中国统计年鉴 2002。

但是，珠三角的产业升级与“腾笼换鸟”并不是一朝一夕能够完成的，这要经过一个较长时期的资金、土地、人才、项目等诸多要素的若干次“洗牌”。汕头，作为东南沿海的重要特区城市、粤东地区的中心城市，如何捕捉珠三角产业置换、转移过程中的“时空差”，敏捷地把握这其中的种种机遇，在“泛珠三角”的功能与空间重组中营造有利于汕头发展的环境与地位，是发展战略层面上必须思索的一个重要命题。

（三）汕头的应对——“借”与“造”的再思考

汕头作为海峡西岸经济区、（泛）珠三角的中心城市之一，目前存在自身实力有限、辐射带动能力偏弱的问题。新的发展战略必须能使汕头在海峡西岸经济区、（泛）珠三角等区域中扮演应有的角色。

中心地位的提高和中心作用的发挥建立在自身强大的实力和控制作用基础之上。光“借”不“造”也许能快速提升中心的实力，但却无益于增强中心的控制能力，最终仍会被边缘化和非中心化，不符合区域重组对汕头的要求。

第三节　转型——“造船出海”

“造船出海”战略，是指在经济发展过程中，通过内外部资源、优势的利用和整合，以达到增强经济发展的主动性，实现区域自主、持续发展的目的。这种战略追求发展的内在质量，追求对自身优势资源的利用和把握，注重产业引进的层次和技术水平，注重经济发展中的创新和协调。

"借船出海"往往最终会向"造船出海"转变。区域完成一定的积累、达到一定的发展水平后，迅速提升区域发展的能力便成为发展战略的首要目标，以增强发展主动性为核心思想的"造船出海"战略成为理性的选择。

萨森（2001）认为，经济活动的空间分散与全球一体化的组合，赋予主要城市一个新的战略角色，这种新的战略角色强调中心的控制和指挥作用。"造船出海"战略与萨森的核心思想相统一，可以从三个方面概括其要求：

- 任何区域只能在开放的环境中取得发展。"造船出海"战略以开放为基本立足点，是外向型发展战略的一种；
- 区域与中心城市的互动是区域发展的主要表现形式。"造船出海"战略明确了区域协作和协调的方式和内容，是区域竞合战略的一种；
- 中心城市的控制能力是其中心功能发挥的关键。"造船出海"战略以增强中心城市的自我发展能力为目标，体现了中心重振的要求。

可见，"造船出海"战略为汕头提供了把握未来、重现辉煌的出路。然而，我们还需要思考：如何把"造船出海"的思路从战略层面逐步深入到具体实施层面，如何把"造船出海"战略具体到功能定位、产业发展、空间组织等各个方面？为此，根据汕头的特点和需要解决的主要问题，我们确定城市品牌再造、中心重振、实力强市、空间重构、体制创新等五个具体的方面。

一、品牌名市

（一）潮汕文化首邑

汕头地处粤东，背山面海，海运早开，汕头开埠以后至20世纪初，潮汕地区出洋谋生人数大大增多，逐渐形成以汕头为中心的海外潮人社会。目前海外潮人多达1000多万人，分布于世界五大洲，以东南亚一带最为密集，客观上形成了一个超越地域的潮汕文化圈或潮人群体文化。潮汕文化由本地山地文化、本地海洋文化和外来大陆文化融合而成。潮汕华侨把这三种文化带向了世界各地，却将它们的象征留在了汕头。汕头作为著名侨乡，从这个意义上来讲，汕头可以说是全球潮人的"麦加"，是当之无愧的潮汕文化首邑。

图7-16 红头船、潮剧——潮汕文化象征

（二）东南休闲之都

休闲将成为人类生活的重要组成部分。世界旅游组织预测，到2015年，人们可以把50%的时间用于休闲，中国将成为全球休闲的第四大市场。山水赋予了城市灵性，汕头背山襟海，美丽富绕，冬无严寒，夏无酷暑，是块“十相留声”、“人杰地灵”的神奇宝地。汕头极富休闲个性的生活形态，必将成为倦游思归的城市人梦寐以求的“心灵浴场”。

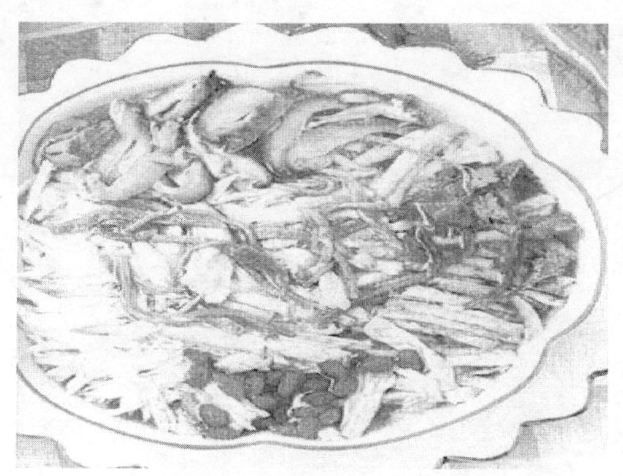

图7－17　汕头的魅力——成长中的“东南休闲之都”

汕头要成为东南休闲之都，有两个主要竞争对手：珠海和厦门。虽然目前汕头的旅游休闲设施不及珠、厦，但汕头也有自己的优势：作为岭南开化最早的文化，汕头的文化渊源深于珠、厦，有利于发展长途文化旅游和宗教旅游；汕头的城市规模大于珠、厦，有利于发展短途城市旅游。汕头山水交融、相得益彰，更兼具滨海特色，以自然风光和海滨沙滩等为主题的旅游休闲产业方兴未艾。“海滨邹鲁、美食之乡”的汕头，具有发展旅游业，成为我国东南沿海休闲之都的独特潜质。

（三）滨海人居名城

“人居名城”的定位，是为了展示汕头城市生活质量方面的竞争力。潮汕自古有“天南福境”之称，汕头以其优越的气候、地理、文化条件，理应成为现代滨海人居名城。汕头是北回归线进入中国大陆的第一站，处于亚热带与温带交界线上，气候温暖湿润而又四季分明，且全年空气质量优良。选择居所最重要的两个原则——健康与舒适，在汕头完美地得以结合。汕头的生活环境优势得天独厚，自然、人文景观十分丰富，兼之房价较低，堪称人居乐园。“闲看山水，坐拥城林”，“望云生碧落，看日下沧溟。潮尽收珠蚌，沙闲拾翠翎”，成为每一个生活于其中的汕头人的自豪。

图 7-18　闲看山水，坐拥城林——滨海人居名城

（四）亚太地缘门户

“亚太地缘门户”这一概念是基于对汕头特殊区位优势的再认识而提出的，可分为有形和无形两方面。

图 7-19　加德士海洋燃气能源专用码头　欧亚国际海缆登陆站亚洲第一站——亚太地缘门户

有形的“亚太地缘门户”表现在：濒临西太平洋国际主航道；加德士 20 万 m^3 地下储气站选址在汕头；国际海底光缆工程——亚欧、中美和亚太 2 号海缆也先后在汕头登陆。这些事实都意味着汕头在亚太地区有着非常有利的地缘优势，具有成为国际航运、能源网络的重要节点和全球信息的重要集散地的潜势。

无形的“亚太地缘门户”指的是，汕头作为全球潮人之乡，可以成为中国与亚太地区（主要是东南亚国家）联系的纽带与桥梁。所谓“有潮水处便有潮人”，潮汕华侨遍布 40 多个国家和地区，尤以泰国（600 万）为最。海外潮汕人在国际市场上拥有通畅的商贸渠道和广泛的商贸网络，涌现了许多业有大成的富商巨贾、社会名流，其中不乏在各国政界颇有影响力的人物。增强与以汕头为中心的华侨社会的联系，对促进中国与东盟国家的交流合作、改善与欧美国家关系、甚至完成祖国统一大业都有着重大的政治意义。

（五）粤东港口枢纽

汕头港是粤东、闽西南、赣南的水陆交通枢纽，地理位置重要，陆路交通畅通，内河集疏运条件优越，但汕头港存在整体效益不高、深水泊位不足、港口布局分散、规模效益不突出等问题。近几年，受东南亚金融危机、港口腹地经济发展水平低、港口自身服务成本过高等因素的影响，汕头港的吞吐量有逐年下降的趋势，特别是外贸石油、钢铁、木材、化工原料吞吐量有较大幅度下降，集装箱被广州、深圳分流较为严重，使汕头主枢纽港的地位和作用难以充分发挥。

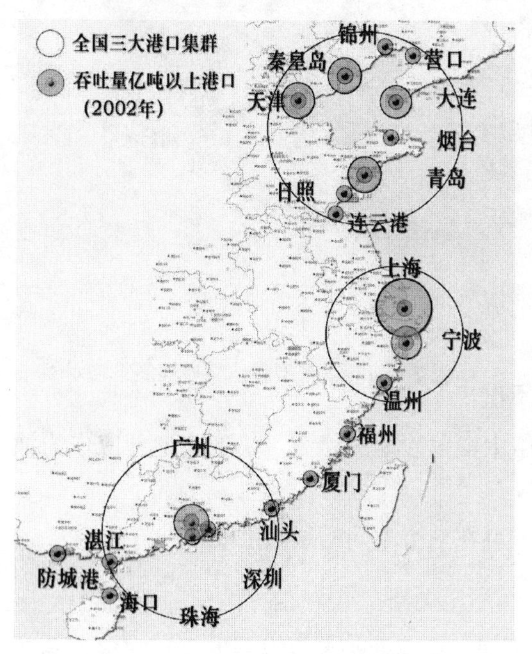

图7-20　全国沿海主枢纽港分布图

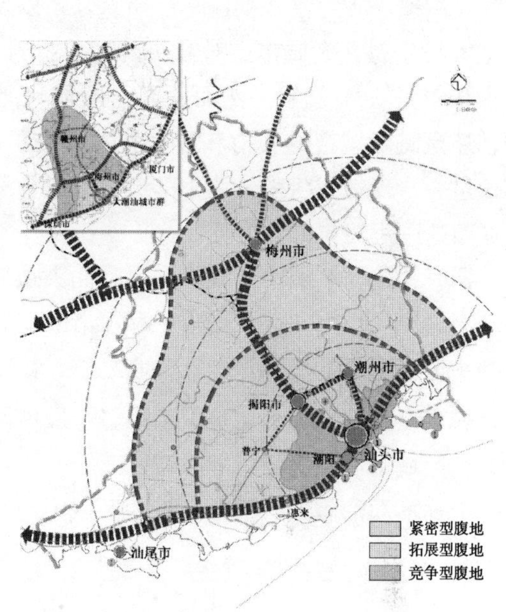

图7-21　紧密型腹地与拓展型腹地

但一直以来，港口、依赖港口而兴的商贸以及海运事业，始终对汕头的经济发展起着至关重要的作用，港口是城市产业成长的战略性资源和载体，其重要地位在现在经济环境和新的发展形势下不容忽略。汕头港面向南海，位于太平洋西海岸国际航线和我国南北航线、航运之要冲，具备参与国际航运市场竞争的有利条件。汕头港有良好的城市依托以及腹地经济的发展潜力，在中国沿海港口群布局中规划了7个组合港区，汕头港属于我国东南沿海组合港区，该港区主要由厦门港和汕头港组成，港群腹地范围包括了浙南、赣东南、粤东、福建，目前正处于快速形成阶段。汕头港已被国家交通部列为全国沿海20个枢纽港之一，是我国东南沿海对外贸易的一个重要口岸。目前汕头市拥有珠池港、广澳港、海门港等港区，

图7-22　争夺型腹地

未来还将建设烟敦港等条件更为优越的深水大港。最终汕头将建成不同等级规模、不同服务对象、布局合理的港口群体系，其作为粤东港口枢纽的地位必将逐步巩固。

二、中心归位

目前海内外众多媒体正在议论全国的行政区划与建制调整。不管是深圳还是广州直辖，以及将广东全省归并为九大城市，对汕头的地位提升来讲，都意味着是一个机遇。然而，真正的城市地位提升，还是需要城市的实力和腹地实实在在的拓展。不论过去、现在或将来，汕头都肩负着成为区域中心城市这一不可推卸的责任。

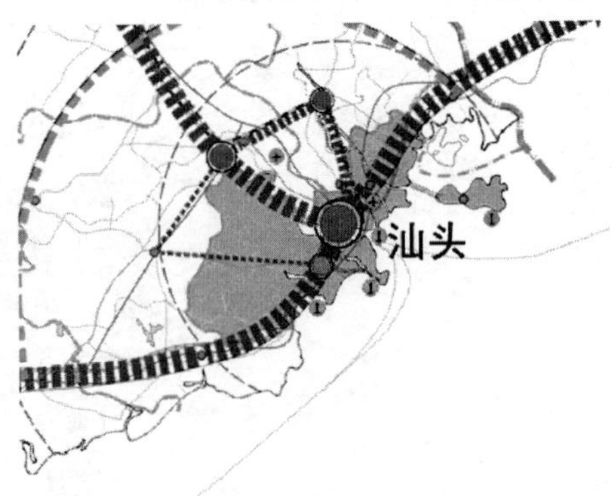

图 7-23　紧密型腹地交通发展策略示意

同时，成为区域中心城市，也是汕头强势发展的动力之源。虽然在区域竞争中存在诸多问题，但是汕头也有明显的优势。区域中心之争，比的不仅仅是城市自身的实力，更是城市在整个发展网络中辐射腹地的能力。扩展腹地理应作为汕头归位区域中心城市的第一战略。

根据不同的腹地类型，汕头的区域中心归位可在三个不同的层面上展开：

（一）紧密型腹地

潮汕地区三个城市（汕头、潮州、揭阳）历来是支撑汕头经济发展的直接腹地，是汕头紧密型腹地的主要范围。在这一地区，汕头应当继续担当社会、经济、文化综合性中心的职能，发展成为区域性综合交通枢纽、金融中心、物流中心、信息咨询服务中心、科技创新和人才开发中心、现代化文化服务中心等一系列综合服务职能城市。在这一地区，汕头虽然受到揭阳的挑战，但汕头有综合实力、区位条件等优势，同时在社会心理和社会期望方面也略胜一筹。

基本战略：

- 汕头应当担当综合型中心的职能，具体应当强化区域性综合交通枢纽、金融中心、物流中心、信息咨询服务中心、科技创新和人才开发中心、现代化文化服务中心等一系列中心职能。
- 加强潮汕揭之间的协作关系，构筑汕潮揭城市群，汕头承担综合型中心的职能，潮州为传统文化中心，揭阳为工业中心，通过城市群内的职能分工，共同开发、利用区域资源；以区域共建、共享的原则来指导城市群内基础设施的建设，加强对“三江”水体的保护，建设区域性旅游体系，实现功能对接下的效益最大化。
- 加强三个城市间的交通联系，尤其是汕头与紧密型腹地内部各城镇的交通联系。
- 逐步形成区域一体化的观念和发展思路，合力创新区域管治体制，共同参与更大区域范围的竞争。并积极创造条件，提升汕头城市的行政地位，以增强区域调控的能力。

（二）拓展型腹地

粤东的梅州和汕尾曾一度是汕头的间接腹地，但珠三角的崛起，以及珠三角与汕头周边梅州、汕尾等城市交通瓶颈的打破，使汕头在这一地区的影响日益受到威胁。汕尾、梅州等地与广州、深圳之间的联系越来越密切。但是，毕竟由于地理位置相距甚远，它们与广州、深圳的经济联系还需要承担比较昂贵的交通成本。与珠三角城市相比，汕头的优势在于地理接近以及传统文化和交通便捷，即将建成的汕揭梅高速则使梅州更加便捷地进入汕头的辐射圈。因此，汕头应该积极拓展在这一地区的影响，强化以商业贸易、物流仓储、港口运输等为主导的区域性经济中心职能。

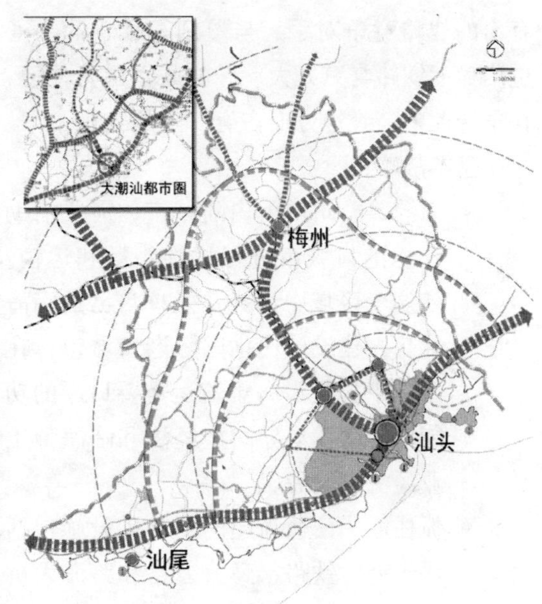

图 7－24　拓展型腹地交通发展策略示意

基本战略：

- 鉴于汕尾和梅州产业发展正处于工业化加速阶段、服务业发展较为滞后的特点，汕头应该积极拓展在这一地区的服务领域，在包括商业贸易、物流仓储、港口运输等方面发挥区域性经济中心职能。
- 在沿海现有发展轴的基础上加强梅州到汕头的交通联系，以"一铁一高速一国道"三条快速交通通道强化汕头与它们的联系，真正发挥汕头在粤东地区的中心作用，最大程度发挥汕头的临海港口优势以及在第三产业领域的绝对优势。
- 深汕高速公路使得汕尾和深圳、汕头之间的交通联系都非常便捷。虽然汕头在经济实力上不能与深圳较量，但要善于挖掘相对优势，重点拓展汕头的休闲、旅游等职能，加大汕头对它们的吸引力。
- 从政策层面，消除地区之间协作发展障碍，建立粤东地区城市发展合作联盟，协调各城市之间有关重大产业布局、基础设施以及发展政策，谋求粤东地区长期稳定发展。

（三）争夺型腹地

闽粤赣经济协作区的赣南部分及其外围地区是汕头重要的内陆腹地，汕头应该积极成为它们的对外贸易港口和货物集散地。由于汕头深入内陆的交通尚未成熟，导致这些地区目前与汕头联系较少。汕头要在自身经济实力提升的基础上，加快完善与这些地区的交通通道，利用汕潮揭城镇群的整体实力，重新强化对这些内陆地区的辐射影响，利用自身港口的优势，着重成为争夺型腹地的对外贸易中心。该地区的另一重要港口城市厦门是汕头有力的战略竞争对手，与厦门相比，汕头通过广梅汕铁路与京九大动脉的联系更为便捷，在争夺此内陆腹地方面占有一定的先机。

基本战略：

- 河源、赣州均为内陆城市，需要借助其他港口城市进行货物集散和运输。在这个区域中汕头要发挥自己的临海优势，建设现代化国际港口城市，在区域中担负沿海集疏运重要口岸的功能，推动贸易导向型经济和临海型工业经济的发展。
- 抓住汕头已适当超前的基础设施包括深水港、铁路、高速公路和跨海大桥等为契机，依据自身的发展条件，充分发挥基础设施建设的外部效应，选择最有利于提升城市整体功能的产业发展经济。
- 远期修建汕头直达内陆其他城市的交通设施，依托汕潮揭城镇群的整体力量争夺沿线的腹地。

图 7－25　竞争型腹地交通策略示意图

近期内，汕头应首先成为紧密型腹地和拓展型腹地的区域中心；中期争取成为争夺型腹地的区域中心，只要存在有利于粤东地区整体实力增长的机会就应该牢牢抓住，为实现巩固粤东、开拓闽赣边区、争取京九沿线长期发展战略打下坚实基础；在远期，可以考虑汕头成为我国东南沿海与内陆地区甚至东南亚地区物流中心的可能性，当然，这要建立在近期和中期目标顺利完成的基础上。

三、实业强市

（一）农业的发展目标与思路

汕头地区农业经济组织化程度低，农业的生产效率低、发展滞后，已经成为工业化和城市化模式转型的重要阻碍之一。

1. 发展目标

把增加农民收入作为中心任务和基本目标，推进农业和农村经济结构的战略性调整，全面提高农业和农村经济的整体素质和效益，建设具有汕头特色的现代农业和小康农村。

2. 基本思路与对策

首先，统筹城乡经济发展。人多地少、资源有限是汕头农业发展的限制因素，应紧紧抓住行政区划调整这一历史机遇，在建设特色农业的同时，大力发展二、三产业，推进农村城镇化进程，大力发展区域性的农产品加工流通服务行业，以此促进农村经济结构的优化升级，支持农业的发展。

其次，发展都市型农业。对于汕头而言，都市型农业的发展不仅有着巨大的经济价值，而且也是区域生态维护的重要方面。充分发挥区域比较优势和产业集聚作用，根据区域内不同的资源优势和基础条件，着力发展都市农业、生态农业、观光农业。沿韩江、练江等区域结合旅游开发，发展以观光农业、参与农业为主要内容的生态旅游农业区；在高速公路、国道等沿线地区利用区位优势，发展名特优新品农业、无公害农业，形成品牌农业区域带。

第三，坚持生态环境建设与经济建设同步。把生态公益林体系建设作为社会经济发展的一个重要组成部分，纳入整个社会经济发展总体目标中，统筹规划，同步实施。按因地制宜，因害设防，合理布局，突出重点的原则，逐步建立具有汕头特色的生态公益林体系。

第四，引导农村剩余劳动力转移，增加农民收入。作为典型的人多地少地区，农村大量剩余劳动力能否转移出去，不仅是拓宽农民增收渠道的问题，也是新阶段建设现代农业、发展农村经济、保障农村社会稳定的关键。在新的行政区域建设过程，要以发展农产品加工业、农村服务业和城镇建设为途径，加快农村剩余劳动力转移，增加农民从事非农产业收入。做好农村劳动力职业技能培训、就业信息服务、维护农民工合法权益等工作，积极为农民外出务工经商创造有利条件。

（二）正确面对发展大工业的需求

“只有发展工业，汕头才能实现跨越式发展；只有发展工业，汕头才能实现经济强市”，这种思路已经深入汕头社会各层。但是，单纯而强烈的“工业化情结”很容易导致对“大工业”理解的偏差。汕头到底可以、适合发展哪些大工业？需要冷静地思考。

何谓“大工业”或者是“规模工业”？大投入、大产出、占地大、规模大的工业如钢铁工业、重石化等，的确能够对城市的发展带来巨大的推动作用，但是一个前后向关联度高的“集群产业”也应以“大工业”的身份待之。汕头市具有良好的自然环境，在人多地少的境况下，必须立足自身的发展条件和发展要求，确定合适的大工业类型。

自然生态环境、水土资源短缺的制约，要求汕头在选择石化、钢铁等重大工业项目时要抱着极为谨慎的态度，坚决回避污染大、地均产值低的产业门类。南区的石化项目正在商洽中，大石化落定汕头尚未成定局。然而，这里我们还是要再次强调：汕头必须立足自身的发展条件和发展要求，确定合适的大工业类型。结合国家宏观产业政策和汕头的条件，我们用排除法开出了汕头大工业的“菜单”：

1. 装备制造业

装备制造业提供的是投资类产品，包括系统、主机、零部件、元器件和技术服务，主要包括金属制品业、普通机械制造业、专用机械制造业、交通运输设备制造业、电器机械制造业、仪器仪表以及办公用品制造业、电子及通信设备制造业、武器弹药制造业八大类。

装备制造业是制造业的核心，对城市制造业升级、增强城市制造业竞争力具有重要意义。中国许多城市与地区都制定了发展装备制造业的战略，最典型的是宁波和东北地区。与它们相比，汕头可以利用资金、劳动密集优势和汕头的区位优势，重点发展船舶类、电子通信设备等制造业，从而带动汕头制造业的全面升级。

2. 加工制造业

国际资本的转移，使中国在全球产业链条中的重要性凸显。由于珠三角、长三角核心地区在劳动力成本和土地价格上已经没有明显优势，周边二级城市一跃而成为加工制造业的优先基地。对比于惠州、南通等区域二级城市，汕头除了劳动力成本的绝对优势外，在东南沿海地区还兼具有明显的文化优势、交通优势，完全有能力切入加工制造业转移的链条，成为全球加工制造业转移高潮的又一接纳地。

中国加工制造业中心综合定位指标前十位城市排序　　表7-8

指标 城市	综合 排名	劳动力 成本	土地房租 价格	经济国 际化	自然 区位	文化 优势	制度 优势	结构 优势	港口基 础设施	陆路交 通设施	资源 区位
惠州	1	1	18	2	37	20	22	9	32	18	21
泉州	2	9	19	15	17	14	18	35	13	2	17
东莞	3	28	35	3	4	26	14	5	16	4	31
南通	4	16	1	23	20	11	15	37	16	11	4
天津	5	25	13	26	5	42	35	18	3	1	36
上海	6	41	40	7	1	2	4	13	1	6	24
无锡	7	27	4	18	6	3	17	16	24	13	9
苏州	8	35	6	9	2	5	9	17	24	18	13
重庆	9	4	8	34	29	12	25	20	20	41	6
常州	10	22	4	16	16	13	16	10	28	28	10

引自：《中国城市竞争力报告 2004》。

3. 生物医药

21 世纪生物技术产业将继信息技术产业之后形成一个新的巨大的产业。目前，发达国家的大型制药企业为了提升自身的竞争力、扩大市场份额，已开始向发展中国家进行中低端产业环节的转移，并有技术扩散的趋势。汕头已有一定的医药制造基础，利用汕头大学在医学领域领先的科研技术力量，有实力吸引医药产业前来投资，从而进一步扩大生物医药领域的产业规模。

4. 食品工业

食是人类社会的一个永恒话题。正如温家宝总理在食品工业发展战略研讨会上所指出的，"随着全球经济的发展和科学技术的进步，尽管新兴产业不断涌现，但食品业仍然是制造业中的第一产业，是永恒不衰的常青产业。"

汕头以"美食之乡"的美誉傲冠一方，着力发展食品工业正是鉴于汕头目前的食品行业"声名在外"以及较强的产业基础。汕头要实现食品工业从数量增长型到质量提高型转变，利用生态环境优势打造绿色食品的品牌，一方面扩大生产的规模，另一方面通过加工精细化、食品标准化来提升食品行业的综合竞争力。

5. 汕头发展石化工业的讨论

汕头发展石化工业是否具有竞争优势?

从国家总体产业布局看，已经确立的三个石化基地分别为：南京、上海、惠州。南海石化项目已落户惠州，国家近期不太可能再在汕头投资建设大型石油化工项目。“常州铁本”等事件说明，国家正在加大对经济过热的宏观调控力度，压缩基本生产的投资，尤其是将对石化、钢铁、水泥、电解铝等限制与禁止行业实施更为严格的产业管制。

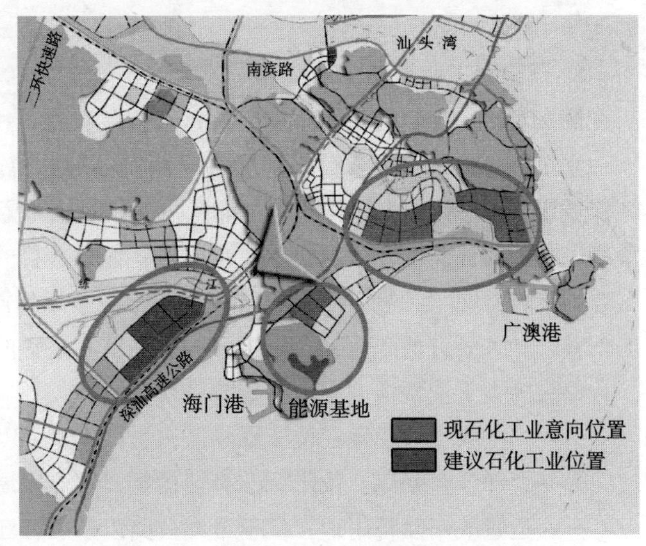

图 7－26　汕头石化工业布局区位建议

从区域竞争优势来看，国家重点振兴东北老工业基地，石化工业是重点扶持产业；江苏前两年借沿江开发的热潮，长江两岸的重化工产业带已经形成相当的规模。后续石化工业的国际转移，将会首先选择在具有一定基础和规模效应的地区。广州投资 80 亿元建设的 15 万吨乙烯工程，刚一建成就已破产的窘境即是很好的佐证。

从汕头自身的发展条件来看，汕头属于水、土等关键资源缺乏的城市，同时自然环境优美、生态脆弱，必须走一条可持续的产业发展道路。石化工业是一种排它性很强的工业类型，不仅将造成对汕头生态环境的直接破坏，而且其巨大的外部负效应将袭夺许多其他产业（如 IT 产业、生物工程、先进制造业、现代服务业、旅游业、房地产业等等）的发展机会。

因此，汕头发展石化工业并不具有竞争优势，而应当以发展其他环境、机会成本较低的大工业类型为主。

但是，如果石化项目的引入在汕头已成定局（据了解，汕头相关石化工业的投资项目正在加速洽谈中，并且很可能落户于区位、环境都很好的南山湾工业区，即规划临港工业园区），则建议应该尽量发展附加值高、污染小的乙烯及中下游产品、化工新材料、精细化工和生物化工等项目，以形成优势产品和核心产业，并尽可能地减少对生态环境的损害。

如果石化工业项目布局尚有调整余地，建议将石化工业区选址在海洋产业基地。首先，海门港的规模足以满足大石化工业的发展需求；其次，广澳港作为汕头长远发展的战略大港，它的地位是面向整个汕潮揭城镇群，甚至将来是东南沿海以及内陆地区，应有更高的目标和职能；第三，临港产业基地（即现在南山湾工业区附近）环境优美，区位优越，交通便捷，适宜发展污染较小的装备制造业等，是汕头中远期发展大工业的理想用地；第四，海洋产业基地远离中心城区，在主导风向下侧，可以承载适度污染的大工业，如能源、化工。

6. 预留大工业用地

汕头对待大工业的基本态度应该是“立足自身、积极争取、留有空间”。

立足自身，就是要全面把握汕头产业发展的脉搏。汕头是“国家旅游城市”、“国家环保城市”，要建设“东南休闲之都”，产业的走向就不能“白猫黑猫”不加区分。积极争取，是因为汕头的发展需要工业来支撑，但是项目的争取应是有所侧重、有所淘汰。大工业的发展并非“一朝一夕”就能成就，自身争取的同时也需要机遇的垂青。当前汕头应当调整、壮大既有的产业，对大工业的发展留有足够的空间。

建议为大工业预留的用地主要有三块：

——临港大工业用地：位于濠江区内，即未来20年左右时间的临港产业基地。

——海洋产业基地：位于深汕高速西侧，重点发展规模工业。

——远景战略储备用地：位于金鸿公路以东、韩江以北。鉴于未来大规模发展烟敦港以及柘林港可能的崛起，该区域无论从用地条件、交通区位等方面，都适合用于汕头远景大工业的发展。

（三）不应忽略高新制造业的重大机遇

国际高新制造业转移的第一轮高潮带动了整个长江三角洲的兴起，但这并不意味着高新制造业转移的终结。首先，CEPA为两地在高新制造业领域展开强强合作创造了条件。香港可能建立起以掌握核心技术的高技术产业和高附加值的传统制造业为特色的产业结构，从而加快成熟制造业向大陆的转移。其次，根据有关研究表明，日本、韩国等的高新制造业将大规模向中国转移。第三，汕头具有高新制造业发展的条件。吸引高新制造业的两大主要发展条件，一是环境优美，这是汕头的最大优势；二是人才优势，虽然在科技人才方面汕头没有显示出突出优势，但是汕头拥有大量的商业人才。总之，无论是欧美、台湾产业转移的延续，还是面临来自日、韩的大量增量，汕头必须凭借基础设施的优势，主动积极地创新机制和优化环境，提前巩固、蓄势，以抢占新一轮高新制造业基地的制高点。

（四）民营工业依然有巨大的提升空间

民营企业在汕头的经济发展中占据了较为重要的地位，也取得了很多令人瞩目的成就。2003年，民营工业总产值为726亿元，占全市工业总产值的78.5%。民营企业具有内生性的特点，其在强市富民中可以给地方带来更为实际的成就，并且可以有效降低全球化过程中地方发展的风险。缺乏民营企业的健康发展，将直接导致城市的自我组织能力和代谢能力的下降。

但是，近几年汕头民营企业发展中存在种种问题，无论从企业的规模、质量、管理等方面，都需要进一步的提升。

1. 变粗放生产为集约经营

民营企业发展的初期，单位产品消耗资源高、资源利用率低，表现出了对土地、资源等的较大浪费，产品多以初级产品和产品粗加工为主，但长久以往就难以延续发展的后劲。对汕头这样一个“人多地少”、“非资源型”城市，民营企业这种粗放式的生产模式无疑更是“雪上加霜”。因此必须及时采用集约型的经营模式，推进产品向精、特、新方向转化，采取现代市场营销的理论和策略，增强企业的知名度和产品的美誉度。整合园区资源，集中建设若干专业园区，提高土地单位面积产出效益。

2. 变订单导向型为品牌导向型

品牌就是竞争力，就是市场。目前汕头的民营企业还处在成长的初级阶段，大部分厂家仍然是“来样加工”或是“贴牌生产”，企业的规模很大程度上取决于外来的订单量。这种生产模式由于过度被动，难以获得大的、长远发展，也难以创出自己的品牌。因此，尽快跳出“订单导向”的束缚，创建汕头自己的品牌，是今后汕头产业发展尤其是民营企业做大、做强的重要任务和关键途径。

3. 变家族模式为现代管理

“家族模式”在民营企业创业初期极具竞争力。但是随着企业进一步发展、规模扩大、财富分配多元化，管理日益复杂，家族模式违背了现代企业管理的原则，使企业只能徘徊在小规模、低水平上，如果不采用科学的管理方法，民营企业很难进行二次创业。现代企业制度具有产权清晰、责权明确、管理科学等优点。汕头的民营企业必须引入现代企业制度，同时必须进一步规范企业的经营行为，优化资本股权结构，才能获得新的提升。

（五）优化传统商贸业与强化生产性服务业

1. 优化传统商贸业

汕头是以港口为基础、依赖商贸逐渐成长起来的城市，商业贸易历来是城市经济社会发展的一个重要支撑点。2002 年，全市批发零售贸易业商品销售总额为 484.67 亿元，占整个粤东地区销售总额的 49%，也远超出厦门市的 108.69 亿元。同年，汕头市外贸进出口总额为 31.61 亿美元，占粤东地区进出口总额的 87%，略低于厦门市的 32.92 亿美元。

中国金融中心城市分等级列表　　表 7－9

定位及排名	中国前 18 位金融中心城市
第一集团（第 1、2 名）	上海、北京
第二集团（第 3、4 名）	广州、深圳
第三集团（第 5～10 名）	天津、南京、杭州、青岛、厦门、武汉
第四集团（第 10～18 名）	大连、沈阳、苏州、重庆、济南、福州、宁波、成都

引自：《中国城市竞争力报告》。

可以说，汕头仍保持了区域性商贸、服务业中心的地位。但目前商贸业还停留在一手买进、一手卖出的商业中介发展阶段，效率低、竞争力差的状况并没有得到根本性的改造和革新。体制僵化和业务模式落后，是制约汕头商贸发展的主要原因。汕头需要不断优化传统商贸业，大力发展连锁经营、物流配送、电子商务和大型批发市场，提升商贸业态，巩固发挥其在粤东区域性中心的作用。

2. 强化生产性服务业

从一定意义上说，工业大市至多只能成为经济大市，只有以服务业为主的产业结构才能使汕头成为真正的经济强市。必须培植汕头现代服务业新增长体制、新增长环境和新增长优势，面向中小规模的企业环境和粤东地区今后迅速发展的经济社会需求，更好地动员资本、配置资本，建设区域物流中心、会展中心、旅游中心和信息咨询中心等生产服务业基地。

金融业

金融是经济活动的核心。从表中可以看出，上海和北京分别是国家金融中心，而广州和深圳两者在共同角逐华南区域性金融中心的头衔。处于第三、四集团的城市，服务的范围有所缩小，然而珠三角竟没有城市入围。这种金融中心的等级体系，说明了在广州、深圳这样的大区域金融中心下，汕头还有很大的成长空间——成为粤东地区乃至更大范围内的次区域金融中心。汕头作为粤东地区的综合型中心城市，发展金融业以服务紧密型腹地的企业发展需求和居民消费需求，是强化其区域中心地位的必要手段。

物流业

物流对于提高城市竞争力的作用已成共识。汕头地处“京汕”沿海铁路和深汕、汕厦高速公路的三大物流服务通道的枢纽节点，有对外的国际良港，发展现代物流业的优势相当突出。汕头发展物流业，关键与重点都在于汕头的港口。根据汕头市的交通状况和产业布局，规划六大物流园区。

会展业

全国会展城市综合排名 表 7－10

排名	城市名称	排名	城市名称	排名	城市名称	排名	城市名称
1	上海	11	无锡	21	武汉	31	南宁
2	北京	12	东莞	22	西安	32	长春
3	广州	13	济南	23	大连	33	郑州
4	深圳	14	常州	24	沈阳	34	徐州
5	南京	15	重庆	25	海口	35	汕头
6	苏州	16	中山	26	合肥	36	义乌
7	青岛	17	天津	27	哈尔滨	37	横店
8	宁波	18	温州	28	长沙	38	唐山
9	杭州	19	成都	29	泰州	39	廊坊
10	厦门	20	福州	30	昆明	40	潍坊

引自：《中国城市竞争力报告》。

随着经济的发展和社会的进步，以经贸为主体的展览活动由最简单的直接交易演进到现在的展览会、交易会、洽谈会等多种形式，成为生产消费领域的桥梁和纽带。会展业本身是一种无污染产业，对整个城市经济发展具有较大的带动和促进作用，同时结合会展对城市的促销功能，使城市走上良性发展轨道。凭借汕头的区域中心影响、优美的生态环境、地缘与人缘优势，发展会展业无疑成为优选产业之一。从表中可以看出，汕头发展会展业具有一定的优势和条件。在广东省乃至华南地区目前的排名靠前的会展城市都处于珠三角地区，汕头有望成为整个粤东的会展中心城市。

旅游业

旅游业的发展对于推动城市整体发展过程中的诸多方面都有比较明显的效应，汕头气候“夏无酷暑，冬无严寒”，山、水、城、海等旅游景观资源很融洽地组合在一起，既有生态湿地牛田洋、生态海岛南澳岛，又是潮汕文化首邑、美食之乡，汕头的自然、人文旅游资源在东南沿海首屈一指。建立观光旅游、休闲旅游、文化旅游等多层次的旅游体系，逐步将旅游经济影响的乘数效应最大限度放大到国民经济与区域合作体系之中，成为汕头发展最强劲的推动力之一。

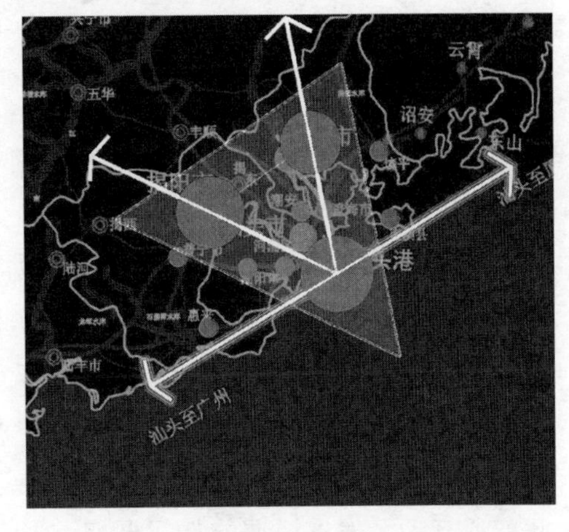

图 7－27　大潮汕城市群及 K 字型通道骨架

四、空间重构

（一）架构空间与功能一体的大潮汕城市群

城市群是全球经济一体化背景下空间竞争与发展的基本单元。汕头地处粤东，介乎珠三角和厦漳泉两大城市群之间，面对两者对汕头粤东腹地的争夺，汕头、潮州和揭阳应该联动发展，最大限度提高城市竞争力，以城市群的形式加入到这场城市群的竞争中去，同样以城市群的形式承担起粤东中心的使命。

潮、汕、揭三市历来渊源深厚，同属于潮汕文化底蕴区。整合三市资源，各自协调分工，以汕头为核心、潮州和揭阳为次中心，共同构建大潮汕城市群是必然之势，既可以解决潮汕地区资源匮乏的劣势，也对粤东地区的发展起到重要的推动作用。

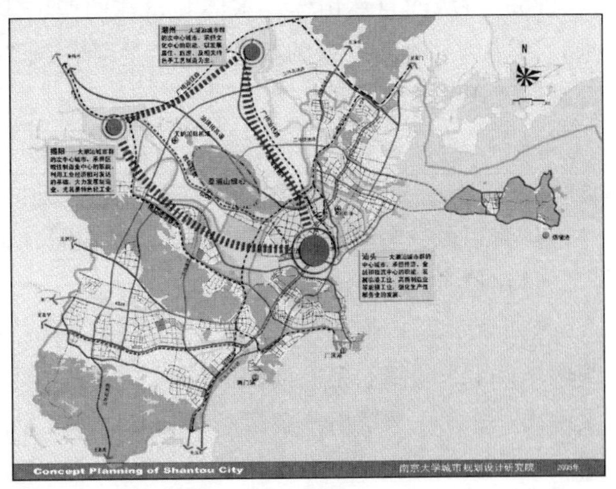

图 7－28　大潮汕城市群示意图

汕头——应当发挥其在城市群中经济总量第一和交通区位的优势，成为未来大潮汕城市群的中心城市，承担经济、金融和物流中心的职能。大力发展临港工业、高新制造业等规模工业，强化生产性服务业的发展，成为粤东地区的经济、金融、物流中心，东南沿海的休闲之都和航运中心。

揭阳——大潮汕城市群的次中心城市，承担区域性制造业中心的职能。利用工业经济相对发达的基础，大力发展制造业，尤其是特色轻工业，成为东南沿海的特色制造业基地。

潮州——发挥其在文化传统上的优势，在城市群中承担文化中心的职能，以发展居住、旅游及相关特色手工艺制造为主，是大潮汕城市群的文化之都。

（二）构筑集约与弹性的汕头大都市区

汕头面临着发展空间受限的矛盾，集约的空间结构显得尤为重要。全球经济变化的不确定性，也导致城市发展对未来空间取向的不确定性，确立以“有机集中”为原则的空间发展目标，是基于汕头自身的现实并对未来作出较为合理的答案。

1. 都市区空间增长模式：网络生长、弹性推进

结合区域均衡发展和有机集中的要求，形成网络状的市域空间结构，即形成中心城区和组团分工明确，依据建设时序弹性推进，互相之间有多样、便捷的交通和信息联系，彼此产业互动，发展协调的空间框架。

（1）都市核心区是市域的辐射基地，主要承担金融中心、贸易中心、科技中心、信息中心和综合交通枢纽的功能。城镇密集区是众多小城市及城镇组合分布地区，合理引导工业在这些区域适当集聚，承担工业中心及相应城市功能，控制城镇建成区沿交通干线盲目蔓延，保护基本农田。都市核心区和城镇密集区通过便捷的交通相联系。

（2）都市核心区和城镇密集区之间应有足够的开敞区进行分隔，开敞区主要是区内的农业与生态用地。

（3）市域的自然山体，水体和榕江两岸的生态敏感区（包括榕江水面和两侧的湿地），是区域中生存质量的基本保证，是网络空间中重要的自然构成要素，应当严格控制此区域的开发类型、强度。

（4）在由此形成的网络空间中，先进制造业、高新技术产业和大工业等新产业用地的选择，可以依据各自需要的环境条件和时序等进行富有弹性的选择。

2. 都市区空间结构：拥湾面海、山水相间、北城南港、四翼组团

（1）拥湾面海、山水相间

这是城市总体格局与大尺度自然要素环境的关系，汕头市的核心城区横跨汕头内海湾两岸，未来新增长空间面向大海，实现由内湾型城市向真正意义上滨海城市的转换。大南山—练江—烟墩山—榕江—桑浦山—韩江等，彼此自然形成山水相间的生态空间大格局。

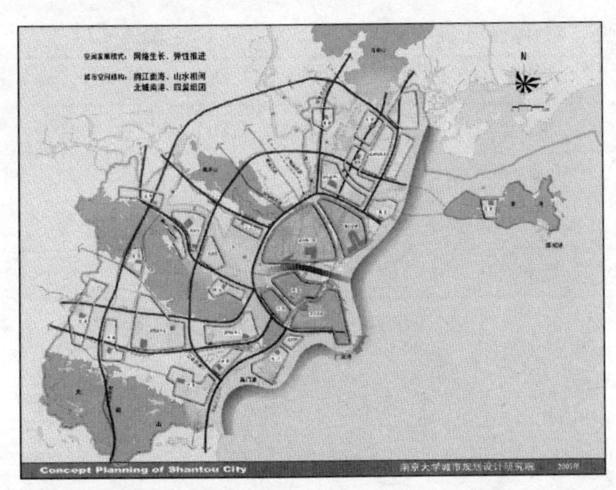

图7－29　拥湾面海、山水相间、北城南港、四翼组团

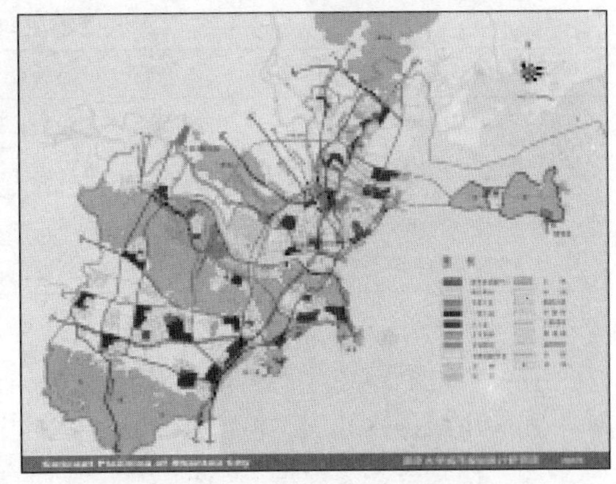

图7－30　都市区空间布局规划图

（2）北城南港

榕江北岸为中心城区，包括城市CBD所在的新城。南岸是依托广澳深水港发展的港城，在濠江区原有的基础上，发展大工业和临港工业，结合良好的自然景观资源适当发展旅游、居住等配套服务的功能。

（3）四翼组团

东翼城镇群——由澄海次中心，沿324国道（北）各城镇组团（包括莲上、莲下、东里、溪南；盐鸿、隆都等镇）和南澳县组成。进一步促进澄海次中心的发展，整合莲上、莲下，合并坝头、上华等镇形成集中成片开发。加快发展基础较好、位置适中的东里镇，带动北部边缘地带如盐鸿、莲华、溪南镇的发展，形成沿国道的分片式城镇结构。隆都镇因其特殊地理位置和华侨众多的关系，分别作为片区中心城镇发展。预留北部汕头远景发展的战略储备用地。后宅镇作为南澳县城，目前是一个相对独立的城镇。今后随着跨海大桥的建成及东部产业带的建设，南澳从总体上而言将是东翼城镇群的有机组成部分。

沿榕江城镇群——由河溪、西胪、关埠等城镇组团组成。在发展策略上，极力改善这一翼的交通条件，修通广澳港至揭阳的城市快速路。保护湿地环境，发展生态旅游。利用西胪北部的大片土地，作为汕头未来的高新技术产业基地，发展高教科研园区。

西翼城镇群——由潮南次中心，沿324国道（西段）各城镇组团（包括两英、司马浦、陈店、仙城、贵屿、谷饶等镇）组成。发展策略上主要是集中整合现状小规模零散的城镇建设，进一步加强民营企业规模，提升科技含量和发展层次，促进相关产业的中心集聚，培育产业集群。潮南次中心为西翼城镇群的中心，还要带动司马浦、陈店、仙城和贵屿镇的发展。

南翼城镇群——由潮阳次中心，沿深汕高速各城镇组团（包括海门、井都、成田、陇田等镇）组成。在发展策略上要依托良好的交通和港口条件，发展规模工业。潮阳次中心要发挥第三产业优势，在这个地区承担中心服务职能。

四翼城镇组团与独立城镇一览表 表7-11

城镇群	城镇组团	独立城镇
东翼城镇群	东里、溪南组团；莲上、莲下组团	盐鸿；隆都；莱芜；后宅
沿榕江城镇群	西胪高新产业区组团；汕大、高教组团	河溪；关埠
西翼城镇群	司马浦、两英组团；陈店、仙城、贵屿组团	谷饶
南翼城镇群	田心、沙陇、成田组团	井都；海门

（三）凸显城市空间的特色魅力

图7-31 汕头滨海城市景观建设意向

汕头市域山水相间，城海相依，“三江吐翠织峦秀，两湾含碧人海城”，这是汕头大尺度景观的生动写照。江、海、山、林、城交错融合，构成了汕头美艳独特的滨海景观。汕头境内港湾众多，湿地资源十分丰富，适宜营造红树林面积达6340hm²，仅次于海南省、湛江市，是全国第三大红树林适宜栽植地区。此外，全市尚有289.1km曲折绵长的海岸线，景观资源十分丰富。除了独特的自然景观资源，汕头也为我们留下了小公园、潮汕民居这些宝贵的文化财富。“我们必须在社会传统的基础上考虑遗产的保存，也应该尊重历史留下的各种痕迹”（《威尼斯宪章》，1964）。

独特的自然景观和悠久的文化历史，使汕头形成与众不同的城市特色空间。在这个意义上，自然和历史已经突破了简单的景观功能，它们是城市魅力空间的重要组成部分，是汕头城市发展中不可或缺的城市名片。把它们完好且原真地移交给后人，是我们的任务。

五、体制创新

（一）传扬文化，建树“新汕头精神”

城市文化是城市发展的动力——创造力的基础，城市的可持续发展与城市文化有着非常密切的关系，城市文化的发展可以增加城市持续发展的各种社会经济以及文化价值，同时城市文化的发展和保持有利于降低可持续发展的成本。因此，在21世纪，城市发展的关键，主要在于城市是否有自身独具的城市文化来构成吸引人才、技术、资本的鲜明特色。

追溯潮汕文化渊源，“精细之巧夺天工、温和之交情信义、开拓之求进求优”是潮汕人百年积累的个性所长；“历史积攒的商业天分、团结合作的聚群心理”是汕头人创业求生存、求发展的经验优势。今天的汕头，一方面需要对传统文化中保守、狭隘的方面进行改造、摒弃；另一方面，必然对新时代的文化和精神不断丰富和完善。市场经济运行规范下的新时代城市，首先需要一种开放融合、自由宽松的人文环境，“汇百溪而成浩瀚，容万物而铸生机”，在汇集、吸纳、融合的基础上不断创造新的民众心态、新的社会精神和新的文化内质。在立足历史和现状、融合时代与潮流的基础上，新的汕头文化精神可概括为：

——“海纳百川、兼容并蓄”的开放精神；

——“厚德诚信、勤勉坚韧”的文化品格；

——“开拓创新、快速高效”的特区意识。

（二）促进实业家精神及其环境的生成

新经济的突飞猛进正在不断地刷新着传统的商业理念和经营模式，不断重新构造着一种新的商业环境。这个时代企业决胜的关键不单是资金、规模、过去的积累，更重要的是企业家精神：一是冒险精神，二是决策能力，三是组织能力。在转型经济的中国，除了要注重企业的技术创新外，更要强调企业家的管理创新。汕头正是缺乏这种企业家精神以及培育这种精神的环境。追溯其原因，不仅是传统和文化延续使然，更是汕头尚不够开放和透明的体制所致，在这样的软环境下，经济活动的交易成本、制度成本严重偏高，难以吸引包括华侨在内的创业者集聚。培育实业家精神及其环境，就是要将汕头建设成为一个适于创业的城市。因此，汕头首先要进行制度改革和创新，优化政策、效率、服务等软环境。

（三）实施更高层面的城市经营

与国内许多城市相比，汕头在城市的有形资产（如土地）、无形资产经营方面还存在着比较大的差距。因此，汕头城市经营的重点应该是：

1. 充分运用特区的制度优势

行政制度是中国最为稀缺的优势。改革初期，“特区”身份给汕头经济带来了快速增长。1990 年以来，随着多层次、全方位的对外开放格局的形成，特区的绝对优势有所减弱。然而“特区”仍将是汕头一个重要的资源。中央 2000 年宣布中国经济特区的发展“将贯穿于中国改革开放和现代化建设的全过程”，这里表达了一种时间概念：如果 2015 年中国市场经济体制将基本建立，那么这个过程就还有近 10 年；如果说 2050 年中国现代化建设将基本实现，那么这个过程还有近 50 年。也就说，经济特区的制度优势至少还能维持很长一段时间。首先，经过 20 年的探索与实践，汕头市场经济的成熟程度在相当一个时期仍然会高于其他城市，这为深化改革奠定了良好的基础。其次，要用好、用足、用活现有政策，汕头对于特区的现有政策，实际还存在着利用不足的问题。要真正落实被赋予的省一级经济管理权限；要充分利用被赋予的改革权、试验权和地方经济立法权；利用好现有政策如享有的自由保税区政策等等。

2. 全面经营城市的环境资源

“国家卫生城市”、“国家优秀旅游城市”、“国家环境保护模范城市”、“全国绿化达标城市”等数顶桂冠落户汕头，说明了环境资源是汕头最为宝贵同时也是最为凸现的优势资源。由于汕头生态环境的脆弱性，“趋优”与“趋劣”往往只是一念之差。新的发展观念指导下的城市建设和产业发展，要求汕头必须走“绿色”之路。“一心两湾、三城相望、山辐水聚、顺势成环”，非常形象地归纳了汕头市的景观格局，全面经营景观生态，提高城市人居环境和投资环境，是汕头实现可持续发展的闺中法宝。汕头经营环境不能只是利用环境优势吸引投资，也要对环境进行“反哺”，实现环境保护和城市发展的“双赢”。

3. 持续打好“侨乡”的王牌

汕头特区的设立，正是由于汕头是全球潮人之乡，是中国与亚太地区（主要是东南亚国家）联系的纽带与桥梁。增强与以汕头为中心的华侨社会的联系，打好“侨牌”，对汕头、对中国都有着重要的政治、经济意义。目前，华侨对汕头的投资基本上还较多地局限于基础设施建设、社会服务设施建设等一些社会福利等方面。海外的潮人会随着时间的流逝以及新代的更替，乡情的维系趋于脆弱。因此。汕头的侨牌不能仅限于目前这种“一次性建设”的投入，更要吸引侨商前来投资办实业，通过产业发展的长期性来延长侨资投入的连续性。

4. 强势打造“诚信政府”的形象

一个“人治”的城市和一个“法治”的城市，其交易成本大不相同，特别是在中国加入 WTO 之后，受到最直接挑战的便是政府的管理体制和行为方式。在经营城市过程中，需要有一个强有力的政府，但提高政府职能的强度或力度并非是“诚信政府”的惟一或全部内涵，服务的质量才是决定政府是否成为“诚信政府”的重要因素。

市场经济也是信用经济。除了法律的外在约束之外，每个参与经济行为者的自我约束和相互约束，即完备的信用观念和信用体系的建立，是维持经济顺畅运行、减少社会成本的最重要的方面。汕头是一个崇尚“个人诚信”的城市，政府应当顺势利导，逐步构建“法制诚信”。汕头必须以法律规范政府行为，以实际行动为切入点，“凝聚人心、振奋信心”，强势打造“诚信汕头”的品牌，培育信用企业、信用个人和信用政府三大主体。

5. 城市“美誉度”的经营

注意力经济是新经济时代的全新概念和必然产物，城市个性、知名度、美誉度等是构成注意力经济的重要元素。城市品牌、城市个性既是城市经营的内容，也是城市经营的结果。在这方面，汕头尤其需要集中专门力量开展专题研究，塑造城市形象，打造城市品牌，高品位进行汕头城市 CI 形象设计，多渠道、多层次包装汕头，宣传汕头，推介汕头。“玩具博览会”等类似尝试应当继续下去。

（四）建立城市与区域的协调管治体系

中国现行的政治、经济体制决定了行政区与经济区之间的巨大隙痕。现代工业社会的生产特征既强调跨越边界、区际的差异，也强调控制和协调。由于信息、科技的发展及社会中各种正式、非正式力量的成长，人们如今所崇尚与追求的最佳管理和控制方式往往不是集中的，而是多元、分散、网络型的“管治（Governance）”。城市与区域管治已成为西方大都市地区谋求经济与空间整合发展的重要理念。逐步建立适应市场经济运作特征的现代大都市区管理体制，是汕头应该关注的重要议题。

一是进一步明确市级政府和区级政府的职能分工，引导区级政府将注意力转移到为服务城市经济的环境建设和社区建设上来，目前，汕头各城区争相建设工业园的做法是不值得提倡的。二是构建大潮汕城镇群，就要求实现在区域层面的管治体系，建立区域协作的有效机制，加强城镇间的横向协作。三是从有利于维护大都市区的整体利益和保持潮阳、潮南和澄海等地的发展活力出发，协调好主城区和市域次中心在利益、政策、机制、待遇等方面的矛盾。为保证都市区空间的统一规划和整体协调发展，在一定的过渡期后，潮阳、潮南和澄海等地的管理体制应与汕头中心城区全面接轨（尤其是土地权、规划权等方面要由市级政府集中、统一管理）。

（五）规划管理体制创新

改革开放以来，随着经济体制与行政管理体制改革的不断推进，城乡规划作为市场经济条件下政府指导、调控城乡建设和发展的基本手段，在城市快速发展，城市化迅猛推进的过程中，适当的城乡规划管理体制更是成为预防与解决城市发展区域问题，推动城镇化的迫切需要。

汕头城乡连绵发展的趋势强大，城镇发展已经超越了城市单独发展的涵义。因此应当对城乡规划管理体制进行创新，实行对城乡资源的良好管理，既要将城与乡统一整体考虑，也要统筹考虑中心城区、中心城区周边以及城镇的发展，协调市、区两级规划管理体制。为了奠定城市整体可持续发展的体制基础，建议：

1. 城乡规划管理体制创新

（1）建立规划委员会制度，健全规划决策机制。传统的城市管理似乎历来是政府的职能，但是现代的城市管理理论已经提出，政府不是惟一能够履行公共事务职能的组织。规划委员会制度使得除政府机关外，公众和各种利益集团也有了介入规划决策的渠道，这有利于促进政府和社会的互动，增强社会对政府政策的理解和关心，利于形成合力。

（2）规划管理的重点由开发转向保护，实现四线管制。规划编制和管理的重点从确定开发建设项目转向对各类脆弱资源的有效保护利用和关键基础设施的合理布局。四线管制包括绿线管制、紫线管制、蓝线管制和黄线管制，即城市的绿地系统、历史文化保护区和历史街区、水系和城市干道等重要基础设施及周边土地的规划划定范围，一旦通过审批，则执行严格的管制，任何人不得改变。

（3）建立派驻规划督察员制度，加强规划实施的层级监督。这是在现有多种监督形式基础上尝试建立的一项新的监督制度，核心是通过上级政府向各区（县）派出城市规划监督员，依据法律法规和经批准的规划对项目实施事前、事中监督，及时发现、制止违法违规行为。

（4）建立规划管理行政责任追究制度。要将规划管理的行政责任，具体分解落实，使城乡规划管理的各项工作事务，包括规划执行和规划实施的监督，都有明确的责任主体，责任和权力相符。

2. 市区两级规划管理体制创新

（1）新近的行政区划调整不应成为新的分散发展的“动力”，也不能成为一种新的空间分割障碍。强调在区一级行政区域范围内，打破传统总体规划以城市为主体的空间规划与布局模式，突出空间协调规划和局部的分区规划，现有的乡镇不应编制独立的总体规划，要倡导组团之间和组团内部功能融合与互补。如潮南新市区建设应发挥推动汕头南部地区空间重组的作用，其功能与空间布局必须与周边地区结合，而不应作为一个独立的“城市”进行规划。

（2）城市规划实施应借鉴国内其他地区统一管理与分级管理的经验，明确城市规划实施与管理过程中各级机构的职责，保持各级规划管理部门行为在目标上的整体协同一致。

在具体分工上，现阶段应加强汕头市规划局对市域范围内开发建设的协调和指导作用，负责“建设项目选址意见书”的审批，保证城市政府对城市建设和开发的宏观调控，落实城市规划实施的行动步骤和整体布局，避免各区之间的恶性竞争而导致的分散开发和重复建设。

3. 探求适合汕头产业发展的相关体制内容

制度安排是推动经济发展、促进国家和地区崛起的核心因素之一，对于一个城市的产业发展也是一样。从经济学角度来看，先进高效的体制能有效降低交易成本，鼓励创新，引导有序的竞争，区域中产业的集中、要素的集中、能人的集中也都与体制有关，因此它是产业发展中的一个根本性问题。好的体制能够拓展融资渠道，能够促进产业集中与升级，更能够培育出产业发展必需的优秀创业者和企业家。探求适合汕头产业发展的相关体制内容，应当在以下三点进行突破：

（1）发挥特区立法权作用，探索建立面向中小民营企业的民间投资共同基金和融资资本市场，设立高新技术风险投资基金，积极培育本地资本市场。

（2）构建专业化产业区，实行产业专业化、集中化发展。专业化产业区在国外的文献中通常称为产业区或产业群，其组织结构的一般特征是中小制造企业集群和以专业市场为载体的商贸企业集群在一定空间的聚合。这种聚合本质上是通过集聚效应产生外部经济，通过低交易成本提高合作效率，并通过产业文化有利于技术创新和扩散。但是这种聚合的最终实现仍有赖于政府的支持和积极引导，政府必须创造优惠的税收条件和建立开放的信息平台，强化生产服务业、金融、物流、技术中介基地等来促使集中化的发展，最终实现产业的专业化。

（3）创新管理体制，促进行业协会健康发展。在市场化环境中，中国地方政府的职能正在逐渐从“全面”向“有限”转变。在这一过程中，为了避免政府不完全退出造成的“双重管理体制”混乱，发展经济类的组织，如行业协会已经成为必然的选择。行业协会将取代政府，成为参与国际贸易诉讼、加强行业开放与交流、实行行业管理等领域的主体。其制度创新的方向是：传统的“部门管理”向政府经济主管部门的“行政性行业管理”和行业协会的“自律性行业管理”两种形式过渡。前者是市场管理，后者是为企业服务，在这个意义上，政府行业管理部门与行业协会的关系是并行的，两者之间存在独立而又互相协作的关系。

小　结

规划师并不是高明的医生，对一个城市长远发展脉络的把握，要远比医生面对一个患者来得复杂、艰巨，何况汕头今天所遇到的问题都是属于“发展中的问题”。没有人会奢望通过一个规划研究，来永久地解决汕头的一切问题。更何况，研究本身已经或多或少地烙上了研究者本身主观意愿的特征及其局限。

作为一项涉及汕头城市长远发展的战略性研究，研究者领会全部工作是对汕头城市及其发展的系统再认识。这个战略性的认识，不仅需要在快速转变的系统中，积极整合汕头内部的经济、社会、空间、环境资源，并在此基础上调整其发展轨迹，使它们得到最大的耦合和效应延伸；而且汕头必须将其视野投射到周边乃至更大的区域上，这是汕头再次崛起的必然，也是汕头无可回避的历史使命。

同时，作为长期享受政策优惠的特区城市，作为我国东部沿海地区的相对发达城市，汕头在发展中遇到的问题有可能在发展特征和条件相似的其他城市出现，我们对汕头城市的评论以及提出的发展战略转型无疑对其他一些城市具有警示意义。

第八章

从“弱中心”到“强都市圈”

——泉州都市圈域空间重构与转型研究

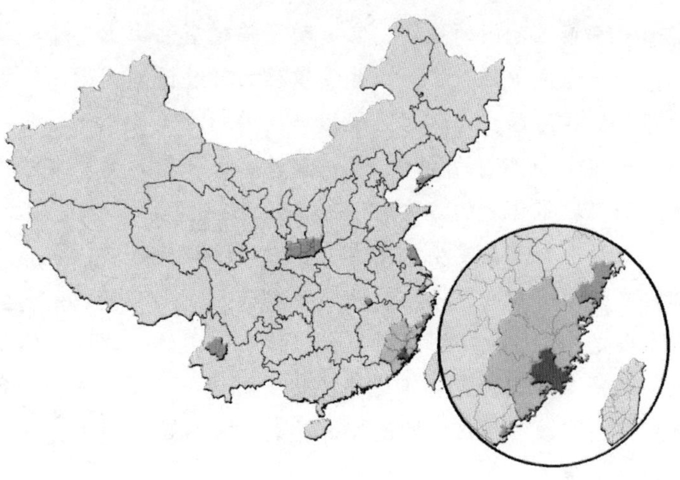

地处闽东南的泉州，历史上曾经是中世纪世界级的国际大都市。这个曾经为明代建文帝南逃提供过庇护、又以曾经向海外陆续迁移过500万人口的地方，是中国最早与海外异域文明交流的窗口，有着海纳百川、文化多元的历史底蕴。昔日满大街金发碧眼的历史画卷至今仍为当地人引为自豪。这个曾经商贾云集，商铺林立的港城，现在却以成片的家庭作坊与中小企业的集群而闻名海内外。改革开放之初，泉州人以一首“爱拼才会赢”的通俗歌曲将闽南人的奋斗精神演绎得淋漓尽致。确实，泉州是一个非常有意思的城市，在这个古代都会城市的脂粉还未完全褪去的地方，血管里仍然流淌着大都市的梦想，并终于在世纪之交启动了建设大都市的宏伟计划。这是一个试图将周边的市县（晋江、石狮等）一起圈入都市区范围的规划，它惊动了福建省的上上下下。这倒不是因为规划方案的国际招标，而是方案中涉及了一个异常敏感的行政区划问题。在苏州、无锡、杭州、南京等临近的郊县撤县为区扩大都市区规模与范围的时候，泉州却遇到了麻烦。激烈抵制的是来自于私营企业十分发达的晋江。晋江人以自己强劲的竞争力叫板泉州，并同时修订新的城市总体规划，城市发展的方向掉头向东，以避免原本将要接壤的行政边界与泉州的连绵。其实，这种现象不仅发生在福建，在中国都极为普遍，也非常正常。因此，中国的都市区连绵现象绝不会与西方一样。在悉尼都市区，可以有14个各类的城市组成，在纽约与洛杉矶可以是几十个大小城市所集合，但在中国的行政区划体制下，城市之间看不见的“红旗渠”将成为中国特色都市连绵区的重要特征。因为中国的行政考核机制，必须在清晰的指标框架内完成，任何模糊地理边界的做法将不被推崇，这一点应当提醒今后的都市规划专家们特别注意。

第一节　小马拉大车：区域中心城市的尴尬

泉州市地处福建省东南部，是福建省三大中心城市之一。北承省会福州，南接厦门特区，东望台湾宝岛，西毗漳州、龙岩、三明。现辖鲤城、丰泽、洛江、泉港4个区，晋江、石狮、南安3个县级市，惠安、安溪、永春、德化、金门（待统一）5个县和泉州经济技术开发区。全市土地面积11015km^2，常住人口752万人（不含金门县），汉族占人口总数的98.2%，少数民族占1.8%。少数民族有48个，以回族、畲族、苗族和蒙古族居多。方言以闽南话为主，通用语言为普通话。

一、地位跃升：光明之城重现曙光

（一）几度沉浮：凝聚古今的光明之城

据考证，早在旧石器时代，泉州就有人类活动。春秋战国时期，古越族人便在此拓荒耕耘，繁衍生息。周秦以后，中原汉族逐渐南度入闽。西晋末年，五胡乱华，晋室东迁，“晋永嘉二年（公元308年）中州板荡，衣冠始入闽者八族……”由于大量晋人南迁，所以晋江歌曰，“晋江之水来天津，相传南渡东晋人”，由于他们沿江而居，晋江因此而得名。唐代又有两次大规模入闽，唐初陈元光和唐五代王朝、王审知兄弟，都带来了大批中原汉人，同时带来了中原先进技术和先进文化。自此以后，泉州城市的发展开始与港口紧密联系，港兴则城兴，港衰则城衰。

1. 城市的繁荣

公元711年，泉州以城北的泉山而得名，开始步入城市发展的第一个鼎盛时期，当时即与广州、扬州、交州并称为中国唐代四大对外通商口岸，素称“海上丝绸之路”起点，海外交通和对外贸易曾经盛极一时。

宋元时期，泉州发展到空前繁荣的顶峰，“梯航万国”，成为与广州并驾齐驱的中国最大的两商港之一，并与埃及的亚历山大港齐名为世界级大港。港内船樯林立，货物堆山积海，城内出现了“市井十洲人”，“还珠入贡频”，“涨海声中万国商”的盛况，据估计，当时在泉州居留过的外国商人、旅行家、传教士“数以万计”，泉州也成为东西方文化的聚集地和交汇点。据史料推算估计，元初泉州府总人口高达81万。满市珠玑，酣醉歌舞，“整个城市都在闪烁，处处都有灯光”，游历至此的西方人只能用“光明之城”来惊叹这座无比繁华的东方都市。

2. 文化的美誉

泉州是一方灵秀所钟、文明所毓的土地，素有“海滨邹鲁”的美誉。自唐代以来，泉州文化昌盛、人文荟萃、著作入林，被誉为“四海文章第一邦”。两宋时期建立了以儒学为主的官学系统，出现了“家诗书而户弦诵”景象，形成民“向学，喜讲诵，好为文辞”的习俗。由于泉州地处东南沿海，宋元时期繁盛的海外交通带来的古代波斯、阿拉伯、印度和东南亚等诸种文化，使泉州成为中外文化交流的中心。

泉州是伊斯兰教传入中国最早的地区之一，素有“宗教胜地”、“世界宗教博物馆”、“泉南佛国”、“闽南蓬莱”之称。此后，佛教日兴，寺院遍布城乡。南宋理学家朱熹称道泉州：“此地古称佛国，满街都是圣人。”

宗教泉州还是南戏的发源地之一，南音是晋唐从中原传入泉州的古代民族音乐，保留着晋唐古乐的遗响，被誉为“中国传统音乐的活化石”。宋元梨园戏、提线木偶戏，明代布袋戏，清代高甲戏等地方戏剧相继兴起，又使它成为“戏曲之乡”。

总之，泉州的一招一式仍然透着古代都会城市的韵味与精神。

3. 近代的衰落

明初（1371至1390年间），泉州海外贸易被禁止，到15世纪清政府在整个东南区域实施“海禁政策”，进入了发展的最低谷，并进一步导致了泉州地区经济的萧条与人口的急剧下降。顺治十五年为了军事需要，清政府下令修城，依东三省的样式改建。500年间城市发展基本停滞。

由于战乱、倭患、“迁界”、水旱等人祸天灾，迫使泉州人陆续出洋到东南亚等地谋生，仅道光二十一年至宣统末年（1841～1911年）的70年间即达70.86万人，这是今日泉州成为著名侨乡的历史基础。

4. 改革开放后的复兴

建国以后尤其是改革开放以后，泉州进入了一个全新的发展阶段。泉州充分利用国家赋予福建及闽南厦、漳、泉沿海经济开放区的各项优惠政策，从一个工业基础薄弱、农业生产落后、经济社会发展条件较差的地区，逐步走上了工业化、城市化、外向化、信息化的发展之路，经济社会面貌发生了翻天覆地的变化。

20多年来，泉州市经历了“三闲”起步，“三来一补”开路，乡镇企业铺路，“三资”企业上路的发展过程，实现了三次历史性跨越，取得了骄人业绩。1978年至2006年，全市经济增长速度平均每年达20%以上，2006年全市完成国内生产总值1900.76亿元，各项主要经济指标完成额约接近福建省的四分之一，经济总量保持全省首位，走出了一条“以市场调节为指针、股份合作、外向型经济等多种经济成分共同发展”的具有侨乡特色的经济发展之路，树立了在全国有示范意义的“晋江模式”。泉州把握住了改革开放这一历史机遇。

泉州建国后历年主要经济指标演变（1949～2006年） 表8－1

年份	国内生产总值（亿元）	人均GDP（元）	工业总产值（亿元）	农业总产值（亿元）	社会消费品零售总额（亿元）	财政收入（亿元）
1949	1.33	61	0.34	5.11	1.16	0.07
1965	3.97	123	2.24	10.81	2.99	0.51
1978	7.79	187	6.56	16.53	5.54	0.79
1980	12.4	294	9.88	17.96	8.12	0.95
1985	25.16	543	23.36	25.32	17.01	1.99
1990	61.88	1159	62.48	29.91	41.58	6.24
1995	518.96	8554	610.11	49.08	171.58	26.45
2000	1045.08	15907	1374.13	65.85	347.02	58.72
2001	1125.1	16320	534.11	81.71	378.44	44.93
2002	1223.06	16650	580.77	83.14	416.65	41.71
2003	1380.11	18414	657.97	84.04	409.33	50.03
2004	1602.97	21260	762.34	94.66	470.29	58.65
2005	1626.3	21427	870.05	97.88	562.4	76.11
2006	1900.76	24847	1033.76	97.52	646.9	93.03

资料来源：泉州统计手册（2001）、福建统计年鉴（2002—2007）。

苍天有道，人民奋发，几百年的沉寂之后，泉州这座“光明之城”重又放射出璀璨的光芒，而在此期间，泉州区域地位的抬升使其又面临重大的机遇。

（二）曙光重现：区域地位的迅速提升

1. 海峡西岸繁荣带

目前，我国东部沿海基本形成了以北京、上海、广州为中心的三大经济区域，在全球化浪潮中，这三大中心城市也成为了外资进入中国的门户。这个大区域背景中，福建正处在上海、广州两大经济地域的边缘，在长江三角洲、珠江三角洲的夹击下成为了我国东南沿海地区的相对经济低谷。

为改变这一空间劣势，福建以大交通建设为先导，整合相对发达的沿海地区，建立海峡西岸繁荣带，与海峡东岸相对应相衔接，与相邻的珠江三角洲、长江三角洲两大经济活跃地区相连接相贯通。通过加快海峡西岸的经济发展，形成与海峡东岸相互协调的产业互补与分工，促进两岸民间的交往与沟通，化解政治对立态势，增强双方的互信与了解，从而缩小两地之间的经济差距，构成牵引福建乃至国家经济发展新的增长源。

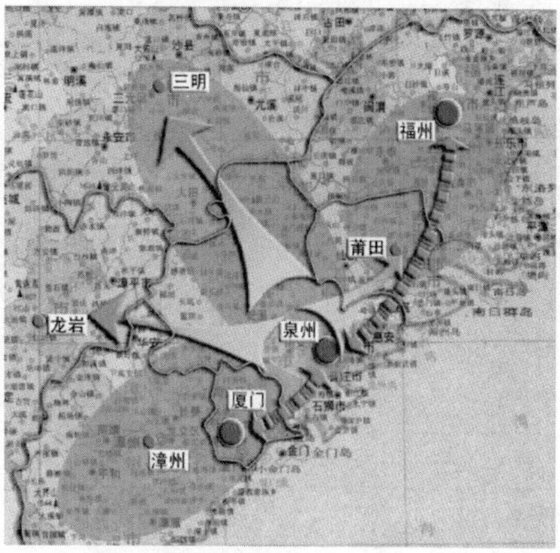

图 8－1　泉州作为省域三大中心城市之一

2. 定位省域中心城市

从福建省域来看，宁德、福州、莆田、泉州、厦门、漳州等城市呈串珠状沿海岸分布，构成了全省经济发展的核心地区，并形成了以福州、厦门为中心城市的点—轴结构的城市密集带，这条城市轴带也是福建构建海峡西岸繁荣带的基础。

随着泉州经济的快速崛起，原本较为松散的厦漳泉三角关系被打破，泉州开始从以厦门为核心的闽南金三角的一角向福建经济中心的角色转变，福—厦城市带的空间组织关系从此改变。福建的城市发展战略也据此做出了调整，“十五”期间泉州将作为省域三大中心城市之一来建设。

3. 培育新的增长极核

中心城市的发展需要新的经济增长极核的推动。目前，湄州湾已经成为福建新一轮沿海开发的重点，泉州市政府与时俱进，果断在湄州湾地区设区，借助湄州湾不冻不淤、世界少有的深水良港优势，以及背靠台湾海峡黄金水道的绝佳区位，重点发展重化工业，形成新的增长点。新设的泉港区在福建精炼一体化项目的带动下，已经成为继南京扬子、上海金山之后，世界石油巨头“抢滩”中国东南沿海石化市场的首选之地。与此同时，在国家计委的发展计划中，泉港已经作为全国六大石化基地、四大国际货运中转中心之一的建设计划正在开始实施。可以预见，泉港将不同于泉州以往的发展模式，依托大工业、大港口的建设来带动城市的发展，将成为泉州经济、社会发展又一新的增长模式。

区域地位的跃迁，鼓舞了泉州人把泉州做大做强的信心和决心。泉州已没有理由仍然留在中小城市的圈子里。

二、功能弱小：区域发展的诸多无奈

（一）中心城市规模弱小，中心集聚能力较弱

泉州作为一个在国内地级市中经济地位节节攀升的城市，经济发展已经具备了全国性的知名度，然而，其城市化水平却无法像经济地位一样得到相应的提升。如果用近乎苛刻的眼光来看，目前福建省还只有福州、厦门两座真正算得上的城市。而泉州作为闽南经济十分发达的地级市，城市化水平一直居下不高，中心城市规模严重偏小，市辖区人口仅占全市人口的10%左右，市区常驻人口仅50万人，中心集聚能力不足，城市服务功能不强，无力主动辐射周围县市，造成了中心城市与县市之间的联系减弱。由此可见，人口总量小，没有高度城市化作为基础的泉州，如果不改变现状，注定在“强者恒强，弱者更弱”经济发展的态势下，最终将陷于更加边缘化。

泉州各地区历年 GDP 占全市比重（单位:%） 表 8-2

年份	市辖区	晋江	石狮	惠安	南安
1949	14.14	17.51		18.78	25.21
1978	20.17	18.57		15.41	19.94
1985	16.91	29.65		13.71	19.22
1990	18.58	22.12	9.44	15.16	15.45
1995	16.29	29.78	10.12	13.34	18.89
1998	16.10	29.28	9.23	9.87	18.01
2000	15.58	26.74	9.01	11.88	17.53
2001	20.14	26.98	9.09	12.86	14.17

资料来源：侨乡五十年、泉州统计手册（2001）、泉州统计手册（2002）。

（二）空间结构组织松散，部分县市亲厦疏泉

“晋江模式”小狗集群式的民营经济所滋生的是一种“小城镇化”。其特点是产业分布在中心城市外围，同时也将人口粘滞在农村和乡镇。以全市经济最发达的地区——晋江市为例，其知名企业基本分布在乡镇，如金井的“七匹狼”、陈埭的“安踏”、“别克”等，造成中心城市经济和人口的集中程度偏低，出现了各县市与市辖区、集镇与县市中心城镇经济总量相近的情况，经济要素呈现一种均质、低水平分散的态势。同时，由于市域南部地区处在厦门一小时空间时距内，进一步弱化了规模相对较小的泉州中心城市对市域空间的组织力量，部分地区表现出“亲厦门，疏泉州”的尴尬格局。

三、危险重重：良好预期背后的种种反差

（一）快速工业化背后缓慢的城市化

泉州外向型加工业、私营企业的发展使工业化进程得以迅速加快，而传统的城乡二元

管理结构——尤其是严格的户籍制度却制约了城市化的进程，从而导致资金、人力、技术等经济要素向农村地区（乡镇）扩散，城市化严重滞后于工业化的发展。

2006 年泉州市人均 GDP 为 2.49 万元/人，是全国平均 1.6 万元/人的 1.6 倍；而同期泉州市城市化水平为 48%，比全国平均城市化水平 44% 仅高出 4 个百分点；2006 年泉州市人均 GDP 是福建省平均水平的 1.18 倍，但比全省平均城市化水平 45% 低了近 3 个百分点。如果与国际同等工业化水平国家和地区相比，泉州城市化水平大约滞后 8 ~ 11 个百分点。不难看出，泉州的城市化与工业化的落差已成突出问题。

（二）巨大经济总量背后低效的增长方式

改革开放以来，泉州的经济总量飞速增长，但经济效益的提升缓慢。2001 年全市财政收入占国内生产总值的 3.54%，低于全省平均水平的 5.01%；经济总量占全省 26.4%，但财政收入仅为全省的 16.7%；人均财政收入和人均国内生产总值也不高。低效的经济增长方式，严重制约了泉州城市建设和人民生活水平的提高。

与其他地级市地均指标比较（单位：元/m^2）　　表 8 - 3

城市	地均国内生产总值	地均第一产业产值	地均第二产业产值	地均第三产业产值	地均地方财政收入	地均固定生产投资总额
无锡	24.47	1	14.1	9.35	0.49	1.95
苏州	16	1.04	8.99	5.97	0.24	1.39
常州	12.31	1.01	6.85	4.46	0.34	1.42
泉州	8.76	0.74	4.65	3.36	0.09	1.83

资料来源：中国城市统计年鉴（2000）。

上表显示，泉州的地均固定资产投资超过苏、锡、常三市，可是地均产值却低于他们。大投入、小产出背后所反映的是一种规模不经济、发展不集约的状况。同样的结果还可以得到佐证：泉州经济总量的绝对值在全国地级市中已接近苏州、无锡，但中心城市仍然仅有 40 多万的人口规模，而苏州、无锡已经是人口超百万的特大城市。

（三）产业发展背后尚待优化的结构

泉州二、三产业所占的比重持续快速上升，分别由 1978 年的 38.5%、28.5% 上升到 2000 年的 53.5% 和 38.7%，工业化趋势明显，2001 年泉州产业结构比重进一步调整为 7.38：52.71：39.91，初露第三产业加速发展的苗头，产业结构开始趋向高度化，但其背后的问题仍然突出。

1. 结构缺陷的工业体系

泉州的工业体系以轻型加工为主，这种轻型的加工业虽然资金占用比较少，周转快，劳动密集，效益见效快，而且在企业发展初期用于资本积累比较有效，但这些传统轻加工业如制鞋、服装业产品关联度小、技术含量低、产业链短，只有加工零部件、提供中间原料、从事配套服务等形式的分工协作。这与苏锡常地区改革初期靠乡镇企业拉动经济发展的苏南模式相类似，属于小马拉大车迅速工业化的典型。然而，这种状态与现在的苏锡常地区相比，无论从工业结构、外资企业还是规模以上企业产值所占的比重等指标上均已表现出明显的差距，反映出产业发展的低水平扩张以及技术进步过程缓慢的特点。

泉州改革开放以来产业结构历年变化表（单位:%） 表8-4

年份	国内生产总值比上年增长	第一产业占 GDP 比重	第二产业占 GDP 比重	第三产业占 GDP 比重
1978年	11.9	38.5	32.8	28.5
1980年	32.0	38.7	33.7	27.4
1991年	54.3	27.8	45.1	27.0
1995年	24.1	11.5	51.3	37.1
2000年	11.8	7.7	53.5	38.7

资料来源：侨乡五十年。

根据调查，泉州民营企业中，大专以上文化程度的职工仅占职工总数的1%，中专、技校及高中文化程度的职工占25%，初中以下文化程度的职工占73.5%。民营企业的大部分业主是“穿着草鞋”开作坊、办工厂的农民，没有受过专门的教育培训，整体素质较低。企业投入技术改造和技术革新的经费占销售收入的比重仅为0.34%。

2. 尚待发育的第三产业

泉州的第三产业占GDP比重虽高于全国的31%、浙江省的32%和江苏省36%的平均水平，但产业类型单一，主要集中在交通运输业和批发零售业，服务业尤其是生产性服务业发展严重滞后。

市场建设和运用市场机制发展社会事业的力度不大；企业融资环境不宽松；民间充裕的资金未能充分引导和利用好；创业扶持体系有待进一步建立健全。

区域性物流中心地位不够突出，市场集聚力和辐射力不强，现代市场服务体系不够发达。发育不全的第三产业将影响城市服务功能的发挥，而发达的城市服务功能正是泉州作为省域中心城市的一个必要条件。

3. 有待升级的民营经济

作为泉州产业发展之本的民营企业，组织程度低级化、组织结构碎石化的桎梏在当前国内外环境下已开始表露。到“九五”期末，全市各类企业达9万多家，年产值亿元以上的企业仅58家，全市工业企业平均产值仅275万元，低于厦门943万元、福州322万元的水平。中小企业由于自身存在的缺陷和外部环境的约束存在一些致命弱点，比如不能形成有效的规模经济，对提高劳动生产率、技术水平和竞争能力构成障碍。根据工业发展的一般规律，小企业的集群发展，如果缺乏成规模的行业龙头企业，将很难形成强有力的产业关联。尤其是在全球化和信息化的形势下，中小企业不能在企业资源计划（ESP）、供应链管理（SCM）、客户管理等现代电子经济的生产管理体系中占据“链主”的主导地位。

（四）诸侯经济背后缺乏强势的政府行为

在以村、镇经济为发展单元的诸侯经济面前，政府的管治力显得非常薄弱，有时甚至束手无策，这在城镇空间的无序发展中表现得十分明显。由此造成：

1. 城镇边缘“溃疡”

在经济快速发展的刺激下，泉州城镇用地扩展迅速，但由于缺乏统一有效的规划管理与监督，城镇边缘的开发高度无序，以一种工厂—居住相结合的产住楼形式沿道路两侧蔓延，背后仍然保留着可能在将来一段时间内还无法开发的农业用地和农村居民点，表现为突出的“两张皮”现象，这在省道、国道两侧尤为明显。这种碉堡式产住集合体的圈地方式，一方面使土地的浪费相当严重，另一方面由于城乡功能混杂，基础设施不配套，对以后的开发建设带来了很大的麻烦。“城中有村，村中有城”、“村不村、城不城”的空间结构与景观几乎随处可见，是城镇边缘“溃疡”的典型特征。

图 8－2　城市空间结构的无序蔓延

2. 开发区建设“低、小、散”

泉州市有各种工业区 123 个，规划使用面积 135. 58km^2，已经批准面积 51. 67km^2，实际开发 51. 77km^2，入驻企业 2366 家，已投产 1700 家。工业区所创产值约占全市工业总产值的 1/4，是泉州经济发展的重要载体和新增长点。但在 123 个工业园区中，除了 14 个省级工业区外，大部分工业区面积很小，基础设施不完善，且布局分散、档次低、集聚效益差，形成新的“低、小、散”开发模式，这种边缘化的产业布局进一步加剧了中心城市的空洞化。

3. 空间扩展背道而弛

在泉州市区相对弱小，市域诸侯经济并起的状况下，诸多城镇普遍对市区这一中心缺乏认同感和归属感，发展多以自我为中心，城镇发展处在相对独立又相互竞争的状态，分离性的市域空间发展格局明显。这在泉州湾地区表现得最为突出。目前由于行政界限的限制，中心城区周围几无可用建设用地，而其市辖区内拥有大片土地的洛江区又非理想的拓展方向，虽然泉州市区与晋江城区一线已经出现绵延接壤的趋势，但是出于各自利益的考虑，反而出现了一种相互制约的局面，各自成为一种对方发展的阻力，目前各自的规划方向正好相反，有越行越远的趋势。同样，晋江提出的大市区概念包含与其相邻的陈埭镇，却没有有效的整合规划。作为上一级的泉州市政府尚不能对其市区周边进行协调控制，而在以弱中心建设大泉州的过程中，政府又如何能对市域进行有效引导甚至是必要的强制来弥补泉州市区自身集聚能力差的不足？

目前的泉州给人留下的印象是：小城、小厂、小码头，这种小而散的局面，如何能承受未来发展之重，特别是作为省域三大中心城市所要承担的龙头重任？

大泉州建设需要强势政府，需要强势政府建设大泉州的远见卓识的气魄与有力作为。

第二节　理性博奕：构筑区域强中心

一、优势评价：整合发展的资源依托

1. 产业优势

改革开放以来，泉州经济社会面貌发生了深刻的变化，成为我国地区经济快速发展的典范之一。2001 年国内生产总值 1045.08 亿元，这一指标高于福州市，是厦门市的两倍多，一跃成为全省经济总量最高的地市。

“八五”以来，泉州市依托于侨资侨力的运用，并以“小工厂、大产值，小商品、大市场，小洋货、大创汇”为经营特色，致力于培植石油化工、纺织服装鞋帽、建材陶瓷、食品饮料、建筑房地产、旅游六大支柱产业和机械、电子两个重点发展产业，涌现出许多规模化、竞争力强、效益好的企业，创出了“安尔乐”卫生巾、“七匹狼”服装、“匹克”运动鞋等一批名牌产品。走出了一条以市场调节为主，外向型经济为主，股份合作制为主，多种经济成分共同发展的富有特色的经济建设路子。

2. 侨台优势

泉州面对台湾，背靠闽东南广阔腹地，是著名的侨乡和台湾汉族同胞祖籍地，在对台交流中具有全国其他地市所无法取代、独一无二的特殊地位。

早在南宋时期，泉、漳商人已往台湾北港与当地人互市。至元代，泉台贸易逐渐兴盛，当时往台湾的商船“岁常数百艘”。明代虽然实行了“海禁”，但泉台之间走私贸易从未间断。此后世事变迁，但两岸的关系一直密切。建国后至 1970 年代中期联系有所停滞，改革开放后特别是 1980 年代后泉台贸易额又有回升。自 1983 年始，台商就开始到泉州投资办厂，泉州因此成为大陆最早出现合资企业的地区之一。1988 年 7 月，国务院公布《关于鼓励台湾同胞投资的规定》后，增强了台商赴大陆投资的信心，使得泉州的台资企业进入稳步发展阶段。

目前泉州旅居海外的华侨、华人和港澳同胞 698 万人，分布在 120 个国家和地区。居住在台湾的泉籍同胞 900 多万人，占台湾汉族同胞的 40% 以上。这些华侨、华人拥有雄厚的经济实力，与世界各地有着广泛的联系，在全球构成一个庞大的市场网络。据不完全统计，1979 年以来，海外华侨、华人、港澳同胞捐资泉州兴办公益事业和投资经济建设的资金分别达 30.4 亿元人民币和 30 多亿美元。

3. 旅游优势

泉州是中国历史文化名城之一，也是古代“海上丝绸之路”的起点，旅游渊源深远。泉州处在福建省“一区一山一线”旅游规划的闽南金三角旅游区之内，其旅游资源丰富而

独特。除了海丝文化、宗教文化、侨乡文化、戏剧文化和惠安女文化等独特的民俗文化外；还保留着灵山圣墓、九日山、老君岩、五里桥、弘一法师纪念馆等大量史迹。蜚声中外的泉州木偶、梨园、打城、高甲戏等稀有剧种以及古代的“御前清音”南音，构成旅游业发展强烈的文化氛围。这些旅游点的天然景色与人文趣境相得益彰，闻名遐迩。

图 8－3　丰富的旅游资源

4. 海港优势

泉州地处福建东南沿海，具有良好的港口条件和丰富的海洋资源。泉州海域 10～40m 等深线面积 1499km^2，40～60m 等深线面积 1681km^2。主要水产生物有 500 多种，包括鱼类 115 种、虾类 10 多种、贝类 20 多种、藻类 20 多种；其中主要经济鱼类近百种，产量较大的鱼类有 20 多种。此外泉州浅海滩涂面积 118 万亩，盛产牡蛎、蛏、蛤、螺、海带等贝、藻类 200 多种。

泉州海岸线曲折蜿蜒，大部分为基岩质海岸，总长约 421km，占全省的 12.7%，有湄州湾、泉州湾、深沪湾、围头湾 4 个港湾及肖厝、崇武、后诸、梅井、石井等 14 个港口，可建较多深水泊位，发展海洋运输、远洋捕捞、近海养殖、水产加工潜力巨大，建设海上泉州具有优越的条件。孙中山先生在其《建国方略》中就对泉州地区特别是湄州湾的海港资源给予极高评价，将其称为海内第一大港。

目前泉州已是福建省乃至全国重要的出口商品货源基地，泉州港港群体系年货物吞吐量突破了 2000 万吨，每年向世界上 107 个国家和地区提供 40 多亿美元出口商品。

5. 文化优势

中华文明源远流长，有着众多地区文化单元，大的如齐鲁文化、三晋文化、巴蜀文化、粤文化、楚文化、吴文化等等；小的如客家文化、潮汕文化、闽南文化等等。泉州作为中世纪世界贸易大港，其辉煌的历史必定有灿烂的历史文化遗产。

泉州文化是一种交流文化，是中原文化与海洋文化的融合。这种文化的特质表现为统一、亲和、仁义、礼让、伦理的同时，又具有强烈的开放、开拓的意识，并赋予泉州人豪迈豁达、吃苦耐劳、不甘失败、坚韧不拔的精神气质。

泉州文化所展示的鲜明时代特征，就是强劲的进取精神，就是“敢为天下先”、“输人不输阵”的创业精神，就是商品意识、开放意识、风险意识、竞争意识。正是这种富有生命力的并具有时代意义的文化内核，成为海内外泉州人的价值引导与价值取向，并成就了今日泉州巨大的经济能量。

二、现实思辨：整合发展的条件

（一）城市空间特征及其发展趋势

1. 城市空间特征分析

（1）城镇群体分布紧凑

以泉州市区为中心，晋江、石狮、南安、惠安等县市城区皆在泉州市区半小时可达的通勤范围内，而泉港区作为城区飞地，通过其与福厦高速、国道的连接，也可实现快速地通达，不考虑行政因素，整个时空关系上类似于多片区组合型城市（如连云港、南通、台州等）。同时按照对这一范围的界定，2000 年，这个面积不到全市 1/3 的区域内，集中了全市乡镇（街道办）的 45%、人口的 70%、经济总量（按 GDP）的 80%。城镇密度、人口密度、经济密度（按 GDP）分别接近 2 个/百平方公里、1500 人/km^2 和 2800 万/km^2（厦门市辖区人口密度、经济密度分别为 840 和 3200，泉州市辖区两指标则为 1100 和 3100），远高于福建省的平均水平，是一个城镇与经济发展高度密集的区域。这种空间上的相对紧凑构成了以半小时城市群为基础的组合型都市圈的现实基础。

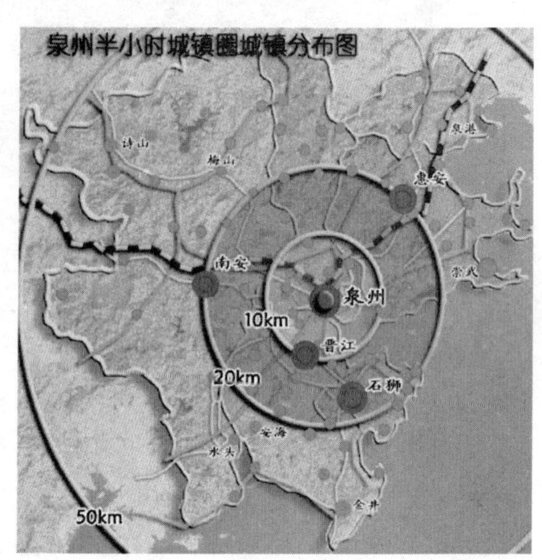

图 8 -4　泉州半小时城镇圈城镇分布图

在泉州中心城区周围三四十公里的范围内，集中了泉州市域大多数的城镇，主要有：

- **东北城镇群**

惠安：环泉州湾中心城市东北方向，洛阳东北 15km 就是惠安县城。城内户籍人口 7.6 万人，加上外来人口逾 10 万人。惠泉啤酒是城内最大企业，工业以食品饮料、机械、纺织、服装、鞋帽、石材、金木雕为主，已建成城北工业区、城南工业区。2000 年工农业总产值接近 9 亿元，其中工业产值 8.68 亿元。

泉港：惠安城东北 10km 则是泉州的泉港区，福建炼油厂为区内最大企业，肖厝港口已初具规模，漳泉肖铁路直达港口。由于投资 200 多亿元的中国、美国、沙特阿拉伯合资的石化一体化项目即将在泉港区落户，泉港将成为福建乃至全国的主要石化生产基地，一座新兴的石化工业城将在这里兴起。

东北城镇群以惠安、泉港为核心，高速公路和铁路将它们与泉州连接，泉港区目前是泉州的一块飞地，随着湄洲湾的开发，泉港与惠安有成片连绵的趋势，并且有条件成为城市群中规模最大的新城。

净峰与东岭：惠安净峰镇斗尾半岛位于湄洲湾主航道旁，与黄干岛相连，半岛内侧的城前、墩中一带，将是泉州未来的主要港口，航道水深逾20m，可建造多个5~15万吨深水泊位。斗尾港后方的东岭镇附近有大片适宜工业建设的台地，将来有可能被选为建设需要大进大出的大工业生产基地。

崇武：惠安县崇武镇有全国著名的石材石雕市场和生产基地，同时还是水产业生产基地。崇武有多处美丽的海滨沙滩，沙质极佳；崇武古城是国家级文物保护单位，这里旅游开发极具潜力，将来是人们休闲的好去处。

东北城镇群还包括惠安县的螺阳、涂寨、山霞、东岭、净峰、张坂、黄塘、紫山、辋川、东桥等城镇，还有泉港区的涂岭、山腰、蜂尾、南埔等城镇。

- **西南城镇群**

泉州西南方向的核心是晋江的安海镇和南安的水头镇。两个镇仅一桥之隔。两镇区加上外来人口约25万人。

安海镇人口12万人，是全省首批公布的工业卫星镇。镇境内有外商成片开发的安平开发区和市级安海湾工业园区。2000年有乡镇企业1870家，营销收入68亿元。安海还是闽南重要的商贸市场。

水头镇是泉州市沿海重要交通枢纽，人口10万人，省级蟠龙开发区位于镇区。2000年有乡镇企业775家，营销收入50亿元，位于水头的闽南建材市场是全省最大的全国性建材市场。

安海、水头两镇附近还有以生产石材著称的石井镇，全省最大的粮食市场所在地官桥镇，毗邻泉州的建陶产地磁灶镇以及东石、内坑、紫帽等镇，经济均较发达，两镇离泉州不到30km，又有高速公路连通，西南城镇群有条件成为泉州城市群中重要的城市组团。

- **东南城镇群**

东南方向是晋江和石狮的乡镇：英林、金井、深沪、龙湖、永和、祥芝、永宁等，由于依托晋江和石狮的发展，这些镇经济也较发达，纺织、服装、漂染等行业是这一带的主业，但布局较为分散，今后将成为环泉州湾中心城市的卫星城镇。

- **西北城镇群**

泉州西北30km南安市区是泉州半小时城市群的主要城市，其他镇则是半小时城市群的卫星城镇。相对而言，东北城镇群的经济实力偏弱。南安市区现有人口15万左右。作为泉州半小时城市群的西大门，南安是泉州联系内陆腹地的重要节点。

（2）江、海、山、城，层层相依的基底空间

泉州半小时城市群从基本的自然空间看，东临大海，西枕山林，拥夹三江，而山海江之间的平原形成了密集发展的城镇空间，江、海、山、城构成了城市群空间发展的基底。

江、海：是泉州最具个性特征的空间资源与生态资源，也是承载泉州历史与文化底蕴的主要空间载体。海湾（湄州湾、泉州湾、深沪湾、围头湾）、江河（晋江、洛阳江、五马江）既是海洋连接城镇空间的纽带，引导城镇空间向海洋拓展、摆脱海湾即海港的单向定式，也是注重滨海生活空间的营造，突出泉州地区海的历史、海的文化、海的城市的独特韵味的空间资源依据。临海城镇（辋川、小乍、山霞、崇武、蚶江、祥芝、锦尚、永

宁、深沪、金井、石井等）作为嵌入海洋空间的人类活动的节点，具有功能组织的作用，在以规划的沿海通道为主轴的交通组织下，可以综合利用沿岸湿地、沙滩、海港等资源，凸现“港、渔、涂、景、能”的综合开发优势。

山：南部山地，主要集中在南安市，城市群构建大生态格局的基础，也是城市群与市域乃至福建东部内陆山区的过渡区。山地农林特产资源与旅游资源丰富，可作为生态保护、特色旅游、农林资源开发的特色产业综合发展区域。

城：半小时城市群中城镇密集区，是未来大泉州都市圈构建的基础，在主要交通线（铁路、高速公路、国道、省道）周边集中了城市群中的主要城镇和中心城市，形成了一条“X”型城镇聚合轴。这条轴带沟通了腹地、城镇、海港，构成了城镇发展的主要空间和发展要素的进出通道，沿海通道、福厦高速复线、泉三高速以及福厦准高速铁路的相继建设更加强了这条城镇聚合轴的组织作用。

（3）片区加轴线，收放有度的功能空间

针对城镇群内城镇空间的东西分异，规划建设以都市圈的概念组织城市群（泉州城区、晋江、石狮、惠安、南安和肖厝）的城市功能空间，东部将分散的城镇空间通过分区域城镇化的道路形成一个等级有序、职能分明、形象统一的完全城市化区域。西部则根据城镇沿江、沿路串珠状分布的特征，强化轴线组织作用，结合未来南安城区的优势交通区位，培育西部腹地的中心城市。

2. 城市空间发展趋势

（1）机动化趋势

作为一种技术因素，交通是塑造城市形态引导城市空间拓展的主要因素之一，从目前的发展趋势来看，未来二十年内机动化将对城市形态塑造与功能关联产生最为重要的作用。机动化一方面将极大地扩展城市功能的地域范围，使通勤的距离延展、范围扩大，将原来联系较弱的空间实体变得紧密；另一方面，通过城市功能地域的交融，可能出现城市功能的网络化趋势。

在泉州半小时城镇圈内，如果建设以轨道交通系统为主导的、省道国道为骨架的快速交通网络，满足各城镇空间有机集中的交通需求，那么将加速城市空间实体的融合，形成高效的城市结构形态。

（2）都市圈趋势

城市地域概念可作三种类型的界定，即城市的行政地域、景观地域和功能地域。都市圈作为一种功能地域概念，其出发点是城市对周围地区的影响，这种影响通过城乡间各种形式的社会经济联系得以实现。都市圈的构建针对了城市化进程中出现的城市—区域整体化现象，考虑机动化、城镇密集的趋势，这一形式在未来可能得以进一步推广。

城市群一般而言，仅仅是一种表述城镇空间集中的概念，而泉州半小时城市群本身就在一个相对紧凑的空间地域内，同时包含在一个地级市的行政单位内，都市圈这个强调内在功能的空间组织将较好地体现在“大泉州”这一整体概念之中。

（二）整合发展的优越性

1. 更高质量的信息和知识交流

城市相对于农村最有意义的差别可能就是更丰富、紧密、高效的信息和知识交流，而较大城市相对于较小城市的最有意义的差别可能就是这种交流的量和质。交流所具备的学习功能能极大地催化创新，能产生更快更高的效率，能形成更大更强的城市竞争力。充分整合的泉州将意味着更丰富、紧密、高效的人、企业、政府与团体等之间的多向交流，在极大地促进创新的同时，也创造着理解与和谐、共识与文化。

2. 更融通统一的大市场

市场是决定发展的瓶颈，一个更加融通的统一的大市场所创造的市场容量要远远超过同样总量的分散的小市场之和，因为更紧密的交流和更低的成本有利于创造更多的消费，同时也使产品的发明和生产变得更加容易。实践中尽管很多小城市也能成为大的消费中心地，但前提必须是通过各种途径，克服地域上的障碍，实现更大范围内市场要素的集聚与整合，而空间的集中与集聚是实现大市场最快速便捷的途径。

对泉州市而言，庞大的民间资本和活跃的金融市场（尽管可能并不完全规范）历来就是发展的一个重要因素，商品市场在本地也高度发达，这些都是“晋江模式”中的重要特征。一个充分整合的泉州市将意味着更加融通的金融市场，这必将有利于提高资本的利用效率，降低企业兴办和拓展的成本，从而创造更多的机会特别是大项目孕育和发展的机会。在商品市场方面，更融通的大市场为流通企业提供了更大的生存机会与生存空间，并有可能为“晋江模式”中传统型市场及其企业的转型提供更多的选择，比如将小商品市场转化为以股份合作制为基础、由原有众多业主整合而成的大型连锁专营超市以及发展现代物流业等。

3. 更协调的布局安排

整合发展为用地布局的统一协调奠定了基础。例如，泉州目前分散的工业用地就可以根据基础设施需求以及环境要求进行统一的布局，居住区建设和其他设施用地也都可以根据用地和需求在全市范围统一布局。而且，城市中心区内的部分城市功能也可以在城市新区内得到合理的安排。

4. 更大手笔的城市设计

空间整合将为城市景观、城市意境和城市文化的设计、塑造奠定基础，从而使一些“大手笔”的人文或自然景观的塑造成为可能。比如，可以将整个城市的空间资源协调起来，进行城市整体空间景观的塑造；可以将一些共同的文化或精神通过统一的组织协调贯彻在这些整体的景观塑造中；可以在更高的标准上，建立较为完善的城市体育设施与文化设施等等。

5. 更好的社会服务

整合发展可以提高社会服务设施和基础设施的建设标准，并服务于更多的对象，因此，一方面，整合为更高标准的设施建设提供了可能，另一方面，由于更高的使用率，以及协调使用的可能，避免了重复建设，实现了低成本的运营，从而能产生更好的社会与经济效益。

6. 更美的城市意象的形成

一个空间整合的泉州市，才会给人一个真正大城市的意象，这种大城市意象形成的重要性在于，它能带来引力、集聚力与扩散力，同时能提高市民的信心、自信与认同感，从而也会形成更好的投资环境。大城市意象的创造是加速泉州城市化的一个战略选择，也是提高城市聚集力与扩散力、集约土地利用的必要举措，并将有助于社会整体环境质量的提升。

三、自我重塑：区域坐标下重新定位

泉州市城市总体规划（1995—2020）所确定的城市性质为：国家历史文化名城、著名侨乡和旅游城市，闽东南重要的工贸港口城市。这一定位基本表述了泉州的城市主要功能和发展的优势所在，但在新的形势和发展条件下，泉州的发展又有了新的契机，如泉港区的优势突现，福建铁路网与国家大动脉的衔接，新的交通体系的建立等，泉州的快速发展给城市功能的定位产生了新的冲击。

（一）区域角色定位

福建省三大中心城市之一，海峡西岸繁荣带的龙头城市

福州是福建省的政治行政中心，而厦门是福建省乃至全国的对外经济窗口城市，泉州则是福建经济发展的中心城市，它将通过与福厦两地之间的竞争与协作，发挥在海峡西岸繁荣带内承启南北、辐射内陆腹地的作用，近期成为海峡西岸繁荣带中部的枢纽城市。

从海峡两岸的大区域范围看，泉州作为海峡西岸繁荣带的龙头城市，具有密切与台湾的经济与文化联系、开展两岸的双向交流以及接受台湾产业与资金转移的桥头堡作用。

从我国东南沿海的更大区域来看，泉州的崛起还使福（福州）、厦（厦门）、泉（泉州）为主要核心的城市群的框架更加清晰，形成与长江三角洲城市群、珠江三角洲城市群的区域竞争与协作的格局；实现国家生产力更合理的布局、全面实施均衡发展的战略等均具有新的意义。

（二）产业定位

中国东南部制造业基地、港口城市，闽东南重要的物流中心

中国东南部制造业基地：利用原有的制造业基础，提升产业技术含量，实现经济转型与升级，培育新的轻工制造业和石油化工产业。通过改造提高传统优势产业，发展第三产业和高新技术产业，形成既有雄厚的基础工业，又有较高科技含量的加工工业的重要基地以及市场网络完善、内外贸易发达的商品集散中心。在此前提下，发展规模经济，组建一批大的企业和企业集团。通过实施名牌战略，创出一批在国内乃至世界有影响的泉州品牌。与此同时，利用泉港区引进国家大型石化项目的契机，利用国外资本加速向我国转移的有利时机，加大对外的招商力度，巩固东南亚，加强港澳台，拓展欧美日，实现招商的多元化，以支柱、重点产业为主，扩大影响，力争招商引资有新突破，从而提升和完善先进的产业体系。

商贸、旅游、港口城市：发挥泉州自身的经济优势，大力发展商贸业。同时发挥中国优秀旅游城市的优势，保护好山、水、城相融的自然环境，搞好城市空间环境整治，保护富有泉州侨乡特色的历史风貌和文物古迹景点，争取建成生态宜人、旅游环境舒适、资源特色突出、文化底蕴深厚、发展前景广阔的中国最佳旅游城市和国际性旅游城市。

以滨海城市和沿海繁荣带为依托，加快港口综合开发步伐。以沿海繁荣大道“一线串珠”的格局，充分发挥港口优势、交通枢纽优势、产业优势、城市优势，大力发展海洋加工业、港口物流业、临海工业、滨海旅游业以及高科技产业。以浅海滩涂和海岛资源为重点，进行综合开发，形成水产作业区、旅游度假区、农业良种场等综合性生产、经营格局。以外海渔场、海洋矿产以及海洋运输和贸易为重点，运用现代高新技术进行深度开发，形成海洋经济新的增长点。以泉州湾、湄州湾为依托，建立较发达的港口经济产业体系，成为国内国际集装箱中转港，并建设成一流的港口城市与景色迷人的滨海城市。

闽东南重要的物流中心：利用泉州便利的“海陆空”立体交通优势，建立闽东南大型物流基地，成为广大内陆省份的出海通道。加强与福州、厦门、漳州、莆田等周边地区的联系与交流，大力发展与国内友好城市、闽东南、闽西南的区域经济合作，在扩大外引内联中进一步拓展经济空间。

（三）文化定位

国家历史文化名城、著名侨乡和闽南文化的精神家园

国家历史文化名城：泉州是名满中外的历史文化名城，它具有“海上丝绸之路”起点，世界宗教博物馆，闽南建筑艺术大观园和中原文化、海洋文化、古越文化交相辉映这四大特点与优势，城市文化内涵丰富，积淀深厚。这就要求泉州的城市建设不应只是对城市规模、功能、基础设施等量与质的传统意义上的改进或改变，还要注意重视泉州的历史文脉传统，弘扬泉州文化精神，展示泉州文化风貌，突出泉州文化特点，凝塑泉州文化典型，促进泉州历史文化“质”的复归、继承和发扬。

著名侨乡：泉州是我国著名侨乡和台胞主要祖籍地之一，有海外三胞1600多万，是泉州现有人口的两倍多。泉州先后举办五届国际南音大会唱、两届国际木偶节，以及国际南少林武术节、纪念郑成功诞辰330周年等活动，激发了海外侨胞和港澳同胞热爱家乡、建设家乡的热情。随着海峡两岸关系日趋缓和，泉州市充分发挥人文、地理、血缘、语言、习俗等方面的得天独厚的优势，不断加强两地经贸合作，使泉州成为对台经贸较为理想的地区。目前泉台经贸合作已由原来的小买小卖的贸易伙伴发展为互惠互补的投资合作关系，吸引台资的增长尤为迅猛，海上对台劳务合作继续扩大，呈现令人瞩目的发展趋势。

闽南文化的精神家园：泉州是闽南文化的发源地，闽南文化深深地打上了海洋文化的烙印，其特点是开放开拓，以“站着的东西塔，躺下是洛阳桥”为楷模，表现在泉州人的性格上，主要是豪迈豁达，吃苦耐劳，敢于并善于在恶劣艰险的环境下生存与发展，强调“输人不输阵”，“爱拼才会赢”，“穷则独善其身，达则兼济天下”，常常表现为“拳拳报国心”和“浓浓故乡情”。今天泉州人的商业意识和“履惊涛骇浪如平川，味艰难困苦若甘饴，人不毛之地，闯绝域之虚”的拼搏精神即是古代泉商的历史遗传；改革开放后的“晋江模式”，也是古泉州“贸—工—农”的发展模式的历史延伸；今天泉州经济建设中独特的侨台优势，又是古代出洋谋生的泉州人之子孙对家乡的反哺。泉州已经名副其实地成为闽南文化的精神家园。

第三节　空间重构：构建泉州都市圈的理想

一、都市圈空间整合战略

未来，泉惠地区建设的一系列大型基础设施（深水港、炼化一体项目、核电站、新机场等）将产生强烈的乘数效应和衍生效果，因此，必须考虑通过强化湄州湾、泉州湾的协调发展，发展外向型经济，实现泉南、泉北不同经济板块的整体联动。当然，这样的考虑有较多的不确定性，比如泉港的发展将是基于依赖境外的投资及中央政府的项目支持。

然而，作为一个省域中心城市，泉州必须能够发挥出带动一片、影响一片的作用，拥有自己的腹地并与之形成良好互动将是泉州未来城市发展的基础。然而目前泉州在这方面的不足很明显：由于长时期受到以福州、厦门两大城市为中心的传统格局影响，泉州受制于厦门，并没有自身的传统腹地，面对来自福州、厦门的竞争始终不能取得主动，而泉州一直所依赖的小而散的“晋江模式”将难以承担起省域中心城市的重任。因此，应该将整个都市圈空间结构发展战略的重点置于对泉州现状与未来发展的认识以及做大做强泉州、迅速提高城市竞争力的核心框架内，从而使得空间结构具有较强的合理性。

因此，为了构建泉州都市圈，必须把握未来的发展动向，最大化地利用市域范围内现有的和可能产生的空间资源，同时在壮大整个“大泉州”整体实力的前提下，强调做强泉州主城区。

而谋划这一战略的核心之一便是湄州湾的开发，即试图通过大工业、大港口的建设来扩大泉州的积聚与扩散的能力，服务与辐射更大的区域范围，以此弥补泉州的先天不足。

这一战略可以解构为两部分：

一是借助大工业较强的衍生能力将泉州的影响力深入莆田，由于莆田开发湄州湾的决心已经很明确，如果泉州能够通过湄州湾的开发最终能使莆田做出“与泉州竞争”变“依托泉州”的战略转变的话（如同漳州之于厦门），泉州的发展将能获得强力的支撑，省域中心城市的地位才能实至名归。

二是对于更大范围的内陆城市而言，大港口的吸引力不言而喻，泉州只有依托泉港区这一可以预期的国际中转港建设，集中力量建成大港口并配以完善的疏港体系，才可能与福州、厦门进行势力范围的再划分。因此，提升泉港区的地位，有助于增强整个大泉州的吸引力、辐射力。

三是由于泉州中心城区以及各个辅城都是相对独立的主体，尽管通过空间重组有利于形成大都市的结构与形态以及塑造大都市的景观形象，从而提升城市的等级地位，增强城市的吸引力，但各种空间资源的整合到位必须突破行政区划的界限。

综合上述思考，构建百万大泉州“双极双湾”的都市圈空间结构转型战略应提上议程。

（一）“双极双湾”的都市圈结构

肖厝（cuò）港区已被确认为国家六大石化基地和四大国际中转枢纽港区之一，基于对未来产业美好前景的预期和对深水良港优势条件的把握，参照国内外港口城市发展的成功经验，突破石化区单一化思路，强化港口增长极作用，突出泉港区在未来都市内的重要地位，与泉州湾主城共同构建一个双核心的都市圈。

1. 结构形态：两极三辅，相辅相成，城港相依，内外沟通

- 中心主城——由泉州片区、晋江片区组成，形成一个紧凑组团型城市。主要承担都市圈行政、信息、生活、教育、旅游、金融、商业服务等职能，构建一个生态和谐的滨海城市。人口规模为150～200万。
- 泉惠新城——由泉港区和惠安螺城片区组成，包含肖厝、鲤鱼尾、斗尾三大作业区，依托港区承担都市圈发展临港重化工业和外向型经济的职能。泉港区发展大工业，惠安螺城片区以生活配套为主，结合商业、物流、金融等功能，形成一个功能完整的新城区。人口为80～100万。

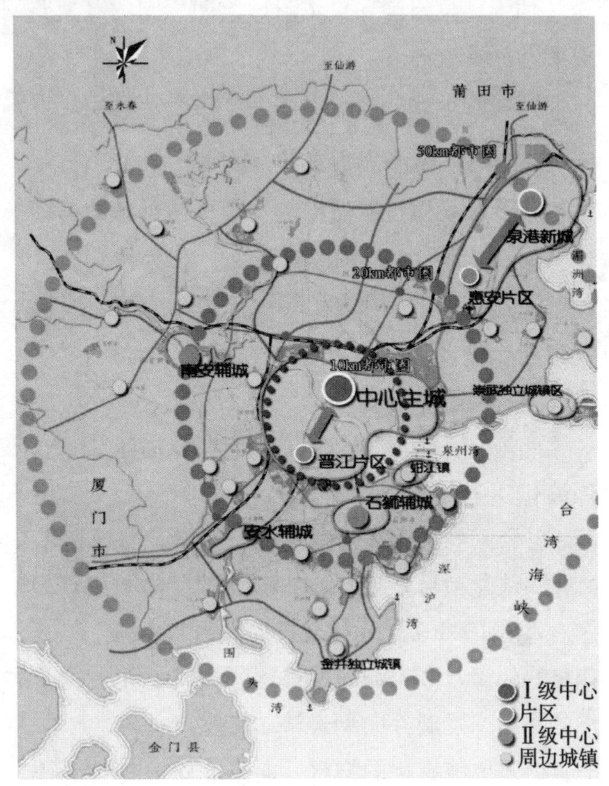

图 8－5　双极双湾的都市圈空间结构

- 石狮辅城——突出都市圈商贸和旅游职能，形成一个旅游、休闲、购物为特色的综合性城区。其市域范围可保持现状，也可进一步扩展至包含深沪湾以强化对台贸易试验区的职能。人口规模容量约50万。

- 安水辅城——由水头片区和安海片区组成，承担都市圈轻工业生产及商贸的职能，依靠围头湾整合发展两片区，形成都市圈南大门，通过水头、安海相向发展，共同构筑集居住、工业、旅游、商业于一身的辅城区。人口为40万。
- 南安辅城——南安市区独立发展，依靠山林资源拓展旅游业，结合福厦高速复线、泉三高速的规划建设，发展物流产业，承担都市圈向内陆辐射延伸功能的综合性辅城区。人口规模约为60万。
- 崇武卫星城镇——以崇武古城为中心，大力发展渔业、海洋休闲、旅游业，形成一个吃、住、游一体的城镇片区，并赋予部分类似辅城的次区域中心的服务职能。人口15万左右。

2. 实现路径

提升泉港区行政等级，争取部分地市级经管权限和行政权限，建立泉港与惠安之间的协调发展机制。

进行行政区划的局部调整。

加强环泉州湾和泉惠新城组团之间的高速路网建设，合理安排泉州湾与湄州湾的岸线资源和深港资源。

强化外来资金的引入和引导，灵活运用多方投资进行基础设施建设。

（二）都市圈发展的空间取向

基于对泉州古城保护的双极双湾都市圈的结构设想有助于强化泉港区对经济的拉动作用，整合中心城区的资源优势，通过快速轨道交通和公路网的联系，共同构筑大泉州。据此，大泉州的空间发展取向应北拓、南合和西控。

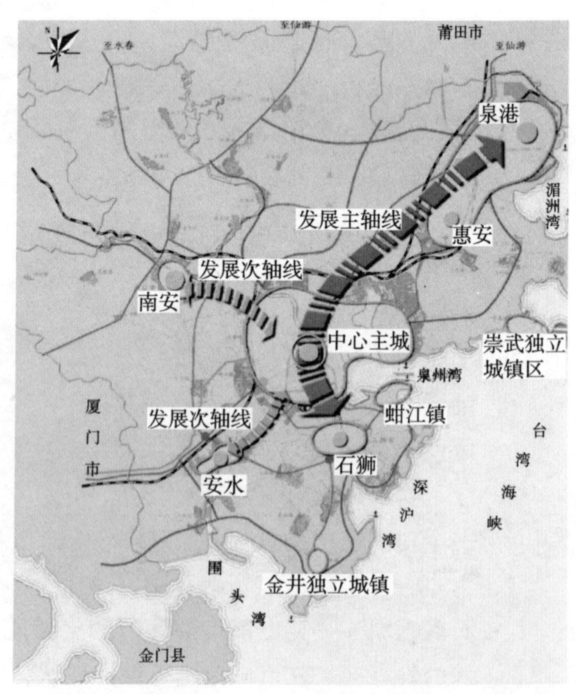

图8－6 都市圈空间发展方向

北拓——拓展生存发展空间。以福建炼油化工有限公司、美国埃克森美孚公司、沙特阿拉伯阿美海外公司三方268亿炼化一体化项目为起点，以未来10年内国家对肖厝1000多亿元建设投入为预期，利用极好的深水港资源，发挥国际中转枢纽港的作用，发展外向型经济，拓宽产业门类，突破单纯石化的框框，向泉北腹地延伸，建立新城区，实现港口城市产业多元化的新局面，打造闽东南甚至更大范围内的外向型经济核心密集区。

南合——整合主城周边空间。打破主城区周边行政障碍，通过泉州市区、青阳镇、陈埭镇的整合发展构建泉州新市区。梳理较为凌乱的用地状况，培育发展较好的工业园区，集中民营企业发展空间，形成一个南部地区民营产业集聚空间。协调规划南部岸线，强化生态保护，构筑商贸、旅游、休闲多功能的滨海综合观光产业带。

西控——控制性保护西部生态空间。西部山林作为重要生态维护区，不是都市圈主要发展方向。大力发展都市农业、休闲观光旅游无污染的洁净工业及物流产业等区域性服务业。

（三）都市核心区的构建

1. 泉州城区空间发展的反思

泉州以海闻名，素有海的情结。根据专家研究，泉州是从今福州迁到今丰州（古称武荣州），然后迁到今泉州的，也就是说，泉州城址变迁就是一个由北而南、由西而东逐渐靠向海岸的发展过程。唐代丰州是晋江中游的内河港口，交通不便，故迁到晋江下游来建设新城，从此奠定泉州临海城市的基础。

近几年泉州以经济实力为基础，中心城市建成区从 1995 年的 14.8km^2 迅速扩大至 43.85km^2，但受到洛阳江、晋江以及周边山体阻隔，城市空间基本滞于两江，城市拓展基本上困于古城，当城市周边几无可用之地时，才无奈地做出跨江选择。然而，其所辖洛江区又非城市理想的拓展方向。由于历史原因，两江也是市区的行政界限，跨江发展受到行政力量的牵制，规划发展的组团与组团夹江对峙，在没有大地形障碍的情况下，整个城市形态却呈现以两江为轴的一种类似河谷城市所特有的条带状。

当厦门要跳出海岛构建海湾城市的时候，泉州城市发展却溯江而上，弃近在咫尺的泉州湾于不顾，仅东海滨城深入海湾一角，而这一弹丸之地的规模容量显然无法承担目前所定位的新城区功能。无论这一格局的发展是否事出无奈，如果不打破这一局面，泉州将无法成为真正意义上的滨海城市。

2. 城市中心区发展取向的选择

泉州中心区发展至今，虽然建成区扩展了 5 倍多，但是空间上没有大的突破，基本上围绕老城区向外蔓延。受到晋江、清源山等地形的限制，城区周围基本已无可建设用地，城市跨越式发展的选择已无法回避。而按照对大地形的判读，城市基本上存在西、东和南三个可选的方向。

城市中心区发展取向选择优缺点 表 8-5

发展取向	优点	缺点
西向	①不突破行政区划，易于操作实施； ②西部平原建设成本低； ③城市发展门槛少	①远景仍然面临跨江的问题； ②侵入景观保护区，对城市生态环境造成破坏； ③与城市经济发展重心相悖； ④带状发展模式必将加重老城区的交通负担，形成瓶颈； ⑤城市特色不明显

续表

发展取向	优点	缺点
东跨	①充分发挥港口优势； ②交通枢纽区有利开发； ③有利于老城区人口的疏散	①城市发展门槛过多； ②城市布局结构松散； ③生活区与生产活动相互干扰大； ④交通组织困难； ⑤新区在空间上距母城过远，启动较困难
南进	①要素利用多； ②空间布局紧凑，交通组织便利； ③泉晋合力优势明显，有利于快速形成大城市； ④城镇紧密联系发展； ⑤完成海湾城市意向，景观形象好	①基本农田占用多； ②面临着滩涂改造的任务； ③机场干扰较大，需要迁址； ④行政区划调整大

目前，泉州城市空间发展基本策略是“南下、东进、西拓”，各个方向都有涉及，点到即止，又试图回避各个方向上的矛盾。然而，南下建立工业区势将影响未来都市结构功能的整体战略布局，东进建立东海滨城仍将受到土地容量的限制，无法承担新城区的功能，西拓则局限于河谷无法进一步伸展，老城区的功能无法疏散，最终造成城市空间的耗散。因此，泉州的应采取集中南向发展、适当向东开发的方案，抓住当前加速城市化的机会，类似于苏州、无锡、广州、常州等城市以最小的制度成本换取最大的发展空间。

南进：建立泉州未来的新城区，是新泉州、新经济集中发展的地域，也是滨海城市景观的集中体现。其关键是整合晋江南岸城镇的发展优势，优化空间布局，强化基础设施与社会服务设施一体化。特别需要指出的是，晋江南岸的滨海地区是建设新城区的理想用地，目前未开发用地约20km^2，如果对滩涂改造、对农村居民点以及低效开发用地加以整理，还将有20km^{2}用地，因此，总用地规模在40km^{2}左右。开发这一地区，有利于整合晋江、石狮的城市建设，带动这一地区向更高层次发展，而且，未来大都市的CBD以及新的行政中心的建设将很快形成全新的泉州城市形象。应该指出，该区位正处于城市中心区的新的中心位置（泉州、晋江、石狮、洛江、安水组团），便于城市各个方向的联系。

东调：对原有东海滨城的职能做出调整，重新审视洛秀组团的功能布局规划，缩减北部的用地规模，对后渚港区进行置换改造，预留必要的生活岸线，重点发展中高档住宅及相应的服务功能。

西优：优化生态环境，与清源山构成一体的生态空间，为老城区提供一个生态后花园。

3. 空间结构：双核四辅，紧凑组团

（1）功能结构

双核：

老城区（30万）：对现状人口与城市功能进行疏解，发展城市旅游、商贸和服务功能。

滨海新城（40万）：城市新的商务中心区和新的行政中心，与老城区并重的生活居住核心，滨海旅游区。

四辅：

晋江组团（50万）：城市商贸、制造业和居住并重的组团。

青蒙组团（20万）：先进制造业和未来高新技术园区。

东海组团（10万）：城市中高档住宅区、滨海度假区以及未来的高教产业区。

洛江组团（15万）：城市综合物流配送中心、工业组团及生活居住组团。

各个功能组团以自然山体和水体进行生态隔离，形成相对独立的空间，同时配以高速干道和轻轨连接，保持紧凑联系，达到集中和分散的平衡。通过对不同组团的有序发展，使泉州最终拥有大城市的宏大气势和山海江城的独特韵味。

（2）空间布局

① 行政中心：从城市经营的角度讲，行政中心无疑是城市规划建设中一个十分重要的经营要素，国内的实践也表明，行政中心的搬迁和布局对城市新城区的集聚发展具有巨大的推动作用。对于泉州，现有的市政府远无法满足未来构筑都市圈的要求，迁址新建是必然的，而行政中心南迁对于整合江南多种政治、经济因素十分有利，可以迅速树立政府建立新城的决心和信心。

② 中心老城区：中心老城区以功能的疏解为主，加强对现有文物、文脉、文化的保护，逐步恢复一些重点地区的古城风貌，成为泉州凝聚历史的象征。

③ 城市CBD：CBD是以商务办公为主的影响、辐射区域服务的“外向型”第三产业用地。虽然泉州目前不具备建设现代城市CBD的条件，但是随着未来泉州福建中心城市地位的确立，泉港区以港口和石化行业为基础的外向型经济的发展，以及可能对台湾往来的全面展开，各种公司总部或分部在泉州设立也有相当的可能，而且随着泉州本地大公司、大企业规模的日益扩张，也将会对中心商务办公场所产生需求，如果泉州本身不能满足其需要，将会导致这些公司总部向外迁移的后果。因此，从增强城市中心功能，建设现代化大泉州的角度出发，在新城中心区建立泉州CBD已经不单单是城市形象的需要，而且也是城市功能发展的必然要求。

④ 东海滨城：在华侨大学、黎明大学、师范学院的基础上建立泉州的大学城，鉴于后渚港区的衰落，进行码头改造建立亲水空间。在山与水的灵韵空间内发展泉州的高尚住宅区。

⑤ 海湾空间：泉州未来的标志性空间，城市韵味的集中体现。对滩涂的改造可借鉴国外的成功案例，注重对海的可亲性的表达。

⑥ 物流中心：集中在洛江区，整合高速、国道、铁路交汇的优势，建立港口、机场的便捷通道，形成一个现代化物流中心，构成泉州整个疏港体系的重要节点。

⑦ 产业空间：整合目前青蒙、江南开发区，在福厦高速公路南侧形成一个满足未来高技术产业和先进制造业要求的工业园区。

4. 滨海新城相对于洛秀组团发展的优先性

对于中心区的整合，目标是能够在短时期内迅速做大做强。杭州舍富阳而跨江并萧山、广州跨珠江并番禺，一方面是城市空间拓展的需要，另一方面也反映了城市之间强强联合的选择，晋江对于泉州的意义也正在于此。基于此点考虑，南向发展滨海新城这一新中心对于整合泉州与晋江有着至关重要的作用。就洛秀组团而言，跨江成本姑且不言，其依托港口发展工业的思路值得反思：一、后渚港可做参照，单纯港口对城市的带动作用并不明显；二、港口启动来自厦门、泉港、石狮等多方竞争的压力，发展重工业的风险更大于泉港；三、洛江组团建设缺乏基础，交通联系也十分不便，能否被认同和接受还值得怀疑，因此洛秀组团的建设应做更深入的考虑。与洛秀组团相比，滨海新城更具战略意义，通过新行政中心、RBD 等公共设施建设，引导城市重心向南迁移，实现泉—晋的整合发展。故滨海新城的开发应该优先考虑，其开发应该吸取过去工作中的教训，加强政府的管制作用。

（四）都市圈空间实施策略

1. 树立大泉州观念，实施有机集中发展策略

南部地区要实现合作互补，与晋江、陈埭有机融合；在晋江以北的滨海地区大力培育泉州新城的综合功能，通过建设大泉州 CBD 的发展策略来带动周围地区现代化城市风貌的建设，同时积极整合晋江石狮等城市的用地布局及结构，加强用地调整与设施配套。

2. 大力发展北部港区，确立大港兴大市的观念

将泉港区的发展作为泉州融入世界经济的重要契机，提升科技含量，增加产品附加值，沟通港区和中心市区的联系，以港兴市，以市促港，共同建设大泉州。

3. 西部地区积极创造现代绿色都市环境

强调都市圈生态、人文竞争力，基于生态与可持续理念，采用增长管理与精明增长理念，实施空间开发管制。限制西部地区开发强度与开发类型，严禁在生态通道和绿楔地区进行城市建设，严格制止在时机未成熟前对西部生态区进行零碎开发；构筑都市圈生态网架，营造一流的人居环境。

4. 全力改造城中村

城中村又称“都市里的村庄”，是目前我国快速发展的城市中普遍遇到的现象与难点。“都市里的村庄”虽然在地域上已经完全进城了，但土地仍然是农村集体所有，管理上也没有并入城市轨道，违法建设严重、基础设施滞后、社会控制困难、环境恶劣，与城市的发展目标极不协调。土地收入是政府的财政来源之一，随着政府对基础设施的投入，土地不断增值。然而城中村的存在，常常采用村里自行寻找合作方的开发模式，政府从土地出让中所获得的收益大大减少，投入产出效益大打折扣。另外，这种情况还会严重干扰政府土地出让和开发建设计划的实施。

泉州与晋江近年来城市建成区向外扩展的速度很快，家庭作坊式的工厂不断涌现，造成了建成区内的农民建房热情高涨。对相对远离现状建成区而尚未成为“城中村”的农民住宅区，可以借鉴深圳特区外龙岗区、宝安区的经验：按照未来城市发展的规划要求，根据现在农村人口、农村住宅建设条件和标准，划定集中的农民住宅区，统一规划、统一建设，以后不再新批准其他农民住宅用地。为了在一定时期内保证村属经济的发展，也可以和未来城市工业区布局的规划相结合，划定一块专门的产业用地供其开发。我们还建议：一定要尽快撤消环城公路以内主城区的镇、村建制，统一改设街道与居委会，人口身份实现向城市居民的转移，将用地、人口、产业统一纳入现代城市的轨道。

二、都市圈交通网络组织

（一）交通组织现状评价

泉州半小时城市群的客运主体是公路交通，占98%以上。货运也以公路交通为主，1999年货运量公路占71%，水运占24%，铁路占5%。

泉州大市的公路网密度已经达到较发达的水平，总里程超过1万km，每平方公里公路接近100km，实现了乡、行政村100%通公路，88%已有不同等级路面。

福州—厦门高速公路和324国道是东北、西南两片城镇群的交通主动脉。各卫星城镇与福厦高速公路各个出口以及324国道的连接线均已畅通。东南、西北方向的路网也已形成，三明高速公路开通后需要完成相关的连接线。今后，泉州市公路建设重点要增加高等级道路的比例，改造已有的道路。

城市群中港口众多，除肖厝是大港外，吞吐量上百万吨的还有水头和石井，剩下的是几十万吨甚至几万吨的小港。泉州半小时城市群要立足做大肖厝港，油码头扩建成20万吨泊位；尽早投建斗尾港，修建疏港公路、铁路，斗尾港将有可能建成福建第一大港。惠安县城要做好扩新建大机场的准备，相关的道路要预留。

（二）区域与设施廊道大交通的构筑

1. 发展目标

未来泉州半小时都市圈大交通的构筑，应从加强其与周边地区联系、提高它通达性的角度出发，提高该地区与福州、厦门、广州、上海等中心城市交通方式的高速化与现代化。

大力开拓与内陆区域的交通联系，拓展城市腹地范围。

加强区域内城镇间的交通联系，以促进城镇间的分工协作。

构筑区域交通枢纽，在依托福厦高速公路、泉三高速公路、漳泉肖铁路和福厦铁路等大型交通系统的基础上，加强港口和公路设施的建设，以港口建设为龙头，以区域公路网络为骨架，形成公、铁、水、空多种运输方式协调发展的综合交通体系。

2. 公路网布局规划的思路

泉州半小时都市圈公路网的构筑除了现状存在的和拟建的区域性交通要道外，还包括环绕泉州湾而构筑的快速路系统。作为城镇密集地带，都市圈各城镇间存在着越来越大的交通流量，而现状道路等级过低，需要新建快速路疏导组织；而且324国道、305省道、306省道从泉州穿过，影响城市中心区的空间组织。

大量的过境交通要求有外围的快速路疏导，以解决过境交通与城市交通混杂，城市道路交通拥挤的矛盾，因此，将过境交通通过环城道路引入福厦高速公路、泉三高速公路、沿海大通道，或者在城市外围接入国道、省道，使通过中心城区段的区域性道路（324 国道、305 省道、306 省道等）的功能变成主要服务于中心城区与各组团的内部联系，从而使主城与组团之间以及各组团之间的联系更加紧密。

（1）“三纵三横”干线网布局

三纵：福厦高速公路、324 国道、沿海大通道；

三横：泉三高速公路、305 省道、306 省道。

福厦高速公路、324 国道、泉三高速公路是全省的干道网的主骨架之一，而沿海大通道、305 省道、306 省道是全省省级干线“八纵九横”布局的重要组成部分。

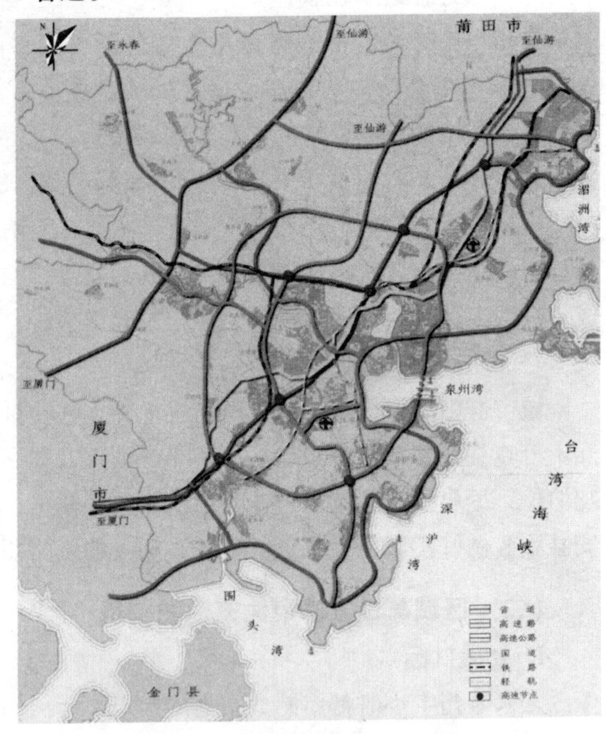

图 8－7　都市圈交通系统规划

“三纵三横”是泉州半小时都市圈产业和城镇发展带的主要依托公路。

泉州沿海大通道，即肖厝—石井的省级干线，是福建省沿海大通道的泉州段。此线将便捷地沟通沿海各城镇及各海港与主城区的联系，将加速湄州湾、泉州湾、深沪湾和围头湾等港区的建设以及协作分工，并带动主城区功能和地位的提升。

为了沟通沿海大通道与福厦高速公路、324 国道的联系，规划在洛秀组团北部与惠安城南以及石狮南部各增加一条联系道路，使都市圈道路成环成网。

泉三高速公路，即泉州至三明的高速路，是泉州半小时都市圈向内陆辐射的有效通道。该线的建成使得半小时都市圈与闽中西部的沟通更加快速便捷，对于扩大泉州的经济影响，扩展地方经济和泉州港区的腹地范围有着重要的作用；同时，该高速路能够加强泉州市域内半小时都市圈的城镇与西北部山区城镇的联系，有利于西北部山区的开发，带动西北部经济的发展。

（2）“环湾放射”的都市圈快速路网

构筑原则：快速路网的构筑以区域交通要道和城市规划路网为基础，分流过境交通，保证中心城区用地开发不受干扰；快速集疏各片区间远距离机动车交通，适应机动化和城市周边开发、用地调整和功能疏散；密切联系公铁水航交通枢纽，使城市交通与对外交通有机衔接，增强泉州中心城市的功能地位。

路网布局：快速路网依托着区域交通要道和城市的交通性要道，形成“环湾放射”快速路网。

“环湾”即是环泉州湾，分为内环与外环。通过新建与提升环泉州湾的道路等级，大幅度提高道路的通行能力。内环联系中心城区内各城市组团；外环联系南安、安海、石狮，并经沿海大通道跨泉州湾联系泉州的东部与北部。内环与外环道路共同承担加强中心主城各片区之间和环泉州湾各城镇之间的整合协调和沟通联系的功能，疏解地区过境交通压力，并使快速路起到快速联系公铁航交通枢纽的作用。

“放射”依托原有中心城区的对外放射通道，沟通中心城区主要对外干道与内环、外环快速路的联系，增加中心城区向南北方向放射的新干道建设以及改造现有西向的对外通道，使中心城区的进出联系更加便捷。

“海湾大桥”：作为规划远期的交通大通道，外环快速路将在中心城区东部的泉州湾上通过，联系滨海新城与洛秀组团，并成为都市圈南北向交通的新的主要通道。海湾大桥的建设也将成为大泉州最重要的城市标志性建筑景观。

3. 铁路规划

福建沿海地区近几年经济发展迅猛，尤其在福州—泉州—厦门沿线特别明显。在公路、水路、航空俱全而不能满足经济增长需求的情况下，完善该区域的综合运输网络，建设铁路对于该地区经济的发展显得格外重要。而于泉州来说，铁路的建设对于加强泉州与福州、厦门的联系，提升泉州的门户区位具有重要的意义。经有关部门的规划，铁路线路的走向已有明确的方案，该铁路即是从南北方向修建的沿海国家铁路大动脉的一部分——福厦铁路。

福厦铁路是国家铁路沿海大动脉的重要组成部分，北接福州—温州线，南接厦门—漳州—汕头线；还是福建省铁路网的环线之一，西接福州—南平线，南接厦门—鹰潭线。这些铁路网络的相互衔接，使泉州成为东南沿海铁路枢纽城市之一。铁路路网的建设和发展，使泉州不仅与省内的福州、厦门、闽西、闽北联系方便，而且可与珠江三角洲、长江三角洲以及中南、西南取得方便的联系。

福厦铁路在泉州市区，由泉州北站经新北线，至泉州西站，而后南下丰州跨过晋江，接晋江站，在厦门（东李）与厦鹰线接轨。福厦线在泉州市内设泉州北站和泉州西站。泉州北站位于洛阳江的石舶，作为主要客货站、区段站、福厦线专用线的连轨站；泉州西站位于董埔，以客站为主，是漳泉肖铁路、福厦铁路的接轨站；晋江站为晋江南岸主要的客货站。

4. 港口的规划建设

（1）港口功能定位

泉州港的功能定位为“我国东南沿海重要的区域性港口，是泉州地区经济发展，对外贸易服务的综合性商业港口，是完善福建省综合运输网的重要支撑点，为福建沿海中部、省域乃至我国中部地区经济发展服务”。

泉州湾港区：泉州地区物资进出口及对外交流的重要港口，是泉州市对外开放的主要窗口。

湄州湾港区：福建省大型工业基地，发展中转、能源运输，为区域国民经济发展和外向型经济发展服务。

深沪湾和位头湾港区：为区域经济服务，对外贸易服务以及客运能源运输等的综合性港口。

（2）港口发展导向

泉州港的规划近期应以完善泉州湾港区建设为主，中远期以湄州湾港区建设为主。泉州港的开发建设以沿海大通道和集疏运输网络建设为突破口，以体制改革、理顺关系为重点，实行整体开发，充分发挥多港区的整体优势。

- 加大港口整合力度：多港区既是泉州的优势，同时也是其发展壮大的限制性条件。港口多而分散，使得资金投入分散，效益不高。当其发展到一定规模后，多而分散的特点将成为其发展的瓶颈，其优势因此而转变为劣势，泉州港口的竞争力度也将劣于临域港口。对此，应加大泉州港口的整合力度，大胆摈弃一些设施落后、区位不佳、效益不高的老港区和小港区，而相对地集中力量建设一些设施相对先进、效益好的大港和新港。
- 加强港口集疏运通道建设：围绕临港型产业的发展，培育形成一个具有区域性交通枢纽地位的港城区和区域经济发展的增长极，以增强港口对全市地域的辐射。同时通过以港口为枢纽多层次的高效、快捷的区域交通建设，加大港口对中心城区的推动作用，以此推进港城一体化。区域集疏运通道系统主要有：漳泉肖铁路、福厦高速公路、泉三高速公路、沿海大通道等。
- 完善各港区的其他配套设施：新建和扩建公路集装箱中转站和港口货物仓储区，扩大港区的主要快速疏运干道，建立统一的水上安全保障体系和通信网体系，建设航政管理中心、资料信息处理中心等基础设施。

5. 机场的规划

现代化、高效率、快节奏的工作、生活方式对交通快捷性要求不断提高，民众对航空运费的承受能力也在不断增大，凭借在长途客邮运输中不可替代的速度优势，航空业将大有可为。而现状作为泉州地区的地方性机场——晋江机场，已不能满足各方面的需求。

（1）不利因素

- 等级低、硬件设施落后。作为地方性机场，等级仅为4C级，飞机小，航道少，导致泉州地区的相当一部分客流和货流流向等级更高、设施更好的厦门机场。
- 区位条件差。其距厦门机场仅有一小时左右的路程，使其等级低、设施落后的弱点愈加突出，在一定程度上也阻碍了机场的发展扩建。
- 不适应城镇密集区的发展。晋江机场处于乡镇企业非常发达的地带，城镇用地扩张迅猛，机场的升级扩建用地必将与城镇扩张用地产生矛盾，而且机场的净空要求指标得不到满足，并对城镇居民生活、工作形成较大的干扰。

（2）发展出路

为解决现有机场的各方面矛盾，满足地方经济发展的要求，建议将惠安机场作为现代化大机场的建设备用地，保留晋江机场作为小型商务飞机的起降机场。

- 惠安机场用地条件较为宽裕，能满足机场的升级扩建，而且具有良好的净空条件和飞行安全条件。
- 惠安机场区位条件比较理想，与厦门机场和福州机场的距离均等，距泉州主城区也仅半小时左右的路程，偏离324国道和福厦高速公路不远，交通方便快捷。
- 惠安机场的升级扩建有利于惠安—肖厝辅城形成包括航空、港口和公路在内的全方位、立体化交通设施，促进当地经济的发展，从而推动半小时都市圈城市的整合升级。

（三）城市现代化交通体系的构筑

1. 总体目标和交通模式选择

泉州主城的交通发展，必须以现代快速交通为手段，以人为本，建立绿色交通和可持续发展的交通体系，形成通达、有序、安全舒适、低耗能少污染的交通体系。通过快速干道的建设有效联系主城的各组团，促进大都市圈空间的整合，并引导空间的有序开发，提升城市运行效率；通过以公共交通为主的城市交通模式，以达到城市交通便捷、节能，减少环境污染，利益均衡的目的；通过完善城市路网结构，使其具有一定的弹性和可操作性，构筑现代城市发展与城市人文生态环境相协调的，具有可持续发展的"绿色"交通体系。

- 绿色交通体系和公交优先战略

绿色交通（Green Transport）是采用低污染、适合都市环境运输工具，来完成社会经济活动的一种交通概念。泉州作为一个历史文化底蕴深厚，而且经济发展迅猛的港口城市，人地矛盾较为突出，在其交通发展中必须贯彻绿色交通的理念。建立公交优先系统，设立高效的公交专用道，使公共交通成为观念优先、设施优先、效率优先、管理优先、空间优先的交通方式。协调公交各交通方式之间的方便乘换和合理收费，同时考虑轨道交通的可能，作好轨道交通与其他交通方式的结合。

- TOD模式——公共交通与土地利用的整合策略

TOD——公共交通导向型开发模式，强调整合公共交通与土地使用的关系，主张集约化，主张增加步行、自行车和公交等各种出行方式的换乘，达到高效率的交通运行和集约化的土地利用，它既能促进轨道交通的发展，也能提供由轨道站点带来的开发机会。其主要特点是：在城区内部，主张提供良好的步行系统，增加步行、自行车和公交等出行方式的选择机会，以平衡小汽车的主导地位，在社区层面上，主张向传统城市的回归，在轨道交通站点和主要商业区的步行范围（500~600m）内进行高密度混合用途的开发，强调社区的活力和多样性。

2. 中心城区道路网框架构筑

从未来泉州中心城区空间结构形态的发展趋势分析，城市用地将以较为明显的多片区结构发展，同时引入大量的城市绿地和楔形城市生态绿地。规划的中心城区包括原泉州市区、清濛开发区、晋江市区、洛江区等。中心城区道路网框架实行双环放射的基本格局，各片区的道路网框架采用环状、方格网或两者相结合的布局形式；而各片区之间的联系通过区域交通要道、快速路进行有效的衔接。

3. 轻轨交通的引入

轻轨交通是一种环保、节能、高效、大运量的公共交通方式。城市轨道交通建设，是一个涉及面广、综合性强的系统工程，它的建设是城市发展中的百年大计，对城市和区域全局的发展模式将产生深远的影响。轨道交通建设投资巨大，即使在经济发达国家，在策划轨道交通建设时，也保持着极其审慎的态度。一般来说城市人口在100万以上的城市可以考虑修建轻轨系统；对于客运量需求，建设部有关文件规定，近期高峰小时单向客流量达到1万人次时，可建轻轨系统。

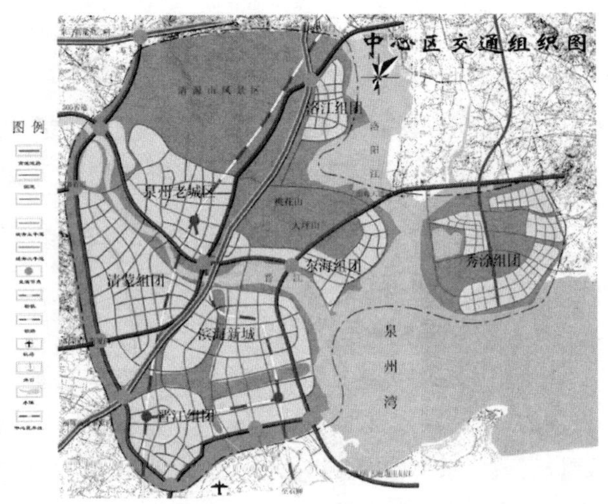

图 8-8　都市圈中心区交通组织图

- 轻轨引入的必要性

根据规划，发展迅猛的泉州都市圈人口将在450~500万左右，中心城区约200~250万。满足建设轻轨的条件。都市圈城镇密集地带内各组团间交往密切，仅通过增加几条道路并不能解决交通拥堵问题，必须构筑起立体化、多样化、现代化的交通体系。轨道交通强调点对点的沟通交流，有益于各组团城市的集中发展，这在一定程度上也可以控制城市无序蔓延发展的趋势。

- “人”字型轻轨交通布局

泉州半小时都市圈轻轨交通的布局采取中心城区和各主要辅城直接点对点的形式，各辅城之间的联系都经过中心城区，形成“人”字型布局。以泉州主城区为中心，连接泉惠新城、滨海新城、安水辅城和石狮辅城。在城区采用地下走线的方式，在市郊则可以采用地面轨道的方式，以节省建设工期和投资造价。

三、都市圈产业重组与布局

根据党的十六大会议提出的新的纲领，结合泉州市委提出的近期实现在全省率先实现宽裕型小康社会的宏伟目标，泉州应把新型工业化、循环经济作为产业重组的基本出发点，为大泉州的发展奠定新的基石。

（一）产业发展战略的选择

1. 由内向外的发展方向

泉州是依托劳动密集型产业发展起来的，并经历了由内向型向外向型的历史转变。随着中国作为"世界工厂"地位的逐渐确立，泉州将仍然是中国劳动密集型产业比较发达的"车间"，而且由于海峡东西岸经济互补的需要，泉州将在今后一定时期内继续吸收因为台湾经济转型和产业升级转移的劳动密集型产业，产业发展的空间仍然很大。但泉州应逐步实现对劳动密集型产业的技术升级，并实现从劳动密集型产品出口为主向资本与技术密集型产品出口为主、从供货大市场向出口大市场的战略性转变，引导和鼓励泉州有拳头产品和发展潜力的轻工、纺织服装鞋帽、建材等具有国际比较竞争优势的企业到拉美、中亚等地区投资办厂或带料加工装配、建立商品分销中心，推动泉州对外贸易升级，完成由内向外发展方向的战略选择。

2. 大港、大工业、大市场的新的战略定位

在保持传统特色产业的基础上，泉州作为海峡西岸繁荣带核心城市的地位将越来越突出，并将扮演中场发动机的角色。而福、厦、泉是繁荣带上三大区域经济增长极，三者将在今后的区域经济合作中展开激烈的竞争，这种竞争主要表现在对区域腹地范围的争夺上。因此泉州仅仅依靠传统的劳动密集型产业是很难抢得先机的。根据泉州现在的区位条件和发展优势，大泉州半小时城市群应以大港、大工业、大市场的战略定位，提升城市的竞争力，惟此才有可能抢占更大的区域腹地。

（二）产业结构优化战略

从港口城市的成长模式可以看出，泉州工业处于制造业结构升级和产业结构优化时期，正经历着从劳动密集型向技术密集型、从低附加值向高附加值演变的过程之中。产业选择和演变的主导力量是市场，政府的作用主要是为产业结构的调整创造环境，并在宏观上为产业择定把握大方向。

根据泉州工业化所处阶段的特点、要求和发展趋势，应选择纺织服装、建筑建材、食品饮料、工艺制品和机械制造等5个具有传统优势、出口优势的劳动密集型产业以及石油化工、电子信息和旅游服务等3个新兴的技术密集型产业作为未来重点发展产业。

1. 提升传统特色产业

全球经济一体化背景下，中国将成为世界上最大的制造业基地，因此在相当长的时间内，传统制造业仍将是支撑泉州经济增长的主力军。而在从事传统特色产业如制鞋、服装的所有企业中，民营企业是主体，如何提升传统特色产业的技术含量，进一步谋求发展的比较优势将是关键所在。

（1）技术改造与创新

产业技术进步的重点是鼓励和支持企业自身的技术创新活动，培养一批具有创新能力的企业家队伍，加快现有产业的技术改造与技术引进，把技术进步的战略重点转移到现有工业技术的现代化方面来。

（2）规模经济和名牌战略

参与世界市场的竞争，必须积极推进规模经营，改变中小企业"小而全"、"小而散"的经营结构，引导生产要素向大型企业聚集，形成集团化经营，以骨干企业和名优产品为龙头，以资产为纽带，以科技为依托，组建、创办集生产经营、科技开发、内外贸于一体的大中型民营企业或企业集团，形成规模优势，从而提高技术开发、市场开拓、集约经营的能力。同时必须实施名牌战略，引导中小企业向“专、精、特、新”和与大企业配套协作的方向发展，以名牌带动企业上规模、上水平。

（3）纵向一体化战略

企业增长在经营战略上可分为一体化扩张和多样化扩张。一体化扩张又可分为横向一体化和纵向一体化。泉州企业的增长长期以横向一体化为主要特征。为了谋求公平竞争，减少内耗，降低交易成本，可以采用纵向一体化战略，实现生产和交易的内部化。企业向其上游和下游生产链扩展，促进农业的产业化及农工商一体化，以减少风险和提高市场的稳定性。

（4）滚雪球式的布局战略

为了整合民营企业小而散的布局结构，可以通过有效的规划管理，使小企业向工业小区集中，再将成片的工业小区整合成大工业区或企业园，呈滚雪球状发展模式。泉州市已规划和开发的乡镇工业小区500多片，建设标准厂房近一万幢，面积1500万m^2，形成了一批功能多样化、生产专业化、经营集约化的工业小区，小区所创的产值约占全市乡镇工业产值的三分之一。可目前乡镇工业小区在发展中遇到新的难处：企业规模扩大需要更大规模的土地承载，可乡镇工业小区已无法提供相应的土地，企业只好跳出另谋发展；而且乡镇工业小区的基础设施配套差，无法吸引投资规模大、科技含量高的项目。所以小而散的乡镇工业小区惟有通过空间的整合，按照社会化、专业化生产要求，集中规划建设一批建材、鞋业、服装等专业园区。如石狮市蚶江、石湖等的服装工业区，惠安百崎、东园的鞋业加工工业区，才能实现集中化与集约化的土地经营，也才有可能实现合理化的产业布局。

2. 扶持培育新兴产业

在构建大泉州的发展战略中，扶持培育新兴产业具有突出重要的意义。

石化业：主要以国家投资的大项目为龙头，重点发展炼油、乙烯、芳烃等中上游深加工系列产品，加快合成材料替代金属和天然材料的步伐，提高石化产品的附加值，带动海洋化工、精细化工等相关产业的发展。全力支持福建炼油化工有限公司炼化一体化项目、福州二化迁移湄州湾南岸战略性转移等项目的实施，积极开发化纤、塑料、橡胶及其制品等中下游产品，形成相对完整的石化产品链。

综合海洋产业：泉州市海洋产业主要集中在半小时城市圈内，产业增加值年平均增长14%。为此，重点应开展浅海滩涂的开发，以浅海滩涂和海岛资源为重点，形成水产作业区、旅游度假区、农业良种场等综合性生产、经营格局。同时开展深海远洋产业带的开发，以外海渔场、海洋矿产以及海洋运输和贸易为重点，运用现代高新技术进行深度开发，形成海洋经济新的增长点。

电子信息业：泉州的电子信息工业目前还处于起步阶段，因此要抓住国民经济信息化的契机，发展支持信息产业和网络化建设，重点发展集成电路、电子元器件、新型移动通信、卫星通信设备、电子智能玩具等新一代电子产品，促进电子整机产品向数字化发展。形成具有特色的微波集成组件、通信设备、电子测量仪器、陶瓷电子元器件的生产基地。

3. 发掘文化和生态旅游优势

泉州丰富的文化和生态资源具有独特的旅游开发价值，古老街巷中所叠合的闽南文化、佛教文化等赋予了这座城市独特的韵味与魅力；山海江城的自然景观与人文景观的融合又使这座城市具有了不同凡响的灵气。构建以“三山两江”为轴心，以晋江、石狮、南安为南翼，以惠安、洛江、肖厝为北翼，以安溪、德化、永春为腹地的城市圈的旅游产业体系，发展具有各自特色的旅游项目是提升大泉州旅游产业的规模与档次，进一步发掘文化和生态旅游优势的有力举措。无疑，大泉州城市群的空间整合为旅游产业的加速发展提供了良好的机遇。

（三）都市圈产业空间布局

基于泉州产业布局分散，导致人口粘滞于乡镇与农村的现状，重整都市产业布局成为实现大泉州空间发展策略的重要举措。

1. 市域产业布局调整的基本思路

为了实现产业的布局调整，将一部分劳动密集型产业由沿海向内陆，由半小时都市圈内向半小时都市圈外转移，既为城市群区域发展资金、技术密集型产业腾出空间，又带动圈外地区的工业化进程。

2. 城镇空间再整合后的产业空间布局

区域产业布局要结合各县（区、市）的优势和主导产业，按有利于优势互补、合理分工和经济联合的要求，形成各具特色的区域经济。同时，产业发展的层次应形成由中心城市、次中心城市（辅城）、重点城镇扇形分布、梯次发展、相互补充的格局。

以泉州都市圈为中心，以晋江三角洲经济区和围头湾经济区为两翼，以沿海港口群和较完善的交通网络为依托，以外向轻型工业、技术密集型产业以及第三产业为重点，高起点、高速度建设集约化、外向化、现代化的工业基地和一批大型市场以及高新技术园区，并利用该区域临近台湾、面对金门，做好产业导向、区域规划和项目储备，积极吸引台、外资建设临海工业带，建设对台交货点、台轮停泊点、对台保税仓

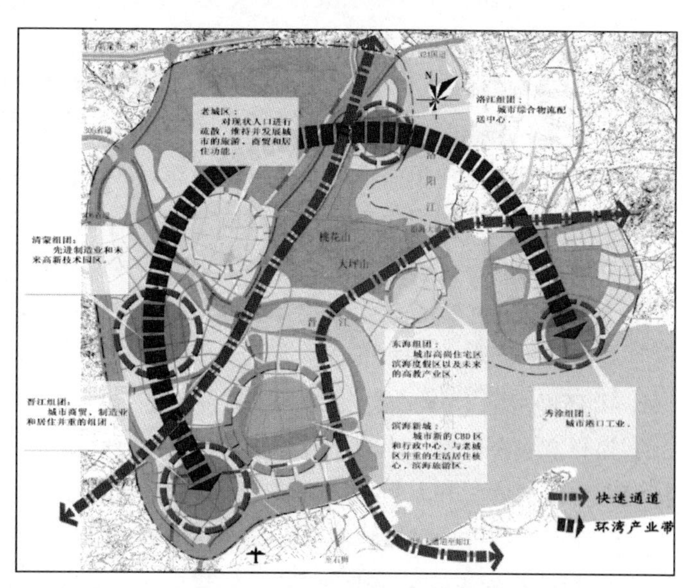

图 8－9　都市圈中心区产业布局图

库和对台贸易区，建成对台经贸合作和两岸“三通”基地。

- 泉州中心主城要强化中心的枢纽作用，形成行业布局适当集中的组团式结构。

以发展出口轻加工、技术密集型产业和第三产业为重点，坚持城市化与工业化、经济质量和环境质量同步发展，建成全市的商贸中心、金融中心、旅游中心和交通运输中心，成为全市电子信息、纺织鞋服、建筑建材、食品饮料、工艺制品等行业的龙头基地和高新技术产业基地。

- 泉惠新城（泉港—惠安）又分为两个功能组团：泉港区和惠安区。

泉港区要集中力量做好拓展石化中下游产业配套，形成相对完善又具特色的石化产业链，同时积极发展修造船业、仓储业等，建成全国大型石化工业基地、油气、液体化工原料仓储基地，并向大型修造船基地和国际中转港发展，同时建议将秀涂计划建的三明钢铁厂迁至泉港区，集中建设港区重工业。惠安的发展应依托新兴的泉港，搞好港后区的开发和配套建设，重点发展具有地方特色的石雕石材工艺产业和建筑房地产，大力开发海洋资源，发展海洋水产业和水产品加工业。

- 石狮辅城要进一步发挥港口城市的优势，着力增加经济总量和提高整体素质。

优化产业和产品结构，在巩固发展纺织、服装、商贸等传统产业的同时，发展电子机械、塑料五金、水产品加工、旅游等新兴产业，加快盘活房地产业，带动城市建设和发展。

- 南安辅城要在发展城郊型农业。

提高农业产业化水平，建成全省最大的龙眼、肉牛、花木生产基地及粮食生产基地的同时，重点发展建材、电子机械、食品加工等行业，建设粮食、建材、家具等专业市场和仓储运输、中转市场。

- 安水辅城（安海—水头）着重发展轻纺、服装、食品等相应配套行业，发展对台出口加工，建设大型专业批发市场，加快围头对台贸易区的规划建设。
- 崇武独立城镇片区—大力发展渔业、休闲旅游业。

3. 港区的整合

与泉州企业结构相似，泉州的港口也存在小、散、乱的布局特点。港区作业点的四面开花，影响了城市空间的布局，也影响了港口效益的发挥。因此，泉州各港口企业要加速相互之间的联系步伐，尽快组成航母舰队，实现规模经营。在泉州港区、湄州湾南岸港区建起上规模、上档次的深水码头泊位群，实现由“船小好掉头”到“船大好拉风”的转变。

4. 新经济区划分

泉州市域经济划分为多个综合经济区（带），即湄州湾南岸港口工业区、东部沿海经济带、中西部资源开发生态经济区。

半小时城市群中涉及到两个：湄州湾南岸港口工业区、东部沿海经济带。

- 湄州湾南岸港口工业区

区域位置：包括泉港区和惠安县的辋川、净峰、东岭、小乍等乡镇，总面积

489.11km，占市域的4.50%。本区位于泉州市的东北部，沿海为湄州湾南岸深水港区，为理想的工业用地。本区为国家和福建省规划重点开发的石化基地，洗炼油项目和海洋化工已初具规模。

泉港石化产业区包括泉港区现所辖七镇一场。要加强整体规划，充分利用深水良港和大工业建设的有利条件，发展以石化为主导的港口临海工业。

斗尾临海工业区：包括净峰、东岭、东桥、小乍和辋川等乡镇。要发挥本区东岭的斗尾岸线拥有可建30万吨级泊位港口资源以及宽广陆域的优势，以港口为依托，以发展工业促进港口建设，逐步建成石化后续加工基地、大型修造船基地、国际中转港和对台贸易区。

- 东部沿海经济带

区域位置：本区位于泉州的东南部，由晋江下游地区和晋江半岛组成，总面积2611.81km，占市域的24.04%（不含金门），基本涵盖整个半小时城市群中大部分地区。

本区是全市经济、城镇、人口最密集的区域，民营经济高度发展，是全市工业化程度最高的地区。地方特色服饰产业群（包括纺织、服装、鞋帽、皮革等）和建陶产业群（瓷砖、石板材、工艺石雕）是本区经济的重点。本区面临的共同问题：工业企业规模小，名牌产品少，产业升级和产品更新换代较慢；乡镇企业和民营企业布点分散；农业产业化进程较慢，第三产业发展不快，金融、科技、信息、咨询等发展滞后等。

发展对策：应以国内外市场为导向，加大产业结构和产品结构调整的力度，采用高新技术和先进适用技术改造传统产业，培育高新技术产业，大力发展技术密集型产业和第三产业，逐步形成规模经营、产业协调、布局合理、技术先进、外向主导的具有侨乡特色和优势、富有竞争力的产业结构体系；继续强化中心城市功能，优化经济地域结构；巩固、提高服饰产业群和建陶产业群在全区经济中的主导地位，加大现有企业的规模结构、产品结构、技术结构调整的力度，增强主导产品的核心竞争力，同时要注意做好与泉港工业区石化中上游产品的衔接工作，大力发展石化中下游产品的加工业，逐步改变偏轻型的经济结构，提高区域经济的综合竞争能力；继续强化泉州中心市区的功能，壮大经济和人口规模，使之成为与福州、厦门功能相当的省级中心城市，并以此为中心，通过“半小时城镇群”不同等级城镇的集聚和扩散功能，优化本区乃至全市经济的地域结构；加快围头湾重点对台贸易区的软硬环境建设，努力扩大两岸民间贸易，“十五”期间争取在泉台农业科技、农产品加工、吸引台资大企业来泉投资、商品贸易以及文化艺术交流方面有新的突破。

小　结

长期以来，福建由于山多，人口分布较为分散，未能形成大的都市圈。福建三大中心城市福、厦、泉建成区的人口之和不及福建人口的10%，而同样多山的日本，70%以上的人口却集中在东京、大阪和名古屋三大都市圈。另一方面，与国内成为珠三角、长三角龙头的广州、上海这些超大型都市比，福建不仅在都市人口规模等方面不可同日而语，在城市化上也是小巫见大巫。从严格意义上讲，目前的福建，还只有福州、厦门两座“城市”，而且还只是“中小城市”。泉州在国内212个地级市中，GDP排在第三，晋江在国内近3000个县级行政区中GDP位居老六，算是一个有知名度的城市了，但城市化水平就一直无法如经济地位一样，上升到相应的高度，人们走在泉州街头总有些许身在县城的感觉。

由此，构建泉州都市圈成为历史发展不可撼动的趋势，也必将激发泉州人根植于基因中的“爱拼才会赢”的奋斗热情。泉州人没有理由使自己囿于小马拉大车的怪圈，而泉州都市圈发展战略便是泉州人跳出这一怪圈，重振历史辉煌的强力踏板。

一个城市发展的历史进程是受内在的发展规律支配的，人们如果能够认识、掌握、利用城市发展的客观规律，就能有效地指引城市的发展，实现自身的转型。泉州都市圈发展战略作为一种地区发展的规律性认识和思路框架，仍然需要我们根据发展形势、发展环境的变化不断的思考、调整和深化，同时，作为一种地区发展的实践模型，也迫切需要创新与尝试，使之在更为广泛的区域空间范围内得到推广。

第九章

从“资源型城市”到“功能型城市”

——黄石城市功能转型研究

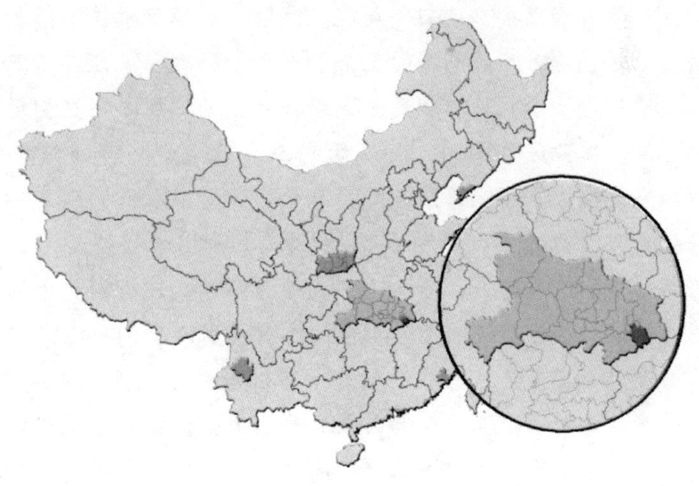

黄石，是湖北省的第二大城市，是一个在计划经济时代相当富足而又发达的城市，在湖北省长期居于武汉之后的地位。这一切都得益于这个城市所蕴藏的矿产资源的开发与加工。然而现在，这个古代青铜器的诞生地，无论是在物质层面还是在精神层面，却让人不由自主地联想到了青铜器上的“锈斑”。这个有着杭州西湖般景观资源的城市，却从来就没有西湖般的那份运气。站在美丽的磁湖边，情不自禁地让人作穷人的丫鬟、富贵的小姐的联想。与西湖相比，磁湖确实是一个苦命的丫鬟，周边被一群烟囱所包围，昼夜为机器的轰鸣所驱赶，满湖为工厂与居民的废水所污染。由此不难理解，为什么几十年来黄石沿江的老城区尽管日渐拥挤、破旧、局促、衰败，也不愿意枕湖而居沿湖发展的缘故。也许是滨江的情结，也许是行政割据的无奈，而如今，城市“退二进三”产业升级的战略却受困于没有合适的发展用地，旧城更新、新城开发的发展思路也受屏于南侧的黄荆山脉。与其他一些资源型工业城市不同，黄石的矿石资源几乎相当一部分分布在磁湖周边的黄荆山，所以磁湖天生就不可能像西湖那样只是为了等待人们的欣赏，在温饱阶段，她生来就是要奉献给大家温饱的。只是到了上世纪末，人们差不多温饱后，才想起她的梳妆打扮与她的天生丽质来。这样想来，不幸的其实是黄石人。作为湖北省的第二大城市，城区人均的建设用地局促到甚至超过改革开放前的上海，所以我们不能怪罪这个湖北老二没有杭州人的那份浪漫，而实在是这份浪漫在那个不浪漫的年代天生不属于这个城市。进入21世纪后，一个新的计划悄悄来临。南向越过黄荆山，开发大冶湖北侧的依山面湖的土地，与大冶共同打造一个新城，将都市的重心南移，从而腾出空间改造滨江的旧城地带，同时回归城市新的磁湖生态，实现都市发展从形态结构到发展模式的转型。然而，黄石人依然不能从容地表达他们的浪漫。而就在这城市发展用地局促到需要与下辖的大冶“租借”城市发展用地的时候，黄石的都市之梦恰好也在这个不恰当的时候萌发了。看着过去跟自己平起平坐的苏州、无锡等一个个开始跻身大都市的架势，黄石的都市之梦日渐膨胀。于是跨越黄金山（黄荆山）、在别人的行政区内建自己的大都市，成为无法抗拒的选择，也是新时期最具跨越性的选择。然而，这一战略因种种原因受到“打折”。或许将市县（黄石、大冶）一体化发展的都市梦想在一个仍然各自为政的行政体制下是不合时宜的。尽管在江苏浙江广东能够实施的规划，在湖北，在黄石目前还行不通，规划师的理想，都市发展的理想尚待另一个春暖花开季节的来临。因此，走进黄石的那份心情是复杂的、更是不安的，中国的行政区划制度在城市的区域化过程中，在构建都市区、都市圈的过程中是否真的到了需要重新划定疆域的时候吗？

第一节　困惑：城市发展的困惑

一、资源型城市特征与判读

（一）黄石概况

黄石市是我国中部地区重要的沿江资源型大城市。位于湖北省东南部，长江中游南岸，地处东经 114°32′～115°30′，北纬29°30′～30°20′。西北与鄂州、武汉江夏区相邻，东南与阳新、咸宁接壤，东北与浠水、蕲春隔江相望，溯江而上距省会武汉市 143km，顺江东下离九江 126km。

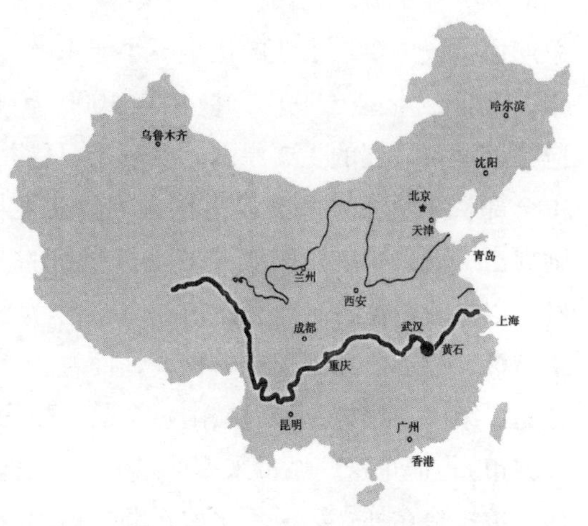

图 9－1　黄石区位图

黄石地处幕阜山北侧丘陵带，市区东北滨临长江，磁湖、保安湖包孕境内，平原低山、岗丘交错其间，形成“南高北低东西平，依山抱湖临江津”的地貌态势。境内水系由大冶湖、梁子湖、富水和 18 条河流、若干小湖泊组成，形成“三山六水一分田”的秀丽景色。

黄石市现辖黄石港、石灰窑、下陆、铁山四区和大冶市及阳新县，27 个建制镇，16 个乡集镇。全市国土总面积 4630km^2，2005 年底总人口为 252.8 万人。

（二）资源型城市概念及判定标准

黄石是我国中部地区知名的资源型城市。资源型城市在国外更为规范的称呼是“矿业城市”，其对应的英文说法大体有 Resource-based town、Mining town、Company town 等几种，它所代表的实际上是一些在公司主导下形成的、以单一采掘业为主的城市（Birdbury，1979）。早在 1921 年，英国的奥隆索（M. Auronsseau）在其分类体系中，首次提出了矿业城镇（Mining town）的概念，哈里斯（C. D. Harris）在 1943 年发表的美国城市职能分类中，进一步给出了这类城市明确的划分指标，即采掘业在全部从业职工中的百分比必须大于 15%。此后，纳尔逊（H. J. Nelson）等人又运用更加精确的分类方法对分类标准进行了深化，使矿业城市变成了一个具有非常明确的内涵和外延的职能概念。资源型城市（Resource-based town）虽然没有被纳入西方规范的概念研究体系，但是其含义表达的也是一个以单一的资源采掘为主要职能的城市类型概念。

中国的资源型城市与国外有着很大的不同。首先是中国的资源型城市大多形成于计划经济时代，政府在其中扮演了重要的角色，这就决定了它们的职能不是单一的而是多元的，它们不仅承担着资源开发的功能，而且还是所在地区经济发展的推进型单元（propulsive unit），承担着地区政治和经济中心的职能。其次，与国外的 Mining town 不同，中国的资源型城市——比如大庆、抚顺、大同、阳泉、唐山等等，它们的人口规模都在几十万甚至百万以上，许多具有地市级的行政建制（代表政治地位）。

正因为有着上述的不同，国内对资源型城市的概念界定众说纷纭。有些学者参照国外职能分类的方法，试图从定量的角度确定资源型城市的概念。比如，李文彦在 1978 年提出的划分煤矿城市的四个标准：①煤矿职工占全市工业职工的比重大于 25%；②全市工业总产值构成中煤炭工业的比重不小于 15%；③煤矿生产规模，一般应是大型（1000 万吨/年以上）或中型（500 万吨/年至 1000 万吨/年，最小不低于 200 万吨/年）；④煤炭开发应是该城市兴起的主要原因。其后，马清裕（1986）、沈镭（1999）提出以矿业从业职工占全部从业职工的 15% 以上作为划分矿业城市的标准；而樊杰（1993）、张以诚（1999）则提出应该采用矿业产值占工业总产值的 10% 作为界限；赵宇空（1995）在分析中还提出了以矿业产值占工业总产值的 20% 作为划分矿业城市的标准等等。但是，上述无论哪一个指标，都不能达到理想的程度，而且相互之间界定结果差异很大。问题主要出现在两个方面：第一，比如本溪、鞍山、金昌、白银等城市，我们通常都认为是资源型城市（或矿业城市），但是这些城市采掘业或矿业的比重很低，如果按照上述界定的方法，它们必然都将被排除在外；第二，比如抚顺、唐山等城市，经过多年的发展，城市产业结构变化很大，采掘业的比重现在正在逐渐降低，如果按照上述标准，它们也会被排除在资源型城市的范畴之外，但是这并不符合我们一般的认识。

此外，也有些学者从发生学的角度来探索资源型城市的内涵，指出资源型城市是由于工业化时期对资源的大规模开发而形成发展起来的城市，是一定历史阶段的产物，是一个历史范畴。资源开发是城市形成的首要原因，也是资源型城市区别于其他城市的一个标志性特征。这种理解也有其片面性，因为中国是个历史悠久的国家，很多城市远古有之，其建立与形成跟资源开发毫无关系，只是后来随着生产力的提高，人们才意识到城中有“宝藏”，可以利用之，徐州就是其中最为典型的例子之一。为此，有些学者在此基础上进行了补充，认为资源型城市是伴随资源开发而兴起的城市，或者在其发展过程中，由于资源开发促使其再度繁荣的城市。这个概念比较完整的描述了资源型城市的形成因素，但缺少对其存在特征的描述，国家计委宏观经济研究院课题组在《我国资源型城市的界定与分类》一文中指出“指依托资源开发而兴建或者发展起来的城市，资源型产业在城市经济中占有主导地位”，并从定量的角度对我国资源型城市进行了界定与分类。至此，关于资源型城市的概念有了相对统一的认识。

我们认为，在研究过程中不必过于拘泥于资源型城市的定义而落入概念陷阱。实际上，只要一个城市因为某一产业或某一功能的衰退而陷入困境，研究其城市转型就具有意义。

（三）资源型黄石

1. 资源型产业发展特征

（1）黄石市矿产资源基本情况及特点

截止到2005年底，黄石市已发现矿产资源包括能源、金属、非金属、水气四大类共计76种，占全省已发现矿种的55%，其中已探明资源储量的矿产有37种，占全省的40%。铁、铜、金、银、钨、相、铅、锌等矿产资源储量居全省首位。

矿产资源具有如下特点，一是矿产资源种类多，储量大，最主要的是冶金和建材矿产。二是共生矿床多，伴生有益有害组分多，综合利用条件好，但采、选、冶难度大。已探明的矿床中，共生矿床占20%，有伴生可用成分的占17%。三是中、小型矿床多，矿产地覆盖面广。在已探明的矿床中，大型矿床仅占6%，中型矿床占21%，小型矿床占73%。四是矿产储量、分布相对集中，矿产配套程度较好。铁、铜、金、银、钨、铝等矿产资源分布相对集中，在组合上较配套。

（2）矿业经济在国民经济中的地位

黄石市国民经济以农业为基础，工业为主导，第三产业为配套。主要工业产品有钢材、铜、水泥、火电、纺织机械、电线电缆等，是全省的重要工业基地和工业原料供应基地，原材料工业特色明显。“九五”期间年平均矿业及矿产加工业产值占工业产值的30.3%，形成了以矿产品为基础的钢材、电线电缆、机械加工、铜产品加工、薄板等工业体系。以冶金、建材为主体的原材料工业在工业经济中处于举足轻重的地位，到2003年，原材料工业产值占全部工业总产值比重为63.8% ，实现利税占70.2 %，从业人数占56.6%，说明黄石市已是一个典型的资源型城市，矿业经济在国民经济中已占有支配性地位。

（3）矿业经济发展面临的问题

黄石市作为新中国第一批重点投资建设的工业基地，形成了以原材料工业为主体，以大中型企业为骨干，冶金、建材、能源、机械等行业综合发展的工业体系，重化工型结构特征明显、原材料工业特色鲜明，经济发展中结构性矛盾突出。经过多年的高强度开采，多数资源型产业已进人衰退期：铁矿石已由最高年产700万吨减少到400万吨，煤炭产量只有最高年产量的30%，初级产品比重大、高附加值产品少，分散经营的产品多、要素集约度高的名牌产品少，2003年，原矿、钢材、铜、水泥四大类原材料初级产品销售收入占全市规模以上工业的60%，达到20世纪90年代以后水平的产品品种仅占15%左右，采掘业企业和依托资源加工的制造业企业118家，占全市规模以上企业的43%，导致经济可持续发展后劲不足，受宏观经济调控影响的波动性明显。

2. 城市发展的阶段性特征

黄石市是一个完全依靠资源开发而兴起的城市，位居湖北省17个资源型城市的首位。有着典型的资源型城市特征。在黄石诞生发展的短短五十年间，中国经济体制经历了由计划向市场转变的过程，黄石的矿产资源也由丰趋竭，在这期间，社会、经济、资源、环境的变化究竟给黄石市空间发展带来了什么样的影响，我们试图把这些资源型城市的基本特征和影响资源型城市空间发展的因素迭合起来分析，以了解黄石市城市发展的整个过程，作为我们进一步探讨黄石的基础。

黄石市的城市发展发展过程可以大致分成四个阶段：

第一阶段为建国后到1958年间，这是黄石市的最初形成期。为满足新中国建国后经济恢复与发展对矿产资源的需要，矿产蕴含丰富的黄石成为国家重点开发地区之一。遵循矿业产业布局靠近交通通道的矿点优先开发的基本规律，当时黄石对外的陆路交通极其不便，长江是天然的对外运输通道，于是，靠近长江的黄石港和石灰窑（即现今的西塞山）最先开发，并在沿江的袁家湖地区建立了冶炼厂（大冶钢厂），与矿山之间由窄轨连接。此时的黄石还不是真正意义上的城市，除了矿产和冶炼厂外，只有一些工人聚居点和服务点分布在窄轨的两侧，就是这样一条纯生产性的窄轨，后来发展成了黄石市区主要的骨架之一——黄石大道。

第二阶段为1959~1979年间，这是黄石市的发展期，在这个阶段，黄石市所扮演的角色依然是国家获取资源的基地——它只是依附于国家投资的一个生产区而已，企业的利益、投资、生产、运销全部由国家计划控制。此时，以黄石大道为中心的城区出现雏形，离市区较近的矿点相继开发，为满足生产生活需求，化工、电力、纺织等相关配套工业相继建成，工业用地呈向外扩散趋势。在"先生产，后生活"思想的指导下，工业部门视生产要求分散布局，功能布局混杂无序，形成"一厂一区"态势，从各个方面包围城市。为满足矿业生产的要求，城市加强了交通建设，1959年9月，铁山—金山店—灵乡铁路建成通车。同年，黄石火车站开始营业，相继建立黄石、铁山、灵乡等9个站。武大（武昌—大冶）、铜大（铜绿山—大冶）、铁黄（铁山—黄石）、铁灵（铁山—灵乡）等5条铁路线均开通，并在武东—铁山段修建复线。

第三阶段为1980年~1992年间，这是黄石市的扩张阶段。在党的十一届三中全会以后，黄石市的工作重点开始向城市自身的经济建设和发展转移，开始着力改变矿产资源开发利用程度低、经济结构过于偏重的有色和原材料工业结构。电子、服装等轻工业开始受到重视。城市用地开始按功能分类布置，重工业沿长江分散布局，轻工业靠近城区建设；远离城区的矿点相继开始投入生产；城市建设注意新区建设和旧区改造并举，开始表现中心聚集作用，城区进一步向西扩大。到1990年，以黄石大道、湖滨大道、磁湖路、杭州路、沿湖路为主要干线的市区路网基本形成。1992年磁湖高新技术产业开发区被批准为省级高新技术产业开发区。

第四阶段为1993年至今，建立社会主义市场经济体制成了黄石经济建设的目标，在这个阶段，黄石市的产业发展开始注重产业的升级和组合，强调与周边区域经济的合作发展，城市自身的文化建设被提高到了和经济建设同样的高度。原先的国有大中型企业先后建立现代企业制度，并积极推行股份制和股份合作制的改革，有色金属、基础建材、服装、化工医药等四大支柱产业相继建立并得到一定的发展。

黄石市城市发展过程表 表9-1

		1958年之前	1959~1979年	1980~1992年	1993年至今
城市发展	城市发展阶段	形成期	兴起期	繁荣期	转型期
	经济发展导向	完全服从国家指令，以满足国家经济恢复与发展的迫切需要为导向		产业发展方向开始向城市自身经济建设和发展转移	建立社会主义市场经济体制，注重产业升级和组合
	经济发展特征	以资源开发和初级加工为主； 国有企业为主体	以矿产开发和初级加工为主； 纺织厂等一些相关辅助行业相继建设； 企业性质仍以国有为主	以矿产开发和加工的产业链有所加长； 电子等精加工行业开始出现； 非公有制企业开始出现	先后有20家大中型企业建立现代企业制度； 有色、基础建材、服装、化药等四大支柱产业相继建立并巩固加强； 部分矿产出现枯竭危机
空间发展	空间发展阶段	形成期	扩展期	扩张期	再度积聚期
	空间结构形态				
	空间发展概况	呈现出明显的资源型城市特征，工业布局为资源指向型，采选型工业分布在矿山附近，冶炼厂布置在长江附近	化工、电力、纺织等相关配套工业相继建成，工业用地呈向外扩散趋势； 以黄石大道为中心的城区出现雏形，城区由黄石港和石灰窑相向发展； 工业视生产要求分散布局，呈无序发展态势	城市用地开始按功能分类布置，重工业沿长江分散布局，轻工业靠近城区建设； 城市建设注意新区建设和旧区改造并举，开始表现中心聚集作用。城区向东发展，与铁山、下陆有相连发展的趋势	旧城改造、环境整治、“退二进三”等一系列城市改造工程同步进行，使城市空间环境进一步得到优化； 主城区空间形态格局上结构松散、功能混杂、布局分散的状况依然突出，旧有工业布局是影响城市空间形态的主要因素

注：资源型城市空间发展是一个连续的过程，阶段的划分只是为了研究的方便。事实上，黄石市近域扩展与跳越式扩张是同时进行的。

随着可持续发展观念的提出，黄石开始更加注重城市建设与经济发展并重，旧城改造、环境整治、“退二进三”等一系列城市改造工程同步进行，城市空间环境进一步得到优化，城区规模进一步扩大。但是主城区空间形态格局上结构松散、功能混杂、布局分散的状况依然突出。原有工业布局是影响城市空间形态的主要因素。由于矿产资源枯竭的原因，原先一些工人村镇开始衰退，城市空间向城区积聚的趋势渐渐加快。黄石港区借助港口基础和交通优势，发展了一批工业，其空间形态特征表现为各自独立，功能和产业分工上缺乏联系的工业新区。在此期间，1995年黄石长江大桥的建成通车，和2005年铜九铁路黄石段的全面启动，给黄石产业经济的发展带来了新的动力和增长点。

通过上面的分析，我们可以清晰地看到：黄石的诞生是因为国家对资源的需求，在计划经济体制下，国家利益最大化是最根本的目标，国家对矿业产业实行高度集中的计划管理，矿业企业的投资、生产经营、销售，包括利润分配都是纵向联系为主，和资源型城市本身很少发生关系。企业只负责生产，而不能自行进行产业延伸或者扩张；国家将矿业产品调拨到其他城市去加工，并且拿走了大部分的利润；同时最大限度地降低对资源型城市其他产业部门的投资，城市中非主导产业很难获得发展的机会和条件，这就使得黄石这样的资源型城市很难通过自身的经济运作获取发展所需的资金和条件，只能依赖于国家对矿业企业的投资，在这种情况下，一切自然以生产为先，城市用地只能按照主导产业生产的需要来布置，而较少顾及这些产业布局是否对城市自身的发展产生影响和阻碍，使得资源型城市三产比例严重畸形，经济效益低下。

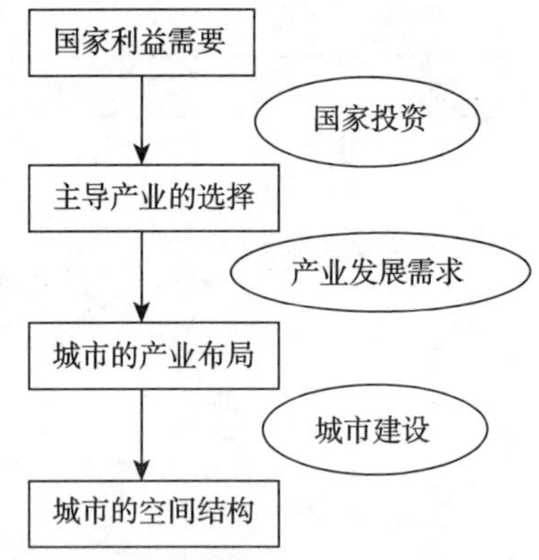

图 9－2 计划经济体制下资源型城市产业布局与空间关系示意图

可以说，在计划经济体制下，往往是由国家的需要来选择资源型城市的主导产业，而后由主导产业的性质来决定城市的产业布局，最终，再由产业空间布局来决定城市空间的发展方向。

1980 年代之后，国家经济体制开始转轨，逐步破除了政企合一的管理模式，黄石市政府的管理权限得到了增强。大部分国有企业开始改制，企业开始具有独立的法人地位，不再是国家严格计划控制下的一个生产部门，企业的社会职能功能也被渐渐解除。这使得市政府有了更多的独立决策权，黄石的经济运行不再受到矿业产业的垄断性控制，同时也意味着黄石的城市发展不能再依赖于国家的投资，而需要自己从周边区域环境中去获取。政府只能通过加大城市基础设施建设，提高福利等手段，以良好的城市投资环境和生活环境来吸引更多的投资和人才资源，实现区域生产要素的规模集聚。城市主导产业不再完全由国家的需要来决定，城市自身条件和区域经济发展的需要也成为主导产业选择的重要参数。于此同时，城市空间结构的合理性选择也显得更加重要，只有合理的城市空间结构才能保证城市投资与生活环境的持续改善，提高城市对周边的吸引力。在这种情况下，产业空间布局就不能完全依照主导产业的需要来安排，而必须考虑城市空间结构发展的要求，往往是在主导产业与城市空间结构发展的几番博弈之下，城市的产业布局才能确定。因而市场经济体制下资源型城市的产业布局与空间发展关系，构成了以下范式，见图 9－3 示意。

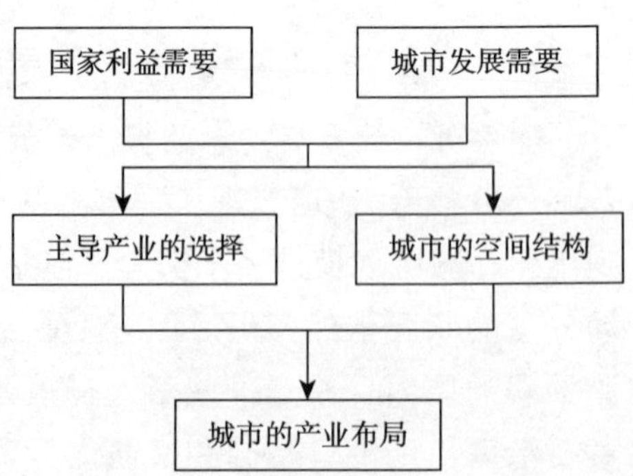

图 9－3 市场体制下资源型城市产业布局与空间结构关系示意图

二、问题判读

（一）“山水”资源不再、城市地位失势

黄石自1950年建市以来，依托境内丰富的矿产资源和濒临长江的水运条件，走上了一条“以矿立市，以产兴城”的发展道路，其经济发展速度和生产总值上升势头强劲，一度创造了中国当代工业发展史上的奇迹，在湖北省内取得了“鄂B”的城市地位。

作为鄂东地区惟一的大城市，黄石有着这类依托矿产开采及后续加工型城市的共同问题：矿产资源的日益稀缺性导致的城市经济发展的不可持续性、工矿冶炼加工而导致的城市环境污染、开山挖矿而带来的自然生态失衡……，同时，在一再提速的火车运输、四通八达的公路运输、无远弗届的航空运输面前，“千里江陵一日还”的水运在城市发展中的地位越来越弱。黄石市近年来被其他兄弟城市赶超，已经由曾经的“鄂B”一降再降，沦为区域经济发展的“偏远山区”。

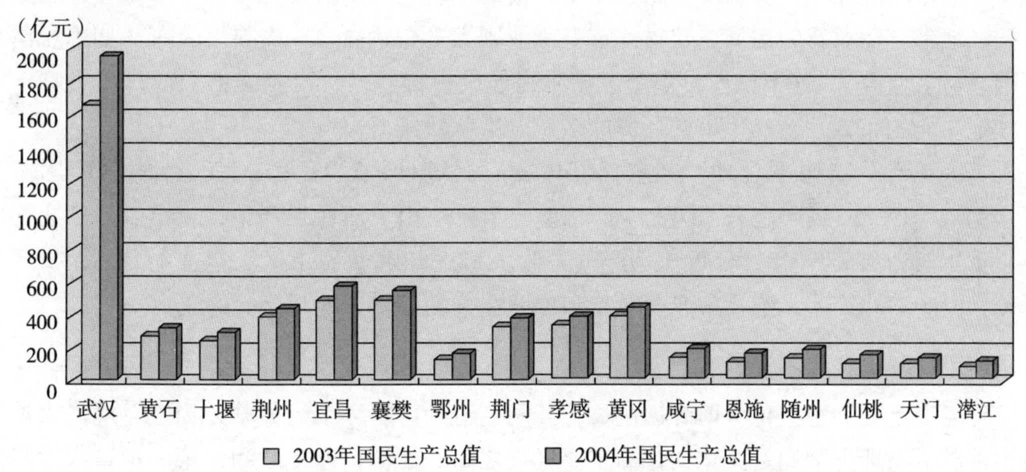

图9－4　2003、2004年湖北省各地级市国民生产总值比较

资料来源：湖北省统计年鉴2005年。

（二）空间利用不当、城市功能失调

黄石从当初的沿江工矿区发展成为今天中心城区有着约70万人的大城市，形成了“沿江抱湖环山”的整体空间格局。然而，城市用地的置换和城市功能结构的调整未能跟上城市发展的步伐，逐渐暴露出城市结构不尽合理、城市功能不够完善等问题。

首先是宜居的环境与资源型产业发展之间的矛盾。黄石环境优美，境内山峦起伏、湖泊点缀、山水相间，尤其在城区内磁湖与黄荆山相得益彰，有条件利用其山水特色建设成为一座非常难得的宜居城市。然而，在生存的压力面前，黄石人不得不在沿山环湖区开山挖矿，这种选择解决了黄石人民的温饱问题，有其时代的必然性。但在人均GDP已接近2000美元的今天，黄石理应该作出新的选择。

其次，黄石的城市发展历程一直延续计划经济时代的建设方针，过于注重城市的生产功能，忽略了城市的服务功能。根据现状调研，市区内商业设施密度小，档次低，现代商业设施少之又少。这与鄂东惟一的大城市的地位极不相称。世界城市发展史告诉我们，现代城市应该是一个功能综合体，尤其应注重服务功能。没有先进的服务功能，城市对周边地区就没有引力，发展也就无从谈起。而作为鄂东中心城市的黄石更应具备这种功能，起到带动区域经济发展的龙头作用。

（三）产业布局不优、轻重结构失衡

“一五”时期，国家生产力重点布局于京广线以西，湖北省国民经济得以迅速发展，有力地促进了城镇化的进程，城市数量由 3 个增加到 5 个，黄石就是新增的两个之一。经过五十余年的发展，黄石已经成为以冶炼、建材、钢铁等重型工业为支柱产业的经济大市，然而，这样的发展轨迹暴露出一些问题：

首先是产业布局不优，滨江产业与内陆产业错置。根据产业发展规律以及国内外沿江城市产业布局的经验，重型工业因其需要大量的原料、污染物的处理和用水量等，宜布局在滨江地带。而黄石的冶炼、建材等重型工业则大多布置在一些内陆片区内（如陈家湾片区的建材工业等），这不仅使得重型工业无法形成集群规模，产生集群效应，更影响了城市其他功能的布置，造成了市区环境的多点分散状污染。

其次是产业结构不合理，轻重比例失衡。据统计，2005 年末黄石市的三产比例为 8.4∶51.8∶39.8，二产占据了国民生产总值的半壁江山，而在二产中，规模以上工业中的轻、重比例为 9.2∶90.8，轻重比例严重失调。2005 年底黄石市区工业基本人口比重超过 70%，位居湖北第一，给将来产业转型和就业岗位的提供造成了巨大的压力。

（四）人文底蕴不显、自然生态失真

历经千年的荆楚文化可谓源远流长，其间创造的辉煌和荣光如皓月当空。境内大冶铜绿山古矿冶遗址更是荆楚文化物化的主要代表之一。然而，作为共和国第一批重大项目建设点的黄石自设市以来，忙于发展产业经济，疏于培养城市文化氛围和物化城市精神内涵，从而导致城市建设缺少荆楚地域特色，建成环境人文底蕴不显。

有着“江南明珠”美誉的黄石可谓得造物之恩泽，承自然之秉赋，集江风、湖光、山色于一体，有着其他城市无法比拟的自然生态景观，尤其是城区的磁湖宛如嵌在市区中心的一颗璀璨明珠，是天生丽质的风景旅游胜地。然而，滨江环湖发展的黄石未能在发展中与时俱进，对大区域功能结构进行必要的调整和对城区土地利用进行及时的“退二进三”，造成了现在城区中心组团依然是以发展采矿、水泥等重工业为主的产业板块，以致不能彻底地做好城区环境污染整治和自然生态保护工作，城市水体受到污染，空气中粉尘含量增多，城市噪声污染严重，自然生态遭到破坏，给原有天生丽质的自然山水蒙上了一层暗影，城区优美的自然生态环境特色也就无从显现。

（五）城市对接不良、区域合作失位

黄石市以矿冶起家，依水运而生，在建市之初选址于长江南岸，与其整个黄石市行政

区划范围相比较，明显属于“偏心型”的布局结构。经过50年的快速发展后，现在的黄石市区无论在人口规模还是用地规模上都成倍扩张，城区人口密度为2758人/km^2，在湖北省78个县市（12个省辖市、24个县级市、41个县、1个林区）中位居第一，其城区人均建设用地指标为74.6m^2，与国内其他同类大城市相比明显偏低。而东有长江、南有黄荆山和西有东方山等自然要素和北边行政区划等人为要素限制了城区向东、南、西、北四个方向的拓展，如今的黄石惟有跨越黄荆山，向南部的市辖地——大冶发展是无可奈何的选择。

在城市与区域竞争日益激烈的今天，借力发展、强强联手是时代发展的必然选择，黄石和大冶紧跟时代步伐、对接发展是必然的趋势。从黄石发展现状我们可以判定，未来两市联动发展的“主战场”必然是位于黄荆山南部和大冶湖北边的山南地区。然而，现在的山南地区却是区域基础设施的布线布点区，山南铁路在此横跨蜿蜒而过，高压电力廊道在此横拉斜牵，大型变电站散布其间，规划中的区域500kV线路又要在此穿行，这些横向的线网和通道形成了黄石和大冶间有形的“行政区划线”，造成现在黄石山南新区土地利用的碎裂化，增加了未来新城建设的整合难度。

第二节　症结与出路的反思

一、现实与理想错位的症结

城市的竞争并不仅仅是以功能比强弱，更是以文化论输赢，以空间视优劣，以环境定胜负，以特色见高低。黄石市发展变迁中出现的问题，归根到底是过于注重城市生产功能的壮大，忽略了城市生活功能的培育，而发展产业时又过于偏向资源型和重型产业，产生了“瘸腿现象”，造成城市功能单一和城市空间结构的失调。黄石的问题既有一般资源型城市的共性，又有其自身的特殊性。

（一）一般资源型城市的问题

1. 低水平的城镇化

（1）城镇化水平低层次性

在我国，资源型产业大多数停留在劳动密集型产业阶段。快速的人口集中，导致各种人口和非农活动的地域性推进。在矿区建设初期的从业劳动人口构成中，除了属于城市人口的矿业技术工人、转业军人外，大量的半城镇化的“亦工亦农”人口比例较大，包括大量民工、当地农牧民和部分职工家属。城市基本人口虽较大，城镇化水平较高，但“高农村人口”又暴露出了低层次的城镇化水平。

（2）城市社会发展高工业化的虚假性

城镇化是社会发展的必经过程，具有一定的客观规律。产业经济学认为，人类社会文明的发展，将促使社会产业结构从传统农耕业向制造业、社会服务业转化，即由第一产业向第二、三产业转化，这种转化程度与城镇化程度密切相关。资源型城市以工矿业为主导产业，第二产业比重大，在向高级化产业结构推进中，第三产业和第一产业相对较为落后，表现出“高工业化”的假象。

（3）城市基础设施建设明显滞后

城市公共服务设施是城市生产、生活等活动不可或缺的重要内容，它的规模、设施状况等反映城市的物质和精神生活水平，而它的分布与组织则直接影响城市的布局结构及城市的生活质量。城市基础设施状况，直接影响到城市的经济效益、环境质量和城市发展。资源型城市的建设具有被动性、临时性和变化性，这是由于城市居民点的选择受资源赋存、勘探程度、开采工艺、生产阶段及区内自然、历史条件等多种因素的影响。上述突发性、低层次城镇化和高工业化特征，又直接反映出城市基础设施建设的滞后。此外，资源空间布局分散和资源开发大军的转战，大量人口一次性迁移，使得城市建设难于进行集中布局和系统规划，“先生产，后生活”常常出现“有市无城”、“似城非城”的局面。

2. 单一的城市功能

在长期的计划经济体制和粗放式经济增长方式之下，资源型城市的功能就是为国家提供矿产品及其粗加工产品。国家在短期内集中大量的人力、物力和资本，迅速注入矿产地，其目的是要在尽可能短的时期内，获得最大量的矿产资源以支持国民经济的发展。因此，资源型城市从一开始，就存在着功能单一、城市社会服务功能及其基础设施建设先天性不足等问题，而资源型城市数量扩张型的开发道路，在很大程度上忽视了资源的保护性开发、集约化开发和综合开发的道路，以至于综合利用资源、提高资源转换率的相关产业及其他优势产业长期得不到发展，资源型城市主导产业单一，使城市难以形成综合发展能力。在资源型城市中，国有大中型企业是城市经济的主体，资源型产业是地方政府财政的主要来源，城市发展高度依赖企业，企业功能和城市功能高度同构混合。在过去相当长时间内，企业功能实际上就是城市功能，企业实际上管理着城市。

随着经济体制改革的深入，这种高度同构的现象虽已有所改变，但由于长期以来国有企业自身已形成了庞大的自我服务体系，城市提供的公共产品一时还难以替代企业的社会功能，这反过来又导致城市功能发育迟缓。同时，随着市场经济进程的发展，国有大中型矿业企业的各种矛盾逐渐凸现，如企业效率低下，机制不活，冗员过多，社会负担沉重，作为资源型城市的经济主体，其问题自然严重制约了资源型城市的发展和市场化的改革进程。

3. 畸形的产业结构

资源型城市产业结构的畸形主要表现在三个方面：一是三次产业之间的严重失衡；二是第二产业内部的轻重失衡；三是第三产业层次低下。

（1）三次产业之间的失衡

大部分资源型城市在产业结构上以第二产业为主，第一产业和第三产业所占比重较低。根据中国城市统计年鉴相关资料，资源型城市的第二产业的产值大约占其 GDP 的 50% 左右，而资源型城市第二产业的从业人员比重也高于全国城市的平均水平。

（2）第二产业内部的轻重失衡

资源型产业是资源型城市的主导产业，而资源型产业往往都是重型工业，这就导致了资源型城市第二产业内部的轻重失衡。我国全部煤炭城市中，单单煤炭采选业和电力工业在产值上就占了半壁江山。石油城市大庆市在20世纪90年代初期，石油和石化工业产值占工业总产值近九成。

（3）第三产业层次低下

资源型城市第三产业薄弱，层次水平低，以传统的餐饮服务业为主，现代意义上的生产性服务业如金融保险、房地产、广告咨询、旅游服务、科研等均处在起步阶段，且受到资金、人才、观念等各方面的阻碍，发展前景不容乐观。

资源型城市产业结构畸形的根本原因是基于资源开发的“先生产，后生活”的发展思路所导致。而畸形的产业结构使得资源型城市经济的弹性和回旋能力非常脆弱，也缺少可持续性。

4. 低下的综合效益

城市综合效益包括经济效益、社会效益和环境效益。

经济效益的度量指标主要有百元资金实现利税、百元固定资产原值实现利税、百元固定资产原价实现工业增加值等（中国人民大学区域经济研究所，1996）。根据中国城市统计年鉴相关资料，资源型城市的经济实力和发展潜能以及经济效益无不低于同等规模级别的综合城市平均水平。

社会效益是指可以进行经济效果考察的城市社会事业方面的效益和城市外部的效益。由于我国资源型城市在计划经济体制下形成的特殊的城矿关系，导致其教育、文化、卫生、社会保障和福利等事业的投资主体不明确，发展比较落后。同时，随着资源开发的加深，资源型企业收益的下降，资源型城市的财政收入也呈递减趋势，对各项社会事业的发展支持缺乏后劲，后期可能出现入学率下降、失业率和犯罪率上升等负向社会效益。这将直接导致资源型城市对区域的吸引力和辐射力的逐步削弱。

在环境效益方面，资源型城市的形势更加严峻。资源型城市的主导产业大多为超重型、高耗能、高排污的重工业，其百元产值的耗水量、耗能量、排污量远远大于其他类型的工业，随着资源开发的加深，资源型城市的环境问题也日益突出，在资源型企业收益下降的情况下，环境治理变得尤为困难，使环境效益更加下降。

5. 混乱的城矿关系

资源型城市既是城市，又是矿业工业基地，既承担一般城市经济社会的综合服务功能，又承担发展支柱产业功能，城市与矿业企业之间具有双向制约性。由于历史和体制方面的原因，城市政府和城中矿业企业之间的关系一直没有完全理顺。矿业企业履行生产和社会服务的双重职能，企业办社会，企业办城市现象较为普遍，企业功能与城市功能相互混同，从而派生出两个履行城市功能的主体。

由于在管理体制上矿业企业往往有中央企业和地方企业之分，所以企业与政府之间、中央企业与地方企业之间、企业与地方之间就有着不同的利益关系。由于地方财政收入有限，难以有足够的资金用于城市基础设施建设，而国有矿山企业往往根据自身需要，另行一套城市基础设施，造成重复建设和不配套，使城市建设效益低下，运行不畅。这种城市建设的“两张皮”状况，既加重了企业负担，分散了企业抓生产的精力，企业对地方经济的带动力不能发挥，同时又很难发挥城市的带动与辐射功能，不利于城市政府进行宏观调控，也不利于市场有效地配置资源、产业和技术发展要素。

（二）黄石问题的一般性与特殊性

截至2005年底，全市总人口为252.8万人，城镇化率达到49.61%。人均生产总值达到14358元，接近2000美元。总体而言，黄石经济社会发展处于工业化的中期起飞阶段。

从对黄石城市发展问题的分析中可以看出，黄石也有所有资源型城市的一般性问题。如：注重城市的生产功能，忽略了城市的服务功能，导致城市功能单一，辐射力不够；第二产业比重过高，三次产业结构失衡；污染严重，社会效益和环境效益低下等等。同时，黄石的城市发展又有其自身的特殊性。其一，黄石并非纯粹的工矿型城市，而是服务于整个市域的功能性中心城市，其城市功能具有一定的综合性；其二，服务功能没有达到辐射区域的要求。一般而言，受粗放式资源开采的影响，资源型城市的空间扩展也是“粗放式扩展”，呈现出松散并缺乏整体性的特征。此外，资源型城市“一矿一点”的空间发展模式，往往意味着整个城市居民点和公共服务体系的分散，导致公共设施难以规模化和集约化发展，从而影响城市综合服务功能。但是，矿藏资源相对集中的黄石，并不存在上述两个问题。老城区的高人口密度，配套的不是分散而是较为集中的服务功能。其问题的本质，不是服务功能的分散，而是服务功能的水平太低。不仅无法满足黄石市区的需求与市域的中心辐射需要，更不用说符合其鄂东中心的区域定位了。其服务功能的水平与鄂东惟一的大城市的地位极不相称，无法体现其“龙头”地位。

黄石问题的解决和跨越式发展，最关键的就是实现其城市功能转型。

二、出路与目标

（一）资源型城市的转型

资源型城市的转型主要可以分为三个方面：一是产业转型；二是城市功能转型；三是空间结构转型。其中，产业转型是基础，没有产业的转型，资源型城市的转型就不可能实现；城市功能转型是关键，既是产业转型的必然结果，也是资源型城市转型的直接目标；而空间结构则为产业和功能转型提供了物质场所，它的转型是功能转型的内在要求。

1. 产业转型

资源型城市产业具有无法避免的问题。一方面，在产业结构上，资源型城市产业结构单一、初级，具有明显的脆弱性和不稳定性，而且产业内部结构在总体上也单一化；另一方面，在产业发展上，对资源型产业发展周期缺乏足够的认识，过分追求产值而没有充分重视资源的有限性，导致许多资源型产业错失了转型与发展的最佳时期；对产业关联缺乏重视和研究，资源型城市的产业结构设计不合理；资源型产业的组织结构几乎全是国有大中企业，由于国有企业间联系的缺乏和条块分割，资源型产业并没有实现资源的优化配置，造成了巨大的浪费。因此，资源型城市的产业转型是城市发展转型的前提。

资源型城市的产业转型，就是使各类生产要素，尤其是人力资源从占主导地位的资源型产业转移到新兴产业的过程。这一过程必须以产业结构优化为导向。新兴的主导产业可能是与原有资源型产业相关的接续产业，也可能是替代产业。接续和替代产业的形成并成长为主导产业的过程，构成了资源型城市产业转型结构优化的基本内容。其基本思路有两个方面：其一，利用高新技术及其产业的发展进行产业升级，既可以用高新技术提升资源型产业，也可以直接发展高新技术产业。其二，依据各资源型城市的主要特点，选择合适的新兴主导产业加以扶持和培育。

于政府而言，促进资源型产业结构优化的途径和措施主要有：正确选择主导产业，以更好地带动其他产业的发展，促进产业结构升级；合理调整产业结构，纠正比例失调、结构失衡的偏差，促进产业结构的合理化；鼓励技术创新，推动技术进步，提高产业结构的技术水平，促进产业结构的高度化；实行制度创新，为市场机制作用的充分发挥和产业的发展奠定良好的制度基础，保证产业结构的优化；制定恰当的产业结构政策，区别对待主导产业、新兴产业、弱小产业、衰退产业，促进产业结构的优化（孙雅静，2006）。

2. 城市功能转型

城市功能是指城市在国家或区域中所起的作用和承担的分工（周一星，1995），它是城市区域属性的集中体现。城市的形成和发展理论认为：作为资源的有效形式，城市功能的实质是提供外溢效应，对外体现为资源的吸纳和能量辐射，对内体现在市场功能、服务环境功能和公共资源的提供与管理方面，城市功能的发展随产业发展而不断演进，城市现代化是指城市功能的现代化，强化城市功能的主导动力是市场的成熟和完善（孙雅静，2006）。

城市的形成和演化与市场的发展过程相一致，具体表现为城市功能随城市产业发展而不断演化和强化，动态变化、螺旋上升。城市正在由工业型城市向服务型、信息化转变。城市功能在这一过程中实现强化和多元化，开始有金融中心、信息中心等功能导向型城市崛起，辐射范围也从特定区域扩展到整个国家甚至国际范围。

功能转型表现为从单一功能向综合功能的转化，从生产功能向服务功能的转化。

3. 空间结构转型

城市空间结构为城市物质要素在特定社会生产和生活水平以及自然环境资源多种背景下所形成的城市功能组织方式以及背后社会政治、经济、生态、文化等内在机制相互作用所决定的空间布局特征。在城市地区，城市空间结构按其涵盖的范围，可以分为城市内部结构和城市外部结构。城市内部空间结构是城市建成区内功能分化和各种活动所连成的土地利用的内在差异而形成的一种地域结构。城市外部空间结构指由一个中心城市辐射区域内中心城市与外围地区共同构成的空间体系。资源型城市空间形态可以分为三种类型：即一城多镇型、多中心组团型和相对集中型。

（1）一城多镇型

一城多镇的资源型城市通常由一个主城和多个城镇共同组成，主要出现于矿藏资源分布不太集中但也不太分散的矿区（马清裕，1986）。主城是矿区行政、经济、文化的中心，规模比较大，工业企业和人口主要集中于主城；其他城镇则功能较为单一，规模也比较小。主城和工人镇之间是一种主从关系，彼此间联系较密切。如平朔市和大同市。

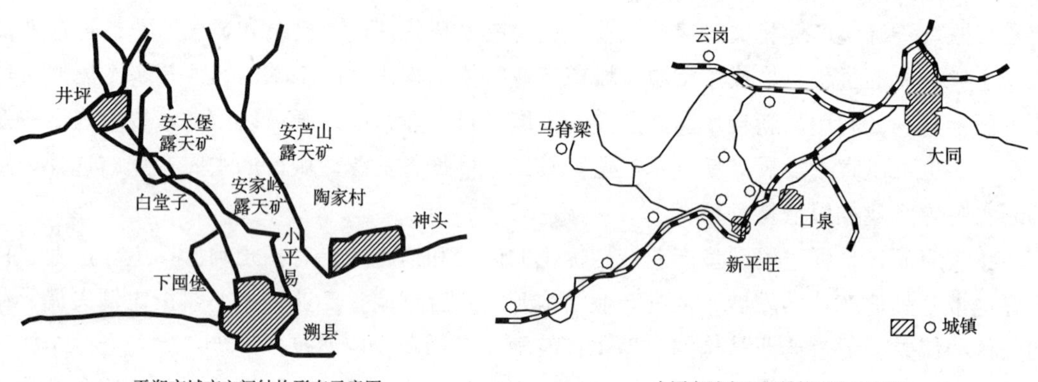

平朔市城市空间结构形态示意图　　大同市城市空间结构形态示意图

图 9－5　一城多镇型资源型城市空间形态示意图

资料来源：马清裕．论工矿区城镇的发展与布局．中国科学院地理研究所编．城镇与工业布局的区域研究．科学出版社，1986.

（2）多中心组团型

在矿藏分布分散、地形复杂的矿区，居民点分散，交通联系不便，很难形成功能集中的单一中心主城，往往会在矿区内形成若干规模相当，担负着矿区一定职能的城镇，它们彼此具有相对独立性而又相互联系，因而形成了多中心的城市空间结构，如淮南市。

（3）相对集中型

资源型城市的所谓集中只是相对而言，它并不像一般城市那样集中连片，而是由若干相距很近的城区所组成。主要是在矿层厚、资源分布集中的矿区，与资源开发利用有关的加工工业布局紧靠采矿区的情况下，才形成这种布局形式，如抚顺市。

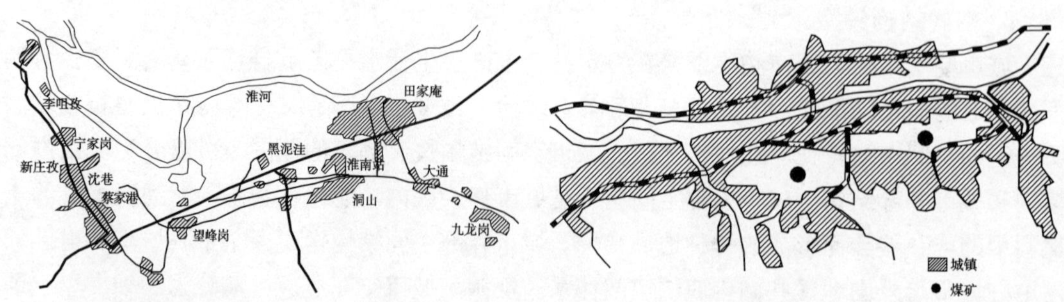

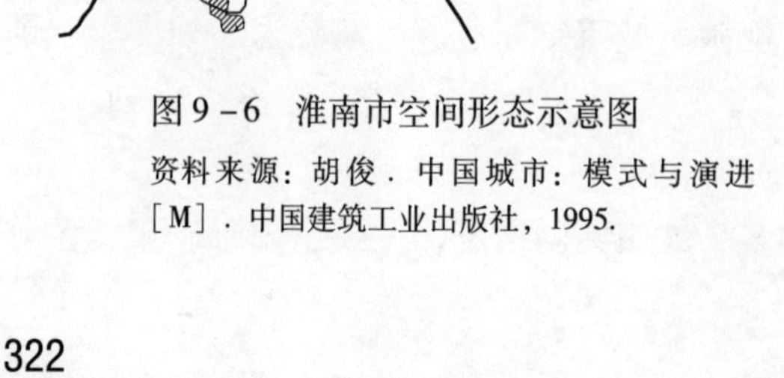

图 9－6　淮南市空间形态示意图

资料来源：胡俊．中国城市：模式与演进［M］．中国建筑工业出版社，1995.

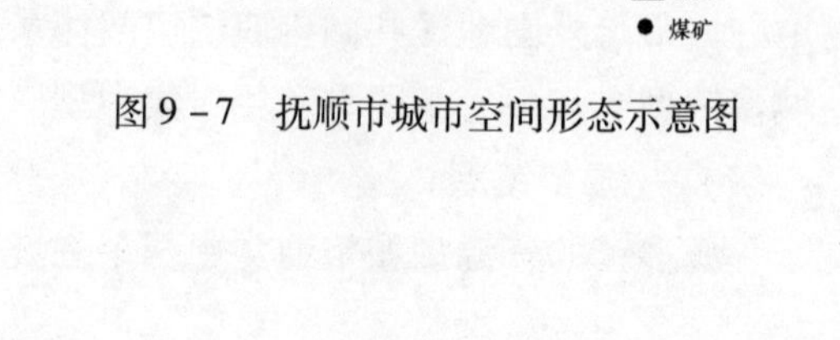

图 9－7　抚顺市城市空间形态示意图

（二）黄石的功能转型

同为资源型城市的黄石，也面临着产业、功能及空间结构的转型。其中，打造区域服务功能，实现功能的转型是关键。产业升级是作为功能转型的支撑，而城市空间及其结构的优化，是城市功能转型的必然要求，是功能在物质要素上表现的载体。

1. 转型机遇

2004 年，温家宝总理提出要坚持推进西部大开发，促进中部地区崛起，鼓励东部地区加快发展，形成东中西互动、优势互补、相互促进、共同发展的新格局。并着重指出：国家政策支持中部地区发挥区位优势和经济优势，加快改革开放和发展步伐，加强现代农业和重要商品粮基地建设，加强基础设施建设，发展有竞争力的制造业和高新技术产业，提高工业化和城镇化水平。现在，“中部崛起”已经明确写入了《国民经济和社会发展第十一个五年规划纲要》，2006 年 3 月 27 日中共中央政治局会议部署中部崛起战略，这标志着中部崛起战略即将全面进入实施阶段，更意味着国家将在人力和财力，尤其是政策上给予很大的支持和优惠。有着“中部的中部”区位优势的黄石可充分发挥自主优势，激发潜力，利用“中部崛起”战略决策提供的宏观政策平台，实施城市转型战略，培育和发展后续产业，主动参与构建中部地区的交通、信息、电力、水利四大网络体系，谋取更大的发展空间。

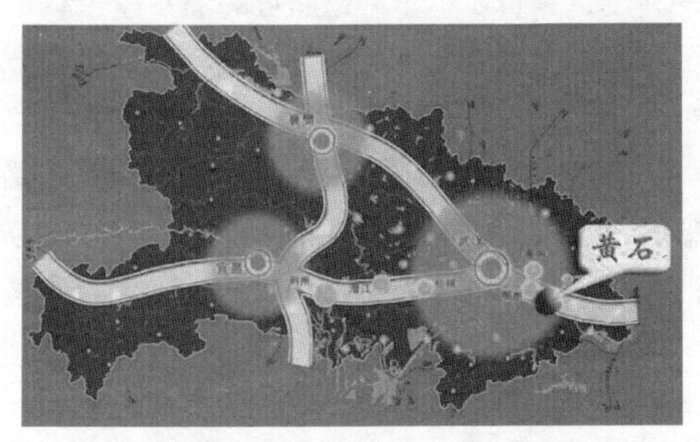

图 9－8　黄石在湖北省区位图

引自《湖北省城镇体系规划 2001—2020》

图 9－9　黄石在武汉城市圈区位图

引自《黄石市黄荆山新区发展规划研究》

在国家实施“东西互动、拉动中部”发展思路的大背景下，以武汉为中心、以 100 公里为半径的城市密集地区所组成的“武汉都市圈”正在成为中国内地第四经济增长极。黄石作为“武汉都市圈”的第二大城市，是圈内以武汉东湖新技术开发区为龙头，包括黄石、鄂州、黄冈的高技术产业带，以武钢为龙头、包括黄石、鄂州的冶金—建材产业带上的重要节点；在都市圈一体化的商贸市场体系的构建中，黄石被定位为四大区域性商贸次中心之一。由此可见，“武汉都市圈”的建设在给黄石经济发展提供再次起飞平台的同时，也为黄石城市空间重组带来了新的契机。

黄石城区和大冶城区在用地上呈现出相向对接发展的空间态势，在功能组织、空间布局、道路交通、市政基础设施上已成一体化格局。2001 年编制的新一轮黄石城市总体规划提出实施黄石—大冶城市对接战略，2006 年黄石、大冶两市就黄荆山地区开发所达成的托管协议，都预示着黄石与大冶的一体化发展将是大势所趋。这为黄石统筹人力、资金、土地等各项要素以谋求“跨越式”发展，提供了关键的实施机制上的保障。

2. 转型的方向

本章第二节已经从不同角度总结了黄石发展的问题，归根结底，是城市功能单一尤其是服务功能不足造成的。因此，其转型方向，即由生产主导型向服务主导型转型，由地方性中心向区域综合服务中心转型。

（1）由生产主导型向服务主导型转型

黄石城市功能由生产主导型向服务主导型转变，总的来说是由所处发展阶段引起的。首先，遵循资源型城市生命周期发展的客观规律。资源型城市中资源的有限性和不可再生性决定了资源型城市的生命周期特性。在前人的研究基础上，美国地质学家胡贝特指出资源型城市的生命周期包括预备期、成长期、成熟期、转型期或衰退期四个阶段。转型期或衰退期是资源型产业在城市经济中主导地位下降的阶段。如果能培育新的城市功能，实现城市转型，则往往演变成综合性城市（如美国休斯顿和日本九州地区），反之，城市则会走向衰退甚至消亡（如委内瑞拉玻利瓦尔油田和前苏联巴库石油城）。上世纪 90 年代末以来，黄石铁矿石及原煤产量逐年下降，资源型产业初显颓势，进入了生命周期中的第四阶段。因此，实现从单一生产功能向服务功能的转型，是黄石阻止衰退趋势的惟一途径。

其次，符合转型期的发展要求。城市发展水平的提高以及由此引发的消费结构、产业结构升级是城市功能转型的内因。人均 GDP 可以反映一个城市发展水平的高低。当人均 GDP 超过 1000 美元时，城市居民由重视衣、食消费转向谋求住、行条件的改善，消费结构由温饱型转向发展型，城市的生产功能日趋稳定，服务功能开始快速成长；人均 GDP 从 1000 美元到 3000 美元的阶段，是经济、社会、城市化的转型期。城市居民的消费结构进一步向享受型升级（靳共元，2006），服务功能进一步成长，初步取得对生产功能的优势地位；人均 GDP 超过 3000 美元，服务功能开始逐渐成为推动城市发展的主要动力，生产功能退居次要地位。可见，人均 GDP1000 美元到 3000 美元是城市功能转型的关键阶段。2005 年底，黄石人均 GDP 接近 2000 美元，然而，处于转型关键时期的黄石，2005 年末三次产业比例为8. 4∶51. 8∶39. 8，二产比重仍然高达 50% 以上，三产比重不及 40%，城市功能转型明显滞后于城市的发展水平。因此，城市主导功能由生产向服务转型，是适应转型期的必要条件。

最后，是解决城市问题的需要。黄石过分注重资源开发和生产功能的发展模式，在新的历史时期暴露出产业结构失衡、生态环境恶化、服务功能薄弱等问题。弱化生产功能，培育服务功能，积极发展目前所缺失的生产性服务业，是黄石解决城市问题的理性选择。

（2）由地方中心型向区域中心型转型

宏观环境和区域格局的变化，要求黄石由地方性中心向区域性中心转型。从宏观环境看，全球化影响的持续深入、我国整体发展水平的不断提高以及发展观念的转变，都为黄石的发展提供了新的发展环境和机遇。显然，黄石目前辐射市域的功能定位难以实现这一区域发展要求。黄石必须积极推进产业重组与升级、转变经济结构以适应宏观发展环境的变化，必须加强服务功能的培育、增强城市辐射能力以在武汉都市圈及鄂东地区的发展中承担更多的责任，实现由地方中心向区域中心的转型。

综上所述，黄石须尽快实现城市功能由地方性生产中心向区域性服务中心转型。其中，以生产功能为主导向以服务功能为主导转型是基础，由地方性中心向区域性中心转型是目标。实现这样的功能转型是突破现有发展瓶颈的关键，也是把握新的发展机遇的必然要求。

第三节　规划的理性与应对

2006 年 8 月，笔者参与了"黄石市黄金山新区概念规划及起步区控制性详细规划"的论证会。针对黄石急切的转型要求，本节从黄石都市区、山南新城及新城起步区三个层面提出了服务功能转型的应对方式。服务功能的塑造和强化，是规划理性的主线，产业、空间、用地等布局都是这一主线的延伸。

一、都市区功能转型的战略思考

（一）都市区现状空间判读

黄石目前城市功能的主要承载空间为黄石都市区，即黄石、大冶两市的城市建成区，包括铁山、下陆、团城山、陈家湾、黄石港、胜阳港、西塞、河口、大冶城区、马叫等十个组团，截止到 2005 年底，建成区面积约 63km²，人口约 88 万。经历了沿江、沿铁路和沿黄荆山三个发展阶段后，现状黄石城市地区的十个组团形成了沿长江南岸带、沿黄荆山北麓带和沿武（汉）九（江）铁路带的"三带"型空间结构，建成区呈"H"状格局。空间结构整体分散，局部则过于紧凑。

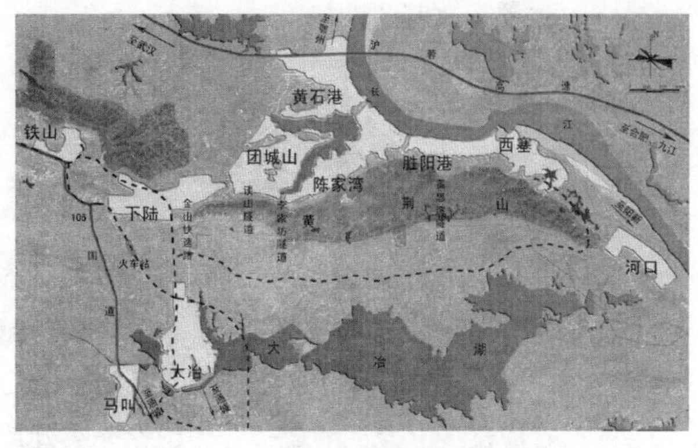

图 9－10　黄石都市区示意图

（二）都市区功能定位

根据黄石市面临的外部发展机遇、拥有的自身潜在优势以及应当承担的区域角色，同时参考上层次规划（如湖北城镇体系规划、武汉城市圈规划、黄石市城市总体规划、大冶市城市总体规划等）和相关规划（如黄石市经济社会发展第十一个五年规划、黄荆山新区分规等）中对黄石的定位，重新演绎黄石的定位为：

1. 中国中部地区重要的工业基地

（1）矿产资源优势

黄石物华天宝，矿产资源丰富。境内已探明矿产4大类76种，占全国已发现矿产品类的28%，其中金、铜、铁等14种矿产的储量居湖北之首，硅灰石储量居全国第一，其品种之多、储量之丰、品位之高为国内少有，是名副其实的“江南聚宝盆”。现在的黄石依托矿产资源，逐步发展成为中部地区重要的集金属矿产开采及加工于一体的工业城市，形成了以矿石资源为依托的特种钢材、铜、铝金属加工业、水泥、能源等产业体系。

（2）工业基础优势

黄石已经初步建立起相对完善的工业体系，除了冶金、建材、能源等支柱产业外，纺织、机械、轻工、食品、化工、医药、电子、服装等产业也已有一定的基础。目前，全市已有各类企业9000余家，其中年销售收入500万元以上的非国有企业达293家，9家企业进入全国520家重点企业行列。

基于此，黄石应大力发挥现有矿冶工业的优势，尤其应利用其滨江水资源丰富的特点，在长江沿岸大力发展大耗水金属加工产业和重型产业，延伸加工深度并提高产业配套能力和产业层次，逐步扩大产品市场份额；通过产业结构调整，大力扶持和发展高新技术产业；利用黄石承东启西的区位优势，承接东部产业转移，大力发展都市型产业，建立顺应时代发展的现代工业体系，成为中部地区重要的加工工业基地。

2. 长江中游重要的物流商贸城市

（1）省委省政府的设想

2002年，时任湖北省省委书记俞正声同志做了题为《全面贯彻“三个代表”重要思想，为加快湖北现代化建设面努力奋斗》的报告，着重指出要把湖北建设成为重要的现代物流中心区。

（2）黄石的优势

着眼于整个长江经济区，黄石是长江下游经济区向长江中上游经济区，尤其是湖北省进行产业转移和技术转移的第一个大站，有着优越的交通区位优势：

处在“两线一江一路”（京广线、京九线、长江、沪蓉高速公路）交汇的中心地带；

黄石港是长江十大良港之一，为国家一类开放口岸，其集水路运输、铁路运输、公路运输于一体的对外交通优势决定了把湖北建设成为重要的现代物流中心区的重任必将落在黄石的身上。

未来沿江的河口组团更是水运和铁路联运中心地，同时罗桥火车站二级站场的建设也使黄石有条件成为区域性的物流基地。

（3）自身产业发展的需求

境内丰富的矿产资源及后续的加工产品和未来的都市型产业的大发展需要一个面向长江经济区，尤其是面向东部沿海地区的商贸网络来拓展其产品销售市场和引入先进的生产要素。

多重责任和发展要求的累积决定了黄石应该有且必须有自己的物流中心，并继承荆楚大地特有的商贸传统，发挥濒临长江水道的优势，建设成为集水、铁、陆三种运输方式于一体的长江中游地区重要的物流商贸城市。

3. 鄂东地区承接长三角的门户型城市

（1）地域层面的发展需求

我国的“不均衡发展战略”和“沿海优先开发战略”决定了中部地区在经济发展上处于相对落后的地位，位于中部的鄂东地区也不可能逃脱这一历史选择下的“宿命”。

“梯度转移战略”和紧邻泛长三角经济区的区位优势让鄂东地区看到了希望的曙光。未来鄂东地区的发展就必须抓住这一区位优势，积极主动承接长三角地区经济产业和生产要素转移，发挥鄂东地区矿产资源优势和劳动力优势，通过工业化大发展来推动地域城镇发展，实现经济、社会、环境的和谐发展。

上述发展都需要一个区域性的增长极核来引领和统领发展。

（2）自身发展的必然要求

黄石是湖北联系泛长三角外围圈层皖东南地区最为紧密的地区和湖北接轨长三角东部核心圈层江浙地区最为临近的城市，又是鄂东地区实力最强、发展势头最好的地级市。未来引领鄂东地区发展和实现长三角与鄂东地区对接联系的重任必然将落在黄石的身上。

目前，黄石的辐射和门户作用已有所显现，其在省内已经开始吸引南边的咸宁和北边的鄂州、黄冈地区，省外已经拓展到江西和安徽的部分地区。

因此，黄石有条件且必须主动承担重任，发挥鄂东地区门户城市的作用，通过发挥枢纽城市的作用，培育地域实力，使鄂东地区成为长三角经济和产业转移的先行之地、湖北接轨长三角经济区的前沿阵地。

4. 武汉都市圈辐射江淮赣皖地区的次中心城市

（1）历史进程中的江淮、江汉平原

江淮地区和江汉平原是我国长江经济带上传统的粮农基地，也是中国农耕文化发育最为璀璨的地区。二者在地域上毗邻，在交通上通过长江水道往来密切。

历史前行的列车在推动苏、皖前行时，却未能带动鄂、豫进发，现在的江淮、江汉大地分化成了一个位于（泛）长三角经济区和一个位于中部地区，一个已经借助中国改革开放的东风去勇立浪尖、瀚海弄潮，一个却仍然延续过去计划经济的发展道路靠山吃饭、闭门造车。如今，二者的发展态势已经不可同日而语，发展差距显而易见。因此，如何紧跟时代发展的步伐，缩小两区之间的发展差距，不仅仅是国家可持续发展战略层面提出的问题，更是湖北实现跨越式发展需要解决的问题。

（2）现实发展中鄂赣皖三地

区域发展规律告诉我们，荆楚大地的崛起不是所有城市、同一时间段的发展，应该是以武汉为龙头，以整个武汉城市圈层为空间载体的地域，通过壮大自己、带动经济腹地圈层来实现整个省域的崛起。

目前已经成形的武汉—鄂州—黄石城镇连绵区将是未来武汉城市圈的极轴空间和主要产业载体，这里交汇有京珠、沪蓉高速公路，京广、汉渝、武九及京九铁路、107、318、316 国道等区域性的交通基础设施，拥有较为完善的工业生产体系，更有举湖北全省之力的经济支持和特别的发展政策支持，未来的发展势头不容小觑。

从现在的发展态势看来，黄石经济辐射范围已经突破湖北省域，扩展到临近的江西、安徽地区。黄石作为武汉都市圈的第二大城市，本身拥有的雄厚工业实力和较强的区域产业互补能力，是武汉都市圈名副其实的次中心城市，又是都市圈层中距赣皖地区最近的大市。

因此，发挥黄石作为武汉都市圈辐射赣皖地区的次中心城市职能，有利于集聚区域生产要素，促进武汉都市圈的极核发展，反过来更能发挥武汉都市圈的引擎作用，扩大经济腹地，最终带动整个中部地域的发展。

5. 融汇荆楚古韵与山水特色的生态宜居型城市

（1）城市发展本质

“人们为了生活来到城市，人们为了生活得更好而留在城市”（亚里士多德）。城市的第一位功能是生活，生产功能的最终目标仍然是生活，而生活的基本需求是温饱，中级需求是环境，高级需求是文化，最高级需求是在温饱、环境和文化的和谐中实现创造，而黄石正具备这样的品质和潜力。

（2）历史文化底蕴

黄石位于荆楚文化的核心圈层，有着深厚的历史文化底蕴。楚文化中“筚路蓝缕”的进取精神，“鸣则惊人”的创新精神，“抚夷属夏”的开放精神，孕育了黄石独特而深厚的地域文化，留下了丰富的文化资源。

（3）自然生态基底

黄石地理条件极为优越。市域内山川形胜，河湖旖旎，素有“江南明珠”的美称。境内山峦起伏、湖泊众多、环境优美，有镶嵌于市区的八百公顷磁湖，湖面水域宽阔、水天一色、风情万种；还有横卧于市区南侧的黄荆山，峰峦起伏，山势雄浑。境内还有东方山、西塞山、大冶湖等诸多名山大湖。

同时，区域的发展与建设需要高品位文化的支撑和独特形象的营造。极佳的自然基质、得天独厚的区位条件、良好的发展基础、美好的发展未来促使黄石有条件也必须建设成为融汇荆楚古韵与山水特色的生态宜居型都市地区。

（三）都市区总体发展战略

1. 空间发展方向：南跨

（1）发展要素限制的无奈选择

从黄石城区发展现状看来，现有建成区受自然地形限制，通过内部优化调整不可能置换出足够的发展用地，向外扩展才是惟一的选择。然而，东向拓展有难以跨越的长江水道天然壁垒和与黄冈市的行政区划界限；北边有沪蓉高速公路和与鄂州的行政区划界限；西边发展势必将被拟建中的阿深高速、106 国道及在建的武九铁路线分割；向南跨越黄荆山，向山南地区发展是无可奈何的选择。

（2）解决发展问题的共同指向

黄石发展中出现的产业布局不优、轻重结构失衡等问题，城市建设中面临的空间利用不当、城市功能失调、人文底蕴不显、自然生态失真等多重困境，都归结于城市中生产职能和生活职能的发展不平衡。这就需要通过建设山南地区来置换现状建成区的部分生产用地，重组城市建成区的功能结构，疏散城区的大量人口，减少城区环境污染。同时，现状的黄石城区和大冶城区在用地上呈现出相向对接发展的空间态势，在功能组织、空间布局、道路交通、市政基础设施上已呈现出一体化格局。可见，在山南地区开发建设新城，既能成功实现黄石、大冶的对接发展，又能解决黄石发展中出现的种种困难。

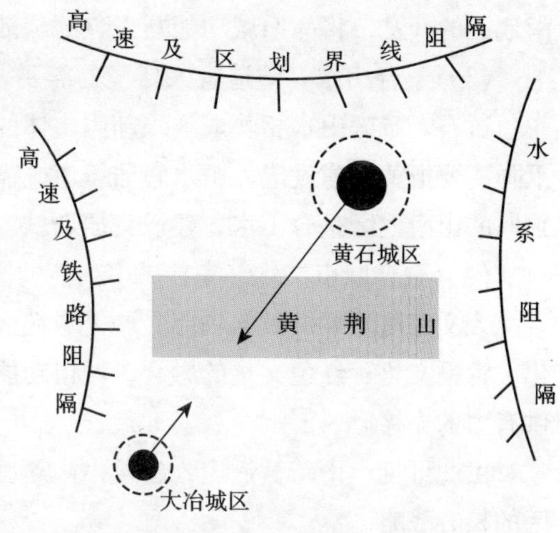

图9－11　空间发展方向选择

（3）实现发展目标的惟一路径

为把黄石建设成为中国中部地区重要的工业基地，长江中游重要的物流商贸城市，鄂东地区承接长三角的门户型城市，武汉城市圈辐射江淮赣皖地区的次中心城市和融汇荆楚古韵与山水特色的生态宜居型城市，这些目标的实现需要在能够发挥现状良好区位、丰富资源、优势产业的基础上，构建一个能够强化中心引擎和统领功能、发挥产业集聚与规模效益、彰显山水特色与生态优势的区域极核区，而现有的城区却面临着发展空间有限，中心城市“领跑”地位下降的困境，因此迫切需要一片注入都市活力的地域来续写黄石昨日的辉煌。而山南新城的开发，将在黄石市乃至鄂东形成新的经济增长点和集聚中心，为黄石市的再次腾飞提供载体。

（4）承载发展转型的支撑平台

黄石要在发展中实现由生产型城市向生产和服务并重型城市转型、由基地型城市向中心型城市转型、由工矿型城市向商贸型城市转型、由通道型城市向门户型枢纽城市转型，就需要一个能够承载现状建成区“退二进三”后产业空间重新集聚和新的产业发展承载区建设、中心型城市应有的区域核心功能体建设、商贸中心区和集散枢纽的支撑平台。而有着优良地形条件和优美山水资源的山南地区的开发无疑是最优答案，同时基于现状的分析可以看出，也只有通过山南地区的开发来发展产业、建设新城、积聚人气，才能成功实现上述发展转型。

2. 空间发展模式：新城

（1）黄石、大冶对接发展的必然

黄石城区和大冶城区在用地上呈现出相向对接发展的空间态势，在功能组织、空间布局、道路交通、市政基础设施上已呈现出一体化格局。顺应这一趋势，在山南地区建设山南新城，能够大大推动黄石、大冶的对接发展。

（2）黄石市用地现状的制约

受行政区划的制约，黄石市区发展空间局促，而可建设用地更少且基本开发完毕。山南地区的开发，将为旧城功能与人口的疏散提供新的战略空间。

（3）整合山水，塑造宜人环境的需要

黄石老城区山水相映成趣，却因山体的无序开发和水体的不当利用而使生态环境质量下降，要把黄石建设成为山水宜居城市，需要在同样处于山、湖、江环绕，生态基底得天独厚的山南地区整合山水，建设宜居新城。

（4）融合城市文化、完善城市功能的需要

人文底蕴不显，城市功能失调是老城区面临的主要问题。新城的开发建设将为荆楚文化、青铜文化、红色文化的融合，城市功能尤其是辐射周边地区的现代服务功能的完善提供有力的支撑。

由此可见，南跨黄荆山，建设山南新城，是黄石市总动员的号角，也是构建黄石都市区的核心战略。

（四）都市区空间发展战略

1. 近期发展空间演变

发展轨迹：近期黄石、大冶两市在依托现有各组团自主空间拓展的基础上，逐步构架完整的沿江产业发展带和沿铁路综合带。同时，两市进一步加强合作，合力打造黄金山起步区，其发展重点是南跨黄荆山，即发展李家坊隧道延长线西侧、金山快速路东侧的罗桥组团和罗桥火车站站前物流组团。结合黄石城区建设的团城山经济技术开发区、大冶城区重点建设的马叫组团和大冶城北区，整体构筑形成黄石都市区“川”字型空间结构的雏形，即由铁山组团、下陆组团、大冶老城区、马叫组团组成的南北双向延伸的集生产与生活于一体的内陆综合轴，由黄石港组团、胜阳港—陈家湾组团、西塞组团及河口组团组成的沿江产业轴，起步区和黄石城区共同构成的城镇发展联系轴。

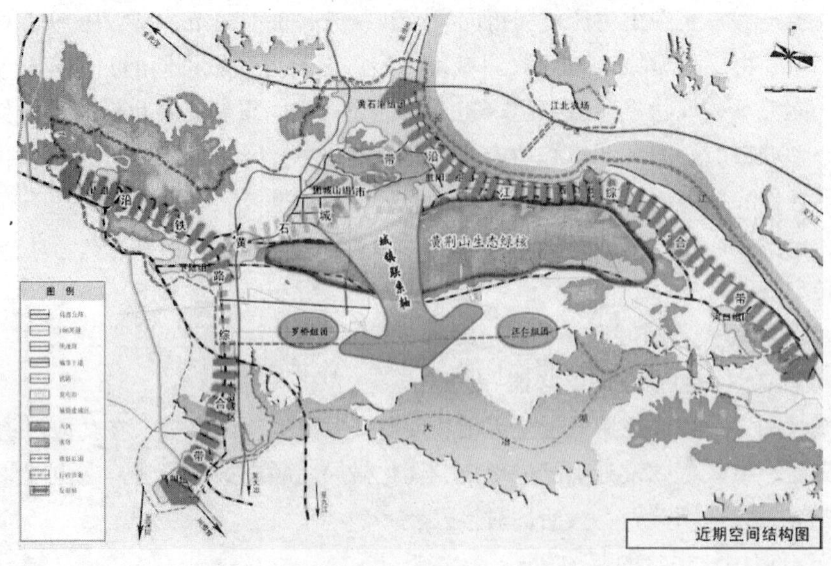

图 9－12　近期空间结构图

近期形成的“川”字型空间结构寓意着“海纳百川”到“百川沸腾”的发展趋势：黄石、大冶两市政府在达成共识的基础上，借助于武汉都市圈建设的契机，主动承接武汉的产业转移，积极与黄冈、鄂州、咸宁等周边城市进行分工协作；充分展现“海纳百川”的气魄，举全市之力共同打造山南新城起步区。随着新城都市产业的规模效应、集聚效应的显现与城市公共服务功能的完善，新城起步区将成为黄石都市区乃至鄂东地区的重要增长极，区域内的各种要素在此形成“漏斗效应”，山南新城的梯度式发展也将顺势而生。至此时，黄石地区尽显“百川沸腾”之势！

2. 远景发展空间演变

发展轨迹：考虑到未来黄石在整个鄂东地区的中心作用和武汉都市圈中的区域次中心地位，黄石应在壮大其产业—空间极核能力的基础上，通过多种生产要素向黄石都市区的集聚来扩大都市人口规模和用地规模。因此，黄石应在近期“川”字型空间结构的基础上，继续加大山南新城的建设，通过完善罗桥城区、站前物流组团，逐步启动建设四棵组团、汪仁组团、太白湖组团，同时继续完善大冶、黄石各城区及外围组团，形成“一主两副，一核四带”空间结构。

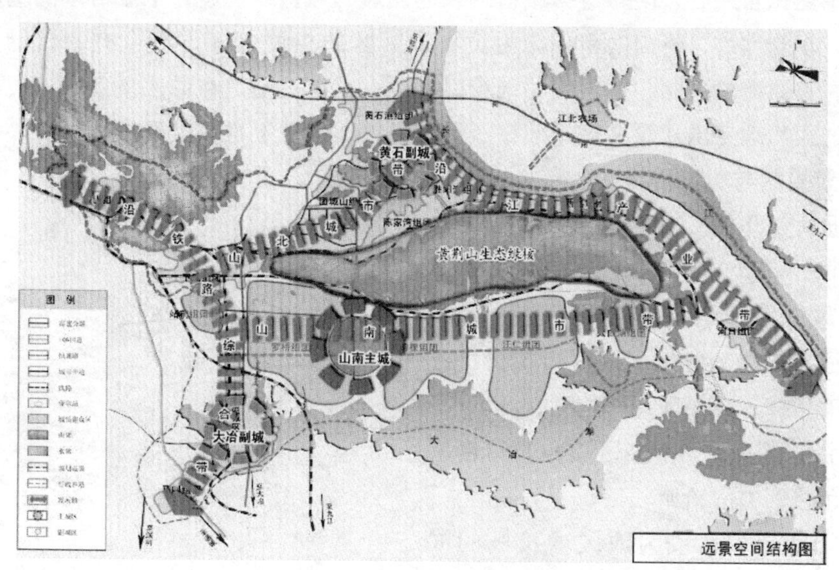

图 9 – 13　远景空间结构图

一主：山南主城。

两副：黄石（旧城区）副城、大冶（市区）副城。

一核：黄荆山生态绿核。

四带：沿江产业发展带、山北城市带、沿铁路综合发展带、山南城市带。

按照远景规划，山南新城将成为为黄石城市地区的主城，这是因为：

其一，老城已经没有容纳都市功能的成片用地，而从用地的规模来看，一旦山南新城成片开发，其主城功能将会逐渐凸现，而老城由于核心功能的转移将趋于衰败；

其二，老城拥有较高的人口密度，其迁移成本很高，若以旧城改造来实现城市功能的提升，远水难解近渴；

其三，从黄石与大冶的区位及整合两者空间资源的角度来看，都市重心与中心的南移，更容易为大冶所接受；

其四，主城从现在黄石市区移向山南地区，将使目前的"环磁湖"城市空间结构演变成"环黄金山"城市空间结构，也能为将来发展成"环大冶湖"城市空间结构提供了可能。因此山南主城将有利于未来都市区理想空间结构与形态的构建，同时具有发展的弹性和可持续性；

其五，黄石的老城区历史较短（解放后才大规模建设），没有深厚的历史沉淀，而且当时建设城市的依据是矿工开采与长江水运，如果将城市的服务功能、居住功能南移至黄荆山以南地区，则新型的重化工业等需要大运量、大耗水量的"大工业"项目可以布局于长江沿线，实现城市空间真正意义上的腾笼换鸟。这对于黄石来说，无疑是一场新的城市革命，也是第二次创业。

其六，在山南地区建设新城，是在一片处女地上建设，起点高、成本低、见效快，有助于在短期内振奋人心，同时也为城市的长远发展与可持续发展打下了雄厚的基础。

然而，客观地讲，将山南新城作为黄石都市区的主城这一方案也有一定的困难与问题。首先，方案比较大胆，按固定思维难以认可；其次，不是在原来的黄石老城区而是在目前租用的大冶地界内建设主城，模糊了行政界线，情感上难以接受。

3. 容量控制与功能引导

根据远景空间构想，结合《黄石市城市总体规划（2001－2020）》，做了以下考虑与调整：

（1）鉴于原黄石和大冶城区人口密度过高，考虑适当减少其各组团的人口规模，提升人均用地指标，减轻其拥挤程度；

（2）将原黄石和大冶城区减轻人口密度后的人口转移到山南新城；

（3）山南新城在成为地区增长极的同时，将吸引周边大量人口的集聚。

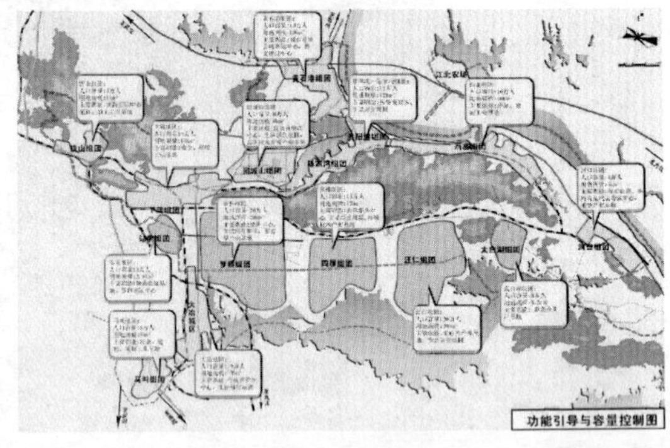

图9－14　都市区功能引导与容量控制示意图

最终整个黄石都市区将建成有着144km²，能容纳137万人的城市建成区。

（五）都市区产业发展战略

在转变经济增长方式、提高经济运行质量和效益的前提下，充分利用黄石特有的区位条件，运用现代技术发展具备地域特色的现代农业；全面推进城区的"退二进三"进程，第二产业重点发展技术密集型、资本密集型产业，运用高新技术培植新的支柱产业，发展都市型产业，减少对采掘业的依赖；同时，大力发展以金融、物流、会展旅游、信息服务为重点的现代服务业。

产业布局要遵循区域统筹发展的原则，从产业链、价值流的利益最大化出发，实现黄石自身在区域整体中的应有价值，最终实现区域整体跨越式发展。基于此，黄石都市区未来产业总体分工思路为：

山南新城不仅是整个市域高层次服务的中心，而且是黄石都市区面向省内、全国的窗口。它不应再发展传统工矿产业和重型产业，而应建设成为现代都市型产业配套的现代服务、知识创新、技术研发的中心，同时对现有的污染型企业要加速外迁的步伐。

内陆综合轴上的铁山、下陆、大冶老城区、马叫等组团宜发展依托陆路物流的轻工业、加工工业及采掘、冶金等优势重工业；

沿江产业轴上的黄石港、胜阳港—陈家湾、西塞、河口等组团的产业，一方面要自我更新与增长，另一方面要承接黄石地区机械、建材等重型工业的转移。

黄石都市区的功能引导与容量控制表　　表9-2

城区	组团	人口容量（万人）	用地规模（km^2）	原总规主要职能分工	本次规划职能
黄石副城	铁山	3	4	采掘、加工工业区；铁路货运中心	铁路货运中心；采掘、加工工业基地
	下陆	8	10	冶金、机械工业区	冶金工业基地；轻纺工业基地
	团城山	8	8	政治、文化、金融、信息中心；高新技术开发产业园区	政治、商贸次中心；生活居住组团；高新技术开发产业基地
	黄石港	10	10	城市对外公路客运中心；轻纺工业区；物资流通中心	对外公路客运中心；物资流通中心
	陈家湾	6	6	机械工业区；生活居住区	传统商贸区；生活居住组团
	胜阳港	6	6	城市水路客运中心；生活居住组团	传统商业商贸中心
	西塞	10	10	冶金、能源工业基地	冶金、能源工业基地
	河口	4	4	城市货运铁、水联运中心；三类工业区	城市铁路、水路货运联运物流中心；重型产业基地
大冶副城	大冶	10	10	传统商业居住区	传统商贸次中心；生活居住组团，
	马叫	4	4	冶金、建材、采掘工业区	冶金、建材、采掘工业基地
山南主城	站前	2	3.5	—	物流仓储基地；铁路客运中心
	罗桥	28	28	综合新区；铁路客运中心	集商务、金融、咨询、信息于一体的经济中心；生活居住组团；都市型产业基地
	四棵	15	15	—	集博览展示、文化娱乐、运动休闲于一体的公共服务中心；生活居住组团；高新技术产业基地
	汪仁	20	20	—	都市型产业基地；生活居住组团
	太白湖	3	5.5	—	制造业生产基地
总计		137	144	—	—

（六）都市区交通构架

1. 轨道交通规划

环黄荆山规划轻轨交通环线，在山南地区沿山脚走向，在山北地区沿原来铁路走向。

2. 快速交通

交通性主干环：磁湖主干环。

快速环：形成“三环嵌套”的快速路网体系，三环即黄荆山快速环路、山南快速环路和大冶湖快速环路。

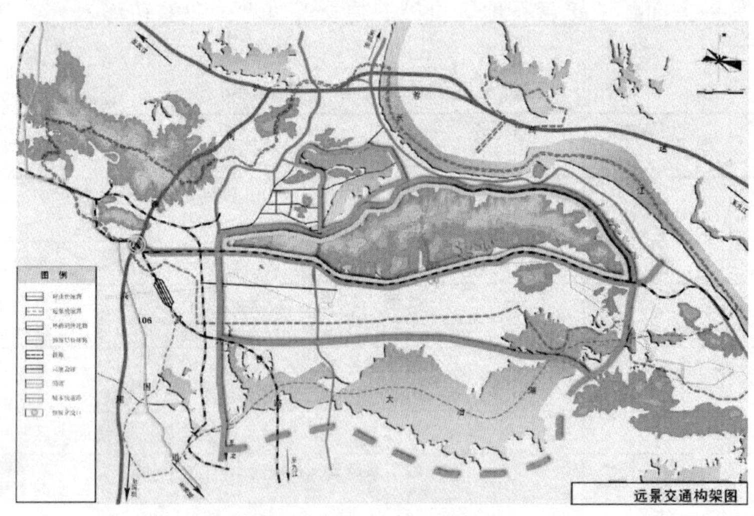

图 9－15 都市区交通规划格局

3. 铁路交通规划

线路走向：近期将现状山南铁路全线搬迁至沿黄荆山山脚走向，北与冶钢专用线相接，南连至河口组团，成为黄石大型企业的主要对外运输线。

站场规划：在棋盘洲设铁、水联运中心，在铁山设公、铁联运中心。

（七）都市区生态格局

现状的黄石、大冶两市形成了“依山抱湖临江津”的生态格局，即背依黄荆山，内抱磁湖，濒临长江。

未来的黄石都市区将形成“环山滨湖临江津”的生态格局，即：

环山：以黄荆山为生态核心，四条城市带环山发展；

滨湖：都市区面向大冶湖，滨湖发展；

临江：以长江为邻。

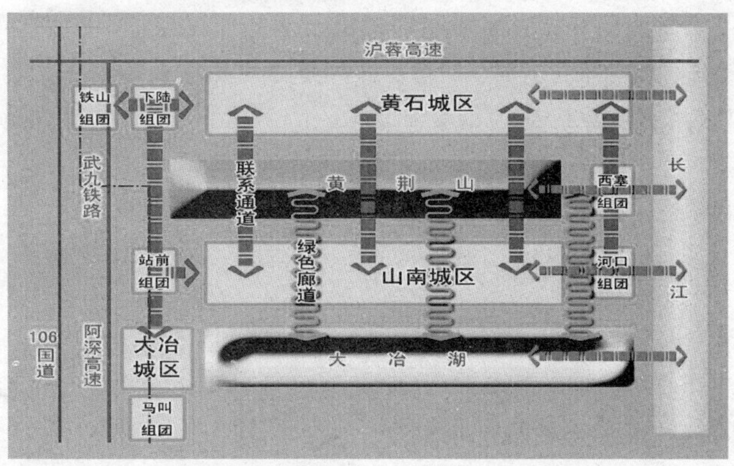

图 9－16　黄石都市区生态格局图

二、功能转型的空间承载

南跨是都市区空间拓展的惟一选择，山南新城则是提升都市区功能和发展水平的核心载体。为此，在对都市区目标定位和整体发展战略进行理性思考的基础上，合理确定山南地区的开发策略和山南新城的建设规划是都市区整体发展的微观落实，也是新城起步区规划建设的宏观基础。

山南新城位于黄石市与大冶市的行政交界处。规划范围东至河口水库与太白湖几何中心连线，西至罗桥火车站及其南北向的延长线（由于罗桥火车站与山南地区的关系密切，故将其一并纳入统筹考虑），南起大冶湖，北至黄荆山南麓，面积约 $150km^2$。

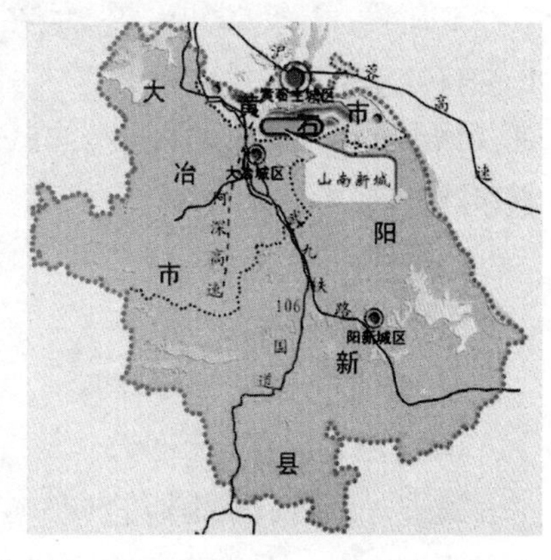

图 9－17　山南新城在黄石市域区位

“山南”点明了新城在黄石的地理位置，也反映了邻近山脉的地形地貌和自然条件。“新城”代表了它的特征和意义——一个新兴的、充满希望的区域，一个能够代表黄石市乃至更大范围发展指向的标志。

（一）对象认知

1. 区位与现状

北依黄荆山、南临大冶湖的山南新城，是黄石对接大冶的战略发展地，也是黄石和大冶两市政府协作的平台。依靠长江、106 国道、阿深高速和武九铁路形成的便利的对外交通联系，经过全市的共同努力，山南新城必将成为未来都市区的主体城镇空间。

（1）自然地形

山南地区地形以平原丘陵为主，呈现“北高南低东西平”的地貌特征，平均海拔 30m 左右。

（2）社会人口构成

山南地区由汪仁镇和东岳街办、罗桥街办部分居民点组成，包括35个行政村，总户数17215户，总人口约68000人。

（3）建设现状

山南地区自然村星罗棋布。村内建筑以农宅为主，建筑质量较差。

（4）基础设施

① 道路

公路：西有106国道、金山路、站前大道以及汪仁、四棵的镇级公路。

铁路：西部“武汉——九江铁路”在现有铁路的基础上西移东出，并扩能（提速、复线建设）。中部已建成一条铁路专用线。

隧道：李家坊隧道。

② 电力设施

变电站：1个500kV变电站，3个220kV变电站和7个110kV变电站。

高压线：1条500kV高压线在四棵变电站西侧经过，2条东西走向的220kV高压线和1条110kV高压线横穿规划区，另有1条西北—东南走向110kV的高压线斜穿规划区中部，四棵变电站向北有4条220kV和1条10kV高压线出线，四棵变电站向东有1条10kV高压线出线。

③ 防洪及水利设施

大冶湖岸设有防洪堤坝。

黄荆山脚下建有4个水库。

（5）用地适宜性评价

通过对山南新城用地的GIS坡度坡向分析，得出三类用地的范围和规模：①禁建区：主要为大冶湖、部分坡度大于25%的黄荆山山体及水库、用地条件恶劣或是生态敏感区，是不宜建设的地区。②限建区：主要为坡度在10%~25%之间，需要通过工程手段调整后才可以建设的地区。③适建区：现状自然条件优越，坡度小于10%，稍加工程手段即可建设的地区。

图9-18 山南平视图

2. 面临的困难和矛盾

（1）孤立的区域：如何越过黄荆山与黄石城区紧密联系？

山南新城的建设离不开黄石城区和大冶城区的支持，尤其是在起步开发的阶段。因此，要在新城与现有两城区之间建立密切的联系，包括便捷的交通、互补的产业功能、共享的服务设施等等。

山南新城与黄石城区之间有黄荆山阻隔，目前，两地之间仅有一条快速路和李家坊隧道，远远不能满足山南新城自身发展及其与黄石城区接驳的需要。

(2) 界线背后的壁垒：如何跨过行政界线与大冶和谐发展?

目前，大冶把罗桥交付给黄石托管，黄石与大冶的对接已成必然之势。然而，在两市对接的前沿——山南地区却被铁路支线和高压线走廊分割得支离破碎，给起步区的发展和整个新城的建设带来诸多障碍。如何突破障碍进一步深入合作，共同建设山南新城?

3. 认知后的思考

区域经济发展的推动、全市上下的期望和自身优越的发展条件，都决定了山南新城开发建设的必然性。但要把一个没有发展基础的城郊地区发展成为150km^2 的新城，这不仅需要有魄力的决策，而且要有科学理性的思考。

- 建设山南新城的战略意义在哪里?
- 山南新城的战略目标和定位是什么?
- 如何提高山南新城的集聚力和魅力?
- 上述战略如何在空间上落实?

各类用地面积统计表 **表9-3**

类别		面积（km^2）
禁建区		12.84
其中	变电站	0.75
	水体	12.09
限建区		17.80
适建区		119.36
山南地区规划范围用地		150
其中改造区		7.50

（二）战略构思

本章遵循"判断—思辨—借鉴—总结"的思维过程，运用宏观的逻辑思维方法和微观的形象思维方法，从自上而下和自下而上两个层面，同时把两条主线贯穿在内，最终确定山南新城的定位与目标。

1. 初步的判断

通过对规划对象的认知和思考，我们首先给出几个初步的判断：

(1) 新城应当是黄石与大冶对接发展的战略空间；

(2) 新城应当成为拉动黄石乃至鄂东地区发展的增长极；

(3) 新城应当具备较强的城市核心竞争力，成为能够独立自主、自我平衡、功能齐全的新城区。

前两个判断是站在区域层面，视山南新城为一个发展点，从宏观的发展战略中寻找它所应该承担的地位和责任，这是自上而下的认识。第三个判断是从山南新城自身的角度出发，研究新城的类型，以及促进新城持续成长的动力。

2. 进一步的理性思辨

（1）“对接”的内涵

受区域空间扩散和相互作用的差异效应影响，高低行政区划的边界往往是最为活跃的区域，体现为扩散效应和回流效应的双重作用。

把“对接”看作是单纯地享用对方的服务平台，或者纯粹地承接对方的扩散要素，这是一个误区，“对接”也应该建立主动权，才能让自身真正受益。“主动式对接”就是在要素流通最为密集的地方建立战略核心点（一般称为桥头堡或者前沿阵地）。它的地位和作用在于对资源要素进行合理控制，通过集聚和辐射效应，最终带动区域的整体发展。

山南地区凭借其优越的区位条件，最有条件成为黄石与大冶对接的战略核心点，承担起区域性的战略功能，从而整合两市资源，创建更高层次的服务平台，积极消化内在资源，增强扩散效应，促进黄石都市区区域经济增长。

（2）“增长极”的要求

增长极是在“受力场的经济空间”的作用下，在大中城市周边区位条件较好的地点成长起来的。同时，发展极对周围地区又有一种辐射扩散效应，凭借这种效应，在主导部门和创新行业周围吸聚了日益增多的相关部门、延伸产业和辅助性厂商，以及提供社会服务的大量第三产业，起到生产中心和市场枢纽的作用，又将这种增长和发展的势头通过技术组织、生产要素、市场、信息等渠道向周围地区扩散，从而带动所影响地区的发展。

增长极是否存在，首先决定于有无发动型产业，即所谓能带动城市和区域经济发展的主导经济部门和有创新能力的行业。这种发动型产业应该是产品增长率特别高，与其他产业关系密切，产品市场需求弹性高且增值效果好，具有高度空间集中倾向的部门。随着生产的发展和规模的扩大，将吸引关联产业的发展和集中，推动经济的极化和扩散过程，从而形成获得最大的经济效益和较快的经济发展的增长集合效应。

增长极应该起到生产中心和市场枢纽的作用，通过技术组织、生产要素、市场、信息等渠道向周围地区扩散，从而带动所影响地区的发展。

增长极的存在在于是否有能带动城市和区域经济发展的主导经济部门和有创新能力的行业，即所谓的发动型产业。山南新城作为拉动区域经济板块增长的增长极，应该具备生产中心和服务中心的功能，应积极培育发动型产业。

（3）新城的特征

新城建设的目的是满足城市扩展的需要，增强城市的经济实力，或者缓解大城市出现的城市问题。

从山南新城的特点来看，它既是黄石城区拓展的产物，也需承担大冶城区的部分城市功能，这其中存在竞争，但更多的应该是密切合作。山南新城不是郊区化的产物，也不是卫星城，它应当强调自我的独立性，成为具有卓越功能的综合性新城。

3. 黄石都市区：需要一个什么样的山南新城？

（1）面临的难题

离心化的趋势导致大量发展要素和财富的流失，造成集聚和辐射能力减弱，不利于区域经济的合理布局和产业的升级，因而整体发展水平难以提高。

产业结构失调，第三产业比重偏低，商贸、商务、研发以及高档的服务功能缺乏，人才、信息、资金等要素集聚程度不够，成为制约经济发展的瓶颈。

目前的支柱产业是冶金、建材、机械等污染较为严重的重型工业，不利于建设宜居型生态城市。

因此，黄石都市区当前面临着最大的问题是：在区域产业转型和提升的过程中，第三产业，尤其是生产性服务业的缺失，将难以为区域的跨越式发展提供有效的推动力。

（2）对新城的功能需求

承担起城镇的功能，提高区域城市化的水平，弥补其他城镇等级不高、集聚和辐射力不强的缺陷。同时协调好黄石与大冶的关系，吸引两市的部分城市功能如行政、文化、商贸、公共服务等设置在山南地区，实现资源的共建共享。一方面可以利用新城良好的发展氛围提升功能品质，另一方面也可以为新城的前期发展起到带动的作用。

为区域产业的持续发展提供生产性服务功能，包括研发、商务、商贸、中介服务、金融、会展等功能。山南新城应该承担辐射整个鄂东地区的服务功能，尤其是生产性服务的功能。

发展多样化的房地产业，满足经济发展过程中产业集聚、人口集聚的要求。吸引企业总部和新型产业的入户，同时，以迅速改善市民各阶层住房条件与需求矛盾为主线的房地产开发将是提升人气、增强活力、建设宜居城市的必要手段。

4. 山南新城：核心竞争力在哪里？

随着社会主义市场经济体制的逐步完善，城市之间的竞争将遵循新的法则，功能、文化、环境和产业将成为竞争的核心要素。山南新城应借助大冶悠久的文化底蕴和黄石优美的自然环境，营造功能卓越、文化特色鲜明、环境友好、产业先进的高品质城市新空间。

在黄石都市区，缺乏一个完善的能辐射整个鄂东地区的功能体系。建立一个健全的服务功能体系，增强黄石地区的磁力与辐射力，是山南地区不容推卸的责任。因此，完善的现代服务功能将是山南新城的核心之所在。

衡量一个城市是否有吸引力、竞争力和发展潜力，最重要的是看它的文化资源、文化氛围、文化品位和文化发展水平。芒福德说过，“城市文化可以从遥远或长久的孕育中突然新生；它们可以借助于多种文化的寿命来延续它们的物质基础；它们可以通过移植其他地区健康社区或健康文化的组织而显现出新的生命。”山南新城没有城市文化发展的基础，因此它的文化建设更多地应该体现在融合和再造上。

文化融合，就是以“海纳百川”的胸怀，促成多元文化在此交融，形成具有浓厚楚文化特色的城市个性，使荆楚文化、青铜文化为基础的多元城市文化成为吸引世人眼球的一大亮点。

在以环境定胜负的时代，城市竞争力的强弱将直接物化到城市生活品质的高低水平上，在此层面上，生态环境的优劣就成为城市发展的根本。良好的生态环境是城市赖以生存的基础条件，它可以让城市和区域和谐共生，互促互进，也可成为吸引资本流、信息流、物质流和人才流的核心动力。营造良好的城市环境，包括优美的自然生态环境、和谐的人文环境、优越的制度环境和开放的工作环境，打造鄂东地区乃至中部地区一流的新城。

山南新城的黄荆山与大冶湖成东西横卧之势，犹如两条巨龙回首共瞩，辉映“双龙戏珠”的山水之妙。就生态环境而言：黄荆山、大冶湖及两者之间小山体共同构成了“双龙戏珠”的自然生态景观格局；就制度环境而言：“双龙戏珠”表达了黄石、大冶两条昔日的巨龙共同实现双龙一体并再次腾飞的一致热情与愿望。

5. 定位与目标

（1）功能定位

黄石都市区新的经济中心、公共服务中心；集生产、居住、服务、科研等功能于一体的综合性新城；现代都市型产业集聚区。

（2）整体目标——“产业之都、宜居家园”

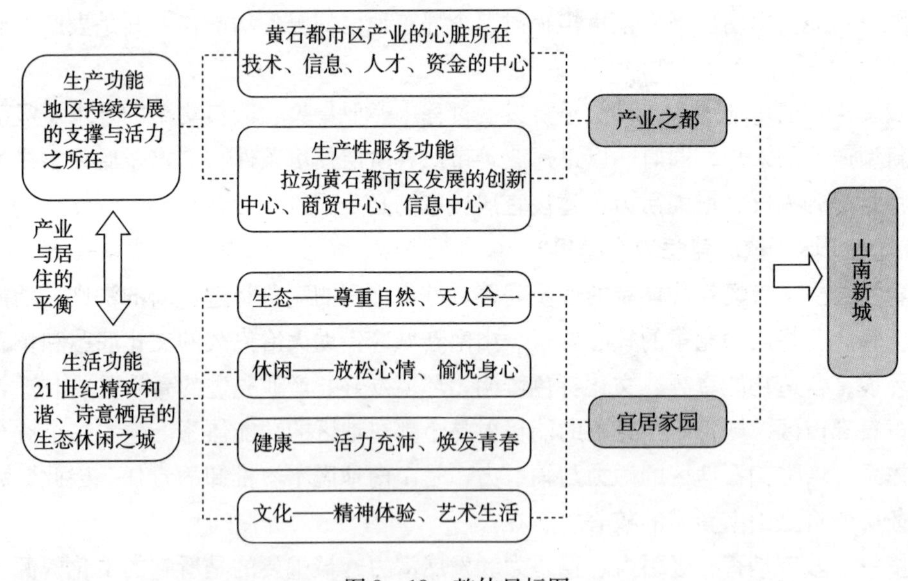

图9－19 整体目标图

（三）空间布局

1. 空间布局的理念

（1）有机集中理论

“有机集中”就是指城市空间按经济原则、生态原则、文化原则加以组合，形成有机秩序并集聚在某一地域范围内，人与社会、自然、生态三位一体的有机联系的空间整合，同时，也是人口、经济、文化、资源、生态等组成的有机联系系统的空间表述，这种集中是建立在生态、资源和谐基础上的人类活动与城市空间互为作用与影响的共进关系。

（2）弹性的城市空间体系

弹性，意味着伸缩的可能。一个弹性的城市空间体系，应该具备生长、更新、交换和循环的自构机能。在新城区构建一个由路网、水网、绿网以及广场、公园等开放空间叠合而成的高度复合的空间体系，来应对城市成长过程中的风险和变数。

2. 方案的孕育

对于一个新城来说，其布局的形成在宏观上应是一个理性的过程，以求在完善内部交通组织的同时能有机地融入城市体当中。本规划采用了要素分析、逻辑推理、目标修正等多种方法，从道路网选择、用地布局（主要是中心区的选择）、组织模式等几个方面来寻找一个相对优化的总体布局方案。然后在中观和微观层次上，结合自身发展特点，整合内部发展要素，以一种灵性的方式来塑造方案的动感和活力。

3. 空间结构

规划远景形成的空间结构为：**三轴四廊五组团。**

三轴：环山南路、大韦路、环湖北路三条东西向城市联系轴；

四廊：新城组团间四条南北向生态廊道；

五组团：站前组团、罗桥组团、四棵组团、汪仁组团、太白湖组团。

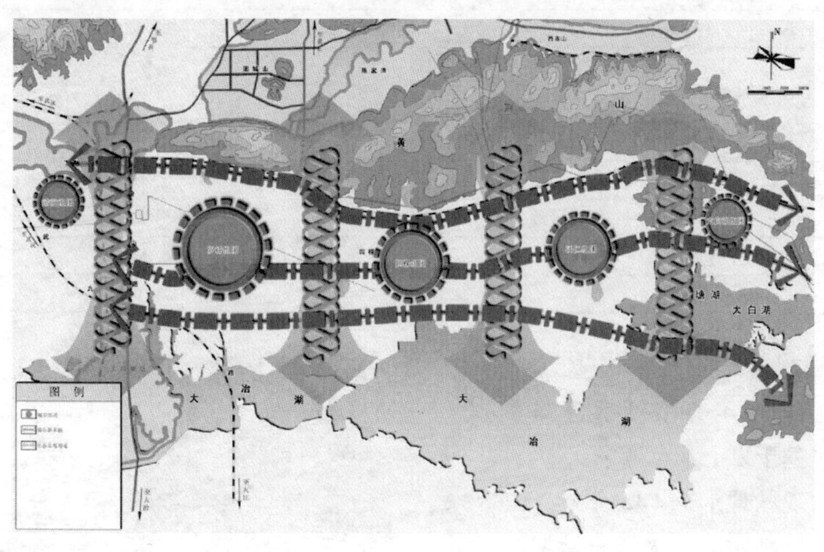

图 9－20 山南新城空间结构图

4. 用地布局

基于上述空间结构，得出山南新城的用地布局。

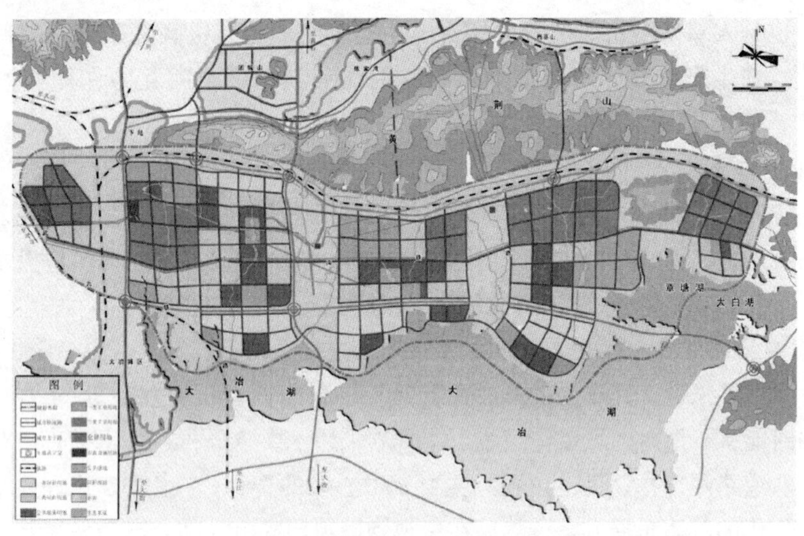

图 9－21 山南新城用地布局图

规划主要用地汇总表 **表 9－4**

用地类型		面积（km²）
居住用地		28.14
其中	一类居住用地	9.93
	二类居住用地	18.21
公共服务设施用地		10.97
工业用地		21.80
其中	一类工业用地	7.92
	二类工业用地	13.88
绿地		10.26
其中	公共绿地	4.33
	防护绿地	5.93
仓储用地		4.95
总计		76.12

5. 交通规划

（1）规划确定方格网状道路系统，主要是基于以下几点考虑：

依据对现状地形的 GIS 分析，山南地区除个别整山体、水体及沿湖湿地外，基本都适合城市建设，无需做出曲折的路网。山南地区将形成一个东西带状延伸的城市，保证东西向联系干道的通畅尤为重要，结合南北向的隧道延长线，自然就形成了方格网

图 9－22 山南新城交通规划图

状路网结构。方格网状路网用地布局紧凑、使用效率高，四面临街的地块较容易吸引开发和建设，进而有利于整个山南新城的建设。

（2）"三横四纵"的路网结构

三横：自北向南依次为环山南路、大韦路、环湖北路。其中，环山南路和环湖北路为快速路，不仅承担各组团快速疏解的功能，还起疏解河口组团港区的作用；大韦路为新城主要景观交通干道。

四纵：自西向东为金山路、谈山隧道延长线、李家坊隧道延长线、黄思湾隧道延长线。其中，谈山隧道延长线和黄思湾隧道延长线为城市主干道，主要承担黄荆山南北城区间的联系；金山路和李家坊隧道延长线为快速路，不仅承担黄荆山南北城区间的联系功能，还承担新城对外快速交通联系的功能。

6. 城市景观规划

把握新城整体的空间景观意向，在空间和环境等多方面综合考虑，构筑独特性、多样性和可识别性的新城景观风貌，突出现代、生态和文化三者有机和谐的景观特色。

（1）景观节点

以各组团内的公园绿地为景观节点，以"双龙戏珠"中的"珠"——黄荆山与章塘湖间的山体为绿核斑块，形成特色鲜明的地标性景观。

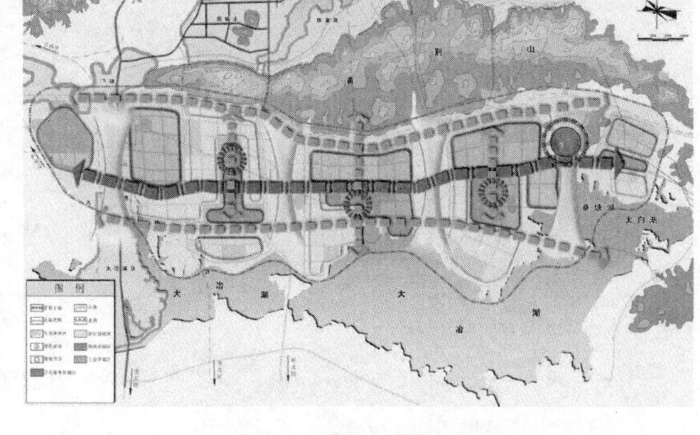

图9-23　基础设施廊道规划图

（2）景观轴线

主轴：沿大韦路形成的交通景观轴。

次轴：包括沿环山南路、环湖北路两条交通景观轴及通过罗桥、四棵、汪仁三组团中心的三条南北向公共景观轴。

（3）景观区域

按照不同的景观功能划分为核心景观区、居住景观区、公共服务设施景观区和生态休闲景观区。

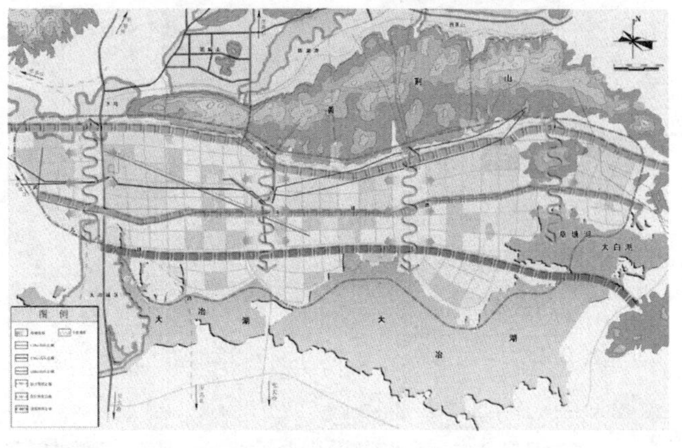

图9-24　山南新城生态景观规划图

7. 基础设施走廊控制规划

遵循延续山南地区的生态平衡和弹性预留用地的原则，规划控制和预留以下基础设施走廊：

环山南路综合走廊：控制宽度为300m，作为山南铁路、高压线、远期城市轻轨的建设用地；

沿大韦路高压走廊：控制宽度为150m；

环湖北路交通走廊：控制宽度为200m，作为远景疏港（河）快速路的建设用地。

8. 产业引导

依据黄石都市区产业引导原则、发展方向、发展思路，对山南新城各个组团分别设计了产业目录，具体如下：

（1）火车站站前组团

——现代物流业（第三方物流、仓储设施和分拨配送）

——生活服务型第三产业

（2）罗桥组团

——高端服务业（科技、中介、法律、金融、保险、信息、咨询、物流等）

——都市商贸业（商贸、流通等）

——城市房地产业

（3）四棵组团

——软件业及其他创新产业

——文化服务业（教育、会展、博览、传媒、娱乐等）

——科研、教育

——疗养度假

——运动休闲产业（游艇、皮划艇等水上运动项目，自行车，航模等）

——房地产业

（4）汪仁组团

——农产品加工和相关研发产业

——农业现代服务业（展销、流通、科技、认证、信息五大服务平台）

——基础服务型第三产业

——房地产业

（5）太白湖组团

——装备制造业

9. 开发原则与路径

（1）开发原则

综合开发：新城建设不应实行单纯的工业启动或者居住启动，而应是工业、居住、商业服务等的同时综合开发；

设施配套：在新城建设的同时，对基础设施如道路、电信、供水、排水、燃气、环卫等以及社会服务设施如文化、娱乐、教育、医疗等要配套建设，以保证城市的健康运行；

功能先行：对于新城各组团的开发，都应在起步时期就致力于打造其核心服务功能，以吸引人力、物力、资金的汇集，使城市建设形成良性循环；

产业支撑：新城的成长离不开产业支撑，对于山南新城而言，尤其是要发展现代都市型产业，以提供城市发展的持续动力。

（2）实现路径

尊重已有的行政区划，但两市政府要在达成共识的基础上开展更深入更广泛的合作，以组合优势来谋求发展，合力打造山南新城，实现双赢。

近期致力于提高山南新城与黄石城区、大冶城区的联系紧密度，引导两城区的资金、人力、物力流向新城；东西向先贯通站前大道、大韦路、环湖北路，南北向拓展李家坊隧道为双向四车道，尽早打通谈山隧道，引导原黄石城区、原大冶城区、山南新城的对接发展。

远期山南铁路将搬迁至山脚，打通黄思湾隧道，在遵循新城开发原则的基础上，全面建设山南新城。

（3）建设时序

基于基础设施敷设条件及新城各组团的功能设想，规划采用以下建设时序：当前启动站前组团和罗桥组团；近期启动汪仁组团并建设站前组团和罗桥组团；远期启动四棵和太白湖组团。

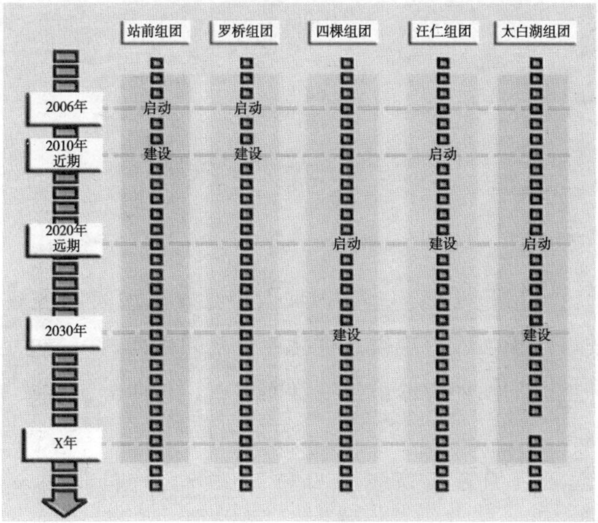

图 9－25　山南新城建设时序图

（四）空间管制与协调

1. 空间管制分区

考虑到经济建设和城市发展对地域生态环境的影响，按照不同地域的空间资源特色、开发潜力和产业发展要求，将山南地区划分为优先发展区、引导发展区、限制发展区、禁止发展区四大分区。

（1）优先发展区

范围：包括站前、罗桥及汪仁三个先期发展的组团。这三个组团分别是未来黄石都市区的物流仓储基地、经济服务中心和都市型产业基地。在开发中应充分利用已经建设好的金山路、李家坊隧道、站前大道和近期拟建的大韦路、谈山隧道、黄思湾隧道等主要对外联系通道，通过产业和服务设施配套的双轮驱动来开发建设，同时通过这三个组团的先期开发建设来带动山南新城其他两个组团的建设，保证山南新城开发建设的健康持续进行。

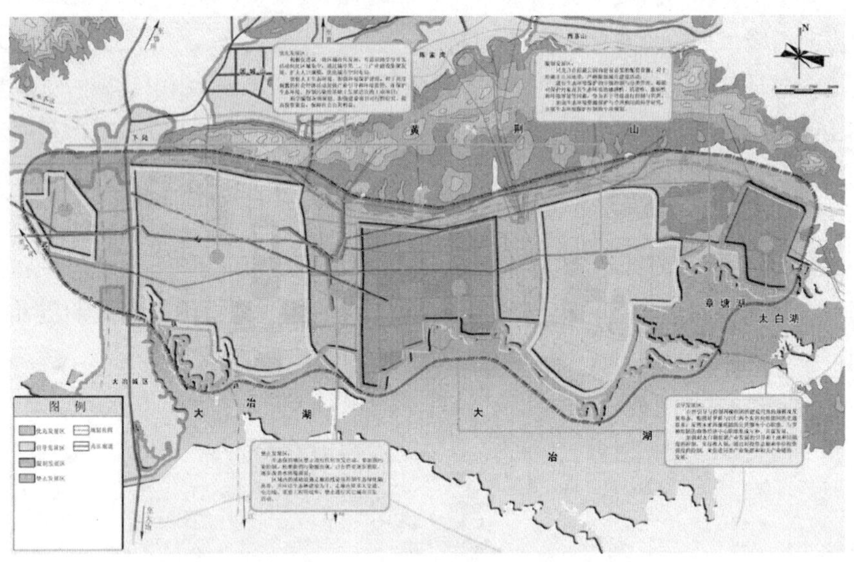

图 9-26　空间管制分区图

控制方针：

积极促进这一地区城市化发展、有意识地引导开发活动向此区域集中，通过城市二、三产业建设的集聚发展，扩大人口规模，优化城市空间布局；

优化人工生态环境，加强环境保护及监管的力度，在保护生态环境、控制污染的基础上发展适宜的工业项目；

科学编制各项规划，加强建设项目可行性研究，提高投资效益，保障社会公共利益。

（2）引导发展区

范围：包括四棵及太白湖两个后期发展组团。这两个组团分别是山南新城的集文化、娱乐、教育、休闲等于一体的公共服务中心和制造业生产基地的主要承载地，是远景山南城市建设用地的主要拓展地区。考虑到这两个组团与黄石主城区没有直接的南北向联系，因而需要在开发建设中通过交通基础设施的建设来引导开发。

控制方针：

合理引导与控制四棵组团的建设用地的规模及发展形态，衔接好罗桥与汪仁两个东西向组团间的交通联系；发挥未来四棵组团的公共服务中心职能，与罗桥组团的商务经济中心职能形成互补，共谋发展。

加强对太白湖组团产业发展的引导和土地利用强度的控制，实行准入制，通过对投资总额和单位投资强度的控制，来促进同类产业集群和相关产业链的发展。

(3) 限制发展区

范围：主要是指沿大冶湖北岸的生态湿地和山南新城各组团中的生态绿地，其中沿湖湿地是生态较为敏感的地区，其存在对城市生态环境和景观都有重要影响。

控制方针：

只允许在沿湖公园内建设必要的配套设施，对于沿湖非公园地带，严格限制城市建设活动；进行生态环境保护的分级控制与分类管理。根据对保护对象及其生态环境的敏感性、抗逆性、脆弱性和环境容量等因素，分为若干等级进行控制与管理。

加强生态环境资源保护与合理利用的科学研究，开展生态环境保护控制的专项规划。

(4) 禁止发展区

范围：包括新城各功能组团间的南北向的生态绿楔廊道、水体、沿大韦路的高压走廊、沿环山南路北侧的综合走廊和沿环湖北路的交通走廊等。黄荆山与大冶湖间的南北向生态绿楔廊道是维持山南城市区域生态平衡的重要战略预留区，与规划范围内水体同属禁止发展地区；对于禁止发展区范围内的变电站、高压线、轻轨等基础设施廊道，根据相关专项规划的要求进行严格控制。

控制方针：

生态保持地区禁止进行任何开发活动，要加强污染控制，杜绝新的污染源出现，已有的要逐步消除，逐步改善水环境质量；

区域内的基础设施走廊沿线必须控制生态绿化隔离带，并应以生态林建设为主，走廊内除重大交通、电力线、重要工程管线外，禁止进行其他城市开发活动。

2. 重点协调地区规划

(1) 西片区

协调范围：武九铁路线、金山快速路及大广高速围合的站前组团区域。

协调目标：依托阿深高速、火车客运站，建设物流仓储基地和铁路客运中心，协调和组织城市建设与客运、货运交通组织的关系。

把这一区域作为重点协调地区出于以下几点考虑：首先，这一区域内及周边有铁路、火车站、高速路、变电站、高压线等众多基础设施交错，建设用地需要谨慎处理上述设施与功能之间的关系，确定重点建设地段；其次，此区域集货运与客运于一体，需要明确道路的交通功能、疏理各类交通路线和整合各类仓储用地。

协调内容：

廊道空间的协调：预留必须的高压走廊，控制区域西北角的变电站及高压线密集区作为生态绿地，对组团建成区的扩展进行隔离，限制建设用地的无序蔓延；

土地发展方向的协调：组团北边界与大广高速间预留300m左右的组团分隔绿地，避免下陆与站前组团的相向连片蔓延发展。

（2）中片区

协调范围：北临黄荆山、南接大冶湖、西至金山快速路、东到汪仁西侧，包括山南新城的罗桥组团与四棵组团。

协调目标：理顺罗桥组团与四棵两组团之间的主体功能关系和交通联系；预留并控制两组团间的生态绿楔用地。

协调内容：

功能上的协调：罗桥作为近期建设中的山南新城经济中心，四棵作为远期开发建设的公共服务中心，两组团由于开发时序和功能培育方向的不同，在开发建设初期中应发挥罗桥组团对四棵组团的带动作用和设施配套作用，在四棵开发建设后期，通过加强与罗桥组团的功能互补来形成两组团的有效对接。

交通上的协调：罗桥与四棵组团作为未来山南新城甚至黄石都市区的重要职能承载区，对外必然会积聚大量的人流物流，相互间也会产生大量的通勤交通，因此，两组团应该建立高效便捷的交通联系方式，保障人流、物流的高效运行。

用地上的协调：罗桥组团与四棵两组团作为综合性组团，二者之间被一条生态绿楔以及高压走廊相隔，因此，开发建设应注意避让上述地区。

（3）东片区

协调范围：南至黄荆山，北至太白湖，东至河口水库与太白湖几何中心的连线，西至四棵东侧。包括汪仁组团和太白湖组团。

协调目标：理顺两组团之间的交通联系，形成两组团之间功能互补、绿廊分隔的空间形态。

协调内容：

交通上的协调：由于太白湖组团在对外交通联系上的不足，在发展过程中应加强与汪仁组团的紧密联系，因此，汪仁和太白湖两组团的对接发展必须首先要注重交通上的协调，尤其是太白湖组团应注意构建联系汪仁组团的快速路网。

功能上的协调：规划中的太白湖组团是一个功能相对单一的产业基地，整个组团仅有少量的居住用地和设施配套用地，其大部分服务功能需要在汪仁组团得以满足。因此，汪仁组团的建设应考虑为太白湖组团提供服务支撑，同时太白湖组团也应避免相关设施的重复建设，相关功能应在汪仁组团内布局。

组团用地上的协调：规划中的两组团未来将建设成为以组团间山体公园绿地为绿核的一体化发展区，因此，两组团在对接发展中应注意用地功能的控制与协调。

小　结

黄石都市区的特殊性在于，黄石的新城用地是在下辖的大冶市域范围内，这是全部问题的核心。在行政区壁垒十分厚实的中国，这是一个令所有人感到惊讶的现象。但这得益于湖北省委政府的高瞻远瞩、出色的领导与协调能力。同时，也是黄石、大冶两地矛盾激烈冲突后反复调和、共同努力的结果。如果单纯站在大冶方面来看，这似乎是一个利用行政强势迫使下属就范的结果，但如果从区域合作的角度看，这是一个跨世纪的具有战略意义的突破，是一个双赢甚至多赢的成果，它的意义非同寻常。

事实上，在表面上为共同所有、实质为地方政府利益集团“私有”的土地制度背景下，黄石大冶的矛盾冲突及其协调解决的案例，如果放大到更大的宏观层面，至少提醒我们的相关决策者，在城市区域化、区域城市化快速发展的过程中，如何克服行政区划的壁垒等一系列新的空间资源瓶颈，如何真正地发挥区域合作的优势、构建和谐社会，已经到了几乎进行制度框架设计的阶段，否则黄石都市区以及全国类似黄石都市区的其他城市将在新的发展背景、新的城市与区域的竞争格局中很难有大的作为。

源自于中央集权与计划经济体制的原有的行政区划制度，在计划体制已经向市场经济转型的大背景下，依附于计划体制的原有的行政区划制度，难道不应该顺势改革吗？上述规划建议中，将山南新城作为都市区新的功能中心的方案，在实际的规划方案的讨论中，遭遇了一部分同行专家与决策者的反对，因为从心理和情感方面都难以接受这样一个事实：即“老子”（黄石）向“儿子”（大冶）借地已经迫不得已，而居然要将“客厅”（城市新中心）建在“儿子”的地界，这让黄石的“老脸”往哪搁？（原来租借大冶地界的意图只是想将工业开发区搬到那里，顺带着些城市“退二进三”的用地）这确实是一个非常“中国式”的问题，在现有的文化背景下是几乎不可逾越、难以完美的。这也是本规划方案中一个过于理性的的“根本性缺陷”。作者仍然固执地坚持这一缺陷，并以此作为一种声音使之存在于世上，警示后人。

第十章

从“高原明珠”到“滇西中心”

——旅游城市大理城市定位转型研究

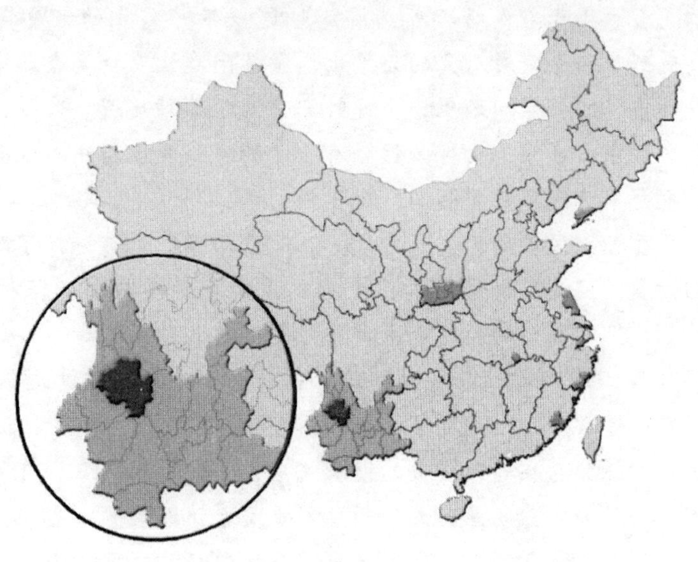

大理因“五朵金花”、“苍山洱海”、“风花雪月”等一系列浪漫情愫而闻名于中外，更因为金庸的武侠小说而披上了神秘色彩。其实大理作为中国云南滇西的一个中心城市，是一个仅次于昆明的都会城市。而且在古代就因大理国的首都而可以称得上是都会性的城市。在作者主持过的规划项目中，大理也是惟一一个由少数民族（白族）聚居的城市。与其他城市不同的是，在中国的都市运动中，大理始终在犹豫与徘徊中前行。这主要有一种声音在不断提醒着大理的决策者们，即大理是个不宜有太多人口聚集的地方，因为苍山洱海不仅属于大理与云南，也属于全人类，“苍山洱海”容纳不了百万人口的大理。由于有人将“苍山洱海”这一不可再生的宝贵资源与大理的城市化与都市发展放到了一个绝对对立的天平上，于是问题就变得复杂起来。在城市发展方向的定位以及城市的规模等问题上，一度时期受到了各种质疑。实际上，问题并不复杂。作为滇西的区域中心城市，大理必然会有一定的城市规模与中心服务功能，人口的集聚是必然的，也是不可避免的。然而，为了保护苍山洱海，又必须适度限制大理的都市化进程，尤其需要控制过度的开发与建设。在此情形下，作者选择了既要苍山洱海，又要都市大理的方案，因为从发达国家的经验看，城市规模与环境保护并不是一个不可调和的矛盾，如果没有很好的制度环境，即使是现有大理的几十万人口同样会把优美的山水资源糟蹋殆尽。前些年，洱海的水质开始“滇池化”，经过几年的治理，水质开始变浊为清。在此过程中，大理城区至少增加了10万人。这个过程说明，环境质量的优劣与人口的增加并非存在非此即彼的因果关系，关键性的因素还在于保护意识的确立与制度的约束。而更为常识的是，大理州域乃至整个滇西地区目前的平均城市化率尚不足30%，在未来的10至20年内，城市化率提高到60%左右时，数以百万的农村人口中相当的部分会向大理转移。这个历史过程与历史的车轮谁能阻挡？因此，大理的都市化过程就演绎成一个新的命题，即不是要不要都市化的问题，而是在都市化运动中，如何建立使山青水绿的自然环境获得可持续发展的制度环境。其实，这样的命题对中国乃至全世界的都市化进程来说都是共同的，也是必须解决的。

第一节　困境——“高原明珠”面临发展瓶颈

大理市地处滇西中部，是全国著名的旅游城市。大理以其旖旎秀美的自然风光、悠久灿烂的历史文化、独特浓郁的民族风情而闻名遐迩，享有“高原明珠”、“东方日内瓦”、“文献名邦”等诸多美誉，成为人们魂牵梦萦的所在，心驰神往的所向。回眸大理的历史，既是一卷绵绵文化和悠悠柔情相伴的文化史，也是一部经济繁盛、社会安容的发展史，骄傲与荣耀交织。大理历史悠久，文化灿烂，公元1000年时曾是世界14个大城市之一。新中国成立以来，特别是改革开放以来，城市建设步伐明显加快，城市化进程加速推进，目前已经基本形成了与中等规模城市相适应的城市基础设施条件，城市经济实力也有了显著的提高。

审视大理的现在，全球化浪潮为其创造了后发优势与跨越发展的契机，“滇西中心城市”地位的确立为其迎来新的发展机遇期，而功能不明、产业不强、空间不优、保障不佳、特色不鲜的现实落差使其面临锁定的危机。机遇与挑战并存。如何在“天时”、“地利”、“人和”的发展机遇期里解除自身发展的瓶颈，并催生、启动新一轮发展的引擎，使千年古城焕发新的风韵与生机，大理需要在产业、空间、交通等多方面重新整合优化，而其中最核心的是要实现从“高原明珠”到“滇西中心”、由旅游型城市向滇西中心城市功能的转型。

一、宏观发展环境

（一）宏观背景机遇

1. 经济全球化

席卷世界的经济全球化浪潮意味着跨越民族、国家政治疆界的经济活动的扩展以及各国、各地区经济开放度的增加，它强调生产要素在世界范围内的自由流动与合理配置，实现世界经济的一体化。

经济全球化为大理创造了新的发展机遇：①为大理走向世界、充分利用“两种资源、两个市场”、构筑开放型产业体系提供了前提；②为大理吸引国内外游客、促进支柱产业——休闲旅游业的发展创造了条件；③为大理先进制造业的发展提供了难得的机遇和广阔的前景。

全球化既是机遇也是挑战，大理面临新的发展要求：只有发展外向型经济，提高经济外向度，吸引外来投资和扩大对外贸易，才能适应国际潮流，实现新的跨越。

2. 区域一体化

中国—东盟自由贸易区的建设为大理能在更广域的范围内通过区域合作构建大产业、大市场创造了条件，大理独特的区位条件和优越的资源条件必将为大理在区域一体化合作中抢占先机奠定基础。因而如何发挥中心城市的枢纽作用、整合区域资源、增强区域整体竞争力成为大理市需要面对的主要问题。对此，大理应有清醒的认识和积极的应对，以分享区域一体化带来的“共同体”效应。

3. 西部大开发

西部大开发的全面推进为广大西部地区开创了前所未有的发展局面，秉承国家对西部地区产业政策的调整和倾斜，国家计委已把澜沧江中游地区确定为水电、有色金属基地，列入全国19个重点开发地区之一，在滇西和大理地区部署安排了一大批重点建设项目，如澜沧江中游水电基地建设、兰坪有色金属基地建设和广大铁路、大理飞机场、楚大高速公路、滇西北旅游资源开发等，为整个滇西经济区的发展带来了良好的前景。但同时也面对区域与城市竞争日趋激烈的态势，大理如何把握时机，从自身特色出发，彰显生态、文化以及产业优势，实施产业兴市战略，在区域分工与协作中从竞争走向竞合，实现共同繁荣。

4. 云南大发展

云南省"七彩云南、快乐天堂"战略的启动、大理—丽江—中甸跻身世界级黄金旅游线路以及滇西黄金旅游区日渐升温、有望成为云南"快乐天堂"之最富魅力与活力的旅游板块，为旅游资源独特而丰富的大理发展旅游业提供了不可多得的"气候环境"，借势旅游产业的发展，为大理完善城市功能、提升中心地位赢得了难得的际遇。

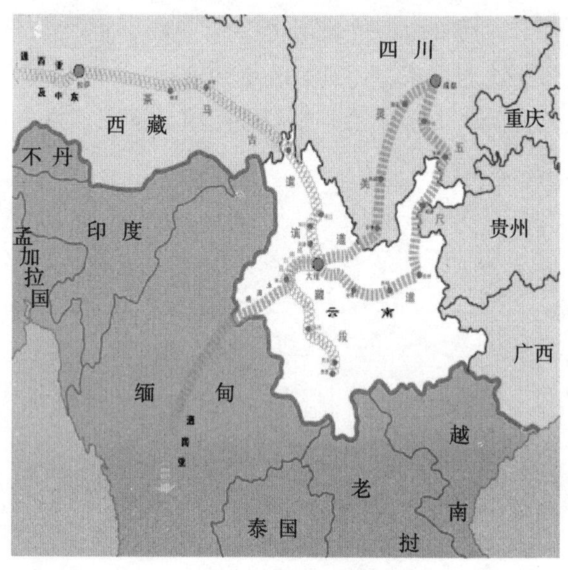

图 10－1　交通区位图

（二）区域地位提升

"滇西经济区"中心城市的确立大大提升了大理的区域地位，为其依托政策倾斜、争取项目支持提供了契机。云南省政府提出的"从全省实施城市化战略、完善生产力布局的需要来审视滇西中心城市的发展；从云南扩大对外开放、发挥中国—东盟自由贸易区建设及大湄公河次区域（GMS）合作桥头堡作用的需要来推进滇西中心城市的发展；从发挥大理独特优势、壮大大理全州经济实力的需要来设计滇西中心城市的发展的要求，为大理城市未来的发展指明了方向，也提供了基本的思路，即立足自身特点，放眼全球市场；立足自身优势，带动区域发展。

二、发展基础与优势

（一）优越的地理交通区位

大理市位于云南省西部，东距省会昆明 398km，西离中缅边境的瑞丽市 580km，为大理白族自治州州府所在地，是我国西南最古老的国际通道——"西南丝绸之路"上的重要节点，是滇西交通枢纽、通信、金融中心和重要的物资集散地，也是我国与东南亚进行文化交流、通商贸易的重要门户。

全省"三横三纵九通道"高等级公路网中的"一横"（320 国道）和"一纵"（214 国道）交汇于此，依托广大铁路、大理机场向南与中南半岛、南亚各国相联，向北与西藏、四川相通，向东与昆明、楚雄相接，向西与中缅边境的瑞丽、畹町相望。大丽铁路、泛亚铁路西线的建设将大大提升大理作为中国连接东南亚、南亚国际大通道的滇西枢纽的地位。

大理优越的区位条件和与外界便捷的交通联系，为要素的聚集、能量的辐射、资源的整合以及进一步扩大对外开放创造了良好的条件。

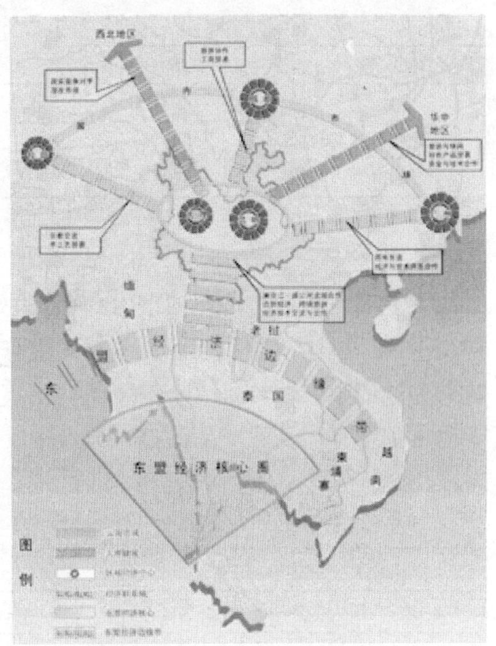

图 10－2　经济区位图

（二）良好的社会经济基础

2006 年，大理市国内生产总值达 110 亿元，占全州的 40%；地方财政收入达 7.46 亿元，综合实力名列云南省第四，进入全国百强县（市），是全省县级市中惟一同时设有省级经济开发区和省级旅游度假区的城市。

大理州居滇西八地州市第一，是滇西的发展极，而大理市作为全州的政治、经济、文化中心又是大理州的核心和精华所在，主要经济指标大都占全州总量的 35% 以上，按城镇人口计算的城市化率超过 50%，建成区面积达 23.4km^2，集中了全州主要的教育、科技、文化、卫生等各项资源，历来是滇西地区的物资集散中心。

滇西八地州市综合发展情况对比（2006 年）　　表 10－1

地区	GDP（亿元）	人均 GDP（元）	工业总产值（亿元）	总人口（万人）	固定资产投资完成额（亿元）	社会消费品零售额（亿元）
保山	135.49	5541	59.00	244.8	79.39	41.23
思茅	124.43	4843	57.80	257.3	81.82	37.21
大理	275.28	7914	211.78	348.6	107.73	71.84
德宏	70.35	6076	36.96	116.5	41.02	25.40
丽江	70.17	5810	34.95	121.3	70.78	18.34
怒江	43.13	8244	65.74	52.6	18.97	8.11
迪庆	34.89	9422	33.35	37.2	42.01	9.95
临沧	114.18	4831	49.80	236.6	58.86	32.13

资料来源：云南统计年鉴（2007）。

滇西主要县市发展状况对比（2006 年）　　表 10－2

	GDP（万元）	工业总产值（万元）	总人口（万人）	人均 GDP（元）
思茅市	260827	157138	18.9	10229
大理市	1103510	1020300	51	17835
瑞丽市	150521	59266	11.1	9161
潞西市	228033	109363	33.2	6190
丽江县	243744	65318	34.9	14367

续表

	GDP（万元）	工业总产值（万元）	总人口（万人）	人均 GDP（元）
泸水县	103800	42162	15.4	5663
香格里拉县	215231	109329	13.1	13881
临沧县	164782	45363	27.9	5457

资料来源：云南统计年鉴（2007）。

大理市在滇西八地州城市中具有较为明显的经济社会发展优势，加之立体交通体系的初步形成，能源、通信条件的改善，生态环境保护的加强，基础设施水平的提高，奠定了其作为滇西中心城市进一步集聚优势、辐射引导区域发展的基础，也为其在滇西率先建成大城市创造了极为有利的条件。

大理经济状况 **表 10－3**

指标	数量	位次
国内生产总值	110.35 亿元	3
人均 GDP	1.78 万元	3
人均财政收入	1206 元	1
工业总产值	102.03 亿元	3
社会商品零售总额	30.19 亿元	1
农民人均纯收入	3675 元	2
职工平均工资	1.13 万元	5

根据人均 GDP（17835 元，约合 2500 美元）、三次产业结构（11∶51.9∶37.1）、城市化水平（约 50%）判断，大理市处于工业化中期阶段。

大理市的大部分发展指标都高出全国平均水平，据国家统计局农村社会经济调查队调查，2001 年大理市社会经济综合发展指数平均达 45.08 分，在全国 2053 个县（市）中的综合位次列 126 位，比全国平均水平高出 17.48 分；与全省其他同等级县、市相比，大理市也处于前列。

比较云南 15 个地、州、市政府所在县（市、区），大理市各主要指标也均居前列。

（三）丰富的自然人文资源

大理，被誉为“东方日内瓦”，风景如画，四季如春。苍山西耸，洱海东卧，山水相衬，交相辉映，加之田园风光、宜人气候、洁净空气，赋予了大理最适宜人类居住的自然生态环境。

大理，被誉为“文化的王国”，世世代代白族居民在此繁衍生息，唐代南昭国、宋代大理国曾在此建都，悠久的历史孕育了大理灿烂的文化。在数千年的历史长河中，大理既受中原文化、藏文化、东南亚文化等外来文化的影响，又保留自身的文化特质与个性，在民族融合和文化交往的碰撞中创造了厚重的以南诏、大理国文化为代表的以白族文化为主体的独特的民族地域文化。众多的文物古迹，多彩的民风民俗，独特的民居建筑，精致的手工艺品以及丰富的文献、典籍、音乐、舞蹈等，向世人张扬着大理的悠悠历史、绵绵文化、款款风情，为大理发展休闲旅游、塑造特色城市形象提供了坚实的基础。

大理古城　　苍山险峻

洱海柔美　　白族民居

图 10－3　优美的自然风光，深厚的文化底蕴

三、发展落差与劣势

（一）产业不强

1. 产业格局：“小、低、乱”

（1）“小”——企业组织以中小型为主

目前，全市大中型企业共 19 户，其中大型企业仅 6 户，支撑地区经济的大企业、大集团较为缺乏，企业以中小型为主。由于不成规模，资金、技术、人才缺乏，企业竞争力不强，产品市场占有率较低。

中小企业虽具有灵活、应变快的优势，“船小好调头”，但存在一些致命的弱点：不能形成有效的规模经济，知名品牌少，核心竞争力弱，产业关联度低，劳动生产率、技术水平和竞争能力提高的动力不足。此外，中小企业上市困难，融资难度大。而且在全球化和信息化形势下，中小企业难以在企业资源计划（ES）、供应链管理（SCM）、客户管理等现代电子经济的生产管理中占据“链主”地位，因而难以成为控制要素流动和配置的主导力量。

（2）“低”——产业层次与关联度低

全市虽然工业门类众多，但传统产业比重较大，高新技术产业比重较小，工业产品以原料型产品和食品为主，档次低，品牌少。多数产品为上游原料型产品和下游终端生活消费品，缺少中间环节产品，产业断层明显，上游初级原料型产品占30%左右，终端消费类产品（集中在食品类）占60%以上，产品生产链短，加工度和附加值不高。

由于产业关联度低，配套能力差，因此产业的工业增加值很小，企业基本都是独自孤立发展，与周边其他企业既没有产品生产上的关联，也没有技术上的关联和服务的配套。

（3）“乱”——企业组织形式落后，管理混乱

企业经营效益不理想，虽然建立内部管理机制，但真正严格执行的不多，离现代企业制度差距甚大。

企业产权结构单一，法人治理机制不完善。公司法人治理结构和机制重建才刚刚起步。原有的个体、私营企业则普遍实行家族式管理，经营决策者的素质较低，企业管理水平亟待提高。

2. 服务业：发育不良

大理是滇西的传统工业基地，工业在国民经济中的比重一直非常突出，相比之下，服务业的比重偏低。随着买方市场的出现，城市商业服务业发展面临日趋严峻的挑战：从国内来讲，由于近年来城乡居民收入增幅趋缓，消费预期不稳定，即期消费明显减少，消费购买力分流加剧，相当一部分消费购买力分流到住房、医疗、教育、文化等领域，主要工业产品供过于求，市场约束日益明显；从国际市场看，全球加工业严重过剩的局面短期内难以改变。在这样的形势下，近期内大理服务业虽然具有较大增长空间，但如果不借机转变服务产业结构、大力提升服务业的发展水平，大理将丧失难得的发展机遇。

3. 旅游业：潜伏危机

近年来，大理旅游业的发展成绩斐然。然而，旅游业的市场竞争日趋激烈，尤其是来自丽江、中甸的强势竞争，在滇西旅游区中，大理的旅游资源不及丽江、迪庆的垄断性，特色不明显，与云南省其他地区乃至中国西部地区都有一定的相似性，旅游客源市场亦相同，市场竞争形势不容乐观。2002 年，大理市共接待海内外游客 472 万人次，其中海外游客 15.2 万人次，接待游客总量与旅游总收入在滇西旅游区内处第一位，然而丽江、迪庆的游客总量与旅游总收入日益接近大理，且年均增长率是大理的 2～3 倍，发展势头非常强劲，大理面临巨大压力。2002 年，大理旅游外汇收入只有 2785.9 万美元，而丽江、迪庆分别达 4186.8 万美元和 4280.2 万美元之多，大理滇西旅游集散中心的地位受到极大挑战。理性分析个中原因，以下四方面不容回避：

（1）旅游开发过于粗放，旅游产品质量不高

大理有丰富的旅游资源，但开发利用不足，景区整体特色未能充分挖掘。旅游产业结构发展不平衡，缺乏鲜明的旅游形象，产品承载的资源功能单元之间缺乏联动性。产品结构上，仍以观光旅游为主体，民族文化、历史文化、自然生态、休闲度假等旅游产品开发不足；消费结构上，旅游商品不够丰富，工艺水平低，游客购物娱乐消费所占比重低。旅游资源开发显得过于粗放。

大理的旅游特色，更多的在于历史文化内涵，而这一块恰恰没有得到有效的挖掘。博大精深的历史文化与绚丽多彩的民族风情需要慢慢品味与体验才能感知与领悟，然而大理粗放式的观光旅游产品，恰恰浪费了自己独特的资源优势。

（2）旅游理念有待转变，管理机制有待调整

“旅游兴市”、“旅游活市”未能深入人心，有些部门仍用传统的产业观和资源观看待旅游业，对旅游的产业地位、政策措施、财政收入和管理职能没有明确定位，没有把旅游业当作一项重要的经济产业予以培育。在管理机制上，条块分割、政出多门、旅游产业要素管理分散等现象仍较突出；旅游法规、政策跟不上，一些旅行社的三角债问题严重。由于体制不顺，管理机构重叠，缺乏有效管理和调节，造成建设浪费、少数景点超容量旅游等现象。

（3）旅游投资有待增加，服务设施有待升级

国民经济总量偏低，致使旅游投资不足，服务设施不到位。许多景区景点的建设跟不上经济和旅游事业发展的需要，导致旅游产品老化单一，旅游宣传促销乏力，旅游基础设施薄弱，旅游服务设施短缺，严重影响了景区整体形象和服务水平，制约了旅游业的快速发展。与此同时，旅游职业学校缺乏，专业人才严重不足，特别是有较高专业水平的中高层旅游管理人才严重短缺，旅游从业人员素质参差不齐，服务水平和意识较差，综合接待能力不够，间接制约着旅游业整体经济效益的提高。此外，旅游区治污力度不足，旅游业发展遭遇生态环境可持续发展的瓶颈。

（4）线路设计不尽合理，游客停留时间短暂

目前，大理市组织的旅游线路以一日游为主，11 条游线中只有 2 条是三日游的，这无形中给游客一种误导，认为大理风光一天足以游遍，从而使得游客在大理停留的时间非常短暂，消费水平很低。与此相反，丽江、迪庆强调旅游的文化体验（丽江提出要建成“东方体验之都”），这显然要比单纯的观光需要更多时间。2002 年，海外游客在大理的人均消费仅 191.47 美元，而在丽江、迪庆的人均消费则分别高达 282.13 美元和 415.96 美元，此种差距源于游客在丽江、迪庆停留的时间比大理长得多。随着大理—丽江—中甸跻身世界级黄金旅游线，大理有可能演变为“经过性”旅游点的趋势，形势极其严峻。

（二）空间不优

1. 土地总量有限，人地矛盾突出

根据大理州城镇体系规划（2003～2020）对大理市所进行的行政区划调整，全市总面积约 2425km^2，但地形地貌复杂多样，山地面积（含中山、中低山、低山）达 1700km^2，约占总面积的 70.1%，洱海水域面积达 249.34km^2，占 10.3%，开发利用难度较大，而作为城镇建设用地和耕地主体的坝区面积仅 458.11km^2，占总面积的 18.9%；可谓是“七山，一水，两分地”，可建设用地总量极其有限。而坝区土地上集中了除太邑乡以外的大理市全部城镇、乡镇和大部分村庄，居住着全市 95% 以上的人口，人均占有坝区土地仅有约 0.75 亩，人口密度高达 2000 人/km^2 左右；现有耕地 193440 亩，人均占有量仅约 0.407

亩，为全国人均1.47亩的27%，也大大低于云南全省平均水平，土地资源短缺明显，人地矛盾非常突出。

与此同时，大理的自然灾害种类多、分布广、发生频率高，且水土流失严重，生态脆弱，敏感度高，导致土地利用的基础条件先天不足，增加了土地利用的难度，无形中大大削减了可建设用地的总量，加剧了建设用地的紧张程度。再加上空间发展不平衡——海南、海西优于海东、海北，使得土地供求矛盾在海南、海西更为突出，下关的人均城市建设用地仅有83.8m^2，与全国平均水平的101.2m^2/人（据建设部1995年统计）相比差距较大。

可见，大理的空间（土地）资源较为紧缺贫乏，有限的建设用地严重制约了城镇发展空间的拓展与优化。

2. 土地利用粗放，产出效益低下

土地效益水平的高低可以用单位面积的土地投入和产出来衡量，采用地均国内生产总值更能全面反映城市单位面积土地的生产效益；此外，地均利税可辅助反映城市政府从单位土地中获得的收益情况。从市域整体来看，2001年，大理全市地均GDP为4.2元/m^2，地均工农业产值为3.9元/m^2，地均利税仅为0.75元/m^2，产出效益较低，地均GDP仅为长三角地区宁波的26%、苏州的17%、无锡的12%，可见土地利用较为低效和粗放。

从土地利用结构来看，虽然多样的土地利用类型带来了多样的土地利用结构，但目前的利用结构不甚合理，集约化程度不高，表现在：

（1）耕地过度开垦

1996年全市土地利用结构中，耕地面积为307.40万亩，占总面积的14.62%，土地垦殖率高出云南全省10%的合理控制系数。15°以上坡耕地占耕地的29.47%，25°以上占8.41%，垦殖率已超过地形、地貌和生态环境的客观条件。由于过度的不合理开发和垦殖，局部地区泥石流、洪涝、干旱灾害的发生频率加快，导致生态环境质量趋向恶化，后备资源严重不足，根据农业综合开发调查，可开垦的荒草地仅6000余亩，且土质、水利条件较差，大部分只能用于园林牧业的发展。

1996年大理市土地利用结构（单位：亩） **表10－4**

	辖区面积	耕地		园地		林地		牧草地	
县（市）		面积	%	面积	%	面积	%	面积	%
大理州	42534148.5	4364168	10.26	481865.8	1.13	26616699	62.58	985325.8	2.32
大理市	2103445.2	307395.5	14.62	60095	2.86	985968	46.87	4091	0.19

	居民点及工矿用地		交通		水域		未利用地	
县（市）	面积	%	面积	%	面积	%	面积	%
大理州	718175.4	1.69	284043.1	0.67	1000131.2	2.35	8083739.9	19.01
大理市	86912.2	4.13	16786.7	0.8	331662.7	15.77	310534.1	14.76

资料来源：大理白族自治州土地利用总体规划，基本农田保护区规划。

(2) 山地潜力挖掘不够

园地仅占总面积的2.86%，还远未充分发挥山地和气候优势，远未适应市场的大量需求。坝区四周近山面多为荒山秃岭，有林比例小，林分质量差，综合功能低，利用不充分。牧草地占总面积的0.19%，天然草地为主，质低量少，难以满足畜牧业发展的需要。

(3) 交通用地比例过低

交通用地少，只占总面积的0.8%，路网密度低，与作为滇西交通枢纽的地位极不相称。经济要发展，交通须先行，目前的交通状况已制约了经济的快速发展。

(4) 非农建设用地无序扩展

城镇、村庄及工矿用地占用良田好地多，村庄分散零乱，空心村多，无序蔓延，覆盖面广，建设用地容积率低，工矿用地布局不合理，环境污染日益加剧，生态敏感空间面临挑战。

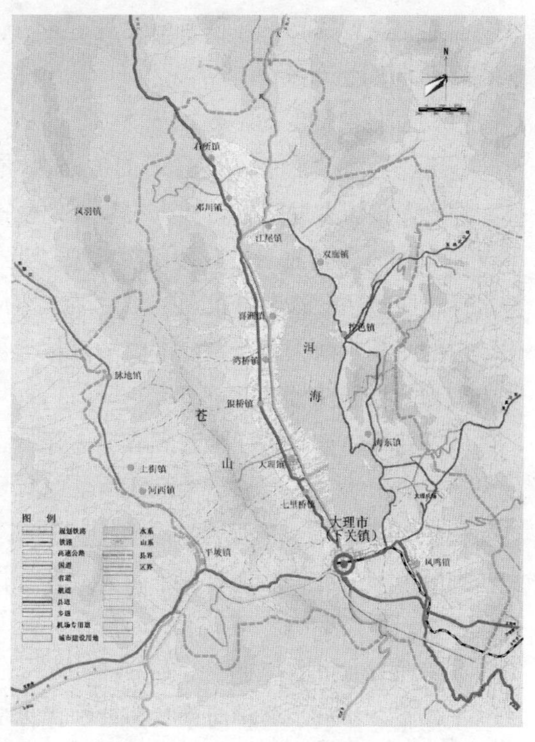

图10-4 大理市域交通现状

除了布局不尽合理等引起土地产出效益不高之外，大理土地显化的、潜在的浪费现象也较为严重，因污染导致生产能力下降甚至丧失的土地量也为数不少，浪费了大量宝贵的土地资源，加剧了人地矛盾和土地供求矛盾。

(三) 保障不佳

1. 交通发展问题

现状大理城市交通系统存在的主要问题如下：

“方格棋盘网”状道路架构虽已初步形成，但存在主、次干道形不成网络、支路系统不发达、道路功能比较混乱等问题，影响了整个路网功能的发挥；

部分道路等级偏低，道路断面形式不能满足交通需求，联系下关、大理、凤仪的道路断面较窄，通行能力略显不足；

穿越下关城区的高速公路、国道、省道，部分路段是在原公路基础上改造的，衔接不协调，影响交通的通达性；

铁路穿越下关城区，对城市交通组织影响较大；

城市集中的公共停车场较缺乏，停车供需矛盾突出，停车占用机动车道、人行道现象比较严重，亟需进一步增加公共停车场数量，加强停车管理力度，保证公共设施严格按标准配建停车泊位并不被挪为他用；

各种交通工具的发展和使用政策不甚明确。

2. 脆弱的生态系统

（1）森林植被保护不容乐观

苍山、洱海赋予了大理良好的生态基质，但由于1945年、1959年、1966年3次破坏，加之人口压力过重，森林火灾频繁，使得森林面积大大减少，目前苍洱之间森林覆盖率仅为11.4%，洱海东岸丘陵的覆盖率还更低，水源涵养林的逐年递减严重影响了流域的蓄水保土性能和自然生态景观。虽然“九五”期间政府加强了造林绿化工作力度，达到了州域内的消长平衡，但市域范围内的森林植被保护形势仍然不容乐观。

（2）水土流失现象仍然严重

由于森林植被破坏，水源涵养能力降低，旱季大多河流干涸，而雨季径流冲刷，水土流失严重，山洪、泥石流、大面积滑坡时有发生。据初步估计，流域内水土流失面积已达总面积的30%左右，年泥沙流失量达85875吨。虽然“九五”期间政府加强了对水土流失治理的力度，工程治理取得了明显成效，但投入治理的资金有限，边治理边破坏的情况仍较严重。

（3）节能减排任重道远

工业企业排放的各种废水、废气、固体废弃物一直是影响大理生态环境质量的主要因素。虽然采取了控制、治理措施并取得一定成效，如1980年代新建西洱河南北排污干管、改造燃煤锅炉、改变能源结构，1990年代实行水污染排放许可证制度，但总体环境质量仍然不尽如人意。面对“浪漫休闲之都”定位对生态环境品质的高要求，大理需要调整优化产业结构，选择无污染、轻污染的生态型产业，严格产业准入门槛，一如既往地加强对企业“三废”污染的控制和治理。

（4）洱海生态环境形势严峻

水土流失、农田径流、环湖工业企业污染以及旅游污染造成洱海水污染加剧，大量的氮、磷加剧了富营养化程度；流域水资源的不合理开发利用，导致水资源供需矛盾突出，水质下降，生物多样性面临威胁，洱海水体的生态功能和自然景观深受影响，生态环境保护面临严峻挑战。为避免洱海步滇池后尘，必须继续加强对洱海水域的生态环境的综合防治。

（四）特色不显

目前，大理市不少特色要素仍处于潜在状态，没有得到充分的开发、整合、利用；城市特色不够鲜明，缺乏整体性、系统性；近几年由于旅游开发的急功近利，许多特色要素被破坏，特色的塑造不受重视，导致大理在人们心中的特色形象趋于平淡和模糊。

四、“高原明珠”解除发展瓶颈的出路

大理是地处祖国西南边疆云南省的滇西重镇，由于历史上曾经有过的辉煌，以及保存较好历史的、民族的文化成为国家级的历史文化名城。大理自然人文环境优越，人文资源

丰富，自古至今都是云南连通东南亚、南亚、西藏等地区的交通枢纽。改革开放20余年来，在以白族为主体，兼有其他各民族人民的共同努力下，大理市在云南地州县级城市发展中处于前几位，成为名副其实的“高原明珠”。

图10－5　丽江古城：小桥、流水、人家，别有神韵和特色

图10－6　大理古城：传统历史街区是否还可更富一番情调

如前所述，宏观背景环境中所透露的良好发展机遇、“滇西中心城市”地位确立所带来的崭新区域背景使得大理面临一次不可多得的新发展机遇期，也对大理这颗“高原明珠”的发展提出了新的更高要求。然而，“高原明珠”面临功能不明、产业不强、空间不优、保障不佳、特色不鲜等诸多发展瓶颈。面对目标与现实之间的落差，大理不能再依赖单纯地做“高原明珠”来发展自我，而是需要依托“滇西中心城市”这一新的发展平台，实现由单一旅游功能为主向中心城市功能的转型，重新审视自身的发展环境，重新整合自身的资源条件，重新定位自身的功能角色，以求实现跨越式发展。

第二节　转型——“滇西中心”引发的思考

一、转型的方向：滇西中心城市及其演绎

根据对宏观发展背景的把握和对自身发展条件的剖析，在云南省委、政府对大理滇西中心城市发展战略目标的指导下，结合云南省“滇西中心城市，云南省的高新技术基地；国内外著名的休闲、旅游胜地和适宜居住地；国际文化名城”的战略定位，大理市的功能定位进一步演绎为特色鲜明的“一都”、“五心”，即：

（一）一都：浪漫休闲之都

“风花雪月”既是大理的环境资源优势，也是大理独特的人文优势。在走向国际化的过程中，新区域主义与地方主义向我们阐述了一个宝贵的经验，越具有地域性、差异性与

独特性的资源越具有世界性、国际性，因而越具有持久的生命力与吸引力。作为城市一张响亮的名片，风花雪月大理，浪漫休闲之都本身就具有明确的地域性与竞争力，是对大理城市特色功能与未来发展方向的最佳阐释。

浪漫，取"富有诗意、充满幻想"之意，正是对大理"风花雪月"之自然资源特点和白族人民之多情性格特征的最佳概括；休闲，既是一种生活方式，与大理人舒适闲情的气质与文化脉络传统相符，更是一个具有无限增长空间的新兴产业，与大理城市独特的发展要素高度契合。"浪漫"、"休闲"的结合将使大理的资源文化优势转化为新的经济强势，通过造"都"与强化中心职能，融入世界一体化进程，形成城市特有的品牌。

在国内，大连的"浪漫之都"定位、杭州的"世界休闲之都"以及南京的"博爱之都"的定位已经成为城市发展新的名片。与上述城市相比，大理的发展条件有其特殊性：云南省"七彩云南、快乐天堂"的新发展定位为大理成就"浪漫休闲之都"营造了区域氛围；作为白族聚居地，白族文化中浪漫多情的特质为大理打造"浪漫休闲之都"提供了深厚的精神基础；"大理—丽江—中甸"跻身世界级黄金旅游线以及滇西黄金旅游区的急剧升温，为大理参与区域分工合作、错位发展、凸现优势、张扬特色提供了新的标竿。

借势"浪漫休闲之都"这一城市功能品牌，大理自身的资源可得到最优的配置利用和最大的效应延伸，可在全省、全国乃至全世界赢取更大的知名度和美誉度，从而推进大理滇西中心城市的跨越式发展和综合竞争力的提升。

（二）"五心"

五心即滇西先进制造业中心、滇西旅游集散中心、滇西现代服务中心、滇西交通物流中心、东盟经济圈边贸次中心。"五心"相辅相成，有机联系，是对滇西中心城市功能的具体演绎和延伸。

1. 滇西先进制造业中心

先进制造业没有一个穷举式的界定，实指那些在一定的经济、技术、产业发展条件下，处于制造业产业链高端、能够引导整个地区产业结构向高级化方向演进的产业部门。在不同的发展阶段、不同的地区，先进制造业所涵盖的内容也有所不同。

分析大理市的产业结构及其与滇西其他地区产业发展的关系，大理有望成长为滇西的先进制造业中心：

（1）目前，大理市的制造业以卷烟及其辅料工业、建材建筑业和以食品、医药为重点的生物资源加工业等为主导，此三产业部门主要充当全州和滇西地区同类产业产品"深加工"、"中心"的角色。具体而言，大理市的生物产业主要是对滇西各地的生物资源或初加工产品进行深加工、精加工，提高产品档次和附加值，并扮演销售中心的角色；建材业则是承担销售中心和部分产品（如大理石、玉石等工艺品）的加工中心的功能。而且汽车生产装配、农用机械制造、绿色食品加工、饮料生产等相对较为先进的产业已初具规模，为全市构建了良好的先进制造业发展框架，可见，大理市的产业占据了滇西地区产业链的高端。

（2）大理的区位优势、资源禀赋以及作为“滇西中心城市”的地位，使其在发展外向型经济、招商引资、引进先进适用技术、提高产业层次等方面对比滇西其他地区更具优势，从而可为先进制造业的发展壮大创造更为有利的环境和条件。

2. 滇西旅游集散中心

世界旅游组织预测，到2020年，中国将取代传统旅游圣地法国、西班牙和美国等国家而成为世界第一大旅游接待国、第三大旅游输出国，令人振奋的发展前景和持续高涨的旅游热潮为旅游资源极其丰富的大理带来了新的发展机遇。大理近年来游客人数逐年增长，旅游收入逐年攀升，发展势头迅猛喜人，大理的发展潜力与后劲十分巨大。

显而易见，大理的脱颖而出在很大程度上得益于旅游产业的快速发展，从这个意义上说未来旅游集散功能的发挥对大理有着举足轻重的决定性影响。基于此，大理旅游的核心、重心应在“休闲”，通过休闲功能延长游客逗留时间，提高旅游产出效益，从而塑造旅游特色品牌，强化旅游综合竞争优势，打造当之无愧的滇西旅游集散中心。

大理承担“滇西旅游集散中心”的功能具有优越的基础和条件：①大理是滇西地区旅游资源的精华所在，集国家历史文化名城、风景名胜区、自然保护区和中国优秀旅游城市等诸顶桂冠于一身，旅游资源得天独厚。②大理地处国家级旅游区成都—峨嵋山—丽江—大理—昆明—石林的旅游线路中，与丽江连片结为一体，与大成都旅游区、大昆明旅游区三足鼎立，构成交织川滇两省的旅游环线；另外，大理与国家“三江并流带”风景区及德宏、保山相接，毗邻潜力巨大的东南亚、南亚旅游市场，处于滇西旅游空间的中心地，旅游区位优势明显。③大理机场、广大、大丽铁路、楚大、大保高等级公路以及大丽、东环海公路等交通网络体系的建设，为大理担当“滇西旅游集散中心”提供了更为成熟的条件。

可见，“滇西旅游集散中心”的定位是对大理丰富而独特的旅游资源——秀美的自然风光、璀璨的历史文化、多彩的民族风情——的价值张扬和潜力释放，为休闲旅游的充分发展创造了更广阔的空间和平台。依托旅游产业强大的关联性与粘连性，可带动前向、后向、旁向相关产业的发展，优化产业结构，提升产业层次，构建特色强势产业链；并通过对旅游资源的挖掘、开发、利用、整合，全面改善城市的投资环境，增强对现代生产要素的吸引力，承担某些专业化国际性功能，提升国际影响力；同时发挥在滇西旅游区的“灵魂”作用，推动区域旅游资源优化配置与整合，使滇西“黄金旅游区”通过大理旅游集散中心这个“窗口”展示给全国乃至全世界，实现滇西旅游业的整体发展。

3. 滇西现代服务中心

现代服务业主要指那些为现代生产活动提供生产性服务的部门和一些新兴的生活性服务部门，如金融、物流、信息服务、中介咨询等。当代世界经济的竞争，突出表现为城市之间对人流、物流、资金流、信息流等重要资源要素的激烈争夺，以金融、物流、信息等为主的现代服务业正日益成为城市产业发展的制高点和核心竞争力的重要依托，谁缺乏现代服务业就意味着谁对“流”资源丧失支配、控制权，将不可避免沦为“没有大脑的、肢体城市”；而谁把握了它，就把握了发展的先机，把握了未来的主动权。大理作为滇西的领跑城市，要巩固中心地位，带动区域发展，必须强化“服务中心”职能、增强资源要素调配能力。而大理作为滇西交通枢纽和物资集散地的地位为现代服务业的发展提供了内在需求和现实基础，培育“滇西现代服务中心”可谓正当其时、水到渠成。

4. 滇西交通物流中心

现代物流是以满足消费者需求为目标，把制造、运输、销售等市场情况统一考虑的战略措施，是利用信息和网络技术，运用现代组织和管理方式，对运输、仓储、装卸、分类、包装、加工、配送等物流环节进行一体化经营，组织产品从生产地到消费地之间的整个供应链的新兴产业。作为一个朝阳产业，已经成为衡量一个城市现代化程度和水平的重要标志。“得物流者得天下”，谁先建成物流中心，谁就有可能获取更多资源和发展先机。

反观大理，其已建和在建的交通网络四通八达、联系便捷，为现代物流业的发展提供了必要的支撑。同时，大理的制造业具备一定基础，轻重工业并举，原材料、产成品数量大，有较大的现实物流需求。有鉴于此，大理建设“滇西交通物流中心”责无旁贷。

5. 东盟经济圈边贸次中心

云南与东盟国家在进出口商品、农业合作以及水力、矿产等资源开发方面具有互补优势，经贸合作历史悠久。2001 年，云南对东盟的进出口贸易额为 7.09 亿美元，占进出口贸易总额的 35.6%；其中出口 5.65 亿美元，占出口总额的 45.6%，进口 1.44 亿美元，占进口总额的 19.2%，东盟已成为云南省最重要的经贸合作伙伴。

中国—东盟自由贸易区建设的正式启动、GMS 合作的深入推进为云南省的发展提供了绝好的机遇。云南省政府已明确提出要建设“五大通道”（交通、贸易、产业、生态、友好），构筑“五大平台”（信息、贸易、金融、人力资源开发、公共事务），推动六大产业合作（农业、烟草、能源、矿业、旅游业、劳务），积极争取国家在促进贸易自由、资金流动自由、投资自由、人员进出自由和货物运输自由方面给予突破性政策。同时在立足本省、辐射邻国邻省市场的定位下，把未来十年的外经贸发展重点集中在与之接壤的缅甸、老挝、越南三个国家，尽快形成与之便捷快速的物流、人流、信息流、资金流联系，使之成为云南外经业务向其他国家、地区进一步扩展的据点。

作为云南承东启西、连南接北的滇西重要交通枢纽和物资集散地，大理是云南西出缅甸、北上川藏的重要交通中心，是我国连接东南亚国际大通道的重要结点，与东南亚地理位置临近，交通联系方便，经贸往来频繁，加之滇西“中心城市”、“领跑城市”的功能角色，完全可在中国—东盟自由贸易区一体化发展格局中大有作为，成为东盟经济圈云南境内除昆明之外的另一个重要节点。通过连接东盟与云南乃至整个中国的贸易活动，可大大活跃大理的经济，增强大理的能级，提升大理的地位，使大理成为面向东南亚的进出口加工贸易基地。

二、“中心”功能诠释：集聚辐射

目前，滇西整体经济实力不尽如人意，且各地区发展极不平衡。大理州居滇西八地州市第一，经济发展一枝独秀，国内生产总值占整个滇西地区的 33.54%；大理市主要经济指标大都占全州总量的35%以上。这些数据一方面说明了大理市的集聚优势，另一方面也凸现了滇西地区经济社会发展的极度不平衡。

因此，滇西地区应以“增长极”开发模式为主，实施非均衡发展战略，一方面把握大理建设滇西中心城市的契机，培育“发展极”、“增长源”，强化集聚效应；另一方面发挥中心城市的辐射扩散效应，带动其他地区共同发展，实现滇西统筹协调发展，这也是云南省确立大理为滇西中心城市的根本意图所在。

（一）强化集聚效应，做大做强中心

发挥中心城市的辐射扩散效应必须做大做强大理中心城市，这是增强其对各种资源要素的集聚力、吸引力的前提，也是使聚集的生产要素进行合理配置、优化组合、科学调控，资源要素得到最优的整合利用、最大的效应延伸的客观要求。因此，完善城市功能，改善人居环境，扩大就业机会，以增强对内的凝聚力和对外的辐射力就成为城市政府的工作核心。

（二）发挥扩散效应，辐射带动区域

发挥大理中心城市的扩散效应，必须加强区域协调合作，以点带面促进多边的互惠互利，理顺同昆明、楚雄、丽江、保山、攀枝花等城市的关系；在区域内部的竞争与协作中错位发展，实现“多赢”。因此，一方面应根据区域资源分布、经济发展和空间结构等特点，合理设定主导产业，优化产业布局，促进区域产业一体化发展；另一方面，加强基础设施建设，完善中心城市对外交通网络体系，以此为枢纽促进区域内外生产要素的自由流动与快速流动，实现中心城市与周边城市之间基础设施建设的共建共享，为周边城市的发展提供高效便捷的服务。

三、构筑“中心”的路径选择

（一）产业发展模式转变

1. 由粗放到集约

长期以来，大理市的经济发展一直以粗放经营为主，当前此种经济增长方式的弊端已经凸显。大理要实现可持续统筹发展，产业发展模式由粗放型向集约型转变势在必行。

规模经济是产业竞争力的关键因素，企业可以通过自身快速成长、扩大规模或者许多企业组成既竞争又合作的联盟、形成中小集群来获得规模经济，但两种方式的市场作用是不同的。大企业是行业的排头兵、供应链管理的“链主”，只有大企业才有较大的市场份额和R&D投入，也才具有领导行业潮流的能力和国际竞争力；中小企业虽然通过联合能够取得规模效益，但只能在行业发展中承担大公司专业协作和业务外包的作用。在国际发展潮流中，一些行业领先的区域，既有大企业为龙头，也有一大批中小企业为基础，如硅谷，既有CISCO、INTEL等国际知名的大公司，又有一大批中小规模的start－up企业和业务外包企业；深圳的信息技术产业起步于中小企业，时至今日业已形成由华为、中兴等大企业和一批中小企业组成的信息产业集群。

大理的企业以中小型为主，为了获取规模经济，今后应强化企业集群的发展模式，通过股份制合并、合资等形式促进企业规模化、集团化发展，将小企业的优势通过集团股份化和地域集中战略扩大为产业组织优势，发展全国乃至国际知名的企业集团，并以大企业为龙头，众多中小企业为基础，形成分工协作、密切联系、有机互动的地域企业集群。同时以开发区、工业区为依托，推进产业集聚，使园区成为产业的集聚地、经济的增长点，促进土地与资源的高效利用。

2. 由被动到主动

过去相当长一段时间，我国中西部大部分地区的招商引资都不尽如人意，往往是消极、被动等待计划的调配。而现代经济是开放型、竞争型经济，随着国际产业、国内发达地区产业向内地、西部的梯度转移，大理市必须以更为开放、竞争的心态积极、主动争取一切资源要素，把握一切发展机遇，既要积极主动吸引外资、引进先进管理经验，也要主动发展高新技术产业，增强自主创新能力，实现产业升级换代。

3. 由竞争到竞合

现代社会，城市、区域之间的竞争并非你死我活的对抗性竞争，任何区域都不是一个封闭的孤立系统，而是一个密切联系的开放系统，区域之间在竞争日益加剧的同时，彼此的依赖程度也日益加深，既合理分工又有机互动合作，达成合作性竞争。一个区域经济实力和运转效率的提高，可以同时给其他区域的发展或更大区域的整合带来促进作用而实现共赢。

垂直分工以地区自然禀赋为基础，形成初级产品与制成品、行业高端与低端之间的分工，一般发生在发达国家（地区）与发展中国家（地区）之间；而水平分工是制成品内部零部件、工艺流程的差别分工，强调地区之间产品的差别化。新贸易理论认为，垂直分工贸易将逐步为产品差别型的水平分工贸易所替代，这为地区之间加强联系、协作提供了更为有利的平台。

大理市与周边城市之间以及大理市内部各区之间具有形成水平分工的基础，应强调错位发展，合理分工，有序竞争，共生共荣，实现“多赢”、“共赢”。比较明显的就是大理与滇西其他地区，特别是丽江、迪庆之间旅游业的竞争与合作可以在目前“竞争有余、合作不足”的背景下积极进行区域整合，寻求竞争与合作的有效契合，从区域整体利益出发，确定合理的旅游定位，构建合理的旅游线路，共同打造滇西“世界级黄金旅游线路”的品牌，将滇西培育成“七彩云南、快乐天堂”之最富魅力与活力的旅游板块。

（二）空间重组分析

1. 后备有限：土地利用潜力评价

从地形地貌来看，大理属高原盆地地形，西面是横断山脉南端的苍山群，东面是鸡足山的南延山脉，中间是洱海及其湖滨盆坝，复杂的地形地貌使可利用的土地资源并不丰富，加之山、海之间大部分为良田耕地，出于基本农田保护的要求，能够用于城市建设的用地就更为有限。从工程地质条件来看，大理为9度抗震设防区，断裂带大部分分布于苍山和周围山脉的边缘地带，凤仪更有一条隐伏断裂带经过，对城市用地布局产生较大影响；且洱海沿岸地带为百年一遇洪水淹没区，不宜进行大规模城市建设。从城市主导风向来看，下关盛行西南风，由西洱河河谷向东劲吹，这一主导风向与城市惟一的出水口——西洱河的水流方向相反，对城市工业项目的安排具有一定影响。此外，大理作为国家级历史文化名城、国家级风景名胜区和国家级自然保护区，城市建设用地的发展方向、项目设置和建设容量均受到一定限制，空间布局不宜过度集中和块状蔓延。

基于此用地条件分析，大理市一类建设用地约有603km^2，二类建设用地约有46km^2，后备资源较为有限。

2. 集约高效：空间利用方式转型

后备资源有限，土地紧缺产生一系列深层次问题，如生态环境恶化，生态承载力下降，城市可持续发展受到严峻挑战等，而所有这些问题的症结在于土地资源利用方式的粗放性、低效性。

大理粗放、低效透支自身有限的发展用地（空间）实乃“杀鸡取卵”之举。打造“滇西中心城市”、成就“浪漫休闲之都”对大理的空间资源提出了新的需求，诸多新兴城市功能需要战略空间予以承载，如新休闲空间、商业空间等，在可拓展的发展空间极其有限的情况下，大理采取集约、高效的空间利用方式不仅必要，而且必须。

实现空间资源利用方式由粗放、低效向集约、高效转变，除了调整优化产业结构，促进产业转型升级，发展先进制造业、高新技术产业、现代服务业等用地需求较小而产出效益较大的产业外，在很大程度上还有赖于空间结构的重组和空间形态的重塑，理清城镇之间的空间关系和职能分工，制止城镇空间盲目、无序扩张和蔓延，为整体空间利用提供良好框架与机制，从而为经济、社会、环境的协调发展提供更优的载体。同时引入精明增长管理理念，实施控制与引导相结合的空间管治，严格空间准入制度，加强土地利用管理，实现发展空间的永续利用。

3. 理性思辨：空间重组目标理念

（1）理想图景：空间规划组织目标择定

基于大理市的功能定位：“滇西中心城市，云南省的高新技术基地；国内外著名的休闲、旅游胜地和适宜居住地；国际文化名城”，为此建议未来大理市空间发展的目标应为：

① 竞争力与组织力卓越的区域中心城市

大理市地处滇西地理几何中心，也是滇西区域经济的核心。在一段时期内，应把具有比较优势的生产要素合理配置、聚集到大理市，适度促进其规模的扩张，为滇西中心城市发展创造空间载体，以尽快形成具有较强竞争力的增长极核，增强城市聚集、辐射的范围和能力，以组织和带动滇西广大区域的整体发展。同时，大力发展具有高附加值的生态型产业和具有强大区域组织功能的现代服务业，在大理市形成较为集中的产业增长带和经济要素富集区，为新经济的发展提供策源地和承载空间。

② 高效率与高弹性兼备的紧凑组团城市

由于山地坝区的特殊地形和城镇发展的特定历史，大理市城镇空间天然呈组团形态。在未来的城市空间分区中，需积极培育功能合理、特色鲜明、富有生命力的组团，并构筑便捷的快速交通网络，沟通城市内多个发展单元，形成有机集中的高效率运行的组团网络。城市组团的发展则需以紧凑开发的理念为指导，通过大量的生态开敞空间进行隔离，并留足组团的自然生态涵养空间和国内外各类大型项目布点的多种选址空间，有时序弹性推进各组团的开发建设，不断促进各发展单元间的基础设施一体化，使各组团达到功能整体化、布局结构网络化、拓展弹性化、环境生态化。

③ 高品质与强引力相融的浪漫休闲天堂

大理气候宜人，风光秀丽，历史人文荟萃，民族风情浓郁，为发展高品质的休闲旅游业奠定了良好的基础。应立足于以苍山洱海为核心的自然生态风光，大力挖掘灿烂的王国文化内涵和以白族为主的多民族特色风情，形成具有强大吸引力、特征鲜明的城市空间和景观，打造适合"情人风花雪月、文人修身养性、商人休闲娱乐、老人颐享天年"的"浪漫休闲之都。"同时，加快完善城市基础设施、社会文化休闲设施等支撑体系的建设，大力提高城市的自然生态与人文环境品位，建设世界上最适宜人类居住的"人居天堂"。

④ 持续性与协调性俱佳的生态共生之城

生态环境已成为当代城市竞争的重要内容，优质的生态环境将产生巨大的外溢价值。大理天然良好的生态环境是其最宝贵、最具潜力的发展要素，必须坚持可持续发展的理念，在追求生态、资源和谐的基础上安排人类活动与城市空间开发，通过一系列的空间管治、功能分区等手段，建构生态与生产、生活高度融合的整体空间结构，营造环境优美、品位高雅的具体物质空间，形成有生命力、可持续发展的生态共生空间。

（2）理性引证：空间规划发展理念建构

① 基于新要素的功能空间发展趋势

随着经济全球化的日益拓展深化，城市的经济结构和空间结构正发生着一系列变化，特别是空间结构，越来越深刻地受到各种新要素的影响，休闲化、信息化、机动化等已成为推动城市空间扩展、重构的重要因素。

- **休闲化**

信息社会的新时代，在技术进步与观念变革的双重作用下，休闲逐步发展成为人类生活的中心内容。休闲需求是人们在特定生活和特定条件下，对高层次生活标准和生活方式的一种追求，是休闲行为的核心动力机制。在我国，随着经济的发展以及人民生活水平的提高，人们的价值观已由"寻求温饱"逐渐完成至"寻求自我价值"的过渡，以旅游度假为主的休闲化倾向越来越突出，"休闲"成为追求自身生存质量的基本途径。基于此，休闲经济在我国国民经济中所占的比重将逐渐加大，休闲功能空间也悄然成为一个城市最具活力的场所，可以预见，未来休闲将从标准化和集中化转向个性化服务，人们对休闲与健康、休闲与文化之间的关系将倍加重视。

大理具有宜人的气候、丰富的自然景观、多彩的地域文化和浓郁的民族风情，是世界上最适宜人类居住的“人居天堂”，发展休闲旅游度假具有得天独厚的条件。应积极把握全球休闲化的机遇，在保护苍山洱海生态环境的基础上，创造特色鲜明、富有引力的空间景观和文化气息，有针对性地发展各项特色休闲旅游度假设施，打造吸引全国情侣蜜月旅行的“蜜月之都”、老人疗养常居的“疗养之都”。

- **信息化**

近20年来，信息化趋势通过改变人们的生产、生活方式来影响城市的空间结构，正如高速公路改变城市的交通区位一样，“信息高速公路”使城市的发展动力和空间拓展有了更大的延伸。同时，通信技术的飞跃发展，宽带、因特网的不断增容、提速，使信息的产生和传播更加有序，工业经济中由于分工形成的迂回中间环节不再成为附加价值的主要来源，通过信息流来调控人流、物流和资金流的方式使城市的空间位置选择、规模功能确定更具灵活性，也使安全、有序、高效和环境优化的城市空间结构的形成成为可能。不仅如此，信息化还加速了全球经济一体化的进程，使经济活动在全球扩散，生产要素在全球流动，由此，网络化的城市体系实现了对传统城市空间结构的跨越。

信息化建设的进一步加强对于未来大理市形成沟通良好的组团式布局结构、着力发展生物制药产业和休闲旅游度假产业、充分发挥滇西中心城市的辐射带动作用等都将起到关键的作用。

- **机动化**

交通是引导城市空间拓展、塑造城市框架形态的主要技术因素。随着大理经济的快速发展及其对便捷交通联系的需求，机动化将成为必然趋势。机动化，一方面有助于扩展城市功能地域范围，使通勤的距离延展、范围扩大，使原来联系较弱的空间实体变得紧密，并有利于从外界引入多种新发展要素，促进要素的频繁流动；另一方面，通过城市功能地域的交融，可促进城市功能的网络化，带动郊区城市化，推动各组团集聚发展、合理分工、有效协作。同时，机动化带来的大量车流、物流、人流将对“浪漫休闲之都”形象的塑造产生一定的负面影响，需控制在生态环境和景观的合理容量范围之内。

② 基于大理特色的城市空间发展新理念

- **以有机集中理念构筑生态型组团形态**

由于特殊地形地貌的限制，大理市的城镇空间沿洱海岸线呈较明显的组团布局结构。而基于“浪漫休闲之都”的目标定位以及以生态、休闲产业为主导的产业结构对环境品质提出的要求，组团的开发建设和生态环境的保护之间的关系处理与协调成为空间发展的焦点与核心。为此，应借鉴有机集中理念，紧凑开发建设组团，充分挖掘各组团的用地潜力，合理进行功能分区；组团内部保留足够的绿地、水体等休憩开敞空间，使开放空间布局与社会经济及居住空间布局有机联系；各组团间以生态开敞空间隔断，依托快捷的交通网络体系沟通各组团之间以及组团与隔离生态空间之间的联系，从而构筑一个运行效率高、应变能力强、生态环境好、具有高度组织性的生态网络组团城市格局。

- **以TOD、SOD和AOD模式引导空间运作**

先期引导对于激励空间开发、促进规划实施有着不可替代的作用，特别是对处于快速城市化过程中的中国城市，TOD、SOD 以及 AOD 等合理有效的先期引导策略对于空间运作有着决定性的影响。

TOD 模式将大运量交通、道路系统和土地使用三位一体综合地进行规划和实施，在解决城市交通问题的同时，也可以促进城市整体开敞结构与各个组团紧凑型开发的有机协调。大理的多组团分布格局为 TOD 的引入创造了良好的条件：借助 TOD 强大的空间拓展功能和高效率的运行方式，在城市范围内建构起由 TOD 轴线连接，公共社区、城市组团和核心城区等空间单元有机组合的多中心、网络型、生态化空间结构。

SOD 模式是首先在要促进开发的地区，政府有意识地进行大型社会服务设施以及某些商业型设施的建设，从而对期望集聚的要素产生巨大的吸引力。洱海东侧可先行建设休闲度假设施，以引导海东、挖色等镇休闲产业的快速发展。

AOD 即规划理性预期引导，是政府通过预先发布规划消息、公开相关信息，激发、引导市场力量进行先期的相关投入，以尽快形成与规划目标相一致的外围环境和所需氛围，以便于政府在最为适合的时机，以较小的投入即可实现原先的规划建设意图。

- **以网络生长、弹性推进的模式拓展空间**

一个城市从构建到功能结构的完善是一个长期的生长、调整过程，操之过急的过度建设和行政规划的一厢情愿可能导致城市的畸形发育，必须在网络生长、弹性推进的模式下，将调节性、目标性规划与渐进性决策结合起来，按照合理的开发时序进行功能的对接和空间的拓展。将城市的近期和中期目标作为一种调节性目标，根据城市的发展演变，不断进行修正，渐渐逼近理想的终极目标，表现在对城市人口、用地规模和用地性质不宜定得过死，应根据未来的市场进行功能的抉择，为以后发展留出余地。对于整体网络中的各组团，应适当均衡与有重点培育相结合，促进整个网络的共同发展和功能完善，先进制造业、高新技术产业等产业发展新用地可以依据各自需要的环境条件（如交通、用地等）进行富有弹性的选择，并依据大项目的情况灵活调整开发时序。

- **以收放有度的空间准入原则管理空间**

城市的发展不是没有界限的，要实现空间结构和生态环境的优化，就必须对空间的发展进行科学有效的管理，实行选择性的空间管制战略，采用不同的开发时序和开发强度，通过局部的“收”赢得局部的“放”，做到收放有度、持续发展。关于空间管治的理念，目前应用较为广泛且行之有效的主要有成长管理与精明增长两种。对大理市而言，一方面，需运用成长管理理念综合考虑经济、社会、资源、环境、生态诸要素相互协调的要求，根据区内条件的相似性和区域间条件的差异性划定不同发展方向的类型区，指出其发展的方向与重点，并全面制定区域内经济社会发展、资源利用、生态环境保护的标准与引导措施。另一方面，需确立精明增长的理念：在目前诸多的发展方向中选择最优的发展可能并协调其他发展趋向，在明确城市发展功能和分区的基础上确定不同分区最佳的开发时序和适宜的开发强度，建立一个具有优良环境与较大应变性的生态型弹性空间结构。

第三节　规划：“滇西中心”的实现途径

一、城乡协调与城乡一体化

（一）目标锁定：城市化发展水平预测

根据大理州城镇体系规划（2003～2020），大理市城市化发展目标如下：

（1）市域城镇人口：

2007年为45万人左右；2015年为70万人左右；2020年为85万人左右。

（2）城市化水平：

2007年达65%左右；至2015年达75%左右；至2020年达80%左右。

大理市城市化水平预测　　表10-5

年份	2007年	2015年	2020年
城镇人口（万人）	45	70	85
总人口（万人）	70	93	105
城市化率（%）	64.3	75.3	81

（二）城乡一体化措施

1. 战略部署

城乡一体化是未来城市化发展的趋势，也是实施城乡统筹发展的一项重大战略转变。为此要树立全新的城市发展观，以城市带动农村，农村促进城市，推动城乡经济协调发展；要以滇西中心城市建设为契机，逐步形成苍洱经济区和洱海流域城市圈，以城市化发展带动工业化发展，推进农业产业化经营和农村经济结构调整；要突破农业发展的传统定式，用工业理念来谋划和发展农业，加快绿色和特色农产品商品基地建设，依托城镇建立健全农产品流通网络，大力培育以农产品精、深加工为主的龙头企业，切实推进农业产业化经营。

2. 战术引导

● 适时、科学、合理调整行政区划

调整大理市的行政区划是扩大中心城区规模、解决发展空间不足、资源承载能力和环境容量有限的必然选择。行政区划的调整宜采取“科学规划、适时适度、分散调整、滚动发展”的对策，在市、县编制数量基本不变的前提下，打破行政分割、资源分散配置的格局，按照多设区、少设县的原则进行。近期依据大理州城镇体系规划对大理市行政区划调整的建议，将洱源县的邓川、右所两镇以及漾濞自治县内漾濞江以东地区划归大理市，构建大理滇西中心城市的整体框架。

● 推进体制创新、加强政策管理

政府应在加速城市化进程中发挥主导作用，提供强有力的政策支撑，制定优惠政策促进城市化“质”的提高：进一步深化户籍制度改革，形成开放性的户籍管理机制，以消除城乡壁垒，促进城乡人口有序流动；积极推进城市住宅体制的配套改革，出台房地产开发的优惠政策，以降低房价，吸引人口入住；逐步完善适应人口流动的社会保障制度，以市场化、社会化为方向，加快建立以养老、失业、医疗为主体、社会统筹与个人账户相结合、覆盖城乡的统一社会保障体系，转入城镇户口的农民享受与城市居民同等的最低生活保障，在建立农村公共社会保障基金的基础上，逐步实行城乡并轨。

● 优化城市产业结构，转变经济增长方式

优化城市的产业结构，一要调整三次产业比例，以旅游业为主导，加快发展金融保险、信息咨询、社区服务、物流会展等现代服务业；二要加速工业化进程，促进第二产业内部结构优化，重点发展高技术含量、高附加值的先进制造业。三要注意扩大对外开放，吸引外来资金和技术，转变经济增长方式，提高经济增长质量。

● 强化规划龙头地位，高水平做好城市规划

城市规划引导着城市发展的方向，直接影响城市资源的有效配置。大理建设滇西中心城市，首先必须强化规划的龙头地位，编制高水平的城市规划。

规划的宏观性、战略性。规划要立足现实、着眼长远，为城市未来的发展留有余地；规划要有综合性，全盘考虑城市发展的各种需要，实现要素的相互协调、配套。

规划的因地制宜性。规划要突出特色，重视对地域文化内涵的挖掘，把地方特色和时代精神有机结合起来，如要注意对大理传统建筑文化传承和发展，既保持地方建筑的民族特色又融合浓郁的现代气息。

规划的整体性。规划要立足整体，统筹规划。滇西中心城市的建设要着眼于区域经济发展的需要，可考虑将整个洱海盆地乃至更大的范围纳入统一规划，各类开发区和工业园区的建设也应纳入统一规划的范畴，以实现经济要素在更大范围内的整合，提高要素利用效益。

规划的严肃性。城市规划是建设和管理城市的基本依据，一经批准，就应具有强有力的约束力，不得随意更改变动。

二、产业发展战略与空间布局规划

（一）产业发展战略导向

（1）第一产业发展导向

在传统农业的基础上发展特色高效农业、生态农业等现代都市农业。

（2）第二产业发展导向

限制发展的产业：污染大和资源约束型的产业，如化工原料工业、矿物开采业等；

鼓励发展的产业：先进制造业（如汽车生产装配等）、具有发展优势的支柱产业，包括卷烟业、新型建材、食品加工业（饮料等）、特色轻工业、电力生产和供应等；

积极培育的产业：适合自身发展的高新技术产业（如生物医药、新材料等）。

(3) 第三产业发展导向

大力培育现代服务业，包括休闲旅游业、金融保险服务业、现代物流业、会展业、房地产业、先进教育培训产业等。

总而言之，大理市未来产业发展的战略导向应是：在科学发展观的指导下，在发展现有优势产业的基础上，大力发展先进制造业，优先发展高新技术产业，积极构筑现代服务业体系，壮大现代教育产业，集约经营现代农业，努力打造滇西先进制造业中心、高新技术产业中心和现代服务业中心（金融中心、旅游集散中心、交通物流中心、会展名城）。

(二) 产业空间布局规划

1. “一心两片三带”的产业空间整体布局

(1) “一心”：综合服务中心

主要以下关区为依托，具备集聚与创新功能，是联系不同产业部门、主导科技进步、引导产业升级和现代服务业发展的主要承载区。加快“退二进三”的步伐，以现代服务业置换传统工业，以服务功能替代生产功能，重点发展现代商贸业、金融保险业、会展业、高新技术产业、信息业和教育科研、中介服务业等，成为区域各种“流”的集聚交换中心。

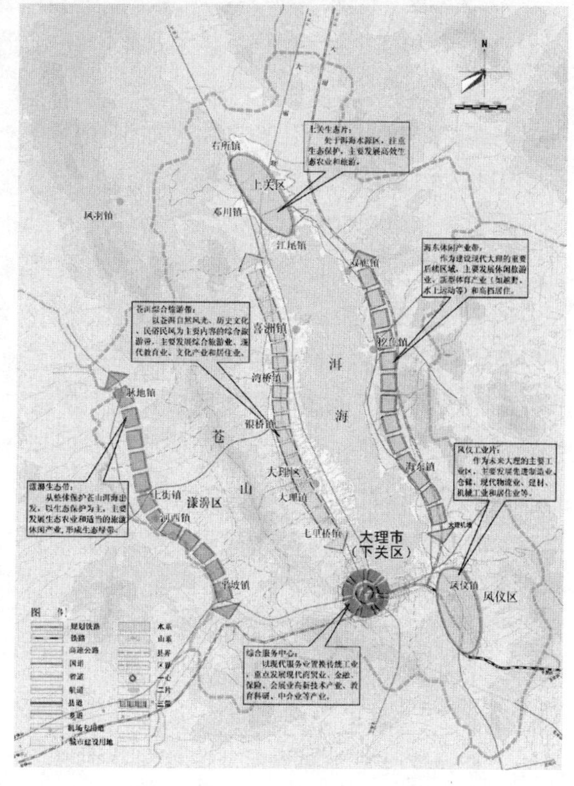

10－7 产业空间布局结构：一心两片三带

(2) “两片”：“凤仪工业片”和“上关生态农业片”

- 凤仪工业片：以凤仪为依托，是未来大理市主要的工业区，主要发展先进制造业、新型工业（建材、机械工业等）以及仓储与物流等。
- 上关生态农业片：包括现状的邓川、江尾和右所，处于洱海的水源保护区，对洱海的环境有直接的影响。作为生态保护区，重点建设绿色生态带，发展高效生态农业和旅游业。

(3) 三带：“海西历史文化旅游带”、“海东休闲产业带”和“漾濞生态带”

- “海西历史文化旅游带”：包括大理镇、七里桥镇、银桥镇、湾桥镇、喜洲镇和太邑乡，沿着洱海西岸形成的以苍山洱海自然风光、历史文化、民风民俗为主要内容的特色旅游带，主要发展旅游、高等教育（职业教育）、文化产业和居住。其中各镇主要发展的产业分别为：

大理古城：主要发展以历史文化为主的旅游观光、文化休闲产业，依托大理大学建设职业教育基地，并可适当发展具有白族风情特色的别墅区；

七里桥：主要发展高档居住，建设花卉园林基地；

银桥：以各种特色手工艺品生产加工为主，同时发展绿色食品加工、高尔夫球场以及与之配套的高档别墅区、特色高效生态农业；

湾桥：主要发展特色高效生态农业、绿色食品加工以及一定的中高档低密度住宅区；

喜洲：包括喜洲、周城和蝴蝶泉，是以白族民俗、民风、民居为代表的民族文化的主要展示区，主要发展旅游产业和特色高效生态农业。

- "海东休闲产业带"：包括海东镇、挖色镇和双廊镇，作为建设现代大理的重要后续区域，主要发展生态观光旅游、新型体育（山地高尔夫、汽车拉力赛、越野挑战赛、水上运动等）、休闲娱乐、高档居住为主的休闲性产业。其中各镇主要发展的产业分别为：

海东：依托山、海生态基质发展休闲度假，沿海滨开辟具有本土特色的旅游度假村、垂钓中心、海滨浴场、游乐园等；

挖色：重点发展揽胜度假，沿海滨开辟开敞式观景茶室、农家风情园等；

双廊：主要发展以自然岛屿风光、渔家风情为主要内容的游览与体验式休闲。

- "漾濞生态带"：包括脉地镇、上街镇、河西镇和平坡镇，基于苍山洱海整体保护的考虑，以生态保护为主，发展生态农业和适度的休闲旅游度假。

2. "六游览区四田园风光区二休闲度假区"：休闲旅游空间布局

根据大理市景点分布、景源价值、景源类型、环境条件、地域完整度、便于管理等，将全市风景区由北向南划分为6个游览区、4个田园风光区、2个休闲度假区和6个独立景点，并以此构建三大旅游发展带：洱海东岸休闲度假旅游带、洱海西岸人文景观旅游带和漾濞生态旅游带。

6个游览区分别为：蝴蝶泉游览区（泉水自然奇观、民族风俗）、喜洲游览区（民族建筑艺术、文物古迹、民俗风情）、花甸坝高山游览区（地方花卉、高山植物、高山自然风光）、大理古城游览区（自然景观、历史文化、人文古迹）、下关游览区（古迹、自然风光、城镇建设）和漾濞游览区（自然风光）。

4个田园风光区分别相间于海西四个游览区之间。

2个休闲度假区分别为：双廊休闲度假区和海东—挖色休闲度假区。

6个独立景点分别为：凤仪文庙、凤鸣书院、法藏寺董氏宗祠、黑龙潭、黄龙潭、苍山电视差转台。

三、载体重构：空间总体布局结构

（一）地域界定：城市规划区的范围

将漾濞自治县内漾濞江以东地区和洱源县的双廊、江尾、邓川、右所四镇划归大理市，因而城市规划区的范围包括原大理市所辖的下关、大理、凤仪、喜洲、银桥、湾桥、七里桥、海东、挖色等镇和太邑乡、上登工业区等范围，以及原漾濞县的上街、河西、平坡、脉地四镇辖区和原洱源县的双廊、江尾、邓川、右所四镇辖区。

（二）剧情演绎：空间结构方案比选

面对变幻莫测的国际、国内、区域发展环境，大理市如何充分利用空间资源、科学组织空间架构以打造“浪漫休闲之都”所需的最佳载体？对此，我们在准确判断并择定大理市的空间发展方向与发展模式的基础上，运用剧情与场景分析（scenario analysis）方法比选多种发展可能的空间结构方案，进而理性推导出最佳的空间组织架构。

1. 方案一：均衡分布，散点形态

（1）空间结构：“一主二副一环一带”

一主：即下关片区。

二副：即凤仪片区与大理片区。

一环：即沿洱海岸线散点分布的城镇所形成的一个半封闭环。

一带：即沿漾濞江以东分布的城镇带。

（2）方案评析

优点：本方案充分尊重大理市各城镇环洱海分布的现状，对城市结构的调整力度较小，操作较简单；“一主二副”的确立有利于资源要素和政策优势向以上三地区倾斜集中，保证其获得先行发展的良好条件，从而带动其他城镇的发展；各城镇依据自身优势发展特色产业，形成环洱海经济圈。

存在问题：目前，大理市除下关、凤仪、大理古城发展相对较好外，其他城镇普遍面临动力不足、资金短缺等问题，短期内均难以启动大规模建设；进一步增加大理古城与凤仪对下关区的依赖，使下关区聚集度过大；城镇的均衡散点布局不利于基础设施的集中建设和生态环境的保护，难以达到“浪漫休闲之都”所要求的各城镇与生态环境和谐共生的目标；城镇功能分工不甚明确，未能充分挖掘城镇特色。

2. 方案二：强化极核，带状布局

（1）空间结构：“一主一次三带”

一主：即由下关与凤仪共同组成的核心城区。

一次：即洱海北部由江尾、邓川、右所等镇组成的次中心。

三带：即“洱海西岸文化风景旅游带”、“洱海东岸生态休闲带”以及“漾濞江东岸生态产业带”。

（2）方案评析

优点：本方案从做大中心城区的角度出发，构建由下关与凤仪共同组成的发展极核，其辐射力和带动力将更为强大；带状城镇布局形成有特色的串珠式空间形态，有利于生态廊道的契入，提升各城镇人居环境，增加对海内外老人、蜜月夫妇以及其他类型游客的吸引力。上关次中心的建设将在洱海北部形成新的增长点，带动和辐射大理市及都市圈北部的发展。

存在问题：可能造成凤仪区对下关区的过分依赖，人口、资金向中心的过分集中可能导致下关区聚集度过大而其他城镇发育不全，凤仪发展成综合功能组团也将受到限制，从而更拉大了城镇间的发展差距，难以在区域内进行有效的功能组织和分工合作。由于发展基础较差，上关次中心是否能够形成还取决于多方面的条件。

3. 推荐方案：适度集中，有序组团

（1）空间结构："一心两冀，两带两片，拥山抱海，珠链组团"

一心：即下关区

由大理市主城区、下关北新区、经济开发区组成的综合性功能组团，是全州、市的政治、经济、文化中心，滇西重要的交通枢纽，是大理市的核心区和城市人口的主要聚集区，主要发展居住、现代商贸、金融、保险、信息产业及中介服务业等。

两冀：即凤仪区和大理区

凤仪区——是下关中心区的东冀，由凤仪新城区和大型工业园区组成，是全市制造业、仓储基地，滇西地区重要交通枢纽和物资集散地；以仓储区、工业园区为载体发展现代物流业和新型工业，形成现代产业带和生产要素的重要聚集区，成为未来城市人口的重要聚集区。

大理区——是下关中心区的西冀，包括大理古城和原七里桥镇，依托大理古城和旅游度假区，发展成为以历史文化为主的重要旅游观光、文化休闲节点；依托大理大学建设职业教育基地，并适当配套发展别墅区；凭借七里桥镇位于下关区和大理古城之间的特殊位置，发展和布局低密度高、中档别墅区，建设花卉园林基地。

两带：即"洱海西岸文化风景旅游带"与"洱海东岸生态休闲带"

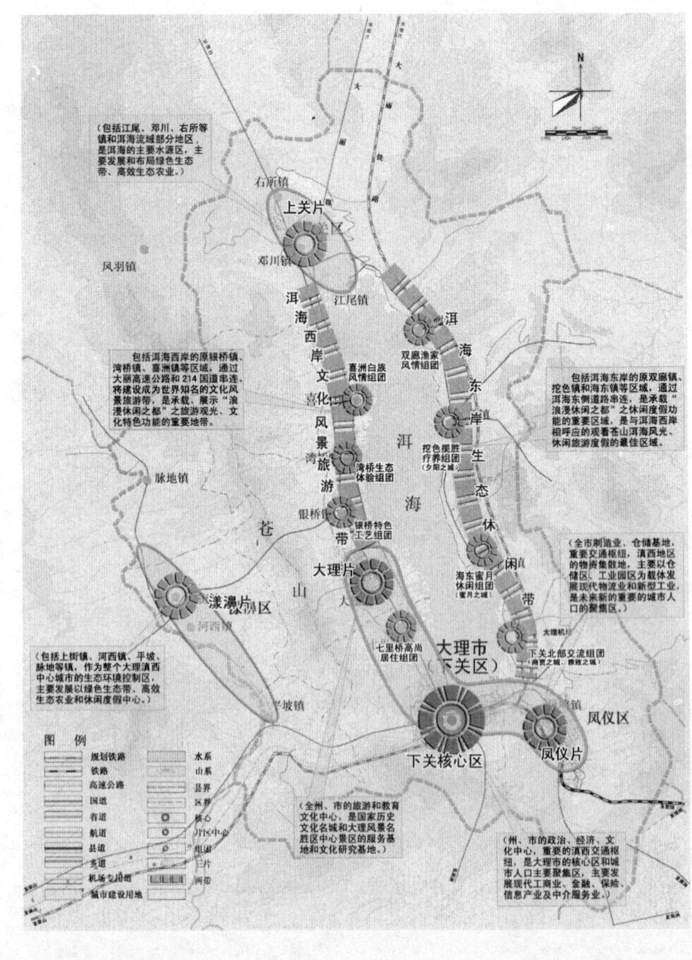

图 10－8　推荐方案：一心两冀，两带两片，拥山抱海，珠链组团

洱海西岸文化风景旅游

带——包括洱海西岸的原银桥镇、湾桥镇、喜洲镇等区域，通过大丽高速公路和214国道串连。将建设成为世界知名的文化风景旅游带，是承载、展示“浪漫休闲之都”之旅游观光、文化特韵功能的重要地带，各特色组团与生态绿地穿插构成串珠式城市空间形态。

具体地：

银桥特色工艺组团：以各种特色手工艺品生产加工为主，同时发展绿色食品加工、高尔夫球场以及与之配套的高档别墅区、特色高效生态农业。

湾桥生态体验组团：主要发展特色高效生态农业、绿色食品加工以及一定的中高档别墅区，形成以田园观光、农家体验为特色的绿色生态组团；组团北面开辟一定规模的“科普体验园”，为青少年提供参与式的农业科普教育基地。

喜洲白族风情组团：包括喜洲、周城和蝴蝶泉组团，是以白族民俗、民风、民居为代表的民族文化的主要展示区，主要发展旅游产业和特色高效生态农业。

洱海东岸生态休闲带——包括洱海东岸的原双廊镇、挖色镇和海东镇等区域，通过洱海东侧道路串连，是承载“浪漫休闲之都”之休闲度假功能的重要区域，是与洱海西岸相呼应的观看苍山洱海风光的最佳地段。规划沿洱海东岸形成串珠状的“夕阳之城”、“蜜月之城”、“商贾之城”和“雅致之城”，打造个性鲜明的最佳休闲旅游度假区域。

具体地：

双廊渔家风情组团：包括双廊、金梭岛、玉矶岛、天生营、江尾等，田园风光与海波山色相映成趣，将形成以自然岛屿风光、渔家风情为主要内容的游览与体验式休闲组团。

挖色揽胜疗养组团：该地是洱海东岸观赏苍山洱海风光的主要视点之一，沿海滨开辟开敞式观景茶室、农家风情园等，增加各项疗养、保健设施以及休憩绿地等，打造以老年人颐养天年、休闲康体为主的“夕阳之城”，并可相应发展具有大理特色的中草药市场，形成以“静谧”为主题的揽胜、疗养组团。

海东蜜月休闲组团：沿海滨开辟具有本土特色的旅游度假村、垂钓中心、海滨浴场、游乐园等服务设施，并在海东以南建设以婚庆仪式、拍照摄影、情侣欢度蜜月为主要内容的情侣园，相应配置教堂、情调餐厅、花卉园、宾馆、购物街等与蜜月产业相关的设施，依托山、海生态基质形成生机勃勃、充满温馨与浪漫情调的“蜜月之城”，打造洱海东岸休闲带最重要的综合服务基地。

下关北部交流组团：指下关区越过其北面生态隔离区新开辟的两片城市用地，均规划为相对独立的旅游度假片区。其中，靠近下关的片区将打造成高档的商人娱乐休闲的“商贾之城”，以商务谈判、商品会展以及世界各地商人的交往、娱乐、休闲为主要内容，相应建设高水准的商务宾馆、会展中心以及其他高品位的休闲设施；离下关较远的片区则打造成文人修身养性、激发创作灵感的“雅致之城”，建设民族博物馆、图书馆、文化茶楼等相关设施。

两片：即“上关片”和“漾濞片”

上关片——包括江尾、邓川、右所等城镇和洱海流域部分区域，是洱海的主要水源区，对洱海环境有着直接影响，主要发展和布局绿色生态带、高效生态农业；依托“上关花"建设规模较大的花卉基地；结合湿地、水湾、地热、西湖等景点、资源布置休闲娱乐设施，建设适当规模的温泉度假村。

漾濞片——包括上街、河西、平坡、脉地等镇，基于苍山洱海的整体保护考虑，作为整个大理滇西中心城市的生态环境控制区，主要发展以生态保护为主的绿色生态带、高效生态农业和休闲度假中心。

拥山抱海、珠链组团：规划的"一心两翼，两带两片"城镇建设用地簇拥绵绵苍山，环抱淼淼洱海，苍山洱海成为城市空间的轴心、纽带和生态廊道，是大理最具识别性和最富魅力的标志。环洱海天然形成了一条绿色生态项链，各城镇组团就如同项链上的颗颗翡翠明珠，构成极具特色的串珠式空间形态。苍山洱海与各特色组团共同组成苍洱特色经济圈、滇西中心城市核心圈和世界知名的会展、体育运动、度假、影视拍摄制作四大基地。

（2）方案评析

优点：本方案按照"保护开发海西、重点发展海东、加快建设海南、策划推出海北"的思路，以洱海为核心，以苍山为生态屏障，在规划范围内统筹安排城市建设、风景区建设、历史文化名城保护和田园风光控制等内容，有利于下关综合服务功能的发展和凤仪以工业为主的多功能组团的形成，有利于促进各城镇的发展活力和优势互补，形成等级有序、布局科学、分工合理、特色鲜明的城市格局和风貌。

存在问题："洱海西岸文化风景旅游带"与"洱海东岸生态休闲带"的开发建设势必影响苍山、洱海的原始生态环境，应以生态保护为原则进行适度开发；作为最重要的一个片区，凤仪片的前期开发需投入较大资金，且必须设定严格的产业准入门槛；大理区如若开发不当，将对历史文化名城的保护造成负面影响。

4. 各分区规模预测

各分区规模预测　　表 10－6

片区	近期人口（万人）	近期建成区面积（km^2）	远期人口（万人）	远期建成区面积（km^2）
下关中心区	24	29	38	40
凤仪片	9	10	20	40（含开发区 20km^2）
大理片	2.5	2.5	4	4
洱西文化风景旅游带	3.5	4.5	9	12
洱东生态休闲带	2	4	5	10
上关片	2	2	4	4
漾濞片	2	2	5	5

四、综合交通网络构架

（一）交通发展目标择定

坚持"以人为本"、"可持续发展"的规划理念，构建以公共交通系统为主导、私家小汽车与自行车为辅助、出租车为补充的多元化、人性化、生态型综合客运交通结构模式；发展和完善道路交通基础设施，形成由快速路、主干道、次干道和支路组成的层次分明、功能明确的城市道路网络系统；建设外向型、超前性的综合交通运输体系，以铁路为骨干、公路为基础，水运为补充，空港为门户，构筑现代化综合运输网络。

（二）综合交通发展规划

1. 对外交通网络

（1）铁路

将大理市域乃至州域的铁路网纳入全省铁路网统一规划，根据云南省城镇体系规划之综合交通规划和大理市客货运量的需求，主要要加强与昆明、丽江的联系，同时与国家铁路网相衔接，建设出境（至缅甸）的便捷联系干线。

现有的广通铁路为了适应旅游业发展和自身效益提高的需要，计划将运行速度提高到70km/h，以增强对客流的吸引力。境内段长109km，祥云县城设客货运站，凤仪设编组站、货运站和客运站（大理东站），下关（开发区）客货运站远景外迁。

规划出境铁路——泛亚铁路西线：东起广大铁路大理站，向西经漾濞、永平，然后至保山市，最终到达德宏州的瑞丽，境内长约120km，分别设下关客货运站、曲硐客货运站。

规划大理—丽江铁路，主要承担昆明—大理—丽江—中甸的旅客运输，根据有关部门所作的区域交通网客货运量及流向预测，大丽铁路规划期内旅客运输量将达500万人次/年，货运量将达550万吨/年。目前，大丽铁路已经立项，具体选线也已确定，南接广大铁路大理站，向北沿洱海东侧，经洱源、鹤庆至丽江站，境内段正线长度约133km，分别设下关客货运站、双廊客货运站、鹤庆客货运站。

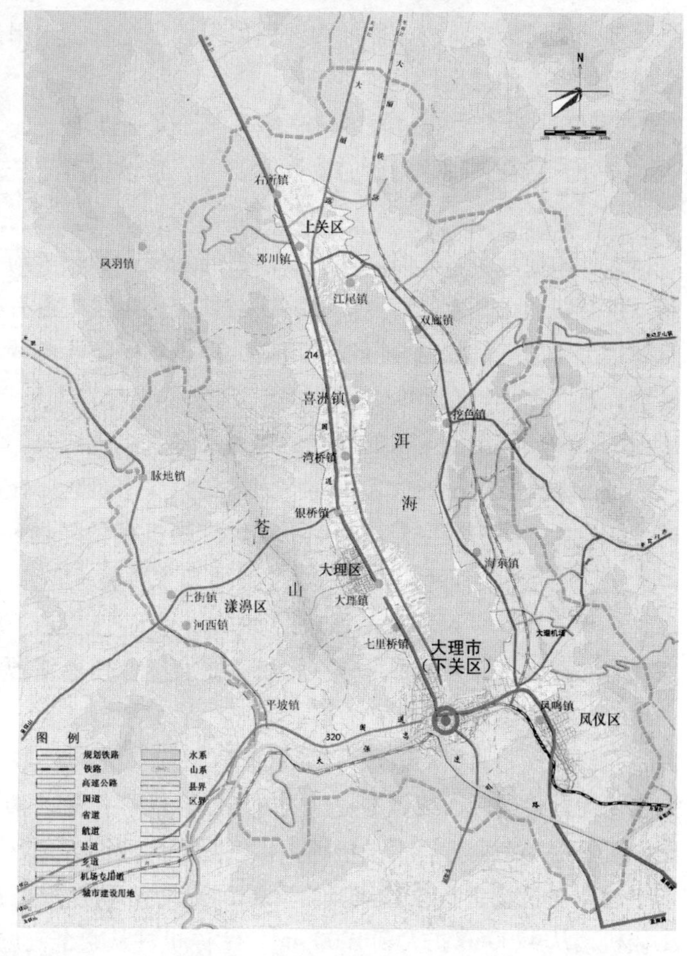

图10-9 大理市域交通规划布局

大理作为滇西交通枢纽，其铁路将不仅仅承担旅客运输，还应承担大运量的货物运输。因此，建议尽快建设准高速铁路来承担客运，而将目前的铁路作为货运的主要干线；或者保留目前的客运线路，增修货运复线，以进一步提高物资集散能力，巩固交通枢纽的地位。

（2）公路

根据大理市国民经济总体部署和城镇空间布局以及建设50km^{2}都市圈的需要，并结合对现状市区交通流量的分析，规划构建市域“两横两纵一环两联”的高等级公路主骨架，以连接市域、州域主要城镇：

“两横”为楚大—大保高速公路、320国道。它们走向相同、路线相近，在境内段每隔50～80km规划若干转换连接路，使车辆能够在两者之间自由转换。

“两纵”为214国道、丽江—大理市区—南涧县城（大丽路接大南路）。

“一环”为环洱海道路（西侧为大丽路市区段）。从沧浪路口起，在洱海1974.20m（海防高程）的防洪水位线外侧，加上一定的缓冲空间，即洱海湖滨生态控制区外侧修建一条环海路，在阳波村附近接大丽公路。由于位置特殊，环洱海路拥有洱海和周边山峦的极佳景观条件，规划设计为景观路，成为大理市域的“绿色交通”线，两侧设计30～50m绿化带。同时，在洱海东面的内环路以东预留轻轨线路用地，为今后洱海周边客运、旅游交通运输需求的提高做准备。

“两联”为大理（银桥镇）—漾濞、云龙—漾濞。

此外，结合大理休闲旅游发展的要求，建设环洱海景观道路以及非机动车道。

（3）航空

大理山地众多，公路、铁路、水路的发展受到较多约束，航空运输则不受地形条件限制，具有快速、高效的特点，必将在对外交通运输中占有越来越大的比重。从大理机场通航以来历年的统计数据，可以看出，大理机场航空业务量增长迅猛，通航以来年旅客吞吐量增长速度年平均在50%左右，远远超过了原有“九五”期间15%的增长率。而大理市作为滇西中心城市，未来的航空运输需求将大幅度增长，因而机场的等级亟待提高。

目前云南省已批准大理机场成为第二大口岸机场，在规划期内将大理机场建设成为省内干线机场、国内航空公司基地机场、昆明机场备降场和口岸机场，年旅客吞吐量达102万人次，货运量达7566万吨，增开到国内主要特大城市、枢纽城市（如北京、上海、南京、广州、深圳等）和旅游城市（如杭州、大连、厦门等）的航线，加快大理与国内主要城市的对接，并开通国际航线，特别是直抵东南亚诸国的航线，以提高海内外游客飞抵大理的便捷程度。

在规划期内将机场改造成4d级，以适应更大的机型，延长跑道满足大型客机的起降要求，为开设国际航线做准备。同时，结合大理作为“浪漫休闲之都”的定位，远景规划建设可升降小型商务客机的机场，供国际、国内游客到达。

近期对机场进行改扩建，为开通国际航班和建成口岸机场作准备，主要内容包括：①候机楼从4200m^{2}扩大到10000m^2；②停机坪从4个机位扩建至8个机位；③配套保障飞行安全所必需的气象航管、跑道边灯、联络道、登机桥等辅助设施；④增加供油设施。

（4）水运

规划沿澜沧江支流从南涧至漾濞的漾濞江建设5级航道。

洱海水运发展将进行一定的控制。客运量必须降低，货运必须禁止，客运主要为渡口和为旅游服务的码头，并采取有力措施缓解旅游客运对洱海的污染，禁止柴油类船舶的运行，推广以清洁能源为动力或无动力的运输船舶，以减少因污染性能源使用所带来的大气污染和水质污染，保证洱海水域生态环境不再恶化。

2. 内部道路交通

（1）交通理念借鉴

高速便捷化交通理念；

以人为本的交通理念；

绿色环保型交通理念；

现代综合型交通理念。

（2）公共交通社区

交通条件对于城市开发具有较强的引导作用，交通引导下的城市开发一般采用公共交通社区的模式。城市新区的开发可选择交通导向的土地开发模式（TOD），在市区的外围地区和郊区围绕交通站点开发建设居住区和商业区；旧城区在加强保护传统历史街区的前提下，逐步按照交通原则进行规划再造，形成综合化的公交社区。公交社区可以围绕公交大站布置，在已经开发建设的城市小区与重要功能区设置公交站点，延伸公交线路，以完善该区块的功能，提升其价值。

（3）快速交通系统

从大理的实际情况来看，规划期内人口规模以及旅游人数所将产生的客运交通需求量在2020年前还不需要建设轻轨来承担，否则营运成本太高，政府难以承受。解决此部分交通量，比较可行的是在南部人口密集区建设横贯东西的快速公共交通系统，作为全市客运交通的主骨干，并使之与东西横向的高速公路辅道、320国道和南北纵向的214国道、大丽路、环洱海大道相对接、串联，形成环形道路体系。在各个分区的节点上布置站点，以满足城镇居民通勤出行和旅游交通的需求。

（4）城区道路交通

结合城市结构特点，道路网主骨架采用"棋盘状"结构，建立由快速路和主干道构成的道路网主骨架，次干道和支路为辅，共同承担城市各组团间以及对外的交通联系。下关、大理古城的中心地段部分规划为步行街。

下关城区

下关城区的干道系统主要由"三横五纵"构成："三横"分别为滇源路（建设路）、苍山路和息龙路（双鸳路），它们起到联系下关新老城区和便于自东西向进入下关的作用；"五纵"分别为西屏路、苍浪路、兴盛路、榆华路（泰安路）和人民路（人民北路），它们起到联系西洱河两岸南北向交通、开发区南北向交通的作用。三横、五纵交织成网，共同担负着下关新旧城区、西洱河两岸之间人流、物流的沟通作用，是各方向进入下关的主要通道。

对于下关与大理、凤仪的交通联系，需在原有道路的基础上进行拓宽并提升道路等级，即下关至大理的公路宽度为50m，下关至凤仪的公路宽度为60m。另外，考虑到大理至凤仪城区方向和自西、南部至大理、凤仪方向的短途过境车辆均在下关汇集，必须在城区外围设快速通道进行有效疏导，以缓解过境交通对城区内部造成的压力，保障车辆快速、便捷通过下关，建议结合现状南环路的改造规划一条环城路。环城路始自320国道，自城区南部山麓穿过，通过隧道向西接现环城南路，跨西洱河后在苍山脚下规划为西环路，并向北接至214国道。该环城路（实为半环）连接着320国道、214国道、楚大高速公路、大丽公路、关巍公路等所有对外联络通道，建成后将有效缓解下关城区内部的交通压力，意义非常重大。

其他主、次干道基本平行于“三纵三横”主干道，呈棋盘状布局，起到联系城内各生产、生活片区的作用。云岭大道和自洱海至苍山的大道规划为50m宽的景观大道。

城市支路为各街坊内出行至城市主、次干道的辅助性道路，是划分城市建设用地的最低级别道路。

下关城区规划两条主要步行街：龙尾城地带的中丞街保持现状街道空间尺度和风貌，规划为步行游览街道，取消机动车通行；紫云市场规划为步行购物街。

大理城区

大理城区是下关城区北面的交通要塞，东、西两侧分别有214国道和大丽公路通过，交通繁忙；而古城及周围地带又是历史文化名城保护的核心地带，214国道两侧、苍山脚下是旅游度假区。因此，处理好过境交通与古城内交通的关系、理顺古城道路交通系统、解决好古城与旅游度假区的交通联系等问题便成为该城区道路交通规划的首要问题。

规划大理古城内部交通自成系统，博爱路、玉洱路和叶榆路为主要交通性道路，规划红线宽12～16m；保留传统巷道作为居民出行的通道，仅供行人、自行车和少量内部车辆通行使用。结合旅游需要，将护国路、复兴路和人民路西段规划为步行街，街道尺度和设施保障满足步行游览、购物的需要。

古城南门外居住区自成系统，由16～24m宽支路和次干道形成棋盘状道路骨架，并与古城内道路相衔接。

214国道古城段向西移50～100m，使线型更流畅，同时也保护古城城墙。该段按次干道级别设计，红线宽24m。

旅游度假区山麓片区沿214国道一侧发展，为避免与大理古城连片发展，其内部道路也自成系统。规划由一条主路贯穿度假区南北，在南、北二端与214国道连接，中间地带仅保留“三月街”与古城道路相接，方便来往穿梭于古城和旅游度假区之间的游客。其他道路开口均不能穿越214国道，且开口总数不能超过5处。

凤仪城区

目前，320国道是凤仪城区赖以出行的最主要公路，随着楚大高速公路的建成，该段公路过境交通功能减弱，且被铁路站场和建成区包围在城市中心，应作为城市干道进行改造。

根据凤仪的城市形态和南北向交通距离长的特点，规划干道系统以南北向为主，平行于320国道规划“三纵”，垂直于320国道规划“四横”，共同构成棋盘状道路骨架，其中三条纵向干道向北延伸，均通至下关城区。

南部仓储区道路网充分结合现状镇区道路网进行布局，形成密度合理的次干道和支路网；现状镇区道路网经改造后，形成级配合理的道路系统。

波罗江大道为双幅路面、中心夹河的交通、景观大道。

五、地域文化与城市特色研究

（一）地域文化与人文精神

1. 根脉与情结

文化是一个城市的资源，未能充分利用这个资源来彰显特色的城市是没有希望的；文化是一个城市的支撑，没有文化的支撑，尤其是先进文化的支撑，城市的发展就缺少了精神动力。“城市以文化论输赢”，城市越发展就越需要文化与精神的支撑，这一论断将在未来城市发展的轨迹中不断得以证实和强化。

反观大理，被誉为“文化王国”、“文献名邦”、“亚洲文化十字路口上的古都”，拥有丰富、多元、独特的地域文化：生态文化、历史文化、民族文化、外来文化和宗教文化相互交融、相互渗透，具有多元性、开放性、包容性、差异性、稀缺性、独创性等特点。从其多元文化的发展和演变历程来看，大理的文化是外来文化与本土民族文化交流互动的结晶，是既注重交流又注重创新的文化，本土文化融合中原文化、东南亚文化和西方文化而具有多元性和包容性；同时本土文化吸收外来文化而保持自身特色并有所创新，具有开放性和独特性。

多元的文化类型和优秀的文化传统蕴育了大理人独特的以“苍洱情结”为核心的宝贵人文精神与性格特征：宽宏重德的德化精神、兼容并蓄的包容精神、重教兴文的进取精神、共生共荣的和谐意识、求同存异的整合意识、海纳百川的开放意识。

2. 撞击与反思

在现代文明的冲击之下，传统文化特质、文化心态面临新的发展环境与时代要求的挑战，或不相适应，或面临锁定，抑或成为阻碍 ：

（1）知足常乐

大理传统的地域文化在开放、包容、整合的过程中实现丰富与创新，大理人很早就传承了开放、包容的心态，练就了整合、创新的能力，然而如今，大理偏安西南一隅，开放程度大大滞后于国内诸多城市，在知足常乐、小富则安心理的驱动下有“自我封闭”之嫌。

（2）精雕细琢

对服饰、对民居、对手工艺品的精雕细琢、精益求精充分展示了大理人的精细、精致和精巧，孕育了大理人做事周到、缜密、完美的习惯，但也往往重于关注局部、细部而疏于把握整体、全局，缺少一份总揽大局的宏观思维，缺少一种放眼世界的开阔视野。

（3）情系大理

深厚的文化底蕴和独特的人文精神赋予大理人强烈的优越感和归宿感，“自恋”和“乡恋”情结明显，大都安于固守家乡、乐于修心养性而不愿意外出闯荡创业，缺乏一种开拓的胆识、拼搏的勇气和冒险的精神。

（4）乐水乐静

秀美恬静的人居环境、轻松舒缓的生活节奏养就了大理人温情平和、悠闲慵懒的生活态度，惯于怡然自得，乐于享受平淡，可谓别有一番闲情逸致，但缺少一份生活的激情，一份创业的斗志，一份居安思危、未雨绸缪的忧患意识。

纵观大理传统地域文化的特点，可以一言以蔽之：灵秀大理城、闲逸大理人、开放大理魂。

3. 扬弃与创新

（1）扬弃

对大理传统文化的某些劣根以及不适应时代发展的某些方面，应该坚决予以摒弃、改造，如小富则安、知足守旧、封闭狭隘、慵懒懈怠等文化心态；而对其优良的文化精髓，则应加以集中体现和充分传扬：

① 生态共生的和谐理念。传承大理人钟爱和谐的温和性格特征，促进经济、社会、环境的协调发展及人与自然的和谐共生。

② 开放包容的文化心态。传承开放、包容的优良传统，广纳外来文化优秀元素，进行整合与融合，求同存异，促进地域文化的多元化、多样化。

③ 情系大理的苍洱情结。强化大理人的文化认同感和地域归宿感，增强文化的凝聚力与感召力，使大理人团结一致，共同为滇西中心城市的新一轮发展贡献热情与智慧。

④ 精致奇巧的唯美追求。在城市规划、设计、生产、建设、经营、管理中发挥大理人精致、精巧的优势；对大理人精益求精的唯美追求、严谨细密的思维习惯善加引导，以取得局部突破与创新。

⑤ 诗情画意的生活情趣。充分发挥大理人的浪漫情怀、诗情画意，营造浓郁的休闲情调和生活情趣，打造浪漫休闲之都。引导人们自觉提升追求层次和思想道德情操，使大理进一步对内增强凝聚力，对外增强吸引力。

（2）融合

融合中国传统地方文化精神，如京文化的大气、鲁文化的刚烈、陇文化的粗犷、蜀文化的热辣、粤文化的婉约等；加强与东南亚文化、西方文化的互动，努力成为东西方文化的交流基地。

（3）创新

塑造新的人文精神：“海纳百川、兼容并蓄”的开放包容精神、“精益求精、高瞻远瞩”的文化性格禀赋、“居安思危、未雨绸缪”的忧患危机意识、“奋进拼搏、竞争创新”的开拓进取心态。

4. 策略与路径

（1）树“文化论输赢”意识，博采众长促文化融合

高度重视地域文化对民众心理、社会风气、行为方式的内在深层影响，真正强化先进文化对城市发展的支撑作用；加强文化交流，广泛吸收省内外、国内外一切先进文化观念、制度和形式，如举办金庸学术研讨会、接待外访文化代表团、组织地方文化代表团（如民间乐队、剧团、歌舞团等）外访等。

（2）建设骨干文化设施，营造浓郁的文化氛围

五年内逐步建成一批重大文化设施，如歌剧院、博物馆、图书馆、音乐厅、国际文化艺术交流中心、会展中心、体育中心、青少年活动中心等，并依托这些设施形成集中展示大理历史文化精华的文化艺术走廊，组织国内外一流的文化交流活动，营造浓厚的文化氛围。

（3）保护历史文化资源，张扬城市的地方特色

切实保护好文物古迹、历史遗存、街巷格局和河湖水系；挖掘历史文化传统的内涵，积极做好世界文化遗产申报工作，科学规划布局、组合历史文化资源，创造符合城市文脉的建筑形象和空间景观，弘扬地方特色。

（4）强化影视文化产业，展示古城的千年底蕴

拍摄反映大理自然风光、历史积淀、文化底蕴和民族风情的宣传片，依托天龙八部影视城建设影视拍摄制作基地，吸引古装剧来大理拍摄外景，通过影视这个窗口展示千年古城的风貌与魅力。

（5）组织民族文化节庆活动，提高城市知名度

借鉴昆明通过园艺博览会打响城市品牌的成功经验，组织影响全国乃至世界的独具魅力的民族文化节庆活动，如举办滇西文化艺术节、三月街民族节、大型洞经音乐晚会等，提升大理作为“滇西中心城市”的影响力和作为“浪漫休闲之都”的知名度与美誉度。

（二）城市特色与城市形象

在全球化浪潮的袭击下，众多城市纷纷被“同化”，丧失个性与特色，沦为“千城一面”，“特色危机”成为当前众多城市最大的心头之痛。在“城市以特色见高低”的新竞争法则面前，诸多城市不约而同的掀起“特色革命”，千方百计重塑特色形象。反观大理，虽然民族性的特色资源要素很丰富，为重塑城市特色提供了不可多得的素材，但不少要素仍处于潜在状态，没有得到充分的开发、整合、利用，城市特色不够鲜明，缺乏整体性、系统性；而且近几年由于旅游开发的急功近利，许多特色要素被破坏，特色的塑造不受重视，导致大理在人们心中的特色形象趋于平淡和模糊。对此，大理必须直面城市风貌的“走调”，痛定思痛，重新寻回失去的风貌，这不仅是打造“浪漫休闲之都”的内在要求，更是提升知名度和美誉度、赢取竞争优势的必然诉求，因为只有民族的，才是世界的，只有个性的，才是永恒的。

1. 城市采风：特色要素遴选

细数大理的特色资源要素，可谓是信手拈来，既有秀美迷人的自然风光，又有丰富多彩的地域文化，还有独具魅力的民族风情。

（1）天然山水装扮

苍山、洱海自然景观优美，风景名胜荟萃。苍山八景——晓色画屏、苍山春雪、云横玉带、凤眼生辉、碧水叠潭、玉局浮云、溪瀑丸石、金霞夕照，久负盛名；洱海八景——山海大观、金梭烟云、海镜开天、岚霭普陀、沧波渔舟、海阁风涛、海水秋色、洱海映月，闻名遐迩；海上三岛、沿岸四洲、水中九曲美不胜收，是休闲度假的绝佳之所；花甸坝子、洗马潭、古代冰川遗迹、蝴蝶泉、凤眼洞、龙眼洞、将军洞、洱海公园、喜洲海心亭、天镜阁、水月阁、珠海阁等景致傍山拥海错落分布；苍洱之间还有许多变幻无穷的云景奇观——苍山佛光、望夫云、玉带云、火把云等，令人遐想陶醉。

“下关风、上关花、苍山雪、洱海月”，大理的自然风光如画，加之“冬无严寒、夏无酷暑、寒暑适中、四季如春”的气候，令人流连忘返。

（2）地域文化浸润

大理文物古迹众多，如南诏崇圣寺三塔、太和城遗址、羊苴咩城遗址，大理国弘圣寺塔，大唐天宝战士冢、元圣源寺观音阁、元世祖平云南碑、明感通寺，清杜文秀墓、西云书院、凤仪文庙等，丰富的历史文化遗产是大理丰厚历史文化的见证。

白族民居雕梁画栋，粉墙画壁，“三坊一照壁”、“四合五天井”、“六合同春”、“走马转角楼”，布局、组合形式多样，别具特色。白族服饰色彩斑斓，领褂、裤角、围裙、挎包镶嵌精致花边，匠心独运，别具风情。独特的建筑、服饰标榜着大理独特的民族文化特色。

博南古道、蜀身毒道古朴清幽，向人们诉说着昔日大理的繁华，见证着大理与外界的商贸往来与文化交流。沿着蜿蜒的青石板路缓缓独行，间或仍然可以看到驼运货物的马队，夹杂清脆的驼铃声，仿佛时空轮回，昨日重现，别有一番情趣。

大量气势雄伟的佛寺、佛塔向人们显示了大理曾经作为“妙香佛国”的鼎盛，本主庙宇宏伟，本主像雕塑精湛，造型美观，向人们彰显了本主崇拜的独特古韵，大理多元多样的宗教文化由此可见一斑，为大理平添了几分神秘色彩与魅力。

历史文化、民族文化、外来文化、宗教文化在大理的融合共生，打造了大理独特的地域文化内质，塑造了大理一道靓丽的人文风景线。

（3）民族风情粉饰

白族的民风民俗多姿多彩，别具情趣：婚礼隆重考究，分“踩棚”、“正喜”、“散客”三个阶段，有“路考”、“哭嫁”、“掐新娘”、“板凳戏”、“吃鱼宴”、“祭本主”等程序、内容，热闹非凡。三道茶之头道苦茶，先苦后甘，止渴生津，消除疲劳；二道甜茶，提神补气，使人神清气爽；三道回味茶，饮之满口清香，回味无穷，象征“头苦、二甜、三回味”的人生哲理。三月街民族节，商贾云集，游客纷至，各民族服饰争奇斗艳，各地歌舞好戏连台，人潮如流，盛况空前。蝴蝶会，男女对歌，歌声传情，情意绵绵。绕三灵——

“神都”圣源寺、“仙都”河矣村金奎寺、“佛都”崇圣寺，祈求风调雨顺、天地安宁、人寿年丰，男女老少边走边唱边舞，欢歌笑语升腾。火把节，火把齐明，红光满天，响声震耳，蔚为壮观。

大理的民族工艺品巧夺天工，令人叹为观止。久负盛名的大理石或玉润明洁，或苍翠晶莹，或含云纳雾，或陷峰藏泉，将大千世界万般风情凝结于石中幻为永恒。扎花精致细腻、变幻无穷，浸染凝重素雅，古朴雅致，制成的衣裙、床单、窗帘，穿在身上，挂在室内，别有一番古朴、典雅的风味。钗环、手镯、戒指等金银首饰，品种繁多，工艺精细，小巧玲珑，备受青睐。草编种类繁多，花色各异，有草帘、草垫、草篮、草扇、草席、草制玩具等数百种花色样式，蝴蝶、茶花、三塔、洱海、苍山、禽兽等装饰图案别致美观。

大理的名优特产不胜枚举，令人心驰神往。雕梅清香脆甜，酸中带甜，沁人肺腑，生津解渴，开胃提神；漾濞核桃果大、壳薄、仁厚、味香，蘸以蜂蜜则润肺化痰、香甜可口；乳扇形如斜扇，不仅独具风味，而且营养丰富，具有调和气血、安神养心、健胃补虚等功用；滇中三宝之一的沱茶，形如碗状，造型优美，色泽乌润显毫，香气清纯馥郁，汤色橙黄清亮，滋味醇爽回甘；弓鱼其色如银，无鳞少骨，肉质细嫩，食味鲜美；砂锅鱼集白族鱼味之精华，配以豆腐等食物，色、香、味、形齐备，营养丰富，乃“十全大补饮食”；大理啤酒口感好，酒液清洁细腻，泡沫挂杯持久。此外，还有高河菜、洱海海菜、刺菱角、冷冻白豆腐鱼、腌螺蛳、活水煮活鱼、白族酸辣鱼、炒螺黄、树头菜炒火腿、火烧猪肉、喜洲粑粑等各色风味小吃，让人垂涎三尺。

2. 个性彰显：特色形象塑造

（1）理念识别

一个城市的特色是其外在“形”与内在“神”的有机契合，形神兼备的城市才是真正有特色、有个性、有魅力的城市。上述“秀美迷人的自然风光、独具魅力的人文景观、多姿多彩的民族风情”仅是大理外在的“形”，要真正塑造富有内涵的特色形象，还需将丰厚的地域文化精髓、独特的人文精神内核根植、内化于实物载体上，做到“形”“神”兼备。

多情的山水孕育了大理人浓厚的苍洱情愫、多情的性格特质，蝴蝶泉美丽的爱情传说表达了大理人对美妙爱情的憧憬与追求，乐水乐静、怡情自得反映了大理人对生活品质与浪漫情调的关注与重视，可见大理人素来拥有浪漫的情调与情怀；多元文化的碰撞交融、和谐共生熔铸了大理人开放包容的文化心态与性格特征；与此个性禀赋相适应，城市风格应以营造情调、追求情趣为要旨，基调应追求开放、包容的气度与韵势，张扬生机与活力，从而谋求“传统大理”与“现代大理”、“多情大理”与“多元大理”的最佳对接点，塑造既充满现代气息又不乏浪漫风情的千年古城特色形象。

鉴于此，张扬情趣、彰显开放应是大理特色塑造的主旋律，“以山水为基质、以文化为底蕴、以情趣为主题、以现代为基调、以和谐为归宿”应当成为大理特色的精髓与灵魂。总体而言：情——情趣情调，城市风格重在营造情调、追求情趣、彰显精致、体现浪漫，打造“情”都。

总体而言：

情——情趣情调，城市风格重在营造情调、追求情趣、彰显精致、体现浪漫，打造“情”都，成为情侣度蜜月、结婚纪念的首选之地和休闲度假的快乐天堂。

秀——景观秀美，充分利用城市特有的自然要素进行景观设计，融城市于山水之中。

文——传承文化，城市设计及建筑设计具有文化内涵，品位高雅，卓而不群。

灵——尺度轻灵，城市建设尺度宜人，空间设计既精致巧妙又富现代感，体现人文关怀。

柔——线条柔和，体现和谐，避免太过突兀生硬的设计，以柔和的线条凸现秀美景观。

（2）行为识别

继续传承“开放包容、注重情调、情趣盎然”等个性禀赋，并将其内化在日常生活、行为处事、言谈举止之中，探索“情趣、浪漫”更为多样的实体表现形式，以在城市中营造浓郁的氛围和气息，张扬大理的开放现代和情调品味。同时，大理人特别是年轻人还应培养开放型行为，如顺应开放度提高和旅游业发展之势，积极学习外语、计算机等，打造“学习型”城市，自觉提升个人文化素质与内涵，陶冶情操与品味，以开放、包容的心态汲取外来文化养分，创新地域文化，丰富文化积淀，塑造人文精神，提高文明程度，使“开放、现代、情趣、浪漫”之特色形象更具魅力和神韵。

（3）体验识别

借助旅游开发的契机，将文物古迹、商贸古道、白族婚俗、三道茶、三月街、蝴蝶会、绕三灵、火把节、本主节等地域文化、民族风情载体很好地组织到旅游内容与线路中，为游客提供体验的平台，让游客身临其境，亲身参与，感悟其中所蕴含的文化内质、风情神韵、信仰追求与精神哲理。只有这样，游客才能真正解读、领悟到大理的特色所在，大理的“开放”、“包容”、“情趣”、“浪漫”才能植入游客心灵深处，获得认可与共鸣。

（4）视觉识别

大理“开放、情趣、浪漫”之特色形象的视觉识别可从以下几方面予以实现：

- **浪漫的景观布局**

以“休闲”为主题、以“浪漫”为基调，对全市景观进行精心的梳理和精巧的布局，形成下关“风”、上关“花”、海西“雪”、海东“月”四个特色景观区块：

下关：以风为特色，营造弱柳迎风的浪漫气息；建设反映下关“风之城”特色的风车博物馆、风车乐园；结合滨水、山丘等地形建设别致的休闲岸线，开辟宜人的休闲空间。

上关：以花为特色，塑造山花烂漫的浪漫形象；依托“上关花”建设规模较大的花卉基地；结合湿地、水湾、地热、西湖等景点、资源布置休闲娱乐设施，建设适当规模的温泉度假村。

海西：以雪为特色，营造飘雪柔情的浪漫意境；开辟视觉通廊以将苍山的雪景引入各城区，结合十八溪营建独具特色的滨水景观；对白族民居进行景观改造，以雪花为要素设计街道广场小品。

海东：以月为特色，营建湖光月影的浪漫氛围；建设情侣园，布置用以举行婚礼的教堂、金玉楼等建筑设施；合理开发滨水岸线，并配合水上游乐休闲设施和度假村等休闲场所，塑造澄波泛月的特色景观。

- **宜人的城市尺度**

尺度设计强调人的核心角色及环境与人的比例协调，关注人的视觉效果与内心感受，考虑人的审美视角与情趣，空间景观既精致化、情调化又现代化、人性化，充满人文关怀和现代气息。

- **优美的城市天际线**

控制高层建筑，但在地标性位置也可结合山体背景适当建设地标性建筑，增强地标识别性；建筑群体的空间布局应注意体量的有机协调，高低错落有致，紧凑开敞有度，使天际线起伏涨落，优美迷人，富有节奏感和韵律感。

- **丰富的城市色彩**

苍山绿、洱海蓝、民居“白+灰”构成了大理城市的主色调，有“单调、冷硬”之嫌，应适当引入暖、柔色调，合理搭配硬柔、冷暖色彩，有机协调古朴庄重、轻快明朗的色调风格，创造多样的城市色彩和丰富的视觉感受，体现城市五彩斑斓的情调和多元交融的形象。

- **独特的历史街区**

对老城历史街区，应强调“保护、保留、整治”三者并举使历史街区浓郁的生活气息、人文情调得以延续，并焕发新的生机。

- **适宜的建筑与建筑群**

由于地质条件的限制，大理不宜建大尺度、大体量的高层建筑，而应以尺度和体量适中的低层、多层建筑为主，营造相对开阔、开敞的空间尺度。建筑风格追求传统与现代的有机融合，既体现多元性、时代性又张扬民族性、地方性。新区的建筑风格宜丰富多样、现代气派，建筑立面相对简洁明了，融合多种建筑设计理念，运用当代的科学技术和建筑材料，以彰显时代气息；而老城区、老街区则应尽量保持原有的建筑风格，延续地方文脉，以传统白族民居为主，建筑立面辅以垂直绿化，增添古朴清幽的情调，展示独特的少数民族建筑风情。

- **别致的广场与建筑小品**

合理布局广场和雕塑、岗亭、路牌、栏杆、灯柱、坐凳、候车亭、喷水池、广告牌、果皮箱等建筑小品，精心设计其体量、造型、色彩，有机协调其与周围环境的关系；增加尺度宜人的社区、街区广场，为居民提供充满人文关怀的休憩、交流空间，小品设计以抽象风格为主，避免过于具象，材料宜选用当地天然素材（如大理石等），尽量少用金属、玻璃等，注意体现艺术性、地域性和时代性，为城市画龙点睛，增添情调和浪漫色彩。

● 盎然的园林绿化

将自然山、水、石、花引入城市进行浓缩和艺术化再现，修建精巧别致、情趣盎然的园林，塑造“山水园林城市”的新形象。同时贯彻生态理念，加强建成区的街道绿化和居住区绿化，合理选择树种、花卉，紧密结合河湖水面、山林绿地建设森林公园、滨水景观休闲带，完善城市的绿化景观系统，使城市在一年四季浓浓的“绿”意中平添几分神韵。

● 多彩的第五立面

应该将花园引上屋顶，特别是平面屋顶，开辟屋顶花园，寻求多姿多彩的第五立面，丰富城市的色彩，打造“花园式城市”。

● 合宜的视觉通廊

空间布局时需要注意建筑群体的间隔，辅以绿色空间、开敞空间，留出视觉通廊，便于将独特的自然、人文景观引入城市，形成近景、中景、远景的景观层次感和对景、衬景的视觉丰富性，营造“山水在城中、城在山水间、山水城林、风景如画”的美景。

全市主要的视觉通廊有：相间于海西四个游览区之间的四个田园风光区、洱海北部罗时江、凤仪波罗江、下关西洱河、上街－银桥公路、挖色对外公路、环洱海大道、苍洱间十八溪天然水系中位置与大小都比较适宜的六条水系。

3. 形象名片：城市特色提炼

高原明珠——滇西中心城市：基于大理地处依山傍水的高原盆地，综合实力位居滇西首位，日渐成为辐射面广、带动力强、吸引力大的滇西增长极；

千年古城——白族文化首邑：基于大理是全国惟一的白族自治州，具有独特的白族文化、白族风情；

风花雪月——浪漫休闲之都：基于大理拥有“风、花、雪、月”核心四景，发展休闲产业的条件得天独厚，城市风格以情趣为主题、以浪漫为基调；

诗情画意——快乐人居天堂：基于大理厚重的历史积淀，深厚的文化底蕴，生态化、园林化、花园式的环境氛围，“寒暑适中、四季如春”的气候特点，大理人乐水乐静、闲情逸致的生活情调以及浓郁的生活气息、舒缓的生活节奏。

小　结

大理是一个富有浪漫气质的城市。在都市化转型过程中，从“高原明珠”到“滇西中心”的发展，并不是强调“此起彼伏”的演化，而是追求功能的拓展与发展，获得双赢的局面。即发展“滇西中心”的同时，“高原明珠”将更加灿烂。这是我们所期望与追求的目标。为此，现代都市功能的建设与完善，目的是为“高原明珠”服务的，也是进一步落实科学发展观，突出以人为本，坚持可持续发展的客观与必然要求。

可以预料，随着中国经济发展水平的日益提高，大理独特的山水景观资源与文化资源的稀缺性与独特性将日益受到珍视，而且，随着全球一体化进程的发展，大理在全球视野下的个性价值将日益突出。因此，大理的决策者既要有加快发展、跨越式超越的信心与决心，同时又要有精明的计划与策略，必要时甚至还要有耐得住寂寞的心态。尤其对沧洱之间的那片空间，千万不可以随意，否则将对不起世人，也对不起子孙。

第十一章

从“内陆盐城”到“滨海都市”

——沿海欠发达城市盐城跨越式发展转型研究

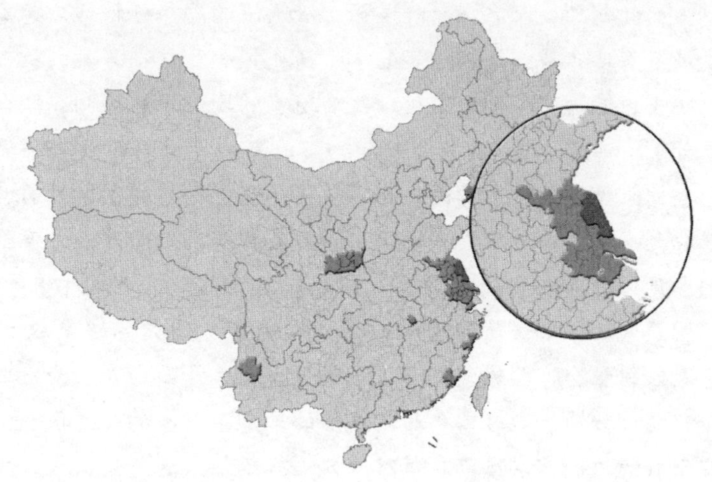

盐城，是江苏北部的一个城市。通常，没有人将盐城看作是一个大城市，也没有人将盐城看作是一个滨海城市，尽管盐城曾经是一个靠海谋生并繁荣的城市。如今，这个有着900多万人口的苏北地区，绝大部分人仍然分散在田野乡村。作为中心城市的盐城人口尚不足百万。当同为滨海的其他城市因海而富，鼓涨起腰包的时候，盐城人的心态开始发生了一种微妙的不平衡。这种不断集聚、不断升腾的心态变化，最终演化为一个美丽的梦想，建港口，做大都市，实现跨越式发展．然而，对于一个已经背海而居几代人的盐城来说，期望在这一代人手中重新实现滨海大都市的理想，其困难可想而知，不仅有来自发展基础方面的制约，而且在精神层面，深层次的思想桎梏远比想象中的沉重。本文是基于盐城发展滨海城市战略规划方案的一个研究报告，这个方案的核心是要求盐城向滨海港口靠拢，跳出现有盐城城区的框框，改变现有的城市发展方向，联合临近的大丰［盐城的市属县（市）］共同打造一个百万规模的滨海新城，从而形成一个面向大海的，具有港口依托的，空间上呈组合三角形的大都市地区，这个都市地区未来将集聚盐城地区800万人口中的三分之一，成为苏北乃至中国东部的大都市。然而这一方案最终未被采纳，专家与决策层的意见倾向于在滨海地区建几个集镇规模（10万人左右）的开发区，盐城仍然可在原城区圈层式扩张。谨慎的盐城人再一次将历史回归的决策权交给了未来。存在总是合理的，在农耕社会，盐城滨海而居、拥抱大海，是因为盐、渔可以养活这个城市。如今，在城市化的过程中，盐城需要的是更多的工厂，更多的开发区，混浑的黄海、不深的港口和日夜淤长的滩涂确实难以在短时间内给盐城带来这一切，这样一想，盐城人确实不必再有太多的滨海城市的梦想。

第一节　症结——“临海而不滨海”

盐城市地处我国东部沿海腹部、江苏省北部、长三角经济区北缘，东邻大海，并与连云港、淮安、扬州、泰州、南通等市毗邻。盐城市域面积16973km^2，下辖亭湖、盐都两区，大丰、东台两市，响水、滨海、射阳、阜宁、建湖五县。

经过近年来的快速发展，盐城区域经济取得了长足的发展。截至2005年底，盐城市域总人口近800万，地区生产总值突破1000亿元，同比增长14.3%，人均GDP达到12585元（合1572美元），城市化水平达到41.8%。

盐城，历史上以产淮盐著名。在唐之前盐城还只是海中之洲，到唐代成为我国主要出海口之一。唐大历年间筑捍海堰，开始围垦造地，发展农业。宋仁宗天圣元年（1023年），范仲淹再发运通、泰、楚、海4万民工兴修范公堤，拒万顷汹涛于大堤之外，护千顷良田于大堤之内。明洪武年间，大量苏州、松江移民来盐屯垦，人口大增，手工业发达。20 世纪初，实业家张謇在沿海废灶兴垦，移民 20 余万人，进一步推动了盐城滩涂的开发和纺织工业的发展。

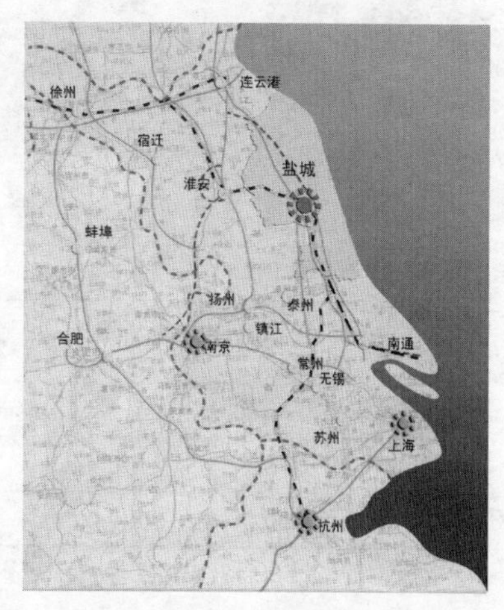

图 11－1　盐城区位图

在千年的历史上，盐城曾经靠一望无际的盐场而成为走向海洋的佼佼者。然而如今，风光不再的盐城就如同沿海不断淤长的滩涂一样，在农耕文化的意识中，在"内陆盐城"和欠发达的现实中，逐渐忘却了海洋经济曾经带来的繁华。曾经靠晒盐而富甲一方的盐城如今已无法靠盐场与滩涂养殖来维系日常生计，曾经的"海盐文化"随着海岸线的渐行渐远失却了对盐城曾经的感召力，曾经一望无际的盐田如今也被沉睡的大片滩涂所取代，古代的盐城人靠"亲盐"而"亲海"，如今的盐城人"靠海"却不再"亲海"。究竟是什么导致了这一现象的产生?

一、富饶的盐城

(一) 优越的区位条件

盐城区位条件的优越体现在三个不同的层面：

其一，从全球和亚洲层面上，盐城位于太平洋西岸，东临黄海，与日本和韩国隔海相望，距韩国釜山港 420 海里，日本长崎港 430 海里，便于接受日韩的产业转移和外来投资。

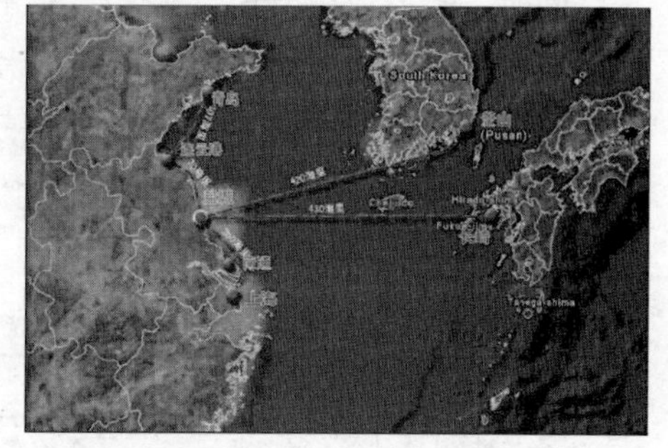
图 11－2　盐城的国际区位

其二，从我国层面上，盐城地处我国东部沿海腹部，陇海经济带与长江经济带之间，是我国东部沿海留待开发的最后一块黄金处女地，具有巨大的发展潜力。

其三，从长三角和江苏省层面，盐城地处江苏省北部，长三角经济区北缘，盐城港距上海港 250 海里。随着苏通大桥的建成，盐城到上海的时间将缩短为两个半小时。盐城有承接长三角、苏南等发达地区产业转移的区位优势，有对接和接轨长三角经济区的独特优势。

(二) 异常丰富的土地后备资源

盐城是江苏省也是长三角地区土地资源最富裕的地区之一。这不仅体现在现有土地资源的数量和可利用程度上，也体现在其土地资源仍然不断增加的态势上。

2005 年底，盐城市域面积近 1.7 万 km^2，是江苏省面积最大的地区。更难能可贵的是，盐城滩涂资源十分丰富，沿海滩涂总面积 4550km^2，占江苏省的 3/4，其中近期可供开发利用的数量就达1300km^2，是江苏省乃至我国整个东部沿海最大、最具潜力的土地后备资源。

江苏海涂土地结构（单位：万 hm^2）　　表 11－1

地区	潮上带			潮间带	辐射沙洲	合计	占全省海涂的比例（%）
	小计	已围滩地	未围滩地				
南通	2.00	1.86	0.14	11.34	6.67	20.01	26.24
盐城	16.74	13.34	3.40	16.14	12.67	45.56	59.76
连云港	8.67	8.14	0.53	2.00	0	10.67	14.00

引自：《江苏盐城射阳沿海经济发展战略规划》。

而且，据多年的实地观测，盐城市域射阳河口以南沿海地段的滩涂还在以每年10多平方公里的速度向大海延伸，这无疑成为了盐城未来大展宏图的最优质的资本。

（三）有待开发的海洋资源

盐城海洋资源多样，海岸线占江苏全省56%，是中国惟一无赤潮的内海水域，鳗鱼苗捕捞量居全国首位。沿海和近海储油沉积盆地居全国海洋油气沉积盆地第二位，有着广阔的勘探开发前景。另外，沿海可以安装近亿千瓦的风电。

同时，盐城市域海岸线漫长，拥有建港的优越区位和良好条件。然而，至2005年，沿海岸线却只建设了两个万吨级码头和数个5000吨级码头等极少数港口设施，仅有一个一类开放口岸（大丰港）、三个二类开放口岸（陈家港、滨海港、射阳港）。这不仅远未发挥盐城的建港优势，更未体现盐城独特的区位优势。

盐城沿海港口资源　　表 11－2

港口名称	所属县市	建港条件
大丰港	大丰市	潮汐水道，岸滩淤长，可建5～10万吨级泊位
滨海港	滨海县	废黄河口三角洲前缘，侵蚀海岸，深水区离岸最近，可建5～10万吨泊位
陈家港	响水县	灌河潮汐河口，两侧海岸侵蚀后退，整治拦门沙后可通行万吨级海轮
燕尾港	响水县	灌河潮汐河口，两侧海岸侵蚀后退，整治拦门沙后可通行万吨级海轮
射阳港	射阳县	建闸河流的河口，可建3000吨级以下泊位
黄沙港	射阳县	陆域广阔，有拦门沙，可建多个泊位
斗龙港	大丰市	河段水浅，出海口位置多变，可建一些小型码头
弶港	东台市	出海水道较浅，可建一些小型码头

引自：《江苏盐城射阳沿海经济发展战略规划》。

（四）充裕的人力资源

在盐城800万人口中，城乡劳动力供给总量超过400万人。从数量上看，这么充裕的劳动力资源不仅在长三角、江苏省独一无二，就是在整个东部沿海也难以找到第二个。而且，以在岗职工平均工资衡量，2004 年，盐城仅为 11952 元，仅仅高于宿迁，是江苏省劳动力成本最低的地区之一。

同时，依靠盐城技师学院等 18 所国家重点职业学校，盐城的在校生人数超过 10 万人，这无疑保证了盐城劳动力的素质，也使得盐城博得了“优秀劳动力输出地”的美誉。

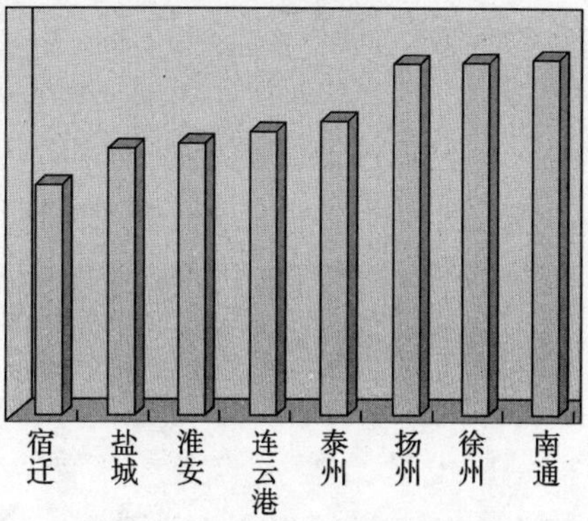

宿迁 盐城 淮安 连云港 泰州 扬州 徐州 南通

图 11－3　在岗职工平均工资比较

数据来源：《江苏省统计年鉴 2005》。

（五）相对优势的工业力量

目前，盐城以悦达、森达、江动等大企业为核心，在汽车、机械、轻工等产业形成了一定的规模与技术优势。据 2004 年统计，盐城万人拥有专业技术人员数位于苏北五市之首，每万人中等技术以上的专业人才达 6.36 人。

另据相关资料，在“十一五”期间，盐城还将新建国家级企业技术中心 1～2 个、国家级博士后流动站 5 家、省级技术中心 10 家、市级技术中心 100 家。这凸现了盐城在苏北各地市中发展高新技术产业的优势。

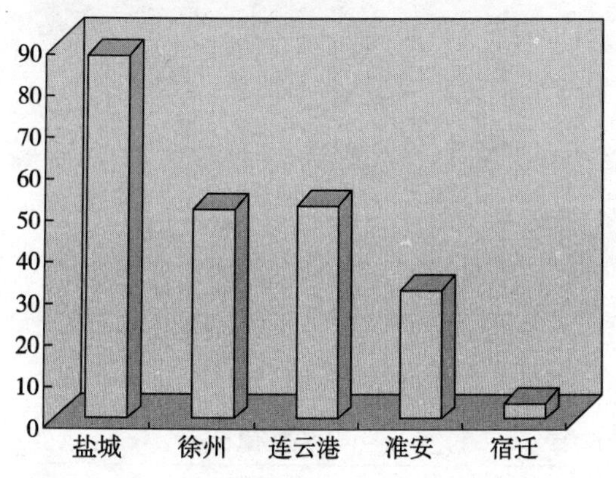

图 11－4　高新技术产业发展比较

数据来源：《江苏省统计年鉴 2005》。

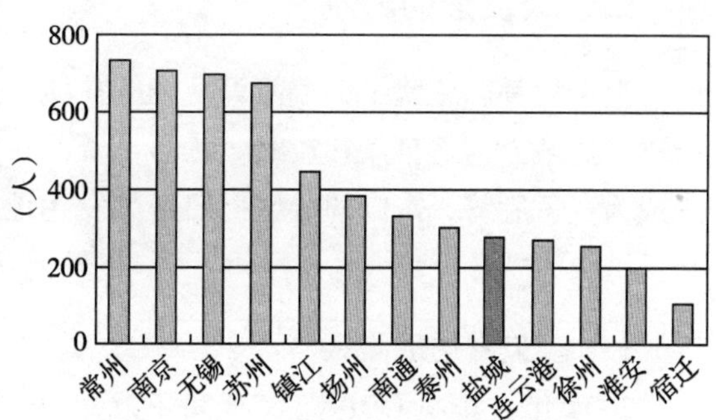

图 11－5　万人拥有专业技术人数比较

数据来源：《江苏省统计年鉴 2005》。

（六）独特的旅游资源

盐城旅游资源独特，主要包括三类：

1. 湿地旅游资源：拥有太平洋西岸、亚洲大陆边缘面积最大的沿海淤泥质滩涂湿地和大面积的湖荡湿地，以及大纵湖、九龙口、马家荡泻湖性湿地风景名胜区。

2. 动植物资源：盐城是全国 17 个生物多样性热点地区之一，区内有麋鹿、丹顶鹤等一类国家保护野生动物 13 种，这在全国独一无二。

3. 红色旅游资源： 盐城的新四军纪念馆为全国规模最大、资料最全、特色最明显的新四军纪念设施，被列入了全国 100 个红色旅游经典景区和 30 条红色旅游经典线路行列。

图 11－6　生态优美的湿地景观

如此各种资源在盐城一个地区富集，这无疑是历史送给盐城的宝贵礼物。资源丰富的地区很多，而环顾以上海为中心，西至安徽芜湖、西南至浙江金华、南至浙江温州的巨大范围内，再找不到资源富集尤其是土地资源如此充足的地区。

因此，更应该使盐城人兴奋的是，富饶的盐城又坐拥了“近日韩、临长三角”的优越区位，尤其是在发展要素日益紧缺的今天，地处长三角北缘、距上海仅 300km 的盐城无疑将在长三角的新一轮重组中“一展所长”，“一飞冲天”。

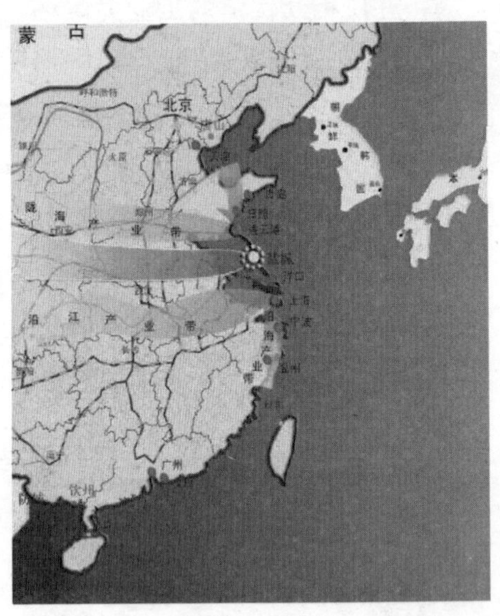

图 11－7　区位优越的盐城

如果用一句话概括盐城的优势的话，“距长三角最近的资源富区”无疑是贴切的。

二、欠发达的尴尬

上天的眷恋造就了一个何等富饶的盐城，这不能不令盐城人为之自豪和雀跃。然而，资源优势并未成为竞争胜势，富饶的盐城仍旧是欠发达地区的一员。

（一）欠发达的现实

2004 年，盐城 GDP 为 871.36 亿元，人均 GDP 为 10928 元，城市化水平为 41.8%。2005 年，盐城 GDP 突破 1000 亿元，人均 GDP 达到 12585 元，相当于 1572 美元。盐城的欠发达源于与苏北、苏南乃至全国的全方位比较（表 11－3）。

盐城与苏北发展水平的比较　　表 11－3

项目	盐城（排名）	徐州	连云港	淮安	宿迁
GDP（亿元）	821（2）	1096	416	501	336
人均 GDP（元）	10928（2）	12005	8891	9597	6462
财政一般预算收入（亿元）	30.1（2）	42.7	18.6	22.3	11.1

续表

项目	盐城（排名）	徐州	连云港	淮安	宿迁
实际利用外资（亿美元）	1.5（3）	3.04	2.28	0.92	0.14
进出口额（亿美元）	11.1（2）	9.09	15.39	6.42	1.02
城镇居民人均可支配收入（元）	9362（2）	9840	8872	8209	6372
农民人均纯收入（元）	4416（2）	4021	3501	3701	3474

数据来源：《江苏省统计年鉴 2005》。

与全国平均水平比较，全国人均 GDP 为 10561 元，城市化水平为 41.8%，盐城与全国平均水平基本持平，在全国属于中等发展地区。然而，如果考虑到盐城所处的优越区位和广大的西部边远地区，盐城实质上应该划入欠发达地区的行列中。

与苏北的徐州、淮安、连云港、宿迁相比，盐城的 GDP、人均 GDP、财政收入、外贸额、居民收入等多数指标都仅落后于徐州，居第二位，在苏北具有一定的相对优势。

江苏省 GDP、人均 GDP、财政收入等多项指标都居全国先进地位，而苏北是江苏省的欠发达地区。与苏北的比较，并不能完整地反映盐城的相对发展程度。因此，进一步地，与江苏省平均水平比较，尽管盐城的 GDP 总量占到全省的 5.3%，但这是 10.74% 的人口的贡献，其人均 GDP 仅是全省的二分之一左右。与发达的苏南相比，盐城的差距就更明显了。

（二）差距拉大的趋势

盐城历史上就是沿海经济发展的凹地。近年来，盐城社会经济取得了快速发展，城市综合实力明显增强。目前，盐城已成为江苏省农业大市、全国第一产棉大市，主要农产品的种养规模和总产量均位居江苏省首位。同时，工业化进程加快，已经初步建立起以农副产品加工和劳动密集型的特色产业集群，汽车制造业和纺织业成为两大主导产业部门，12 个省市级开发区、两个化工集中区以及一批民营工业园成长壮大，2005 年全市 GDP 总量突破千亿元大关。

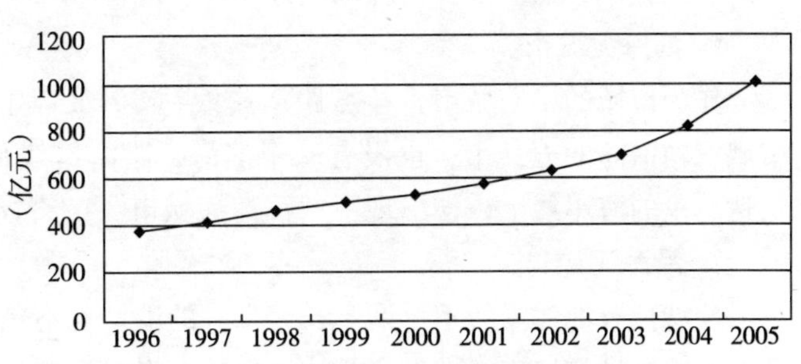

图 11－8　1996～2005 年盐城市国内生产总值

数据来源：《盐城市统计年鉴 2006》。

更让盐城人期待的是大丰港顺利通航，打开了盐城与世界沟通的窗口；大丰一类开放口岸的申请成功更为盐城的崛起增添了砝码。在此带动下，“十五”期间的盐城经济增长明显加速，GDP 年均递增 12.5%，财政收入年均递增 29.3%。2006 年上半年盐城利用外资突破 1.6 亿美元，已经完成 2005 年全年的到帐额。盐城已经蓄势待发、加速发展。

然而，从历年盐城市 GDP 在江苏全省的比例变化看，除 1996～1999 年间略有增长外，随后的 1999～2005 年间一直呈下降的趋势，与其他地区间的差距继续扩大。可见，尽管与自己相比，盐城确实取得了显著的成绩，并展现了加速发展的态势，但是盐城与江苏省特别是苏南等发达地区的差距仍然在继续拉大。

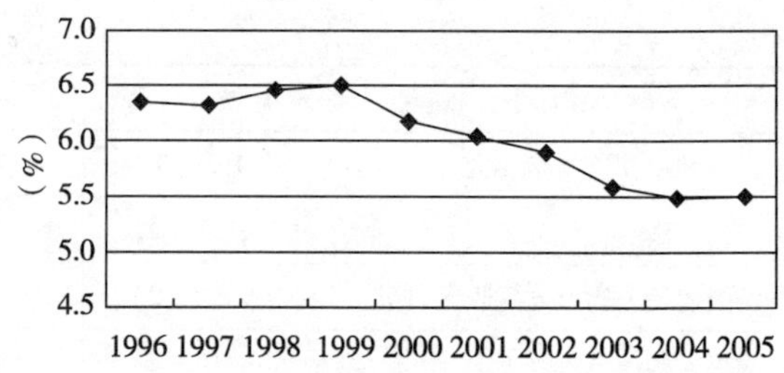

图 11－9　1996～2005 年盐城 GDP 在江苏省的比例

数据来源：《江苏省统计年鉴》。

三、“内陆盐城”的困惑

与发达地区相比，盐城的差距是全方位的。而且，这些由具体指标表现的差距是地区文化、制度等综合作用的结果。因此，要实现盐城的崛起，必须从深层次上挖掘现有问题的原因，解答盐城人心中的困惑。这可以从显性的自然特征和内在的文化特质两方面进行分析：

（一）“临海而不滨海”

从自然条件上看，盐城位于我国东部沿海地区，是江苏省面积最大的沿海地级市。所辖九县（市、区）中有五个沿海。市域海岸线长达 582km，占江苏省的一半以上，是江苏省乃至全国海岸线最长的地级市之一。盐城有沿海滩涂 4550km^2，拥有全世界面积最大、保存最好的海洋性生态湿地。单看上面一组数据，也许会有一种感觉，盐城应该是一个典型的滨海城市，然而现实情况却刚好相反。

1. 滨海无城市

作为市域的中心城市，盐城距海岸线达 30km 以上，丝毫没有沾上滨海的边。而且，市域所辖沿海的五县市，也没有一个滨海，距海岸线最近的县城也有 20km 之远。因此，长达千里的海岸线上，便出现了“滨海无城市”的奇怪现象。

2. 沿海无港口

盐城拥有的海岸线不可谓不长，良好的港址也不是没有。但直至上世纪末，除了少数几个不成规模的地方渔港外，长达千里的海岸线上愣是一片空白。就是在今天，也仅是在大丰建了两个万吨级码头等极少数港口设施。这在港口带动沿海经济快速发展的大好形势下，显得尤其“另类”。

3. 临海无产业

没有城市，缺少港口的支撑，也就难怪盐城沿海地区几近空白的产业基础。盐城现有的产业全都布局在离海数十公里远的内陆。

可见，作为沿海地区的盐城，中心城市不滨海，产业布局不临海，人口聚居不向海，对外联系不靠海，盐城的内陆特征十分明显，成为典型的“内陆盐城”。

（二）“靠海而不亲海”

通过实地调研和分析相关资料，我们认为，“内陆盐城”根源于盐城人的“亲盐”情结和新时期的观念锁定。

1. 盐城人的“亲盐”情结

盐城因盐而生，也曾因盐而兴。“环城皆盐场，傍城便是海”，曾经是盐城人世世代代的生活环境。今天的盐城人难以忘记盐城的由来，也难以忘记曾经给他们带来财富的一望无际的盐场。

在古代，“盐文化”很大程度上代表着“海洋文化”。以它为代表，靠晒盐得来的富庶、运盐带来的繁华、销盐培养的精明，盐城成了富甲一方的都会，古代“海洋文化”的意义也得到了形象地诠释。

2. 农耕时代曾经的“亲海”

在农耕时代盐城人也曾经“亲海”。20世纪上半叶，盐城人曾经靠一叶扁舟飘洋过海到上海十里洋场做苦力、拉黄包车；计划经济时代，盐城人靠围垦滩涂的土地广种薄收维持生计；改革开放初期，又在滩涂上发展了简单的海产品养殖。盐城与海洋之间的这种若即若离的“亲海”关系是盐城人耳熟能详的历史故事，也是盐城区域空间发展的历史轨迹。

3. “内陆盐城”的困惑

真正的“亲海”需要全面利用大海的优势促进区域经济发展。庞大的临海工业区、美丽的滨海城市、发达的海洋经济理应成为盐城人今天乃至未来的必然追求。

现在晒盐只是盐城人生活中的很小一部分，甚至，沿海广阔的盐场成为了盐城走向海洋的绊脚石。农耕文化、小康即安的地域文化助长了“内陆盐城”不断淤积的滩涂，渐行渐远的城市阻隔了盐城走向海洋的步伐。

或许过去的历史可以给我们多方面的启发，或许我们可以从许多方面找到盐城欠发达的理由，但是，在千载难逢的机遇面前，在“逆水行舟，不进则退”的市场竞争中，盐城人需要的不仅是解答眼前的困惑、设计暂时的出路，而是从历史文化的根源，从制度基础的层面，给盐城的跨越式发展提供思路、指明道路。

第二节　博弈——“延续”还是“跨越”？

盐城有着富饶的自然资源和丰富的人文资源，盐城人民有着追求美好生活的愿望和干劲，当政府决策层为新时期、新机遇而欢欣鼓舞时，当城市建设者们摩拳擦掌、跃跃欲试时，当城市转型成为媒体长篇累牍的报道和街头巷议时，促使资源优势向竞争胜势转变的机遇已经悄然来临。如何实现盐城的跨越式转型成为了政府决策层和800万盐城人民共同思考的问题。在我们看来，苏通大桥的通车必将助推上海的北向辐射与带动，大片沉睡的土地、庞大的人力资源宝库以及初显峥嵘的产业优势也必将伴随着千里海岸线的开发而成为盐城后发先至的最大资本。

愿望总是美好的。当我们为盐城沿海开发的宏伟蓝图而欣慰和喝彩的同时，并不能对目前的产业、人口、城镇空间格局视而不见。我们充分考虑到：沿海开发意味着发展方向和重点的战略性转移，其本身就是盐城史无前例的一次时代性的博弈。

东进——拥抱大海，对于盐城而言，是一场在远离主要城市依托的滩涂上建港、建城，甚至再造中心，是否风险太大？收缩现有的建设空间，调整现有的发展方向，将盐城腾飞的希望寄托在荒滩上，是否期望过高？改变现有的发展思路，跨越劳动密集型的发展阶段直接走重点发展重化工与装备制造业的资本与技术密集型产业发展的路子，是否过于盲目？

可见，盐城的发展与转型必须充分考虑到博弈的必需条件与可能的困难，从而通过理性的思辨、合理的判断得出科学合理的结论。

一、转型的时代

机遇总是垂青高瞻远瞩的人。全国、长三角、江苏省等各个层面都给盐城带来了前所未有的机遇，这些机遇本身就包含了深刻的转型意义。

（一）政策转变带来的战略转型

江苏省委、省政府为在全国实现“两个率先”目标，继实施加快建设沿沪宁线经济带、沿江经济带、沿东陇海线经济带以后，又把沿海经济带的开发纳入实现全省区域经济统筹发展的战略重点。沿海地区成为与沿江、沿沪宁线、东陇海沿线并列的“四沿”地区，成为江苏省未来发展的重点。江苏将加快建设以高速公路为核心的苏北立体交通体系，积极推进南北经济合作和产业转移，制定出台高含金量的支持苏北快上的扶持政策。

沿海经济带与江苏省发展的比较　　表 11－4

指标	数值	占全省比重（%）
人口	1711.52 万	23.03
面积	26409km^2	25.74
GDP	2233.34 亿元	14.4
人均 GDP	13043 元	全省平均 20852 元
财政收入	270.24 亿元	12.2
实际利用外资	13.7 亿美元	11.3
进出口额	90.4 亿美元	5.3

数据来源：《江苏省统计年鉴 2005》。

20 世纪 90 年代中期江苏省委、省政府提出“海上苏东”的发展战略，进入 21 世纪，省委省政府又作出决策，将苏北的沿海开发作为启动江苏新一轮跨越式发展的引擎。这一系列战略举措无疑将为盐城的发展和转型带来机遇。

没有苏北的振兴，江苏谈不上完整的“发达”；没有沿海的崛起，江苏也谈不上全面的“领先”。振兴苏北，不仅仅是苏北人民的愿望，更是江苏全体人民的愿望；振兴苏北，不仅仅是苏北人民的责任，更是江苏全体人民的责任。

如果说“苏北振兴”战略的提出只是给盐城的全面转型掀开了一角，“海上苏东”和沿海开发战略的提出则正式给盐城实现跨越式发展吹响了号角。

（二）产业转移带来的产业转型

随着世界经济进入快速复苏的轨道和服务业的增长，全球外国直接投资呈现出恢复性增长的态势。受中国经济高速稳定发展态势、廉价的劳动力资源和巨大的市场的吸引，越来越多的跨国公司将加大在中国的投资力度，中国作为“世界工厂”的趋势也正日益凸现。最近以来，长三角已成为我国吸引外商直接投资最多的地区之一，但这些地区受土地、电力、劳动力诸要素制约，处于边承接边转移的产业动态化状态，浙江温台等地也存在资本外移、企业外迁、项目外溢的趋势。

盐城作为长三角经济圈的外线城市，在泛长三角经济区将接受辐射，并成为长三角产业结构升级与转移的一个重要承接地。

（三）基础设施日益完善引发的空间结构转型

随着苏通、通崇两座长江大桥的建设，盐城通往苏南、上海的通道更加便捷，将进入上海三小时都市圈，接受上海和苏南辐射比苏北其他城市更加得天独厚；盐通、盐淮、盐连高速公路的建设通车，使得盐城与周边地区的联系进一步紧密。新长铁路建成并加入全国客运网。盐城4C级空港先后开通北京、广州、温州、南通等国内航线，并开通了至韩国首尔（汉城）的国际航班，大丰港也成为国家新的一类开放口岸，为出口加工和外向型经济发展铺平了道路。国际航线的开通和沿海港口的开发开放，与韩日交通进一步便利，将成为吸引韩资、日资的高地。

上述基础设施的完善为盐城沿海地区的开发带来了契机，也使区域的统筹协调发展成为可能。它们共同作用促使了盐城市发展战略与发展方向的转变，也为滨海空间的拓展和市域空间结构的全面转型提供了机遇。

二、竞合的区域

上述政策、产业、空间等方面的机遇为盐城的崛起提供了良好时机，而周边地区尤其是长三角、苏北的发展和转型则为盐城框定了竞合的对象及内容。

（一）向盐城推进——解决长三角发展饥渴的“良药”

长三角是我国经济最发达的地区之一，也是未来最有希望成为世界级制造业基地的地区，然而在发展资源和空间上却遇到许多问题。从盐城自身资源来看，恰好具备解决这些问题的先天条件。

1. 长三角发展遭遇“瓶颈”，而盐城发展空间充沛

长三角已经成为我国人口密度最高、经济密度最大的地区之一，是外资投资我国的首选地和民间投资最为活跃的地区，每年都有上万亿元的固定资产投资。然而，长三角的土地资源已经从以前的“用了算”转变为现在的“算了用”。以浙江省为例，据2004年底的统计，耕地面积3188万亩，划定基本农田2711万亩，建设用地只有400多万亩。

旺盛的投资活力遭遇了“肠梗阻”，长三角土地资源的缺乏已经威胁到其发展的质量和水平。其一，原有的传统产业、需要置换的产业无地可退；其二，新来的技术性项目、战略性项目却又无地可建。土地资源频频告罄的同时，长三角的淡水资源、能源、技术人才等也频闪红灯。例如，据保守估计，长三角高级技工的缺口至少为30万。

而盐城土地资源丰富，总面积1.5万km^2，如果能达到长三角地区目前的开发水平（0.26亿元/km^2），盐城的经济规模将接近4000亿元；盐城沿海近期可供开发的滩涂达1300多平方公里，仅开发其中的600 km^2发展产业，如果能够达到苏州开发区的经济密度（5亿元/km^2），盐城沿海就将形成产值达3000亿元的工业地带。

长三角正面临发展的饥渴，盐城巨大的发展空间正好可以解长三角之渴。

2. 长三角环境容量饱和，而盐城环境容量巨大

发展空间不断压缩的同时，长三角的生态环境持续恶化，尤其是水环境遭到了前所未有的破坏。太湖治理难以见效、空气污染不断加重、酸雨频繁，长三角的发展规模不得不考虑自身的环境容量。

因此，长三角各城市纷纷提高了产业的准入门槛，国家也明令禁止476种化工产品进入长江。在长三角吃到“闭门羹”的许多基础产业（能源、重石化等）正在急切地寻找合适的地方落户。依托绵长的海岸线和滨海地区丰富的土地资源，盐城工业发展的环境容量巨大。

盐城可以补长三角之所缺，积极发展环境容量需求大的产业，如能源、重石化等产业。

3. 长三角迫切扩容，而盐城理应是首选

上世纪末之前，长三角内部以上海为中心，沿着沪宁、沪杭甬通道形成城镇和产业的空间骨架；上世纪末本世纪初，上海的中心地位不断强化，沿沪宁、沪杭甬通道的城镇快速壮大，而原有的产业则分别向沿长江、沿杭州湾转移，形成了沿沪宁、沪杭甬通道的都市轴和沿江、沿湾的产业轴；随着沿江、沿湾对产业布局的限制加强，产业布局由沿江、沿湾向沿海转移已是大势所趋。

发展空间的局促、空间结构的重组已经使长三角萌生了扩容的冲动。建设部最近所做的规划中已经把温州、盐城、连云港、芜湖、马鞍山、合肥、铜陵等7个城市纳入到了长三角城镇群。

资源富区的盐城将是长三角扩容的优先选择。届时的长三角经济区将由“雁形结构”变为“鹰形结构”，上海—南京—杭州围成的三角区域为“鹰腹”，宁波、绍兴、舟山、台州、温州四市组成“南翼”，而南通、盐城和连云港共同组成“北翼”，南北两翼成为长三角世界级制造业中心的工业基地。

但是，目前“北翼”的工业基础远不及“南翼”雄厚。2005年，宁波港的吞吐量高达2.7亿吨，GDP突破3000亿元，而“北翼”沿海竟然没有一个大港，南通和盐城的

GDP之和都不及宁波多。

要想实现长三角的“两翼齐飞”，必须改变“南重北轻”的格局。融入长三角的盐城必须快速崛起，早日实现全面转型，成为长三角北向辐射的新兴通道。

长三角有的是发展机会，缺的是发展的空间，盐城的优势恰好是长三角的劣势：

产业转移的浪潮。长三角的产业升级需要相应的产业和土地置换，盐城的加入重建了长三角的产业转移链条，一些急待被置换的产业必将一窝蜂地涌向土地资源丰富的盐城沿海。

投资的浪潮。资源富集的盐城对于正在遭遇资源“瓶颈”的长三角来说更珍贵，在长三角长时间徘徊的大量资本必将投向盐城沿海。

结构的双重升级。长三角其他地区产业结构正在高端化、技术化的同时，盐城正好可以通过吸纳和引进完成产业结构升级和技术升级的过程。

交通改善的放大效应。苏通大桥的建成是盐城融入上海都市圈的契机，大丰港的开港和一类口岸的申请成功则是盐城走向世界的契机。

（二）从盐城入手——“苏北振兴”和“沿海开发”的“四两拨千斤”

与长三角不同，江苏省的经济发展遭遇的是“局部拥堵”。苏南的发展空间严重受限，而苏中、苏北空有大量土地却鲜有发展机会。“振兴苏北”、“海上苏东”战略的提出，给苏北带来了发展机遇。

苏北振兴需要突破口。盐城面积全省第一、人口全省第二，既有漫长的海岸线，又有广阔的内陆。盐城的开发水平很大程度上代表了苏北的开发水平，盐城的经济发展模式对苏北其他地区也具有重要的示范意义。盐城理应承担起“振兴苏北”的历史重任。从这个意义上说，只有振兴盐城，才能振兴苏北；要振兴苏北，必须首先振兴盐城。

可见，盐城的沿海开发承担了“振兴苏北”和“开发沿海”的双重责任，具有省域层面的战略性意义。

三、东进，向海——吹响盐城崛起的“集结号”

对上述机遇的把握，给盐城提出了新时期的发展课题：延续现有的发展模式，遵循现有的发展方向，尽管规避了风险，增加了稳定性，但墨守成规在很大程度上扼杀了跨越发展的可能性，也将错过历史赋予盐城大好的崛起时机；而改变现有的发展模式，调整现有的发展方向，以发展转型为基本目标，尽管前途“漫布荆棘”，也困难重重，但依靠盐城决策者的英明睿智、盐城人民的勤劳和同心协力，必将重现历史时期盐城的“鼎盛”，重绘盐城在江苏省、长三角、全国的经济版图。一句话，“跨越、转型”是盐城崛起的必然选择。然而，从何转起？如何跨越？

由上面的分析可知，对“转型、跨越”的思考最终需要落实到盐城，落实到盐城的资源特色和优势上，即潜力无限的大海和亟待开发的港口资源。这也是盐城沿海开发战略的根据和抓手。从而，“东进、向海”无疑奏响了盐城崛起的“集结号”。

（一）东进建大港

1. 区域发展的迫切要求

根据相关经验，可通航 2 万吨级船舶的港口就可促进所在地区加入区域（近洋）经济贸易，可满足超巴拿马型集装箱船全天候挂靠的干线港则是区域加入经济全球化的平台，大型铁矿石、石油码头是区域加入中国重化工工业分工的基础。可见，港口在沿海区域经济发展中的先导性、基础性作用。

江苏主要港口的建设目标　　表 11－5

港口	建设目标
苏州港	张家港港、常熟港、太仓港三港合一，建成长江三角洲地区的集装箱干线港，成为上海国际航运中心集装箱枢纽港的重要组成部分
南京港	长江三角洲地区的主枢纽港，成为华东地区及长江流域地区江海换装、水陆中转、货物集散和对外开放的多功能的江海型港口
南通港	国家一类开放口岸，国家主枢纽港，上海国际航运中心组合港的主要成员
连云港	我国沿海主枢纽港之一，我国黄海南部的综合性贸易港，亚欧大陆间国际集装箱水陆联运的重要中转港口，我国西北以及中原地区的最便捷的出海口，对外贸易的重要口岸

当前，围绕枢纽港的争夺战，中国沿海港口在新一轮角逐中将找寻新定位并完成集体抬升。在上海建设国际航运中心的规划中，江苏的港口群和以宁波为主的浙江港口，被分别作为其北翼和南翼。然而一直以来，人们更多听到的是南翼的声音：东海大桥的建设，让本来就不安分的宁波港如虎添翼，摆出咄咄逼人的竞争态势。而且，随着洋山港开港、宁波港与舟山港的合并，“南重北轻”的格局将更加明显。

2004 年江苏沿海地区吞吐量　　表 11－6

项目	货物吞吐量（万吨）			
年份	1995	1996	1998	2001
连云港	1716	1583	1096	3058
射阳港	182	205	252	286
陈家港	23	21	25	22
南通港	1610	1711	3926	3868
启东港	9	12	371	—

引自：《江苏盐城射阳沿海经济发展战略规划》。

同时，长江通过能力和建港岸线的限制已使“江苏港口群”现有的发展余地非常有限。“北翼”的壮大必须把重点放在沿海港口的建设上，洋口港的建设只是拉开了沿海港口建设的序幕，在盐城 500 多公里的海岸线上选择合适的地区建设深水大港则是真正实现“北翼起飞”的关键。

没有港口的临海地区是区域经济的末端，拥有深水大港的临海地区则是区域经济的前沿。从自身看，盐城的沿海开发也必须从建设大港口着手，通过港口的建设带动临港工业的兴起，进而吸引人口集聚。

2. 腹地资源的坚实支撑

盐城深水大港的建设必须首先服务于盐城的沿海开发战略，成为盐城跨越发展的突破口。在港口建设的基础上，通过积极建立临港工业区，带动人口和产业集聚，实现盐城沿海地区的崛起，这是盐城沿海开发的基本路径。

同时，盐城深水大港的建设又要有服务于区域的功能和条件。盐城港北有连云港，南有沿江港口群，两大港口之间长达600km的海岸线上缺乏真正的出海口，直接导致苏北的淮安、宿迁、盐城三市全部和扬州、泰州部分地区2000万人以上、近4万km^2的广大区域对外联系的通道不畅，这也是苏北长期不发达的重要原因之一。从更为宏观的区域层面看，安徽中部的蚌埠、亳州、阜阳、淮南等地市，河南的周口、驻马店等地市也急需更为便捷的出海通道。

盐城正好适应这一要求，主动打通与内陆腹地的联系通道，获取这一地区的战略性资源，从而为“中部崛起”承担责任和抢得先机，在与连云港、南通港的竞争过程中争取主动。

（二）依港聚产业

根据沿海开发条件和产业演替趋势，我们选择了对盐城沿海开发具有重要意义的能源、重化工、休闲旅游三大产业进行分析。

1. 能源工业

目前，江苏的电厂主要集中在长江沿岸。2004年，江苏省实际用电量1820亿kWh，而发电量只有1619亿kWh，存在200亿kWh以上的缺口。按照“十一五”规划，江苏省将重点在盐城等沿海地区布局大型火力发电厂和若干风力电厂。可见，盐城有发展能源工业的条件和机遇，可以成为江苏省乃至长三角地区的能源供应基地。

2. 重化工业

重化工业以临港的区位及充裕的土地资源作为最佳的选择，盐城具备发展重化工业最优越的条件。目前是国际重化工业向我国转移的高峰时期，而且在未来5年内基本转移到位，其转移的地区多为投资环境良好、基础设施完备尤其是港口条件优越的沿海港口城市。同时，在长三角范围内，重化工业的发展正遭遇土地、能源和资源的“瓶颈”，已经到由沿江布局向沿海布局转移的阶段。盐城市沿海位于长三角经济区北缘，具有承接临港工业，尤其大运量、大耗能、国际化的重化工业的产业转移和外资输入的优势区位，可以成为长三角乃至我国东部沿海重要的重化工业基地。

3. 休闲旅游产业

随着“有钱有闲”消费群体的形成，以休闲度假旅游为特征的消费需求，将成为推动江苏省和长三角旅游业发展的主要动力。

湿地丰富的生物物种多样性和湿地景观的多样性，已使其成为许多娱乐活动和旅游活动的场所。盐城拥有广阔的湿地、丰富的动植物等旅游资源，有条件建设成为特色鲜明的休闲旅游基地；利用与苏南、上海等发达地区为邻的区位优势，盐城也有条件成为长三角等发达地区休闲旅游的主要目的地；利用与韩国、日本联系紧密，旅游资源独特的优势，盐城有条件成为亚太地区以湿地生态旅游闻名的旅游地。

（三）滨海建都市

由现状的分析可知，如今的盐城虽沿海，却不是真正意义上的滨海地区。其中，最为重要的原因便是，在盐城近千里的海岸线上没有一个城镇，更谈不上拥有得海滨之利的滨海都市了。

1. 发展历史的回归

然而，近现代世界发展的历史就是一部由内陆走向海洋的历史，当代全球经济一体化的进程就是内陆经济转向海洋经济的过程。世界范围内的产业革命以及工业化与城市化都是靠港口传递和海洋扩散的。伴随而来的三次城市化浪潮也多是从沿海地区开始的。无论是世界还是中国，最发达的地区都是离海最近的区域。地理革命也从另一个角度证明了“沿河—沿江—沿海”是区域发展的一般规律。从古代依靠京杭运河繁荣的淮安、扬州等城市，到如今沿江的宁、苏、锡、常等城市的发达，江苏的区域发展已经证明并且还将继续证明，江、河、海的差别可能意味着历史发展阶段的差别，甚至是所处时代的差别。

因此，江苏的沿海开发是历史的回归，是一个新时代的开始。拥有江苏最长海岸线的盐城站到了这个新时代的最前沿，幸运地成为这个时代的“弄潮儿”。

2. 沿海开发、全面转型的需要

沿海开发，意味着盐城整体的“东进”，沿海开发也正是盐城经济跨越式发展的“东进宣言”。盐城的崛起、盐城人的富裕、盐城的开放等所有的期望都寄托给了面向大海的“东进宣言”。从这个意义上说，由“内陆盐城”向“滨海盐城”的成功转变，不仅仅是空间上简单的区域重心的推移，而是一个包括了方方面面转变的复杂过程。因此，理性的思考、英明的决策、科学的规划、合理的开发，成为实现“东进宣言”的必要保证。

然而，几近空白的沿海地区如何开发又依靠什么才能有效带动整个盐城市域经济的发展？又如何才能承担“振兴苏北”、“开发沿海”的重任？借鉴已有的区域发展理论，以及其他区域的发展经验，对于盐城这样一个区位条件优越、发展要素充裕而经济相对欠发达的地区，沿海开发的关键除了建大港解决开发的联系瓶颈外，更需要依托大港的交通联系优势集聚产业，并进一步集聚人口、加强设施配套，最终建成功能综合的滨海都市，作为盐城和苏北沿海开发的核心载体和引擎。

上述时序不仅符合区域发展的一般规律，也符合江苏省和盐城沿海开发的大局。因为，很难想象，省域层面的战略性策划仅仅满足于建港口、聚产业，也很难想象没有滨

海都市的江苏沿海会快速崛起，实现振兴。因此，在滨海地区选址建设滨海新城，是我们深入思考后提出的建议，应作为盐城沿海开发的抓手，举全市之力保证其宏伟目标的实现。

第三节 “滨海都市”——跨越与转型的“愿景”

在对盐城的自身条件和发展机遇进行梳理并充分思考盐城如何转型的基础上，我们认为，盐城要实现跨越式发展必须实施跨越性转型战略，而这种转型涉及到盐城的城市发展战略、产业重构、空间重组、生态共建等方方面面，它无疑是盐城史无前例的一场全面转型。具体可以概括为以下几点：

广视角定位，擦亮盐城的“名片”；

全方位审视，理顺盐城的发展思路；

深层次挖掘，调整盐城的产业结构；

高起点谋划，重组盐城的发展空间；

大魄力抉择，聚焦盐城的滨海地区；

高标准规划，全力建设滨海新城。

一、擦亮城市“名片”

（一）国际性的湿地旅游胜地、休闲度假天堂

湿地是资源，旅游是产业，定位强调湿地资源的产业化，突出休闲旅游的品牌作用。

盐城有“东方湿地之都、仙鹤神鹿世界”的美誉。目前，盐城正在积极规划建设盐城湿地生态国家公园，打造“太平洋西岸最大的湿地公园、亚洲东部最佳的生态旅游乐园”。这是盐城最具有国际号召力的品牌，也是盐城与发达国家和地区的“富人们”对话的最好话题，必将成为盐城走向世界的“第一块跳板”。

（二）我国东部地区重要的能源基地和汽车产业基地——我国东部地区重要的能源基地

以陈家港4×60、滨海2×60、射阳2×60、王港等火电厂的建设为重点，到“十一五”末盐城电力总装机容量将达到300万kW以上，成为江苏省重要的能源基地。

江苏是国家“十一五”规划中确定的4个百万千瓦级风电基地之一。目前，3座风电场同时启动建设，加上已获同意的东台、大丰2座风电场，盐城市风电开发规模已达百万千瓦，占到了全省风电建设规模的一半还多，“十一五”期间将建成江苏省乃至我国东部最重要的风电基地之一。

——我国东部地区重要的汽车产业基地

以悦达起亚、中大客车等企业为主，盐城的汽车产量稳居江苏省第二位。按照规划，盐城将最终形成45万辆乘用车和25万台发动机的生产能力，将与沈阳、天津、南京、上海等城市一起成为我国东部地区重要的汽车产业基地。

盐城作为新兴汽车城的战略，必将引领区域汽车产业链和集群的形成，实现地区产业结构的提升。

（三）长三角经济区北向拓展的门户和世界级制造业中心的重要组成部分

——长三角经济区北向拓展的门户

长三角经济区扩容的条件日渐成熟，与其他几个方向相比，由于长江的阻隔，北向一直是长三角辐射和拓展的软肋。苏通大桥和崇明岛越江通道的建设将大大降低长江的阻隔作用，对于南通而言，大部分地区到上海的时间将缩短到1.5h以内，它因此也将成为上海都市圈的重要组成部分。

与南通不同，盐城与上海的距离在两小时以上，与镇江到上海的距离相仿。沿海高速、沿海铁路的建设将为长三角开辟新的辐射通道，随着南通日益融入上海都市圈，盐城必将成为长三角经济区北向拓展的门户。

盐城的参与也必将推动长三角空间结构的重组，成为北翼江苏沿海崛起的契机。

——长三角世界级制造业中心的重要组成部分

长三角要成为世界级制造业中心，不仅需要经济增长质量的提高，也需要经济规模的扩充。传统产业向外转移和新兴产业吸收都需要大量的土地，而盐城无疑具有巨大的优势。融入长三角产业分工的盐城必将成为占地大、能源消耗大、劳动力需求多的重化工等产业布局的优势区位，也必将成为长三角的“粮袋子”和“菜篮子”。

（四）辐射苏北、皖中、豫东南的区域性物流中心

区域性物流中心的构建主要依托沿海港口群和里下河物流中心的建设：

盐城沿海港口群可以在陇海线与长江之间的狭长地带争取腹地，包括苏北、皖中、豫东南的广大区域是盐城区域型物流中心的主要支撑。

里下河流域包括苏北、苏中以及安徽省的部分地区。里下河物流中心的建设将推动流域内的河海联动，为这些地区提供最为便捷的出海通道。

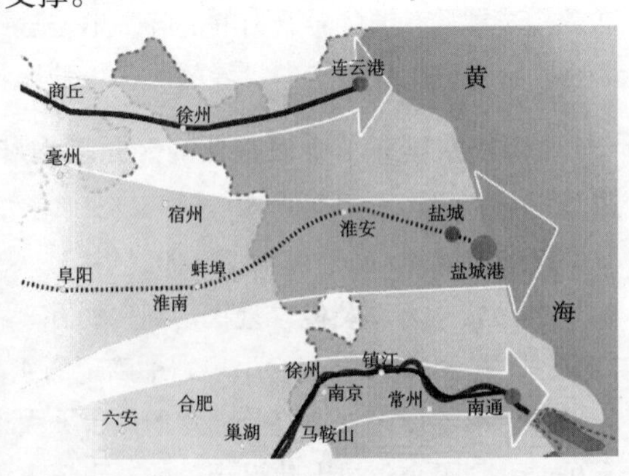

图11－10　盐城港的拓展腹地

（五）振兴苏北的战略前沿

苏北的振兴靠港口，苏北对港口的需要是一个面，而不是孤立的点。

苏北五市中，徐州、连云港的大部分地区靠东陇海线可以较为便捷地通过连云港与外界交流，而宿迁、淮安、盐城的大部分地区与

外界交流则需北上走陇海线到连云港或者南下入江到南通、上海，这两种方式都不顺畅。

把希望仅仅寄托在连云港身上可能会延缓“振兴苏北”的步伐。充分利用盐城近600km海岸线，打造盐城港口群，与连云港相互合作，共同承担“振兴苏北”的战略前沿必将大大加速苏北的崛起。

二、理顺发展思路

(一) 接轨上海

接轨上海包括物质层面上的接轨和非物质层面上的接轨。物质层面上的接轨包括通道建设、港口建设和窗口建设等；非物质层面上的接轨包括开放观念、全球观念、人才信息技术等，实现与上海的同步与共振。

利用与上海的地缘优势、人缘优势、历史与现代的“上海关系”，发挥数十万上海“盐城”人的纽带作用，将地缘、人缘优势发挥到极致。

(二) 借力苏南

苏南是江苏省发展的“高地”，苏南先行发展的经验与教训是盐城发展的宝贵财富，也是盐城借力发展的最大的资源。

盐城必须充分利用同处一省的行政资源和自身的区位优势，“借力”于苏南的资金、信息、人才、技术等多方面的资源，实现经济的快速发展。与此同时，在“借力”苏南的过程中，主动加强与浙江的联系，充分利用浙江的产业转移与资金转移的历史契机，实现各地合作共赢的局面。

(三) 竞合苏中

在江苏省沿江开发战略的支持下，苏中的发展水平已有了快速提高；在江苏省沿海开发战略和“振兴苏北”两大战略的支持下，后发的盐城有赶超的条件和可能性。

在今后的发展过程中，盐城与相邻的南通、扬州、泰州等苏中地区必将在人才、资金、项目等资源要素的区域竞争中呈现白热化的状态。因此，必须加强区域合作，实行错位、链式集群发展，在合作中竞争，在竞争中合作。

(四) 辐射苏北

盐城难比徐州强大的中心城市和优越的陆路交通优势，却有强势的县域经济和优越的对外开放条件；盐城难比连云港腹地的纵深和对外开放的先发优势，却有绵长的海岸线和发展临港产业的土地资源；盐城难比淮安、宿迁联系皖中、豫东南的区位优势，却有对外交流的窗口门户；盐城难比南通零距离接轨上海的便利优势，却有辐射苏北、引领沿海崛起的战略条件。

作为“振兴苏北”和“沿海开发”两大战略的双重受益地区，盐城理应承担自己区域的责任。盐城的沿海开发是“振兴苏北”的主要战略措施，盐城的沿海地区应成为“振兴苏北”的战略前沿。因此，辐射带动整个苏北地区的发展，将苏北的广大腹地作为沿海开发的战略要地与战略腹地，构建辐射的通道，形成辐射的扇面，使盐城沿海开发战略效益区域化、最大化。

盐城与周边城市的关系　　表 11-7

地区	关系	盐城的应对策略
盐城与徐州	竞争中心	全力打造滨海新城，提升中心城市的地位和功能
盐城与连云港	竞争港口	优先建设深水大港，争做江苏中部的出海口
盐城与宿迁、淮安	腹地—港口合作	打通与淮安、宿迁乃至皖中、豫东南的交通联系，争做这一地区的出海口
盐城与南通	竞争港口	建设组合型的盐城大港，成为上海国际航运中心北翼的大港

三、调整产业结构

近几年是盐城经济结构发生巨变的几年，2000 年实现由“二、一、三”向“二、三、一”的演进，2004 年重工业比重超过轻工业，汽车、纺织、机械、化工等支柱产业不断壮大，并初步形成不锈钢、油田机械、纺织、皮鞋等 10 个重点产业集群。

（一）产业发展战略

1. 优先发展资本密集型、技术密集型产业

盐城不必步长三角梯度转移的后尘，循着劳动密集型——资本密集型——技术密集型的步子潜行。在现有发展的基础上，直接将资本与技术密集型产业引入盐城，将一部分劳动密集型产业让位于苏北的其他内陆地区，是实现跨越性发展、追赶型发展的战略抉择。

2. 配套发展高端生产性服务业

荷兰鹿特丹港的经验说明，港口的壮大必须有储运、中转、临港加工等生产性服务业的及时配套。因此，盐城港的发展壮大也需要依托沿海各港区，配套发展仓储、物流、临港加工等强烈依赖信息与网络的高端生产性服务业。

鹿特丹港口的发展与产业的演替　　表 11-8

时期	港口建设	共生产业和依存产业	外围相关产业
1400~1800 年	1600~1620 年建立起第一个港口，逐渐发展为一个繁荣的商业码头	渔业运输、仓储业、造船业	必要的生活商品、居住、酿酒和炼糖
1800~1900 年	开辟新的水道	因鲁尔工业区的兴起，铁煤等港口运输加强	转运、贸易
1920~1940 年	开挖 Waalhaven 港区	港口运输、码头装卸	物流业、食品加工
1945~1965 年	建设 Europoort 和 Maasvlakte 港区	邻港石化工业、临港型制造业	物流、临港加工
1966 年至今	建设世界最先进的 ECT 集装箱码头	储运业、中转业、临港石化业、制造业	临港加工、商业、金融、代理、咨询、旅游、海事服务等

根据：赵鹏军，吕斌．港口经济及其地域空间作用：对鹿特丹港的案例研究．人文地理．2005（5）：108~111，略有修改。

3. 超前预留战略性项目用地

依托大丰港、滨海港等优越的港口运输条件，在滨海新城、滨海港城预留战略性项目用地，吸引国际性跨国公司、国内大型企业入驻和投资。

(二) 产业选择

产业选择建立在现有的优势产业和对未来产业发展趋势的准确把握基础上，主要包括三大内容：产业优势明显、对区域经济带动能力强的支柱产业，发展前景看好、未来在区域经济中充当重要角色的需要重点培育的新兴产业，以及具备较好的发展条件但又需要积极争取的抢摊产业。

1. 支柱产业

纺织及服装制造业：以悦达纺织、江苏新盐纺、荣华、日升等企业为主体，加快延伸纺织产业链，培育一批服装品牌；同时，积极提升纺织机械制造水平，把盐城建设成为全国重要的纺织和服装生产基地、全国重要的纺织机械制造基地。

汽车及零部件制造业：依托悦达起亚、中大汽车等核心企业，集聚一批汽车零部件配套企业，把盐城建成我国汽车制造业基地。

化工产业：化工产业要加快产业集聚和产品延伸，以陈家港、滨海等化工集中区为主要载体，重点发展以丙烯为特色的石油化工、农药生产，以有机硅、有机氟为特色的化工新材料，推进由粗放型化工向“绿色化工”、“生态化工”的转变。

机械产业：重点发展动力机械、机床及其配件、石油机械、电工电器的生产。

轻工制造业：依托森达集团等核心企业，重点发展皮鞋制造、电光源生产、玩具制造等。

2. 新兴产业

能源：依托沿海地区的火电和风电项目，有望形成千万千瓦火电基地和百万千瓦风电基地的规模。

旅游及休闲度假：以现有的两大自然保护区为载体，积极开发沿海湿地的生态旅游，同时，完善旅游服务设施，提高配套标准，争取成为休闲度假的目的地。

现代物流：重点抓好大丰港综合物流枢纽和里下河物流枢纽的建设，成为发展区域性生产服务业的支柱。

造纸：以双灯纸业的发展壮大为突破口，积极探索“苇纸一体化”的可行性，形成江苏省乃至全国重要的造纸基地。

3. 抢摊产业

重化工业：以深水大港的建设为契机，在大丰港、滨海港等建设一批石油、煤炭、矿石专用码头，为承接重化工业的转移创造条件。

游艇制造业：盐城依托汽车、机械等支柱产业的技术优势，滨海的区位优势以及河道纵横、湖荡密布、湿地面积广阔的自然条件，确定拥有发展游艇业的条件；同时，与长三角等发达地区相邻的区位，也为盐城游艇业的发展提供了广阔的市场。游艇业的启动与发展要把握好时机，做好土地与岸线的预留，争取发展的先机。

支柱产业演替路径预测：纺织服装、汽车、化工、机械、轻工——汽车、装备制造、(重石化)、能源、纺织、轻工——休闲旅游、高新技术、汽车、装备制造、现代物流、(重石化)、能源。

(三) 产业布局引导

1. 重点产业布局引导

高新技术、会展、现代物流、商务、金融等高端产业和生产性服务业向滨海新城集中；

汽车及零部件产业向盐城市区集中；

化工产业向滨海、响水两县的化工产业园区集中；

重化工业向大丰、滨海的临港工业区集中，并在滨海新城、滨海港城分别预留战略性项目用地；

能源工业向沿海的陈家港、射阳、大丰、东台等沿海开发区集中；

造纸工业向射阳沿海集中；

服装、皮鞋等轻工产业向建湖、阜宁集中。

2. 主要产业园区与产业集群发展引导

主要园区产业发展引导 表11-9

园区名称	产业定位
盐城经济开发区	汽车及汽车零部件
东台市经济开发区	机电、新型建材
大丰外向型农业综合开发区	纺织、机械、食品、新材料
大丰市海洋经济综合开发区	港口物流、能源、农产品深加工
盐都区经济技术开发区	纺织、汽配、机电、物流
江苏省阜宁经济开发区轻纺工业园	轻纺工业
江苏省射阳经济开发区	纺织
江苏省射阳外向型农业综合开发区	高新技术
建湖经济开发区	纺织服装、精细化工、机械加工、绿色照明
亭湖开发区	汽配、机电
滨海经济知识开发区	纺织、制药、机械、电子
盐城沿海化工园区	精细化工、医药中间体、重化工
响水县农业经济集中区	纺织、服装、针织、印染
陈家港化工集中区	精细化工

产业集群发展引导　　表 11－10

县市	发展引导	产业集群	县市	发展引导	产业集群
建湖	建阳	油田机械	盐城市区	盐都区大冈	皮革制鞋机械
	近湖	节能灯		亭湖区五星	汽车零部件
	钟庄	油脂化工		亭湖区张庄	齿轮
阜宁	阜城	阀门机械	大丰	西团	抛丸机
	益林	玻璃工艺品		白驹	玩具
东台	时堰	切削工具	射阳	盐东	纺织织造
	溱东	不锈钢制品			
	许河	电脑绣花			
	富安	茧丝绸			

四、重组发展空间

（一）空间重构的理论模式

借鉴相关理论，空间重构的理论模式不外乎以下三种：

1. 高度集中的单中心模式

强调单核集中，中心城市通过集聚效应和扩散效应，吸纳区域空间要素向心集中，形成严格的城镇等级体系和发展序列。

2. 沿交通走廊的“点—轴”模式

以各级城镇为依托，以经济发达、集聚效应明显的交通线等基础设施为基础，确定重点、开放的点轴体系，形成以中心城市为极核，由近及远、渐进开发的空间结构。

3. 均衡发展的网络模式

“网络”是“点—轴”的最终发展形态。随着社会经济的进一步发展，区域进入全面有组织状态，点和轴线的等级差异变小，最终达到相对均衡的状态，完成网络空间的重构。

（二）“点轴突破，板块联动，网络生长”的空间优选方案

从沿海开发的整体考虑，港城不能同时建设、同步开发，它们在规模和发展时序上必定会存在差异。

在一段时期内，需要集中市域空间要素和资源要素，综合考虑选取城市节点和发展轴重点建设，通过点轴模式首先打破市域空间低水平均衡的状态，形成盐城发展新的增长极和着力点。

在新“抓手”的带动下，要考虑到区域间发展条件和发展水平的差异，重构市域空间体系，根据不同的区位条件和资源禀赋划定不同的区域板块，集中优势、错位发展，通过板块联动的方式，获得区域整体空间效益的提升。

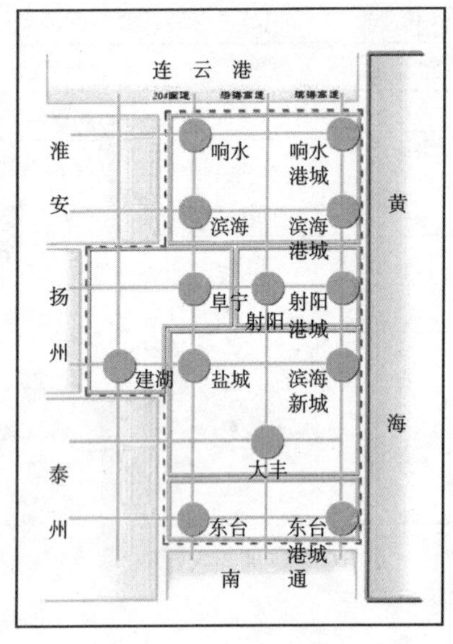

图 11－11 盐城网络模式示意图

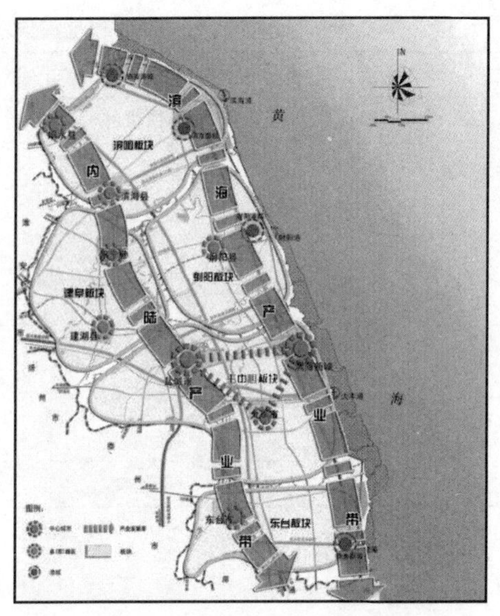

图 11－12 盐城空间结构规划图

在城镇空间增长的策略上，选取网络生长的方式。首先强调东进的交通、供电、给排水等基础设施的区域共享共建，然后在各动力线节点处，综合多方面因素布局城镇新的发展空间，采用“有机集中”的发展模式，确定各自功能，疏散各级中心城市的人口、社会、环境的压力。同时，应坚持“生态优先”的发展理念，保障集中的绿地系统与城市化空间相互的穿插。

因此，我们提出了“一心两带、一主四块”的产业布局与空间结构方案，彰显盐城市雄鹰展翅的空间发展意向。

1. 一心

由盐城中心城区、大丰市区和滨海新城组成的核心三角，承担区域性的金融、信息、贸易、科技文化等综合服务功能，作为全市经济增长的引擎，推动区域整体的东进与发展。

2. 两带

① 内陆产业带：依托 204 国道和沿海高速，串联盐城中心城区以及东台、建湖、阜宁、滨海和响水五个城区，重点发展纺织服装、轻工、机械等产业，成为盐城市域轻工业的集聚地。

② 滨海产业带：以规划的滨海高速为轴，串联沿海各港城以及滨海新城，形成盐城市域的新兴城镇发展带，依托沿海各港口及规划的各产业园区，重点发展能源、重化工、造纸等临港产业，成为盐城市域重工业的集聚地。

3. 一主

盐城主中心板块：由盐城中心城区、大丰市构成，重点发展汽车、机械、游艇、高新技术、生态旅游、会展、物流等产业，是盐城市域高端产业的集聚地、研发基地、综合服务中心。

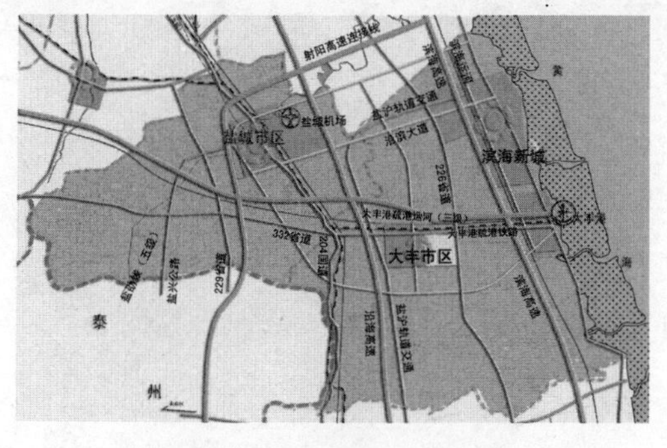

图 11－13　盐城主中心板块

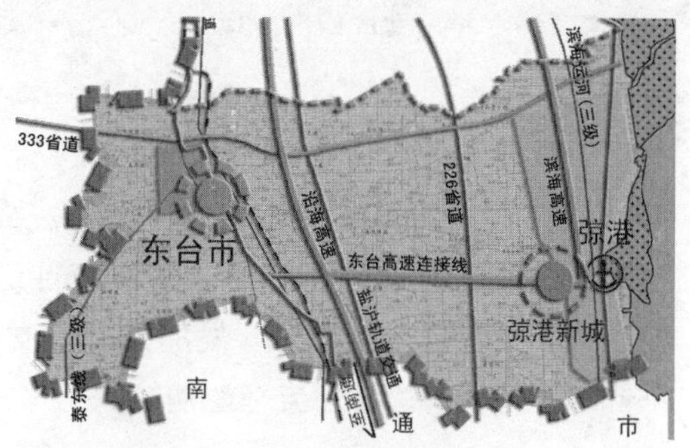

图 11－14　东台板块

4. 四块

① 东台板块：由东台市域构成，包括东台城区和弶港新城两个城镇功能组团，为盐城市南部的经济、文化、服务中心，未来盐城市承接长三角产业转移的前沿阵地和南大门，重点发展纺织服装、精密机械、新兴能源、海产品加工等产业。

② 射阳板块：由射阳县域构成，包括射阳城区和射在阳港城两个城镇功能组团，为盐城市北部的经济、文化、服务中心，重点发展纺织、能源、造纸、化工等产业。

③ 滨（海）响（水）板块：由滨海和响水县域构成，包括响水城区、滨海城区、陈家港城和滨海港城四个城镇功能组团，重点发展重化工、能源、机械等产业。其中，响水县是盐城北向联系的门户，灌河流域开发的重点区域；滨海县是淮河流域的主要出海口。

图 11－15　射阳板块

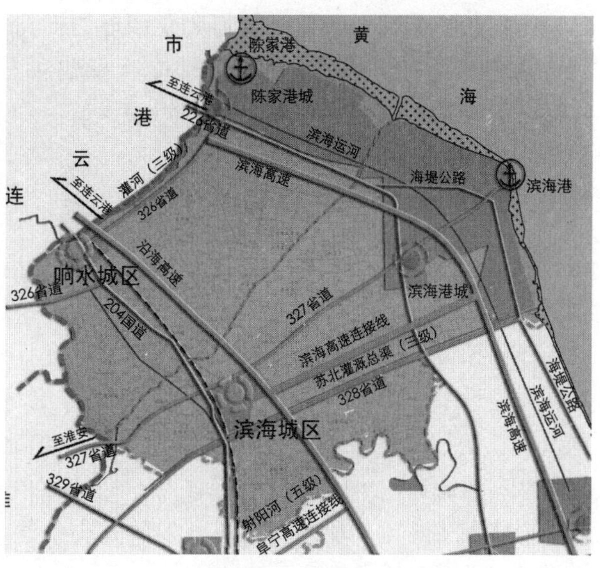

图 11－16　滨（海）响（水）板块

④ 建（湖）阜（宁）板块：由阜宁和建湖县域构成，包括阜宁城区和建湖城区两个城镇功能片区，重点发展皮鞋等轻工产业以及纺织、机械等产业。其中，阜宁县是盐城西向联系的门户；建湖县是里下河地区规模最大的区域性综合现代物流中心。两者作为滨海开发的强有力支撑空间，共同承担区域的综合物流基地功能。

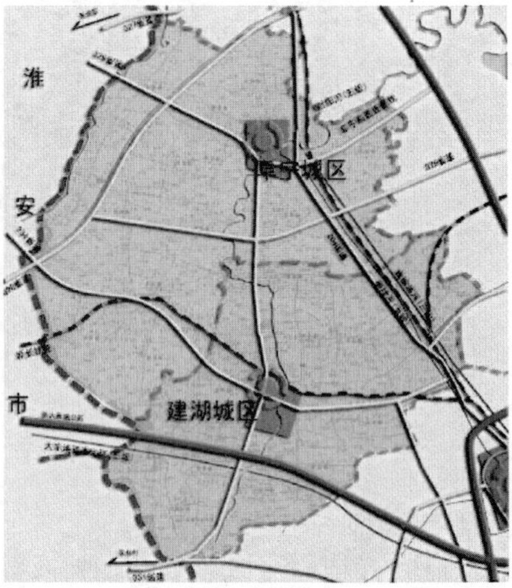

图 11－17　建（湖）阜（宁）板块

（三）近期空间战略

1. 整合中线，整体东进

配合沿海开发的需要，调整中部各城镇的空间发展方向和发展重点，实现市域空间发展重点的整体东进。

2. 中部组团发展，南北极核扩张

举全市之力共同打造滨海新城，提升盐城中心城市和大丰市区的功能，构建网络化的交通设施体系，包括盐城市区和大丰市域的中部地区初步形成组团发展的格局；南北两翼要突出重点，积极开发建设港城，不断壮大现有城镇的实力，增强各级城镇的集聚能力。

五、优化交通网络

（一）交通现状分析

虽然盐城的交通条件已经得到了明显的提高，但是，与盐城跨越式发展和沿海开发的要求相比，与外界联系的区域性交通设施和支撑区域发展的内部交通设施仍然严重缺乏。

（二）区域交通战略

打通与淮安、宿迁并延伸至蚌埠、淮南、阜阳、周口、驻马店等地的联系通道，拓展盐城港的腹地空间。

超前预留盐沪轨道交通（磁悬浮）的建设用地，与建设中的沪杭磁悬浮相呼应，加强与上海以及长三角核心地区的联系，使之成为长三角北翼的战略性通道。

应将上述两项工程作为沿海开发的先决条件，提升至与沿海开发同等重要的地位。

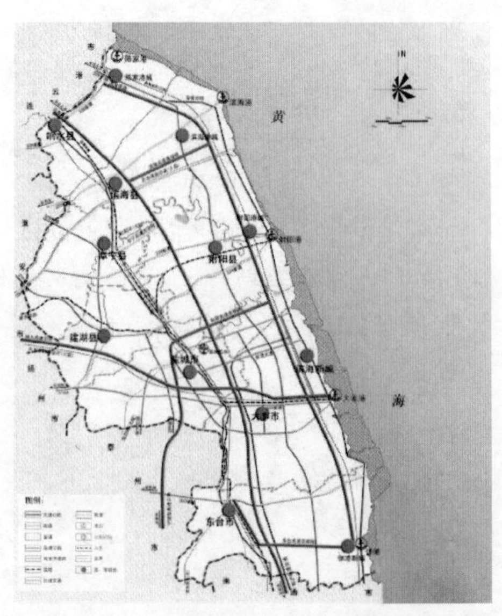

图 11－18　盐城市交通体系规划图

（三）内部交通网络构建

发挥盐城水陆空交通兼备的优势，构建空港、海港、铁路、公路、航道等各种交通设施三位一体的综合交通体系。

1. 高速公路

建设“一横两纵，一通三连”的高速公路主骨架。

“一横两纵”指已经建成或正在建设的徐大高速以及沿海高速、宁靖盐高速。

“一通三连”为我们提出的新增加的高速公路。“一通”即滨海高速；“三连”指滨海高速连接线、射阳高速连接线以及东台高速连接线。

“一通三连”高速公路的建设对于盐城市沿海开发的意义深远：其一，提高了沿海地区空间结构的紧密度，为沿海战略点的空间整合提供了基础。其二，加强了沿海地区与内陆地区的横向联系，有利于沿海地区与内陆地区的互动发展。其三，方便了沿海地区的对外交通联系，直接提升了其吸纳和辐射能力。

2. 国、省道

建设“四纵五横”的国、省道公路网骨架。

“四纵”：234—229省道，204国道，226省道以及海堤公路。

“五横”：326省道，327省道，329省道，331—332省道以及333省道。

除此以外，规划路网中还包括了328省道、阜宁高速连接线、233省道、229省道。

以上道路均按一级公路标准建设。

3. 铁路

建议沿海铁路东移，尽量靠近沿海地区。

规划新建两条疏港铁路：新长铁路射阳港支线，由盐城北站引出；新长铁路大丰港支线，由大团站引出，在滨海新城设立大型客运站场。

4. 港口

规划建议整合沿海港口资源，设立盐城港，由大丰、射阳、滨海和陈家港等港区组成。

要继续加快开发和建设大中型深水港口群。形成以大丰港为龙头的港口群共同发展的局面，把大丰港建成国家级综合性大港，滨海港建成淮河流域的重要出海口岸，射阳港建成皖中地区出海的以煤炭、石油运输为主的专业性港口。

大丰港区：规划为盐城港主港区、国家一类开放口岸。近期规划建设4个万吨级码头、4个2万吨级码头、2个5万吨级码头，设计年吞吐能力达到3000万吨、100万标箱；远期达到30个泊位，设计年吞吐量超亿吨、300万标箱。

射阳港区：盐城港副港区、国家二类开放口岸。近期年吞吐量达到1000万吨。远期年吞吐量达到3000万吨。

滨海港区：盐城港副港区，近期建设一个10万吨级天然气码头。

陈家港区：盐城港副港区。

5. 航道

依托盐城现有的水运系统，进一步拓展内河运输网络，开挖滨海运河，改善港口的集疏运条件，增强沿海地区货物集聚和配送的能力。因此，规划建设两级航道体系，其中：

三级航道：滨海运河、灌河、苏北灌溉总渠、通榆运河、大丰港疏港运河、泰东河。

五级航道：串场河、射阳河、盐劭线。

6. 航空港

盐城机场目前为4C级民用机场，是江苏省第二个开通国际航线的机场。

随着交通运输方式的进步，航空在交通体系中的地位愈为重要，因此我们强调航空港的建设，力争在2010年将盐城机场建成国家一类开放口岸的4D级机场。

六、开发滨海地区

汕头港、连云港、太仓港的经验和教训告诉我们，沿海开发不能孤军深入，港口建设不能脱离城市。盐城要走向海洋，不能仅是“物”的向海积聚，更需要“人”的向海集中，因此未来盐城要凸现滨海形象，实现沿海崛起，必须确立港城一体的开发策略。

（一）滨海地区的定位

全国乃至世界知名的生态旅游和休闲度假区。

我国东部沿海重要的能源基地。

长三角“北翼海港群”的重要组成部分。

苏北振兴的前沿阵地，中部崛起的门户港之一。

盐城区域经济跨越发展的核心增长极。

（二）滨海地区的开发战略

1. 空间开发策略：“金角银边”

“金角”是指由盐城中心城区、滨海新城、大丰市区组成的核心三角，是沿海开发的龙头。

“银边”包括沿海各港口、临港产业区、港城等，以及它们之间的基质空间，是沿海开发的协调区域。

2. 滨海新城建设策略：打造“新地标”

举全市之力合力打造滨海新城，以深圳的速度、浦东的气魄，三年见效，五年变样，十年初具规模，将滨海新城建设成为盐城的“新地标”。

3. 开发时序策略：龙头牵动，一体发展

全力保证盐城港主港区——大丰港建设的先行，适时启动滨海港、射阳港、陈家港的建设。应根据发展的需要，提供政策倾斜的平台，集中地方财力，结合招商引资的情况量力而行。

（三）滨海地区的空间结构

规划形成“一核两区，四港四城”的空间结构。

1. 一核由盐城中心城区、滨海新城和大丰市区构成，人口210~240万

盐城市的跨越式发展和沿海地区的快速崛起，都需要一个强有力的中心城市，作为引擎带动全局。当前，在增强盐城中心城区辐射带动作用的同时，还需将滨海新城作为盐城市新的发展亮点，举全市之力重点打造。另外，大丰市区是盐城市目前城镇建设基础和发展水平最高的地区之一，与中心城市和滨海新城在地域空间上临近，又有发展的契合点，因此我们将其纳入核心三角城市群统筹考虑，共同构成盐城市的区域中心和核心增长极。

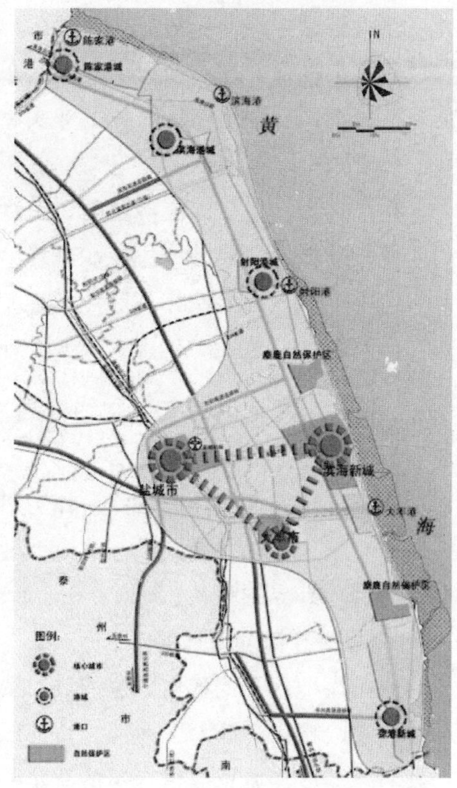

图 11－19　滨海地区空间结构图

本区采用“有机集中”的城市空间生长理念，力图打造一个能适应未来城市社会、经济发展要求的高度现代化的都市区“大结构”，主动引导城市各类功能的有序扩张和相宜布点。其空间布局有以下要点：

① 构建整体化和高度现代化的都市区大交通网络，整体提升都市区各节点的交通通达性和联系紧密度。

② 在现有的以及新的城市化空间中，促使各类资源的高效率、高水平的集中，构建更加开敞、舒朗的都市大结构，在交通网的主要节点高标准建设卫星城镇，同时应防止都市区的无序蔓延。

③ 保障大面积相对集中的绿地系统，形成与城市空间相互穿插的广域生态空间。

④ 城市整体功能在整个核心都市区中进行分散，但是各中心城市承担的区域功能又各有侧重。其中：

盐城中心城区是面向市域的综合服务中心。

滨海新城是盐城市的“新地标”和港城一体化的先行区，需要举全市之力共同打造，最终建成一个集国际性商务、会展、旅游、休闲等功能为一体的，海河湿地绿脉通联、自然人文生息与共的综合性海滨城市。

大丰市区主要承担大丰市域的居住、服务和产业中心功能，同时承接盐城中心城区部分功能的转移，为港城一体化提供支撑。

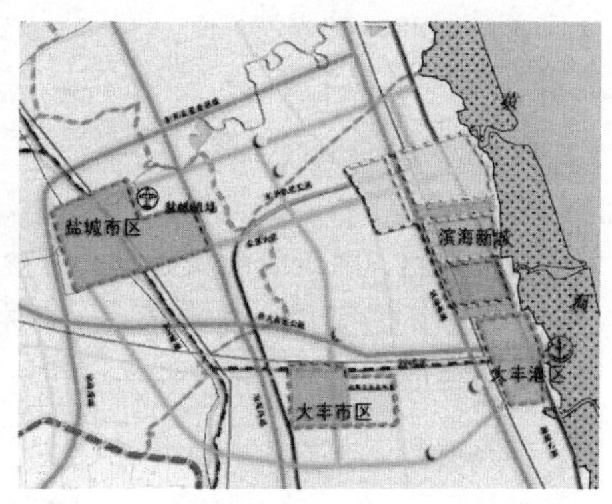

图 11－20　“核心三角”功能结构图

2. 两区

丹顶鹤自然保护区：位于射阳县与大丰市交界的东部沿海地区，核心区 1.8 万 hm^2。

麋鹿自然保护区：位于大丰市东南部沿海地区，核心区 2600 多公顷。

3. 四港

大丰港区：江苏中部最大的综合性货物集散地，长三角北翼盐城港的主港区。

滨海港区：淮河流域最为便捷的出海口岸。

射阳港区：盐城乃至里下河地区东进西出的重要枢纽。

陈家港区：灌河流域开发的龙头港。

4. 四城

射阳港城：重要的能源基地、造纸基地，循环经济示范区。

弶港新城：重要的绿色能源基地、生态旅游基地、海洋经济中心。

滨海港城：综合性化工产业基地，重要的重化工基地。

陈家港城：重要的化工、能源基地。

（四）滨海地区的交通网络构建

1. 超前建设滨海高速公路

高标准建设滨海高速公路，作为沿海各战略点之间联系的快速通道，作为支撑沿海开发的骨干工程，以及盐城市域滨海产业带南北联系的主要通道，并适时向南通、连云港延伸，打通与外界的联系。

2. 尽快开挖滨海运河

在滨海地区开挖连接陈家港城、滨海港城、射阳港城、滨海新城、大丰港区、弶港新城等主要战略点的滨海大运河，按三级航道标准建设。一为方便南北向的货物运输，二为沿海各产业区和城镇提供充足的淡水。

3. 加强疏港通道建设

高速公路：新建滨海高速连接线、射阳高速连接线以及东台高速连接线。

海堤二级公路：依靠海堤建设二级公路，作为各战略点内部联系的辅助通道。

疏港铁路：尽快启动新长铁路大丰港支线和射阳港支线的建设。

疏港运河：加强对灌河、苏北灌溉总渠、大丰港疏港运河的整治，最终达到三级航道。

4. 建议沿海铁路东移

规划中的沿海铁路距盐城海岸线40km，建议盐城段东移靠海，大大改善沿海地区的交通区位条件。

七、打造滨海新城

滨海新城建议选址在大丰市斗龙港和大丰港之间，北至方强农场，南至三卯酉河，西至滨海高速公路，东至海岸线，规划范围为200km^2，远景控制面积300km^2。规划滨海新城内部形成四大功能组团：

滨海综合功能区：独具滨海特色和湿地风光的功能区，盐城市营造滨海形象的新亮点，未来接轨国际的具有CBD功能的核心组团，主要承担国际性商务、会展，旅游服务以及居住功能。规划面积100km^2。

都市产业区：战略性项目聚集区，积极吸引国际跨国公司、国内大型企业的落户。同时作为盐城市跨越式发展的新兴产业基地和高新技术研发中心。规划面积50km²。

临港产业基地：依托大丰港的临港产业基地，大丰港作为基地港阶段的产业发展重心。面积40km²。

绿色开敞空间：产业区与城市功能区之间预留的绿色呼吸空间。规划面积10km²。

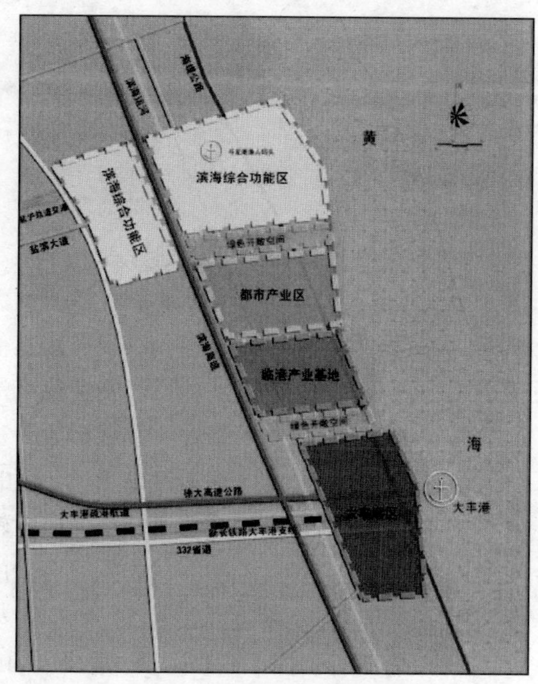

图11－21　滨海新城功能结构图

八、更新发展观念

（一）发展观念的革新

沿海开发是盐城区域经济发展模式的转折，是理性思辨和最终博弈的结果，它的实现需要发展观念的同步更新。突破原有的发展框架，改变现有的发展模式，增加战略性转移的魄力，需要方方面面的观念革新：

改变滩涂利用的传统观念，突破传统的滩涂利用方式。

更新对淤泥质海岸开发的原有看法，突破固有的开发模式。

丰富湿地等生态敏感区的保护与开发策略，突破保护与开发的“瓶颈”。

（二）开发思路的创新

确立集中式的开发策略，突出沿海开发的空间重点，避免开发区域的无序蔓延；

确立组团式整体开发的策略，强调各开发空间的协作与分工；

确立保护性开发的策略，在保证整体生态质量的前提下，强调开发对保护的支撑作用；

确立多元化的融资方式，探索BOT、TOT、ABS等新型融资方式。

（三）管理模式的创新

针对沿海开发的实际，积极进行管理模式的创新：

设立盐城港，对大丰港、射阳港、滨海港、陈家港等实行港区式的垂直管理，注重各港区之间的功能分工，提升盐城港的综合功能。

合力打造滨海新城。由大丰市提供土地，盐城市、大丰市共同投资进行基础设施建设，内部实行分片区单独建设和管理，实现机会共享、收益共享；甚至可以考虑让市域所有的县市（特别是建湖、阜宁两县）都参与到滨海新城的建设当中，在统一规划的基础上，分别划出一定的土地由指定的县市进行建设和管理，使滨海新城成为盐城市域战略项目的集聚地。

小 结

《盐城市沿海开发战略规划》是在江苏省“振兴苏北”战略提出的背景下展开编制的。地处江苏沿海经济带和东陇海经济带两大生产力布局主轴线交汇区域的盐城，具有独特而优越的区位优势，同时也具有长三角其他城市所难以企及的资源优势。但是由于种种原因，历史上曾经辉煌过的盐城却在近代沉沦下去，富饶而欠发达、靠海而不滨海的窘境给800万盐城人民敲响了警钟。在城市竞争日益加剧的今天，盐城如何利用已有的政策支撑和优越的资源优势，全面实现城市功能的跃迁，通过城市转型完成盐城的跨越式发展，真正使其由内陆城市发展为滨海城市，同时转变欠发达的发展态势，是本章重点关注和解决的问题。对于欠发达地区跨越式发展转型的研究于中国许多城市而言有着广泛的借鉴意义，主要体现在以下两方面：

（1）盐城位于中国东部沿海，紧邻中国的经济中心上海，然后它却是典型的发达地区周边的欠发达城市。盐城实现跨越式发展的关键是利用自身的自然资源优势和人力资本，吸引周边发达地区的资金、技术和产业的转移。通过实现所谓的“填坑效应”（资金、技术等发展要素由高势能区向低势能区的倾泻），发挥欠发达城市的后发优势。盐城在这方面的经验无疑对于中国大多数的后进城市有着很强的借鉴价值。

（2）盐城的转型是一种全面转型，包括城市发展战略、产业空间结构、交通基础设施等方面，尤其是作为战略新空间的滨海新城的规划建设，直接导致了盐城城市功能的转变。以港口为依托，大力发展现代服务业成为了盐城未来发展的新抓手。研究这样一种全面转型，可以系统地归纳出欠发达城市跨越式发展的各种途径和类型，也为相同类型城市的转型提供了很好的参考。

盐城的未来掌握在盐城800万人民的手中，它能否顺利实现转型取决于其能否把握住眼前的机遇。“麻雀变凤凰”式的城市发展童话不单只可能发生在盐城身上，对于中国大多数还面临该如何发展困惑的城市而言，只要它们能够及时理清自身发展条件、科学合理地制定相关规划，同样可能完成“脱胎换骨”的城市转型，从而实现城市功能的跃迁，摆脱欠发达的落后处境。

第十二章

从"均衡分散"到"有机集中"

——嘉兴市域空间发展模式转型研究

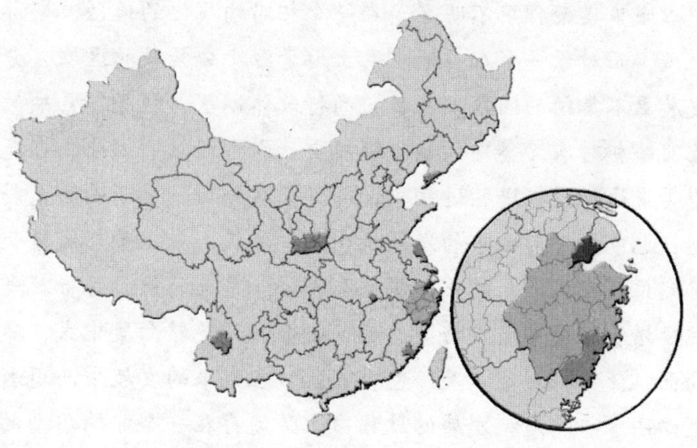

浙江嘉兴是一个盛产粽子的地方，也是一个文人辈出的区域。20世纪20年代，更因为有一群热血青年从上海转移至嘉兴南湖的红船上完成了中国共产党第一次代表大会的议程而成为我们执政党的圣地。仍然是这个嘉兴，在20世纪二三十年代曾经被中国老一代地理学家描绘成最具克里斯塔勒“中心地”特征的区域。然而，改革开放后，嘉兴的发展都表现出“非中心地”的特征。在中国，像嘉兴市域［一市五县（市）］那样发展得较为均质的地区不多。不仅中心城市与县城，而且城市与乡村也没有像中国的大多数地区那样存在突出的二元结构特征。正因为此，在中国其他地区，极核式的发展特征在嘉兴却表现为中心城市集聚作用不明显。在一个相对均质化的地区，实际上就意味着分散的力量占据了上风，而对于一个人多地少、土地资源十分紧缺的区域，分散发展可能蕴含着一个比集中发展更不集约的问题。在目前的行政体制下，把原本紧缺的资源交给缺乏管理人才的基层比交给相对人才集中的城市可能更让人不放心。因此，在完成了小康温饱阶段，向现代化中等发达阶段挺进的过程中，嘉兴正在经历一个新的历史转折，不仅是城市发展模式的转型，也包括了对城市的发展机制——乡镇工业化带动城市化道路的全面转型。这需要从战略定位到空间布局的一个调整和整合。整合的核心目标就是量的扩张转向质的提高，由资源性增长转向环境友好型发展，由全面开花转向集中式、集约式开发，打破原有的均质性局面，使中心城市以及一些重点区域在未来的发展中凸现新的竞争优势。在由低水平均质型向高水平均质型发展的过程中，必定存在一个非均质型的过渡阶段，嘉兴将要经历并完成这一阶段，这符合城市发展螺旋式上升的历史辩证法。

第一节　认识——空间模式转型的必然性

嘉兴市域地处长三角地区南翼，东邻上海，西靠杭州，北连苏州，南隔钱塘江与宁波相望，区位条件十分优越。市域面积3915km^2，下辖秀州、南湖两区，海宁、桐乡、平湖三市，嘉善、海盐两县。

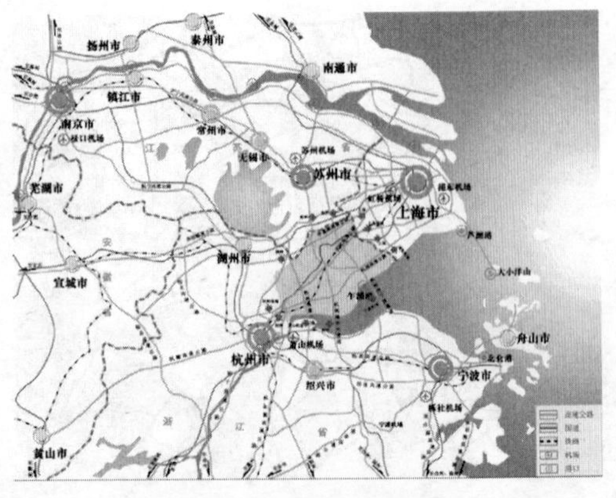

图12-1　嘉兴区位图

经过多年的快速发展，嘉兴区域经济取得了长足的发展。1995年，嘉兴市人均GDP突破1000美元；2000年，嘉兴市人均GDP突破2000美元；2004年，嘉兴市域人口334万，GDP突破1000亿元大关，人均GDP超过4000

美元；2006年，嘉兴GDP进一步增加到1343亿元，人均GDP突破5000美元。

经过改革开放以来的快速发展，嘉兴的区域经济已经取得了巨大的成绩。然而，上世纪末特别是本世纪以来，嘉兴的经济发展遇到了许多问题，尤其是土地、电力等发展要素的紧缺更成为其经济实力进一步提升的制约。而且，科学发展观、和谐社会等全新的发展环境也对嘉兴的进一步发展提出了新的要求。

在这些新的制约和要求下，如何有效地推动嘉兴市经济结构的调整和资源配置方式的转变，以及如何在这一新的背景下通过空间发展模式的转型带动经济发展模式的全方位转型，实现区域经济的持续快速发展，已成为嘉兴市域经济发展的关键课题。

一、认识嘉兴——不强不弱的尴尬

在全国层面，嘉兴现状发展处于领先位置，但由于经济规模不大、发展特色不明显，导致区域知名度、区域地位都不高；而在长三角、浙江省层面，嘉兴都处于中游位置，比上不足、比下有余，区域地位较为尴尬。

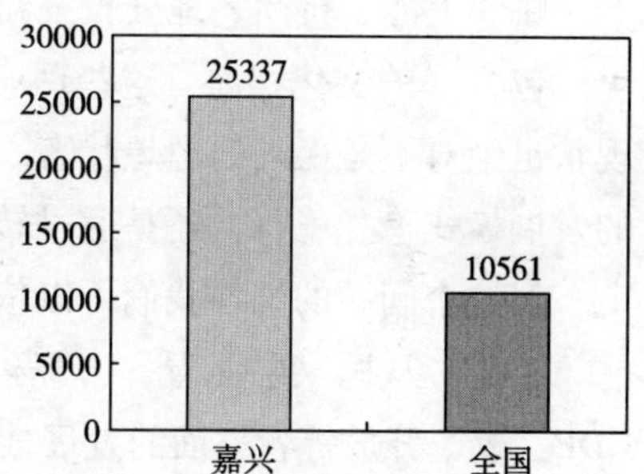

图12－2　嘉兴与全国比较

来源：《中国统计年鉴2005》。

（一）全国层面

自20世纪80年代以来，嘉兴区域经济持续快速增长，且多数年份增长速度高于全国平均水平，人均GDP一直高于全国平均水平。随着20世纪90年代以来嘉兴经济的加快增长，这种优势进一步放大了。2004年，我国人均GDP为10561元，而嘉兴市域人均GDP高达25337元，是全国平均水平的近2.4倍。

从综合实力来看，嘉兴市在全国的地位也在不断地提升，2002年嘉兴市在全国城市综合实力排名126位，在2004年10月30日公布的2003年度《全国综合实力百强城市排名》中，嘉兴名列第56位，上升势头十分迅猛。

可见，与全国平均水平相比，嘉兴市域经济发展水平较高，具有较大的优势。

（二）长三角层面

长三角包括上海、江苏、浙江的15个城市，是我国城市和人口最为密集、经济发展水平最高的区域。长三角地区以全国1%的土地、6%的人口创造了20%以上的GDP，人均GDP超过4000美元。

从各种相关指标的比较来看，嘉兴都处于长三角十五个城市发展的中下游水平，与长三角一些城市尤其是南京、苏州、无锡、杭州、宁波等城市还有较大差距，属于“强市中的弱市”、“发展中的低谷”。

另根据《2002年中国城市竞争力报告》，“长三角”15个城市中有14个进入全国综合竞争力前50位，其中13个城市排名在嘉兴之前，嘉兴比常州落后11位，比绍兴落后19位；2003年我国城市综合实力排名，嘉兴又进入全国百强城市名单，居长三角15城市的第12

位，仅高于泰州、湖州、舟山。到2007年为止，这种状况仍然没有得到明显的改变。

(三) 浙江省层面

在浙江省"三圈三级两片两环"的城镇体系结构规划中，嘉兴与湖州、绍兴、衢州、丽水、舟山等都属于二级区域中心城市，是杭州湾两岸"V"型城镇连绵区的重要组成部分。

与省内其他城市经济发展情况比较，无论从主要经济指标还是在全国综合实力排名看，嘉兴弱于杭州、宁波、温州，与绍兴、台州实力相当，强于金华、湖州、衢州、丽水、舟山，总体都处于全省中上水平。

二、发展转型——全方位的规制和要求

毗邻上海、杭州、地处长三角中心位置的绝佳区位，"扼海控江"的交通要冲，"厚重、包容"的文化积淀，这些理应带给嘉兴更多的"荣耀"和"光辉"。"不强不弱"的现状也绝对不是嘉兴的理想状态。可见，嘉兴远未充分释放自己的能量。是继续因循现有的发展模式稳扎稳打，还是通过转型实现突破和跨越?

对这个问题的解答我们可以依次从三个不同的层面思考:

首先，从国家层面看，市场经济体制的最终确立标志着新的发展环境的建立，人均GDP、改革开放等各方面的发展成就标志着新的发展阶段的到来，科学发展观、"和谐社会"、"城乡统筹"则标志着全新的发展要求。这一系列的"新"环境和"新"要求都是延续现有的发展模式所不能应付和支撑的，"转型"是我国持续快速发展的必然要求。

其次，从区域层面看，在交通、产业转移等内外因素的多重催生下，嘉兴所处的长三角正面临着新一轮激烈重组的要求。新的交通节点在形成、核心功能集聚和传统功能扩散、发展要素加速流动等都带动了以上海为中心，苏南、浙北为两翼的长三角发展格局的变化。中心城市尤其是上海的都市空间不断扩展，已经给嘉兴这样的地区带来了重塑、重组的大好机遇。如果嘉兴仍然遵循原有的发展模式，不仅不能利用这千载难逢的机遇，而且还可能被这样的潮流所"拖跨"和"分化"。

第三，从嘉兴自身看，原有的发展模式正在遭遇前所未有的挑战。土地、能源等资源供应紧张，水、空气等环境污染加重，区域生态压力沉重，这些都给嘉兴未来发展模式的选择提出了制约条件。同时，目前的嘉兴在产业机构、城市化、就业结构、消费结构、城乡关系等方面的转型已经开始。以此为契机，嘉兴即将进入全面转型的时期。

可见，从全国、长三角和自身看，发展模式的转型是嘉兴新的发展阶段的要求，是解决现有发展问题的捷径，也是缓解发展要素紧缺、满足快速发展需求的有效手段。

(一) 加速转型的中国

新的发展阶段对社会经济发展提出了更高的要求，也为嘉兴的转型提供了依据。

1. 我国人均GDP达到1000美元

人均GDP跨入1000美元是经济发展的一个重要阶段，也是一个新的起点。钱纳里—塞而昆模型通过对战后20年101个国家的数据处理，构造了反映结构变化的"标准结

构”。结果显示，在人均GDP100美元以下时，经济结构的变化比较缓慢，超过100美元后开始加速，300～500美元是结构发生剧烈变动的时期，当人均GDP达到900～1000美元时传统结构的变动才接近尾声，经济发展也将由此进入一个新的阶段。

2003年，我国人均GDP达到1090美元，超过1000美元，这是我国经济取得辉煌成就、进入一个新的发展阶段的重要标志，更是我国经济发展充满机遇、面临风险的一个阶段。伴随这一阶段，居民消费结构升级、社会阶层分化重组剧烈、民主意识增强、经济结构调整加速等引发的经济结构调整、经济增长方式转型、政府职能改革、社会转型等，也必将给嘉兴带来新的发展机遇与挑战。

2. “和谐”、“统筹”成为科学发展观的集中体现

党的十六届三中全会“五个统筹”（统筹城乡发展、统筹区域发展、统筹经济社会发展、统筹人与自然和谐发展、统筹国内发展和对外开放）思想的提出，标志着我国将从更多追求经济增长，转向经济与社会的协调发展。“五个统筹”思想无疑会成为政府施政执政的新目标，也为考核政府官员构建了新的参照系。

在2004年的“两会”上，温家宝总理报告以7%这个数字，给全国的官员一个明确的信号——GDP增长不是政府追求的惟一目标。同样，他在这个数字背后再度阐述了“科学发展观”，要求政府“更加注重统筹兼顾，更加注重以人为本，更加注重改革创新，着力解决经济社会发展中的突出矛盾，着力解决关系人民群众切身利益的突出问题，正确处理改革发展稳定的关系，推动经济社会全面、协调、可持续发展”。随后，和谐社会、环境友好型社会、社会主义新农村建设等的提出，又为科学发展观增添了新的内容。

（二）激烈重组的长三角

目前，长江三角洲已经形成了上海综合产业中心、苏锡常通四市经济带为主轴的高新技术产业核心区、宁镇扬的重化工业基地、沪甬舟的深水枢纽港口群。

2000年以来，长三角在全国的地位快速提高。长三角快速发展的同时，上海中心作用进一步集中，而江浙的生产功能更加突出，其内部空间结构不断重组。从增长速度来看，长三角地区15个城市中最高增速为18.0%，最低的为11.8%。三大板块中，浙江增速最快，上海增速最低；浙江6个城市中增速最快的达到16.9%，最低的增速也达到了14.8%，增幅均值高达15.4%；江苏沿江8个城市中最高的增速达到18.0%，最低的增速为13.4%，增速均值为14.7%。浙江平均增速比江苏多0.7个百分点，比上海增速快3.6个百分点。但由于总量上的优势，江苏总量占长三角的比重达到44.2%，比上年上升了1.2个百分点，优势仍呈上升趋势。

长三角三大板块的经济总量比重变化（%） 表12－1

板块	1990年	1995年	2000年	2005年	1990～2005年比重变化
上海板块	32.7	27.9	29.6	28.0	-4.7
江苏板块	42.6	45.0	41.9	44.9	+2.3
浙江板块	24.7	27.1	28.5	27.1	+2.4

长三角的激烈重组既给嘉兴的转型提供了超越现有发展水平和阶段的机遇，也可能进一步被边缘化。

（三）开始全面转型的嘉兴

目前，嘉兴人均 GDP 已经超过 3000 美元。按照国际上通行的计算方法，人均 GDP 达到 3000 美元，是衡量一个国家和地区是否实现初步现代化的最重要的“门槛”。以世界银行的划分标准衡量，人均 GDP2996 ~ 9265 美元是中上等收入国家的门槛；从经济发展阶段理论看，意味着该国家的经济已进入工业化的中后期；从发展经济学的观点看，意味着经济发展开始进入加速成长阶段（2000 ~ 10000 美元）。因此，人均 GDP 突破 3000 美元，可以说是一个区域新的里程碑，是该区域实现现代化的一个起飞平台。

人均 GDP 超过 3000 美元后，将对区域和城市的生活、生产、消费和社会的方方面面产生极大的影响：随着人均 GDP 和居民人均收入的提高，私家车增多、住房面积扩大、服务业更加发达等等，人们的需求结构会从物质追求转向精神追求。需求结构的调整还必然带来企业生产结构的调整，区域经济将向非物质化方向发展。产业结构将进一步调整，高科技发展更加迅猛，金融、咨询等行业逐渐壮大。这些产业的发展会带来就业结构的变化，大量劳动力涌入服务业，城市化进程将进一步加快。

不同发展水平国家（地区）的指标比较　　表 12 - 2

发展水平（人均 GNP，美元）	一产比重（%）	服务业增加值占 GDP 的比重（%）	城市化率（%）	农业劳动力占总劳动力比重（1990 年，%）	65 岁及其以上人口占总人口比重（%）	教育公共支出占 GNP 比重（%）	卫生保健支出占 GDP 的比重（%）	小汽车拥有量（辆/千人）	出生时预期寿命（岁）
低收入国家（<760）	23	38	30	68	5	3.2	4.2	5	63
下中等收入国家（761 ~ 3030）	11	54	58	30	7	4.9	5.3	55	68
上中等收入国家（3031 ~ 9360）	8	60	77	25	6.1	5.0	6.3	140	71
高收入国家（>9361）	2	65	77	5	14.1	5.4	9.8	429	78

资料来源：《2000 年世界发展指标》。

新的发展阶段对嘉兴市的经济社会发展提出了新的要求，推动经济社会全面的转型。

1. 产业结构升级

从三次产业结构看，根据美国经济学家西蒙·库兹涅茨等人的研究成果，工业化往往是产业结构变动最鲜明的表现。在工业化起始阶段，一产比重很高，二产比重很低。随着工业化的推进，一产比重持续下降，二产和三产比重快速提高，且二产比重上升幅度大于三产，一产的优势地位逐渐被二产所取代。当一产比重降至 20% 以下、二产比重上升到高于三产时，工业化进入中期阶段；当一产比重再降至10%左右、二产比重上升到最高水平时，工业化进入后期阶段，此后二产的比重转为相对稳定或缓慢下降。整个工业化进程，工业在国民经济中的比重呈现“∩”型的变化轨迹。2003年，嘉兴市的三次产业结构为8.0∶59.3∶32.7，处于工业化的中后期阶段。

据经济发展规律，未来20年，嘉兴市域的第二产业内部结构将逐步优化升级，第三产业将逐渐兴起成为经济腾飞的主导力量。

2. 城市化进程加速

按照城市化水平提高的一般规律，城市化水平低于30%时，城市化进程较为缓慢；当城市化水平达到30%时，城市化进程开始加速；当城市化水平达到60%左右，城市化进程提高的速度变慢。

2003年，嘉兴市域城市化水平已达45%，进入快速提高的阶段。按照目前的趋势，5年之内，嘉兴市域的城市化水平将超过50%，这标志着嘉兴向城市社会的转型。

3. 就业结构转型

就业结构是随着产业结构的升级而变化的。2004年嘉兴市域非农劳动力占全社会劳动力比重约为78%，其中第三产业比重为30%。

未来，嘉兴市域非农劳动力比重仍将进一步提高，第三产业从业比重增加得更快，并且随着第三产业在产业结构中的优势地位的确立，就业结构的主体也将向服务业转变。

4. 消费结构转型

人均GDP超过3000美元表明人民生活开始进入富裕阶段。世界经济发展的经验表明，当一个国家和地区的经济发展跨入富裕型阶段时，随着收入水平的提高，人们对生活便利和舒适程度的要求变得强烈。从消费结构看，家用电器占重要地位的小康型特征将不存在，住房需求增加，小汽车拥有率迅速提高，住宅、家用轿车为主的富裕型消费特征日益显著。

5. 城乡关系转型

国际经验表明，一国经济发展的原始积累大都取自农业部门，表现在农业生产率先于工业而快速提高，随着农业生产水平的提高，工业发展所需要的积累逐渐具备，从而地区经济进入工业化阶段，农业发展相对缓慢，城乡居民收入差距迅速扩大，城乡二元特征开始显现，随后，当区域城市化水平超越50%后，区域社会由传统社会步入现代社会，开始向城乡融合即城乡一体化方向迈进。

目前，嘉兴市域城市化水平已超过45%，即将进入城乡一体化发展的时期。

三、转型的基础和条件

转型的顺利完成不仅需要自身迫切的需要，也有赖于内外部的各种基础和条件。全球产业转移为嘉兴的发展转型提供了动力来源，不断优化的交通区位条件为嘉兴的发展转型提供了前所未有的机遇，资源要素供应的日益紧张为嘉兴的发展转型提出了更为具体的要求，加速发展的态势则展现了嘉兴实现发展转型的热情和决心。

（一）全球产业转移的新高潮

相关研究证明，全球产业向中国的转移是一个阶段性、逐步提升的过程，第一轮是低层面的“三来一补”加工业，珠三角曾为其主要接纳地；第二轮是规模制造业和部分高新技术产业，促发了长三角的崛起。第三轮是装备制造业、重型机械制造业以及石化、能源等大工业的转移，目前正在进行中。紧随其后的第四轮将是现代服务业，包括金融、贸易等生产性服务业的转移，这已经在中国的首位城市北京、上海等地出现。第五轮则会迎来大规模的资本、企业并购以及产业本地化的高潮。

全球产业向中国的第二轮转移过程中，长三角的许多城市很好地承接了规模制造业和高新技术产业的转移，实现了区域经济的快速发展，最典型的例子即是与嘉兴接壤的苏州，借着全球产业转移的热潮，已经成为长三角地区乃至中国的“明星城市”。

从全球产业转移的环节看，中国总体上正处于国际产业转移的第二、第三轮高潮，在可预见的将来，国际资本还将进行多轮产业转移。从产业转移的来源来看，随着世界产业结构的普遍升级和调整，除了欧美等国，来自日本以及韩国、台湾等“四小龙”地区的大规模直接投资和技术转移将进入新的高峰期，中国在未来20年内，依然是最受国际资本青睐的地区之一。

环杭州湾各地区产业发展方向比较　　表12-3

地区	拟重点培育的产业集群
杭州	电子信息、现代医药、纺织、服装
宁波	电子信息、石化、服装
绍兴	电子信息、现代医药、石化、纺织
嘉兴	石化、纺织
湖州	服装
舟山	现代医药

引自：《环杭州湾产业带发展规划》。

从全球产业转移的规律来看，以亚洲为例，从日本到亚洲的“四小龙”、“五小虎”，从中国的珠三角到长三角，这样一个产业转移的过程实际上就是资本追逐利润最大化的过程，那么，正常地，今日正如火如荼地大量涌进长三角地区的“转移产业”有朝一日也必将转移至综合成本较低的地区。所以，结合产业发展的规律，对于嘉兴来说，不算充裕的地域空间、水土资源和较为脆弱的生态环境决定了其不能对所有的投资和转移来的产业来者不拒。面对接下来的全球产业转移带来的发展机遇，嘉兴应该主动承接机遇，进行合理的产业遴选，重点扶持有长期发展潜力的产业，实现经济的进一步腾飞。否则，一旦错过或被别的区域所抢先一步，不进则退，机遇即成挑战。

区域产业的升级与调整必然催发空间发展模式的转型，从而为嘉兴空间模式的转型提供了动力来源。

（二）不断优化的交通区位条件

区域区位条件的决定因素有两种：一种是不可改变的，比如位置、气候条件、自然资源状况等；另一类是可以改变的，比如交通条件、人才储备、经济实力等。当前经济的发展趋势是区位条件越来越依赖于交通、科技等条件，区位条件的不确定性、可塑造性日益突出。由此，由区位条件引发的区域结构重组愈演愈烈。

宏观区域层面，嘉兴市是长三角经济区的成员，处于长三角城市群的核心地带。从区位上看，嘉兴市位于长三角的地理中心，地处杭嘉湖平原的腹心地带；是上海、环太湖、杭州湾三大经济圈的交汇地带；距离上海中心城市96km，与南通、苏州共同组成上海都市圈的外围紧密圈层；是长三角“之”字型主要通道中的重要节点城市，也是上海经济圈向南部各沿海城市辐射扩散的咽喉地带。

中观区域层面，嘉兴市域周边分布有上海、苏州、杭州、宁波4座特大城市，规划期内，通过高速公路网的完善、跨海大桥的建成，轨道交通及高速铁路的规划建设，嘉兴与周边四大城市的联系将更加便捷。嘉兴在自我发展能力还比较有限的情况下，接轨、借力等战略的实施无疑会使其在四大城市之中左右逢源，这样的区位条件是诸多城市梦寐以求的。而与四大城市相比，嘉兴相对较低的生产成本和较为充裕的生产要素，也成为四大城市产业转移和功能分流的首选地。

微观区域层面，嘉兴市位于高度都市化地区——上海中心城市的强影响区。上海是我国最大的城市，也是我国目前国际化程度、都市化程度最高的地区之一。嘉兴市与上海直接相邻，最近的地方到上海中心城市不足30km，嘉兴到上海中心城市也只有不足100km的距离，交通时间在一小时以内。上海的都市化战略和进程都紧密关系到嘉兴市的都市化进程。未来，随着沪杭磁悬浮、城际轨道等高速交通设施的建设，嘉兴与上海的交通时间还将大幅度缩减，这种影响还将进一步强化。

因此，在不同的区域层面，嘉兴的交通区位优势都将不断强化，这为嘉兴发展的转型提供了良好的机遇和条件。

1. 交通区位优势的逐步释放

2002年以前，嘉兴市域范围内有沪杭铁路和沪杭高速、320国道、07省道、01省道等多条区域性的交通线路。单从表面上看，交通条件似乎很优越，但进一步分析发现，嘉兴只是周边区域联系的通道，处于区域交通格局的边缘。

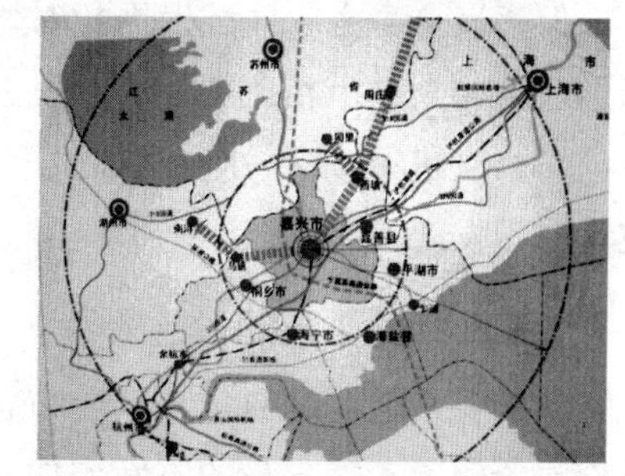

图12－3　大交通区位无可匹敌的嘉兴

长三角是我国最具活力的区域经济体，嘉兴与周边相邻城市相比，嘉兴的生产总值列倒数第二位，人均生产总值列倒数第三位，城镇居民收入列倒数第一位。可见，嘉兴与上海、苏州、杭州、宁波有相当的差距，与绍兴、湖州实力相当但某些方面稍显落后，不可否认，占据区位中心位置的嘉兴却一直处于经济发展的边缘。

如今，乍嘉苏高速公路和杭州湾跨海大桥已建成通车，乍浦港建设步伐加快，嘉绍大桥、嘉杭大桥已申报立项，沪杭高速铁路、乍嘉湖一级公路和铁路也已列入规划，特别是随着将来“三纵三横三桥”高速公路网的建设，将使嘉兴的交通区位条件得到根本性的改观。嘉兴正在这些新的交通要素的推动下，逐步成为杭州湾北岸的区域性交通枢纽，从而推动嘉兴从区域交通的边缘向核心靠拢。

交通区位的变化必将对嘉兴市域发展的方方面面产生深远的影响。从通道向节点（枢纽）的转变，使作为浙北门户的嘉兴有可能发挥东承上海、西接杭州、南连宁波、绍兴、北系环太湖地区的纽带作用，成为长三角的区域性物流中心，从而为进一步的产业结构调整创造条件；杭州湾跨海大桥、嘉绍大桥、嘉杭大桥等的建设，将使嘉兴到杭州、宁波、绍兴的空间距离大大减少，从而使嘉兴在区位上的中心地位更加突出；乍浦港的日益壮大、上海国际航运中心功能的日益完善、大小洋山港的建设，将进一步推动嘉兴走向世界，成为长三角、浙江省与世界交流的窗口，从而为嘉兴的国际化提供支撑。

2. 周边四座特大城市的辐射和吸引

嘉兴周边分布有上海、苏州、杭州、宁波四座特大城市，规划期内，通过高速公路网的完善、跨海大桥的建成，轨道交通及高速铁路的规划建设，嘉兴与周边四大城市的联系将更加便捷。因此，嘉兴在拥有四城市产业转移和功能分流的承接优先权的基础上，有条件进行遴选、取舍，从而为嘉兴的发展注入了新的希望。

嘉兴与周边四座特大城市比较 表 12－4

地区	GDP（亿元）	人均 GDP（元）
上海	7450	55307
杭州	2515	38858
苏州	3450	57992
宁波	2158	39174
嘉兴	1050	31506

数据来源：《中国城市统计年鉴 2005》。

但嘉兴自身由于区域发展相对均衡，中心城市规模小，辐射带动作用有限，目前还难以形成与四大城市相比的核心竞争力。一小时时间距离内的四座特大城市，也可能从各个方向对嘉兴进行“牵引”和催生“同城效应”，加剧市域发展的离心倾向，导致各觅强主、分散发展的格局。

（三）资源要素的日益紧缺

各种要素资源的数量及其分布状况在很大程度上决定区域的发展模式。随着区域经济发展对资源要素需求量的不断增加，嘉兴有限的发展要素日益显得捉襟见肘。如何高效地利用这些有限的要素资源，便成为嘉兴发展模式转型的重要目标之一。

1. 发展空间缺乏

地少人多——嘉兴是浙江省内人均土地面积最小的地市（11.76km²/万人），人口密度为850.47人/km²，是全省平均人口密度的近两倍（全省平均439人/km²），是人口密度最低的丽水市的近6倍。

农保率高——作为传统的粮食生产基地，粮食任务繁重，各县市农保率均很高。据统计，全市基本农田保护区面积达到1887km²，高达市域总面积的47.5%。

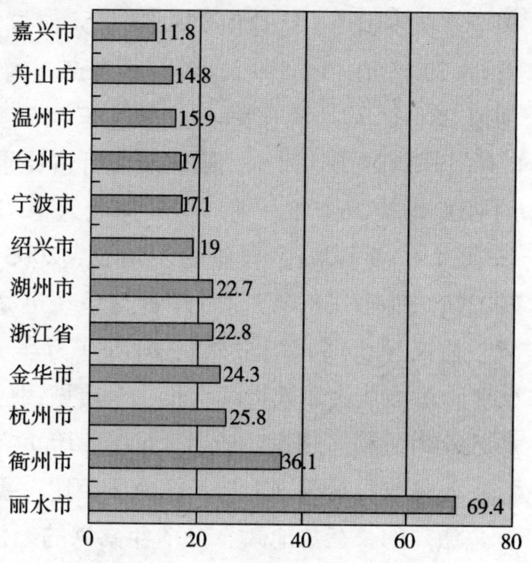

图12-4 浙江省各地区人均土地面积

基础设施切割严重——市域内部高压电网、区域性交通纵横交错，未进行合理的整合，占用大量的土地资源。

2. 水资源供需矛盾突出

地表水污染严重：根据2003年对全市境内32个主要水体的监测结果，采用GB3838—2002《地表水环境质量标准》进行评价，结果表明全市河网水质大都处于Ⅳ～Ⅴ类（占97%），在枯水期还进一步恶化，故对源水的常规处理已难以保证出厂水质达标。

地下水过量开采：嘉兴市域地下水水质好，是目前的主要饮水水源，也是一些地区的生产用水。但由于长期过量开采，已造成地下水位大幅度下降、降落漏斗范围不断扩大、地面沉降等环境问题。其中，嘉兴市区及嘉善、平湖的部分地区超采较为严重，个别地区地面沉降严重（如王江泾）。此外，地下水开采即将面临“禁采”的局面，嘉兴饮用水水源的问题亟待解决。

3. 能源（如电力）供应紧张

随着国民经济的迅猛发展，嘉兴市用电需求也出现快速增长的势头。2000年以来，用电增长速度一直位居全省前列。2003年全社会用电量为108.55亿kWh，同比增长22.3%，全局供电量达103.8亿kWh。

而嘉兴市自身几乎没有任何能源矿产资源，全市的用电除了秦山核电站为本地自己生产外（实际上也是先入华东电网然后重新调度），其余全部由外地调入。

4. 行政区经济制约

传统的“省管县”体制一方面带来了各个县市经济的较快发展，另一方面也导致了市域范围内各个县市各自为政，行政区经济现象极为明显，使嘉兴本来就不富裕的各类资源没有得到统筹指导下的有效整合，形成了事实上的资源浪费。

（四）加速发展的态势

新世纪以来，嘉兴进入了新一轮的快速发展期。迅速发展的经济不仅带来了经济规模的迅速扩张，更引发了经济结构的剧烈调整。这些因素都为发展模式的转型提供了必然的条件和要求。

1. 快速发展的区域经济

改革开放尤其是20世纪90年代以来，嘉兴的区域经济取得了飞速发展。2003年，嘉兴全市实现国内生产总值858.03亿元，与2002年相比增长16.9%。其中，第一产业增加值68.37亿元，增长率5.0%；第二产业增加值508.66亿元，增长率20.3%；第三产业增加值281亿元，增长率14.9%。三次产业结构由2002年的8.7∶57.2∶34.1调整为8.0∶59.3∶32.7。可见，第三产业所占比重较小，为2000年以来三产比重的最小值。人均GDP增长16.7%。完成财政总收入927204万元，其中地方财政收入412175万元，增长30.1%。固定资产投资稳步增长，2003年实现全社会固定资产投资525.53亿元，比2002年增长了38.6%。对外贸易呈现迅猛发展的态势，外贸出口总额达到361619万美元。协议（合同）引进外资209639万美元，实际利用外资额达到79768万美元，增长66%。城乡居民收入持续增长，全市城镇居民人均可支配收入12954元，农村居民人均纯收入6127元，分别增长了12.6%和10.8%。

不仅与自身相比，与其他地区相比，嘉兴市的发展也异常迅速。尤其是近几年来，在竞争激烈的长三角地区。2003年嘉兴的经济增长速度在长三角15个城市中名列第二，仅位于苏州之后；2004年，嘉兴市经济增长速度再次位列长三角和浙江省前列。

2. 加速的都市化进程

与区域经济的快速发展相比，嘉兴市的城市化进程更加迅速，这不仅体现在迅速提高的城市化水平上，也体现在快速提升的城市实力上。

嘉兴市的城市化进程呈现出不断加速的发展态势。根据“四普”及“五普”资料，1990～2000年的10年之间，嘉兴城市化水平每年提高1.5个百分点以上。2003年嘉兴市的城市化率达到45%。2010年，嘉兴市的城市化水平将达到60%左右，2020年，将达到70%以上。

城市化进程加快的同时，嘉兴市的城市化质量也在快速提升，主要城镇的集聚能力显著增强。一方面表现为主要城镇规模的迅速扩大。2003年底，嘉兴中心城市非农业人口达32.6万人，海宁、桐乡、平湖、嘉善、海盐均超过10万人，濮院、崇福、乌镇、洲泉、乍浦、新埭、新仓、西塘、长安、王店、新塍、余新、新丰、洪合、王江泾等城镇的规模也迅速扩大，各级城镇的集聚能力有了显著提高。另一方面表现为，主要城镇实力的快速增强。2004年，嘉兴中心城区的GDP为248亿元，海宁市为229亿元，桐乡市为215亿元，嘉善县为125亿元，平湖市为149亿元，海盐县为141亿元，均成为全国百强县市。

第二节 思考——分散与集中的抉择

现状的思辩为我们的理性决策奠定了良好的基础，现有模式的局限性昭示了发展模式转型的必然性，有助于我们进一步思考嘉兴市域发展模式转型的方向和路径。然而，发展模式包罗万象，如何在众多的方面和内容当中找准抓手和切入点，便成为实现嘉兴发展模式顺利转型的关键。

一、从空间切入——“均衡分散”及其遭遇的窘境

自上世纪末以来，嘉兴区域经济的异军突起一度引起了学术界的关注和讨论。在“温州模式”逐渐褪色的同时，“嘉兴现象”和“浙北模式”日渐响亮起来，并表现为“零资源经济”（生产原料和销售市场两头在外）、“后花园经济”、“双向开放型经济”、“蒲公英经济”（若干母体企业或龙头企业组合、繁衍成许多新的充满活力的企业群体，从而形成具有一定规模的特色产业）、“杂交经济”（国有、集体、个私、外资经济同台竞技、共生共荣）、“配角经济”等多种多样的创新型经济发展模式。

然而，“杂交”、“混合”也意味着“扁平化、无特色”，这仍然是不少人对嘉兴的看法。至少在空间上，嘉兴分散、均衡的空间特征为这样的论调提供了难以辩驳的证据。

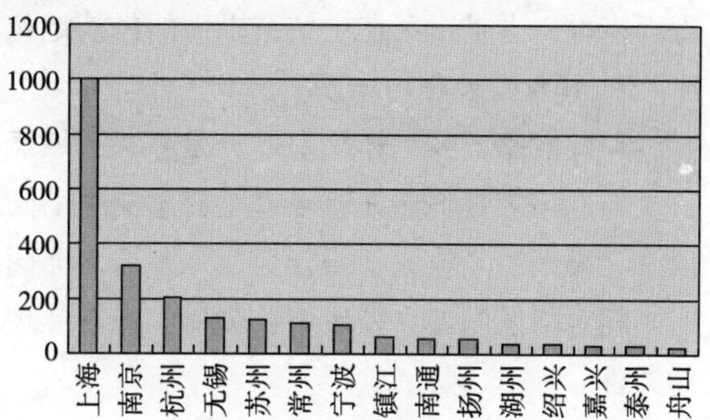

图 12－5 嘉兴中心城市的规模

注：人口以中心城区的非农业人口计。

资料来源：《中国城市统计年鉴 2003》。

与其他方面相比，区域经济发展的模式和成果固化在空间上，更容易为人们所认识、感知。区域经济的快速发展也建立在不断增加的空间需求基础之上。可见，空间发展模式反映区域空间利用的总体特征，在很大程度上也是区域经济发展模式的主要表征。因此，我们通过分析嘉兴市域空间利用的总体特征，概括总结其空间发展模式，以此为切入点寻找嘉兴区域经济的转型之路。

多方面的证据都无一例外地表明：嘉兴市域空间利用呈均衡分散的格局，表现为均质化的城镇分布格局和空间利用形态，以及离心化的区域空间关系。

（一）均质化的空间发展格局

1. 中心作用不明显

中心城市优势不明显、中心作用不强是嘉兴均质化发展特征的主要体现。

城市规模不大是影响城市辐射能力的主要原因。2003 年底，嘉兴中心城市非农业人口 32.59 万人，列长三角 15 城市的倒数第三位，仅略多于泰州和舟山；中心城市的非农业人口仅占全市的 32.17%，首位度不足 1.5。而且，随着海宁、桐乡等城镇规模的迅速扩张，这种优势还在不断地缩小。

城市经济实力偏弱也影响城市中心作用的发挥。嘉兴市区（包括南湖区、秀洲区）GDP 不足全市的 1/4，位居第一，但海宁、桐乡的比重也都在 1/5 左右，三者相差不大。

另外，从衡量经济效益的人均 GDP 等指标来看，嘉兴市区则低于各县市，屈居末位。从动态指标看，近年来嘉兴中心城区 GDP 增长速度落后于其余五县市，按此速度，海宁、桐乡的经济总量将超过嘉兴市区而成为市域内第一、第二大经济体，嘉兴市区正面临被超越和逐步丧失中心地位的现实压力。

2. 区域发展均质化

嘉兴市域内部各县市发展较为均衡，无论是总量指标还是人均指标，各县市差别均不大。全市五县（市）已连续几年全部进入全国综合实力百强县前 50 名。嘉兴市下属各县市的国内生产总值占全市比重，市区、海宁和桐乡均为22%左右，嘉善、平湖和海盐均为12%左右。

嘉兴市各县市区经济实力的相对均衡，主要原因是市域内部自然条件和区位条件差别不大，此外浙江省的“强县经济”战略也是一个重要的外部原因。这种实力的均衡从另一方面来说，也是市区在市域范围内的经济地位不够突出的充分表现。

3. 城乡发展相对均衡

积极推动城乡一体化发展，是嘉兴区域经济快速发展的经验。

与近年来其他地区城乡差距日益突出的问题相比，嘉兴市域城乡发展较为均衡。长期以来，嘉兴城乡收入差距仅为2:1 左右。而同期，我国的城乡收入差距高达3:1 以上。

相对均衡的城乡发展特征为嘉兴先行实现城乡一体化，实现城乡协调发展提供了有利的条件。

（二）典型的中心地结构

克里斯塔勒的中心地结构一直都被认为是理想的城镇分布格局，这种格局在嘉兴得到了完美的体现。

单一的自然条件造就了嘉兴均衡的城镇分布格局，各县（市）到中心城市的距离及相邻间的距离都在 20～30km，形成了以嘉兴中心城市为中心，海宁、桐乡、嘉善、平湖、海盐等主要城镇为顶点的典型的“中心地结构”。

如果加上北部的盛泽（属苏州），以嘉兴为中心、周边六个城镇为顶点的正六边形的中心地结构更为完整和典型。

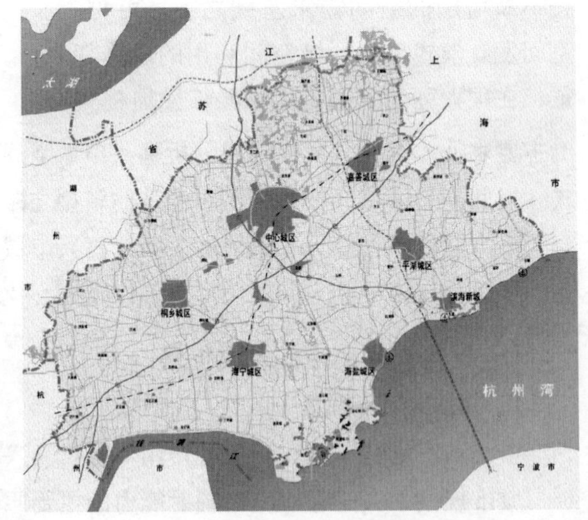

图 12－6　典型的“中心地结构”

（三）松散的区域空间关系

1. 空间联系离心化

嘉兴为上海大都市圈及杭州大都市区影响范围的交织地带，受上海及杭州的辐射较强，市域各发展主体总体上表现为“亲沪杭，疏嘉兴”的尴尬局面，嘉兴中心城市对市域空间的组织力和集聚力明显不足。

城镇空间发展的离心状态既有内在的因素也有外在的原因。一方面，周边大城市对嘉兴市域沿边城市的强大牵引作用，使受上海及杭州经济辐射较强的嘉善、平湖、海宁基本都将经济联系的主要方向投向上海或杭州；另一方面，弱市强县的现状也加剧了城镇空间发展的离心态势。近年嘉兴市区在市域范围内的经济地位逐渐弱化，中心城市的经济首位度从 1978 年的 1.54 下降至现在的 1.07 左右。

在市域城镇空间的发展过程中，由于没有较强的中心拉动作用，使各县市发展各自为政，城镇间的经济、社会联系较少，城市空间的拓展未能充分考虑到区域协调和整合的要求，呈现出一种诸侯割据的离心发展模式，使市域难以作为有机统一体来参与更大区域范围内的竞争。

2. 区域交通通道化

嘉兴作为浙江与上海、江苏联系的门户，连通上海、宁波、苏州、杭州的高速公路网交汇于此。发达的城际轨道交通网，沪杭磁悬浮以及国家铁路干线沪杭、乍嘉湖铁路贯穿境内，国省道更加密切了嘉兴和周边城市的联系，境内区域性的交通线非常密集。这些区域交通设施在便捷了嘉兴与外界联系的同时，也把嘉兴分割得支离破碎，增加了区域整合发展的难度。

从目前各种区域交通设施的利用状况来看，铁路、高速、国道以过境交通为主，且各国道、省道穿越城区的现象严重，对城市和区域发展造成不利影响；而市域内部各部分之间的联系匮乏，呈现出离心联系的倾向。

因此，从区域交通设施的作用来看，嘉兴已经变成了区际交通的一个通道区域。

（四）“均衡分散”遭遇的窘境

均衡分散的发展模式曾经极大地推动了嘉兴这样一个区位优越、缺乏中心城市、县域经济强大的区域的快速发展，但随着区域经济的进一步发展，这种发展模式的局限性日益暴露出来，并给嘉兴经济的发展带来了诸多的问题。

1. 低效的空间利用

空间利用效率的高低主要体现在城镇建设用地方面。建设用地的地均 GDP 最能有效地反映空间利用效率的高低。

为反映目前嘉兴市域土地利用效率的高低，我们选取省级经济开发区嘉兴经济技术开发区、乡镇工业园区王江泾工业区两个层次的开发区和工业园区进行比较分析。2003 年嘉兴经济技术开发区建设面积为 $27km^2$，GDP 为 32.5 亿元，地均 GDP 为 1.2 亿元/km^2；王江泾工业区建设面积为 $2km^2$，GDP 为 0.3 亿元，地均 GDP 为 0.15 亿元/km^2。相比之下，2003 年苏州国家级开发区地均 GDP 为 5.4 亿元/km^2，苏州国家级开发区的地均 GDP 是嘉兴经济开发区的 4.5 倍。

另一方面，嘉兴市域农村居民点布局分散，用地浪费也很严重。由于传统的分散式农业生产方式和市域独特的自然地理条件，市域农村土地利用尤其是农房建设存在着贪大求宽等土地浪费现象。居民点土地的浪费包括指标性浪费和布局性浪费，大部分农宅在建设过程中都突破政策规定的标准。由于在农房建设中缺乏进行集中规划建设的引导，大部分农房采取在原自然村就地翻建、加建的形式，使得自然村内住宅分布较散。根据2003年卫星影像图分析，市域农村建设用地总量达655.7km^2，是城镇建设用地的近三倍，人均用地面积高达280m^2 以上，也是城镇人均建设用地的2倍。

可见，嘉兴市域土地利用效率低下，处于比较粗放的阶段。

2. 二元的设施配置

嘉兴市域的基础设施与公共服务设施配置在城乡之间、区域之间存在突出的二元结构问题，可以从工程基础设施和社会服务设施两方面进行分析。以嘉兴市域在给水工程、排水工程、电力工程、社会服务设施配置方面存在的主要问题为例：

给水工程方面的问题可以概括为两条：一是城乡一体化供水程度偏低：嘉兴市农村人口众多，农户居住分散，村庄规模偏小，农村供水事业的发展规模、水平总体偏低，且各地发展不平衡；二是水厂布局分散：嘉兴市供水点除8座中型地面水厂具有一定规模外，其余均为乡镇或企业自备水厂，规模小、分布散、服务范围小。

排水工程方面的问题也可以概括为两条：一是排水管网建设处于低水平状态：多数城镇排水管网未形成系统，排水体制以雨、污合流制为主，管径偏小，管道破损淤积，排水还处于低水平状态；二是联合排污工程有待完善：由于投资体制、收费政策以及入网标准等问题而使很多企业不愿接入联合排污系统统一处理污水。此外，联合排污系统管网建设成本高，目前长达70多公里，存在安全风险较大等问题。

电力工程方面的主要问题为市域电力设施走廊缺乏整合。嘉兴市域是华东电网的重要走廊之一，除本市内部电网外还有大量的区域性电力设施，而这些电网走廊缺乏合理的规划，从而造成有的地方几条电力走廊并行、有的地方电网纵横交错、密如蛛网，不仅严重影响了供电的安全性，同时造成了对用地的严重浪费。

社会服务设施方面的主要问题有二：一是社会设施重复建设、缺乏协调：社会设施建设上，由于行政体制分割，只着眼于本行政区，缺乏全市统一规划布局，造成有些大型社会设施重复建设，且规模偏小，利用率较低；二是农村社会服务设施投入相对不足，建设相对滞后，突出地表现为农村居民在各种社会服务设施的享受上与城市（镇）居民相比仍存在较大的差距。

3. 协调机制的缺失

制度在很大程度上决定区域的空间发展模式。目前，协调机制的缺失已经成为嘉兴市域空间发展模式的主要瓶颈。

行政和经济管理体制方面：伴随着改革开放和市场经济的发展，在追求自身利益最大化的利益机制驱动下，不可避免地产生利益冲突、速度竞争以及空间竞争等问题，导致县级政府自主权扩大，对市县制之间的行政隶属关系产生了严重冲击。嘉兴自1983年撤地建市实行市管县体制以后，嘉兴市由原先一个县级市升格为地级市，并管辖海宁、桐乡、平湖、嘉善、海盐等县市，但却并没有建立与之相适应的行政和经济管理机制，协调难度很大。

土地管理体制方面：主要表现为不尽合理的土地经营方式。首先，土地产权不够明晰、多头分散供应土地，国有土地和农村集体所有制土地并存，国有土地的使用权可以进行有偿、有期限的出让，而集体所有制土地的主体、控制权等现在仍比较模糊；其次，在土地使用制度上，目前土地使用权的取得方式仍然以行政审批、协议出让为主，招标、拍卖的比例一直很低，没有形成一种迫使土地使用者精细使用土地的机制，土地浪费现象严重；再次，在土地征用制度上，单纯的一次性货币安置在一些县（市）还普遍存在，没有及时为进入城镇的农民提供应有的社会保障。

规划制定方面：迄今为止嘉兴还没有建立起高效完善的协调和控制机制，缺乏指导区域规划的组织机构和跨部门的圆桌会议。在目前的行政体系中，规划部门只不过是政府众多部门之一，既无权力也无能力真正承担全面的综合协调作用，难以确保各个部门的决策都以总体规划作为决策依据，使各个部门的行动都保持一致的方向。而市域内的各县市由于缺乏区域协同机制，导致合作的交易成本太高，也大多不愿意参与合作。

可见，均质化、分散化是嘉兴市域现状空间发展的最显著的特征。这种均衡分散的空间发展模式也是嘉兴目前不大不小、不强不弱、是此亦彼的主要根源。

积极推动空间发展模式转型，是实现嘉兴发展模式转型的抓手，也是新时期嘉兴市域持续健康发展的必然要求。从这个意义上说——

- 空间模式转型是新的发展阶段的必然要求；
- 空间模式转型是解决现有发展问题的捷径；
- 空间模式转型是高效利用要素资源的手段；
- 空间模式转型是实现嘉兴区域经济快速发展的保证。

二、转型的路径选择

城市空间集中发展还是分散发展历来是城市空间发展中的两种主导思想。通过上述分析可知，嘉兴现状空间发展表现为均衡分散的特征，延续现有的空间发展模式必将损坏区域发展的可持续性。通过分析嘉兴空间发展存在的问题，以集中、分散的思想为基础，嘉兴市域空间发展存在以下几种可能途径：

途径一：以迅速壮大中心规模、提高中心集聚能力为目标，积极推动各种要素资源向中心城市的集中，形成各级中心城市主导发展的格局；

途径二：通过市域内部快速交通的建设、区域性大型公共设施、基础设施的统筹安排，使市域形成功能互补、发展融合的有机整体，形成高水平网络化发展的格局；

途径三：依托高速公路、国省道等主要交通联系通道，区域空间发展沿交通轴线轴向延伸，形成轴向分片发展的格局。

（一）单核等级模式

1. 理论引入——增长极理论[①]

增长极概念最早是由法国经济学家弗朗索瓦·佩鲁提出。20世纪50年代初，他针对均衡发展理论，指出现实世界中经济要素的作用完全是在一种非均衡的条件下发生的，并进一步指出“增长并非同时出现在所有地方，它以不同的强度首先出现于一些增长点或增长极上，然后通过不同的渠道向外扩散，并对整个经济产生不同的最终影响”。

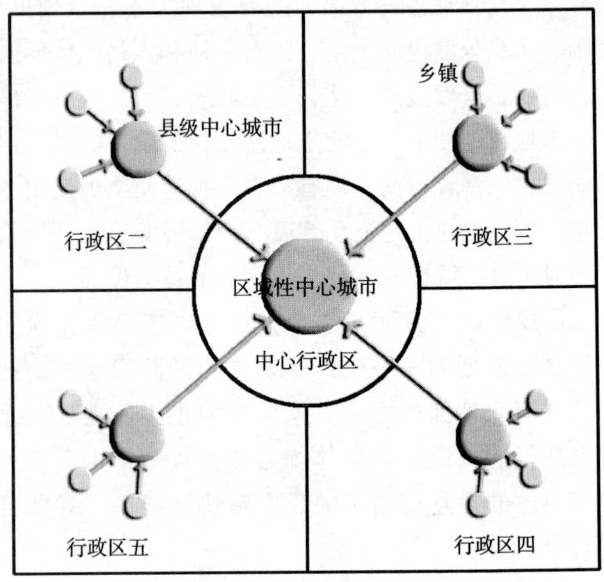

图12－7　单核等级模式示意图

富于创新的优势经济元素在经济空间中处于支配地位，而其他经济元素则处于受支配的地位。处于支配地位的经济元素具有推动效应，它自身的增长和创新会诱导、推动其他经济元素的增长。增长极概念与推进型产业相关联，作为以拥有推进型产业的复合体的城镇出现。这些增长极大多位于区域中心城市附近，对区域经济发展的影响巨大。

一方面是增长极对周边区域的极化作用。由于增长极具有比较利益，使周边区域的劳动力、资金、技术等要素向增长极转移，剥夺了周边区域的发展机会，使增长极与周边区域的发展差距增大。

另一方面是增长极对周边区域的扩散作用。由于增长极的快速发展，通过产品、资本、技术、人才、信息等的流动，对其他地区的促进和带动作用，提高了其他地区的发展机会，缩小了增长极与周边区域的发展差距。

增长极理论在区域发展实践中的应用要注意处理好极化作用与扩散作用的关系。在区域发展的早期阶段，增长极的极化作用明显，而扩散作用相对较弱，区域发展差距增大；当区域发展到一定水平后，增长极的扩散作用日益超过极化作用占据主导地位，区域发展差距缩小。

2. 结构模式构建：单核等级结构

考虑行政体制、区域大交通格局、区位差异性和市域资源的空间分布对空间结构的影响，市域空间呈单核等级发展模式。

形成机制：行政区经济作用下的区域空间自组织发展而形成的空间结构。

---

① 引自：崔功豪，魏清泉等．区域分析与规划．背景：高等教育出版社，1999。

特征：(1) 区域空间结构由行政中心、行政次中心及围绕各行政中心的乡镇。

(2) 强调中心城市的极化作用，各级中心城市形成区域内占绝对优势的增长极。

(3) 区域之间以纵向的等级联系为主，横向的水平联系缺乏。

(二) 轴向分片集中模式

1. 理论引入——点轴发展理论①

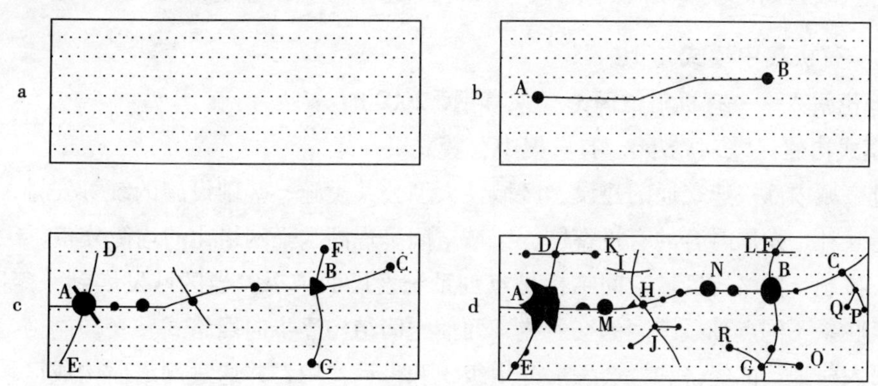

图 12－8　点轴系统的形成过程模式

摘自：陆大道．区域发展及其空间结构．北京：科学出版社：1998。

陆大道（1988）在总结大量的区域发展经验的基础上，总结了区域空间发展的“点轴结构”。“点轴结构”中的“点”是各级行政中心地，亦即各级中心城镇，是各级区域的集聚点，也是带动各级区域发展的中心城镇。“轴”是在一定的方向上连接若干不同级别的中心城镇而形成的相对密集的人口和产业带。“点轴”空间结构系统的形成有四个主要阶段：

(1) 点轴形成前的均衡阶段，地表是均质的空间，社会经济客体虽说是呈“有序”状态的分布，但却是无组织的，这种空间无组织状态具有极端的低效率。

(2) 点轴同时开始形成，区域局部开始有组织状态，区域资源开发和经济进入动态增长时期。

(3) 主要的点轴系统框架形成，社会经济演变迅速，空间结构变动幅度大。

(4) 点轴空间系统的形成，区域进入全面有组织状态。

2. 模式构建：轴向分片集中模式

依托高速公路、国省道等区域交通干道，空间发展沿交通轴线轴向延伸，形成几大城市带。

形成机制：区域内重要交通轴线的建设，刺激了沿线地区的经济发展，区域资源和要素相对聚集，产生增长极，而沿线地区逐渐发展成区域的经济活动密集区，成为区域发展

① 引自：陆大道．区域发展及其空间结构．北京：科学出版社：1998。

所依托的轴线。

特征：(1) 区域空间通常由一个较高等级中心城市，和若干次级中心城市及乡镇组成，它们沿一条主要交通轴线呈“点－轴”或“带”状布局。

(2) 城镇间联系表现为水平和垂直兼备，但以垂直为主。中心城市在区域内表现出较大的优势，次级中心城市与中心城市联系紧密，而相互之间的分工合作仍较弱。

(3) 行政区划对城镇发展的阻力仍旧存在，但小于单核等级模式。

(三) 有机集中模式

1. 理论引入——有机集中理论（朱喜钢，2002）

2. 模式构建：“多心多元，有机集中”模式

通过市域内部快速交通的建设、区域性大型公共设施、基础设施的统筹安排，使市域形成功能互补、发展融合的有机整体，市域空间呈现高水平网络化的均衡分布。

形成机制：网络式区域空间结构是点轴系统发展的结果。当区域发展到一定阶段后，通过构筑联系不同点轴系统间的交通线，而使空间结构逐步向网络式转变。网络上的各个点对周边农村地区的经济和社会发展产生组织和带动作用，并通过网络而构成区域的增长中心体系。

特征：(1) 区域内拥有多个实力相当的中心城市，每个中心城市周边又存在若干小城镇。

(2) 城镇之间的关系多表现为水平和垂直兼备，水平多于垂直。区域内若干个中心城市间有良好的分工与协作，它们组成整体功能参与上一层次的竞争；中心城市和其周边小城镇共同承担区域内部功能。

(3) 以快速的交通网络、成熟的信息网络、良好的经济基础为支撑。

(四) 发展模式优选

上述三种模式代表了嘉兴空间发展模式转型的三个方向。结合嘉兴的实际情况和发展的新要求，评价三种模式的优缺点，从而进行发展模式的优选：

1. 单核等级模式

优点：所需的制度成本最少，是区域发展早期最优效率的发展模式。

缺点：(1) 严格的行政等级限定了发展的序列，制约了低行政等级的城镇的发展，减少了机遇，特别是一些拥有生态、文化等特色优势地区的发展机遇。

(2) 城镇发展受行政区经济的影响，存在基础设施及公共服务设施建设的重构，不能很好地整合资源、谋求区域整体效益的最大化。

(3) 区域和城市未来的发展容易形成城市圈层式蔓延，城镇遍地开花，生态环境不能得到合理保护，发展也被限定在较低水平。

2. 轴向分片集中模式

优点：照顾到了各方面的需要，相对比较稳妥。

缺点：(1) 沿交通走廊的城镇可能因为条件相似而发展模式雷同，而行政区使相互间的分工协作缺乏，从而产生恶性竞争，例如沪宁高速沿线的苏锡常。

（2）发展到一定阶段，沿交通轴线一字排开的城镇很可能粘连而破坏区域生态环境。

（3）远离交通轴线的广大腹地可能始终得不到好的发展，除非再建交通干线。

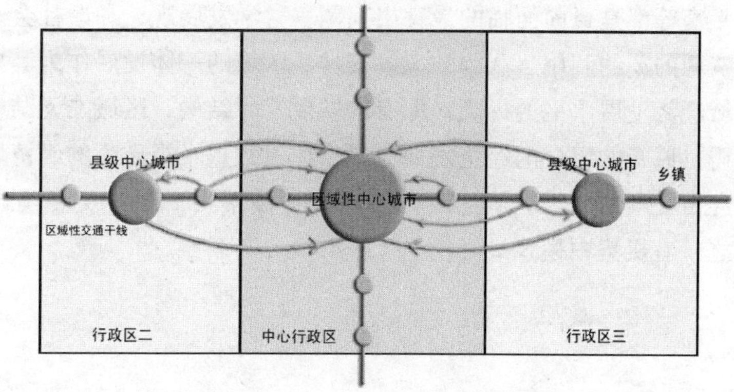

图 12－9　轴向分片集中模式示意图

3. 有机集中模式

优点：理想、高水平的区域空间结构模式；各城镇之间拥有良好的分工与协作；能实现区域内设施的共建共享及资源的最集约化利用。

缺点：对区域发展的要求高，所需的制度成本较大，实施难度较大。

结合嘉兴市域的实际，嘉兴市域水网密布、农保率高，生态环境地位重要，过度集中的空间发展模式不可避免将极大地损害区域的生态环境；嘉兴市域各种要素资源尤其是土地资源紧缺，过度分散的空间发展模式也不现实。因此，集中与分散融合的“有机集中”模式是嘉兴市域的必然选择。

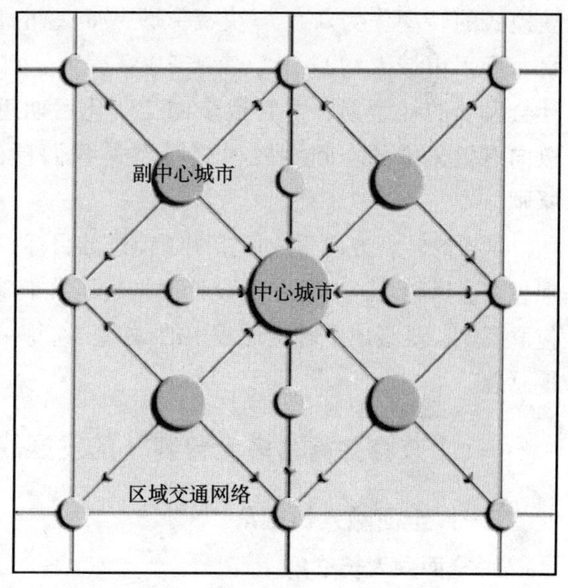

图 12－10　有机集中模式示意图

● 有机集中模式能够最有效地解决嘉兴目前区域经济发展中遇到的问题

要素资源对经济快速发展所带来的制约是嘉兴市域经济发展遇到的核心问题。要解决这一问题，必须挖掘市域要素资源的最大潜力，统筹安排市域内的各种要素资源和提高要素资源的利用效率。单核等级模式无法实现统筹安排要素资源的目标，而且也很难大幅度地提高资源的利用效率；有机集中模式既能很好实现要素资源统筹安排的目标，也能很大程度上提高资源的利用效率；轴向分片集中模式的效果居于两种模式之间。

● 有机集中模式最能体现区域经济发展的趋势

无论从全国、长三角地区、浙江省，还是周边区域来看，要素资源紧缺、经济发展不平衡等都是目前面临的最突出问题，科学发展观、和谐社会、环境友好型社会等目标都把资源的集约利用、资源的统筹安排、区域的一体发展作为其中重要的内容。同时，随着区域经济发展水平的提高，原有的城乡二元结构、区域二元结构越来越成为进一步发展的障碍，原有的粗放的经济发展模式、注重数量轻视质量的经济增长模式越来越不适应新时期经济发展的要求。从这两方面评价三种模式，现有发展模式最差，轴向分片集中模式次之，有机集中模式最好。

第三节　规划——理性与理想的融合

转型作为我们分析和解决问题的切入点代表了区域经济发展的一般规律，空间发展模式的转型作为对症解决嘉兴发展问题的良药又代表了我们对嘉兴个体情况的洞察。嘉兴市域人均 GDP 已突破 3000 美元，已经进入了工业化中期的稳定增长期以及社会发展的转型期，并且逐步向工业化后期迈进。适应这一新的发展阶段，从均衡分散向有机集中的空间发展模式转型是我们提出解决目前问题和应对未来挑战的战略原则。

这样的转型方向为我们指明了前进的目标，也为我们勾勒了未来的美好轮廓。理性与理想在这里融合，对蓝图的设计便构成了我们对转型的进一步认识。这副蓝图跨越时间，包罗万象，既绘出了转型过程中的每一步、每一刻，也绘出了转型过程中的方方面面、零零总总。

一、“兼容并蓄，多元包容”的发展战略

（一）全面融入长三角

1. 全面融入长三角

抓住全球资本流动与新一轮产业转移的机遇期，积极配合长三角一体化的进程，主动承接国际国内资本和产业向这一区域的转移，融入长三角区域经济合作与交流，在现状长三角“三级城市”的基础上实现大的飞跃，尽快跻身于长三角先进城市的行列。

2. 接轨上海

上海作为亚太地区的门户城市，作为跨国公司和国际机构进入中国的桥头堡，其巨大的集聚和辐射能力将直接影响长三角地区乃至整个中国经济的发展。有研究表明，在长三角的诸多城市中，与上海经济交往的多寡和联系的强弱，在一定程度上影响该城市的经济实力和经济活力。从上海市域圈来看，嘉兴是上海的外省；从长江三角洲地域圈来看，嘉兴是上海的近邻；从长江流域圈来看，嘉兴几乎就是上海的郊区。因此，自始自终，“接轨上海”都是嘉兴发展的首位战略。

3. 竞合苏南

客观地说，与嘉兴接壤的苏州所属的苏锡常都市圈，其整体发展走在长三角的前列，在目前自身实力偏弱的情况下，身为浙江北部门户的嘉兴可以借助于苏南的强势，更多地实现与苏锡常的合作，加强产业协作与各种生产要素的交流，进行一定程度的错位发展，增强自身的实力，在全新的平台上展开与苏南相关城市的竞争与合作，实现区域经济的共同发展。

4. 借力杭甬

杭州与嘉兴直接接壤，而随着杭州湾大桥的开通，宁波与嘉兴之间的可达距离也将大为缩短。杭州作为浙江省的省会城市，其科教、文化、旅游等服务业发达，宁波是浙江省三大中心城市之一，石化等重工业发达、交通地位突出，两城市的发展水平都高于嘉兴。因此，嘉兴必须充分利用同处一省的行政资源和自身的区位优势，“借力”于杭州、宁波的资金、信息、人才、技术等多方面的资源，实现经济的快速发展。

（二）有机集中，构筑网络型组合城市

城乡统筹发展和城乡一体化的真正实现不仅需要一个循序渐进的过程，更必须超越以往农村缓慢城市化、农村人口缓慢市民化的自组织模式，建立将城乡资源一并考虑和安排，并充分整合和发挥各自资源潜力的崭新视角。

对于嘉兴，传统的“强县弱市”导致了嘉兴空间发展格局的相对分散和无序蔓延，“有机集中，构筑网络型组合城市”的战略指导嘉兴市域空间结构以各组团、主副中心的方式存在并且互相联系，形成有机结构网络，各组团之间有足够的开敞空间，日常的人口通勤尽可能在混合组团内解决，各组团实行以专业化功能为主的混合结构，而组团间的交通联系通过市域内部的快速道路相连，这样，通过有机集中理念指导下构架嘉兴市域网络型组合大城市的空间结构，融合原有各组团（县市）的各自优势，在市域范围内统筹配置资源和进行基础设施的建设，增强嘉兴市域的整体竞争力。

（三）多元交融，错位发展，构筑具有自身特色的的嘉兴大都市区

嘉兴周边分布有上海、杭州、宁波、苏州四座特大城市，无论从规模上，还是从发展的综合性等方面，嘉兴都无法与之匹敌，那么，嘉兴应该如何充分利用良好的区位条件，趋利弊害，谋求自身的最大发展?

审视周边四大城市的发展之路：上海依靠强大的综合实力和较高的国际知名度向国际化大都市迈进；苏州牢牢抓住了全球产业转移和上海发展战略调整的机遇，大力吸引外资，在外向型经济的发展上一枝独秀，领跑于中国；宁波充分发挥港口优势，以港口拉动城市的经济增长；杭州以西湖为切入点，通过人文和政治优势加快自己的发展。

与之对比，嘉兴的国际化比不上上海，外向型经济比不上苏州，临港产业比不上宁波，高档休闲比不上杭州。分析自我：嘉兴自身最大的特色就是历经千年累积而成的“兼容并蓄，多元交融”的深厚文化底蕴，与温柔敦厚、勤劳精巧的吴文化不同，也与坚韧不

拔、敢于冒险的越文化不同，更与开放交流的海派文化不同，吴越文化与海派文化在嘉兴水乳交融，造就了嘉兴独具一格的多元文化。

文化是一个城市和地区的灵魂和内在精髓，不同文化底蕴熏陶下的社会经济发展也往往各具特色。闻名遐迩的“苏南模式”和“温州模式”即是吴文化和越文化的不同外在表现形式，而地处浙江、江苏、上海交界处的嘉兴，其社会经济的发展既有苏南乡镇企业和引进外资的特点，又有浙南民营企业的影子，也有如上海般走向国际的趋势，这样多元的混合发展模式（“杂交经济”模式）正是嘉兴多元文化交融的最好体现。

毫无疑问，“兼容并蓄，多元交融”仍将是嘉兴未来发展的最大特色和市域核心竞争力的精髓，反映到社会经济发展的各个层面、市域的空间架构上，构筑网络型组合大城市，凸现都市空间的多元；产业遴选和布局上，轻重并举，内外资有效融合，二产和三产合理布局和分工，多元发展；交通组织上，区域交通和市域内部交通合理衔接，多种交通方式并存……

二、“全域统筹”的土地资源配置

全域统筹是提高资源要素利用效率的主要手段。在划定非建设用地、满足区域生态环境容量需要和未来战略储备需要的前提下，合理安排建设用地的规模与布局。

（一）非建设空间分析

为实现区域经济、社会、环境的协调进步，确保发展的可持续性，嘉兴市域内的耕地、园地与林地、河流水域等必须得到保护和控制，严禁用于城乡建设。此类空间共占地约2867km^2。

1. 农用地

总面积2514.3km^2，主要包括耕地和园林地。嘉兴自古就是“鱼米之乡”，耕地面积为2199km^2，其中基本农田面积为1887km^2，具有发展农业的优越条件，承担着浙江省粮仓的重任。因此，要按照土地法和基本农田保护的相关法律法规要求，实行最严格的耕地保护政策，实现区域粮食供给能力的稳定。

嘉兴市域分县、市区基本农田保护任务（单位：hm^2）　　表12-5

	南湖区	秀洲区	嘉善县	平湖市	海盐县	海宁市	桐乡市	总计
基本农田面积	21049.84	27135.91	26285.57	30033.04	21886.51	28882.70	33277.2	188730.77

2. 山地

分布在平湖、海盐、海宁三县市境内，总面积41.7km^2。

3. 河流水系

嘉兴水域面积311km^2（根据2003年卫星影像图得出），约占总面积的8%，自古以来就是著名的江南水乡，有“泽国之雄”之称。京杭大运河贯穿全境，河流交织，串起多个湖荡。塘多、河多、船多、桥多，营造了嘉兴特有的水乡特色。

在规划期内，应严格限制对水面的侵占和破坏，基本保持湿地水面面积的稳定，以有效保持本区域的水乡特色风貌、行洪安全、生态环境以及水资源需求。嘉兴市区和嘉善北部、海盐西北部的水网地带作为市域内重要的水域要进行重点保护。

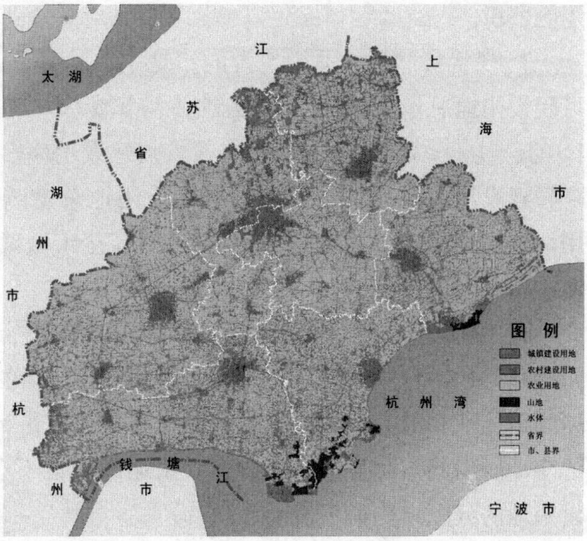

图 12－11　市域卫星影像分析图

（二）可建设用地分析

利用 GIS 软件分析 2003 年市域卫星影像图，得出市域现状建设用地与非建设用地的空间分布。

据卫星影像图分析，市域各县市土地利用状况如下表（单位：km^2）：

嘉兴市域 2003 年各县市土地利用现状　　表 12－6

		市区	嘉善	平湖	海宁	海盐	桐乡	总计
非建设用地总计		725.5	402.9	392.6	465.4	364.1	549.7	2900.2
其中	农用地	643.2	330.4	356.7	391.6	308.3	517.3	2547.5
	山地	0	0	4.2	16.6	20.9	0	41.7
	水体	82.3	72.5	31.7	57.2	34.9	32.4	311
建设用地总计		227.7	97	136.5	194.2	137.7	166	959.1
其中	城镇建设用地	97.2	37.8	39.7	46.4	30.9	51.4	303.4
	乡村建设用地	130.5	59.2	96.8	147.8	106.8	114.6	655.7
区域性交通用地总计		55.7						
总计		968	507	537	668	508	727	3915

根据以上数据分析得出：

1. 现状市域城镇建设用地 303.4 km^2，农村居民点建设用地为 655.7 km^2，农村建设用地面积约为城镇建设用地面积的 2 倍。因此，嘉兴市域必须合理、有效地整合农村居民点，变外延、粗放式土地利用为内涵、集约式土地利用，提高土地的地均产出，才能在资源有限的前提下实现发展的稳定和可持续，否则在可预见的未来，嘉兴市域将面临无地可用的窘境。

2. 现状自然条件适于建设的用地中，除去上述确定的非建设空间总面积约 2867km^2，可建设用地总量为 960km^2。规划嘉兴市域总人口达 710 万，城市化率达到 85%，即仍有 110 万人居于城镇之外的乡村，按人均建设用地标准 150m^2 的最高限计算，至 2020 年，需乡村建设用地 165km^2。因此，可建设用地总量减去乡村建设用地得出可用于城镇建设的用地约为 795km^2，其中包括截至 2003 年全市城镇建成区总面积 303km^2，即未来可供各城镇扩张之用地仅为 492km^2。

3. 在对全市域非建设空间和可建设空间进行分析的基础上，结合各行政单位耕地、园地和林地、自然生态保护区面积等非建设空间的分布状况，并且考虑各行政单位未来发展的可能性和潜力（主要依据各行政单位人口占市域总人口的比例在规划期内不会有太大的变动，因此与此直接相关的建设用地面积也不会有太大的格局变动），得出了市域可建设用地的分配结构如下表所示。

各行政区可建设用地分配结构表（单位：km^2） **表 12－7**

项目		嘉兴	嘉善	平湖	海盐	桐乡	海宁	总计
土地总面积		968	507	537	508	727	668	3915
现状建设面积		227.7	97	136.5	137.7	166	194.2	959.1
其中	城镇建设面积	97.2	37.8	39.7	30.9	51.4	46.4	303.4
	乡村建设面积	130.5	59.2	96.8	106.8	114.6	147.8	655.7
规划建设用地面积		324	111	176	94	129	126	960
其中：储备用地		65	5	21.5	5	8	8	112.5

注：滨海新区可建设用地包含在平湖和海盐行政区内。

（三）区域性交通用地分析

主要包括市域范围内"三纵三横三连"的高速公路、铁路、港口、国省道等服务于大区域的交通规划期内所需用地，面积约 88km^2。

三、"多心多元、集中发展"的空间利用模式

（一）空间结构方案

借鉴前述发展模式的优缺点，规划提出了"多心多元、集中发展"的空间结构方案。该方案是建立在现状城镇空间均衡分布形态下的就地平衡结构，其与特大城市由于城市膨胀而建立的次中心最大的不同之处在于，各主副中心已经有一定的人口及用地规模，有较成熟的经济、社会、文化基础，有其自身的独立性。因此只需要对其进行合理的空间引导，使它们与主中心形成共生关系，达到区域内各城市的共赢。

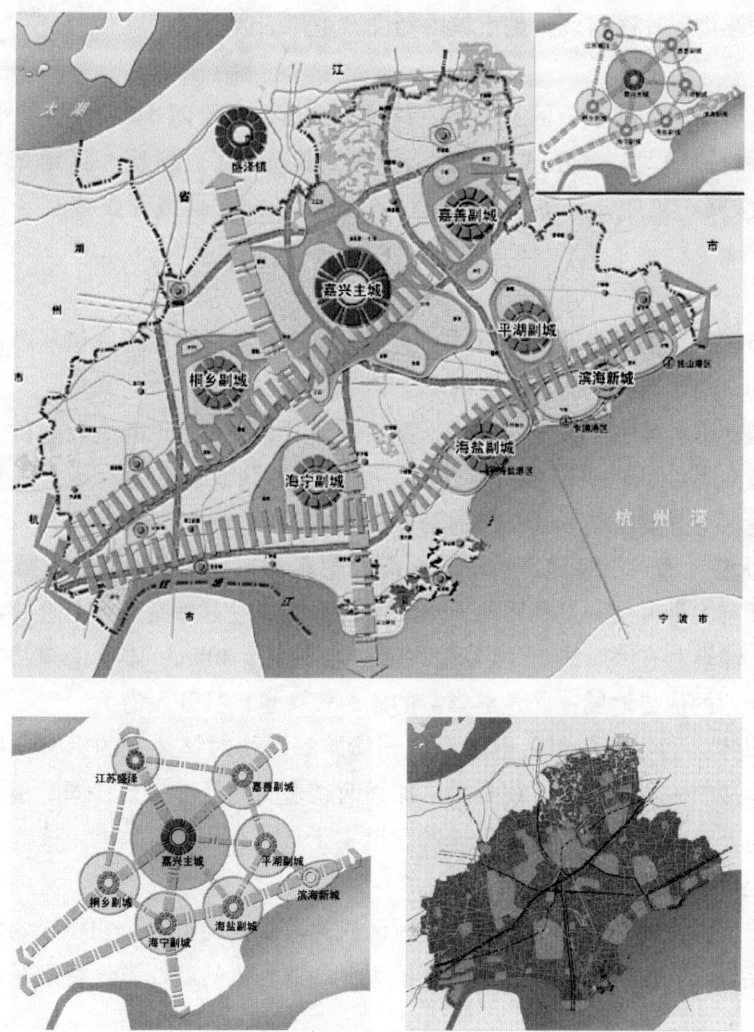

图 12－12 “多心多元、集中发展”空间结构方案

规划思路：以中心地理论、网络城市为理论基础；以有机集中为发展理念，实现空间分布于全市域范围内的相对均衡分散与资源优势向几个重点发展核心的相对集中；通过便捷、有机交通网络的构建与互补性职能的分工配置，使嘉兴市域整体作为一个大城市的复杂综合职能由各区块共同协作完成。

空间结构：规划形成多心多元的网络型组合大城市，多心主要体现在嘉兴市域由一个主中心，五个副中心组成。多元主要表现为空间组织结构由主城、副城、新城、重点镇、乡镇社区及广大乡村地区组成。具体空间结构为：“一主（城）、五副（城）、一新城、十五镇”。

规划主城、各副城由核心区（原各城区）＋功能片区（与各城区相邻的发展条件较好的建制镇）组成。

1. 主（城）

即嘉兴主城，由嘉兴中心城区、东西两翼产业区及余新—凤桥、王江泾、王店、洪合、七星—油车港五片区组成，是市域内高度城市化地区。

2. 五副

分别为嘉善副城（由核心区及干窑、惠民、姚庄、大云四片区组成）、平湖副城（由核心区及曹桥、钟埭两片区组成）、海宁副城（由核心区、斜桥片区组成）、桐乡副城（由核心区及濮院、龙翔、屠甸、高桥四片区组成）、海盐副城（由核心区、大桥新区组成）。

3. 新城

即滨海新区，是基于合理构建市域空间结构模式、所处的优越区位及产业发展特色等条件下提出的，是市域新兴的发展空间。

滨海新区：由乍浦、全塘、西塘桥、黄姑等镇组成，东起平湖金丝娘桥，西至海盐西塘桥与武原镇交界处，北至杭浦高速公路，面积约217km^2，主要包括大桥新区、嘉兴港区、滨海工业区等开发组团。其发展的潜力和优势在于：

① 内在优势：嘉兴沿海地区临沪、面海，蕴藏着丰富的自然与人文旅游资源。本地区不仅在陆域有大量可供开发利用的土地，而且可以通过对海涂进行围垦获得宝贵的土地后备资源；乍浦港共有海岸线70多公里，可建港岸线达40km；丰富的岸线资源将成为嘉兴发展新兴产业的优势地域；九龙山丰富的旅游资源也极具开发潜力。

② 外在优势：外在优势最关键的是杭州湾跨海大桥对该地区的影响。杭州湾跨海大桥的建设将缩短宁波与上海的直线距离，加强两者之间的经济联系，同时极大地便利了浙江其他地区与上海的经济联系，而且通过国道主干线“同三线”，也使该地区成为中国沿海地区交通流进入上海的主要门户。

因此，这种潜在的内、外优势使滨海新区快速发展成为可能。它将成为沿海的重要节点，不仅是接轨长三角、融入上海的经济桥头堡，而且也是浙江省，特别是浙南地区进入上海的门户。

4. 15个重点镇

15个重点镇分别为南湖区的余新和新丰、秀洲区的王店和王江泾、嘉善的姚庄和西塘、海盐的澉浦和沈荡、平湖的新仓和新埭、海宁的长安和盐官、桐乡的乌镇、濮院和崇福。其中，乌镇、西塘、盐官、崇福、长安、澉浦、新仓7镇为独立发展的重点镇，其余重点镇分别纳入主城、副城和新城的建设区范围之中，作为主城、副城和新城的功能片区整合发展。7个独立发展的重点镇是均衡分布在主城、各副城外具有特色的建制镇，它们是主副城与广大乡村地区联系的纽带。

5. “三轴两环”的市域城镇空间分布格局

（1）三轴：两主一副的城镇发展轴

中部城镇密集主轴——依托沪杭高速公路、沪杭磁悬浮、沪杭城际轨道交通、320国道组成的东西向城镇发展轴，由西向东联系桐乡、嘉兴、嘉善。

南部沿海城镇密集主轴——依托杭浦高速、01省道新线（东西大道）组成的沿海城镇密集轴，沿线串连海宁、海盐、平湖、滨海新区。

城镇副轴——依托绍嘉通道及乍嘉苏北段高速公路组成的南北向城镇发展轴。

（2）两环：

内环——嘉兴中心城区环线；外环——串联各副城的快速环线。

（二）城乡网络结构与功能分工

1. 城乡网络结构

基于城乡一体化视角，以构筑网络型组合城市为目的，规划嘉兴市域城乡空间由“主城——副城——新城——重点镇——乡镇社区——乡村社区”构成：

主城即嘉兴主城；

副城分别为嘉善、平湖、海盐、海宁、桐乡、海宁5个副城；

新城为滨海新区，滨海新区依托乍浦港区发展，海港资源丰富，现状发展较成熟；

独立发展的重点镇为西塘、新仓、澉浦、乌镇、崇福、盐官、长安7个建制镇，其选取的标准是位于“一主五副”中心构成的都市区核心范围外，均衡分布于市域各方向的现状经济基础较好且有特色的建制镇；

乡镇社区是作为各主副城片区的建制镇及重点镇之外的其余建制镇，共16个，乡镇社区的人口及用地仍属于城镇人口及城镇建设用地，规划对乡镇社区原则上不再安排大规模的建设用地，而只是为了服务于乡村地区配置一些小规模的公共设施服务用地；

乡村社区广泛分布于市域范围内，选择合适的农村居民点扩建为乡村社区，进行完善的设施配套，引导以从事第一产业为主的农户在乡村社区集中。

2. 城乡功能分工

在城乡网络与点轴复合结构模式下，城乡功能组织以错位发展和挖掘特色为原则，形成功能互补、分工明确、联系密切的有机整体，合力推进嘉兴大都市区的发展。

市域城乡功能分工表　　表12-8

	功能分工
嘉兴主城	市域的综合服务中心，先进制造业基地及高新技术产业基地
五副城	市域一定区域的服务中心，以某一类或两类特色产业为主导的大都市区的有机组成部分
滨海新区	滨海新区是现代物流保税区、国家一类开放口岸、国家级出口加工区和市域的临海临江型产业发展区、滨海观光旅游区
各重点镇	市域内以特色旅游业、特色制造业为主的功能组团
乡镇社区	为现代农业发展提供依托，承担农业服务、生活、教育、娱乐等职能
乡村社区	为农民提供聚居地，同时为附近的村民提供现代化的生活服务设施

（三）市域空间利用平衡

据前述用地分析，嘉兴市域可建设用地为960km^2，农村居民点需建设用165 km^2，城镇建设用地为795 km^2。规划2020年城镇建设用地为682.5 km^2，即未来储备用地为112.5km^2（不包括未来滩涂围垦可能增加的用地面积）。

2020年嘉兴市域空间利用平衡表　　表12-9

		用地面积（km^2）	构成（%）
非建设用地总计		2867	73.3
其中	农用地	2514.3	64.2
	山地	41.7	1.1
	水体	311	8
建设用地总计		960	24.5
其中	城镇建设用地	682.5	17.5
	乡村建设用地	165	4.2
	储备建设用地	112.5	2.8
区域性交通用地		88	2.2
合计		3915	100

注：1. 上表不包括规划期内开垦的滩涂面积约$85km^2$。
2. 区域性交通用地主要包括市域范围内的高速公路、铁路、港口、国省道等服务于区域的交通规划期内所需用地。

四、“协调整合，共建共享”的支撑设施配套

（一）交通建设规划

1. 交通建设规划的目标

围绕市域构建网络式组合型城市、实现城乡协调发展的战略，嘉兴地区的交通建设目标应该打破以往的只注重区域交通的樊笼，从整合嘉兴大都市区的角度，兼顾都市区对外交通和内部交通的建设，为此，确定嘉兴地区交通建设规划的目标为：

（1）都市区对外交通方面

形成以高速公路、沪杭高速铁路（沪杭磁悬浮）、城际轨道交通为主体，以铁路和水运为补充，多种运输方式有机衔接的高效区域交通体系。构筑一小时区域联系圈，即从嘉兴主城环线出发，60分钟可以到达周边大城市以及地级城市，如上海、杭州、苏州、宁波、湖州、绍兴。

（2）都市区内部交通方面

① 市域内实现“同城效应”，形成“15—30—60”的交通圈。

即从嘉兴市主副城、交通节点、各乡镇出发，15分钟进入高速公路网；从嘉兴主城环线出发30分钟内到达各副城，从嘉兴主城、各副城出发30分钟内到达各所属的乡镇；嘉兴境内任何重要的两个节点之间60分钟可以互通。

② 形成环形加放射的内部交通网络，以支撑嘉兴大都市区网络式的城镇空间形态，增强市域内部的整体凝聚力。

2. 规划建设内容

（1）嘉兴都市区对外交通规划

规划市域对外交通由“三纵三横三连”的高速公路网、320国道、01省道、07省道、沪杭铁路、乍嘉湖铁路、沪杭高速铁路、沪杭城际轨道交通、苏嘉绍城际轨道交通以及

“三横两纵三连两延伸”的高等级航道网组成。通过内接外连、四通八达的交通网，日益发挥嘉兴区域性中心城市和上海辐射内地的门户城市的功能。

（2）嘉兴都市区内部交通规划

为增强市域的内聚力，缓解分散发展的趋势，规划市域内部形成“两环十射一连”的城市快速路网，加强主副城及滨海新区之间的联系。“两环”即主城环线和联系五个副城的环线；“十射”即中心城区与各副城以及南北湖风景名胜区之间的快速联系通道；“一连”即滨海新区连接线。同时规划建设中心城区至各副城和滨海新区的“放射形”城市内部轨道交通线，以及串连桐乡、海宁、海盐、平湖及滨海新区的“环形”快速公交专用BRT线。通过覆盖城乡的内部交通网络的建设，更好地使市域作为有机统一的整体参与区域范围内的竞争。

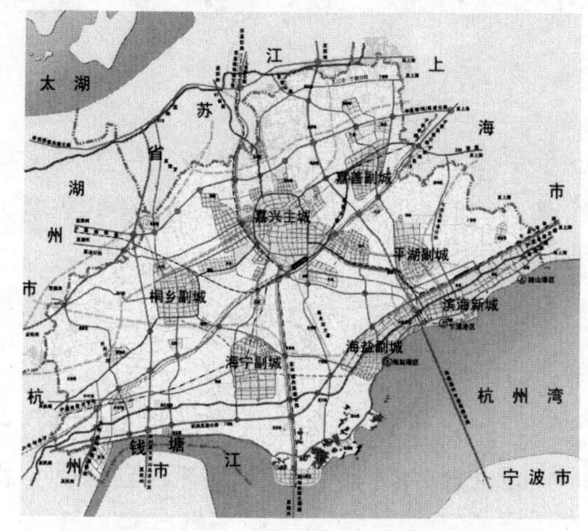

图 12－13　市域综合交通规划图

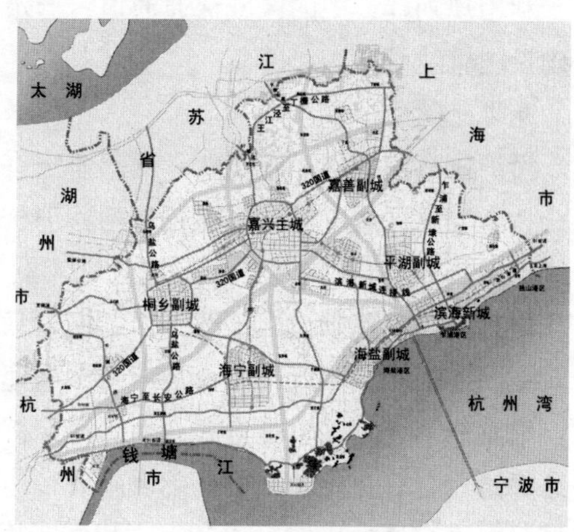

图 12－14　市域内部交通规划图

（二）基础设施廊道规划

基础设施廊道内所容纳的市域大型基础设施，是支撑嘉兴形成网络式大都市区的骨架系统。为了协调市域大型基础设施建设，减少各项基础设施对土地的分割，节约利用土地资源，市域尚未建设的大型基础设施必须统筹安排在廊道内，已建设但不在廊道内的基础设施应在今后的改造中逐渐纳入规划的廊道内。

1. 需要协调的大型区域工程基础设施

（1）区域快速公路运输系统与区域轨道交通系统

主要包括区域的高速公路、沪杭铁路、沪杭磁悬浮、沪杭城际轨道交通、苏嘉绍城际轨道交通、城市内部轨道交通等。

（2）外域引水工程

远期考虑外域引水，其引水管线宜安排在基础设施廊道内部。

（3）联合排污工程

市域污水采取分区域集中处理的体系，形成“一大四小”5 个排污分区，“一大”即东部排污分区，“四小”即西部排污分区、嘉善北部排污分区、平湖东部排污分区、海宁桐乡西部排污分区。实行区域集中处理方式。

（4）区域能源系统

主要包括“西气东输”工程管线系统以及嘉兴市域高压电力走廊系统。

2. 市域基础设施走廊规划

（1）基础设施走廊规划原则

沿主要交通轴线归并市域以及跨区域的大型基础设施；

在可建设用地资源紧缺的情况下，整合基础设施用地，减少基础设施对城市可建设用地的占用和分割。

（2）市域基础设施走廊规划

利用规划建设中的区域交通通道，与市域空间组织相协调，形成“三横三纵一连”的基础设施管线骨架。

- **“三横”**

沿沪杭高速基础设施走廊：西起海宁许村、东至嘉善惠民镇，宽1000m，与生态走廊结合。主要的区域基础设施项目包括：沪杭磁悬浮、沪杭城际轨道交通、市域500kV电力出线走廊、“西气东输”工程系统区域天然气管线。

申嘉湖高速基础设施走廊：西起桐乡乌镇，东至嘉善姚庄，宽1000m，与生态廊道结合。主要的区域基础设施项目是申嘉湖高速公路。

沿杭浦高速基础设施走廊：西起海宁杭州绕城公路，东到平湖全塘镇，宽1000m，与生态廊道结合。主要的区域基础设施项目包括：杭浦高速公路、乍嘉湖铁路运输系统、沪嘉城际轨道交通、市域500kV电力出线走廊、嘉兴联合排污干管、市域天然气输气干管。

- **“三纵”**

沿苏嘉绍基础设施走廊：南起杭州湾嘉绍通道，北至秀洲王江泾镇，宽1000m，与生态廊道结合。主要的区域基础设施项目包括：苏州—嘉兴—绍兴嘉兴段高速公路系统、苏嘉绍城际轨道交通、沿海铁路大通道、市域500kV电力出线走廊、区域联合供水部分连接管线。

沿南通—嘉兴—宁波基础设施走廊：南起乍浦港区，北至嘉善陶庄镇，宽1000m，与生态廊道结合。主要的区域基础设施项目包括：南通—嘉兴—宁波嘉兴段高速公路系统、市域500kV电力出线走廊、杭州湾北岸连接线高速系统、嘉兴联合排污干管、市域天然气输气干管、区域联合供水部分连接管线。

沿苏州—嘉兴—萧山基础设施走廊：南起海宁周王庙，北至桐乡乌镇，宽1000m，与生态廊道结合。主要的区域基础设施项目包括：苏州—嘉兴—萧山嘉兴段高速公路系统。

- **“一连”**

沿嘉兴—乍浦高速基础设施走廊：西起嘉兴余新，东至乍浦港区，宽1000m，与生态廊道结合。主要的区域基础设施项目包括：嘉兴－乍浦高速公路连接线、市域500kV电力出线走廊。

（3）开发引导措施

基础设施廊道内除重大交通、重要工程管线外，禁止进行城镇及工业开发和建设活动。基础设施廊道沿线建设生态绿化隔离带或协调区，并应以生态林建设为主。

（三）文体设施的共建共享

市域范围内的文体设施应该实现共建共享，具体体现在以下几个方面：

1. 文化设施

市域范围内的文化设施分为基本保障型、文化特色型、高档享受型三种类型。

（1）基本保障型

是指保障城市正常运行所必须具备的公共文化设施，包括图书馆、博物馆、文化广场、文化馆、影剧院等，应该按照规定的标准在主城、各副城及新城进行均衡配置。

（2）文化特色型

是指凝练了地方的传统文化特色，能够充分展现地方独特风貌的专题博物馆、民间艺术馆等公共文化设施，鼓励民间资本对这类设施的投资，包括秀洲区农民画展览馆、桐乡丰子恺漫画馆、海宁民间收藏馆，同时应该挖掘地方的民间戏种，并建立相应的文化设施，建议新建嘉善田歌、海盐腔文化艺术中心、海宁皮影戏馆等特色型文化设施。

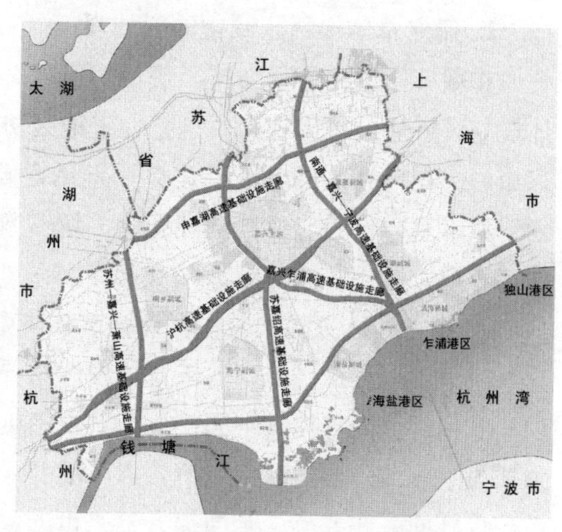

图 12－15　市域基础设施廊道规划图

（3）高档享受型

是指品味档次高雅、维护成本高、财政投入大而利用率相对低的文化设施，主要包括市域范围内的艺术馆、会展馆、大剧院、音乐厅、美术馆、文化艺术中心等，严格控制此类文化设施在市域范围内的重复建设，原则上市域内同类型的只设置一所。

2. 体育设施

市域范围内的体育设施分为群众普及型、娱乐休闲型、竞技比赛型三种类型。

（1）群众普及型

是城市发展所必须配置的群众性体育设施，包括各主副城及新城的体育馆、体育场，以及各社区的健身广场、训练房等体育场馆，应该按照标准在各主副城及新城均衡配置，鼓励中学、大学的体育场馆假期内对外开放。

（2）娱乐休闲型

是指对于地方经济具有拉动作用的体育休闲产业，包括网球中心、水上运动中心、射击训练馆等，应该鼓励通过民间资本建设较高档次的休闲体育场馆。

（3）竞技比赛型

是指能够承办大型体育比赛的场馆，应该严格控制此类比赛场馆的建设数量，同时结合嘉兴市2010年申办浙江省运动会的契机，在市域范围内统筹配置。

五、“创新，共赢”的规划协调机制建设

（一）树立全新的规划观

1. 建立总体规划区域化的规划观

在城市区域化进程加速，城市与区域关系日趋复杂、紧密的背景下，必须建立城市总体规划区域化的思维观念，这是促进地区协调发展的理念创新。本章讨论的范围扩大为嘉兴市域，在市域范围内进行建设用地的总量平衡、城市建设用地与非建设用地的统一规划、城市基础设施与区域基础设施的统一规划，从城乡区域整体的角度进行人口、产业、城镇布局，做到区域统筹、城乡统筹。

2. 建立通过协调发展，提升城市整体竞争力的规划观

城市规划是提高城市整体竞争力的重要手段。规划从协调发展的视角，一方面通过对中心城区的空间重构，空间结构和产业结构的优化与升级，提升中心城区的凝聚力和竞争力；另一方面，通过在市域范围内区域产业与城镇的协调布局，生态地域体系建构，区域基础设施的共建共享，全面提升嘉兴市的整体城市竞争力，充分发挥城市空间成长与结构升级对经济的拉动效应和支撑能力。

（二）健全市域协调机制的基本思路

通过上述分析可以看出，嘉兴目前发展中出现的区域不协调问题，有嘉兴自身的历史和现实因素，但更大程度上在于经济转轨时期市场机制发育不充分不健全。解决这些体制性的问题主要依靠政府发挥“有形之手”的职能，建立健全行之有效的区域协调机制。这种协调的重点应该集中市场难以发挥作用的领域，例如，跨县域的基础设施建设、建立共同的行为规则、保护生态环境、合理利用共有资源等。而政府在协调方式上，应采用经济、法律、政策和社会等多种手段，并注意强制性政策、指导性政策和协商性政策的不同适用范围。

基于上述判断，针对嘉兴市在市域协调发展方面存在的突出问题，本次规划着重从以下几方面建立健全嘉兴市域的协调发展机制：

1. 组织机制

成立嘉兴市规划协调委员会及常设机构，以专职处理区域协调事务，强化政府的调控职能，扭转目前市政府和市直部门调控手段不足的局面。

嘉兴市规划协调委员会是嘉兴市政府领导下的嘉兴市域协调事务的最高决策机构，其职能仅限于协调市域内各市县之间以及嘉兴与周边地区的区域性事务，不干预各市县内部事务。在委员会下设常设办公机构——嘉兴市规划协调办公室，对区域协调问题进行长期跟踪与研究，为区域协调的决策提供信息和技术支持，并对决策的落实情况进行监督。市

域协调办公室的设置，可以保证各项具体协调工作落到实处。为使这一组织机构的运作规范化、制度化，在委员会人员组成上应明确由嘉兴常务副市长任主任委员，以确保协调委员会的权威；委员组成采取部门席位制以使会议的及时召开成为可能；此外，还应广泛吸纳社会各界人士参与协调委员会，以进一步推动决策的民主化进程。嘉兴市规划协调委员会主要承担综合性的区域协调职能，而专业性的协调职能仍由市各职能部门承担，专业协调服从于综合协调。各市县政府在接受市规划协调委员会综合协调及市各职能部门的专业协调的同时，相对独立地行使地方日常社会服务职能。这种安排使协调委员会的运作主要针对目前政府调控能力缺失的领域，是对现有宏观调控职能的补充和完善，不会对现行管理架构产生大的冲击。

2. 法律机制

现代组织机构的形成，复杂社会关系的理顺，只有通过法律的制约才能实现。法律机制就是通过立法，加强宏观调控的力度，监督和保障市域总体规划的实施。因此，应制定并颁布《嘉兴市总体规划条例》，作为嘉兴市域协调发展的“基本法”和开展区域协调工作的法律基础。

《嘉兴市总体规划条例》应规定：

（1）针对大嘉兴当前地方管理权力过大，市一级政府协调力度不足的状况，要明确市一级的规划管理权限（应适当收权），比如规定规划一定面积的用地，一定规模的建设项目（通过投资额、建筑面积来界定），以及与周边地区有关系的市政基础设施，应当报市规划部门审批，核发“一书两证”等；

（2）确定组织和监督市域总体规划实施的机构是“嘉兴市域协调委员会”，并赋予其对重大区域项目进行决策的权力，也赋予其监督和落实区域规划的权力；

（3）明确《嘉兴市总体规划》的法律地位及审批和修改办法、程序，同时，应赋予本次规划比其他部门专项规划更高的地位；

（4）对违反市域总体规划的有关单位和当事人要按明确的法律责任予以处罚；

（5）嘉兴市域基础设施和公共设施的建设模式及资金来源；

（6）嘉兴市域的城市化道路、城市发展的战略、公路两旁的建设模式、城市群现代化建设的重要标准与准则等。

在《嘉兴市总体规划》的指导下，制定关于市域绿地保护、河流综合开发治理、大气环境综合治理、促进产业分工协作以及重大基础设施的共建共享等各方面的一系列专项法规，使各地的行为有法可依，使协调发展走上法制的轨道。

3. 区域协调发展机制

要统筹嘉兴市域两区三市二县的发展，除强化市一级政府行政权威以外，还要采用经济、社会和技术等多种手段并举，防止重回计划经济时期依赖行政指令统筹一切的老路。

（1）建立土地使用指标的交易制度

为保证土地的足量开发和有效保护，应在嘉兴市域内建立土地使用指标的交易制度。土地使用指标的交易制度应该具有比农田保护去的异地代保更为广泛的内容，如工业用地使用指标通过补偿形式进行交易，或者工业用地通过相应的行政区划用地调整最终达到异地安置。

（2）建立有利于产业转移的利益补偿机制

如果是嘉兴市域内双方政府自愿达成协议，双方无任何异议，可以按照协议共同分享迁出企业的利税；如果是私营（民营）企业在市场作用下的自发行为，则迁出地政府不应提出分享利益的要求；如果是迁出地的国有企业扩散，迁出地可以考虑在迁入地同意的情况下，与两地共同分享企业创造的利税。

（3）建立基础设施的共建共享制度

在市场化改革进程中，应逐步在各市县之间建立基础设施的共建共享机制。建议设立嘉兴市域交通及基础设施建设协调基金，由市域内各县市参股的形式构成，用来引导区域性交通设施的规划和建设投资，避免财团投资中以短期利益和商业利益为上的投资趋向。再通过利益分成达到基础设施的共享和战略资源的合理利用。

（4）搭建共同的信息平台

加快信息基础设施建设，建立覆盖大嘉兴市域的信息网络体系，构筑共同的信息平台，为促进各地之间的合作提供及时、准确的信息保障，降低合作的信息成本。

4. 区域协调的相关调控手段

（1）投资手段

政府综合运用通过财政、税收等手段，建立协调发展共同基金，避免各地重复和盲目建设，提高资本的利用效率。

为促进嘉兴基础设施和市域公共设施的建设，促进经济向持续、稳定和平衡的方向发展，有必要设立协调发展共同基金，其主要来源是依靠每年各县（市）财政收入、国有土地使用权出转让收入及公共设施有偿使用收入上缴市财政的一部分。共同基金作为市财政的调控资金，用于统筹部分基础设施和公共设施的建设，平衡区域发展，避免重复建设。

在嘉兴市规划协调委员会内设立专门的建设公司。该公司不以盈利为目的，负责共同基金的投放，保障基金的使用需符合市域的整体利益，达到规划与实施的一致，作为政府促进区域协调发展的强有力的经济手段。

为保证公共设施的投资，维护运营有稳定的经费来源，应向使用者适当收取费用。如在自来水费中附加污水处理费，以加快污水处理厂的建设。

（2）监督手段

重点是完善四个方面的制度，一是报告制度，各级人民政府应定期向同级人大报告规划实施情况，县乡规划部门应定期向上级规划部门书面报告工作情况，及时报告重大问题；二是要接受人大的监督，规划的执行情况要向人大报告；三是上级对下级的监督制度；四是建立行政责任追究制度。规划监督的重点是重大项目的实施，监督依据为经过审批的法定行规划文件及相关的部门、地方管理条例。在主体、对象、政策上形成市域总体规划实施的反馈体系，形成嘉兴市域协调发展的合力。

小　结

空间发展模式的转型给嘉兴的发展展示了无限美好的蓝图。成功转型的嘉兴市域将是一个凝聚力强的整体、将是一个特色凸现的都市化地区。它既能充分利用沪杭苏甬等周边区域的发展资源服务于自身发展，也能避免周边区域对市域整体凝聚力的分解；既有中心功能突出、辐射能力强的中心城市以及特色鲜明、活力十足的其他组团，也创新性地将网络城市的理论应用于构建嘉兴网络型组合城市的规划实践当中；既能充分利用密如蛛网的交通通道便捷区域联系、提升区位优势，又能有效抑制交通通道、交通切割等负面作用。

同时，嘉兴空间发展模式的转型不仅对嘉兴本身的意义重大，而且也具有一定的推广价值，主要表现在两个方面：

其一，虽然嘉兴的发展有自身的要求和特色。然而，同处快速工业化转型时期的我国许多地区都面临着注重发展质量、注重统筹发展、注重和谐发展的共同背景，因此，嘉兴对发展的新要求也是新时期区域经济发展的共同愿望和趋势，嘉兴空间发展模式转型的经验对于许多这样的城市和地区都具有借鉴意义。

其二，作为新时期县（市）域总体规划编制的探索，市域总体规划以城市总体规划的手段关注了城镇体系规划的空间范围，期望实现各地区相同规划类型的统一和同一地区内部各种规划类型的统一。通过“多区合一”和“多规合一”，以期实现城市规划与土地利用规划、其他专项规划之间的有效衔接。《嘉兴市域总体规划》编制技术变革的经验同样对其他城市和地区具有借鉴意义。

第十三章

从“中心带动”走向“区域竞合”

——关中城市群空间发展模式转型研究

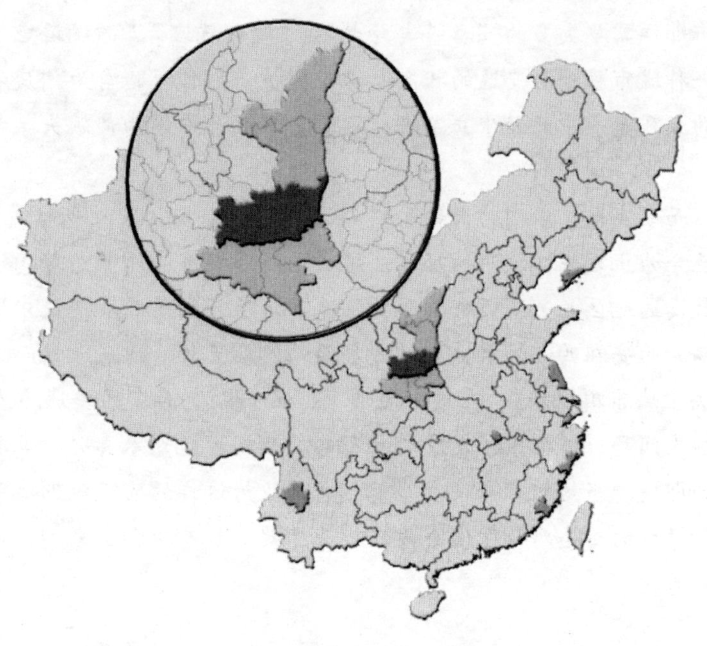

尽管西安位处中国大陆的地理中心，但对经济中心偏于东南部的国家来说，西安一直作为西部的城市而存在。这是目前中国乃至世界上人气指数最高的古都之一。在当地旅游公司老板们的宣传口号里，没到过西安就等于没来过中国。确实在这个城市里，从地下挖出的两千多年前的秦代陶俑，至少已经为现在很大一部分的西安人提供了直接与间接的饭碗。也正因为此，西安人在对待祖辈留下的任何一砖一瓦方面，都表现出比其他城市更为谨慎的态度。人们有理由相信，西安城的地下埋藏着足以让若干代后辈们赖以生存与发展的财富。因此西安人有着中东石油国家阿拉伯人般的心态。他们完全不必像大多数中国其他城市那样需要太多的“奋斗与跨越”，“按部就班”“循规蹈矩”是从上到下长期业已形成的一种城市秩序与安逸的状态。这个曾被本地作家暗喻为“废都”的城市，如今在西部城市的激烈竞争中开始坐立不安，期望重新成为中国西部领头羊都市的理想在都市的上空激荡。

然而事实是，在同为西部的成都、昆明、重庆，甚至包括兰州与乌鲁木齐的竞争中，西安至今为止无论从城市的功能，规模，还是经济的增长态势均没有绝对的优势。从中国东部最发达地区的苏州调任陕西的陈德铭省长想到了以打造关中城市带、整合区域资源来重新确立西安在西部乃至更大区域层面的发展优势。这一理性而又前瞻性的决策演绎成一个“关中城市群规划”，在这个规划中，第一次直面了西安城市发展中的许多不为人关注的深层次问题，并提出了发展的新思路。然而，规划本身并未像其他城市那样产生预期的效果。即使是当地的部分技术官员，也不认为这样的宏观规划有多大的实际效果。西安人用对待考古的心态对待了这个规划——那就是只有挖掘出来到手的东西才是可信的，其他的看看再说。

第一节　现实尴尬：区域空间发展模式的制约

一、区域阅读

（一）地理位置

关中地区位于陕西省中部，东起潼关，西至陇关，南至秦岭，北至黄龙山子午岭。东西长约420km，南北宽120km，总面积5.5万km^2。地区包括西安、咸阳、宝鸡、渭南、铜川、杨凌示范区五市一区。

（二）自然条件

关中地区地势西高东低，南北两侧由山前向渭河呈阶梯状倾斜。渭河由西向东流经关中平原中部，平原海拔325～900m，南部山地一般低于3000m。从山前至渭河依次为洪积扇、黄土台塬、河流阶地。地貌类型共可分为山前洪积平原、黄土台塬、渭河及其支流阶地、风积沙带、基岩山区。山前洪积平原分布于秦岭北侧和北山南侧的山前地带，相邻洪积扇互相连接，形成带状分布的洪积裙斜平原，宽3～12km。黄土台塬为渭河两侧至山前地带的阶状黄土塬。渭河及其支流阶地共分5阶，二阶以上均被黄土覆盖，下部为河流相沉积。风积沙带分布于渭河、洛河交汇地带的渭河一二阶地上，东西长30km，南北宽6～10km，面积约408km^2。基岩山区为秦岭山区，秦岭太白山为省内最高点，海拔3767m。秦岭北坡山势陡峻，水源充沛，素有“七十二峪”之称。

关中地区属于大陆性季风气候区，暖温带半湿润气候带，特点是四季分明，冬季寒冷干燥少雨，夏季易发生伏旱，春季气候波动较大，秋季多连阴雨，多年平均气温为6℃～13.6℃，无霜期130～220天。多年平均降水量500～700mm，西部大于东部，南部大于北部。秦陵山区降水量在800～1000mm。多年平均蒸发量为1000～1200mm，干旱指数为1.0～1.5。寒潮、干旱、暴雨、霜冻等灾害性天气经常发生。

关中地区土地总面积5.5万km^2，约占陕西省土地总面积的26%。关中盆地是陕西省自然条件最好的地区，海拔300～800m，平均海拔520m；总面积39064.5km^2，约占陕西省土地总面积的19%；2000年末关中耕地面积2830万亩，占陕西省耕地面积的39%。

土地利用类型现状　　表13－1

土地利用类型	耕地	园地	林地	牧草地	居民点及工矿用地	交通用地	水域	未利用土地	合计
关中面积（万hm^2）	190.78	27.20	190.11	26.27	40.48	7.66	8.73	59.13	550.36
陕西省面积（万hm^2）	514.05	47.92	939.89	317.97	67.59	13.57	24.41	125.31	2050.7

资料来源：《陕西省土地资源》（陕西省土地资源调查办公室，1997）。

土地利用的总体特点：耕地比重大，占全区土地总面积的39.96%，耕地中水浇地面积大，占耕地面积的57.98%，全省水浇地主要分布于此，其面积占全省水浇地总面积的91.21%。林地、牧草地面积小，林地面积占全省林地的20.06%，且分布集中，牧草地仅占全省牧草地的8.22%。居民点、交通用地面积大，城镇面积占全省73.97%，农村居民点面积占全省55.23%，独立工矿用地占79.21%，交通用地占58.60%。上述情况反映出关中基本农田面积大，城镇化程度相对于省内其他地区较高，交通方便。

（三）经济概况

从20世纪50年代开始，经过“一五”、“二五”、“三线建设”以及改革开放以后的发展，关中地区形成了包括飞机制造、兵器工业、电子通信、电力机械、汽车制造、有色金属冶炼、煤炭、化工、制药、纺织、食品等一大批优势工业部门。这些工业部门的发展成就奠定了今日关中地区作为我国西北经济核心区域的基础。特别是西安工业基础雄厚，部门齐全，在全国的39个工业行业中，西安就拥有35个行业，已成为我国航空、航天、输变电设备、电子设备和纺织工业的最重要基地，医药、食品、印刷等行业也具有相当规模。

尽管如此，关中地区经济发展呈现出的主要特征为：经济总量偏小，在区际竞争中处于不利地位；产业结构低级化，产业结构升级缓慢；产业结构通化，产业关联度小；缺乏整体布局及整体发展的观念和规划，各自为政的行政区经济现象较为突出。

（四）人口演变特征

1. 总人口稳定增长，向老年型社会转变

与陕西全省人口增长趋势较为相似，关中地区人口从1950年的724万增长到2004年的2219万，以年均3.82%的速率增长。目前人口增长趋于平稳，但仍存在低出生、高增长的势头（图13－1、图13－2）。

关中地区不同年龄段人口所占比重分别为：0～14岁为24.01%、15～64岁为70.23%、65岁及以上为5.76%，可以看出关中人口正向老年型转变，人口结构基本趋于平衡状态。

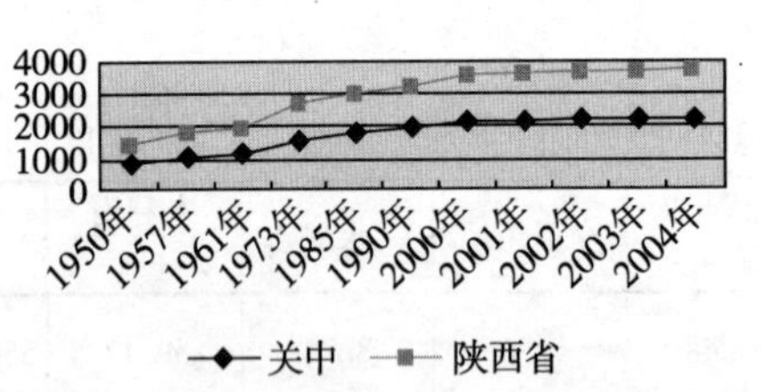

图13－1　关中及全省总人口历年变动情况（单位：万人）

数据来源：历年统计公报。

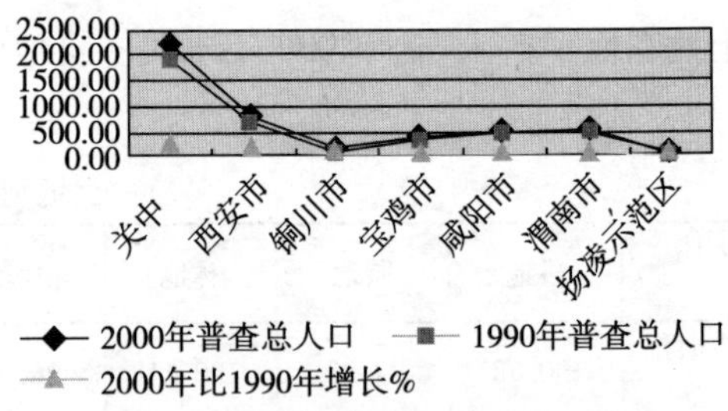

图13－2　人口普查阶段增长情况（单位：万人）

数据来源：陕西第五次人口普查。

2. 关中地区城镇化加速发展，但内部城镇化水平差异较大

关中地区的城镇化水平虽然高于陕西省、全国的城镇化水平，但内部城镇化水平差异偏大。城镇化水平较高的是西安、铜川、杨凌，其中西安地区1980～2000年期间城镇化水平以每年1个百分点以上的速度增长，铜川地区城镇化水平逐渐下降，由于其城市性质决定了城镇化水平起点高，目前城镇化水平仅次于西安地区（除杨凌示范区以外）；而宝鸡、咸阳、渭南三地的城镇化水平相对较低，1980～1990期间城镇化水平增幅不大，但在1990～2000年增幅接近10个百分点，是同期关中和陕西增幅最快的地区。另外，关中地区的非农化水平情况与城镇化水平情况总体趋势基本一致。

3. 关中地区人口素质亟待进一步提高

对于有着深厚文化的地区来说，相对更有条件来提升自身的素质，以保历史的辉煌与文化的先进性。然而，目前关中地区除了西安和杨凌具备较高的教育水平以外，其他地区

人口受教育的程度普遍偏低。

4. 关中地区人口迁移以迁入为主，但内部人口迁移差异较大

其中西安的净迁入人口比其他地区（如咸阳、渭南、宝鸡）高了近4倍，而铜川却出现了人口净迁出。

5. 城镇数量少，人口规模结构不合理

整个关中地区只有西安作为区域内惟一的特大城市，首位度极高。而缺少大城市与其分工协作，只有少量规模甚小的中等城市，无法产生应有的城市集聚效应，从而造成地区发展的整体滞后。

二、区域问题与原因

（一）经济发展过程中的问题

1. 辉煌历史：昨日成就反成今日羁绊

关中地区凭借其优越的条件，历史上一直是农业发达、经济繁荣、人口集中的地区；建国之后，得益国家经济发展战略的转移，早在一五期间便形成了以国有企业为主导、辅以大量军工企业的重型工业架构。

然而，无奈昨日的成就反却成为今日发展的羁绊。首先长期以来的农耕文明以及国家的行政中心所在，小富即安、乐得清闲、因循守旧的观念深深根植，而这些观念（思维、意识、习惯、行为）很难适应市场经济；再者由大量的国有企业、军工企业所营造的相对封闭的系统又很大程度上屏蔽了市场经济的冲击；最重要的是，一五时期以及此后相当长的时期里所布置的大量的企业，发展到今天多数面临着生存的压力。如此高比重的传统产业需要改造升级，极大地影响了政府财政收入，同时传统产业的改造又无法从政府财政获得支持，大有形成“多米诺骨牌”效应的可能。

2. 步履沉重：与东部发展差距渐行渐远

通过对比，关中城市群在国内七大次级城市群中处于全面的落后状态（无论是总量还是增长速度）。因此对于关中城市群地区而言，在既定的宏观发展背景和客观存在的竞争态势下寻求全新的发展模式来扭转当前发展的尴尬处境成为必须的选择。

根据对全国9大都市经济区的竞争力分析，以西安为核心的关中地区位列最后，可见在同东部沿海地区差距逐渐拉大的同时，关中地区也正在一步步地被其他地区所拉开。

3. 经济环境：国有、民营举步维艰

整个关中地区的经济运行环境是：非国有经济薄弱。起步迟、规模小，发展慢；在经济总量中所占比重很大的国有经济还没有搞活，以致影响整体经济实力。

（1）非国有经济方面

关中地区的私营企业的发展目前存在的一大问题是企业筹资渠道单一，融资困难大。根据调查：整个陕西省百家私营企业中82%的企业存在融资困难（白永秀、顾颖，2000）。

① 自有资金少，外源融资依赖性强，错过了私营经济发展的最初黄金时期

对关中地区130户企业调查统计表明，在初始资金构成中，自有资金只占29.2%，私

人借贷占4.5%，而银行贷款则占66.3%；对全国11个省份97家企业典型调查，其初始资金构成中以上三项占比分别为37.5%、20%、40.6%。(《中国私营经济》，1989)

由于关中地区历史上就是富庶的农业区，重农轻商的传统观念深入人心，自我资金积累较少，而更多地要依赖于外部尤其是银行贷款，因而一定程度上再限制了20世纪80～90年代私营经济的发展，而这一时期正是东部沿海特别是长江三角洲、山东半岛地区私营经济大面积繁荣发展的时期。

② 私营企业很难从正规的融资、信贷渠道获得启动与发展资金，限制了私营经济发展、壮大

20世纪90年代后期至今，银行大规模清理呆账坏账，大幅度地提高了私营企业的贷款门槛。以西安为例，1999年主要为中小企业和非公有制经济服务的股份制和地方性商业银行、城乡信用社等中小金融机构发展缓慢，其人民币、贷款总额仅占全市商业银行和城乡信用社人民币、贷款总额的29.23%、23.33%。除了大型私营企业以及少数特殊企业以外，在数量上占绝大多数的中小私营企业，其资产构成中自有资本和亲友借贷仍占绝大部分。这充分反映了整个关中地区尚未建立起有效的、通畅的融资渠道，这种桎梏亟需打破！而多数的私营企业在管理体制多数又属于家族式，因而不具备中小企业上市发行债券融资的资质。

③ 政府财政缺乏足够的支持能力

进入20世纪90年代以后，国有企业大面积进入萧条期，而关中地区国有企业的比重又较高，因而政府财政平衡能力不断下降。同时，国有企业的改革成为首要问题，故而，一些前期需要大量资金注入、风险成本高的相对高科技私营企业从政府获得的支持资金或者政策不够。

④ 外部竞争激烈

东部沿海地区在各种综合因素的作用下，最先完成了私营经济的起步，随后进入繁荣时期。此后，市场经济体制不断完善，市场对企业的资本运作能力、技术创新能力、管理能力均提出了更高的要求。显然，关中地区私营企业的自发式发展已经落后，面对着激烈的外部竞争。

(2) 国有经济方面

① 关中地区国有经济比重极高，对地区的经济发展影响深远

全省国有大中型企业主要分布在西安、宝鸡和咸阳，南北丰富的自然资源与关中相对先进的制造技术和基础以及便利的交通条件形成了全省依托关中、横贯东西、纵横南北的工业格局。关中地区国有大中型企业占全省的比重为78%，而规模以上国有企业的工业总资产占总资产的3/4。由此看见关中地区国有企业的发展对于整个关中地区乃至整个陕西的作用无可替代。

② 除西安外，关中地区国有企业处于全面亏损的状态

目前关中5市（杨凌区尚无大型国有企业）除了西安之外，其余4市国有企业利润全部处于亏损状态。因而客观上关中产业带，只是外在的物质实体，缺乏足够的活力来带动

整个地区的发展。

③ 国有企业产业集中度低，资本运营效率低

关中地区的国有大中型企业遍布电子、机械、纺织、煤炭、冶金、电力、化工、建材等行业，但均未形成规模效益。由于规模较小、国有资本分散、企业办社会现象突出、加之出资人不到位，造成整个关中地区国有资本运营效率低下，缺乏带动行业及地区经济发展的动力。2001 年，四成国有企业亏损，企业总资产贡献率、流动资产周转率以及固定资产利税率仅为 7.4%、1.1% 和 7.8%，企业资产保值增值率仅为 117%。基本上处于缓慢发展（或者停滞发展）的状态下。

④ 国有企业改革难度大

关中地区集中了全省 78% 的国有企业，同时这些企业又基本上属于重工业，属于国有企业改革中最难处理的部分。国有企业的负债率在 75% 以上的比例高达 74.7%，关中相当多数的企业（尤其是中型企业）处于资不抵债的两难境地。

从行业分布来看，建材行业负债率高达 107.8%；食品、纺织、电子等行业分别为 75.8%、75.5%、70.5%；化工医药、机械等行业分别为 69.5%、67.6%；煤炭、造纸、电力和冶金等行业的负债率均在 65% 以下。改制企业比尚未改制企业的负债率略低 9 个百分点。

⑤ 综合评价

与东部沿海地区相比，历史上，东部地区的国有经济成分所占的比例一直相对较低，随后凭借政策和地缘优势，非国有经济迅速发展。国有经济没有对地区整体经济、产业产生太大的影响。然而，关中地区一直就是我国重要的重工业基地，国有经济在地区经济所占的比重较高，因而一旦国有经济衰落，整个地区的经济、产业也随之衰落。

目前，关中地区国有经济的改革面临的最核心的问题是经营性资本不足。多数企业长期负债经营，入不敷出，由此衍生出一系列国有企业普遍面临的问题。虽然多数国有企业完成了改制，但是由于诸多原因造成改制之后的国有企业普遍的还是国有股一股独大，因而无法形成合理的法人结构。国有股上市融资，又被不断要求国有股减持；同时四大国有银行自身也在改革以图上市，因而诸如关中地区如此高的企业负债率很难能从银行获得金融资本。因而主要的融资渠道对于关中地区的国有企业基本上处于半关闭的状态。

4. 内部极化：一极独大难掩多极萎靡

2004 年西安地区生产总值 1095.86 亿元，占整个关中地区的 53%，人均 GDP15115 元，是其他四市一区平均值的 2 倍，西安经济实力在关中一极独大的格局异常明显。由于关中地区内部存在的巨大的极化差异，西安对周边的极化作用较为明显，外部的资金、项目、技术、人才等要素基本上集中于西安而很难进一步分流，而内部的企业、人才、资金也在向西安流动，因而西安对周边地区的极化效应远大于涓滴效应。

5. 产业结构：将长期处于工业化的中低层阶段

2004 年关中地区三次产业结构为 11.3∶46.1∶42.6，呈现出“二、三、一”的结构，具体到内部的各个城市而言，产业结构相差不大，除西安呈现“三、二、一”的结构之

外，其余均为“二、三、一”结构。这也反映了在发展的阶段上，西安要高于关中其他地市。

与2002年三产结构比例相比，2004年二次产业的比重有了大幅度的提升，侧面反映了关中传统产业改造（特别是国有大中型企业改革）取得一定的效果，因而可以预见今后的一段时间关中地区三次产业结构仍将会以“二、三、一”为主，但是由于传统产业目前的技术层次和设备相对较为落后，因而传统产业的升级替代尚需时日，故受此影响，关中地区将在今后一段时间里仍将徘徊于工业化的初中期阶段。

6. 经济脊梁：弱中显强又现上升势头

虽然关中地区的产业结构在一段时间内都无法有质的提升，但在陕西省层面，关中地区是全省的经济脊梁。关中地区土地面积仅占全省总面积的27.0%，但主要的社会经济指标均占到的全省的半数以上的比例。而且，其经济发展呈现出上升的趋势。

（二）城镇体系结构问题

1. 城镇发展空间格局

（1）现有总体格局

2004年末关中地区有西安、铜川、宝鸡、咸阳、渭南、杨凌区5市1区，兴平、韩城、华阴3个县级市，32个县，18个市辖区，390个建制镇，241个乡。非农人口653.38万人，区域非农化水平29.44%，区域城市化水平43.64%（根据“五普”数据进行系数修正），非农人口占陕西省非农人口的71.4%，建制镇占陕西省建制镇总数的43.19%。关中城镇密度为陕南地区的1/2强、陕北地区的3倍多。与陕南、陕北相比，关中地区形成了经济相对发达、城市化水平较高的核心区。

（2）分布特征

城镇分布受地形影响深刻，主要是沿着渭河谷底东西向分布较为集中，而在南部山麓，北部台塬地区相对稀疏。早期发展起来的城镇具有明显的沿河分布的特征，特别是耕种条件好的河谷地区。目前的城镇空间分布则交通指向性明显，城镇沿陇海铁路、咸铜铁路和西韩铁路一线带状密集分布。

多数县域行政中心位于早期县城发展地区，而经济中心目前基本上多集中在交通沿线。经济中心与行政文化中心分离的情况较为普遍。除西安之外，多数城市、城镇对外辐射，对内吸引能力较为有限。城乡差异较大，城市空间拓展基本上处于主动地沿交通线拓展或者被动地增加城市发展空间扩展。通过城市与外围的普遍发展而形成的城市化地区现象尚不明显。少数依靠旅游、特殊资源开发而新兴起的城镇成为城镇发展空间格局的亮点。城镇发展条件以及建设水平相对于传统的城镇要高。

2. 城镇职能结构

区域层面，关中地区为陕西省重要的工业基地，尤其以重型工业和高新技术产业为主。城市层面上，西安在职能上属于综合型城市，铜川属于转型过程的矿业城市，咸阳属于以轻工业为主的城市，宝鸡属于工业型城市，杨凌高新农业示范区属于科技文化型城市，渭南属于能源工业城市。在县域层面上，职能上多为低层次的综合型中心，但是通常在经济职能上比较弱，在文化、教育、行政、集贸相对较为强。在镇域层面上，多数镇以农业为主，另有部分工业型、旅游型、集贸、商贸型城镇。

总体而言，就关中地区的城镇职能所发挥的效能来看，多数职能较弱，所能提供的职能服务能力在同等的层面上与东部发达地区的差距较为明显。

3. 城镇体系结构的问题

关中地区城市首位度较高，首位城市与次级城市的综合实力差距异常明显。而次级城市之间差距相对较小，均属于低水平、缓慢发展阶段。所谓的“关中一线两带”的城市群仅仅存在客观的实体，城市之间缺乏内在的经济、产业、资金、技术等要素的双向交流。这样的结构体系导致了以下问题：

除西安、咸阳、杨凌外，铜川、宝鸡、渭南都不同程度地存在受空间限制的影响较为明显，城市发展出现不经济结构；县级及以下城镇发展普遍缓慢，缺乏发展活力，多数城镇只是传统的农业经济型城镇，或者只是提供简单商贸服务型城镇；城镇的发展对资源依靠过重，且城镇分布与矿产、旅游、水资源分布具有不协调性，多数城镇的发展都不同程度地存在缺水的问题，而多数依靠矿产开发的城镇面临资源枯竭和环境污染的问题；小城市数量少，规模小，在区域空间分布上呈现为“头重脚轻”，根基不稳，而且小规模也无法产生集聚规模效应，无法带动本地区经济发展；主要城市分工不够明确，职能结构雷同，缺乏产业特色，造成争项目、争资金、争市场的局面，区域整体缺乏竞争实力；主要城镇都分布在陇海—兰新线（西宝高速）上，两侧城市分布较少，空间上分布极不均衡。

（三）原因解析

产生这些问题的原因是多方面的，但是究其根源，可以归结为两点：传统的区域发展模式和传统的区域规划方法。

1. 传统的区域发展模式

传统区域空间发展模式往往是“就城市论城市，就区域论区域”，缺乏从整体出发的战略性思考。即便如此，在以往的区域空间发展中传统理论仍然起到不可忽视的作用。典型的城市空间结构模型如同心圆理论、扇形理论和多核心模式，经典的城镇体系理论“中心地理论”等，这些都为传统区域空间发展模式提供了夯实的理论支撑。

（1）基本概念与基础理论

对于传统区域空间发展模式而言，“中心地理论”是最早关注城镇体系的组织结构的城镇体系基础理论，所涉及的要素有：理想地表、中心、等级、市场、腹地、空间形态、交通、职能。可以说，中心地理论是传统区域空间发展模式的重要理论渊源之一。而对于当今的城市密集地区而言，传统城镇组织方式已不是惟一选择，因为各城市间不是相互孤立存在的，所以对于区域空间发展而言，重点在于城镇之间的联系与关系的协调。

众所周知，城镇群是一个区域概念，既包括了在此区域内的城市，也包括了其中的乡镇及其周边地域。在主要的核心城市周围聚集了不同类型、规模的城镇，核心城市之间、核心城市与其周边城镇之间保持较密切联系的城镇群体，可称为城镇群。但是，我们也不能将分布于广大地域范围彼此联系不密切的众多城镇任意称之为城镇群，城镇群是整个区域城镇体系中的核心组成部分。一般而言，城镇群整体比单个核心城市对外围区域的累计辐射影响力要大大增强，也就是最基本的“局部之和大于整体”的道理。另一方面，城镇群所分布的地域范围均明显地小于其所影响的区域范围，也就是通过最小的空间规模集聚获得最大的外部影响效应。

（2）传统区域空间结构

对于城镇体系结构模式的解释，理论界给出的答案大都是含糊其辞的，没有确切的定义。城镇体系结构只是区域城镇等级分布的一种状态，归根到底还是区域开发与区域经济发展作用的结果。可以说城镇体系结构是区域经济空间结构在城镇等级体系上的反映。因而，本章根据区域经济空间结构理论，大致将城镇体系结构的理论模式归纳为以下三类：

① 单核（或多核）式行政等级型城镇体系结构

• 特征

——城镇体系结构由高行政等级的中心城市和若干次行政等级的副中心城市，及围绕副中心城市的乡镇组成。区域发展多依托中心城市，在区域城市体系的功能、规模、发展水平等许多方面都表现出绝对的优越性。

——城镇间产业、经济等职能多表现为基于行政体制的垂直性关系。中心城市与次一级的副中心的产业经济联系并不紧密，次级副中心之间及其与乡镇之间并没有形成良好的分工与合作关系。

——区域发展水平可能较低也可能已经有一定发展。部分乡镇以农产品加工为主，部分则以基础性加工为主。

——背后的区域发展理论：增长极理论、中心地理论、核心－边缘理论、圈层结构理论等。

• 优点

较为普遍和较易接受的城镇体系类型；区域行政协调的成本较低；发展按部就班。

• 缺点

——严格的行政等级限定了发展的序列，制约了低行政等级城镇的发展活力、减少了机遇，特别是一些拥有生态、文化等特色优势的地区的发展机遇。

——城镇发展可能受行政边界的制约，无法很好地整合资源、谋求区域整体效益的最大化。例如，土地权属可能制约边界城镇的发展方向；本应互助发展的相邻城镇可能因属于不同行政区而减弱了必要的联系，不能共享资源和信息。

——未来发展如果拥有资金和机遇，很容易导致城市圈层式蔓延、城镇遍地开花；生态环境的破坏；发展也被限定在较低水平。

② 沿交通走廊的“点—轴”型或带状（行政等级型）城镇体系结构

• 特征

——城镇体系通常由一个较高等级中心城市，和若干次级中心城市及乡镇组成，它们沿一条主要交通轴线呈“点－轴”或“带”状布局。

——城镇间联系表现为水平和垂直兼备，但以垂直为主。中心城市同样在区域内表现出较大的优越性，对行政区边界附近乡镇的吸引力大于其上级城市。次级中心城市与中心城市联系紧密，而相互之间的分工合作尚较弱。

——行政区划对城镇发展的阻力仍旧存在，但小于模式一。

——背后的区域空间结构理论为点—轴渐进理论。

• 优点

在我国最为普遍，特别是在有一定条件但经济实力并非很强的地域较易形成。

• 缺点

——沿交通走廊的城镇可能因为条件相似而发展模式雷同，而行政区使相互间的分工协作缺乏，从而产生恶性竞争，例如沪宁高速沿线的苏锡常。

——发展到一定阶段，沿交通轴线一字排开的城镇很可能黏连而破坏区域生态环境；

——远离交通轴线的广大腹地可能始终得不到好的发展，除非再建交通干线；

——从区域开发的角度来看，“点”和“轴”的选择并没有明确的标准而使规划带有主观性。

③ 网络型城镇体系结构

• 特征

——区域内拥有多个实力相当的中心城市，每个中心城市周边又存在若干小城镇。

——城镇之间的关系多表现为水平和垂直兼备，水平多于垂直。区域内若干个中心城市间有良好的分工与协作，它们组成整体功能参与上一层次的竞争；中心城市和其周边小镇共同承担区域内部功能。

——快速的交通网络、成熟的信息网络、良好的经济基础为支撑。

——理论基础为：全球化理论、非场所理论、网络城市理论等。

• 优点

最理想、最高水平的一种城镇体系结构模式；各组团之间拥有良好的分工与协作；区域城市具有极大的多样性、创造性、灵活性。

• 缺点

应该是经济和技术发展到一定阶段的产物，并以较为成熟的交通走廊型城镇体系为依托；但从低水平的单中心或交通走廊型城镇体系，很难预留必须的开敞空间而发展演化到真正的网络型城镇体系。

2. 传统的区域规划方法

到目前为止，对于关中地区的区域规划已经进行过多次尝试，包括《陇海—兰新地带陕西段城镇体系规划（1990～2010）》、《关中“一线两带”城镇群发展规划研究（2004～

2020)》、《陕西省城镇体系规划（2001～2020)》，可以很明显地看出，现有的规划都是一种城镇体系规划范式下的工作，城镇体系规划也是法定城市规划序列中惟一适合用作本规划技术规范的一类。那么是否这就是最合适的规划编制方法？它能不能实现规划编制的目的？

（1）城镇体系规划面临的挑战

城市群规划不属于法定规划序列，但在目前一般的实践中，这类规划主要的参照系是城镇体系规划。我国现行城镇体系规划的范式，形成于20世纪80年代初，其核心内容常被概括为“三个结构”，即规划城镇体系的等级规模结构、职能结构、空间结构。但是在实践中，越来越认为现行城镇体系规划已经不能适应时代发展的需要，主要问题表现在：

① 操作性不强、弹性不足

这是一个最直观、最表象的问题。人们总是觉得城镇体系规划可能给出了总体的理想状态，但是这个理想状态或者离现实操作比较远，从而无法操作；或者，基本上也就是现实发展的归纳，似乎谈不上多少需要做的工作；或者，面面俱到、泛泛而谈，既没有战略重点，从而政府在资源有限的条件下根本无从下手，又以原则性内容居多，虽然非常正确，但距离操作、距离真正需要解决的矛盾还很远，缺乏操作性抓手；同时，规划的弹性也不足，对发展的不确定性、可能发生的变化缺乏应对。

② 编制方法过于模式化、理论基础陈旧

城镇体系规划以三个结构为核心，规划基本都会运用一套理想的等级规模结构、职能结构模式来作为各地城镇体系发展的目标，这套理想模式的基础是Zipf等的城镇规模分布理论（城镇规模等级结构呈现序列或首位分布）、Christaller的中心地理论、Pearroux的点轴发展理论以及城镇职能分工理论，因此，常规地，一个城镇体系规划出来的结果就包括：

> 规划地区城镇的发展规模形成一个“金字塔”序列，这也是评价一个地方城镇体系是否存在问题的基本标准；
>
> 在区域中相对均衡地配置城镇，也就是，每地都应有自己的中心地；
>
> 区域整体在空间结构上采取点轴结构、线性发展模式；
>
> 对各城镇进行产业职能的具体分工。

是否每个地方都适用这样一套模式？最重要的，这样一套模式所依据的理论基础是20世纪50年代就已形成的，其还能体现区域空间发展的规律吗？线性的点轴结构、乃至梯度发展符合区域发展的现实吗？相对均衡配置城镇与各地盘踞自己地盘的“行政区经济”有多少差别？城镇的发展会按照具体产业分工要求、规模分工要求去发展吗？这些问题使得规划的科学性从根本上受到怀疑。

③ 缺乏真正的区域系统观与区域总体战略的缺失

城镇体系规划的核心是“城镇的系统”，因此城镇体系规划其实并不是真正的区域规划，因此在落实“五个统筹”的科学发展观时，严格意义上，城镇体系规划还有很大的缺陷，在现象上首先是对区域的非城镇空间、非经济目标重视不够，对区域中的城镇在相互关系以外的东西也重视不够，更深层次则是规划的理论基础更多地放在对城镇群体关系的演化方面，而不是真正地从区域系统、区域系统的动力机制及其发展、演化的规律出发。一定意义上，尽管我们坚决地批判了“就城市论城市”，但另一方面犯了“将城镇关系等同于区域系统”的错误。城镇体系规划不是真正的区域规划，直接后果是区域整体战略的缺失。本来，城镇体系作为区域中的一个部分，必须在区域整体战略明晰的情况下，才能决定城镇体系和每个城镇发展的方向，缺乏区域整体战略的城镇体系规划其实是依据不充分的。正因为此，当规划在发展中的龙头作用越来越明确、成为地方领导的主要关注的时候，他们也越来越觉得现有的规划提供给他们的缺少了一点什么，而这首先就是管辖区域的整体战略。概念规划、战略规划的大量出现，其实不是简单地应对现行规划的繁琐，同时也包含了对整体战略缺失的一种补强。

（2）改进城镇体系规划的难点

上面的分析表明，运用常规的城镇体系规划方法编制关中城市群建设规划，将可能面临这样的问题：首先是区域整体战略的缺失；其次是理论依据的陈旧，导致对城市群体系结构的规划科学性不强，难以契合新的发展背景和规律；最后是规划的操作性和弹性的问题。

上述问题是城镇体系规划存在的普遍性问题，因此对这些问题的解决也一直在探索之中。但就目前的进展而论，只有很少一些方面得出了比较成熟的结论，这表明了这些问题的解决并不容易，一些难点包括：

① 如何驾驭一个广度和深度要求同时加大了的规划？

我们需要的，是一个真正的区域规划，并且首先要拿出区域整体战略；然后这个规划需要具有操作性，还要能适应发展的不确定性。这意味着这个规划在广度上和深度上都要比城镇体系规划有大的发展——“既要上天，还要入地”。原来的城镇体系规划已经非常综合、复杂，那这个新的规划如何驾驭？内容上应该包括什么？方法上如何操作？有没有一个统一的模式？西方规划界就有学者对高度综合的规划在方法论上的可行性抱有怀疑的态度。

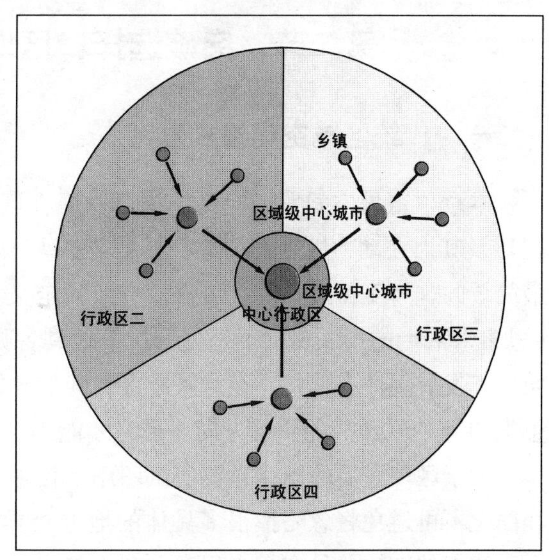

图 13－3　基于中心地的等级层次结构

② 新的区域空间发展规律是什么？如何因地制宜？

城镇体系规划的理论基础已经陈旧，那么新的区域空间发展规律是什么？有没有一个统一的模式？一般性的规律如何能够因地制宜地运用于具体的规划对象？并且理论如何达到可操作？

③ 这样一个规划的操作性体现在哪些方面？

具体说来，规划的操作性体现在哪些方面？是不是规划做得越细就越可操作？是不是把每个地方的空间形态画出来就是可操作？

④ 发展的弹性与政府对规划的惟一性的需求如何协调？

发展具有不确定性，于是规划应当具有弹性。但是对政府而言，多数情况下能够接受的规划又要求是惟一的，对于他们而言，这种“明确”也是“可操作”的一部分：让政府根据具体情况作进一步选择在很多地方有点勉为其难。其结果，政府还常常会以现在的理解要求规划做出相应的调整，全然不顾未来可能发生的改变，包括政府自身的改变（这些改变使有些现在看来不能做的事情在未来可以做）。如何协调？

上面四个难题，到目前为止，就国家规划技术规范而言，已经解决得非常少，新版的城市规划编制办法也只是增加了一些原则性的要求，如强调要贯彻科学发展观等。实质性的发展，主要是加强了对规划的强制性内容（生态保护、基础设施预控等）的要求，这体现了对规划的有限目标的认可——规划不可能也不应当对发展的一切方面都加以控制，能够做好的应是划定发展的底线。但是相关规定对这一要求的落实其实也是比较“简陋”的，是在规划文本中对相应内容以黑体字来表达。甚至这一要求背后的理念，恰恰还有与改进的其他方面相冲突的成分，比如规划要强调对“底线”的控制，那么如何理解对发展战略的规划？如果不重视发展战略的规划，那么划定底线的依据又何在？

我们现在带着上面的这些问题，首先来看一看目前的一些与本规划具有相似性的规划实践的探索。

第二节 突破选择：区域空间发展模式的转型

一、传统区域空间模式思考

本章“区域空间发展模式”指对发展在区域尺度上的空间表现（分布状态和演化过程）及其内在动力机制的抽象概括，“发展”在最简单意义上就是“积极的演化”，这种最简单的理解正是最本质、可靠而有效的定义。关中城市群建设规划进入实质性“规划”（思索未来）的第一步，不是去分析本地具备哪些优势和劣势，而是去理解本地这样的区域，其发展规律有哪些。在此基础上，我们才能有效地评判本地所具备的条件，才拥有了思索如何“干预”的明确方向，最终才能确定本地未来可行的定位。

关于区域发展的规律，我们试图用“区域空间发展模式”来把握其核心。但这一抽象和简化不可避免将忽略掉很多具体的地方差异，因此需要对引起疑惑的忽略进一步论证。由于我们的知识总是在相当程度上基于传统，更不用说就规划对象而言，对本章研究主题的理解总体上都是传统的（与这一主题具有理论上的直接关联的本地区域发展规划的实践凸现了这一点)，因此由传统开始，以一个动态、演变的视角逐渐进入当前区域空间发展的规律，将有助于对新规律的理解和评判，同时也有助于实现对过时的内容的扬弃。研究的最终目的，则是结论对区域发展规划的启示。

（一）传统区域发展战略：基于传统城镇体系规划范式

1. 传统区域发展战略

传统的城镇体系结构规划模式，也是我国现行城镇体系规划的一般目标模式，可以概括为图 13 –6：基于中心地的等级层次结构模式。

2. 对传统模式的重新认识——“伪分形”

“分形”，其含义特指关于空间特征、地理特征下的一种规律、模式、结构、原型，其在空间中无处不在，每一个尺度的空间都可以用这种原型来表示，或者说空间在这种原型的自我复制下生长。传统城镇体系结构模式及其区域整合战略其核心问题正在于将空间组织规律理解为一种分形：城镇及其区域的中心地结构可以无限复制。但是问题在于不同地域的空间结构、发展模式并不趋同，尤其在全球化日益深入到世界各地，交通、通信日益便捷的背景下已经不能以传统的思维来理解城镇体系结构了。进一步，对于不同尺度空间的结构而言，由于要素更为繁琐、空间跨度大，再进行所谓的“分形”并不能对区域整合发展带来任何有推进作用的原动力。

由此可见，传统分形理论是在一定时期的产物，并不意味着今天和将来仍需遵循这样一种模式。在当前的规划中，必须整体把握区域现有结构，针对存在问题进行合理的总体构思。

（二）突破城镇体系规划的尝试：近期相关规划的实践与探索

1. 江苏省城镇体系规划及其三大都市圈规划

江苏省城镇体系规划和三大都市圈（南京、苏锡常、徐州）规划是我国新时期城镇体系规划的重要探索和实践，规划立足于江苏城镇体系发展的实际需要，放眼全国，研究全球，结合现阶段城市化和其他各项发展政策，构筑符合江苏特点、切实指导城市化与城镇发展的规划内容体系。规划确定了全省的城市化和城镇发展方针和战略，城镇等级规模和定位，城镇空间组织，城镇的可持续发展，区域基础设施建设，区域发展协调和管治，城镇体系规划组织建设等。总体思路为：政府导向、市场推进、加快发展。同时提出了以中心城市为节点，快速交通体系为支撑，全省构建三个都市圈和五条城镇聚合轴的“三圈五轴”城镇空间组织，明确了全省城镇布局（特别是乡镇布局）优化调整、合理集聚的重要思路。规划尤其注重新时期城镇体系规划理论及方法的提炼和创新：

（1）战略性的空间布局调整

针对江苏省现状特点，突破传统的发展模式，明确提出全省城市化和城镇空间布局规模化、集约化的发展方向和策略。

（2）可操作性强的协调管理机制

规划提出淡化行政区划关系，强化经济联系和空间关系，创造性地强化了区域发展协调与管治的概念、内容、目标、措施等。

(3) 刚柔并济的规划手法

规划以制定逐步实现城乡空间优化的对策为重；针对不同规划内容和深度加强指导性与规定性相结合；以解决江苏城镇发展重大问题为重点，与各级政府和有关主管部门行政管理紧密结合。特别注意规划文件的政策性、可行性和可操作性。

(4) 灵活实用的规划内涵

规划在符合《城镇体系规划编制审批办法》和建设部对省域城镇体系规划各项要求的前提下，在规划广度和深度上均突出了时代和省情特点，大大增强了规划的针对性和实用性。

都市圈规划是一种特殊的区域性空间规划。规划层次界于省域城镇体系规划和市域城镇体系规划之间，其规划对象是一个区域中共存的数个平行的行政主体——省辖市政府，各辖数个县（市）行政单元。由于上述特殊性，都市圈规划的定位是，着重解决都市圈内不同的行政单元之间因行政区划分割导致的，在都市圈层面存在的资源利用、产业布局、环境影响、基础设施对接等主要问题。规划以空间为主要对象，涉及城镇、基础设施、产业、市场、生态等以空间为载体的发展要素。规划遵循市场经济的规律和规则，以都市圈资源整体利用最优化、效益最大化为指向，提倡公平竞争，在竞争中合作。针对省内三大都市圈的不同特点，分别制定技术路线，确定规划原则和目标。其中，苏锡常都市圈规划，以协调为重点；南京都市圈规划，以发展和协调为重点；徐州都市圈规划则以培育、发展和协调为重点。

2. 珠三角城镇群规划

珠江三角洲是当前我国最重要、最具发展活力、最有发展潜质的经济区之一，也是亚太乃至全球经济增长最快、现代制造业竞争力较强的地区之一。为促进珠江三角洲城镇群协调发展，提升珠江三角洲整体竞争力，实现经济、社会全面进步和人的全面发展，广东省委、省政府与国家建设部联合组织编制了《珠江三角洲城镇群协调发展规划（2004—2020)》。《规划》提出珠江三角洲城镇群协调发展总的战略目标是：抓住机遇期，加快发展、率先发展、协调发展，全面提升区域整体竞争力，进一步优化人居环境，建设世界制造业基地，走向世界级城镇群。

规划预测未来发展状态为：区域的经济总量持续健康、稳定增长，按高、中、低的增长方案预测，至2020年珠江三角洲GDP总量将分别达到73400亿元、52100亿元、36800亿元。至2020年，区域人口估计将达6500万人，城镇将进一步集约、有序发展。规划按7000km^{2}的总量规模控制建设用地，按8000万人的消费需求引导基础设施建设，按8300km^{2}保育生态用地，区域的空间格局将得以优化。这里将聚集更大规模的具有国际意义的加工工业，外贸、物流、会展、金融、咨询、电子商务等服务业高度增长，生产和销售更加国际化、商品和服务更加市场化。

规划提出未来三角洲的空间结构框架为“一脊、三带、五轴”：一脊——聚合区域核心功能的区域发展脊梁；三带——增强区域对外辐射的三大功能拓展带；五轴——整合地区功能的五大“城镇—产业”轴。

规划提出要构建“双核多心多层次”的中心等级体系：区域主中心（2个）：广州、深圳；区域副中心（1个）：珠海；地区性主中心（6个）：佛山、江门、东莞、中山、惠州、肇庆；地区性副中心（7个）：广州南沙、深圳前海、珠海珠港新城、佛山顺德、江门开平、东莞虎门—长安、惠州惠阳—大亚湾；地方性中心（24个）：广州番禺、花都—白云等。

规划提出六大空间推进策略：北起花都（新白云机场），经广州主城区、南沙、东莞虎门、深圳前海、深圳主城区，南至香港中环一线，聚集了区域内最发达的城市、产业园区和最重要的交通设施，以南沙为节点，再向珠江口西岸的中山、珠海、澳门延伸，构成了支持区域进一步发展的“脊梁”。珠三角规划的空间推进策略就明确从打造区域发展的“脊梁”突破，提升区域核心竞争力。六大策略为：强化中心，打造区域“脊梁”；拓展腹地，培育滨海；提升西岸，优化东岸；扶持外圈，整合内圈；保育生态，改善环境；完善设施，健全服务。

规划提出构建区域城镇体系、区域产业体系、区域生态环境体系、区域人文环境体系、区域交通体系、区域市政基础设施六大目标支撑体系。

规划提出实施八项重大行动计划：《规划》提出筹划和实施好近期迫切需要进行的强化“外联”、发展“湾区”等八项重大行动，并相应确定省政府、省直部门与地方政府在推进行动计划方面的事权，确保按职能分工，落实行动安排的工作内容。

该《规划》创新性地引入政策分区空间管治理念，根据区域经济、社会、生态环境与产业、交通发展的要求，根据对区域内不同类型城镇地区的扶持、提升要求，将区域内生态环境、城镇、产业与重大基础设施地区划分为9类政策区，不同分区实施不同的空间管治，实施不同的引导和控制要求，使规划更具可操作性；《规划》更体现可持续绿色珠三角发展理念，在规划未来发展中，亮出了保护区域发展的生态“底线”，这是保障区域生态安全、提高区域环境品质、实现区域可持续发展所必须坚持的原则，城镇、产业和各类基础设施的布局均不能超越和违背。

3. 环杭州湾城市群规划

该规划从以上海为核心的长江三角洲城市群的大背景出发，按照浙江省委和省政府提出的接轨上海、建设先进制造业基地、建设生态省和加快城乡一体化的发展要求，将未来环杭州湾地区定位为接轨上海的前沿、对外开放的平台、先进制造业的载体、城乡一体化的示范区和可持续发展的生态区，确立了“统筹规划，有限开发；市场导向，整合提升；优化配置、保护资源；生态为先、持续发展”的规划原则，并依据上述目标和原则统筹安排整个区域发展的重大问题，提出了“三片、三带、四类、六区”的城市群空间发展总体框架。规划范围包括杭州、宁波、绍兴、嘉兴、湖州和舟山六市行政区范围，现有人口2303.78万人，土地面积约4.54万km^2。

依据规划需要，分两个层面进行研究：第一层面为从杭州湾区域层面，即六个地级市及以上城市范围，重点对城市群规划空间形态进行整体考虑，第二层面为次区域层面，以市、县、区为单位，对包括以上六市中的平湖、海盐、海宁、杭州下沙、萧山江东、绍兴县、绍兴袍江、上虞、慈溪等杭州湾滨海地区进行新区开发的地域协调。

规划重点解决以下5个方面问题：明确接轨上海的战略目标与方向，加强长三角南、北翼一体化进程；环杭州湾产业发展布局与城镇空间整合，确立环杭州湾都市区及城镇空间总体布局；协调环杭州湾综合交通及各项基础设施，实现重大基础设施共享共建；协调跨区域的资源开发，加强区域优势资源的开发与合理利用；空间开发与生态保护相结合，使环杭州湾地区可持续发展。

（1）城市群空间发展分析

环杭州湾地区的西部、南部均为山区、半山区，是多条江河的发源地，也是本区域重要的水源保护区和生态涵养区，未来不宜作为城市与一般制造业的大规模扩展地区。规划以中心城市发展为重点，优先选择“依托型”城市新区，依托现有城市发展新区；适度发展“临水型”空间，有限开发杭州湾沿岸、舟山群岛近海海域、环太湖沿岸及环杭州湾地区的钱塘江、曹娥江等江河流域内生态敏感度较高的地区，适当开发稳定型滩涂，适量进行滨水围垦工程，保护区域自然生态；严禁发展破坏生态环境、散小型的新区空间。

（2）城市规模体系导向

设想到2020年，形成杭州、宁波、绍兴、嘉兴、湖州和舟山六个“v”型沿杭州湾连续分布的都市区，湖州和舟山均上升为特大城市，另外再培育10个大城市以及一批中等城市和小城市。

（3）空间开发框架

环杭州湾城市群将形成“三、三、四、六”的总体框架，即以“一个杭州湾城市连绵带”为基础，形成嘉湖、杭绍、甬舟三片城市集群、四类生态控制区、六个都市区的格局。根据三条城市与产业带形成依托上海的嘉兴、湖州产业集中区，依托杭州的杭州、绍兴产业集中区及依托宁波的宁波、舟山产业集中区，形成空间布局重点突出、功能整合的嘉湖、杭绍、甬舟三大城市群，为远期、远景形成相应的嘉湖（以融入上海为方向）、杭州、甬舟三个都市区结构打好基础。规划的四类重大生态保护区为杭州湾滨海生态保护区、西部和南部水土保持与水资源涵养保护区、环太湖周边区域、平原水网密集地区生态保护区。

规划提出了各分区的空间发展策略指引，包括各都市区的空间结构、中心市的发展、产业发展与布局、区域性绿线控制区域、建设与协调重点等内容，作为对其总体规划的导引。

（4）环杭州湾地区重大产业区布局整合

规划提出以杭州湾现有各类开发区（园区）为基础，依托“沿路、环湖、滨海”三大城市与产业带的组织，通过开发区（园区）整合与扩容，重点构建三大片、共12个产业重点发展区域。规划提出了各重点开发区（园区）整合、扩容的对策及可能扩展的范围，并提出了不同产出率情况下的产业区用地面积。

（5）重大基础设施协调规划

规划提出了区域综合性交通体系、区域水资源、排污工程、防洪工程、电力工程、通信信息建设以及燃气工程等提出了发展和建设的方案以及区域性协调的对策。

（6）生态建设与环境保护规划

规划提出至2020年，全区域总体生态环境质量明显改善，中心城市及城镇密集区生态环境质量有明显提高，建成一批经济高效增长、社会文明安定、环境洁净优美、生态良性循环的大城市和中心城镇。规划提出突出三个生态保护区、构建三个生态网络的构想，三个生态保护区分别是西部与南部山地生态持续性保护区、杭嘉湖与甬绍平原人文生态建设性保护区、东部沿海海洋生态强制性保护区，三个生态网络为功能完善的水系网络、生态效应明显的绿化网络和生态环境敏感区控制网络。规划提出了区域生态环境保护与建设的指标体系和区域环境控制对策。

（7）重大区域控制与协调规划

规划提出了区域水资源的协调与利用、区域性绿线的控制、历史文化遗产的保护利用、重大产业基地的整合、海洋资源的保护利用、跨行政区域的设施协调等的对策与措施。

4. 中原城市群规划

国家发改委宏观经济研究院主持编制的中原城市群总体规划，提出要以郑州为中心，包括洛阳、开封、新乡、焦作、许昌、平顶山、漯河、济源共9个省辖（管）市，14个县级市、33个县、340个建制镇，建成全省对外开放、东引西进的主要平台，形成中西部地区经济发展的重要增长极，带动中原崛起，促进中部崛起。

规划的总体思路和目标：“十一五”期间，中原城市的发展目标是初步形成以郑州为中心，东连开封、西接洛阳、北通新乡、南达许昌的大“十”字形核心区，形成区域内任意两城市间两小时内通达的经济圈。区域生产总值突破10000亿元，城镇化率达到48%。到2020年，省会郑州市中心城区人口规模突破500万人，洛阳市中心城市人口规模达到350万~400万人，确立在中西部乃至全国城市群中的重要地位，带动全省并辐射周边地区发展。

空间发展布局：中原城市群的城市体系基本架构为，构建郑州为中心，洛阳为副中心，其他省辖市为支撑，大中小城市相协调，根据各市现有基础、发展态势各自定位。与中原城市群经济关联度较强的周边城市，特别是鹤壁、安阳、三门峡等市，要调整城市功能定位和产业发展方向，融入中原城市群。

四大产业发展带：重点建设郑汴洛城市工业走廊，强化郑州、洛阳两市在产业发展中的龙头带动作用，郑州和洛阳的纺织、酿造、玻璃等企业，要逐步向城市外围转移，食品企业向郑州惠济经济开发区集聚。增强开封的产业支撑能力，新上项目重点向市区西部杏花营组团集中布局。加快发展新郑漯（京广）产业发展带，在新乡至漯河间南北长约250km、107国道两侧宽约30km范围内，重点布局电子电器、生物医药、食品、造纸、汽车零部件等产业。发展壮大新焦济（南太行）产业发展带，以能源和重化工业为主，在新乡至济源东西长约120km，省道309线和南太行旅游公路之间展开布局。积极培育洛平漯产业发展带，以洛阳—南京高速公路、省道、焦枝线中段、孟宝铁路为依托，重点布局能源、煤化工、钢铁等产业。

开封成为郑州的文化娱乐功能区："十一五"期间，要优先推动郑汴一体化，加快郑州的休闲、娱乐等服务功能与开封衔接，使开封成为郑州都市圈中具有浓郁文化特色的休闲娱乐功能区，实现郑汴两市互补。"十一五"末，在郑州与开封之间形成两条高速公路，建设郑州金水东路至开封大梁路的郑汴快速通道，改造310国道郑州至开封段，尽快建成一级公路，提高通行能力。建设郑汴高速公路，与郑州西南绕城高速连接，形成开封至郑州新郑国际机场的快速通道，使新郑机场变成开封、郑州共同的城市机场，并与连霍高速形成环形高速大通道。加快推进郑州至徐州铁路客运专线建设。

开通城市轻轨：规划建设郑东新区—中牟—开封城市轻轨。推行郑汴两市金融票据异地清算为同城清算，实行郑汴通信按同城收取资费。在郑东新区与中牟之间、中牟与开封之间，发展都市型农业和观光农业。

形成快速通道："十一五"期间，加快郑洛互动发展，建成郑州至西安铁路客运专线，全面完成连霍高速郑州至洛阳段扩宽改造和310国道郑州至洛阳段一级公路改造升级任务，连同郑少和少洛高速公路及既有陇海铁路形成五条郑洛之间的快速通道。促进郑新呼应发展，建成郑州至北京铁路客运专线，全面完成107国道郑州至新乡段拓宽改造任务。加快原阳桥北新区建设，郑州花园口黄河生态旅游区，新乡桥北-韩董庄区域开发，通过现有郑州黄河公路大桥和新建郑州黄河公路铁路两用桥（预留轻轨线路），促进两岸呼应发展。密切郑许经济联系，建设郑州至武汉铁路客运专线，全面完成京港澳高速郑州至许昌段拓宽改造和107国道郑州至许昌段扩建改造任务，形成郑许之间的快速通道。

郑州要建设成全国区域性中心城市，全面实施中心城区组团+荥阳、上街组团+中牟组团+航空港组团+花园口组团+卫星城（巩义、登封、新郑、新密四市）的组团式空间发展；坚持"共生城市"，明晰城区功能分工。在重点支持郑东新区向东拓展的同时，加快荥阳、上街组团发展，通过产业和人口集聚，实现荥阳与郑州的空间对接。积极支持航空港、花园口组团和卫星城发展，加强与中心城区的快速交通联系，逐步建成与中心城区功能和产业互补、生态和居住环境良好的城市功能区。

1个半小时到达中心城市：航空运输。"十一五"期间，重点抓好郑州新郑国际机场改造扩建，积极开辟国际国内航线，力争2010年旅客吞吐能力达800万人次，成为国际国内重要的货运中心、国内重要的区域性枢纽机场和客运中转枢纽；争取将洛阳机场改造提升为国内重要的干线机场。提升铁路枢纽地位，中心城市间40分钟到达，开建郑州城市轻轨。配合国家建成郑州至西安、至北京、至武汉铁路客运专线，争取国家开工建设郑州至徐州铁路客运专线，形成郑州与区域内各中心城市间的40分钟"铁路通勤圈"。加快郑州铁路客运专线枢纽站、郑州铁路集装箱中心站建设，完成郑州火车站西站区建设和零担货运站改造。有序推进城市轨道交通建设，争取开工建设郑州高新区——郑东新区城市轻轨。

形成超百亿产业集群："十一五"末，形成郑州电子信息及软件、洛阳硅材料、许昌超硬材料、新乡电子电池等4个年销售收入超百亿的高新技术产业集群。同时，引导优势企业加强联合重组，形成装备制造业、食品工业、铝工业、化学和石化工业4个销售超千亿、在全国具有重要影响的大型制造业基地。

打造沿黄文化长廊：文化建设要积极开展郑州、洛阳、开封文化体制改革综合性试点。把洛阳、开封建成具有浓郁古都韵味的区域文化中心，打造具有中原文化特色的沿黄文化长廊。

加强生态建设：在黄河大堤两侧和黄河滩区，依托黄河标准化堤防，布局黄河生态工程，完成大堤造林总面积39万hm^2，使黄河两岸成为横跨中原城市群的生态涵养带；沿南水北调中线工程总干渠两侧，规划造林0.44万hm^2，形成纵贯城市群的生态走廊；加强伏牛山区生态保护与建设；加强南太行绿化；在东部平原实施沙化治理及防护林工程，成为城市群东部的生态涵养区；在各城市周边地区，建设环城防护林工程。

破除体制障碍：打破户籍限制，适时将荥阳、中牟、许昌、新乡、修武、博爱等县（市）撤县（市）建区，逐步将长垣、武陟、孟津、新安、尉氏、伊川等县撤县建市，积极推动撤乡并镇和并村联组，促进人口集聚。在济源、巩义、舞钢3个城市化率高、工业实力强的市县，开展城乡一体化试点。由省长任组长，省直部门和九市间成立中原城市群协调发展领导小组，定期召开联席会议，重点研究和协调解决中原城市群重大生产力布局、跨区域基础设施建设、重要资源开发、生态环境保护、资源整合与共享，以及与外围地区的协调发展等重大问题。结合四大产业带，依托骨干企业，采取多种融资渠道，吸引跨国公司和境外投资机构，努力使其成为招商引资和承接产业转移的核心聚集区。

（三）城镇体系规划的改进

针对前面提出的如何驾驭一个广度和深度加大了的规划、如何根据新的区域空间发展规律并因地制宜地规划、规划的操作性体现在哪些方面以及发展的弹性与政府的需求如何协调的问题，在对实践进行总结的基础上给出概念性的答案。

1. 区域整体战略放在第一位

所有四个规划都将区域总体发展战略放在第一位，以战略为纲，展开更具体的内容的规划。在具体内容上，都强调了对区域强制性内容的规划，除此之外，传统城镇体系规划中的区域城镇体系结构、产业布局协调、基础设施规划等内容都有所体现。但是这些内容的规划总体上仍然显得比较原则。

2. 以研究为基础

所有规划都突出了以研究为基础，理解新的区域空间发展规律，这些研究的核心结论成为规划提出区域发展战略的主要来源，并且最终的成果都体现了对新的发展规律的接轨，对传统模式或多或少都有所突破，并反映出以创新求发展的思路。其中，江苏的工作在整体发展战略方面所体现的创新性要更为明显，突出地改变了传统的点轴、线性发展模式，转以围绕都市的区域城市化模式为发展的主导战略。由于涉及很多对新的发展背景和规律的运用，各规划因此就出现了不少差异性的理解，甚至同一个概念的运用上都存在差异，不过显然这些没有影响人们对规划试图传达的发展意图的理解。

没有统一的模式，不仅是各地发展条件的差异使然，也是各地的问题重点不同导致。比如，珠三角的主要问题是优化发展、协调发展的问题，因此该规划在协调发展方面作了最深入的思考；而中原城市群的核心还是求发展，因此以什么战略整合资源、带动发展是核心；而江苏则既有优化发展的问题，也有落后地区实现发展的问题，因此江苏的规划实质上兼顾了这两方面。

3. 操作性上的特殊性

如此宏观的规划，其操作性究竟体现在哪里？是不是如同总体规划一样将空间布局充分规划好？现有实践给出的答案是否定的。总的来看，如果以空间和项目的细化落实、以物质性内容的明确作为操作性的标准，那么几乎所有的规划都没有做到，或者说都还处于比较原则性的状态，比如珠三角提出的八项重大行动计划，其中的强化“外联”、发展“湾区”、推进产业“重型化”等，在规划中已属最落实的部分，这都是从战略意义上最重要，但从具体操作而言还有很多工作要细化、明确的。相反，无论从这些规划本身，还是后续的发展来看，这些规划的操作性或努力的方向体现在：

（1）对发展和后续规划的引导性。这个层次的规划首先不在于用于操作，而在于统一思想、凝聚共识、引导规划，进而引导发展。无疑，统一思想的意义是巨大的，也是现实的；

（2）以协调性策略为核心。所有的规划都对跨行政区城镇之间在发展中如何协调给出了大量的内容，尽管这些内容多数也不是具体细化的空间和项目；

（3）对规划如何落实为政府的系统行动做出了很大的努力。事实上，这类规划都不是某一个职能部门的规划，而必然是整个政府的规划。因此这类规划的落实不是一个部门能够做到的，而必须是整个政府的工作。在这方面，珠三角的工作做出了最大的努力。

4. 保证发展的弹性

在这方面，各个规划几乎都没有做出非常有效的探索。

总的来说，以研究为基础，力求创新、实践创新是目前相关规划的共同特点，同时，大量的问题还处于探索之中，但是首先取得突破的，是在区域总体发展战略的更新、落实区域协调的思路和策略两个大的方面，而传统城镇体系规划的内容，比如城镇体系结构问题，尽管仍然作为总体规划的标志性内容，但是实质上在规划中的地位已经大大下降。

二、新区域发展模式

（一）转型：新要素下城镇体系模式面对的挑战与转变

1. 新要素对传统城镇体系模式的影响

（1）网络型城镇体系结构的兴起

“网络时代”所代表的新时空尺度和高科技所代表的人类能力——生产力和组织力的极大发展，意味着全球背景中的发展具有如下新特征：

① 传统的“中心地”日渐模糊，资本、生产、市场都已经全球化，这反过来意味着落后地区将基本失去传统的中心区位带来的好处，而先进地区的“中心”角色具备了几乎无限放大的可能；

② 人的能力的极大发展，意味着其在增长中的角色意义对传统生产要素，包括物质和与物质相关的关系，如原材料、市场、交通区位的超越；

③ 在①、②的基础上，促进人的发展或有利于吸引人才的因素成为发展的关键因素；发展要理解人的高级需求是什么；

④“marketing”成为决定发展的突出因素，因而，区位、外部感兴趣的内容具有重要作用；

⑤ 其他因素，包括传统要素，如经济发展的阶段性和发展对市场需求、宏观政策变化的适应性，本地的各种经济要素等仍然具有重要的意义。

（2）区域空间整合中的边缘效应

所谓城镇发展空间组合，是指一定空间范围内，由这些具体的城镇及分布其间的区域环境共同组成的空间演变过程，包括城镇建设占据的实体空间及城镇间的区域基质空间（乡村、生态区域）的有机地域系统，它不仅具有静态的城镇空间分布特征，也具有城镇之间动态的空间相互作用（郭荣朝，2003）。

从时间上看，边缘区具有动态延展性，即在不同时期，行政区划、城镇体系等会因社会经济发展水平不同发生相应的调整，从而导致边缘区的随之变化。可以说，处于同级系统的边缘区与核心区是具有相对性的，边缘区在新的时期可能转变为核心区，只要是朝着区域一体模式发展的，这在区域整体层面上是完全可行并且合理的。而随着交通通信等现代技术的提升，人流、物流、能量流、资金流、信息流在边缘区的流通变得日益多样化。

在城市群的区域空间整合过程中，必须重视边缘正效应，抑制并削弱边缘负效应（注意：这里的边缘效应并不涉及一般认为的“欠发达地区只能被动地接受发达地区的低层次产业转移”，而是“依托核心腹地、并与相邻地域的异质性等因素密切相关”）。关键是要抓住边缘区特有的优势，将边缘效应的外部正效果作为都市圈产生、拓展的重要动力之一，尤其是开拓有益边缘区，增殖边缘效应，并且建立“环境共享区”，尽量避免边缘负效应。具体就关中城市群地区而言，西安作为区域核心城市，在其周围的边缘区必须主动争取这种边缘正效应。可以通过与核心区西安的积极交流互动，包括技术、人力、文化等多种资源的扩散与聚集，最终使得原本处于相对弱势的区域实现创新极核式的整体提升。

（3）“非场所性”理论

以中心地理论为核心的传统空间组织观念认为：城市也好，中心也好，产业也好，均是为某个特定的地域空间服务的，并以其所在场所为核心，辐射一定的地域范围，要依靠一定的使用者来“供养”，于是出现了空间结构的规模差异和等级观念，国外专家将这种因特定场所选址而产生的社会组织方式称之为“场所性社会（Place-Society）”。

早在通信技术发展的初期，即有人提出过“非场所性社会（Non-place Society）”的概念，即由于交通和通信技术的发展，使得部分产业或服务不在与其所在地的社会经济发展保持密切的联系，或不再以为其所在地的“供养”人口服务为主业，其服务辐射范围也远远超过了当地居民的出行能力和“供养”能力；它立足于某地，却服务于全球或大区域，植根于小镇却服务于大城市。

这类非场所性社会及其空间的发展随交通技术、信息技术的发展而壮大，随全球经济一体化进程的发展而成熟，越来越在其所在地的社会经济发展中发挥出比当地场所性社会更大的作用（尹稚，2001）。

“非场所性”意味着城市人口规模不能完全代表城市的发达程度；而城镇体系的规模界定也不再是简单的等级量化结构；城市服务或“供养”城市设施的人群既可能遍及全球，也可能存在于虚拟社区。由此，非场所性的这些特征要求必须高效灵活地组织空间结构，以适应多变的非场所性社会。

(4)“城市区域化”向“区域城市化”的转变

现代交通、通信设施的大发展，使得外在的空间距离不再是限制区域内部各个节点交流互动的主导性因素；尤其当中心城市发展达到一定规模和水平后，城市内部交通所耗费的时间可能等于或略大于到城市以外某节点的外部交通时间，从而使外部节点可能直接上升为城市功能组成部分，进而使区域变成“城市”。

“区域城市化”势必使得区域朝向城市型发展，区域功能也将远大于单个城市功能所聚集的整合效应。而中心城市外部的若干节点，则自然而然作为城市整体功能的若干子系统，并且将弱化彼此间的等级序列关系，突破既有的行政区划体系，强化相互之间的分工协作关系。由此，“城市区域化”向“区域城市化”的转变正是符合了对传统等级结构模式的超越。

(5) 集聚与扩散机制

① 对集聚与扩散机制的辩证理解

集中与分散构成了城市空间演化机制中基本的表现环节，它贯穿了城市空间运动的始终体现于不同尺度的空间结构与组织中。集中与分散，这两种作用机制通过城市经济、政治、社会文化、生态的等诸多要素，形成空间地域上的集中或分散结构，并由此产生相应的空间形态。当集中机制作用强化时，空间结构呈集中状紧凑布局，反之，空间结构则趋向于分散，两股力量的对立与统一使城市空间结构的演化在集中与分散的均衡与不均衡过程中趋向于某种“中立”，即过度的集中与过分的分散都只是作为阶段性的过程而无法持久，空间的自组织与组织过程将使空间结构的演化产生“有机秩序”。

② 针对关中而言：集聚 > 扩散

一方面，有机集中理念强调，城市空间应形成人与社会、自然、生态三位一体的有机秩序并集聚在某一地域范围内，按照有机秩序的原则组织与安排所有的空间与非空间要素，形成有生命力的、可持续发展的城市空间，但它的基本特点与倾向是空间集中而不是分散。

另一方面，关中区域发展状况及所处阶段表明其仍处于集聚发展阶段，尤其是西安都市区、宝鸡大城市区等集中城市化地区，集聚的力量远大于扩散，在此基础上也不排斥部分功能的适当扩散（譬如创新极点）。

③ 可以与“创新极核”相联系。集聚与扩散作用以不同方式并存，重组传统城镇体系的功能空间，并弱化其等级序列

对于城镇体系而言，区域内高等级的服务功能（包括商务、会展、金融、高等教育等）逐步向中心城市集聚，而普通的制造业功能则向环境、低价相对优越的郊区集中。这使基于中心地理论的传统城镇体系功能空间发生变化，更高等级的服务功能更多地集中于发展基础良好的中心城市，而一般的制造业功能因其空间需求而向中心城市外部迁移。因而，城市体系间的水平联系被加强；中心城市和外围组团分别承担区域型的服务和生产功能，因而相互间的等级序列被弱化。

（6）小结

对系统而言，既是每一个元素处于最佳效益（经济、社会、生态综合效益）时，系统整体并不一定达到最佳效益；每一元素可持续发展时，系统整体并不一定可持续发展。只有调整系统整体，从系统整体考虑调整每一个元素，才能使系统整体达到最佳效益，实现可持续发展。在新要素影响下，传统城镇体系模式显然已力不从心，无法适应时代的需要，必须转变观念，及时制定符合关中城市群地区发展现状与发展潜力的区域总体战略，从而得到优化的城镇体系结构。

2. 新要素影响下应有的转型

在当前新的时代背景下，依据国内外城市群和其他区域发展的基本规律，结合本地特点，本地区规划期内必须实现五大战略转型：

（1）由行政区经济或局部、单要素的小协调转向区域大整合与系统优化

凭借个别要素取得竞争优势的时代已经过去，综合条件的竞争使得“整体战略、整合资源、系统优化”成为国内外经验所证明的必然选择。

（2）由内生发展为主转向外生发展与内生发展并举

更激烈的区域竞争环境下，如何找到符合自身条件并充分接轨时代经济社会发展要求的战略，建立优势、特色的区域形象并加以营销推广，以获取全球、全国资本的青睐，已成为区域发展的核心问题，而内生发展的质量同时也是决定外生发展能力的关键条件之一。

（3）由传统物质要素经济转向创新经济

创新成为塑造发展动力的核心，创新和人才在增长中的角色意义明显超越传统物质性生产要素。体制、机制创新是优化发展环境的关键，技术创新则是一般产品市场和产能趋于饱和后，分享新型产业、高端产业、“细分市场”的机遇的关键，同时也是决定传统产业的相对竞争优势的关键。

（4）由传统中心地结构转向大都市区结构

空间组织模式突破传统的小尺度、物质空间中心地、行政区经济和点轴结构模式，代之以围绕国际性、现代化核心城市和发达地区的城市区域化和都市区化发展格局。

（5）由低水平增长转向和谐发展、可持续发展

这样做使弱势人群、脆弱资源得到基本保障是不可逾越的底线。

（二）新区域空间发展模式与地域差异性

1. 新区域空间发展模式

新时期的发展模式不是简单的分形结构，而是基于新的交通、通信条件下的时空尺度、信息化，在充分考虑新技术、新理念以及不同层次区域和城市发展的动力机制和特征的基础上，对城市和区域的整合发展以及城镇体系结构进行重新思考。具体有：交通与通信技术的发展和要素全球流动的加快，使中心地的“供养”空间关系发生了变化，区域发展中逐步增强的这种“非场所性”，将逐渐超越传统中心地理论模式，使特定城镇间的联系加强，城镇地位、功能等的发展也将打破传统的等级序列。

信息通信技术的快速发展，允许城市各种功能发挥的形式不受空间的限制，而根据其各自的发展战略需要自行选址，因此传统工业不必因为要追求集聚效益而不断向城市靠拢。而相同功能性质的活动，在空间上更为集中。扩散和集聚作用以不同的方式共存，从而城市体系间的水平联系被加强；中心城市和外围组团分别承担区域型的服务和生产功能，相互间的等级序列被弱化。

综上，新技术下的时空尺度、信息化以及在此基础之上结合科技高度发达成熟、组织力极大发展（“网络社会”部分反映了这些特征）等因素导致城市影响力范围的突破，导致传统区域城市化空间特征的突破（广域城市化兴起如都市区，中心辐射能力极强；渐进式中心地格局被打破——发达国家任何一个城市，都是平等的，设施——现代化；产业——专业化；中心<服务对象>——全球化；区域空间，城市以外，纯粹的生态空间）。因此，新时期我们需要的是符合快速交通、通信支撑下，城市“非场所化”、区域“城市”化的城镇体系结构和区域整合发展模式。

2. 新区域空间发展模式存在的“发展的阶段性”与“地域的差异性”

首先，必须认识到关中城市群地区占尽优势却不得“势”。这种本来应该具备的优势为何没有及时有效转化为发展动力呢？

关中城市群地区所谓的优势条件基本上都有其对应的相对性，但无法推动关中城市群地区强势发展。同时现有的优势条件又缺乏必要的整合，难以形成具有互补关系的综合性优势。

在上述基础上我们再来思考：新区域空间发展模式在所谓的“发展的阶段性”与“地域的差异性”面前是否仍然有效呢？答案是肯定的。对于“发展的阶段性”而言：作为欠发达地区，整体上必然是处于发展的低水平，故而关中城市群地区亟需整合，在整合过程中必须是分阶段进行，而且这种整合应该是涵盖了行政、体制、产业、资源、基础设施、科技等诸多方面的全面整合。

对于“地域的差异性”而言：区域在面临发展滞后的被动地位时，必须首先理解新区域空间发展模式存在的“地域的差异性”。这就要求首先认清区域发展所处阶段和战略定

位，以及支撑其发展的资源条件的不同。

第三节　理性规划：转型的空间投影

一、新模式下发展条件评估

（一）标准与现状评估

没有标准，就不会存在任何对现状条件的评价。所有的现状分析都是基于某种标准，在标准没有"显明"出来的时候，其结果不是没有标准，而是标准变成游移的、变化的了。"标准"包括很多内容，"范畴"、"分类"、"发展规律"等都是标准的一部分。合适的标准因时、因地可能一样，也可能不一样。就规划中现状条件评估所涉及的标准而言，评估的范畴多数情况下似乎并不需要很大改变，但随时间变化最大的，是发展的规律，即发展的模式、从而所需要的条件、以及同样的条件对发展的作用在改变。因此，基于当前的发展规律评估自身条件才能得出正确的结论。总体上，既有的评估基于传统的相关理论，因此其结果自然不能反映发展的现实，因为发展是处于新的背景中、遵循新的规律。本章首先引入一般的现状评估，这也是人们对关中地区的一般印象。由于这种评估标准的滞后，其结果将表现出一种有趣的"悖论"——发展的条件很好，但为什么严重滞后发展？然后再根据新区域空间发展模式对关中区域发展条件进行重新评估，这样的评估结果将作为指导规划的依据。

（二）对关中区域发展条件的一般理解及其背后的"标准"

1. 关中空间演变存在的问题

城市群的形成发展过程中具有明显的动态特征和空间网络结构的连接性与开放性特点。城市群区域由于历史基础、发展条件与交通状况的不同，区内又存在着差异性、特殊性、演进性与协调性（姚士谋等，1998）。

关中城镇群当前发展所存在的问题主要是：位于狭长谷地，沿线城镇发展不平衡，经济基础薄弱，工业结构性矛盾突出。城镇与地区经济明显的二元结构。城镇基础设施缺口较大。发展亮点不突出，城乡面临问题，乡村问题更为普遍，活力较强的城市也不多。

西安作为龙头带动，经济在欠发达的关中是最好的，但是仍然无力拉动这么大尺度的区域整体，尚需要增加创新极点如阎良、杨凌等，形成星形互动体系，最终以西安这一古往今来颇为优秀的城市品牌带动整体区域的全面提升。

2. 发展的特有动力机制

城镇群区域空间结构演化的一般动力机制：自然地理基础、社会与文化特征、政治体制（包括政府在行政区划调整方面的力度）、空间经济规律（区位、规模经济、产业结构演变）；另外，若干示范性的创新型极点所特有的集聚与扩散效应构成了关中城镇群地区重要的内在动力机制之一。

关中城镇群地区主要具备以下优势：地理位置重要，交通条件优越（主要聚集在陇海—兰新线和西宝高速沿线）。工业有一定基础，科技力量较强，“一五”时期和三线建设时，关中是国家重点投资区，形成了规模较大的机械、电子、军事工业等为主的加工工业。具备数量较多、质量较高的高等院校和科研机构。历史文化悠久，旅游资源丰富，是中国文化的渊源所在。

但同时必须关注这一地区资源（缺水、旅游资源丰富）、文化（关中文化与现代科技的冲突与耦合）、制度（传统的等级观念较强；农村稳定、小富即安）的特殊性。

在关中这样的大尺度下，水、交通、通信等基础设施的“末梢短缺”进一步表明了走全域都市化的跨越式进程，而放弃传统等级式发展（即除了生态区域必要的服务基地外，不再另外设置小城镇了）的客观需求；同时，在“一线两带”的政治意愿与发展动力的引领之下，城市群的区域潜力必然需要通过全域都市化这样的区域整合战略来得以挖掘并实现。

（三）基于新区域空间发展模式对关中区域发展条件的重新评估

在新区域空间发展模式的发展要求下，必须针对本区发展的特有条件进行分析的有效评估，从区域整体发展战略出发，分析区域整体的既有能力和未来潜力、更大区域范围对本区域的战略要求等等都是选择区域空间发展模式的重要方面。也就是说，对应于区域发展的重大转型要求，本区发展的条件、关键障碍、从而规划的具体任务得以较好落实。

1. 新区域发展模式下对关中区域发展条件的重新评估

（1）综合优势

具有多方面条件，奠定了综合优势的基础。但从观念、机制到规划存在一些关键问题，导致“区域大整合、系统优化”不能实现。规划必须找到并突破这些关键问题，提出合理、明确、可操作的区域整合发展与系统优化方案。

（2）独特的历史、传统文化与国家大格局中的“中心”区位

奠定了本区特色和具有象征意义的区域形象，为加强区域营销，争取国际、国内资本、政策青睐，加快“外生发展”提供了重要条件。但目前整体发展环境和形象“滞重”、落后于时代要求，且针对性的提升改善战略尚需进一步明确，“外生发展”潜力远未得到发挥。规划需要对本区外生发展和内生发展在区域层面的机制改善有明显促进，在此基础上帮助建立优良的区域形象提升策略。

（3）文化、科研的绝对先进性

以西安为主，结合杨凌、阎良等决定了本地现代文化、科研、教育、人才以及高新技术产业在西部的绝对先进性和在全国的前列，为创新发展提供了全面支撑；杨凌、阎良所代表的创新发展模式，为区域体制、机制创新提供了榜样和经验。但对如何将科技、教育、高新技术产业和人才的优势转化为产业与空间发展的优势还有巨大潜力尚未发掘，在观念、体制和机制的创新方面，本地相对于发达地区的差距更大，即便是杨凌、阎良等致力于创新发展的地区，也存在着明显的陈旧观念和复杂、低效、各自为政的体制框架的束

缚。规划必须从区域层面为体制、机制创新提出思路、办法和策略建议，并通过系统策略引导确立技术创新在产业发展中的核心角色。

（4）西安作为区域的核心依托

西安作为世界千年古都、华夏精神故乡、高等教育中心、科研学术基地、产业集聚中心和国际性大都市，为本区域构建符合时代要求的都市区型空间组织模式提供了核心依托。但是现有空间发展思路、格局并未能突破传统的中心地、点轴结构模式。规划必须充分依托西安大都市，同时结合由宝鸡、杨凌、咸阳、铜川、渭南等组成的特色多样的城镇群体，构建符合区域空间发展新要求的空间发展结构、布局和基础设施支撑体系。

（5）本区空间的宜用性和多样性并存

这提供了区域发展的特色生态基底，并且资源与生态的敏感性与经济社会发展对空间的现状需求态势基本协调，相对集中的适宜建设用地主要分布于以西安为中心的区域中部，善加利用有可能较好地协调经济增长、生态保护和特色发展的关系。但现状拘泥于传统模式的空间发展格局使得空间开发分工不明，各行政主体面临同样的GDP压力追求“大而全”和数量至上的经济发展，对历史文化、土地、生态、水资源等带来威胁。规划必须提出符合本区生态基底特点的地区分类发展战略和策略，同时明确各类资源底线保护的量和区位。

（6）军工、农业等为区域发展提供稳定基础

除以上条件之外，军工产业为区域提供了稳定的第二产业、国家投资和技术基础，相对发达的农业和本区的传统文化对保持区域的稳定发展具有重要作用，需要在规划中给以恰当定位、有机整合到发展战略和空间规划中。

2. 区域实现突破性发展的关键之处

关中作为欠发达地区，要实现区域突破性发展，必须总体上，在新的时代背景下，规划期内本区发展的核心机遇存在于三个方面：区域营销（外向型、国际化发展）、都市区化和创新发展，对应于三个核心竞争优势条件：文化、西安与高新技术。规划需要帮助渐进、有效突破既有观念、体制和规划的障碍，协调其他优势条件，引导形成围绕核心优势的区域整合发展格局。

由此，在把握新区域空间发展模式的基础上，首先对关中区域发展条件的一般理解及其背后的“标准”，其次对关中区域发展条件进行重新评估，从而为关中区域空间结构模式的比选提供可靠的依据。

二、空间结构模式比选

在新的发展规律背景下，明确了自身所具备的条件之后，具体的发展战略应当如何，从而可以最大限度接轨新的发展规律，充分发挥优势、避免不足？在此，将通过多方案比选的方法来逐步分析、明晰。比选方案的设计，首先是一个围绕发展规律的要求，充分发散、创意的过程；同时，为了对传统的模式有一个更清晰的解剖，并可以与新的发展战略形成对比，比较方案中也将包括比较符合传统思维的方案。实际上，方案比较是规划这样一个因素综合、复杂且“完美”结论常常几乎不存在的智力努力中的一个常用方法，因此

一个规划可能有多个地方都需要运用这一方法。就本规划而言，这里的方案比较的目的是辅助决策总体空间战略，进一步在更深入或更具体的内容中展开多方案比较。

所得到的结论必须做到：一方面与现实相符；另一方面说明每一种都有一定的难题需要解决。所以，在比选过程中要初步涉及战略更新的可能性与策略（过程）。

（一）方案的构造与比选方法

以上是理论与理性的分析。但是，在实践中还涉及更多的因素，包括实际操作的可行性、政策环境等。特别是，很多具体的问题必须在深入到具体时才能够很好地予以揭示出来。因此，需要对具体规划方案做更深入的比选。

由于发展因素的极端复杂，任何一个发展方案都不可能十全十美，因此为不同的方案之间进行比较提供一个有效的标准就非常重要。对此，本研究设计了多因子综合打分的方式对不同方案进行评价，然后通过对最后得分进行比较的方式决定最后方案。

（二）多方案比较与评价

不同的区域总体发展战略选择将使地区整体空间发展表现出不同的结果。通过对关中城市群地区可能的空间发展模式进行对比分析，为关中城市群地区选择出最优发展战略模式。

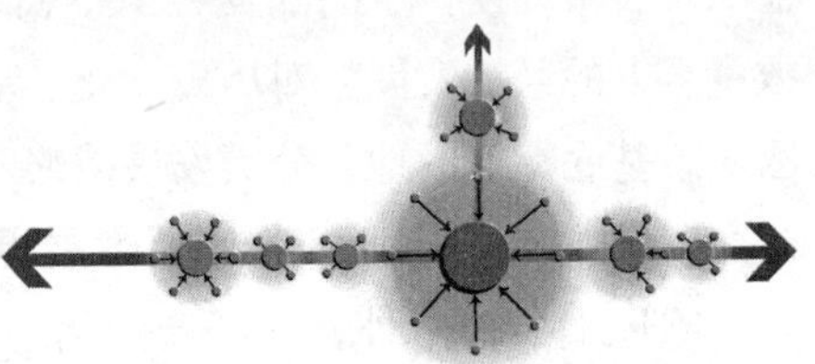

图 13－4　“一线两带”点轴模式示意图

1.“一线两带”点轴模式

模式特点：一心两轴三极多区；

空间与基础设施：大而全、小而全。

图 13－5　“一线两带”点轴模式图

2. 发展轴 + 增长极结构模式

模式特点：一脊三带五核五轴；

空间与基础设施：一线两带五通道。

3. 网络结构模式

模式特点：以大城市为核心组织周边地区，形成层次分明、功能清晰、秩序井然、内联外拓、优势互补的网络化模式。

4. 都市区结构模式

模式特点：一心一区一极多点集约发展；

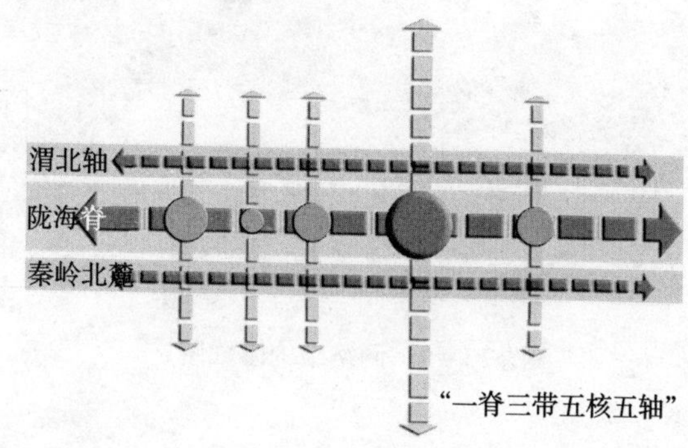

图 13－6　发展轴 + 增长极结构模式示意图

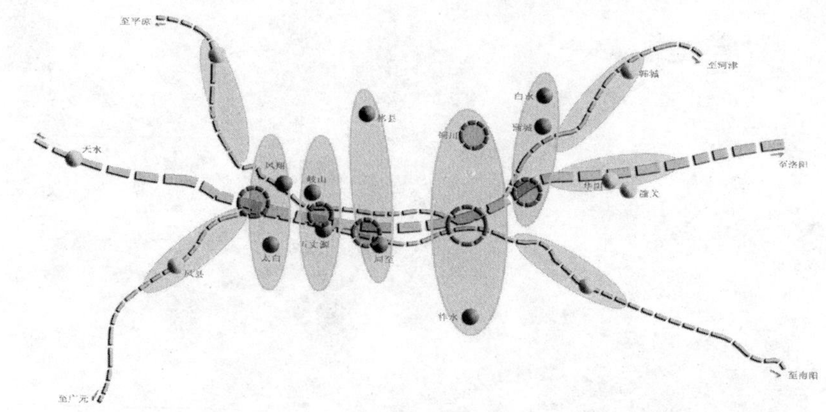

图 13－7　发展轴 + 增长极结构模式图

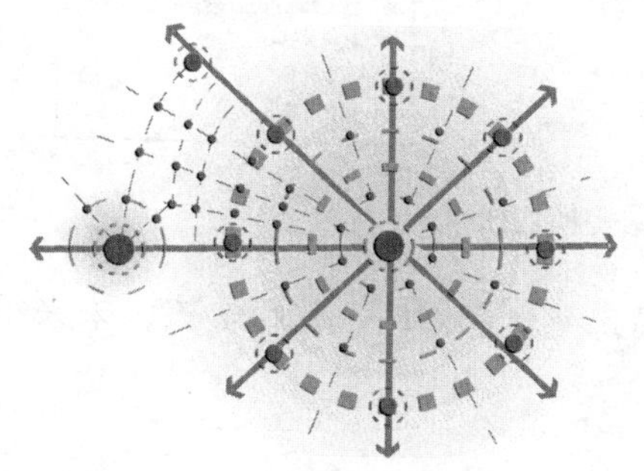

图 13－8　网络结构模式示意图

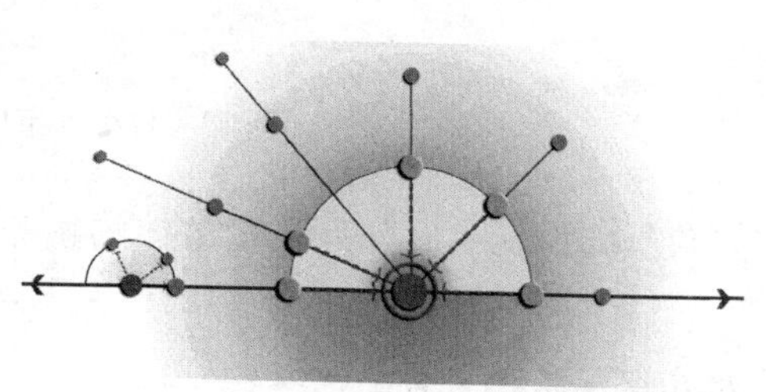

图 13－10　都市区结构模式示意图

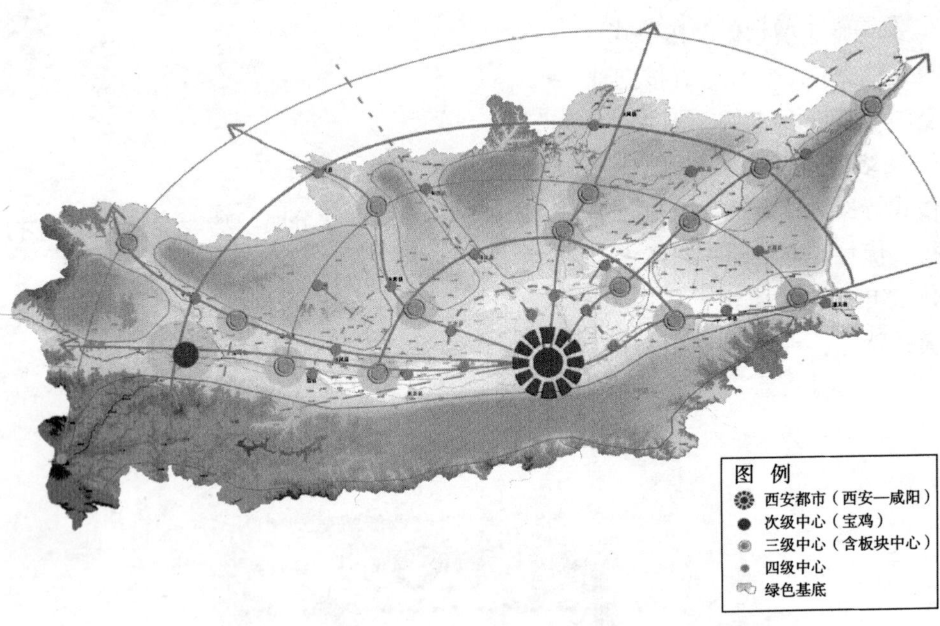

图 13－9　网络结构模式图

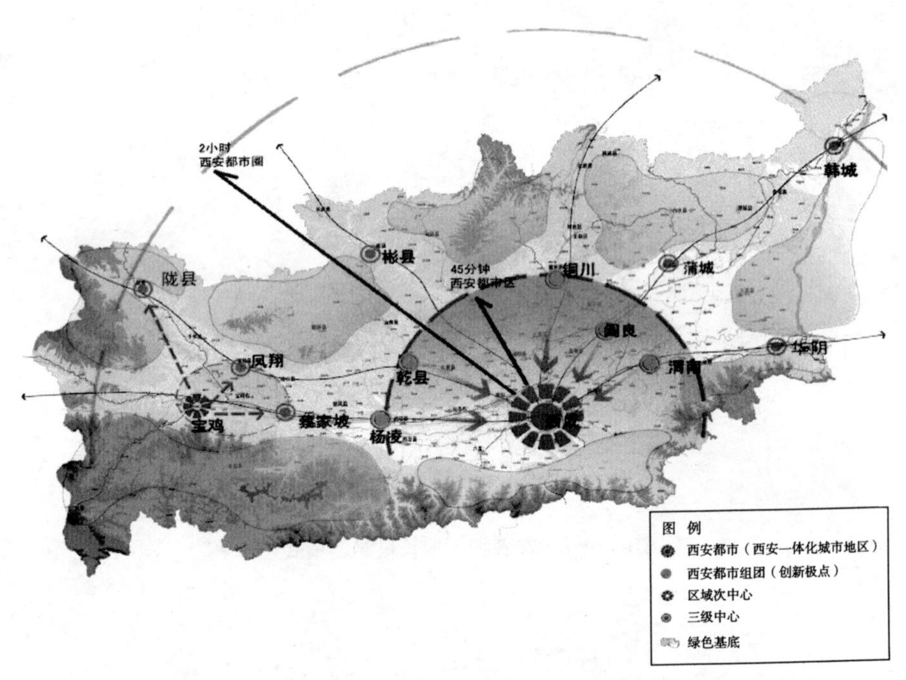

图 13－11　都市区结构模式图

空间与基础设施：放弃低质量整体均衡布局，突出都市区，兼顾宝鸡，未来视条件外拓。

5. 都市区＋板块复合结构模式

模式特点：一心一区六板块。

五种发展模式下的优点和挑战对比，以及初步结论如表 13－2：

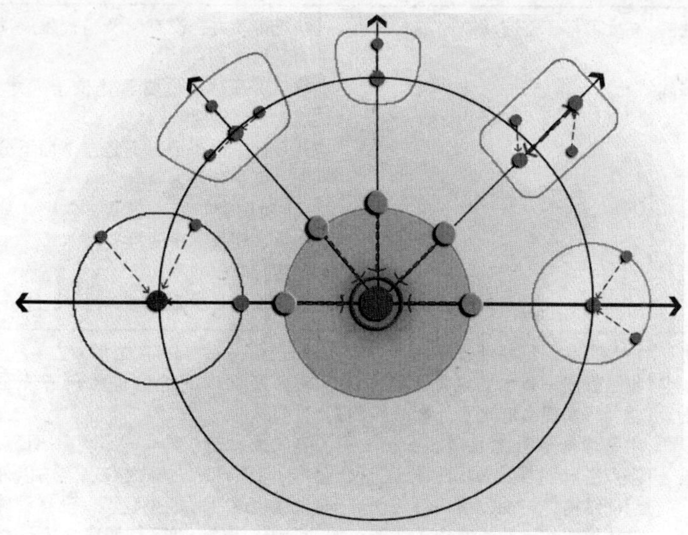

图 13－12　都市区＋板块复合结构模式示意图

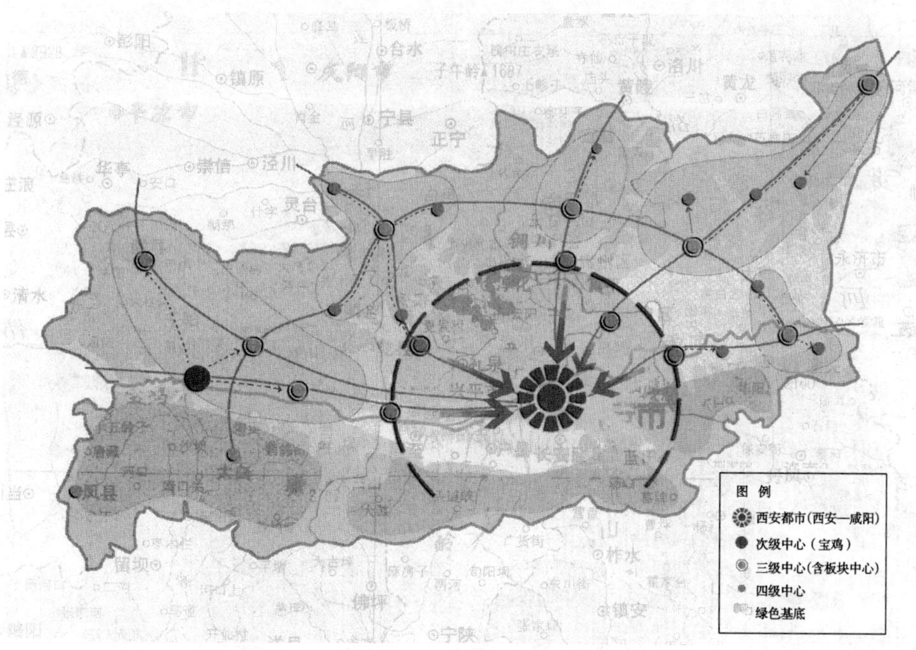

图 13－13　都市区＋板块复合结构模式结构图

五种发展模式的对比 表 13-2

模式	特点	优点	挑战	结论
“一线两带”点轴模式	一心两轴三极多区； 空间与基础设施： 大而全、小而全	高度可行、普遍动员	缺乏带动力：没有触及当代发展动力的根本； 物质资源、区位要素让位于人才、观念、体制要素； 计划让位给市场：不是自上而下分配，而是各地去争取； “生搬硬套”点轴模式，忽略本地条件、现代都市的意义； 尺度与空间效率； 粗放发展、生态破坏、行政区经济	“无为而治”
发展轴+增长极结构模式	一脊三带五核五轴；空间与基础设施：一线两带五通道	立足现状，超越低水平均衡分散—集聚发展—高水平均衡分散的传统路径，实现由低水平均衡分散到高水平均衡分散的发展。多元发展、多点启动、带状布局、分区整合、组团结构、均衡发展；对传统点轴结构模式的优化：突出了中心，明确了重点，并引入了“综合功能区域”的概念，辅以行政区划，能够实现分工发展；巧妙结合了当地条件	“五核”是否都有实力形成？ 对西安都市的价值仍然没有充分发挥； 在发展机制上的促进仍然不明显，“轴向整合”在除西安、宝鸡以外地区也就带有理想色彩，没有明确机制依托的行政区划调整意义不大	优化的点轴结构
网络结构模式	以大城市为核心组织周边地区形成层次分明、功能清晰、秩序井然、内联外拓、优势互补的网络化模式	对区域发展全覆盖	脱离了地区发展现状和阶段的理想产物	如果不是一个可行的战略，那是否可能是发展的终极状态？点轴结构的理想目标正在于此
都市区结构模式	一心一区一极多点集约发展； 空间与基础设施：放弃低质量整体均衡布局，突出都市区，兼顾宝鸡，未来视条件外拓	以西安为核心，接轨“都市区经济”，符合新发展背景； 以“创新极点”进一步促动发展机制； 集约发展，尺度合理（2200万人口，也就只能支撑一个都市区），资源使用战略性突出； 符合区域空间分布格局（平原+山地），利于人文和生态资源保护； 可持续性、弹性优	“有所为，有所不为”，能否被地方接受？ 都市区经济，如何合理落实（具体，如何内生发展）？ 行政区划调整可能是实现这一战略最有力的支撑，地方有无这样的魄力？ 彻底改变既有规划发展思路，地方能否接受创新？	由新的区域发展规律决定的创新模式，细节尚待深化
都市区+板块复合结构模式	一心一区六板块	增加外围环线和周边板块构造； 为区域相对边缘区提供发展战略空间	降低了发展的集约性； 涉及更多行政区划调整的需要	有较好的发展理念，宜作为本区域远景发展图景

6. 关中城市群地区总体发展战略比选

（1）待选模式总评

以上对关中城市群地区5种可能的总体发展模式进行了全面的评价。每一种模式都是在既有的现状基础上对本区域发展可能的发展战略的预期，因而每种模式都有其合理性，但是同时又都会受到一些条件的限制和挑战。通过对比最终优选出模式2、模式4、模式5三种模式。

（2）最终模式

最终优选的模式本身应具有对未来变化的高度可适应性，即一旦条件发生变化，可以适应战略的调整。模式2最为贴近现状，同时对现状发展模式有了较大变动，但是由于模式2是在原来点轴发展模式上的修补，因此不会对地区长远发展带来质变；模式5对原有发展模式有了较大的变动，最为符合定位要求，但是迫于关中城市群地区发展的阶段和现状，模式5将作为远期发展图景。模式4融合了方案2与方案5的优点，即具有对现有发展阶段的呼应和对发展现状的承接，同时也将本区域发展提升到较高的高度。

经过比选，认为模式4最优，为推荐模式。

（3）优选规划方案的可取之处

① 集约发展

——尺度合理

——资源使用的战略性突出

② 依托扎实：强势西安，充分发挥作用

③ 符合区域空间分布格局（平原+山地），利于人文和生态资源保护

④ 从动力机制上突破

——都市区

——创新极点

——交流

（4）优选规划方案面临的挑战

① 创新战略有接受的过程，并要求原有思路相应调整

② 要求体制创新，并最好有行政区划调整

（三）理想模式与可能的变异模式

1. 理想模式

我们强调的理想模式，并不是脱离实际的，而是依据符合逻辑的构思决策所制定的“远景目标”，这未必一定是区域发展的最佳空间结构模式，但最起码的是能为可见的前景提供足够可变的回旋余地。

通过上述空间结构模式比选，本规划研究认为符合关中未来发展需要的理想模式是方案5：“都市区+板块复合结构模式”，它不仅有较好的发展理念，而且为区域核心区与相对边缘区提供发展战略空间。

2. 可能的变异模式

（1）调整缘由

由于方案5与现实存在差距，具体而言：一方面降低了发展的集约性，另一方面涉及更多行政区划调整的需要。而考虑到关中地区仍处于欠发达状态，当前更有利于区域整体实力提升的方法是集约发展，而不是分散发展，“都市区+板块复合结构模式”不利于都市区整体实力的整合。而且对于观念相对滞后的关中地区而言，形成区划调整无疑犹如“洪水猛兽”（其实事实并非如此），理想的模式在当前的体制机制、发展水平下，似乎更加寸步难行。

关中城市群地区总体发展战略模式优选 表13-3

	最大潜力	可持续性	客观性	现实指导性与弹性	特色创新	综合得分
模式1	3	2	5	3	2	15
模式2	3.5	3.5	4	4	3.5	19.5
模式3	5	4	2	3	5	19
模式4	5	4.5	4	5	4	22.5
模式5	5	5	3.5	4.5	5	23

同时，考虑到现实发展中既有的和可能存在的经济增长点，除了原有的以西安和宝鸡两大城市为首的城市化地区，还有一些经济发展较快地区也应该得到相应的提升。如此一来，不仅尊重关中地区发展现状，而且也为逐步走向理想模式添砖加瓦。

（2）调整内容

因此，在方案5的基础上进行相应微调，以妥协现状及其发展趋势。主要调整以下几点：第一，选择有一定基础和发展前景的现状重点地级市、县级市作为增长中心，分为若干城市化次区域（类似于方案5中的板块模式）：西—咸城市区、宝鸡特大城市区、杨凌城镇集群区、铜川—富平—淳化城镇集群区、渭南—华县城镇集群区、彬县—长武—旬邑城镇集群区；而且，各个城市化次区域功能分工不同，主要是基于合理的功能整合，从而更有利于各区域的资源整合，譬如彬县—长武—旬邑是典型的以能源产业为主、服务业为辅的城镇集群区。第二，外围地区设置增长极小城市：韩城、华阴、蒲城、陇县，作为跨县域中心和重要的交通枢纽与门户城市，其功能主要为依托自身工业基础和资源条件，积极发展旅游业、服务周边区域的商贸服务业和其他特色加工制造业。

小　结

随着全球化、网络社会等各种新事物的产生，传统区域空间发展模式已不合时宜，不再符合时代发展的新要求。因此区域空间发展模式必须及时转型。为了得到真正符合关中区域发展的理想模式，本章首先从新区域空间发展模式的视角出发对关中区域发展条件进行了重新评估，从而在新区域空间发展模式的基础上进行了关中区域空间结构模式的比选，得出最为优选的方案，并提出理想模式（远景方案），对可能的变异模式进行了探讨。尽管这样的讨论与研究不是所有人都能接受的（在规划报告汇报评审时就有诸多不同的意见），但至少这样的研究是理性而非激情与冲动的产物，这一点是所有人都认可的。然而认可并不等同于完全接受，这似乎有些自相矛盾，但关中地区目前正处在这样一个发展的阶段——一种似乎什么都明白，又似乎什么也没完全明白的阶段。这是以西安为代表的关中地区给人最深刻的印象，但愿这是一种错觉。或许这个中国最具地理中心的区域积淀了太多太厚的传统而又古老的元素，这些元素渗透在社会的各个层面，一时是不可能从眼前褪去的。因而，关中城市群的发展必将在一个充满曲折的道路上迂回前进，这也是关中的特殊性与普遍性。

主要参考文献

[1] D. Harvey. The Urbanization of Capital. Baltimore：JohnsHopkins University Press，1985.

[2] John Friedmann. Planning in the Public. Domain：From Knowledge to Action，Princetom University Press，1987.

[3] John Friedmann. China's urban transition. Minneapolis：University of Minnesota Pre-ss，2005.

[4] Lardy N. China in the World Economy. Brookings Institute，1994.

[5] Logan J R. The new Chinese city：globalization and market reform. Oxford：Blackwell Publisher，2002.

[6] North，D. C. Structure and change in Economic History. New York：W. W. Norton.

[7] World Urbanization Prospects. The 1996 Revision，United Nation，New York，1998.

[8] 白永秀，顾颖．陕西非公有制经济环境问题研究．西北大学学报（哲学社会科学版），2001(2).

[9] 保罗·克鲁格曼著，蔡荣译. 发展、地理学与经济理论．北京：北京大学出版社，2000.

[10] 保罗·诺克斯，史蒂文·平奇．城市社会地理学导论．北京：商务印书馆，2005.

[11] 鲍寿柏，胡兆量，焦华富．专业性工矿城市发展模式．北京：科学出版社，2000：16~17.

[12] 边经卫．大城市空间发展与轨道交通．北京：中国建筑工业出版社，2006.

[13] 曹传新，董黎明，官大雨．当前我国城市总体规划编制体制改革探索——由渐变到裂变的构思. 城市规划，2005（10）：14~18.

[14] 曹骥赟．印度城市化进程对中国城市化的启示．延边大学学报（社会科学版)，2006（39)，2：63~67.

[15] 常延聚．城市文化的空间载体．规划50年：2006中国城市规划年会论文集(下册）．北京：中国建筑工业出版社，2006.

[16] 陈锋．转型时期的城市规划与城市规划的转型．城市规划，2004（8）：9~19.

[17] 陈平原，王德威．北京：都市想像与文化记忆．北京：北京大学出版社，2005.

[18] 陈修颖．区域空间结构重组——理论与实践研究．南京：东南大学出版社，2006.

[19] 陈臻. 大连建设“东北亚国际航运中心”前景探讨”．中国水运，2004（4）：9~10.

[20] 仇保兴．中国城市化进程中的城市规划变革．上海：同济大学出版社，2005.

[21] 储小平．区域经济研究．北京：中国经济出版社，1999.

[22] 崔功豪，王兴平．当代区域规划导论．南京：东南大学出版社，2006.

[23] 崔功豪，魏清泉等．区域分析与规划．北京：高等教育出版社，1999.

[24] 崔功豪等．区域分析与区域规划．北京：高等教育出版社．1999.

[25] 丁文静，朱喜钢．人均GDP3000美元时期的城市发展研究——国际比较及对长江三角洲的启示．城市规划，2006（10）：36~42.

[26] 董奇，戴晓玲．英国“文化引导”型城市更新政策的实践和反思．城市规划，2007，31（4）：59~64.

[27] 段进．城市空间发展论．南京：江苏科学技术出版社，2006.

[28] 樊烨．基于城市功能的城市更新发展研究［硕士论文］．南京：南京大学地理与海洋科学学院.

[29] 费正清著，张理京译．美国与中国（第四版）．北京：世界知识出版社，2006.

[30] 冯骥才．中国城市的再造——关于当前的“新造城运动”．现代城市研究．2004（1）：4~9.

[31] 葛广宇，朱喜刚等．区域和城乡统筹视角下的基础设施建设规划．华中科技大学学报（城市科学

版)，2006（2）.
[32] 根特城市研究小组．敬东译．城市状态：当代大都市的空间、社区和本质．北京：中国水利水电出版社，知识产权出版社，2005.
[33] 顾朝林等．集聚与扩散——城市空间结构新论．南京：东南大学出版社，2000.
[34] 顾朝林等．经济全球化与中国城市发展．北京：商务出版社，1999.
[35] 顾朝林等．产业结构重构与转移——长江三角洲地区及主要城市比较研究．南京：江苏人民出版社，2003.
[36] 广州城市总体发展概念规划咨询专家研讨会综述．城市规划，2001（3）：32.
[37] 郭荣朝．"边缘效应"与城镇发展空间组合研究．城市规划汇刊，2003（4）.
[38] 郭彦弘．城市规划概论．北京：中国建筑工业出版社，1992.
[39] 国家计委宏观经济研究院课题组．我国资源型城市的界定与分类．宏观经济研究，2002（11）：37～39.
[40] 哈耶克，邓正来译．自由秩序原理．北京：生活·读书·新知三联书店，1997.
[41] 侯百镇．城市转型：周期、战略与模式．城市规划学刊，2005（5）：1～16.
[42] 侯百镇．转型与城市发展．规划师，2005（2）：29.
[43] 胡俊．中国城市：模式与演进．中国建筑工业出版社，1995. 152.
[44] 胡序威，周一星，顾朝林等．中国沿海城镇密集地区空间集聚与扩散研究．北京：科学出版社，2000.
[45] 黄石市统计局. 2005 年《黄石市统计年鉴》，2005.
[46] 季产琼．异化的都市夏娃——《上海宝贝》人物分析．怀化师专学报，2001（6）：51～52.
[47] 嘉兴市人民政府．浙江省嘉兴市土地利用总体规划（1997～2010），1998（12）.
[48] 江晖．当代中国的思想状况与现代性问题．选自：徐纪霖，二十世纪中国思想史论（上卷）．北京：东方出版中心，1999.
[49] 江苏省城市规划设计研究院，盐城市规划市政研究院．盐城市城市总体规划（2003—2020），2004.
[50] 姜华，张京祥．从回忆到回归——城市更新中的文化解读与传承．城市规划，2005（5）：77～82.
[51] 焦华富，陆林．西方资源型城镇研究进展［J］. 自然资源学报，2000（7）：291～296.
[52] 课题小组编．迈向 21 世纪的上海：1996～2010 年上海经济社会发展战略研究．上海人民出版社，1996.
[53] 乐正．迎接"后特区时代"的挑战——论深圳新世纪发展的路向．深圳大学学报（人文社会科学版)，2003（1）.
[54] 李翅．土地集约利用的城市空间发展模式．城市规划学刊，2006（1）.
[55] 李廉水，［美］Roger R. Stough 等．都市圈发展——理论演化·国际经验·中国特色．北京：科学出版社，2006.
[56] 李荣，王兴平．煤矿城市安徽淮南的空间发展战略思考．规划师，2005（10）：96～98.
[57] 李翔．关于汕头经济发展问题的实证考察．汕头大学学报（人文社会科学版)，2004（5）.
[58] 联合国．全球城市化展望，1990.
[59] 林拓，水内俊雄等．现代城市更新与社会空间变迁．上海：上海古籍出版社，2007.
[60] 刘贵利．城市生态规划理论与方法．南京：东南大学出版社，2006.
[61] 刘建军．"跨单位组织"与社会整合：对单位社会的一种解释［J］. 文史哲. 2004（2）：146～155.
[62] 刘士林．都市化进程论．学术月刊. 2006（12）：5～12.
[63] 陆大道．区域发展及其空间结构．北京：科学出版社：1998.
[64] 罗·霍尔顿，倪峰译．全球化与民族国家．北京：世界知识出版社，2006.
[65] 罗国华．大同市转型期城市空间结构研究［D］. 西安：西安建筑科技大学城市与区域规划，2006：

1~2.
[66] 罗静，曾菊新．空间稀缺性——公共政策地理研究的一个视角．经济地理，2003（6）：722~725.
[67] 马杰伟．酒吧工厂——南中国城市文化研究．南京：江苏人民出版社，2006.
[68] 马克斯·韦伯．康乐，简惠美译．非正当性的支配——城市的类型学．桂林：广西师范大学出版社．
[69] 马清裕．论工矿区城镇的发展与布局．中国科学院地理研究所编．城镇与工业布局的区域研究．科学出版社，1986.
[70] 迈克·克朗，杨淑华，宋慧敏译．文化地理学．南京：南京大学出版社，2000.
[71] 莫宝民，李青，孙光圻等．大连东北亚国际航运中心建设与区域经济发展的协调性问题，《交通运输规划与管理》．
[72] 南京大学城市规划设计研究院. 大连城镇体系规划（2005-2020）.
[73] 南京大学城市规划设计研究院. 嘉兴市域总体规划（2005-2020），2006.
[74] 南京大学城市规划设计研究院．江苏省盐城市沿海开发战略规划，2006.
[75] 南京大学城市规划设计研究院．汕头市城市发展概念规划，2005.
[76] 帕西昂编，王松涛等译．当代城市的困扰和出路——世界十六个大城市的问题和规划．重庆：重庆出版社，1989.
[77] 齐建珍．资源型城市转型学．北京；人民出版社，2004：191~205.
[78] 齐建珍等．资源型城市转型学．北京：人民出版社，2003.
[79] 全国城市规划执业制度管理委员会，城市规划原理．北京：中国建筑工业出版社.
[80] 饶本忠．东南亚国家的城市一极化现象．城市问题．2004（5）：69~71.
[81] 瑞斯托·劳拉詹南．金融地理学．北京：商务印书馆，2001.
[82] 沙里宁著，顾启源译．城市：它的发展、衰败与未来．北京：中国建筑工业出版社，1986.
[83] 沙森著，周振华等译．全球城市．上海：上海社会科学院出版社．
[84] 上海同济城市规划设计研究院．嘉兴市域城镇体系规划（2000-2020年），2001.
[85] 邵益生，石楠等．中国城市发展问题观察．北京：中国建筑工业出版社，2006.
[86] 深圳市城市规划设计研究院，嘉兴市规划研究院．嘉兴城市总体规划纲要（2001-2020），2002.
[87] 沈德熙．对城市总体规划编制的思考．城市规划汇刊，1999（5）：22~24.
[88] 沈建国．新世纪中国城市化道路的探索．北京：中国建筑工业出版社，2001.
[89] 石楠．什么是城市规划？城市规划，2005（11）：24~25.
[90] 石楠．试论城市规划社会功能的影响因素——兼析城市规划的社会地位．城市规划，2005（8）：9~18.
[91] 石正方．城市功能转型的结构优化分析［博士论文］．天津：南开大学经济研究所，2002.
[92] 丝奇雅·萨森著，周振华译．全球城市：纽约、伦敦、东京（2001年新版）．上海：上海社会科学院出版社，2005.
[93] 宋林飞．社会转型的趋势、代价及其度量．江苏社会科学，2002（6）：30~36.
[94] 孙群郎，郑殿娟．经济全球化与世界城市发展的新格局．都市、帝国与先知．上海三联书店，2006.
[95] 孙施文，周宇. 城市规划实施评价的理论与方法. 城市规划汇刊，2003（2）：13~27.
[96] 孙施文．城市规划不能承受之重——城市规划的价值观之辩．城市规划学刊，2006（1）：11~17.
[97] 孙施文．城市规划方法论城市规划，2005（11）：30~31.
[98] 孙雅静．资源型城市转型与发展出路．北京：中国经济出版社，2006．
[99] 谭纵波．城市规划. 北京：清华大学出版社，2005，229.
[100] 唐晓平．人口都市圈化：日本的经验和中国的前景．南方人口．2000（2）：40~46.

[101] 屠帆．土地整理对农地使用权流转的影响研究——以嘉兴市为例．国土经济，2002（9）．
[102] 王承旭．城市文化的空间解读．规划师，2006（4）：69~72.
[103] 王辑慈．创新空间——企业集群与区域发展．北京：北京大学出版社，2001.
[104] 王甲成．政府成长论——生态学视野下的当代中国政府改革与建设［博士学位论文］．苏州：苏州大学，2006.
[105] 王祥荣．生态建设论——中外城市生态建设比较分析［M］．南京：东南大学出版社，2004.
[106] 王旭．美国城市发展模式——从城市化到大都市化．北京：清华大学出版社，2006.
[107] 王旭．美国城市史．北京：中国社会科学出版社，2000.
[108] 王飚．治理视野下的地方政府主导性研究［博士学位论文］．苏州：苏州大学，2006.
[109] 魏立华，卢鸣，闫小培．社会经济转型期中国"转型城市"的含义、界定及其研究框架．现代城市研究，2006（9）：36~44.
[110] 文军，贺修铭．面向全球化时代的国际都市化进程．城市问题，1997（4）：32~35.
[111] 文军．承伟与创新：现代性、全球化与社会学理论的变革．上海：华东师范大学出版社，2003.
[112] 吴丽莉，佘金梅．汕头市城市化进程中存在的问题与对策研究．经济研究导刊，2007（3）.
[113] 吴成元．浅谈"嘉兴现象"与区域发展战略．江苏商论，2005（1）．
[114] 武坚．人口、环境、资源约束——决定现代中国社会演进的四个因素．光明网——光明观察——学术观点，2005－3－24.
[115] 谢守红，宁越敏．中国大城市发展和都市区的形成．城市问题，2005（1）：11~15.
[116] 熊国平．当代中国城市形态演变．北京：中国建筑工业出版社，2006.
[117] 徐循初．城市道路与交通规划（下）．北京：中国建筑工业出版社，2006.
[118] 薛晖，潘振．城市规划的公共政策属性思考．规划师，2006（11）：25~26.
[119] 闫小培，魏立华，周锐波．快速城市化地区城乡关系协调研究——以广州市"城中村"改造为例．城市规划，2004（3）：31~38.
[120] 闫小培，周素红．信息技术对城市职能的影响——兼论信息化下广州城市职能转变与城市发展政策应对．城市规划，2003，27（8）：15~18.
[121] 杨汝万．全球化背景下的亚太城市．北京：科学出版社，2004.
[122] 姚士谋，汤茂林，陈爽，陈雯．区域与城市发展论．合肥：中国科学技术大学出版社，2004.
[123] 衣俊卿．文化哲学十五讲．北京：北京大学出版社，2004.
[124] 殷洁，张京祥，罗小龙．转型期的中国城市发展与地方政府企业化．城市问题，2006，（4）：36~41.
[125] 尹稚等．机遇与挑战中发展的广州——从中心城市到现代化网络型城市群体中的重要核心城市［J］．城市规划，2001（3）．
[126] 余英时．中国思想传统的现代诠释．南京：江苏人民出版社，1992.
[127] 袁作东．大连问题——老问题与新问题．城市开发，2004（4）：17~18.
[128] 袁作东．大连转型——从"精品城市"到"大大连"．城市开发，2004（4）：10~14.
[129] 曾军．大上海的扩容——20世纪90年代以来上海都市空间意识的变迁．《城市文化评论》第2卷．上海：三联书店，2007.
[130] 曾军．都市文化研究：范式及其问题．《城市文化评论》第1卷．上海：三联书店，2006.
[131] 张兵．关于"概念规划"方法的初步研究——以"广州城市总体发展概念规划"实践为例．城市规划，2001（3）：53~57.
[132] 张凡．城市发展中的历史文化保护政策．南京：东南大学出版社，2006.
[133] 张京祥，罗震东，殷洁．体制转型与中国城市空间重构．南京：东南大学出版社，2007.
[134] 张京祥，吴缚龙．从行政区兼并到区域管治——长江三角洲的实证与思考．城市规划．2004（5）：

25 ~30.
[135] 张京祥，吴缚龙．城市发展战略规划：透视激烈竞争环境中的地方政府管治．人文地理，2004(3)：1 ~5.
[136] 张京祥．体制转型与城市空间重构．南京：东南大学出版社，2007.
[137] 张萍．城市规划法的价值取向．北京：中国建筑工业出版社，2006.
[138] 张汝伦．经济全球化和文化认同．http：//www. eduxue. com. 2000.
[139] 张庭伟．城市发展决策和规划实施问题. 城市规划汇刊，2000（3）：10 ~13.
[140] 张文尝，金凤君，樊杰．交通经济带．北京：科学出版社，2002.
[141] 张耀光，王宁，赵永宏．大连港在建设东北亚国际航运中心中的作用，地域研究与开发，2006（1).
[142] 张以诚. 我国矿业城市现状与可持续发展对策［J]. 中国矿业大学学报（社会科学版)，1999(10)：76 ~80.
[143] 章敬平．“后特区时代”：非均衡战略的终结．南风窗，2005（4）上．
[144] 赵成根．民主与公共决策研究．黑龙江人民出版社，2000.
[145] 赵鹏军，吕斌．港口经济及其地域空间作用：对鹿特丹港的案例研究．人文地理，2005（5)：108 ~111.
[146] 赵燕菁，探索新的范型：概念规划的理论与方法城市规划. 2001（3)，25，38 ~52.
[147] 赵燕菁．制度经济学视角下的城市规划．城市规划，2005（6，7）.
[148] 浙江省建设厅．浙江省城镇体系规划（2002—2020)，2001.
[149] 郑伯红．现代世界城市网络化模式研究．长沙：湖南人民出版社，2005.
[150] 中国城市规划设计研究院．战略规划．北京：中国建筑工业出版社，2006.
[151] 中国城市规划协会，中国城市规划设计研究院.2006 年度中国城市规划行业大盘点，2007.
[152] 中国人民大学区域经济研究所. 产业布局学原理［M]. 北京：中国人民大学出版社，1996.
[153] 中国行政区划网．http：//www. xzqh. org.
[154] 周牧之．鼎——托起中国的大城市群．北京：世界知识出版社，2004.
[155] 朱舜．行政区域经济结构与增长．北京：经济科学出版社，2003.
[156] 朱铁臻．城市现代化研究．北京：红旗出版社，2002. 339.
[157] 朱喜钢．城市空间集中与分散论．中国建筑工业出版社，2002.
[158] 邹兵. 渐进式改革与中国的城市化. 城市规划，2001（6)：34 ~38.
[159] 邹军，张京祥，胡丽娅．城镇体系规划：新理念、新范式、新实践．南京：东南大学出版社，2002.

后　记

本书是我最近五年规划实践与思考的一点总结，是我和我的学生们共同的劳动果实。在此，我特别感谢马国强、陈培阳两位同学为本书的资料收集与整理以及部分章节的写作付出了辛勤的劳动与杰出的贡献；我还要感谢我的同事王红扬博士与张京祥教授，是他们分别主持（作者参与）（大连城镇体系规划2006、关中城市群规划2007，王红扬，汕头城市发展战略规划2004，张京祥）的规划成果为本书提供了极好的素材，他们的思想、观点使作者受益匪浅；我还要感谢曾经参与我主持的规划研究课题的学生们，是他们在规划调研、规划成果编制过程中出色的工作，才使得规划成果受到委托单位的认可与好评，并为本书的写作打下了良好的基础；我还要感谢严阎、卢锐、杨春芳等2005、2006级的研究生们，是他们帮我做了大量的资料整理工作，使得我能在短时间内集中精力考虑与推敲本书的结构体系与思想观点；我还要感谢邹德慈院士以及崔功豪教授，是他们在繁忙的工作中认真阅读了书稿并欣然作序；我还要感谢中国建筑工业出版社的陆新之编辑以及他的同事，是他们认真负责的精神以及高效率的工作才使得本书能及时地面世；我还要感谢本书中所引资料的所有专家学者，是他们的观点与思想启发了本书的写作；最后，我要特别感谢我的夫人金俭教授，是她成为我的第一个读者并为本书提出了许多中肯宝贵的意见。

这过去的一年期间，中国经历了太多永载史册的事件：年初的雪灾使南方的大城市几近瘫痪；汶川的大地震使四川的许多城市化为一片废墟；美国的次贷危机使中国的城市经济受到了海啸般的冲击。然而也就是在这一系列的大灾大难面前，中国人民用“鸟巢”中绚丽夺目的焰火一扫世人胸中的阴霾。中国政府和人民用一届史无前例的辉煌的奥运会向全世界表明：中国的现代化步伐不会因暂时的挫折而停滞。在此期间，全世界的媒体似乎一夜之间更改了对中国的称呼，“新兴经济体”“世界经济的领头羊”已经成为中国的另一个代名词。在发达国家被世界金融危机折磨得痛苦不堪的情形下，中国的社会经济与都市化运动仍然在稳步前进。这期间，我承担了比往年更繁重的城市与区域规划项目与研究课题，也更加深切地感受到中国的都市运动已经成为一个巨大的历史车轮，任何人、任何灾难也无法阻挡其滚滚向前的步伐。也是在这期间，我去东南亚的几个国家走了走，从他们身上能够看到我们曾经的过去，也正是这些国家城市和乡村发展的现状鲜活地反衬出中国的改革开放与城市化、都市运动对人类发展的巨大历史意义与现实意义。

作为一个普通的规划工作者，能亲历并将继续与中国的都市共同成长，是本人一生的欣慰与自豪；作为本书的作者，能够将过去五年内对中国都市发展的所思、所虑结于一集，呈现于广大的读者共同分享，是本人最大的满足。

限于本书写作时间的仓促以及本人的才疏学浅，因此，书中的缺点与错误在所难免，恳请读者指教！

朱喜钢

2008 年冬于南京大学